OS TRIBUNAIS DE CONTAS, A PANDEMIA E O FUTURO DO CONTROLE

EDILBERTO CARLOS PONTES LIMA
Coordenador

Prefácio
Ivan Lelis Bonilha

OS TRIBUNAIS DE CONTAS, A PANDEMIA E O FUTURO DO CONTROLE

1ª reimpressão

| 4 |

Belo Horizonte

FÓRUM
CONHECIMENTO JURÍDICO

2025

© 2020 Editora Fórum Ltda.
2025 1ª reimpressão

É proibida a reprodução total ou parcial desta obra, por qualquer meio eletrônico, inclusive por processos xerográficos, sem autorização expressa do Editor.

Conselho Editorial

Adilson Abreu Dallari	Floriano de Azevedo Marques Neto
Alécia Paolucci Nogueira Bicalho	Gustavo Justino de Oliveira
Alexandre Coutinho Pagliarini	Inês Virgínia Prado Soares
André Ramos Tavares	Jorge Ulisses Jacoby Fernandes
Carlos Ayres Britto	Juarez Freitas
Carlos Mário da Silva Velloso	Luciano Ferraz
Cármen Lúcia Antunes Rocha	Lúcio Delfino
Cesar Augusto Guimarães Pereira	Marcia Carla Pereira Ribeiro
Clovis Beznos	Márcio Cammarosano
Cristiana Fortini	Marcos Ehrhardt Jr.
Dinorá Adelaide Musetti Grotti	Maria Sylvia Zanella Di Pietro
Diogo de Figueiredo Moreira Neto (*in memoriam*)	Ney José de Freitas
Egon Bockmann Moreira	Oswaldo Othon de Pontes Saraiva Filho
Emerson Gabardo	Paulo Modesto
Fabrício Motta	Romeu Felipe Bacellar Filho
Fernando Rossi	Sérgio Guerra
Flávio Henrique Unes Pereira	Walber de Moura Agra

Luís Cláudio Rodrigues Ferreira
Presidente e Editor

Coordenação editorial: Leonardo Eustáquio Siqueira Araújo
Aline Sobreira de Oliveira

Conselho de apoio, estruturação e organização: Caio Victor Ribeiro dos Santos / Frederico Carvalho Dias

Rua Paulo Ribeiro Bastos, 211 – Jardim Atlântico – CEP 31710-430
Belo Horizonte – Minas Gerais – Tel.: (31) 99412.0131

Técnica. Empenho. Zelo. Esses foram alguns dos cuidados aplicados na edição desta obra. No entanto, podem ocorrer erros de impressão, digitação ou mesmo restar alguma dúvida conceitual. Caso se constate algo assim, solicitamos a gentileza de nos comunicar através do *e-mail* editorial@editoraforum.com.br para que possamos esclarecer, no que couber. A sua contribuição é muito importante para mantermos a excelência editorial. A Editora Fórum agradece a sua contribuição.

Dados Internacionais de Catalogação na Publicação (CIP) de acordo com a AACR2

T822   Os Tribunais de Contas, a pandemia e o futuro do controle / coordenado por Edilberto Carlos Pontes Lima. – 1. reimpressão. – Belo Horizonte : Fórum, 2021.
534p. ; 17cm x 24cm. – (Coleção IRB/Fórum ; v.4)

Inclui bibliografia.
ISBN: 978-65-5518-282-8

1. Direito financeiro. 2. Direito econômico. 3. Direito. 4. Economia. 5. Contabilidade. 6. Finanças públicas. I. Lima, Edilberto Carlos Pontes. II. Título. III. Série

2021-3445
CDD: 341.378
CDU: 34:33

Elaborado por Odilio Hilario Moreira Junior – CRB-8/9949

Informação bibliográfica deste livro, conforme a NBR 6023:2018 da Associação Brasileira de Normas Técnicas (ABNT):

LIMA, Edilberto Carlos Pontes (Coord.). *Os Tribunais de Contas, a pandemia e o futuro do controle*. 1. reimp. Belo Horizonte: Fórum, 2021. 534p. ISBN 978-65-5518-282-8.

Agradeço aos autores, que contribuíram com suas reflexões sobre os Tribunais de Contas, a pandemia e o futuro do controle. E também a Crislayne Cavalcante, Sandra Rodrigues e Gleison Diniz, sempre entusiasmados e proativos com os projetos do Instituto Rui Barbosa. Bem como agradeço ao Presidente da Editora Fórum, Luis Cláudio Rodrigues Ferreira, e à ótima equipe da editora que se envolveu nesta edição.

SUMÁRIO

PREFÁCIO
Ivan Lelis Bonilha 17

OS TRIBUNAIS DE CONTAS, A PANDEMIA E O FUTURO DO CONTROLE: UMA
INTRODUÇÃO
Edilberto Carlos Pontes Lima 19

1   O futuro do controle 21
2   O controle digital 23
3   O papel da integridade pública 25
4   Alguns comentários finais 30
       Referências 30

A ÁGUIA, A CORUJA, A HIBRIDEZ MATERIAL E A METAMORFOSE
INSTITUCIONAL DAS CORTES DE CONTAS: DA CASA DOS CONTOS AOS
TRIBUNAIS DA GOVERNANÇA PÚBLICA
Adircélio de Moraes Ferreira Júnior 33

       Introdução 33
1   A quarta revolução industrial e os Tribunais de contas como sujeito e objeto
       de transformação 36
2   O estado democrático de direito, sua imprescindível função de controle e o
       equilíbrio entre os poderes 40
3   A hibridez material e a metamorfose institucional dos tribunais da
       governança pública 44
4   O impacto da hibridez material na estruturação organizacional e nos
       critérios de deflagração e de distribuição de processos dos Tribunais de
       Contas 50
       Conclusão 54
       Referências 56

PANDEMIA FISCAL: UMA ANÁLISE ENTRE CORRUPÇÃO PÚBLICA, EVASÃO
FISCAL E COVID-19
Ahmed Sameer El Khatib 59

       Introdução 59
1   Desenvolvimento das hipóteses 63
1.1   Evasão fiscal e risco de saúde pública da COVID-19 63
1.2   Corrupção e risco de saúde pública da COVID-19 63
1.3   Efeito de moderação da corrupção 64
2   Plataforma metodológica 64
2.1   Seleção amostral 64
2.2   Modelos e variáveis de pesquisa 64

2.2.1	Variável dependente	65
2.2.2	Variáveis independentes	65
2.2.3	Variáveis moderadoras	65
3	Resultados e discussão	67
3.1	Estatísticas descritivas e matriz de correlação	67
3.2	Teste de hipóteses e discussão	68
	Considerações finais	71
	Referências	72

INOVAÇÃO NO SETOR PÚBLICO E O FUTURO DAS INSTITUIÇÕES DE CONTROLE

Ana Carla Bliacheriene, Luciano Vieira de Araújo		75
	Introdução	75
1	A inovação e o Setor Público	77
2	Inovação tecnológica na Administração Pública	82
3	Inovação no controle da Administração Pública	86
	Conclusão	88
	Referências	89

A INSERÇÃO DE DISCIPLINAS DE CONHECIMENTO COMO SUPORTE AOS TCs EM CENÁRIO PANDÊMICO: O DESIGN PARA ALÉM DO "THINKING"

Ana Sofia Carreço de Oliveira		93
	Introdução	93
1	Os Tribunais de Contas e a pandemia	97
2	As disciplinas de conhecimento como suporte ao setor público	100
3	A gestão do *design* como estratégia aos TCS	102
3.1	*Design, designer* e gestão	102
3.2	*Design*, gestão de *design* e *designer* no setor público	108
3.3	*Design*, gestão de *design* e o *designer* em TCs	113
	Conclusão	115
	Referências	117

A ATUAÇÃO DO TRIBUNAL DE CONTAS DA UNIÃO EM FACE DAS MUDANÇAS ESTRUTURAIS PROVOCADAS PELA PANDEMIA

Benjamin Zymler, Francisco Sérgio Maia Alves, Thais da Matta Machado Fernandes		121
	Introdução	121
1	Os problemas fiscais decorrentes da pandemia	122
1.1	Do "orçamento de guerra" e das medidas de estímulo econômico no Brasil	122
1.2	Dos impactos nos resultados primário e nominal e na dívida pública	123
1.3	Dos impactos da retração da economia na Receita Corrente Líquida e nos limites de despesa de pessoal estabelecidos pela LRF	123
1.4	Da necessidade de controle da despesa de pessoal num cenário de ajuste fiscal	124
2	Os novos institutos para contratações criados durante a pandemia	126
2.1	Emenda Constitucional nº 106, de 7 de maio de 2020	127
2.2	Lei nº 13.979, de 6 de fevereiro de 2020	127

2.2.1	Objetos das contratações	127
2.2.2	Nova hipótese de dispensa de licitação	128
2.2.3	Transparência Pública	129
2.2.4	Permissão de contratação de empresa sancionada	129
2.2.5	Dispensa de licitação com registro de preços	129
2.2.6	Simplificação do procedimento de dispensa de licitação	130
2.2.7	Pregão com prazos abreviados	133
2.2.8	Contratos	133
2.2.9	Outras disposições	134
2.3	Lei nº 14.065, de 30 de setembro de 2020	134
2.3.1	Novos limites de dispensa de licitação	135
2.3.2	Pagamento antecipado	135
2.3.3	RDC ampliado	136
2.3.4	Espaço de incidência da norma	136
2.3.5	Transparência pública	136
2.4	Lei nº 14.121, de 1º de março de 2021	137
2.5	Lei nº 14.124, de 10 de março de 2021	138
2.6	Lei nº 14.125, de 10 de março de 2021	139
3	A governança das instituições públicas durante a pandemia	140
3.1	Acompanhamento da estrutura de governança do Ministério da Saúde para o enfrentamento da pandemia	140
3.2	Acompanhamento da estrutura de governança do Centro de Governo para o enfrentamento da pandemia	142
4	A atuação do TCU durante a pandemia e as lições aprendidas	143
	Conclusões	147
	Referências	148

RELATÓRIO DE PESQUISA REALIZADA PARA SUBSIDIAR A ELABORAÇÃO DE PROPOSTA DE DIRETRIZES PARA A MODALIDADE DE TELETRABALHO NOS TRIBUNAIS DE CONTAS DO BRASIL

Bianca Tristão Sandri, Fábio Vargas Souza, Isabela de Freitas Costa Vasconcellos Pylro 151

	Introdução	151
1	Contexto e realidade investigada	152
2	Diagnóstico da situação-problema e/ou oportunidade	153
3	Análise da situação-problema	154
3.1	Bloco 1 – Antes da pandemia	155
3.2	Bloco 2 – Durante a pandemia	155
3.3	Bloco 3 – Pós-pandemia	158
3.4	Bloco 4 – Perfil dos respondentes	159
4	Contribuições tecnológicas e sociais	159
	Referências	161
	Anexos: Questionários da pesquisa	162

A NOVA LEI DE LICITAÇÕES E OS DESAFIOS DO CONTROLE EXTERNO

Crislayne Cavalcante, Ivan Lelis Bonilha... 173

Introdução.. 173

1 A fiscalização das contratações públicas pelos Tribunais de Contas................. 174

1.1 Competências dos Tribunais de Contas 174

1.2 Levantamento dos procedimentos de fiscalização 176

1.2.1 Competências previstas na Lei Orgânica 177

1.2.2 Fiscalização de atos ou contratos... 178

1.2.3 Auditorias 180

1.2.4 Inspeções 181

1.2.5 Acompanhamentos... 183

1.2.6 Exame do Instrumento Convocatório (art. 113 da Lei nº 8.666/93) 183

1.2.7 Objetos de fiscalização em licitações e critérios 184

2 A nova lei de licitações e os Tribunais de Contas 185

3 Os desafios do controle 187

Referências.. 188

ATUAÇÃO DOS TRIBUNAIS DE CONTAS NAS AÇÕES DE ENFRENTAMENTO À PANDEMIA DA COVID-19

Diana Vaz de Lima, Jaílson Gomes de Araújo Júnior, Leandro Menezes Rodrigues, Petrônio Pires de Paula, Rafael Larêdo Mendonça, Sabrina Reinbold Rezende 191

Proposta 191

Metodologia... 191

Achados... 192

Originalidade 192

Introdução.. 192

1 Desenvolvimento.. 194

2 Metodologia.. 198

3 Resultados.. 200

3.1 Operacionalização das atividades.. 200

3.2 Relacionamento com os jurisdicionados... 202

3.3 Meios Tecnológicos... 203

3.4 Práticas de transparência 203

3.5 Possíveis práticas no pós-pandemia 204

Considerações finais.. 205

Referências... 206

CONFLITOS DE COMPETÊNCIA E ATUAÇÃO COOPERADA: DESAFIOS E PERSPECTIVAS INTERGOVERNAMENTAIS DO CONTROLE EXTERNO BRASILEIRO

Dualyson de Abreu Borba, Fernanda Pinheiro Pantoja.................................. 209

Introdução.. 209

1 Tribunais de Contas na Estrutura Federalista Brasileira 210

2 Conflitos de competência e atuação conjunta dos Tribunais de Contas 212

Considerações finais.. 220

Referências... 221

PASSOS MÍNIMOS NECESSÁRIOS PARA ADEQUAÇÃO À LGPD PELAS CORTES
DE CONTAS BRASILEIRAS

Fabio Correa Xavier 225

1 Agentes de tratamento de dados pessoais 226

2 Ações mínimas para adequação à LGPD pelas Cortes de Contas 228

2.1 Programa de Governança em Privacidade 229

2.2 Definição do Encarregado pelo Tratamento de Dados Pessoais 232

2.3 Diagnóstico da situação atual – Inventário de Dados 235

2.4 Fortalecimento da segurança da informação 236

2.5 Revisão de contratos e convênios 241

2.6 Programa de capacitação continuada 241

  Considerações finais 242

  Referências 243

O TRIBUNAL DE CONTAS CONTEMPORÂNEO, O PROCESSO DE
TRANSFORMAÇÃO E A PANDEMIA

Fábio Túlio Filgueiras Nogueira 245

  Pensamentos preliminares 245

1 O tribunal de contas contemporâneo em construção 246

2 A pandemia e sua contribuição à mudança 252

  Referências 254

BREVES REFLEXÕES SOBRE A EFETIVIDADE DO SISTEMA BRASILEIRO
DE COMBATE À CORRUPÇÃO: A SOBREPOSIÇÃO DE AUTORIDADES E AS
METODOLOGIAS PARA CALCULAR O DANO AO ERÁRIO FEDERAL

Fernando Antônio da Silva Falcão 255

  Introdução 255

1 O sistema federal brasileiro de combate à corrupção 256

2 A sobreposição de competências entre as autoridades que compõem o
  sistema federal brasileiro de combate à corrupção 259

3 O sistema federal norte-americano de combate à corrupção 262

4 Metodologias para calcular o dano ao erário 266

  Conclusão 269

  Referências 271

INTERVENÇÕES PÚBLICAS EM UM CENÁRIO DE PANDEMIA E SUAS
CONSEQUÊNCIAS – CAUTELA E CANJA DE GALINHA NÃO FAZEM MAL A
NINGUÉM

Fernando B. Meneguin, Amanda Flávio de Oliveira 275

  Introdução 275

1 Falhas de governo e suas lições no cenário de pandemia 276

2 Matriz institucional e controle 279

  Conclusão 281

  Referências 282

CORRUPÇÃO, TRIBUNAIS DE CONTAS E JURIMETRIA: PROPOSTA DE UM SISTEMA DE INDICADORES DE CORRUPÇÃO BASEADO EM DADOS DO TRIBUNAL DE CONTAS DA UNIÃO

Gilson Piqueras Garcia 283

    Introdução... 283

1   Referencial teórico: o conceito de corrupção 284

2   Metodologia.. 289

3   Resultados.. 290

4   Propriedades dos indicadores (CIPM e VDPM) 296

    Considerações finais.. 298

    Referências 299

O PAPEL DE CONTROLE DOS TRIBUNAIS DE CONTAS E O SEU IMPACTO DEMOCRÁTICO NAS AÇÕES DE ENFRENTAMENTO À PANDEMIA DA COVID-19

Grhegory Paiva Pires Moreira Maia, Julia Natália Araújo Santos 301

    Introdução... 301

1   O controle no Estado Democrático de Direito e a gestão da coisa pública 302

2   O desenho constitucional dos Tribunais de Contas na Constituição da República de 88 e o controle externo 305

3   Para além do controle externo: o papel do Tribunal de Contas como facilitador da transparência dos recursos públicos destinados ao enfrentamento da pandemia 306

4   A experiência e a iniciativa dos Tribunais de Contas no combate e enfrentamento à COVID-19.. 308

    Algumas conclusões: impacto positivo na qualidade democrática 311

    Referências 312

OS TRIBUNAIS DE CONTAS: A PANDEMIA E O FUTURO DO CONTROLE

Inaldo da Paixão Santos Araújo, Elisa Dias Lucas...................................... 315

    Referências 325

APLICAÇÃO DA NOVA LEI DE LICITAÇÕES EM TEMPOS DE PANDEMIA DA COVID-19 E O USO DO *COMPLIANCE*

José Benito Leal Soares Neto, Rafaella Batalha de Gois Gonçalves, Rafael Soares de Cerqueira 327

    Introdução... 327

1   As fases evolutivas do *compliance* e da integridade no Brasil............................ 328

2   A nova Lei de Licitações e as exigências ligadas à integridade e ao *compliance* 333

3   Da necessidade de redução dos limites mínimos para exigência de apresentação da existência de sistema de integridade pelas empresas licitantes 336

4   A necessidade de uma fiscalização efetiva da exigência de sistemas de *compliance* 337

    Considerações finais.. 338

    Referências 339

OS EFEITOS DA PANDEMIA NA ATIVIDADE ECONÔMICA DOS MUNICÍPIOS GAÚCHOS

Luiz Gilberto Mury.. 341

Introdução... 341

1 Análise dos dados.. 343

1.1 Metodologia... 344

1.2 Comportamento do nível de emprego 344

1.3 Variação no número de empresas de Sociedade Limitada....................... 346

1.4 Arrecadação de ICMS por município 348

1.5 Arrecadação de ISSQN por município 350

2 Participação dos municípios nos resultados.. 352

2.1 Fiscalização 353

2.2 Facilitação 353

2.3 Fomento.. 354

Considerações finais... 355

Referências... 356

LEI DE RESPONSABILIDADE FISCAL: ALTERAÇÕES DE NATUREZA PERMANENTE E PROVISÓRIA EFETUADAS PELAS LEIS COMPLEMENTARES Nº 173/2020 E Nº 178/2021 E SEUS IMPACTOS NA ATUAÇÃO DOS TRIBUNAIS DE CONTAS

Luiz Henrique Lima 357

Introdução... 357

1 A LRF em três tempos: antecedentes e gênese, adaptação e implementação e flexibilização e declínio... 358

1.1 Antecedentes e gênese 359

1.2 Adaptação e implementação.. 359

1.3 Flexibilização complacente.. 362

2 A pandemia da COVID-19, o Direito Público de Emergência e as alterações na Lei de Responsabilidade Fiscal pelas Leis Complementares nº 173/2020 e nº 178/2021 e pela Emenda Constitucional nº 109/2021 364

2.1 Lei Complementar nº 173/2020 e Emenda Constitucional nº 109/2021.............. 365

2.2 Lei Complementar nº 178/2021 369

2.3 Breve síntese das alterações 374

3 Considerações sobre possíveis impactos das alterações na LRF na atuação dos Tribunais de Contas 375

Referências... 377

A CONTRATAÇÃO DIRETA POR INEXIGIBILIDADE DE LICITAÇÃO CONFORME A NOVA LEI DE LICITAÇÕES E CONTRATOS ADMINISTRATIVOS

Moises Maciel, Angélica Ferreira Rosa.. 381

Introdução... 381

1 A licitação conforme a Lei nº 14.133/2021: as principais alterações e a atuação dos Tribunais de Contas 381

2 As novas regras para a contratação direta 383

3 O processo de contratação direta conforme a Lei nº 14.133/2021 384

4 Da inexigibilidade de licitação de acordo com a nova Lei de licitações............. 387

5	Do *compliance* nas contratações diretas como forma de gestão de riscos	391
	Considerações finais	393
	Referências	393

OS TRIBUNAIS DE CONTAS DO SÉCULO XXI: ATUAÇÃO PREVENTIVA E COLABORATIVA PARA MELHORES RESULTADOS COM POLÍTICAS PÚBLICAS

Marco Antônio Carvalho Teixeira, Maria Alice Pinheiro Nogueira Gomes ... 395

	Introdução	395
1	Governabilidade e controle externo: existe um *trade-off*?	397
2	Breve contexto histórico e a inovação institucional dos Tribunais de Contas	400
3	Análise *ex ante* e o modelo prático de atuação preventiva pelos Tribunais de Contas	406
	Referências	414

EVIDÊNCIAS CIENTÍFICAS E O FUTURO DOS TRIBUNAIS DE CONTAS

Marcos Rolim ... 417

	Introdução	417
1	Uso de evidências em decisões judiciais	419
2	Controle externo com base em evidências	423
	Considerações finais	427
	Referências	429

O ENFRENTAMENTO À PANDEMIA PELO PODER PÚBLICO E SUAS CONSEQUÊNCIAS NO ENSINO

Patrícia Verônica Nunes Carvalho Sobral de Souza, Lucas Fonlor Lemos Muniz Barreto ... 433

	Introdução	433
1	A pandemia da COVID-19, questões jurídicas, retorno gradual	434
1.1	Saúde pública	435
1.2	Dos aspectos jurídicos	436
1.3	Das medidas sanitárias e o retorno gradual às aulas presenciais	438
2	Impactos da pandemia sobre o processo de aprendizagem	438
2.1	Os efeitos psicológicos nos docentes	439
2.2	A pandemia e a aprendizagem	440
2.3	O fator emocional	442
3	O ensino possível	444
3.1	Momento de adaptação	445
	Conclusão	449
	Referências	450

ACCOUNTABILITY HORIZONTAL E CONTROLE EXTERNO ESTADUAL: REFLEXOS DA MUDANÇA INSTITUCIONAL NA ATUAÇÃO DO TRIBUNAL DE CONTAS DO ESTADO DO PIAUÍ NO CONTROLE DOS RECURSOS RELACIONADOS À PANDEMIA DA COVID-19

Ramon Patrese Veloso e Silva ... 453

	Introdução	453

1	Apontamentos sobre mudança institucional e *accountability* horizontal no Brasil	455
1.1	Qualidade da democracia e os Tribunais de Contas	459
2	Processo de mudança nos Tribunais de Contas brasileiros	462
3	O Tribunal de Contas do Piauí e o combate à Pandemia de COVID-19	464
	Conclusão	467
	Referências	468

A HORA E A VEZ DO AJUSTE PREVIDENCIÁRIO

Raul Velloso	471
Introdução	471
1 Maior rigidez ou obrigatoriedade dos gastos	473
2 Previdência pública	475
3 A hora e a vez do ajuste dos RPPS	477
Referências	490

A NECESSÁRIA ESTRUTURAÇÃO DA POLÍTICA DE ASSISTÊNCIA SOCIAL NOS MUNICÍPIOS

Rodrigo Coelho do Carmo, Lara Cristini Vieira Campos Pascoal, Renata Cunha Píccoli de Assis	491
Introdução	491
1 Contexto histórico da evolução da política de Assistência Social	491
2 Da legislação aplicada à Assistência Social	492
3 Das principais unidades referenciadas do SUAS: CRAS e CREAS e suas equipes de referência	493
4 Da realidade estrutural da Assistência Social nos Municípios	495
5 Do entendimento consolidado em precedente do Tribunal de Contas do Estado do Espírito Santo	497
6 Do necessário ajuste das despesas de gasto com pessoal para viabilizar a estruturação mínima dos Centros de Referência da Assistência Social (CRAS e CREAS)	497
Conclusão	500
Referências	501

TCE-ES: A CORTE DE CONTAS QUE A PANDEMIA NÃO PAROU

Rodrigo Flávio Freire Farias Chamoun	503
Introdução	503
1 Antes da chegada da pandemia	504
2 Quando a pandemia chegou	509
3 Realinhamento dos objetivos estratégicos e metas do TCE-ES em 2020	510
3.1 Mutirão para diminuir o estoque processual	511
3.2 Política de orientação aos gestores públicos	512
3.3 Força Tarefa 1. Acompanhamento intensivo da gestão fiscal	514
3.4 Força Tarefa 2. Acompanhamento intensivo dos contratos emergenciais da pandemia	517
3.5 Força Tarefa 3. Fiscalização do processo de imunização da população	518
3.6 Força Tarefa 4. Fiscalização do retorno das aulas nas escolas públicas	520

3.7	Força Tarefa 5. Fiscalização do cumprimento das medidas de segurança sanitária	521
	Considerações finais	522
	Referências	523

SOBRE OS AUTORES 525

PREFÁCIO

Tenho a honra de apresentar o livro "Os Tribunais de Contas, a pandemia e o futuro do controle", coordenado pelo Conselheiro Edilberto Carlos Pontes Lima (TCE-CE).

A partir de uma crise sanitária sem precedentes nos últimos cem anos, que provocou tanta dor e sofrimento e resultou em perdas irreparáveis, a iniciativa de reunir em um livro reflexões sobre o futuro das instituições de controle em face das experiências institucionais com a pandemia do coronavírus tem o condão, em primeiro lugar, de prestar homenagem às vítimas diretas e indiretas dessa catástrofe.

Ao mesmo tempo, a presente obra joga luz sobre os possíveis caminhos para a adaptação do sistema de contas a este novo paradigma e, como consequência, aponta para a reconstrução de um dos alicerces sobre os quais se desenvolvem as políticas públicas, em termos ainda mais resilientes e efetivos, para atender às necessidades que se apresentam.

O leitor encontrará, nos textos a seguir, um excelente e variado retrato da diversidade de assuntos com que se deparam os Tribunais de Contas, os quais refletem o rol de competências constitucionais ao encargo dessas instituições, além de matéria para que sejam pensadas soluções inovadoras e lançados novos olhares sobre antigos desafios.

Soma-se à obrigação de enfrentamento da corrupção e do desperdício, a necessidade de ampliar a noção da função fiscalizatória, incorporando definitivamente o papel orientativo e pedagógico ao Controle Externo.

O anseio por maior efetividade demanda do controle uma atuação preventiva e colaborativa que promova a correção de rumo tempestiva, calcada na segurança jurídica, no diálogo e na transparência.

A aplicação massiva da tecnologia da informação e, como corolário, da imprescindível governança em TI, permite que se reduzam os tempos e os espaços e que sejam ampliados o alcance e a velocidade das ações de controle.

A natureza descentralizada de várias das políticas públicas exige o fortalecimento da coordenação entre os componentes do Sistema de Contas e a instrumentalização e a promoção do Controle Social.

A nova Lei de Licitações e Contratos Administrativos e as alterações de natureza provisória e permanente da Lei de Responsabilidade Fiscal reafirmam a importância do permanente aperfeiçoamento das instituições de controle e reforçam, agora em nível legislativo, as tendências apontadas anteriormente.

Por fim, deve-se destacar que esta crise sanitária, que impacta profundamente as políticas de Saúde, coloca em relevo a natureza complexa das políticas públicas e traz para a ordem do dia as consequências da pandemia para a Educação e para a Assistência Social.

A construção de instituições eficazes, responsáveis e inclusivas em todos os níveis supõe o desenvolvimento institucional em direção à conformação de procedimentos e estruturas de controle que permitam a implementação efetiva de políticas de Estado calcadas no conhecimento técnico-científico e que privilegiem a ação impessoal e transparente, bem como o desenvolvimento sustentável.

Com esta iniciativa, o Instituto Rui Barbosa (IRB), a casa do conhecimento dos Tribunais de Contas, cumpre, novamente, sua missão de contribuir para o desenvolvimento das atividades do sistema de contas brasileiro.

Boa Leitura!

Ivan Lelis Bonilha
Presidente do IRB.

OS TRIBUNAIS DE CONTAS, A PANDEMIA E O FUTURO DO CONTROLE: UMA INTRODUÇÃO

EDILBERTO CARLOS PONTES LIMA[1]

Como se sabe, a pandemia do coronavírus foi um choque de enormes proporções e de escala mundial. Além dos expressivos impactos na saúde, com mais de duas centenas de milhões de pessoas infectadas e mais de quatro milhões de mortos, os efeitos na economia foram substanciais. O Fundo Monetário Internacional calcula que o PIB global caiu 3,3% em 2020 (queda de 4,4% em termos per capita). Em alguns países, os efeitos foram mais amplos: na Espanha, a queda chegou a 11%; no Reino Unido, a 10%, na França, a 8,2%. O PIB brasileiro caiu 4,1%.

As repercussões sobre as finanças públicas foram brutais, porque as receitas despencaram com o PIB e novas despesas surgiram. Não apenas em saúde, mas os governos tiveram que atuar fortemente em fornecer políticas compensatórias para os mais atingidos: auxílios emergenciais, por meio de transferências diretas de renda, apoio aos Estados e Municípios, parcelamento e dispensa (em alguns casos) de tributos, entre outras medidas. O FMI calcula que os gastos públicos mundiais relacionados à pandemia somaram US$9,9 trilhões de dólares, dos quais US$1,3 trilhão em saúde e US$8,6 trilhões em outras despesas que não são de saúde. Além disso, foram US$6,1 trilhões em suporte de liquidez. A dívida pública bruta mundial aumentou exponencialmente, em 13% do PIB, o que também se repetiu no Brasil, onde alcançou 89% (aumento de 14% do PIB).

As instituições tiveram que se adaptar. Em muitos casos, precisaram alterar substancialmente o foco de suas preocupações, para colaborar com a solução dos problemas, sem perder a função essencial para a qual foram criadas. Os Tribunais de Contas, de uma forma geral, revelaram boa capacidade de adaptação: de sessões de julgamento por meio de videoconferência a auditorias remotas. Da generalização do trabalho à distância (teletrabalho) aos plenários virtuais. Além disso, foi preciso redirecionar o planejamento, para fiscalizar com prioridade os substanciais gastos relacionados à pandemia, que estavam originalmente fora dos planos de fiscalização.

---

[1] Agradeço os comentários e sugestões de Gleison Mendonça Diniz, isentando-o, obviamente, de eventuais equívocos do trabalho.

De uma forma geral, as instituições passaram bem nesse verdadeiro teste de estresse e implementaram iniciativas importantes.

Um papel relevante foi desempenhado pelas entidades representativas, como a Associação dos Membros dos Tribunais de Contas (Atricon), o Instituto Rui Barbosa e o Conselho Nacional dos Presidentes dos Tribunais de Contas, que lideraram diversas ações, reunindo conselheiros, presidentes e secretários de controle externo de tribunais de contas de todo o país, com a finalidade de compartilhar experiências e auxiliar as instituições com maiores dificuldades.

A boa notícia é que a quantidade de julgamentos não foi reduzida na maior parte dos Tribunais de Contas e, em vários deles, chegou até mesmo a aumentar. Mas nem tudo foram flores, obviamente. Por exemplo, as auditorias presenciais sofreram mais e só puderam ser realizadas em casos muito pontuais, o que certamente prejudicou áreas em que esses procedimentos são essenciais, como as inspeções em obras de engenharia. Em compensação, criaram-se ou reforçaram-se portais de transparência específicos em vários tribunais, buscando ampliar os instrumentos de que a sociedade dispõe para controlar o governo.

Outro ponto relevante foi a necessidade de se adaptar às substanciais mudanças legislativas, que promoveram um verdadeiro ordenamento jurídico próprio para a pandemia: emendas à Constituição, leis complementares, leis ordinárias, medidas provisórias, decretos etc. Destacam-se alterações na Lei de Responsabilidade Fiscal, com diversos de seus dispositivos e exigências afastadas temporariamente; no regime de aquisições públicas, com a permissão para dispensa de licitação e pagamentos adiantados; e no direito financeiro, com a criação de novas regras fiscais. O afrouxamento de alguns controles tornou o desafio dos Tribunais de Contas ainda maior, para evitar que os atendimentos às necessidades da pandemia degenerassem em desvios e corrupção generalizada. Se os homens não eram anjos antes da pandemia, não haveria razão para acreditar que se tornariam durante esse período difícil. Aliás, notícias de corrupção, de favorecimento, de desvios de toda ordem não faltaram. Houve denúncias, afastamentos e até prisões de diversas autoridades públicas em todas as esferas de governo, como amplamente noticiaram os jornais. Parte das irregularidades foram detectadas pela atuação dos Tribunais de Contas.

Entre as alterações legislativas mais importantes, destacam-se a Emenda à Constituição nº 103/2020, que instituiu o chamado "Orçamento de Guerra", com vigência encerrada em dezembro de 2020. Ela permitiu que o Banco Central comprasse títulos do Tesouro Nacional no mercado secundário, sem finalidade de política monetária, dispensou uma série de vedações previstas na Lei de Responsabilidade Fiscal e afastou a "regra de ouro", a que proíbe operações de crédito superarem despesas de capital. Como os gastos da pandemia eram principalmente correntes, a regra de ouro seria um obstáculo.

Findada a vigência, nova emenda à Constituição foi aprovada, a EC nº 109/2021, que incluiu nova regra fiscal, a do limite de 95% entre despesas correntes e receitas correntes. Ultrapassado esse limite, Estados e Municípios ficam obrigados a uma série de medidas para conter gastos. Embora a adesão seja facultativa, os entes que não aderirem são proibidos de receber garantias e financiamentos e refinanciamentos da União. Os

Tribunais de Contas receberam a responsabilidade de atestar o cumprimento das medidas. Outra providência a destacar foi a proibição de que sobras de duodécimos fossem transferidas para fundos próprios dos respectivos órgãos, devendo ser transferidos, no fim de cada exercício, para o respectivo tesouro.

Após essa breve introdução sobre os impactos da pandemia, as mudanças legislativas decorrentes e a capacidade de adaptação dos Tribunais de Contas, analisemos os desafios e as perspectivas mais relevantes para o controle externo nos próximos anos.

1 O futuro do controle

Refletir sobre o futuro do controle é relevante para que as instituições possam se planejar. Uma primeira observação geral é que instituições extrativistas – que existem apenas para si mesmas, autorreferenciadas, ensimesmadas, que sugam recursos públicos e pouco contribuem para o bom funcionamento social – serão cada vez menos toleradas. Ao contrário, o que a exigente sociedade demanda é rapidez, adaptabilidade aos desafios do momento e foco nas necessidades da população.

As enquetes sobre como a sociedade vê as instituições públicas são, de uma forma geral, desanimadoras. Segundo pesquisa do Datafolha divulgada em 2019, apenas 24% das pessoas confiam muito no Poder Judiciário (26% não confiam), 23% confiam muito no Ministério Público (23% não confiam), somente 7% confiam muito no Congresso Nacional (45% não confiam), apenas 4% confiam muito nos partidos políticos (58% não confiam). Esses indicadores não são muito diferentes nos Estados Unidos, onde, segundo o Instituto Gallup, apenas 18% têm grande confiança na Suprema Corte (21% confiam muito pouco) e somente 4% confiam no Congresso Nacional (52% confiam muito pouco ou nada).

A baixa confiança certamente mina a legitimidade das instituições. Estas, por sua vez, lutam pela sobrevivência e pela relevância. Não desejam tornar-se apenas um ornamento ou ser tomadas pelo descrédito social. Ao contrário, o que se almeja é uma atuação que impacte positivamente o funcionamento da sociedade e das demais instituições e que afaste qualquer vestígio de ação predadora. Esse conjunto de atributos positivos se reflete no que a nova literatura que estuda as instituições tem denominado de instituições inclusivas.[2] Nos objetivos de desenvolvimento sustentável da Organização das Nações Unidas (ONU), a chamada Agenda 2030, esses propósitos são expressos:

> A Agenda 2030 requer instituições inclusivas, efetivas, transparentes e que prestem contas para que se avance na erradicação da pobreza e no desenvolvimento sustentável. (...) Instituições inclusivas proporcionam direitos iguais e igualdade de oportunidade, de manifestação e acesso a todos os recursos e serviços disponíveis. Elas são tipicamente fundamentadas em princípios de universalidade (exemplo, acesso universal à justiça e aos serviços públicos, sistema universal de pensão estatal por idade), não-discriminação (recrutamento de servidores

---

[2] ROBINSON, James A.; ACEMOGLU, Daron. *Why nations fail*: the origins of power, prosperity and poverty. London: Profile, 2012.

com base no mérito e existência de ações dirigidas, quando for o caso, como nas situações em que certos grupos ou pessoas estão em grande desvantagem. (Tradução minha).[3]

Nessa linha, uma das características da sociedade contemporânea é a ênfase no conceito de sustentabilidade. As instituições inclusivas, incluindo as instituições de controle, devem contribuir para as gerações do presente, sem descurar das futuras gerações. Há um conjunto de medidas nessa direção, que a Agenda 2030 trata com muita propriedade. Envolvem desde preocupações com a neutralidade na emissão de carbono, passando pela reciclagem de lixo e adoção de tecnologias ambientalmente sustentáveis.

Um conceito que está no centro das preocupações é o de Environmental, Social and Governance (ESG), sigla em inglês que enfatiza a necessidade de as organizações – públicas e privadas – como um todo, se preocuparem com o meio ambiente (Environmental), com os impactos sociais de suas ações (Social) e com altos padrões de governança (Governance).

Outro traço que deve se acentuar nas próximas décadas é a rápida e substancial mudança dos padrões tecnológicos e comportamentais, o que naturalmente se reflete na dinâmica da sociedade e do governo. Isso aponta que um dos pilares para a sobrevivência das instituições é a alta capacidade de adaptação. Instituições que não buscarem a permanente atualização para as necessidades do mundo correrão sérios riscos. A pandemia foi um teste de estresse nesse sentido e, como se comentou, as instituições de controle, com óbvias variações, se saíram bem.

Dentro da perspectiva de instituições inclusivas, uma das características desejáveis que tem sido identificada para os órgãos de controle é a capacidade de fazer alertas, de agir antes que a desadministração ocorra. A literatura internacional tem apontado para a capacidade de previsão e de visão como complementares à atividade de supervisão das instituições de controle (*foresight, insight e oversight*, ver, por exemplo, OECD, 2016).[4] Essas iniciativas podem ocorrer em vários campos, como na identificação de riscos fiscais, de potenciais desequilíbrios atuariais, de necessidades de preparação para mudanças no mercado de trabalho, mas também na identificação de falhas de controle que, embora ainda não tenham causado danos, são ameaças potenciais para o setor público, entre diversas outras.

Priorizar a atuação preventiva não implica, contudo, descurar da atuação punitiva quando for necessário. Por certo, em meio a gestores corretos, que querem acertar, há, como noticiam fartamente os meios de comunicação, aqueles dispostos a enriquecer ilicitamente, a obter propinas, a cometer variados desvios de conduta. Os órgãos de controle terão que continuar nessa frente de trabalho, inclusive aperfeiçoando seus métodos. Como se sabe, a punição também tem caráter pedagógico de desestimular potenciais práticas nocivas. Na terminologia da teoria dos jogos, os agentes se comportam por indução retroativa (*backward induction*), antecipando a ação punitiva dos órgãos de controle e, por isso, contendo-se em relação a comportamentos nocivos. Por essa razão,

---

[3] UNITED NATIONS. *Global Sustainable Report 2016*. Chapter four. Inclusive Institutions for Sustainable Development, 2016. p. 63.

[4] OECD. *Public Governance Reviews. Supreme Audit Institutions and Good Governance*: oversight, insight and foresight. Paris: OECD, 2016.

a crítica de que a aplicação de sanções só tem impacto para trás, depois que "o leite derrama", deve ser relativizada.

Outro pilar decisivo para as instituições de controle é uma atuação intensiva em tecnologia, em especial em tecnologia da informação, característica amplificada pelo contexto do que tem sido denominado de governo digital. Em Lima e Diniz,[5] discute-se em detalhes a importância desse tema. Em síntese, é imprescindível a utilização de grandes bancos de dados, de softwares capazes de fazer cruzamentos e análises estatísticas sofisticadas, de sistemas que automatizem atividades rotineiras, liberando força de trabalho – altamente qualificada e em permanente treinamento –, para atividades que agreguem alto valor.

A tecnologia dirige-se tanto às áreas de prevenção às fraudes e à corrupção, quanto à avaliação de políticas públicas, campo que tende a adquirir relevância cada vez maior, notadamente após a Emenda Constitucional nº 109, de 2021, que expressamente exigiu que os órgãos da administração pública avaliassem seus programas. Mais do que uma obrigação constitucional, trata-se de uma exigência da sociedade, cada vez mais exigente e intolerante com o mau uso dos recursos públicos e em consonância com a visão de instituições de supervisão, mas também de visão e previsão, dentro dos conceitos já mencionados (*oversight, insight e foresight*).

Um terceiro pilar para a sobrevivência e relevância das instituições de controle é o funcionamento a partir de um alto padrão de governança e integridade. O conceito de liderança, pelo exemplo, exige que as instituições observem os seus próprios procedimentos com muito rigor.

Analisemos mais de perto os dois últimos pilares.

2 O controle digital

Se o governo digital é uma tendência muito forte, o controle, em particular o Tribunal de Contas, deve se apoiar fortemente nessa diretriz. Em primeiro lugar, porque ele próprio é, obviamente, uma instituição governamental, devendo manter seus procedimentos administrativos compatíveis com o restante da administração. Em segundo lugar, e mais importante, porque o controle digital tem chances muito maiores de ser tempestivo, efetivo e muito mais abrangente. Gong, Yang e Shi[6] apontam que governos pelo mundo têm identificado a transformação digital como um imperativo estratégico para atender aos seguintes objetivos: melhoria do serviço público, aproximação com o cidadão e criação de novos modelos de negócios. Eles identificaram relevantes exemplos de transformação digital nos Estados Unidos (US's Digital Government Strategy), na Europa (EU eGovernment Action Plan 2016-2020) e na China (Internet Plus Government Services).

---

[5] LIMA, Edilberto Carlos Pontes; DINIZ, Gleison Mendonça. O Tribunal de Contas no Século XXI: desafios e perspectivas. *In*: LIMA, Edilberto Carlos Pontes (Coord.). *Tribunal de Contas do Século XXI*. Belo Horizonte: Fórum, 2019.

[6] GONG, Yiwei; YANG, Jun; SHI, Xiaojie. Towards a comprehensive understanding of digital transformation: analysis of flexibility and enterprise architecture. *Government Information Quarterly*, n. 37, 2020.

Nesse particular merece destaque, no Brasil, a edição da Lei nº 14.129, de 14 de março de 2021, que dispôs "sobre princípios, regras e instrumentos para o Governo Digital e para o aumento da eficiência pública". Essa lei é um marco, porque consolidou diversos normativos dispersos e práticas adotadas em alguns órgãos, estendeu para os demais e, principalmente, estabeleceu as bases e diretrizes para o funcionamento digital do governo. É obrigatória originalmente para o governo federal, compreendida pelos Poderes Executivo, Legislativo, Judiciário, incluído o Tribunal de Contas da União e o Ministério Público da União, e pode ser aplicada por Estados e Municípios, desde que os dispositivos da lei sejam internalizados por normativos próprios desses entes.

Entre os princípios e as diretrizes que a lei estabelece destacam-se:

I) Desburocratização e simplificação da relação entre a administração pública e o cidadão. É que o acesso digital permite acessar o governo de forma muito mais fácil. É possível acessar documentos públicos, fazer cadastramentos, consultar sobre sua própria situação em qualquer dia da semana, mesmo feriados, e em qualquer horário. Além disso, a implantação de plataforma única de acesso a informações e a serviços públicos pode facilitar muito a interação. Além disso, a expressa orientação para eliminar formalidades e exigências que apresentam custos maiores que os benefícios é providência relevante;

II) Transparência. Na medida em que se torna mais fácil o acesso remoto e obriga a administração a fornecer também bancos de dados, ampliando o alcance da Lei de Acesso à Informação;

III) Uso de linguagem clara e compreensível para o cidadão comum. Os jargões profissionais costumam constituir obstáculo relevante para a compreensão do que realmente se passa na administração. Em geral, são necessários "tradutores" para que os não iniciados na linguagem administrativa possam compreender suas disposições. O estabelecimento desse princípio constitui passo importante para se avançar nesse ponto;

IV) Atuação integrada entre os órgãos e entidades da administração pública e uso de dados abertos. O compartilhamento de dados e informações e a interoperabilidade entre eles amplia as possibilidades de maior eficiência da administração pública, na medida em que facilita o cruzamento de dados e permite uma visão sistêmica dos problemas. Como cada instituição elabora seus bancos de dados levando em conta exclusivamente suas preocupações, a exigência de compartilhamento pela atuação integrada exigirá atenção para a compatibilidade entre tais dados e informações. Além disso, o reforço à política de dados abertos contribui para o controle social e para o aperfeiçoamento da administração pública;

V) Uso da tecnologia para otimizar processos de trabalho. Representa a reafir-mação de uma tendência de muitos anos, no sentido de a tecnologia ampliar a produtividade e a qualidade do serviço público. A tecnologia da informação já é uma realidade, vindo a lei a consolidá-la, porque é requisito fundamental do governo digital;

VI) Presunção de boa-fé dos usuários dos serviços públicos. Trata-se de princípio relevante, porque vê o cidadão como parceiro, e não como inimigo ou adversário do serviço público, sempre pronto a extrair alguma vantagem indevida. Presumir boa-fé do usuário pressupõe boa vontade em auxiliar, em corrigir eventuais erros de preenchimento de formulários, de abrir oportunidades para que eventuais equívocos sejam corrigidos;

VII) Acessibilidade a pessoas com deficiência, como aquelas com mobilidade reduzida e a idosos. É providência igualmente essencial, dentro das políticas obrigatórias de inclusão. Se o acesso ao cidadão deve ser facilitado ao máximo, aqueles com necessidades específicas devem receber tratamento que permita que sua dificuldade não constitua impedimento para o pleno exercício de seus direitos e deveres como cidadão, inclusive do ponto de vista do governo digital, isso inclui os idosos, que, por vezes, não lidam bem com as novas tecnologias;

VIII) Promoção do desenvolvimento tecnológico e da inovação no setor público. Trata-se, aqui, de estimular a cultura de inovação, de aprendizado contínuo, deixando para trás a filosofia de uma administração pública extremamente conservadora, reativa a mudanças. O governo digital pressupõe, portanto, o estímulo a variadas formas de renovação, de convivência com novas tecnologias, de incentivo a laboratório de inovação, entre outras formas.

O controle digital adere a todos esses princípios. Como mencionado, na condição inicial de órgão da administração pública, com a obrigação de se inserir e de liderar pelo exemplo, mas principalmente como usuário da digitalização, da integração e compatibilização dos bancos de dados para ampliar e potencializar sua atuação. Inserir-se nesse contexto e, mais que isso, ser parte da liderança nesse processo é essencial. É obviamente incompatível uma administração digital e um controle analógico.

A boa notícia é que os Tribunais de Contas têm fortemente aderido a essa tendência. Os processos de contas digitais são uma realidade, culminando com os próprios julgamentos sendo realizados por meios digitais, em diversos tribunais de contas do país. O TCE do Ceará, por exemplo, ainda em 2019, foi o primeiro a julgar todas as espécies processuais por meio de seu plenário virtual, tendência que outros tribunais vem seguindo, com algumas variações, e que foi acelerada pela pandemia. Além disso, criaram-se, no âmbito de cada Tribunal de Contas, órgãos de informação estratégica que realizam análises de risco, cruzam bancos de dados, utilizam sofisticadas plataformas de análises, tudo com o objetivo de orientar uma atuação mais inteligente e focada das instituições de controle externo.

3   O papel da integridade pública

O tema da integridade está na ordem do dia das instituições. Em busca de legitimidade social, as instituições buscam assegurar confiabilidade na sua atuação e entrega de resultados. Definir integridade é o primeiro passo. Da Organização para a Cooperação e Desenvolvimento Econômico (OECD) à *International Organization of*

Supreme Audit Institutions (Intosai), cada instituição destaca a importância do conceito e adota um que lhe parece adequado.

Robinson, Cadzow e Kirby[7] apontam que a despeito de a integridade estar nos discursos de muitas instituições e em muitas pesquisas, há pouca precisão sobre o seu real significado: alguns enfatizam a incorruptibilidade e a inviolabilidade de uma entidade; outros ressaltam a integridade como um conceito ético; há também quem mencione a confiabilidade, a imparcialidade e a coerência das instituições. Eles concluem que cinco observações deveriam constar da definição de integridade: i) os fundamentos éticos; ii) a integridade como pilar racional para a confiança nas instituições; iii) a integridade como coerência de propósitos e consistência das ações com os propósitos definidos; iv) a integridade como mais do que a observância de regras; v) a integridade vista além da inexistência de corrupção.

Examinemos mais de perto os vários conceitos de integridade que as instituições adotam. Para a OECD, por exemplo,

> Integridade pública refere-se ao alinhamento consistente e à adesão de valores, princípios e normas éticas comuns para sustentar e priorizar o interesse público sobre os interesses privados no setor público. (Tradução minha).[8]

A Organização para Cooperação e Desenvolvimento Econômico reafirma o conceito em outro documento:

> *Fazer a coisa certa, mesmo que ninguém esteja olhando*; colocar o interesse público na frente do próprio interesse; tornar as ações passíveis de escrutínio público, de modo que a pessoa média avaliaria que você fez a coisa certa, dada as informações de que dispunha no momento da decisão. (Tradução e grifos meus).[9]

Imanuel Kant, no fim do século XVIII, em *A Paz Perpétua*, já defendia algo na mesma linha, quando enunciava o princípio de que todas as ações referentes ao direito de outros homens que não fossem suscetíveis de se tornar públicas eram injustas, o que ele denominou de fórmula transcendental do direito público: "Todas as ações relativas ao direito de outros homens cuja máxima não se conciliar com a publicidade são injustas".[10]

Norberto Bobbio comenta o significado desse enunciado: é um teste, no sentido de que não seriam justas ações que, caso se tornassem públicas, suscitassem reações contrárias de tamanha magnitude que tornassem impossível a sua continuidade. Ou seja, a integridade de qualquer iniciativa pública passa, necessariamente, pelo crivo da publicidade. O escrutínio público é um termômetro que legitima ou não determinada escolha.

Já o Professor Nikolas Kirby, da Escola de Governo da Universidade de Oxford, define a integridade pública como:

---

[7] ROBINSON, Thomas; CADZOW, Lucinda; KIRBY, Nikolas. *Investigating Integrity*: a Multi-disciplinary literature review. Blavatnik School of Government. Working Paper. University of Oxford, 2018.

[8] OECD. *Recommendation of the Council on Public Integrity*. Paris: OECD, 2017. p. 3.

[9] OECD. *Public Integrity Handbook*. Paris: OECD, 2020, p. 17.

[10] KANT, Immanuel. *À paz perpétua*. Porto Alegre: L&PM, 1989. p. 114.

Busca genuína de uma instituição pública para, legitimamente, com o máximo de seus esforços e meios, alcançar o legítimo propósito da instituição, consistente com os seus compromissos. (Tradução minha).[11]

Eles aplicaram na Australia & New Zealand School of Government (ANZSOG) o conceito específico de integridade institucional da seguinte forma:

Uma virtude coletiva alcançada pela administração coordenada dos servidores públicos, que não apenas cumprem as regras e promovem valores compartilhados, mas exercem liderança e responsabilidade para assegurar que o efeito combinado dessas ações conduz a uma instituição que o público pode ver como consistente, coerente, legítima, louvável, virtuosa e confiável. Em outras palavras, não apenas as partes, mas o todo pode ser descrito como tendo integridade. (Tradução minha).[12]

Continuando, apontam que o objetivo da integridade pública é entregar quatro qualidades coletivas: busca de propósito claro e compartilhado por meio de suas melhores capacidades; legitimidade por meio de utilização de processos e procedimentos adequados, visando não apenas ao desempenho; compromissos reafirmados, de forma a assegurar a confiança; robustez, por meio de mecanismos e incentivos de *accountability*.

A Intosai, entidade que reúne as entidades nacionais superiores de controle externo, também atribui grande importância à integridade, incluindo-a em algumas de suas *International Standards of Supreme Audit Institutions* (ISSAIs). O conceito que adota está no Manual de Autoavaliação de Integridade para Instituições supremas de auditoria, elaborado pelo Tribunal de Contas da Holanda, e é bem amplo:

Refere-se à virtude, à incorruptibilidade e ao estado de ser intacto, não-enfraquecido (*unimpaired*). A integridade não apenas se refere à ausência de fraude e corrupção, mas também abrange a decência comum e o comportamento apropriado. Desse modo, é um conceito positivo e amplo, que é fortemente relacionado à cultura ética e aos princípios éticos. (Tradução minha).[13]

A ISSAI 130, que estabelece o "Código de Ética", orienta em direção a um conjunto de valores e princípios para nortear comportamentos no trabalho diário e nas situações específicas de uma entidade de controle externo. Nesse código, integridade é outra vez definida: "agir honestamente, de forma confiável, com boa fé e no interesse público".[14]

O Código de Ética detalha os riscos e controles necessários. De fato, os riscos são comuns na experiência de qualquer instituição de controle. O primeiro e mais óbvio é a captura dos órgãos de controle pelos auditados. É que a influência política e econômica pode abalar fortemente a integridade das instituições na medida em que suas ações podem ser interpretadas como proteção a certos grupos e perseguição a outros. Outro risco comum é o de membros e servidores das instituições de controle passarem a

---

[11] KIRBY, Nikolas. *An 'Institution-First' Conception of Public Integrity*. Building Integrity Programme, Oxford Blavatnik School of Government Working Paper, 2018. p. 13.

[12] ANZOG. *Being a trusted and respected partner: the APS integrity framework*. 2019. p. 11.

[13] INTOSAI. Manual into Integrity Self-Assessment for Supreme Audit Institutions. *In: Netherlands Court of Auditors*, 2013. p. 9. Disponível em: http://www.intosaicbc.org/wp-content/uploads/2016. Acesso em 18 jul. 2021.

[14] INTOSAI. *ISSAI 130*. Code of Ethics, 2019. p. 6.

perseguir uma agenda própria, dissociada do interesse público. Isso pode envolver desde corrupção, pela obtenção de vantagens pecuniárias ou de outra natureza, até o atendimento de preferências políticas e econômicas dos integrantes das instituições de controle.

Tais riscos podem ser reduzidos e controlados pela implementação de rígidos padrões de comportamento, elevada transparência e sistemas de controles internos e correições muito efetivos. A ISSAI 130 enfatiza também o papel da alta gestão e do corpo dirigente em geral, que devem deixar clara a prioridade de alto padrão ético pelos integrantes, principalmente para si mesma, dentro da filosofia de liderança pelo exemplo.

No conceito da Escola de Governo da Universidade de Oxford,[15] enfatiza-se a busca de propósitos legítimos pelas instituições. Não se trata, portanto, apenas de regular um comportamento adequado, mas de alcançar as finalidades institucionais. Desse modo, não basta que os integrantes de determinada instituição sejam honestos, eles precisam ter pleno engajamento para que a instituição cumpra o seu papel. Assim como uma caneta íntegra precisa escrever bem, sem falhar, não sendo suficiente ser bonita e ter um material caro, as instituições serão íntegras na medida em que contribuem para que se alcance a finalidade para as quais foram criadas.

O Padre Antônio Vieira, no famoso Sermão da Sexagésima, obra do Século XVII, já tratava do tema com maestria:

> Não diz Cristo: saiu a semear o semeador, senão, saiu a semear o que semeia. (...) Entre o semeador e o que semeia há muita diferença. Uma coisa é o soldado e outra coisa o que peleja; uma coisa é o governador e outra o que governa. Da mesma maneira, uma coisa é o semeador e outra o que semeia; uma coisa é o pregador e outra o que prega. O semeador e o pregador é nome; o que semeia e o que prega é ação; e as ações são os que dão ser ao pregador. Ter o nome de pregador, ou ser pregador de nome, não importa nada; *as ações, a vida, o exemplo, as obras, são as que convertem o Mundo. O melhor conceito que o pregador leva ao púlpito, qual cuidais que é? – o conceito de que sua vida têm os ouvintes.* (Grifos meus).[16]

Essa passagem capta a essência da integridade. Instituição íntegra é a que trabalha arduamente para conseguir seus objetivos. Trata-se de ação, portanto. Não é instituição de adorno ou que valoriza formalidades irrelevantes, priorizando a forma em vez do conteúdo. A liderança pelo exemplo é também destacada: o melhor conceito que o pregador leva ao púlpito é a sua própria vida. Instituição que prega integridade e não se comporta assim não convence ninguém, daí o tão valorizado conceito de liderança pelo exemplo, fundamental para as instituições que controlam.

Nessa esteira, ao exigir que as licitações dos auditados sejam escorreitas, as licitações dos órgãos de controle devem ser irretocáveis; ao pregarem transparência para os jurisdicionados, os Tribunais de Contas devem ter transparência radical em suas próprias contas e procedimentos; ao fiscalizarem a execução orçamentária dos órgãos da administração pública, a sua própria deve ser perfeita. A ação, portanto,

---

[15] KIRBY, Nikolas. *An 'Institution-First' Conception of Public Integrity*. Building Integrity Programme, Oxford Blavatnik School of Government Working Paper, 2018.

[16] SERMÃO DA SEXAGÉSIMA. *In.*: VIEIRA, Padre Antonio. *Os Sermões do Padre Antônio Vieira*. São Paulo: Montecristo Editora. 2012. p. 28.

revela-se nas dimensões interna, isto é, nas suas próprias práticas administrativas, e na dimensão externa, finalística, empregando o máximo de seus esforços para o alcance de uma administração pública que atue bem. Note-se, assim, que a dimensão interna torna-se parte da atuação externa, na medida em que a liderança pelo exemplo constitui item fundamental.

Destaque-se, desse modo, que a integridade das instituições de controle não pode ser mera formalidade, parte de discurso de dirigentes, de documentos produzidos, muitas vezes por renomados consultores externos, mas que apenas cumprem formalidade ou marketing institucional. Nesse sentido, políticas de integridade só adquirem significado se igualmente forem ação, se integrarem a "alma" da instituição, se forem percebidas como práticas permanentes e não documentos de prateleira.

Outro ponto importante que a definição da Escola de Governo da Universidade de Oxford ressalta é a utilização de meios legítimos para alcançar as finalidades. Trata-se de tema vital e extremamente sensível. Fins legítimos e meios também legítimos é o que se exige. Assim é que os procedimentos de fiscalização e julgamento devem estar muito claros, previamente definidos em lei, em resoluções e em regimentos internos de amplo acesso. Não pode haver espaço para voluntarismo, para improvisação, na busca de atingir objetivos supostamente nobres. Esse é o caminho para o descrédito, que pode até trazer vitórias no curto prazo, mas macula a atuação, além de expor os órgãos de controle a riscos relevantes de anulações de seus atos pelo Poder Judiciário, desperdiçando recursos humanos e materiais.

Nessa linha, é fundamental que haja clareza sobre os critérios de escolha para os órgãos que serão auditados, de preferência baseados em matrizes de riscos, igualmente auditáveis, de forma a afastar desconfianças sobre perseguição a adversários e proteção a amigos.

Transparência aqui é também fundamental, embora se possa argumentar sobre as vantagens de manter sigilo em alguns casos para que o efeito de surpresa possa surpreender os que estiverem praticando malfeitos. Há que se avaliar essas hipóteses com muito cuidado e tratá-las como exceção, porque os riscos de degenerescência parecem mais relevantes do que os benefícios da opacidade dos critérios de escolha. Como algumas pessoas passam a deter informações sobre que órgãos serão fiscalizados em determinado momento, abrem-se possibilidades de vazamento, de trânsito de informações privilegiadas. É um risco que instituições policiais já correm, sendo necessários procedimentos muito bem definidos e punições rigorosas em casos de desvios.

Outro ponto igualmente fundamental é a clareza e previsibilidade dos julgamentos. Instituições que adotam pesos e medidas distintos para situações idênticas não atendem ao critério de integridade. É claro que as situações concretas revelam nuances que as diferenciam de outras, mas o cuidado com a devida fundamentação e o diálogo com decisões anteriores é essencial. Além disso, estas devem estar amplamente disponíveis. Nesse sentido, são providências importantes as ferramentas digitais de busca sobre processos e decisões, com irrestrito acesso à edição de súmulas de julgamento, à publicação das decisões da forma mais ampla e transparente possível.

Dentro do contexto dos julgamentos, um cuidado especial é a preocupação com a tempestividade e, principalmente, o máximo controle para evitar prescrições. Estas abalam fortemente a confiança no sistema. Graves irregularidades deixam de ser analisadas e receber as devidas sanções, contribuindo para a impunidade e o descrédito do sistema de controle.

Aqui, outra vez, a transparência é uma aliada. Identificar em que unidade administrativa está o processo, quanto tempo ali permanece e estabelecer prazos máximos são providências fundamentais. Além disso, mecanismos e procedimentos específicos como emissão de alertas para a proximidade de prazos prescricionais, correições rigorosas para identificar e aplicar sanções, se for o caso, para os que derem causa à prescrição (efeito de *backward induction*), são elementos importantes para minimizar esse grave problema.

4   Alguns comentários finais

Este livro traz um conjunto de reflexões que abrange as preocupações dos Tribunais de Contas em atuarem como instituições funcionais, íntegras e inclusivas. Estas passaram por verdadeiro teste de estresse durante a pandemia e conseguiram, com variações, dar respostas adequadas. Reflete também preocupações com o futuro do controle, inseridos em um mundo digital, com uma sociedade exigente e impaciente, que clama por instituições eficientes e com alto padrão de integridade e governança.

É uma rica e diversa composição, reunindo autores de muitos tribunais de contas brasileiros, que abordam, sob diferentes perspectivas (de posição funcional, de Estado em que atuam, do porte de instituição etc.), as pelejas diárias e os desafios mais prementes, além da contribuição de renomados professores de universidades importantes. Por exemplo, o livro traz ricas análises de experiências do trato de Tribunais de Contas com os desafios da pandemia, além de ótimas reflexões sobre governança, regras de bom funcionamento das instituições, entre vários outros temas.

O Instituto Rui Barbosa e a editora Fórum dão continuidade à coleção que já lançou livros relevantes e que têm repercutido fortemente no meio acadêmico e na jurisprudência brasileira. Boa leitura!

Referências

ANZOG. *Being a trusted and respected partner:* the APS integrity framework. 2019.

BOBBIO, Norberto. *O Futuro da Democracia*. Rio de Janeiro: Paz e Terra, 1984.

BRASIL. Lei nº 14.129, de 29 de março de 2021. Dispõe sobre princípios, regras e instrumentos para o Governo Digital e para o aumento da eficiência pública e altera a Lei nº 7.116, de 29 de agosto de 1983, a Lei nº 12.527, de 18 de novembro de 2011 (Lei de Acesso à Informação), a Lei nº 12.682, de 9 de julho de 2012, e a Lei nº 13.460, de 26 de junho de 2017. *Diário Oficial da República Federativa do Brasil*, DF, 30 dez. de 2021. Edição 60. Seção 1, p. 3.

GONG, Yiwei; YANG, Jun; SHI, Xiaojie. Towards a comprehensive understanding of digital transformation: analysis of flexibility and enterprise architecture. *Government Information Quarterly*, n. 37, 2020.

INTOSAI. Manual into Integrity Self-Assessment for Supreme Audit Institutions. *In: Netherlands Court of Auditors*, 2013. Disponível em: http://www.intosaicbc.org/wp-content/uploads/2016. Acesso em 18 jul. 2021.

INTOSAI. *ISSAI 130*. Code of Ethics, 2019.

KANT, Immanuel. *À paz perpétua*. Porto Alegre: L&PM, 1989.

KIRBY, Nikolas. *An Institution-First Conception of Public Integrity*. Building Integrity Programme, Oxford Blavatnik School of Government Working Paper, 2018.

LIMA, Edilberto Carlos Pontes; DINIZ, Gleison Mendonça. O Tribunal de Contas no Século XXI: desafios e perspectivas. *In*: LIMA, Edilberto Carlos Pontes (Coord.). *Tribunal de Contas do Século XXI*. Belo Horizonte: Fórum, 2020. p. 101-123.

OECD. *Public Governance Reviews. Supreme Audit Institutions and Good Governance*: oversight, insight and foresight. Paris: OECD, 2016.

OECD. *Recommendation of the Council on Public Integrity*. Paris: OECD, 2017.

OECD. *Public Integrity Handbook*. Paris: OECD, 2020.

ROBINSON, James A.; ACEMOGLU, Daron. *Why nations fail*: the origins of power, prosperity and poverty. London: Profile, 2012.

ROBINSON, Thomas; CADZOW, Lucinda; KIRBY, Nikolas. *Investigating Integrity*: a Multi-disciplinary literature review. Blavatnik School of Government. Working Paper. University of Oxford, 2018.

UNITED NATIONS. *Global Sustainable Report 2016*. Chapter four. Inclusive Institutions for Sustainable Development, 2016.

VIEIRA, Padre Antonio. *Os Sermões do Padre Antônio Vieira*. São Paulo: Montecristo Editora. 2012.

Informação bibliográfica deste texto, conforme a NBR 6023:2018 da Associação Brasileira de Normas Técnicas (ABNT):

LIMA, Edilberto Carlos Pontes. Os tribunais de contas, a pandemia e o futuro do controle: uma introdução. *In*: LIMA, Edilberto Carlos Pontes (Coord.). *Os Tribunais de Contas, a pandemia e o futuro do controle*. Belo Horizonte: Fórum, 2021. p. 19-31. ISBN 978-65-5518-282-8.

A ÁGUIA, A CORUJA, A HIBRIDEZ MATERIAL E A METAMORFOSE INSTITUCIONAL DAS CORTES DE CONTAS: DA CASA DOS CONTOS AOS TRIBUNAIS DA GOVERNANÇA PÚBLICA

ADIRCÉLIO DE MORAES FERREIRA JÚNIOR

Introdução

O ambiente desafiador de metamorfose do mundo, inclusive digital, que se encontra em marcha cada vez mais acelerada, gera impactos diretos na sociedade como um todo, inclusive em suas instituições, públicas ou privadas, exigindo mudança de mentalidades, ação e liderança sistêmica em toda organização.

A magnitude dessas transformações em curso é tão grande, que, para o sociólogo alemão Beck,[1] os eventos globais cujo desenrolar testemunhamos não podem ser conceituados a partir das noções tradicionais de mudança disponíveis para a ciência social – evolução, revolução e transformação –, mas sim, a partir da ideia de metamorfose. Segundo o autor, enquanto mudança significa que algumas coisas são mutáveis e outras, no entanto, permanecem iguais, "a metamorfose implica uma transformação muito mais radical, em que velhas certezas da sociedade moderna estão desaparecendo e algo inteiramente novo emerge". E para uma adequada compreensão dessa metamorfose do mundo, o sociólogo alemão sustenta serem necessários: a exploração de novos começos, o foco no que está emergindo a partir do antigo e, também, a busca pela apreensão de estruturas e de normas futuras a partir da confusão do presente.

As Cortes de Contas, como instituições responsáveis pelo controle da administração pública brasileira, não estão alheias a esse cenário, o que torna necessário o estabelecimento de um novo paradigma de atuação para essas entidades, as quais, superando a acepção clássica do termo "contas" que acompanha a sua denominação desde o seu nascedouro, vêm se transformando em verdadeiros Tribunais da Governança Pública,

---

[1]	BECK, Ulrich. *A metamorfose do mundo*: novos conceitos para uma nova realidade. (Trad. Maria Luiza X. de A. Borges. Revisão técnica Maria Claudia Coelho). 1. ed. Rio de Janeiro: Zahar, 2018. p. 15-16.

ou seja, como órgãos promotores do aprimoramento do aparato estatal como um todo, gerando, com isso, benefícios para a sociedade.

Ocorre que, por mais paradoxal que seja, o futuro dessas instituições de controle da administração pública brasileira parece passar, de certa forma, por um necessário olhar para o passado e pelo resgate ou reafirmação da natureza híbrida dos Tribunais de Contas brasileiros como um atributo determinante de sua organicidade, considerando a arquitetura institucional do Estado desenhada pela Carta Magna brasileira e como elemento fundamental para a identidade dessas instituições, para a efetividade de sua atuação e, até mesmo, para a sua sobrevivência institucional.

Com matriz histórica na instituição Casa dos Contos de Portugal (1389), os Tribunais de Contas surgiram no Brasil em 1890,[2] pelas mãos de Rui Barbosa,[3] então Ministro da Fazenda do Governo Provisório instalado após a Proclamação da República, como um órgão urgente e necessário para o controle das contas públicas.

Nas palavras da "Águia de Haia", a criação do Tribunal de Contas era "uma das pedras fundamentais" para a "edificação republicana". Essa instituição seria um "corpo de magistratura intermediária", situado entre a administração e o legislativo, "que, colocado em posição autônoma, com atribuições de revisão e julgamento, cercado de garantias – contra quaisquer ameaças, possa exercer as suas funções vitais no organismo constitucional, sem risco de converter-se em instituição de ornato aparatoso e inútil". Somente assim, passando "por esse cadinho" em sua execução, o orçamento viria a ter a veracidade e a fidedignidade que há tempos se reclamava no Brasil.[4]

Ao conceber um órgão de revisão e julgamento, dotado de independência dos demais Poderes, Rui Barbosa terminou por idealizar um órgão híbrido de fiscalização e de julgamento das contas públicas. Essa premissa, para além do resgate histórico, tem o importante papel de resgatar as bases sobre as quais foram lançadas as estruturas desse órgão, para que elas não sejam perdidas de vista, seja na atualidade, notadamente em

---

[2] No texto constitucional, o surgimento e a presença do Tribunal de Contas se dariam apenas com a Carta Magna de 1891, que, em seu artigo 89, previa um tribunal responsável pela liquidação das contas de receita e despesa e pela verificação de sua legalidade, antes de serem prestadas ao Congresso Nacional. O referido dispositivo foi posicionado pelo Constituinte no título reservado às disposições gerais, não tendo a Corte de Contas sido sistematicamente situada dentro de quaisquer dos três poderes existentes, talvez inspirado nos ideais que levaram à sua criação, que vislumbrava a necessidade de posicionar essa nova magistratura de contas em posição equidistante entre o Legislativo e o Executivo. (BRASIL. Constituição da República dos Estados Unidos do Brasil (24 de fevereiro de 1891). Nós, os representantes do povo brasileiro, reunidos em Congresso Constituinte, para organizar um regime livre e democrático, estabelecemos, decretamos e promulgamos a seguinte. *Diário Oficial da União*, Rio de Janeiro, 24 fev. 1891. Disponível em: http://www.planalto.gov.br/ccivil_03/constituicao/constituicao91.htm. Acesso em 11 jan. 2019).

[3] Para Coelho, as razões e os motivos que levaram Rui Barbosa a propor a criação do Tribunal de Contas podem ser resumidos nas seguintes necessidades: a) de transformar o orçamento em uma instituição soberana e inviolável em sua importante missão de prover às necessidades da sociedade, por meio do menor sacrifício dos contribuintes; b) a urgência de fazer dessa lei (orçamentária) "das leis uma força da nação, um sistema sábio, econômico", protegido contra todos os desvios, poderes e vontades que ousassem perturbar o seu curso normal; c) de instalação no país da cultura do respeito à fiel execução orçamentária e ao novel regime constitucional do federalismo orçamentário; e d) reorganizar o até então vigente sistema de contabilidade orçamentária, defeituoso em seu mecanismo e fraco em sua execução. (COELHO, Jurandyr. O tribunal de contas como tribunal de justiça. *Revista do Serviço Público*, Rio de Janeiro, Departamento Administrativo do Serviço Público – DASP, v. 74, n. 3, p. 261-288, mar. 1957. p. 261-267. Disponível em: https://revista.enap.gov.br/index.php/RSP/issue/view/239/279. Acesso em 11 nov. 2020).

[4] BARBOSA, Rui. Exposição de motivos do Decreto nº 966-A, de 7 de novembro de 1890. *Revista do Tribunal de Contas da União*, v. 30, n. 82, p. 253-262, out./dez. 1999. p. 254-256. Disponível em: https://revista.tcu.gov.br/ojs/index.php/RTCU/article/view/1113. Acesso em 25 nov. 2018).

virtude de uma certa crise de identidade que assola essas instituições, seja considerando sua perspectiva futura, principalmente em um cenário de necessárias mudanças e transformações, como o vivenciado na atual quadra de metamorfose social e institucional.

O histórico déficit de legitimidade[5] do qual padecem esses órgãos de contas, a crescente hipertrofia do Judiciário,[6] um maior protagonismo do Ministério Público nos últimos tempos, entre outros fenômenos, terminam por gerar nas Cortes de Contas questionamentos existenciais, o que, por sua vez, tem consequências no modo como essas entidades exercem ou deixam de exercer suas competências constitucionais e suas atribuições.

A crise política que se instalou no Brasil a partir de 2013 impactou fortemente o padrão de funcionamento e de atuação das instituições republicanas brasileiras, o que evidenciou, ainda mais, as incertezas acerca do papel institucional dos Tribunais de Contas.

Em meio a tudo isso, a chamada *Quarta Revolução Industrial*, que se encontra em marcha cada vez mais acelerada na sociedade e que tende a ganhar ainda mais velocidade no mundo pós-pandemia,[7] reforça o atual cenário de *metamorfose*, ou seja, de significativa transformação e *disruptura* social, institucional e tecnológica.

Nesse contexto efervescente, os caminhos para suprir esse déficit de legitimidade e para buscar respostas para os questionamentos existenciais das Cortes de Contas passa pela consciência crítica e a racionalização acerca da sua hibridez material como elemento fundamental de sua organicidade, o que tem como consequência direta o impacto no

---

[5] Sobre o déficit de legitimidade dos Tribunais de Contas, seus diagnósticos e prognósticos, vide Ferreira Júnior (FERREIRA JÚNIOR, Adircélio de Moraes. *O bom controle público e as cortes de contas como tribunais da boa governança*. Dissertação (Mestrado em Direito), Universidade Federal de Santa Catarina, 2015. p. 115-132. Disponível em: https://repositorio.ufsc.br/xmlui/bitstream/handle/123456789/134784/333913.pdf?sequence=1&isAllowed=y. Acesso em 13 jun. 2018).

[6] Sobre a expansão da autoridade do Judiciário, em especial do Supremo Tribunal Federal (STF), em detrimento dos demais poderes, Vieira cunhou a expressão *supremocracia* para descrever o fenômeno da mudança de equilíbrio do sistema de separação de poderes no Brasil, onde o Judiciário vem cada vez mais legislando e administrando. A partir da abordagem de Vieira acerca do fenômeno da supremocracia e do mal-estar constitucional por ele provocado, é possível destacar a postura institucional como um dos fatores que levaram ao fortalecimento do papel do STF e, consequentemente, do Judiciário no sistema político e jurídico brasileiro. O autor classifica as posturas institucionais em quatro tipos: de deferência, responsividade, omissão ou usurpação, identificando, ainda, uma zona de penumbra entre elas. As duas primeiras seriam posturas judiciais legítimas, enquanto as duas últimas seriam degeneradas, por "se distanciarem daquilo que determina a norma constitucional, assim como os padrões doutrinários dominantes num determinado contexto". E conclui, analisando a sua conduta nas últimas três décadas, que a Suprema Corte brasileira se movimentou de uma postura mais omissa para uma mais deferente, avançando para uma atitude mais responsiva, para, a partir da crise política que se instaurou no País em 2013, tomar algumas decisões que poderiam ser consideradas usurpadoras. E essa postura concentradora do STF, por ser a mais alta corte judiciária do País, termina inspirando e contaminando os órgãos inferiores com esse viés disfuncional. E o processo de hipertrofia do Judiciário provoca um movimento que se retroalimenta, gerando, como reação, um crescente aumento na procura pela Justiça como um *locus* de resolução de todos os problemas da sociedade. (VIEIRA, Oscar Vilhena. Supremocracia. *Revista Direito GV*, São Paulo, v. 4, n. 2, jul./dez. 2008. Disponível em: http://www.scielo.br/scielo.php?script=sci_arttext&pid=S1808-24322008000200005. Acesso em 11 jan. 2015; VIEIRA, Oscar Vilhena. *A batalha dos poderes*: da transição democrática ao mal-estar constitucional. 1. ed. São Paulo: Companhia das Letras, 2018. p. 174-178).

[7] Sobre reflexões acerca do mundo pós-pandemia, vide Garcia, que analisa as consequências da pandemia do novo coronavírus, que atingiu a humanidade no ano de 2020 e traz algumas ponderações para o futuro da sociedade contemporânea, principalmente a partir dos diversos matizes (sanitário, humano, social, político, econômico, ambiental) das crises que se instalaram com a inesperada experiência. (GARCIA, Marcos Leite. A pandemia da covid-19 e o futuro da sociedade contemporânea: algumas reflexões sobre lições para o amanhã. *Revista de Teorias da Democracia e Direitos Políticos, Encontro Virtual*. v. 6, n. 2, p. 76-97, jul./dez. 2020. Disponível em: https://www.indexlaw.org/index.php/revistateoriasdemocracia/article/view/7084/pdf. Acessado em 22 fev. 2021).

modo como essas instituições de controle devem se auto-organizar, devendo nortear a estruturação organizacional interna, a postura institucional desses órgãos, o papel que cada categoria de agente público tem dentro da organização, a maneira como se iniciam e se desenvolvem os seus procedimentos de fiscalização e de julgamento, as formas de autuação e os critérios de distribuição dos processos de controle externo.[8]

Mas, mais do que isso, é preciso analisar criticamente e repensar a forma de atuação desses órgãos de controle, a fim de que, considerando o atual arquétipo de instituições republicanas existentes e as transformações em curso, identifiquemos qual o real papel dos Tribunais de Contas, como essas instituições podem e devem exercê-lo e, ainda, quais podem ser suas contribuições e entregas efetivas para os indivíduos e para a coletividade.

Essa ressignificação orgânica tem relação direta com a atual quadra histórica de transformação pela qual passa a nossa sociedade. E as respostas a esses questionamentos passam, necessariamente, pela análise acerca da importância da natureza híbrida dos Tribunais de Contas como um elemento orgânico essencial, de ossatura constitucional, que termina por defini-lo ontologicamente e distingui-lo das demais instituições democráticas e republicanas, cada uma com seus importantes papéis e funções delimitadas constitucionalmente.

O ambiente em ebulição, provocado pelo surgimento a todo instante de novas ferramentas de tecnologia da informação, exige que as Cortes de Contas estejam permanentemente receptivas para a incorporação de novos instrumentos tecnológicos disponíveis e viáveis às suas rotinas e procedimentos. E que exijam essa mesma postura receptiva dos órgãos por elas controlados, fomentando, ainda, a cultura da inovação no ambiente da administração pública.

Mas, para além desse natural e necessário movimento de atualização digital e de disruptura provocado pelo surgimento constante de novas tecnologias, ganham relevo novas práxis de controle, e alguns aspectos fundamentais relacionados e que guardam compatibilidade com a hibridez material dessas instituições são identificados como necessários a esse processo evolutivo, dentre os quais podem ser destacados a estruturação organizacional e os critérios de deflagração e de distribuição de processos e procedimentos.

1 A quarta revolução industrial e os Tribunais de contas como sujeito e objeto de transformação

A preocupação com o impacto das novas tecnologias no nosso modo de vida não é recente. Em 1930, na esteira do pessimismo que tomou conta do mundo pós-depressão, Keynes[9] publicou um artigo que, durante muito tempo, foi tratado como uma obra

---

[8] Acerca da hibridez material como elemento determinante da organicidade dos Tribunais de Contas e suas consequências na conformação e atuação dessas instituições de controle, vide Ferreira Júnior (FERREIRA JÚNIOR, Adircélio de Moraes. *A hibridez material das cortes de contas como atributo determinante de sua organicidade e a metamorfose institucional dos tribunais da governança pública*. Tese (Doutorado em Direito), Universidade Federal de Santa Catarina, 2021. Disponível em: https://tede.ufsc.br/teses/PDPC1522-T.pdf. Acesso em 2 jul. 2021).

[9] KEYNES, John Maynard. *Economic Possibilities for our Grandchildren. Essays in Persuasion*. New York: W. W. Norton & Co., 1963.

menor de sua autoria, fruto de um mero exercício de divertimento ou diletantismo, causando estranheza pelo fato de o homem que salvou o capitalismo do fracasso ter chegado muito próximo de advogar o fim do trabalho e dos juros.[10]

Nele, o autor convida o leitor a desembaçar a visão pessimista do presente e a voar para um futuro otimista, cem anos à frente, no qual o progresso tecnológico (aplicado nos diversos segmentos produtivos da economia), juntamente com o acentuado aumento de produtividade dele decorrente, libertaria a sociedade do seu problema econômico (escassez de recursos) e, por via de consequência, desprenderia as pessoas de suas elevadas cargas de trabalho por subsistência, criando um mundo de bem-estar social.

Isso porque esse fenômeno, aliado com o acúmulo de capitais, geraria um *desemprego tecnológico*, cuja solução passaria, necessariamente, pela redução na carga laboral das pessoas, o que possibilitaria a elas mais horas de lazer e menos horas de trabalho.[11]

Mais recentemente, Susskind e Susskind[12] analisaram o impacto das novas tecnologias em algumas profissões, dentre as quais as de advogado, administrador, contador, auditor, administrador, economista e analista de sistemas, concluindo que não será mais possível pensar nessas carreiras em seus formatos tradicionais, já que haverá uma inevitável e profunda transformação no desempenho de suas atividades e na forma com que esses profissionais se relacionam com sua clientela. Isso ocorrerá em virtude de um ganho de eficiência decorrente da automação de determinadas tarefas e da disruptura na execução de trabalhos mais nobres, os quais demandam um conhecimento especializado.

Essa noção aplica-se perfeitamente, também, às instituições, o que inclui os Tribunais de Contas. Não será mais possível pensar nessas instituições de controle em sua configuração convencional. E é curioso observar que muitas das atividades impactadas pelas novas tecnologias, relacionadas pelos autores da obra *O Futuro das Profissões*, integram justamente o portfólio curricular necessário para o perfil dos cargos dos agentes que formam o componente humano da atuação transdisciplinar dos Tribunais de Contas.

A Quarta Revolução Industrial, por sua vez, na modelagem sugerida por Schwab, procura explorar "a dinâmica, os valores, as partes interessadas e as tecnologias de um mundo em transformação",[13] criando "a oportunidade para que um amplo espectro de líderes e cidadãos pensem mais profundamente sobre as relações entre as tecnologias e

---

[10] SCHWARTSMAN, Hélio. Keynes previu 15h de trabalho por semana. *Folha de São Paulo*, São Paulo, 4 jul. 2009. Mercado. Disponível em: https://www1.folha.uol.com.br/fsp/dinheiro/fi0407200918.htm. Acesso em 19 jan. 2020.

[11] Para Schwartsman, o texto fica mais intrigante ao levantar, a partir do cenário futurista traçado, a hipótese de uma espécie de emancipação moral do homem, já que "a acumulação de riquezas deixaria de ser percebida como algo importante e estaríamos livres para retornar a uma ética mais tradicional que condena a avareza, a usura e o amor pelo dinheiro". Porém, o próprio Keynes alerta que este novo tempo ainda não havia chegado: "por pelo menos mais um século, devemos fingir, para nós mesmos e para os outros, que o justo é injusto e o injusto é justo; pois o injusto é útil e o justo não é". Embora o pensador britânico tenha acertado em relação ao forte crescimento econômico, parece ter negligenciado a questão da distribuição da riqueza e "superestimado o desejo das pessoas de deixar de trabalhar, mesmo quando podem fazê-lo". (KEYNES, John Maynard. *Economic Possibilities for our Grandchildren*. *Essays in Persuasion*. New York: W. W. Norton & Co., 1963; SCHWARTSMAN, Hélio. Keynes previu 15h de trabalho por semana. *Folha de São Paulo*, São Paulo, 4 jul. 2009. Mercado. Disponível em: https://www1.folha.uol.com.br/fsp/dinheiro/fi0407200918.htm. Acesso em 19 jan. 2020).

[12] SUSSKIND, Richard; SUSSKIND, Daniel. *The future of the professions*: how technology will transform the work of human experts. New York: Oxford University Press, 2017.

[13] SCHWAB, Klaus. *Aplicando a quarta revolução industrial*. 1. ed. São Paulo: Edipro, 2018. p. 303.

a sociedade" e permitindo a compreensão sobre "as maneiras pelas quais nossas ações (e omissões) coletivas criam o futuro".

E alerta Schwab que essa revolução "exige uma mudança de mentalidades",[14] na qual não bastará "apenas apreciar a velocidade das mudanças, a escala da disrupção e as novas responsabilidades implicadas pelos desenvolvimentos e pela adoção das tecnologias emergentes". Será preciso o envolvimento de todos os segmentos da sociedade (indivíduos e coletividades), inclusive suas instituições públicas, as quais, por meio de uma "liderança sistêmica", envolverão "novas abordagens para a tecnologia, a governança e os valores".

Para Schwab,[15] uma das características da Quarta Revolução Industrial, e, talvez, do século XXI, é o ritmo desconfortável a que poderá chegar a velocidade de mudanças tecnológicas e transformações delas decorrentes. Essa cadência crescente de inovações tem sido desafiadora, de maneira especial, para os governos e demais autoridades públicas, que já têm sentido os seus efeitos e consequências.

O desenvolvimento de normas é uma tarefa fundamental da governança em tecnologia, mas as abordagens atuais não são suficientes para fazer frente a essa demanda, em virtude do escopo, da abrangência, do impacto e da velocidade das transformações que vêm sendo provocadas pela Quarta Revolução Industrial, na qual "liderança em governança significa *explorar novas abordagens* para uma governança mais *ágil, adaptável e antecipatória*".[16]

Muito embora os governos venham a exercer de maneira natural "um papel crítico para a definição das estruturas para uma governança mais ágil para a sociedade, a liderança da governança em tecnologia na Quarta Revolução Industrial não é algo que pode ou deve ser domínio único dos governos". Esse desafio é multilateral e é imposto aos mais diversos segmentos da sociedade, e, por essa razão, demanda o envolvimento de todos esses atores, os quais podem incentivar a criação de abordagens mais eficazes e sustentáveis no que diz respeito à governança em tecnologia, para, com isso, impactar de maneira positiva e significativa os rumos e definições do futuro.[17]

Essa realidade desafiadora se impõe diante não apenas dos Tribunais de Contas, mas de todas as instituições republicanas de governo que formam o Estado Democrático de Direito no Brasil, as quais devem assumir o protagonismo da liderança sistêmica necessária para a condução da sociedade em um ambiente de aceleradas transformações.

A maior importância que a informação assume no atual contexto social impacta, de maneira direta e significativa, o modo como os Tribunais de Contas lidam com ela, para as inúmeras entregas que fazem ou que potencialmente podem fazer à sociedade.

E esse impacto não se restringe apenas ao modo, mas, também, e acima de tudo, reflete nas expectativas e frustrações por parte dos destinatários, em relação ao produto gerado por essas instituições.

Em outras palavras, as inovações tecnológicas esperadas e necessárias não se resumem aos meios utilizados por esses órgãos de controle no exercício de sua missão,

---

[14] SCHWAB, Klaus. *Aplicando a quarta revolução industrial*. 1. ed. São Paulo: Edipro, 2018. p. 303.

[15] SCHWAB, Klaus. *Aplicando a quarta revolução industrial*. 1. ed. São Paulo: Edipro, 2018. p. 309.

[16] SCHWAB, Klaus. *Aplicando a quarta revolução industrial*. 1. ed. São Paulo: Edipro, 2018. p. 311.

[17] SCHWAB, Klaus. *Aplicando a quarta revolução industrial*. 1. ed. São Paulo: Edipro, 2018. p. 311.

mas dizem respeito diretamente ao resultado efetivo dessa atuação e o impacto que ela causa na sociedade.

Os Tribunais de Contas, portanto, a exemplo das demais instituições públicas e privadas, estão inseridos em um ambiente efervescente causado pelas dinâmicas e abrangentes transformações em curso, as quais, por sua vez, terminam incentivando novas mudanças em uma espécie de circuito não linear e demandas por parte da sociedade.

Nesse cenário, são necessários a exploração de novos começos, o desbravamento de caminhos ainda não trilhados e a busca por novos rumos, os quais pressupõem um processo de reinvenção institucional, por meio de um redimensionamento material ou substantivo e de uma releitura procedimental ou adjetiva.

Além disso, é preciso olhar atento no que está emergindo, procurando assimilar as mudanças sob seus vários aspectos, principalmente as tecnológicas, que são constantemente criadas em verdadeiros ecossistemas de inovação e tecnologia que existem ao seu redor.

Procurar constantemente apreender estruturas e normas futuras, sejam elas internas ou externas em relação à própria instituição, também é uma postura essencial para essas instituições nesse contexto de transformações.

Ocorre que, para assimilar as tendências futuras, muitas vezes, é preciso compreender o presente e revisitar o passado. O êxito nessa caminhada, no sentido de uma transformação institucional e digital dos Tribunais de Contas, depende muito do devido encaminhamento de soluções para algumas questões, ainda do seu universo analógico, que não foram tratadas ou, sequer, diagnosticadas.

Ainda que não venham a ser devidamente prognosticadas ou equacionadas, é importante que essas disfunções existentes sejam, pelo menos, identificadas e diagnosticadas, a fim de não passarem despercebidas em eventuais alterações ou reformas legislativas ou constitucionais necessárias, e que seguramente virão com o tempo, relacionadas à instituição de controle Tribunal de Contas.

Dentre essas questões merecedoras de atenção especial nesse processo transformador, encontra-se a necessidade de uma (auto)consciência crítica e de reconhecimento da importância de uma *hibridez material* como elemento determinante da organicidade ou da identidade orgânica das instituições de contas e, portanto, fundamental para o seu funcionamento e até mesmo para a sua existência institucional.

Em outras palavras, essa ontologia híbrida das Casas de Contas é o que as define como órgãos de controle e o que as distingue, dentro do aparelho estatal, das demais instituições republicanas, previstas constitucionalmente.

E a tarefa torna-se ainda mais desafiadora se analisada a partir da perspectiva peculiar de um órgão de controle como é a Corte de Contas, a qual, além de ser responsável por conduzir adequadamente a suas próprias mudanças, tem por incumbência nata, inerente a uma entidade fiscalizadora, zelar ou contribuir para que as transformações nos demais órgãos públicos por ela controlados ocorram de maneira satisfatória.

Os Tribunais de Contas são, ao mesmo tempo, objeto desse processo de metamorfose do mundo (social, digital, institucional), a partir do momento que sofrem, como instituição, os efeitos desse ambiente transformador, e são sujeitos nessa evolução, já que, como entidades de fiscalização de outros órgãos, principalmente a partir de um novo paradigma de controle que se impõe, são responsáveis, em grande medida, pelas mudanças em todas as instituições públicas, que estão sob sua jurisdição, e, também, sobre si mesmos.

Dito de outra maneira, as Cortes de Contas não são apenas agentes de transformação de si mesmas, mas, também, dos demais órgãos públicos que estão submetidos ao seu controle. E essa constatação traz para essa sua desafiadora missão uma carga ainda maior de relevância e complexidade.

2 O estado democrático de direito, sua imprescindível função de controle e o equilíbrio entre os poderes

Não existe administração sem que haja controle. Uma atividade é intrínseca e inerente à outra. E a administração pública não é exceção a essa regra, estando ela sujeita a uma multiplicidade de controles, os quais têm por objetivo não apenas impedir que se desvie de suas finalidades, mas, também, que cumpra de maneira mais eficiente e eficaz as suas finalidades. Esses controles englobam, cada vez mais, tanto aspectos de conveniência e oportunidade, quanto de legalidade e legitimidade.

Essa percepção acerca da necessidade de controle dos atos públicos e de uma função específica para executar essa tarefa não é de hoje e remonta à antiguidade. Aristóteles[18] demostrava essa preocupação ao afirmar que como muitas, para não dizer todas, funções de governo "movimentam grandes somas de dinheiro, existe a necessidade de que um outro órgão cuide da prestação de contas e da auditoria deles, não tendo nenhuma outra função além dessa. Estes funcionários são conhecidos como examinadores, auditores, contadores, controladores".[19]

A atual democracia que conhecemos é fruto de uma série de movimentos iniciados a partir do século XVII, por meio dos quais a burguesia havia, em um primeiro momento, procurado limitar os poderes do rei e da igreja.

Esses movimentos estavam relacionados com as ideias *iluministas,* as quais defendiam a instituição da república em substituição à monarquia, em virtude das crescentes insatisfações no seio da sociedade com essa forma de governo.

Foram as ideias iluministas que inspiraram a Revolução Americana, em 1776, e, posteriormente, a Revolução Francesa, em 1789, verdadeiros marcos históricos para a era contemporânea, simbolizando o início da ruptura da estrutura organizacional do Estado para o regime democrático e para a forma republicana de governo.

Com isso, o Estado de Direito funde-se com o Estado Democrático, surgindo a figura do Estado Democrático de Direito, movimento que, no Brasil, deu-se a partir da Proclamação da República, em 1889, com a sua subsequente positivação normativa por

---

[18] ARISTÓTELES. *Política.* São Paulo: Martin Claret, 2007. p. 231.

[19] Ao abordar a distribuição das funções de governo, já previa a existência de uma corte de contas, apontando oito espécies de tribunais existentes na parte judiciária do governo: 1) tribunal de contas; 2) que julga os danos causados à Cidade; 3) que julga as ofensas à constituição; 4) para decidir disputas entre os magistrados e os cidadãos comuns quanto a penas; 5) para decidir quanto a questões relativas a contratos entre particulares; 6) os que julgam os homicídios [...]; 7) tribunais para estrangeiros, nos casos entre eles e os cidadãos; e 8) tribunais para pequenas causas. (ARISTÓTELES. *Política.* São Paulo: Martin Claret, 2007. p. 177).

meio da Carta Constitucional promulgada em 1891, a primeira constituição republicana brasileira.

Nesse Estado Democrático de Direito, alguns valores passam a ser protegidos juridicamente, tais como a soberania popular e o regime representativo de governo, os direitos fundamentais da pessoa humana e a separação de poderes.

Dentre os direitos fundamentais, mais recentemente, ganhou importância e reconhecimento o direito fundamental à boa administração pública[20] e, como consectário desse, o direito fundamental ao bom controle público.[21]

Nesse contexto, não apenas como elemento necessário para assegurar a concretização daquelas garantias fundamentais, mas, também, para dar materialidade a esse direito fundamental à boa administração pública, assume ainda maior relevo a função de controle do Poder Público, imprescindível, portanto, para o funcionamento do Estado Democrático de Direito.

Scapin,[22] com muita propriedade, destaca que a própria etimologia da palavra República (do latim *res publica*, que significa, literalmente, "coisa pública") seria, por si só, suficiente para justificar a necessidade imprescindível do controle sobre a atuação do Estado Republicano.

Deve-se a Montesquieu,[23] com a publicação da obra *O Espírito das Leis*, em 1748, o importante desenho de uma arquitetura de Estado que terminou por consagrar a clássica teoria da divisão tripartite de funções, a qual, por sua vez, tornou-se princípio basilar de organização política, convertendo-se em verdadeiro dogma do Estado Moderno.

Para o pensador francês, "tudo estaria perdido se o mesmo homem ou o mesmo corpo dos principais ou dos nobres, ou do povo, exercesse estes três poderes: o de fazer

---

[20] Freitas, inspirado no art. 41 da Carta dos Direitos Fundamentais da União Europeia, proclamada solenemente em Nice pelo Parlamento, pelo Conselho da União e pela Comissão Europeias, em 7 de dezembro de 2000, interpreta o direito fundamental à boa administração como "o direito fundamental à administração pública eficiente e eficaz, proporcional cumpridora de seus deveres, com transparência, sustentabilidade, motivação proporcional, imparcialidade e respeito à moralidade, à participação social e à plena responsabilidade por suas condutas omissivas e comissivas". No mesmo sentido, Mallén defende que esse direito configura em si mesmo uma espécie de direito-garantia ou instrumental, que possibilita a defesa de outros direitos, não se tratando, por isso, de um direito criado, mas, sim, de um novo traço, a partir de elaboração autônoma em um cardápio que atribui unidade a diversos outros direitos esparsos na ordem jurídica da sociedade. (FREITAS, Juarez. *Direito fundamental à boa administração pública*. 3. ed. São Paulo: Malheiros, 2014. p. 21-22; MALLÉN, Beatriz Tomás. *El derecho fundamental a una buena administración*. 1. ed. Madrid: Instituto Nacional de Administración Pública, 2004. p. 42).

[21] Sobre o tema, vide Ferreira Júnior, que, a partir da vinculação da atuação estatal com os princípios e valores constitucionais consagrados pelo Estado brasileiro, dentre os quais a justiça financeira e o direito fundamental à boa administração e à governança pública, sustenta que os Tribunais de Contas, "como órgãos titulares da função de controle da administração pública, colocam-se na posição de promotores ou garantidores do cumprimento desses compromissos constitucionais, devendo cobrar esse engajamento e a adoção de uma boa governança pública por parte de seus jurisdicionados". A atuação do Estado na sociedade se dá por meio de suas políticas públicas de tributação e de gasto, as quais devem ser norteadas pelos ideais de eficiência e de eficácia. A partir dessas premissas, o autor defende um novo paradigma de controle por parte dos órgãos de contas, "mais eficiente, eficaz, racional e abrangente, que se traduz na ideia de bom controle público, alçado também à condição de direito fundamental na sociedade contemporânea". (FERREIRA JÚNIOR, Adircélio de Moraes. *O bom controle público e as cortes de contas como tribunais da boa governança*. Dissertação (Mestrado em Direito), Universidade Federal de Santa Catarina, 2015. p. 7. Disponível em: https://repositorio.ufsc.br/xmlui/bitstream/handle/123456789/134784/333913. pdf?sequence=1&isAllowed=y. Acesso em 13 jun. 2018).

[22] SCAPIN, Romano. *A expedição de provimentos provisórios pelos Tribunais de Contas*: das "medidas cautelares" à técnica antecipatória no controle externo brasileiro. Belo Horizonte: Fórum, 2019. p. 43-44.

[23] MONTESQUIEU, Charles de Secondat. *O espírito das leis*: as formas de governo, a federação, a divisão dos poderes, presidencialismo versus parlamentarismo. 4. ed. São Paulo: Saraiva, 1996.

leis, o de executar as resoluções públicas, e o de julgar os crimes ou as divergências dos indivíduos".[24]

Ocorre que se essa teoria foi inovadora na sua época e fundamental para as transformações que se sucederam na forma de organização do Estado, hoje ela parece não mais ser suficiente para que o Poder Público possa enfrentar os complexos desafios que surgem à sua frente e para atender de maneira satisfatória às demandas de uma sociedade cada vez mais informada, crítica e exigente.

A crise de identidade do Estado brasileiro, que tem raízes em questões históricas sociais e econômicas, está inserida em uma paisagem maior, "que retrata o conflito por que passa o Estado Moderno como um todo, fragilizado e impotente diante de uma pressão global e heterárquica exercida por uma ordem mundial múltipla e plural", como é a que emerge e se solidifica a partir de uma sociedade contemporânea cada vez mais dinâmica.[25]

A partir da metáfora de um *Leviatã* impotente diante das exigências de uma sociedade contemporânea hipercomplexa e globalizada, na qual predominam os fatores técnico e econômico, Neves[26] aborda como esse fenômeno gera uma disfunção na sua relação com *Têmis*, vista não mais como apenas um signo abstrato de justiça, mas, sim, como uma meta concreta a ser atingida pelo Estado. E sustenta a importância de uma convivência sólida, horizontal e profícua entre esses dois símbolos na construção de um Estado Democrático de Direito com condições de efetivamente responder àquelas profundas questões que lhes são confrontadas nos dias de hoje.

De forma que a divisão dos poderes ou funções do Estado em três parece não mais ser suficiente para que o Poder Público possa responder às demandas e aos anseios da sociedade contemporânea. Com isso, a necessária superação da teoria tripartite de poderes impõe uma nova visão acerca da atuação por parte das Cortes de Contas.

Ackerman[27] sustenta uma nova abordagem em relação à separação e à distribuição de poderes e funções entre os órgãos estatais, levando em consideração não apenas as figuras do Poder Executivo ou do Parlamento, mas, também, o papel dos tribunais e das agências administrativas ou reguladoras. A partir dessa concepção, o autor sustenta não propriamente uma separação de poderes, mas, sim, uma distribuição de funções.

De fato, na complexa dinâmica social contemporânea, os grandes temas dificilmente serão enfrentados a contento a partir da teoria tripartite da separação de poderes. E esse problema é agravado a partir do cenário de hipertrofia do Judiciário atualmente vivenciado. E, ainda que haja o reconhecimento e a reafirmação das competências e da autonomia dos demais poderes e órgãos autônomos, é preciso que haja equilíbrio

---

[24] MONTESQUIEU, Charles de Secondat. *O espírito das leis*: as formas de governo, a federação, a divisão dos poderes, presidencialismo versus parlamentarismo. 4. ed. São Paulo: Saraiva, 1996. p. 181.

[25] FERREIRA JÚNIOR, Adircélio de Moraes. *O bom controle público e as cortes de contas como tribunais da boa governança*. Dissertação (Mestrado em Direito), Universidade Federal de Santa Catarina, 2015. p. 31. Disponível em: https://repositorio.ufsc.br/xmlui/bitstream/handle/123456789/134784/333913.pdf?sequence=1&isAllowed=. Acesso em 13 jun. 2018.

[26] NEVES, Marcelo. *Entre Têmis e Leviatã*: uma relação difícil; o Estado Democrático de Direito a partir e além de Luhmann e Habermas. São Paulo: Martins Fontes, 2006.

[27] ACKERMAN, Bruce. The new separation of powers. *Harvard Law Review*, v. 113, n. 3, p. 633-725, jan. 2000. p. 634-639.

na atuação dos diversos atores, sem que haja a interferência indevida de um órgão ou poder na esfera de competência e de atuação do outro.

Um exemplo bastante atual desse déficit de atuação institucional dos poderes e órgãos constituídos é a gestão da Pandemia da COVID-19 no Brasil, tanto sob o ponto de vista da área da saúde, que seria o objeto imediato de uma abordagem para a crise, quanto a partir da perspectiva da economia, que, embora fosse um enfoque mediato ou secundário, deveria ser enfrentado de maneira urgente, sob pena de agravamento dos impactos negativos causados pela disseminação da doença na economia e nas contas públicas. No entanto, a realidade demonstra que todos os poderes e órgãos constituídos vêm falhando gravemente no enfrentamento da doença.

O agigantamento das funções dos três poderes é consequência direta do aumento das demandas da sociedade moderna e da ampliação da complexidade dessas exigências, aliados à resistência em se reconhecer outros poderes ou órgãos como atores necessários no processo de construção de respostas tempestivas e satisfatórias aos cidadãos.

Ferrajoli[28] analisa as estruturas de poder do Estado, a partir da perspectiva das funções de governo e das funções de garantia. Para o jurista italiano, ao contrário da legitimação democrática das funções de governo, que reside na representação e no consenso, as funções de garantia, dentre as quais ele situa a jurisdição e também a função de controle, legitimam-se, em primeiro lugar, pela natureza tendencialmente cognitiva de seus pressupostos, decorrente da submissão de seu exercício ao princípio da legalidade, e, em segundo lugar, pelo papel de contrapoder assumido pelo julgador em relação aos poderes políticos majoritários, na garantia dos direitos dos cidadãos.

Também sob esse ponto de vista, essa constatação reafirma a necessidade de um protagonismo maior dos Tribunais de Contas, como titulares que são de uma parcela das funções de garantia estatal, no sentido de buscarem a concretização dos direitos e garantias fundamentais, dentre as quais o da boa administração pública e os diversos direitos dele decorrentes, o que faz com que esses órgãos de controle assumam uma amplitude e um alcance muito maiores, inclusive em algum espaço da governança, cujas funções desenham uma arena política e cujos parâmetros de avaliação são a eficiência, a eficácia e os resultados obtidos, do ponto de vista dos interesses gerais.

No Brasil, esses órgãos de contas formam um verdadeiro complexo, que pode ser denominado de "Sistema Tribunais de Contas", o qual "tem o estratégico dever de contribuir para levar o Brasil a colocar todos os pontos nos 'is' do seu vocabulário ético-administrativo".[29]

No entanto, a despeito do ainda existente déficit de legitimidade de que padecem, os Tribunais de Contas vêm sendo cada vez mais demandados e assumindo importância gradativa dentro do nosso Estado Democrático do Direito, o qual, por sua vez, a exemplo do que ocorre na ordem mundial contemporânea, mas com peculiaridades locais, vive o conflito da fragilização do Estado Moderno como um todo, frente a uma

---

[28] FERRAJOLI, Luigi. Jurisdição e consenso. *Revista Brasileira de Estudos Constitucionais – RBEC*, Belo Horizonte, a. 4, n. 16, out./dez. 2010. p. 151-153. Disponível em: http://www.bidforum.com.br/bid/PDI0006.aspx?pdiCntd=72456. Acesso em 2 dez. 2019.

[29] BRITTO, Carlos Ayres. Prefácio. *In*: PASCOAL, Valdecir. *Uma nova primavera para os tribunais de contas*: artigos, discursos e entrevistas. Belo Horizonte: Fórum, 2018. p. 16.

crescente pressão global descentralizada, exercida por uma multiplicidade de atores que se movimentam dentro de uma sociedade contemporânea cada vez mais plural.

3 A hibridez material e a metamorfose institucional dos tribunais da governança pública

De acordo com Beck,[30] a *metamorfose institucional*[31] está relacionada ao paradoxo de como instituições eficientes fracassam diante do abismo produzido por riscos globais, entre "expectativas e problemas percebidos, por um lado, e instituições existentes, por outro". Para o autor:

> A metamorfose diante do risco global produz um abismo entre as expectativas e problemas percebidos, por um lado, e instituições existentes, por outro. As instituições existentes poderiam funcionar perfeitamente no antigo quadro de referência. No entanto, no novo quadro de referência elas fracassam. Por isso, uma característica essencial da metamorfose é que as instituições simultaneamente funcionam e fracassam.[32]

De acordo com ele, instituições existentes estão sujeitas, mesmo funcionando perfeitamente dentro de um determinado contexto, a fracassarem dentro de um novo quadro de referência, o que faz com que uma característica essencial da metamorfose seja a contradição de que instituições simultaneamente funcionam e fracassam, diante do esvaziamento institucional que se dá pelo processo de metamorfose ou de transformação radical.[33]

O que dizer, então, de instituições pouco eficientes ou eficazes? Essas tendem, ainda mais, a fracassar, de maneira a comprometer a sua própria sobrevivência institucional.

Um aspecto positivo da abordagem de Beck reside no paradoxo, por ele trazido, no sentido de que o fracasso institucional generalizado (e a sua persistência) quanto ao enfrentamento de riscos globais[34] é o que, precisamente, "está tornando o mundo o ponto de referência para um mundo melhor".[35]

---

[30] BECK, Ulrich. *A metamorfose do mundo*: novos conceitos para uma nova realidade. (Trad. Maria Luiza X. de A. Borges. Revisão técnica Maria Claudia Coelho). 1. ed. Rio de Janeiro: Zahar, 2018. p. 103.

[31] Sustenta haver, além da perspectiva *institucional*, mais duas dimensões de *metamorfose do mundo*: a *categórica*, que se refere à metamorfose da visão de mundo, ou seja, "de que modo os riscos globais e as situações cosmopolitas mudam os significados de conceitos básicos da sociologia"; e a *normativo-política*, que diz respeito à "metamorfose de imaginar e fazer política, aos efeitos colaterais emancipatórios ocultos do risco global". O ponto principal dessa última dimensão é que abordar e discutir males pode, por outro lado, também produzir bens comuns e, consequentemente e de maneira factual, horizontes normativos. Segundo o autor, isso não provém de valores universais, mas estaria fundado na realidade empírica. (BECK, Ulrich. *A metamorfose do mundo*: novos conceitos para uma nova realidade. (Trad. Maria Luiza X. de A. Borges. Revisão técnica Maria Claudia Coelho). 1. ed. Rio de Janeiro: Zahar, 2018. p. 102-103).

[32] BECK, Ulrich. *A metamorfose do mundo*: novos conceitos para uma nova realidade. (Trad. Maria Luiza X. de A. Borges. Revisão técnica Maria Claudia Coelho). 1. ed. Rio de Janeiro: Zahar, 2018. p. 184.

[33] BECK, Ulrich. *A metamorfose do mundo*: novos conceitos para uma nova realidade. (Trad. Maria Luiza X. de A. Borges. Revisão técnica Maria Claudia Coelho). 1. ed. Rio de Janeiro: Zahar, 2018. p. 103.

[34] Traz como exemplo desse fracasso por parte de todas as instituições, o enfrentamento do risco climático global. Atualizando esse exemplo, o enfrentamento da pandemia da COVID-19 pode, também, ser considerado um fracasso institucional global e generalizado, principalmente se considerado a partir da perspectiva de um recorte sobre a gestão realizada a nível nacional, no caso brasileiro. Mas ao mesmo tempo, pode ser um ponto de inflexão importante no que diz respeito à construção de uma sociedade e de instituições melhores. (BECK,

A partir das noções traçadas por Beck, é possível afirmar que os Tribunais de Contas devem buscar a exploração de novos começos, por meio de uma releitura de suas competências e de uma reinvenção no seu modo de atuação, tendo sempre em mente o foco nos resultados que pretende atingir para poder atender, como instituição, de maneira satisfatória, as demandas de uma sociedade cada vez mais exigente.

Para tanto, é necessário diagnosticar os fatores endógenos e exógenos que contribuem para o déficit de legitimidade de que padecem esses órgãos de controle e, a partir do reconhecimento dessas disfuncionalidades institucionais ou sistêmicas, sintonizar a atuação orgânica com as demandas de uma sociedade em constante transformação, adaptando-se, assim, por meio da apreensão de novas estruturas emergentes e de tendências normativas, a um novo ambiente.

E nesse contexto, pela sua relevância e potencial transformador, devem merecer especial atenção os efeitos e as consequências da imperativa incorporação das novas ferramentas de tecnologia da informação e comunicação, não apenas na conformação das instituições, mas, também, na forma como exercem suas atividades.

Sobre essas novas tecnologias, Beck[36] afirma existir uma nova *intelligentsia digital*, ou seja, uma nova classe digital transnacional, que utiliza a cosmopolitização digital como um recurso de energia para remodelar o mundo. Para o autor:

> Essas comunidades epistemológicas de especialistas desafiam tanto o Estado-nação quanto o cidadão. Por outro lado, os indivíduos são os produtores constantes dos oceanos de dados. A produção de dados acontece de maneira consciente e voluntária, como através de sites de mídia social, mas também de maneira inconsciente, rotineira e implícita, por meio do uso cotidiano de aparelhos pessoais, como telefones celulares e sistemas de vigilância que estão incorporados aos ambientes contemporâneos, como cartões magnéticos, bilhetes de ônibus eletrônicos etc.[37]

Para Beck,[38] a noção de *metamorfose digital* é, em sua essência, diferente da decantada *revolução digital* e do potencial que ela possui:

> A *revolução digital* descreve uma mudança social sobretudo tecnologicamente determinada, que capta o crescente grau de interconectividade e intercâmbio global. A noção de revolução sugere que a mudança é intencional, linear e progressiva. Como tal, ela se aproxima de uma ideologia segundo a qual desenvolvimento significa ter uma conexão de internet.
>
> A metamorfose digital, ao contrário, tem a ver com efeitos colaterais não intencionais, com frequência invisíveis, que criam sujeitos metamorfoseados – isto é, seres humanos digitais. Enquanto revolução digital ainda implica a clara distinção entre on-line e off-line, a metamorfose digital tem a ver com o entrelaçamento essencial do on-line e do off-line.

Ulrich. *A metamorfose do mundo*: novos conceitos para uma nova realidade. (Trad. Maria Luiza X. de A. Borges. Revisão técnica Maria Claudia Coelho). 1. ed. Rio de Janeiro: Zahar, 2018. p. 17).

[35] BECK, Ulrich. *A metamorfose do mundo*: novos conceitos para uma nova realidade. (Trad. Maria Luiza X. de A. Borges. Revisão técnica Maria Claudia Coelho). 1. ed. Rio de Janeiro: Zahar, 2018. p. 17.

[36] BECK, Ulrich. *A metamorfose do mundo*: novos conceitos para uma nova realidade. (Trad. Maria Luiza X. de A. Borges. Revisão técnica Maria Claudia Coelho). 1. ed. Rio de Janeiro: Zahar, 2018. p. 192.

[37] BECK, Ulrich. *A metamorfose do mundo*: novos conceitos para uma nova realidade. (Trad. Maria Luiza X. de A. Borges. Revisão técnica Maria Claudia Coelho). 1. ed. Rio de Janeiro: Zahar, 2018. p. 192-193.

[38] BECK, Ulrich. *A metamorfose do mundo*: novos conceitos para uma nova realidade. (Trad. Maria Luiza X. de A. Borges. Revisão técnica Maria Claudia Coelho). 1. ed. Rio de Janeiro: Zahar, 2018. p. 190.

Ela tem a ver com os seres humanos digitais, cuja existência metamorfoseada questiona categorias tradicionais, como status, identidade social, coletividade e individualização. O status de uma pessoa não é mais definido principalmente por sua posição na hierarquia de ocupações, mas, por exemplo, pelo número de "amigos" no Facebook, no qual a própria categoria de "amigo" foi metamorfoseada em algo que não tem necessariamente a ver com familiaridade. Como tal, a metamorfose digital ocorre não onde seria de esperar, mas em lugares inesperados.[39]

É a esse novo quadro de referência, ainda em construção e, por esse motivo, muito longe de ter seus contornos delineados, que os Tribunais de Contas, que estão inseridos nessa moldura, devem ficar atentos, acompanhando as mudanças e, ao mesmo tempo, sendo agentes transformadores delas, mas não focados apenas em si próprios como instituição, mas, acima de tudo, voltados às instituições que fiscalizam por meio de sua atuação finalística como órgão de controle da administração pública.

É nesse contexto que é possível e até mesmo necessário estabelecer um novo paradigma de atuação das Cortes de Contas, as quais, superando a acepção clássica do termo "contas", transformam esses órgãos em verdadeiros Tribunais da Governança Pública, como atores necessários para um melhor funcionamento do aparato estatal como um todo, trazendo, com isso, benefícios para a nossa sociedade.

Mas, mais que isso, é preciso analisar criticamente e repensar a forma de atuação desses órgãos de controle, a fim de que, considerando o atual arquétipo de instituições republicanas existentes e as transformações em curso, identifiquemos qual o real papel dos Tribunais de Contas, como essas instituições podem e devem exercê-lo, e, ainda, quais podem ser suas contribuições e entregas efetivas para os indivíduos e para a coletividade. Essa ressignificação orgânica tem relação direta com a atual quadra histórica de transformação pela qual passa a nossa sociedade.

E as respostas a esses questionamentos passam, necessariamente, pela análise acerca da importância da natureza híbrida dos Tribunais de Contas como um elemento orgânico essencial, de ossatura constitucional, que termina por defini-lo e distingui-lo das demais instituições democráticas e republicanas, cada uma com seus importantes papéis e funções delimitadas constitucionalmente.

E não se trata apenas de uma *hibridez formal*, mas, acima de tudo, de uma *hibridez material*, que, devidamente racionalizada e conscientizada institucionalmente, seja colocada em prática, permeie toda a mentalidade institucional do órgão, de forma que se crie uma nova cultura organizacional e um novo ambiente nessas entidades, a partir, também, desse elemento norteador, o qual, por sua vez, seja determinante na formatação da estruturação interna, reflita-se na postura de seus agentes públicos e, com isso, impacte não apenas a sua forma de atuação, mas, principalmente, o produto de suas entregas para a sociedade.

A hibridez formal pode ser definida pela previsão constitucional expressa nos artigos 70 a 75 da Constituição da República Federativa do Brasil de 1988 (CRFB/88), que confere aos Tribunais de Contas, ao mesmo tempo, funções típicas de um órgão de fiscalização e de julgamento.

---

[39] BECK, Ulrich. *A metamorfose do mundo*: novos conceitos para uma nova realidade. (Trad. Maria Luiza X. de A. Borges. Revisão técnica Maria Claudia Coelho). 1. ed. Rio de Janeiro: Zahar, 2018. p. 190.

Ao examinar as diversas funções técnicas e políticas elencadas na CRFB/88, Moreira Neto[40] conclui que resta evidente o *hibridismo funcional* dos Tribunais de Contas na organização estatal brasileira e a sua caracterização "como um órgão autônomo da estrutura constitucional do Estado, compartilhando dos poderes inerentes à soberania".

Essa hibridez formal não se refere apenas e, propriamente, às funções explícitas de fiscalização, previstas, por exemplo, nos incisos IV, V e VI do art. 71 da Carta Magna brasileira, de apreciação de contas, relacionadas nos incisos I, III, e VIII, e de julgamento, elencadas no inciso II do mesmo dispositivo.

Vai além, pois pretende abarcar, também, o fato de os resultados dessas e de outras ações de controle externo, como produto da atividade das Cortes de Contas, independentemente de se tratar de processos de fiscalização, de apreciação ou de julgamento, se darem por meio de deliberações colegiadas em sessões de julgamento pelo próprio órgão responsável pela instrução desses processos. E as decisões têm, inclusive, eficácia de título extrajudicial, por expressa previsão constitucional.

Tal questão ganha relevância nesse efervescente ambiente de demandas por mudanças. De nada adianta caminhar no sentido de uma transformação digital dos Tribunais de Contas se algumas questões, até prosaicas, do universo analógico, que ainda cerca essas instituições, não forem trabalhadas e resolvidas. Ou pelo menos identificadas e diagnosticadas, a fim de não passarem despercebidas em eventuais alterações ou reformas legislativas ou constitucionais necessárias, relacionadas à instituição de controle do Tribunal de Contas.

Por hibridez formal, deve ser entendido o fato de que o Tribunal de Contas é, de acordo com sua previsão constitucional e legal, um órgão híbrido de fiscalização e de julgamento. No entanto, falta levar efetivamente a cabo essa hibridez, de maneira que ela permeie a instituição em toda a sua integralidade e de forma a ser reconhecida pelos demais atores institucionais que convivem e se relacionam com os órgãos de contas. É necessária a materialização dessa característica mestiça das instituições de contas, ou seja, é necessário dar concretude à sua hibridez material.

Como não poderia deixar de ser, as normas que tratam de um órgão de estatura constitucional, como são os Tribunais de Contas, encontram-se insculpidas na Carta Magna e, pelo princípio da simetria constitucional, são de observância e reprodução obrigatórias nas constituições estaduais, terminando por irradiar e repercutir na legislação infraconstitucional atinente aos Tribunais de Contas, mais precisamente em suas leis orgânicas e seus regimentos internos.

Ocorre que não basta a esses órgãos de contas serem formalmente híbridos em sua previsão constitucional, legal ou regimental. É necessário que eles, de fato, o sejam em sua estruturação orgânica, na forma como atuam, na práxis do exercício de suas atividades, como instauram e distribuem seus processos finalísticos de controle externo.

Em outras palavras, de nada adianta normas constitucionais que prevejam, de maneira formal, uma hibridez orgânica dos Tribunais de Contas, se, no campo fático, essa hibridez não é materialmente reconhecida ou colocada em prática em toda a sua

---

[40] MOREIRA NETO, Diogo de Figueiredo. Controle de contas e o equilíbrio entre poderes: notas sobre a autonomia do sistema de controle externo. *Interesse Público – IP*, Belo Horizonte, a. 19, n. 101, p. 15-53, jan./fev. 2017. p. 43.

plenitude por esses órgãos ou pelos demais atores institucionais que formam o aparato estatal brasileiro.

De nada adianta o detalhamento constitucional acerca dessas competências mestiças dos Tribunais de Contas, se a sua natureza híbrida vem sendo turvada pela crise de identidade que assola essas instituições ou pelo distanciamento, inerente ao decurso do tempo, em relação ao contexto no qual esse órgão foi criado e aos ideais que nortearam a sua formatação e o seu surgimento, bem como em decorrência, também, do déficit de legitimidade que acompanha essas instituições desde suas origens.

A noção de hibridez material deve ser levada em consideração na estruturação dos órgãos internos dos Tribunais de Contas como um dos principais elementos de racionalidade administrativa. Como são definidas e distribuídas suas diretorias e áreas técnicas? Quais são suas competências dentro da instituição? Quais são seus procedimentos e processos internos? Como é feito o planejamento de suas ações de fiscalização e julgamento? Quais os critérios de relevância, materialidade, gravidade, urgência e tempestividade, para determinar a atuação dessas instituições e a definição do escopo de suas fiscalizações e julgamentos?

Se, por um lado, a *hibridez formal* dessas instituições é matéria já pacificada tanto no nosso direito positivo quanto na doutrina e na jurisprudência pátrias, por outro, falta, inclusive, a essas próprias instituições, uma consciência crítica e racional acerca de sua *hibridez material* como elemento inerente e indispensável à organicidade e à efetividade da atuação das Cortes de Contas.

A concretude dessa hibridez material, a partir do momento em que é colocada em prática, tem, ainda, como consequência direta, um impacto na postura institucional desses órgãos de controle, no sentido de realçar duas características dela consectárias, que deveriam ser fundamentais aos Tribunais de Contas para que eles alcancem uma maior efetividade na sua atuação: a proatividade e a assertividade. Esses dois atributos se antagonizam com uma atitude reativa e refratária, que ainda caracteriza o controle tradicionalmente praticado por esses órgãos de contas.

E é justamente na antítese desses dois conceitos que reside uma das grandes responsáveis pelos déficits de legitimidade das Cortes de Contas no Brasil: uma postura tradicionalmente reativa e refratária, decorrente da falta de uma consciência acerca de sua natureza híbrida e da práxis dessa hibridez no exercício de suas atividades.

Muito em função dessa crise institucional de identidade e do fenômeno da *hipertrofia do Judiciário*, há quem pretenda transformar os Tribunais de Contas em uma espécie de Tribunal de Justiça de Contas.[41] Com isso, tem-se a mimetização de institutos

---

[41] As propostas de submissão dos Tribunais de Contas ao controle externo exercido pelo Conselho Nacional de Justiça (CNJ), como, por exemplo, a trazida pela Proposta de Emenda Constitucional (PEC) nº 329/2013, partem, ainda que de maneira inconsciente ou não explícita, dessa lógica equivocada de enxergarem nesses órgãos uma espécie de Tribunal de Justiça de Contas e de visualizarem os seus membros como puros magistrados de contas. Os ministros e conselheiros dos Tribunais de Contas são, de fato, magistrados de contas. Mas não o são exclusivamente. São, antes, e também, fiscais das contas públicas. Para o salutar aprimoramento dessas instituições, ao invés de submetê-las ao controle do CNJ, as Cortes de Contas deveriam estar sujeitas a um órgão constitucional de *accountability* horizontal, criado especialmente para essa finalidade, qual seja, um Conselho Nacional dos Tribunais de Contas (CNTC), conforme sugerido, inclusive, em algumas PECs que se encontram em tramitação no Congresso Nacional. Reside, ainda, na raiz dessas sugestões equivocadas, o apego à superada lógica tripartite de separação de poderes. (CÂMARA. *Proposta de Emenda à Constituição nº 329/2013*. Brasília, 2 de outubro de 2013. Disponível em: https://

perfeitamente cabíveis no Judiciário, mas que, no âmbito dos Tribunais de Contas, são absolutamente incompatíveis com a sua natureza (formal ou materialmente) híbrida de órgão de fiscalização e de julgamento.

Essa espécie de Tribunal de Justiça de Contas corresponderia a um órgão inerte e reativo, que somente atuaria por provocação, seja da sociedade, por meio de denúncias, seja pela atuação de sua própria área técnica ou, ainda, do Ministério Público junto ao Tribunal de Contas, que oficia nessas instituições.

Ora, se é essa a concepção de um Tribunal de Contas, isso seria uma mera redundância institucional, pela qual haveria uma replicação de toda uma estrutura orgânica do Poder Judiciário como órgão, para a esfera controladora, o que, além de não soar razoável, geraria uma estrutura absolutamente desnecessária, criada a partir de uma visão equivocada acerca do papel dessas instituições dentro da estrutura de Estado.

É a partir dessas premissas e da necessidade de se discutir um redimensionamento substantivo e adjetivo dos Tribunais de Contas, em face da atual conjuntura, que ganha relevo o atributo da hibridez material dessas instituições como elemento determinante para o aprimoramento da atuação desses órgãos de controle.

A relevância e atualidade do debate reside na necessidade de aprimoramento da atuação dos Tribunais de Contas, tanto no que diz respeito ao modo quanto no que concerne aos resultados, a fim de que essas instituições consigam atender adequadamente às crescentes demandas de uma sociedade cada vez mais complexa, crítica e plural.

Essa análise é feita, principalmente, levando em consideração o ambiente dinâmico, inovador e, ao mesmo tempo, desafiador da revolução digital em curso e sua consequência no que diz respeito aos órgãos de contas quanto ao aspecto de sua conformação estrutural, ao modo de sua atuação e aos resultados de suas entregas para a sociedade, o que, em última análise, é determinante para sua legitimação social e institucional.

De forma que as Cortes de Contas têm que superar cada vez mais aquela tradicional e ultrapassada acepção meramente aritmética do termo contas,[42] que acompanha o nome da instituição desde suas origens, e caminhar a passos largos para se converterem em

---

www.camara.leg.br/proposicoesWeb/prop_mostrarintegra;jsessionid=node02wl7rr9rlx811br9sinn52l05933037. node0?codteor=1161004&filename=PEC+329/2013. Acesso em 27 nov. 2018).

[42] Acerca dessa ruptura de paradigma, Ferreira Júnior e Cardoso já denunciavam um déficit qualitativo na atuação estatal, o que terminava por obrigar os Tribunais de Contas, na visão dos autores, a promoverem uma modificação no patamar do tipo de análise realizada nas contas públicas, de maneira a incorporar elementos que permitissem uma aferição qualitativa do gasto público, rompendo, assim, com o viés meramente quantitativo, tradicionalmente trabalhado por esses órgãos de controle. A qualidade dos serviços públicos prestados pelo Estado deveria, portanto, passar a constituir objeto de análise pelos Tribunais de Contas, quando da apreciação das contas públicas, em especial a das contas de governo, que não deveriam se limitar à verificação do cumprimento financeiro de limites e metas, sob pena de desperdício de seu potencial. Para tanto, além das informações coletadas em suas auditorias operacionais, os autores propõem a utilização ou a construção de indicadores de avaliação de políticas públicas, por meio de análises históricas de sua evolução, como caminho disponível e viável à incorporação, aos pareceres prévios, desse viés qualitativo de avaliação das contas públicas, culminando com a emissão de opinião pela sua rejeição, quando a qualidade do gasto público revelar-se insuficiente, ainda que "quantitativamente", por assim dizer, aquelas contas estejam "regulares". Ferreira Júnior acrescenta, ainda, que "*mutatis mutandis*, o mesmo raciocínio vale também para as contas de gestão. É necessário trazer para essas prestações de contas elementos que permitam aferir a qualidade do gasto público, a fim de que o julgamento pela regularidade ou irregularidade dessas contas se dê a partir da perspectiva e das diretrizes" sustentadas para as contas de governo, conforme exposto anteriormente. (FERREIRA JÚNIOR, Adircélio de Moraes; CARDOSO, Juliana Francisconi. A aferição qualitativa das contas de governo pelos Tribunais de Contas: necessidade de mudança do patamar de análise. *Interesse Público – IP*, Belo Horizonte: Fórum, a. 15, n. 82, p. 253-272, nov./dez. 2013. p. 255-268; FERREIRA JÚNIOR, Adircélio de Moraes. *O bom controle público e as cortes de contas como tribunais da boa governança*. Dissertação (Mestrado

verdadeiros Tribunais da Governança Pública, ou seja, em um órgão tributário do direito fundamental ao bom controle público,[43] e, por meio dessa nova concepção, contribuir efetivamente para o aprimoramento da Administração Pública brasileira.

Portanto, a necessidade do estabelecimento de novos paradigmas de modernização e de sua reinvenção não se resume à administração pública. Esse diagnóstico aplica-se, também, ao controle público.

De nada adianta uma administração moderna e ágil, se o controle é arcaico e lento. De outro lado, também se afigura sem sentido o estabelecimento de um controle em bases digitais, com o emprego de tecnologias de ponta, se a administração ainda opera em termos analógicos e com ferramentas rudimentares.

É necessária, portanto, a superação de uma lógica formalista de controle administrativo-financeiro e o estabelecimento de um novo paradigma, condizente com as boas administração e governança públicas almejadas.

Em síntese, é necessário que as Cortes de Contas sejam órgãos tributários do bom controle da gestão e das contas públicas, tendo em vista que, na arquitetura de poder do Estado, a instituição republicana constitucionalmente vocacionada para essa importante missão não é outra senão o Tribunal de Contas, principalmente a partir de uma perspectiva como Poder de Controle, independente e autônomo, e como um autêntico Tribunal da Boa Governança Pública.[44]

No entanto, nesse processo de mutação ou de metamorfose institucional, é muito importante que algumas premissas ou características inerentes a esses órgãos de controle das contas públicas, como a sua hibridez material como elemento determinante de sua organicidade, não se perca de vista.

O cenário transformador da sociedade global impõe, portanto, significativas mutações nas instituições de controle em todo o mundo, tanto no que diz respeito ao modo como exercem suas atividades quanto no que tange aos produtos e aos benefícios por elas entregues e gerados à coletividade na qual estão inseridas.

4 O impacto da hibridez material na estruturação organizacional e nos critérios de deflagração e de distribuição de processos dos Tribunais de Contas

A estrutura organizacional de uma instituição tem um impacto significativo em sua forma de atuação, o qual muitas vezes não é levado em conta por ocasião da definição

---

em Direito), Universidade Federal de Santa Catarina, 2015. p. 167-168. Disponível em: https://repositorio.ufsc.br/xmlui/bitstream/handle/123456789/134784/333913.pdf?sequence=1&isAllowed=y. Acesso em 13 jun. 2018).

[43] Sobre a definição de *bom controle público* como um direito fundamental e como um novo paradigma de controle decorrente de uma nova práxis administrativa baseada no direito fundamental à boa administração, vide Ferreira Júnior (FERREIRA JÚNIOR, Adircélio de Moraes. *O bom controle público e as cortes de contas como tribunais da boa governança*. Dissertação (Mestrado em Direito), Universidade Federal de Santa Catarina, 2015. p. 134-135. Disponível em: https://repositorio.ufsc.br/xmlui/bitstream/handle/123456789/134784/333913.pdf?sequence=1&isAllowed=y. Acesso em 13 jun. 2018).

[44] FERREIRA JÚNIOR, Adircélio de Moraes. *O bom controle público e as cortes de contas como tribunais da boa governança*. Dissertação (Mestrado em Direito), Universidade Federal de Santa Catarina, 2015. p. 138. Disponível em: https://repositorio.ufsc.br/xmlui/bitstream/handle/123456789/134784/333913.pdf?sequence=1&isAllowed=y. Acesso em 13 jun. 2018.

do arranjo interno de suas unidades. O mesmo pode ser dito em relação à forma como os processos ou procedimentos de controle externo são deflagrados e como são distribuídos no âmbito da jurisdição de contas. O Tribunal de Contas tenderá a ser mais ou menos proativo ou reativo, dependendo das formas estabelecidas ou escolhidas em relação a essas questões estruturais e processuais.

Essas definições deveriam levar em conta a hibridez material dessas instituições de controle, e não serem definidas ao sabor do acaso, ou simplesmente por reproduzir, de maneira acrítica e automática, modelos de outras instituições, do próprio sistema de controle externo brasileiro ou de outros sistemas, como o de Justiça.

A distribuição de processos nos Tribunais de Contas, por exemplo, é um tema que, embora seja dos mais relevantes para fins de atuação dessas instituições, é pouco debatido e, muitas vezes, definido sem que haja uma abordagem crítica e racional sobre o seu efetivo impacto nas atividades do órgão.

A maneira como se distribui os processos está intimamente ligada à forma e à natureza do órgão. E isso parece não receber a devida atenção por parte dessas instituições de contas quando da definição dos critérios dessa distribuição processual.

Há algumas premissas que devem nortear as discussões acerca desses parâmetros de definição. Dentre elas, destacam-se os seguintes princípios: da publicidade, da impessoalidade, da alternatividade, da equidade e da aleatoriedade.

No Judiciário, que é um órgão puramente julgador e que, por corolário dos princípios da imparcialidade e da inércia da jurisdição, não age de ofício, os processos são distribuídos por sorteio entre os juízes competentes para decidirem sobre determinados feitos, no momento em que são autuados.

Essa forma de atuação é incompatível com o modelo dos Tribunais de Contas, os quais, pela sua natureza híbrida de órgãos de fiscalização e de julgamento, não podem aguardar um processo ser autuado para, somente a partir daí, ter a definição de um relator para a sua condução.

Em primeiro lugar, porque a figura de relator no âmbito dos órgãos de controle não se limita à função de julgador. Ele é, antes disso, um fiscal, um controlador. E um fiscal deve ter participação ativa na sua tarefa. Deve acompanhar e monitorar a gestão, interagir e dialogar com os gestores públicos, buscando a compreensão da realidade e dos fatos e a busca imediata de soluções, seja pela via do consenso (*soft power*), seja pela via imperativa do controle (*hard power*).

É preciso que as relatorias das unidades jurisdicionadas ao Tribunal de Contas estejam previamente definidas, a fim de permitir uma atuação dessas instituições compatível com a sua natureza híbrida, de forma que os relatores e o Plenário, que são os atores decisórios do órgão, possam não apenas julgar, mas, antes disso, exercer suas funções de fiscalização e de controle de maneira efetiva. E essa efetividade pressupõe uma iniciativa e proatividade na postura dos relatores e do Pleno da instituição.

O Núcleo de Governança e Gestão do Tribunal de Contas do Município de São Paulo, com o apoio do Conselho Nacional dos Presidentes dos Tribunais de Contas

(CNPTC),[45] realizou uma consulta junto aos Tribunais de Contas do país acerca dos seus sistemas de distribuição de processos e de definição de relatorias.[46]

O levantamento tinha por objetivo conhecer as regras que disciplinam aqueles ritos, em especial, aquelas que tratam da distribuição aleatória, bem como o tratamento dado a situações processuais específicas, como as que envolvem Processos de Contas, Tomada de Contas e Consultas.[47]

Dos questionamentos enviados aos Tribunais de Contas, destacam-se os que indagam acerca do modo como se dá a distribuição de processos no âmbito de cada instituição, podendo ser selecionada mais de uma resposta: 1) aleatório, ou seja, por sorteio no momento da autuação do processo; 2) com base em agrupamentos ou listas de unidades gestoras ou jurisdicionadas; 3) outro critério.[48]

Caso a resposta tivesse sido o modo aleatório, o questionário fazia, ainda, as seguintes indagações: 1) em quais situações ocorre essa distribuição aleatória? 2) Quais são os procedimentos utilizados para ela (exemplo: sorteio por meio de sistema eletrônico, qual o sistema utilizado)? 3) Na hipótese de existir a possibilidade de um conselheiro determinar a abertura de procedimento de fiscalização, a distribuição desses processos também se dá de forma aleatória? 4) O procedimento de distribuição aleatória dos processos observa o princípio da equitatividade (uniformidade e homogeneidade)?[49]

Caso a resposta tivesse sido com base em agrupamentos ou listas, o formulário trazia, ainda, os seguintes questionamentos complementares: 1) em quais situações ocorre essa distribuição? 2) Quais os critérios utilizados para elaboração dos grupos ou das listas (exemplos: por região geográfica, por função de governo ou por jurisdicionado)? 3) Qual a periodicidade da elaboração desses grupos ou listas e respectiva distribuição entre os conselheiros? 4) Quais os procedimentos utilizados para a distribuição dos grupos entre os conselheiros (exemplos: sorteio ou rodízio)? 5) Existe a possibilidade de distribuição da mesma lista ao mesmo conselheiro em período imediatamente subsequente? Na hipótese afirmativa, em quais situações? 6) Existe a possibilidade

---

[45] O CNPTC é uma entidade sem fins lucrativos, de âmbito nacional, criada por tempo indeterminado e integrada pelos Presidentes dos Tribunais de Contas do País, tendo sede administrativa coincidente com a sede do Tribunal a que pertencer o seu Presidente. As atividades do CNPTC possuem caráter técnico, científico e pedagógico e têm as seguintes finalidades: I – defender os princípios, as prerrogativas e as funções institucionais dos Tribunais de Contas; II – propiciar a integração desses órgãos de contas em todo o território nacional; "III – promover o intercâmbio de experiências funcionais, administrativas e tecnológicas; IV – desenvolver e estimular o estudo de temas jurídicos e de questões que possam ter repercussão em mais de um Tribunal de Contas, buscando a uniformização de entendimento, respeitadas a autonomia e peculiaridades locais". (CNPTC. *Resolução nº 01/ CNPTC/2019 – Aprova o Regimento Interno do Conselho Nacional de Presidentes dos Tribunais de Contas*. 2019. p. 4. Disponível em: https://www.cnptcbr.//wp-content/uploads/2019/06/Regimento-Interno-CNPTC-Site-1.pdf. Acesso em 19 ago. 2020).

[46] GUERRA, Luciana; VEIGA, Marcelo. *Distribuição de Processo*: relatório de consolidação. São Paulo: Núcleo de Governança e Gestão do Tribunal de Contas do Município de São Paulo, 2020. p. 3.

[47] GUERRA, Luciana; VEIGA, Marcelo. *Distribuição de Processo*: relatório de consolidação. São Paulo: Núcleo de Governança e Gestão do Tribunal de Contas do Município de São Paulo, 2020. p. 3.

[48] GUERRA, Luciana; VEIGA, Marcelo. *Distribuição de Processo*: relatório de consolidação. São Paulo: Núcleo de Governança e Gestão do Tribunal de Contas do Município de São Paulo, 2020. p. 3.

[49] GUERRA, Luciana; VEIGA, Marcelo. *Distribuição de Processo*: relatório de consolidação. São Paulo: Núcleo de Governança e Gestão do Tribunal de Contas do Município de São Paulo, 2020. p. 4.

de alteração do grupo durante o período de vigência da respectiva distribuição? Na hipótese afirmativa, em quais situações?[50]

Dos 33 Tribunais de Contas brasileiros, 26 responderam ao questionário. Desses 26, 8 (oito) promovem a distribuição de processos de maneira aleatória, enquanto 18 a fazem com base no agrupamento ou em listas de unidades jurisdicionadas.[51]

Quanto aos Tribunais de Contas que utilizam listas, foram citados diversos critérios para elaboração dos grupos, tendo alguns respondido que possuíam mais de um critério, como, por exemplo, um, para os jurisdicionados estaduais e, outro, para os municipais. Dentre os principais critérios adotados e a quantidade de Tribunais de Contas que os utilizam, tem-se o seguinte panorama: região geográfica, 8 (oito); função de governo, 6 (seis); somatório do orçamento das unidades jurisdicionadas, 4 (quatro); quantidade de unidades jurisdicionadas, 3 (três); somatório da receita dos municípios, 2 (dois); quantidade de municípios, 1 (um); e somatório da população dos municípios, 1 (um).[52]

Ainda segundo Guerra e Veiga:

> Dos dezoito Tribunais que adotam esta regra geral, a maioria (treze) distribuem as listas a cada 2 anos. Três TCs o fazem a cada 1 ano e apenas dois, a cada 4 anos.
>
> Quanto ao procedimento utilizado para a distribuição dos agrupamentos ou listas, apenas dois utilizam rodízio e o restante (dezesseis) realizam sorteio, físico ou eletrônico. Destes, três mencionaram que observam a alternatividade, isto é, um mesmo Conselheiro só pode receber o mesmo agrupamento após todos os demais já terem recebido.
>
> Sobre a possibilidade de distribuição da mesma lista ao mesmo Conselheiro em período imediatamente subsequente, apenas dois Tribunais informaram ser permitido.
>
> Por fim, a respeito da possibilidade de alteração do agrupamento ou da lista durante o período de vigência da respectiva distribuição, foram mencionadas algumas situações em que pode ocorrer. As mais citadas foram impedimento ou suspeição e alteração da estrutura administrativa das unidades jurisdicionadas. Um Tribunal informou, ainda, que, além destas hipóteses, a composição das listas poderá ser alterada durante sua vigência, se houver necessidade de ajustamento para buscar o equilíbrio na distribuição entre os relatores.[53]

A adoção de critérios de seletividade, que levem em conta aspectos de relevância, risco, oportunidade, materialidade, gravidade, urgência e tendência, para fins de atuação ou não dos Tribunais de Contas, é outro tema que merece reflexão e que guarda relação direta com a *hibridez material* dos órgãos de controle.

Essa questão tem como pano de fundo o chamado *problema econômico*, o qual lida com o paradoxo da *escassez de recursos* da sociedade com *necessidades ilimitadas* da humanidade.

Diferentemente do que ocorre no Poder Judiciário, que está vinculado ao princípio da *inafastabilidade de prestação jurisdicional*, os Tribunais de Contas não são obrigados a

---

[50] GUERRA, Luciana; VEIGA, Marcelo. *Distribuição de Processo*: relatório de consolidação. São Paulo: Núcleo de Governança e Gestão do Tribunal de Contas do Município de São Paulo, 2020. p. 4-5.

[51] GUERRA, Luciana; VEIGA, Marcelo. *Distribuição de Processo*: relatório de consolidação. São Paulo: Núcleo de Governança e Gestão do Tribunal de Contas do Município de São Paulo, 2020. p. 6-10.

[52] GUERRA, Luciana; VEIGA, Marcelo. *Distribuição de Processo*: relatório de consolidação. São Paulo: Núcleo de Governança e Gestão do Tribunal de Contas do Município de São Paulo, 2020. p. 19.

[53] GUERRA, Luciana; VEIGA, Marcelo. *Distribuição de Processo*: relatório de consolidação. São Paulo: Núcleo de Governança e Gestão do Tribunal de Contas do Município de São Paulo, 2020. p. 19.

analisar todas as questões que são levadas a eles. Esse princípio, no âmbito da jurisdição de contas, deve, portanto, ser aplicado com mitigações.

Um dos objetivos do controle é contribuir para uma maior eficiência e eficácia da atuação do poder público. Ocorre que o controle faz parte da administração pública, em sentido amplo. Como decorrência lógica disso, o controle deve zelar por um melhor desempenho da sua própria atividade de controle, em uma espécie de *meta-controle*.

O Tribunal de Contas deve assenhorar-se da pauta de sua atuação de maneira que traga benefícios relevantes e agregue valor para a sociedade, e disso decorre, também, o fato de essas instituições precisarem ter um perfil de atuação mais proativo e menos reativo.

A importância de implantação de mecanismos de seletividade no exercício do controle externo decorre da necessidade de priorização das demandas encaminhadas às Cortes de Contas ou por elas detectadas, o que impõe a revisão dos seus diversos processos de trabalho.

Em face da amplitude das competências e do volume de unidades jurisdicionadas que estão a cargo dos Tribunais de Contas, exsurge a necessidade de adoção de mecanismos objetivos para o direcionamento da atuação do controle externo para questões de efetivo interesse social, que traga para o centro do debate temas relevantes e atuais em matéria de contas públicas.

Portanto, a adoção de critérios de seletividade, que levem em consideração parâmetros de relevância, risco, oportunidade, materialidade, gravidade, urgência e tendência dos temas a serem objeto da fiscalização e julgamento por parte dos Tribunais de Contas, diz respeito à própria eficiência e eficácia da atuação do Poder Público, o que é, inclusive, objeto do próprio controle finalístico exercido pelo Tribunal de Contas.

Em última análise, para cumprir sua missão de zelar pela eficiência e eficácia na Administração Pública, as Cortes de Contas devem, obrigatoriamente, pautar-se pelos parâmetros mencionados para fins de planejamento e execução de suas ações de controle externo, sob pena de estarem sendo ineficientes e ineficazes na sua própria atuação e, com isso, atuarem contra os seus próprios objetivos institucionais.

Caso as matérias que vierem ao conhecimento (inclusive por denúncias ou representações encaminhadas por terceiros) dos Tribunais de Contas não se enquadrem nos parâmetros de seletividade pré-determinados, não preenchendo, portanto, os requisitos mínimos para que se justifique a atuação dos órgãos de contas, os procedimentos ou processos de contas que seriam aplicáveis ao assunto não devem ser deflagrados.

No máximo, deve haver comunicação da situação supostamente irregular ao gestor público ou ao controle interno da unidade em que teria ocorrido a irregularidade, para que esses responsáveis adotem as providências cabíveis, no sentido de apurar a infração ou de corrigir procedimentos ou rumos.

Conclusão

O resgate ou a reafirmação da *natureza híbrida* dos Tribunais de Contas brasileiros aparece como um atributo determinante da organicidade dessas entidades de controle da administração pública brasileira, dentro da arquitetura institucional desenhada pela Carta Magna brasileira e como elemento fundamental para a identidade dessas instituições, sendo essencial para a efetividade de sua atuação e, até mesmo, para a sua sobrevivência institucional.

E a consciência crítica institucional acerca de sua hibridez material ganha ainda mais importância no cenário de metamorfose social, acentuado pela revolução digital em andamento, o que demanda das instituições como um todo profundas transformações.

No que concerne à metamorfose institucional dos Tribunais de Contas, esse movimento surge não apenas como um evolucionismo necessário para acompanhar as transformações em curso, mas, também, como uma oportunidade de suprir disfuncionalidades históricas que acompanham esses órgãos desde o seu nascedouro, e implica a conversão desses órgãos em autênticos Tribunais da Governança Pública, com todas as alterações consectárias de uma transformação dessa natureza e magnitude.

A autoconsciência acerca de sua hibridez material como elemento ontológico dessas instituições tem como uma de suas consequências uma mudança de mentalidade e de cultura institucionais, o que, por sua vez, guarda relação direta com a adoção de uma postura mais proativa e assertiva e o abandono de um comportamento reativo e refratário.

Uma mudança que leve em conta esse ambiente inovador e desafiador e que incorpore as novas tecnologias às suas rotinas e procedimentos, mas que, em paralelo a essas transformações, inclusive digitais, enfrente questões analógicas ainda mal ou não resolvidas.

É fundamental, portanto, que, nesses encaminhamentos e nesse processo de transformação, não se perca de vista esse elemento norteador dos caminhos a serem buscados pelos Tribunais de Contas, que é a sua hibridez material que, muito embora acompanhe essas instituições desde o seu nascimento, terminou se dissipando, ao longo do tempo, em virtude de diversos fatores que contribuíram para um déficit de legitimidade dessas instituições, bem como em decorrência de uma verdadeira crise de identidade institucional, culminada com aquele processo de esgarçamento funcional.

Enquanto pensamento reflexivo, Hegel[54] comparava a filosofia com a coruja da deusa Minerva, que, não obstante trouxesse consigo toda a sabedoria do mundo, somente alçava seu voo com o anoitecer, quando não havia mais luz para aproveitar o seu conhecimento.

Com essa alegoria, Hegel ilustrava a sua conclusão de que, em uma de suas missões, que é a de "ensinar como o mundo deve ser", a filosofia "sempre chega tarde demais", pois "ela somente aparece no tempo depois que a efetividade completou o seu processo de formação" e que somente nessa "maturidade da efetividade" é que o ideal aparece frente ao real "e edifica para si esse mesmo mundo, apreendido em sua substância na figura de um reino intelectual".

Aplicando essa metáfora do filósofo germânico à realidade e ao universo dos Tribunais de Contas, é possível afirmar que essas instituições agem, de certa forma, como a coruja de Minerva, não explorando em toda plenitude o potencial institucional de que dispõem como órgão de controle da administração pública brasileira.

---

[54] HEGEL, Georg Wilhelm Friedrich. *Filosofia do direito*. (Trad. Paulo Meneses *et al.*). São Leopoldo: Unisinos, 2010. p. 44.

O pleno voo institucional dos Tribunais de Contas passa não apenas pela hibridez material dessas instituições, mas, também, pelo hibridismo do que representam os signos da coruja de Minerva e o da águia de Haia, de forma que os Tribunais da Governança Pública possam definitivamente irromper como uma *imago* a partir da ruptura da *crisálida* que ainda reveste as Cortes de Contas.

Referências

ACKERMAN, Bruce. The new separation of powers. *Harvard Law Review*, v. 113, n. 3, p. 633-725, jan. 2000.

ARISTÓTELES. *Política*. São Paulo: Martin Claret, 2007.

BARBOSA, Rui. Exposição de motivos do Decreto nº 966-A, de 7 de novembro de 1890. *Revista do Tribunal de Contas da União*, v. 30, n. 82, p. 253-262, out./dez. 1999. Disponível em: https://revista.tcu.gov.br/ojs/index.php/RTCU/article/view/1113. Acesso em 25 nov. 2018.

BECK, Ulrich. *A metamorfose do mundo*: novos conceitos para uma nova realidade. (Trad. Maria Luiza X. de A. Borges. Revisão técnica Maria Claudia Coelho). 1. ed. Rio de Janeiro: Zahar, 2018.

BRASIL. Constituição da República dos Estados Unidos do Brasil (24 de fevereiro de 1891). Nós, os representantes do povo brasileiro, reunidos em Congresso Constituinte, para organizar um regime livre e democrático, estabelecemos, decretamos e promulgamos a seguinte. *Diário Oficial da União*, Rio de Janeiro, 24 fev. 1891. Disponível em: http://www.planalto.gov.br/ccivil_03/constituicao/constituicao91.htm. Acesso em 11 jan. 2019.

BRITTO, Carlos Ayres. Prefácio. *In*: PASCOAL, Valdecir. *Uma nova primavera para os tribunais de contas*: artigos, discursos e entrevistas. Belo Horizonte: Fórum, 2018.

CÂMARA. *Proposta de Emenda à Constituição nº 329/2013*. Brasília, 2 de outubro de 2013. Disponível em: https://www.camara.leg.br/proposicoesWeb/prop_mostrarintegra;jsessionid=node02wl7rr9rlx811br9sinn52l05933037.node0?codteor=1161004&filename=PEC+329/2013. Acesso em 27 nov. 2018.

CNPTC. *Resolução nº 01/CNPTC/2019 – Aprova o Regimento Interno do Conselho Nacional de Presidentes dos Tribunais de Contas*. Disponível em: https://www.cnptcbr.org//wp-content/uploads/2019/06/Regimento-Interno-CNPTC-Site-1.pdf. Acesso em 19 ago. 2020.

COELHO, Jurandyr. O tribunal de contas como tribunal de justiça. *Revista do Serviço Público*, Rio de Janeiro, Departamento Administrativo do Serviço Público – DASP, v. 74, n. 3, p. 261-288, mar. 1957. Disponível em: https://revista.enap.gov.br/index.php/RSP/issue/view/239/279. Acesso em 11 nov. 2020.

FERRAJOLI, Luigi. Jurisdição e consenso. *Revista Brasileira de Estudos Constitucionais – RBEC*, Belo Horizonte, a. 4, n. 16, out./dez. 2010. Disponível em: http://www.bidforum.com.br/bid/PDI0006.aspx?pdiCntd=72456. Acesso em 2 dez. 2019.

FERREIRA JÚNIOR, Adircélio de Moraes. *A hibridez material das cortes de contas como atributo determinante de sua organicidade e a metamorfose institucional dos tribunais da governança pública*. Tese (Doutorado em Direito), Universidade Federal de Santa Catarina, 2021. Disponível em: https://tede.ufsc.br/teses/PDPC1522-T.pdf. Acesso em 2 jul. 2021.

FERREIRA JÚNIOR, Adircélio de Moraes. *O bom controle público e as cortes de contas como tribunais da boa governança*. Dissertação (Mestrado em Direito), Universidade Federal de Santa Catarina, 2015. Disponível em: https://repositorio.ufsc.br/xmlui/bitstream/handle/123456789/134784/333913.pdf?sequence=1&isAllowed=y. Acesso em 13 jun. 2018.

FERREIRA JÚNIOR, Adircélio de Moraes; CARDOSO, Juliana Francisconi. A aferição qualitativa das contas de governo pelos Tribunais de Contas: necessidade de mudança do patamar de análise. *Interesse Público – IP*, Belo Horizonte: Fórum, a. 15, n. 82, p. 253-272, nov./dez. 2013.

FREITAS, Juarez. *Direito fundamental à boa administração pública*. 3. ed. São Paulo: Malheiros, 2014.

GARCIA, Marcos Leite. A pandemia da covid-19 e o futuro da sociedade contemporânea: algumas reflexões sobre lições para o amanhã. *Revista de Teorias da Democracia e Direitos Políticos, Encontro Virtual.* v. 6, n. 2, p. 76-97, jul./dez. 2020. Disponível em: https://www.indexlaw.org/index.php/revistateoriasdemocracia/article/view/7084/pdf. Acessado em 22 fev. 2021.

GUERRA, Luciana; VEIGA, Marcelo. *Distribuição de Processo*: relatório de consolidação. São Paulo: Núcleo de Governança e Gestão do Tribunal de Contas do Município de São Paulo, 2020.

HEGEL, Georg Wilhelm Friedrich. *Filosofia do direito*. (Trad. Paulo Meneses *et al.*). São Leopoldo: Unisinos, 2010.

KEYNES, John Maynard. *Economic Possibilities for our Grandchildren. Essays in Persuasion*. New York: W. W. Norton & Co., 1963.

MALLÉN, Beatriz Tomás. *El derecho fundamental a una buena administración*. 1. ed. Madrid: Instituto Nacional de Administración Pública, 2004.

MONTESQUIEU, Charles de Secondat. *O espírito das leis*: as formas de governo, a federação, a divisão dos poderes, presidencialismo versus parlamentarismo. 4. ed. São Paulo: Saraiva, 1996.

MOREIRA NETO, Diogo de Figueiredo. Controle de contas e o equilíbrio entre poderes: notas sobre a autonomia do sistema de controle externo. *Interesse Público – IP*, Belo Horizonte, a. 19, n. 101, p. 15-53, jan./fev. 2017.

NEVES, Marcelo. *Entre Têmis e Leviatã*: uma relação difícil; o Estado Democrático de Direito a partir e além de Luhmann e Habermas. São Paulo: Martins Fontes, 2006.

SCAPIN, Romano. *A expedição de provimentos provisórios pelos Tribunais de Contas*: das "medidas cautelares" à técnica antecipatória no controle externo brasileiro. Belo Horizonte: Fórum, 2019.

SCHWAB, Klaus. *Aplicando a quarta revolução industrial*. 1. ed. São Paulo: Edipro, 2018.

SCHWARTSMAN, Hélio. Keynes previu 15h de trabalho por semana. *Folha de São Paulo*, São Paulo, 4 jul. 2009. Mercado. Disponível em: https://www1.folha.uol.com.br/fsp/dinheiro/fi0407200918.htm. Acesso em 19 jan. 2020.

SUSSKIND, Richard; SUSSKIND, Daniel. *The future of the professions*: how technology will transform the work of human experts. New York: Oxford University Press, 2017.

VIEIRA, Oscar Vilhena. Supremocracia. *Revista Direito GV*, São Paulo, v. 4, n. 2, jul./dez. 2008. Disponível em: http://www.scielo.br/scielo.php?script=sci_arttext&pid=S1808-24322008000200005. Acesso em 11 jan. 2015.

VIEIRA, Oscar Vilhena. *A batalha dos poderes*: da transição democrática ao mal-estar constitucional. 1. ed. São Paulo: Companhia das Letras, 2018.

Informação bibliográfica deste texto, conforme a NBR 6023:2018 da Associação Brasileira de Normas Técnicas (ABNT):

FERREIRA JÚNIOR, Adircélio de Moraes. A águia, a coruja, a hibridez material e a metamorfose institucional das cortes de contas: da casa dos contos aos tribunais da governança pública. *In*: LIMA, Edilberto Carlos Pontes (Coord.). *Os Tribunais de Contas, a pandemia e o futuro do controle*. Belo Horizonte: Fórum, 2021. p. 33-57. ISBN 978-65-5518-282-8.

PANDEMIA FISCAL: UMA ANÁLISE ENTRE CORRUPÇÃO PÚBLICA, EVASÃO FISCAL E COVID-19

AHMED SAMEER EL KHATIB

Introdução

Seria possível a corrupção pública explicar parte da variação nas fatalidades de mortes provocadas pela pandemia da COVID-19 em todo o mundo? Existem lições da literatura precedente que podem ajudar a estabelecer a ligação entre as fatalidades provocadas pela COVID-19 nos países e seus diferentes níveis de corrupção pública. Sommer[1] evidencia que a variação da corrupção entre os países explica a eficácia dos gastos com saúde na melhoria da saúde infantil e adulta. De acordo com estimativas da *Transparency International*, cerca de 140.000 crianças morrem todos os anos como resultado da corrupção nos sistemas de saúde. Em termos monetários, a Transparência Internacional estima que do total de US$7,5 trilhões gastos globalmente com saúde a cada ano, US$500 bilhões são perdidos para a corrupção. No nível individual, as pesquisas de percepção de corrupção da *Transparency International* mostram que 1 em cada 5 pessoas em todo o mundo (17%) relatam que foram forçadas a pagar um suborno quando lidavam com o setor médico. 2 Os efeitos distorcidos da corrupção sobre os gastos do governo também podem nos ajudar a estabelecer uma ligação com as fatalidades do COVID-19. Gupta *et al*[2] mostram que a corrupção está associada a maiores gastos militares, como parcela do PIB, deixando menos recursos para campos não militares, como saúde e educação. Mauro[3] e Gupta *et al*[4] mostram o efeito negativo da corrupção nos serviços de saúde e educação. Dincer e Teoman,[5] em seu estudo de caso da Turquia, perguntam: "A corrupção mata?". Usando o índice de corrupção com

---

[1] SOMMER, J. M. Corruption and Health expenditure: a Cross-National Analysis on Infant and Child Mortality. *The European Journal of Development Research*, v. 32, n. 3, 2020.

[2] GUPTA, S.; MELO, L. Corruption and Military Spending. *Working Paper*, v. 1, n. 2, 2001.

[3] MAURO, P. Corruption and the composition of government expedinture. *International Monetary Fund*, v. 700, 19th Street, N.W., Washington D.C. 20431, USA, 1998.

[4] GUPTA, S., MELO, L. Corruption and Military Spending. *Working Paper*, v. 1, n. 2, 2001.

[5] DINCER, O., TEOMAN, O. Does corruption kill? Evidence from half a century infant mortality data. *Social Science and Medicin*, v. 2, n. 14, 2019.

base nas matérias cobertas por um grande jornal turco entre os anos 1960 e 2010, eles mostram que a corrupção aumenta a mortalidade infantil no longo prazo.

Desde o início da crise pandêmica de COVID-19, as compras de emergência tornaram-se essenciais na luta contra a pandemia. No entanto, foi registrado um número crescente de corrupção nas aquisições da COVID-19.[6] No Zimbábue, o ex-Ministro da Saúde Obadiah Moyo foi acusado de abuso criminoso de cargo devido à alegada concessão de um contrato inflacionado de US$60 milhões para suprimentos da COVID-19, sem procedimentos de aquisição adequados.[7] Em Uganda, altos funcionários públicos foram presos por inflar os preços dos alimentos de alívio da COVID-19.[8] No Reino Unido, foram questionados possíveis favoritismos na adjudicação de um contrato público de £108 milhões (US$140 milhões) para o envolvimento de uma empresa privada Serco, após uma mensagem vazada comprovar que a empresa obteve o contrato sem passar por um aberto processo de licitação.[9] Também houve preocupações na Albânia por causa de uma série de licitações secretas da COVID-19, após o governo suspender os procedimentos de aquisição regulares.[10]

A pandemia da COVID-19 também desencadeou grandes programas de estímulo econômico sem precedentes. No primeiro semestre de 2020, foi relatado que vários programas representaram entre 10 e 20 por cento do PIB em alguns países, superando as intervenções anteriores – com os países do G7 gastando em média 4,4 vezes o dos programas de estímulo econômico para a crise financeira de 2008.[11] Os pacotes de estímulo vêm em diferentes formas, como apoio financeiro a empresas – ou resgates – que são projetados para manter as empresas à tona durante a pandemia.[12] A renda direta ou transferências de dinheiro também foram feitas diretamente às famílias, que incluíram pagamentos universais ou quase universais para todos os cidadãos ou residentes, ou esquemas direcionados a certas partes da população.[13]

Em recente relatório detalhado da Organização Mundial da Saúde[14] sobre "Potenciais riscos de corrupção nos arranjos de financiamento da saúde", sugere-se que a corrupção nos sistemas de saúde representa um dreno significativo sobre recursos nacionais de saúde e assistência ao desenvolvimento para a saúde. Com base nas estimativas de Gee e Button,[15] a fraude no setor de saúde leva a uma taxa de perda

---

[6] Cf.: First Regional Meeting for Sub-Saharan Africa: public Procurement in Times of COVID-19. *Uncac Coalition,* 2021.

[7] CHINGONO, N. Zimbabwe health minister facing coronavirus corruption charge sacked. *The Guardian,* 2020.

[8] ATHUMANI, H. Top Ugandan Officials Arrested in COVID-19 Purchasing Scandal. *VOA News,* 2020.

[9] MURPHY, S.; MARSH, S. UK government urged to justify £108m contact-tracing deal with Serco. *The Guardian,* 2020.

[10] SINORUKA, F. Concern in Albania over String of Secretive COVID-19. *Tenders. Balkan Insight,* v. 2, n. 1, 2020.

[11] CHAUDHRY, S. M. Coronavirus: comparing today's crisis to 2008 reveals some interesting things about China. *The Conversation,* v. 1, n. 1, 2020.

[12] BALIBEK, E. *et al.* Public sector support to firms, fiscal affairs, special Series on COVID-19. *International Monetary Fund,* v. 1, n. 1, 2020.

[13] PRADY, M. Managing the impact on households: assessing universal transfers (ut), fiscal affairs, special series on COVID-19. *International Monetary Fund,* v. 1, n. 3, 2020.

[14] TEREMETSKYI, V. *et al.* Corruption and strengthening anti-corruption efforts in healthcare during the pandemic of Covid-19. *Medico-Legal Journal,* 2021.

[15] GOODELL, J. W. COVID-19 and finance: agendas for future research. *Finance Research Letters,* v. 35, p. 101512, 2020.

média global de aproximadamente 6% nos gastos totais com saúde, ou US$455 bilhões por ano. A corrupção pública também mina o grau de confiança das pessoas no governo e nas instituições formais. A redução da confiança pública tem um impacto negativo na gestão eficaz de pandemias globais, como a COVID-19, que precisa dos mais altos níveis de cooperação de seus cidadãos. A corrupção pode aumentar o preço e reduzir o nível de produção e serviços do governo,[16] o que pode ter implicações nos custos dos serviços e bens de saúde. Além disso, a corrupção tem um impacto negativo na educação e na capacidade cognitiva da população,[17] o que também pode restringir a possibilidade de conter pandemias globais. Os governos são mais capazes de lidar com os choques negativos da pandemia da COVID-19 se tiverem as reservas financeiras necessárias. A corrupção reduz a capacidade de renda do estado,[18] visto que a evasão fiscal e o contrabando são mais prováveis em países corruptos.[19] Gupta et al[20] mostram, empiricamente, que um alto nível de corrupção tem consequências adversas para as taxas de mortalidade infantil e adulta de um país, porcentagem de bebês com baixo peso ao nascer no total de nascimentos e taxas de evasão nas escolas primárias. A corrupção também pode afetar as fatalidades do COVID-19 por meio do canal de confiança para o governo. Países com níveis mais altos de corrupção têm níveis mais baixos de capital social e confiança[21] e o capital social é sugerido como um importante determinante dos resultados de saúde entre os países.[22]

A pandemia de COVID-19 cresceu no início de 2020 e se espalhou por todos os países do mundo. A COVID-19 tem efeitos adversos em muitas indústrias diferentes. A maioria dos pesquisadores se concentrou nos sintomas e sinais da COVID-19;[23] outros focaram nas consequências econômicas e financeiras da COVID-19.[24] Entretanto, torna-se importante também investigar as variáveis que podem aumentar o risco para a saúde pública, e uma dessas variáveis importantes é o desempenho econômico e o quão poderoso é o orçamento no enfrentamento de crises como a COVID-19.

De acordo com Subramanian *et al*,[25] rendas *per capita* mais altas, por meio de um crescimento econômico estável, aumentam a capacidade de uma nação de adquirir os bens e serviços econômicos necessários que promovem a saúde. Esta afirmação implica

---

[16] SHLEIFER, A.; VISHNY, R. World Corruption. *Quarterly Journal of Economics*, v.1, n. 3, 1993.

[17] EHRLICH, I.; LUI, F. T. Bureaucratic corruption and endogenous growth. *Journal of Political Economy*, v. 1, n. 3, 1999.

[18] SHLEIFER, A.; VISHNY, R. World Corruption. *Quarterly Journal of Economics*, v. 1, n. 3, 1993.

[19] BUEHN, A.; FARZANEGAN, M. R. Smuggling around the world: evidence from structural equation modeling. *Applied Economics*, v. 44, n. 22, 2012.

[20] GUPTA, S.; MELO, L. Corruption and Military Spending. *Working Paper*, v. 1, n. 2, 2001.

[21] ANDERSON, C. J.; TVERDOVA, Y. V. Corruption, political allegiances, and attitudes toward government in contemporary democracies. *American Journal of Political Science*, v. 47, 2003.

[22] KAWACHI, I.; TAKAO, S.; SUBRAMANIAN, S. V. (Eds.). *Global Perspectives on Social Capital and Health*. New York: Springer, 2013.

[23] BOUAZIZ, J. *et al*. Vascular skin symptoms in COVID-19: a French observational study. *Journal of the European Academy of Dermatology and Venereology*, v. 34, n. 9, 2020; HAN, C. *et al*. Digestive symptoms in COVID-19 patients with mild disease severity: clinical presentation, stool viral RNA testing, and outcomes. *American Journal of Gastroenterology*, v. 115, n. 6, 2020.

[24] GOODELL, J. W. COVID-19 and finance: agendas for future research. *Finance Research Letters*, v. 35, p. 101512, 2020.

[25] SUBRAMANIAN, S. V.; BELLI, P.; KAWACHI, I. The macroeconomic determinants of health. *Annual Review of Public Health*, v. 23, n. 1, p. 287-302, 2002.

uma relação entre desempenho econômico e saúde pública. Além disso, a interferência do governo por meio de políticas macroeconômicas pode melhorar a saúde pública; por exemplo, a promoção do emprego e a redução das desigualdades de gênero podem melhorar a saúde pública.[26] A relação entre o desempenho econômico e a pandemia da COVID-19 pode ser demonstrada na escolha realizada durante o período da COVID-19 entre estabilizar a curva da pandemia e estabilizar a curva de recessão.[27] Tudo isso implica que o desempenho econômico pode afetar a saúde pública.

O desempenho econômico e o bem-estar econômico são afetados negativamente pelo trilhão de dólares que escapam das autoridades fiscais devido à evasão fiscal.[28] Murphy[29] comparou a perda estimada de evasão fiscal para gastos com saúde em diferentes países e descobriu que, em 145 países, 110% do orçamento de saúde foi perdido por evasão fiscal. A evasão fiscal é endêmica e a lacuna fiscal é uma questão essencial para os formuladores de políticas.[30] De acordo com Picur e Riahi-Belkaoui,[31] o desenvolvimento econômico pode ser duramente afetado pela redução das receitas públicas em razão do descumprimento fiscal.

Este estudo enfoca a relação entre a evasão fiscal e o risco de COVID-19; ele destaca os impactos negativos da evasão fiscal e da corrupção e como esses tipos de crime financeiro podem aumentar o risco de uma pandemia como a da COVID-19, que pode afetar a todos, incluindo os fraudadores que se beneficiaram desses crimes. Este estudo contribui para a literatura de diferentes maneiras. Ele destaca as consequências não econômicas negativas da evasão fiscal, examinando a relação entre a evasão fiscal e a exposição ao risco de saúde pública da COVID-19. Além disso, investiga a relação entre a corrupção e a saúde pública da COVID-19. Examina, ainda, o efeito de moderação da corrupção na relação entre evasão fiscal e COVID-19, testando a hipótese em países de alta corrupção e países de baixa corrupção.

O restante deste artigo está estruturado da seguinte forma. A próxima seção é o desenvolvimento de hipóteses, seguido pelo desenho e metodologia da pesquisa na segunda seção. A terceira seção é sobre resultados empíricos e discussão. Finalmente, a quarta seção conclui o artigo e fornece algumas implicações e sugestões para pesquisas futuras.

---

[26] NAIK, Y. *et al.* Going upstream–an umbrella review of the macroeconomic determinants of health and health inequalities. *BMC Public Health*, v. 19, n. 1, p. 1678, 2019.

[27] ROBALINO, D. A. The COVID-19 conundrum in the developing world: protecting lives or protecting jobs? *Iza Discussion Papers*, v. 1, n. 4, 2020.

[28] BALAFOUTAS, L. *et al.* The hidden costs of tax evasion: collaborative tax evasion in markets for expert services. *Journal of Public Economics*, v. 129, p. 14-25, 2015.

[29] MURPHY, R. The cost of tax abuse. A briefing paper on the cost of tax evasion worldwide. *Tax Justice Network*, v. 1, n. 2, 2011.

[30] GEMMELL, N.; HASSELDINE, J. The Tax Gap: a methodological Review, Emerald Group Publishing Limited. *Working Paper Series*, v. 1, n. 1, 2012.

[31] PICUR, R. D.; RIAHI-BELKAOUI, A. The impact of bureaucracy, corruption and tax compliance. *Review of Accounting and Finance*, v. 5, n. 2, 2006.

1 Desenvolvimento das hipóteses

1.1 Evasão fiscal e risco de saúde pública da COVID-19

O governo depende principalmente de tributos (impostos, taxas e contribuições de melhoria) para aumentar suas receitas e sua capacidade de apoiar os programas planejados. De acordo com Porcano,[32] se os contribuintes pagassem suas ações, o governo estaria financeiramente seguro e estável. As perdas por evasão fiscal são aproximadamente 55% dos gastos com saúde em 145 países.[33] A média de perdas em 2009, devido à evasão fiscal, é de cerca de 106% do total das despesas com saúde. Esse percentual era maior em outros países, por exemplo, Estônia e Itália, que ultrapassavam 200% dos gastos com saúde.[34] Assim, a primeira hipótese é:

H1. Existe uma relação positiva entre evasão fiscal e risco de saúde pública com a COVID-19.

1.2 Corrupção e risco de saúde pública da COVID-19

O ambiente corrompido aumenta as oportunidades da economia paralela;[35] pode ser um obstáculo para o desenvolvimento e pode afetar negativamente os investimentos e a inovação.[36] Segundo Nguyen *et al.*,[37] existe uma relação negativa entre corrupção e qualidade do serviço público; também o nível de corrupção diminui quando se tem um alto nível de transparência e responsabilidade. A corrupção enfraquece a integridade e causa uma má alocação de diferentes recursos.[38] De acordo com Naher *et al*,[39] a falta de governança e a presença de corrupção reduzem a qualidade dos serviços de saúde e podem levar a consequências terríveis para a saúde. Azfar e Gurgur[40] examinaram o efeito da corrupção na saúde pública nas Filipinas; os resultados revelaram que a corrupção diminui as taxas de imunização e adia o processo de vacinação, principalmente em recém-nascidos, além de afetar, negativamente, a satisfação com a saúde pública. Assim, a segunda hipótese é:

H2. Existe uma relação positiva entre a corrupção e o risco de saúde pública da COVID-19.

---

[32] PORCANO, T. M. Correlates of tax evasion. *Journal of Economic Psychology*, v. 9, n. 1, p. 47-67, 1988.

[33] MURPHY, R. The cost of tax abuse. A briefing paper on the cost of tax evasion worldwide. *Tax Justice Network*, v. 1, n. 2, 2011.

[34] SCHNEIDER, F.; RACZKOWSKI, K.; MR'OZ, B. Shadow economy and tax evasion in the EU. *Journal of Money Laundering Control*, v. 18, n. 1, 2015.

[35] AMARA, I.; KHLIF, H. Financial crime, corruption and tax evasion: a cross-country investigation. *Journal of Money Laundering Control*, v. 21, n. 4, 2018.

[36] MURPHY, R. The cost of tax abuse. A briefing paper on the cost of tax evasion worldwide. Tax Justice Network, v.1, n. 2, 2011.

[37] NGUYEN, T. V. *et al.* Local governance, corruption, and public service quality: evidence from a national survey in Vietnam. *International Journal of Public Sector Management*, v. 30, n. 2, 2017.

[38] HORS, I. Fighting Corruption in the Developing Countries. *OECD Observer*, p. 43, 2000.

[39] NAHER, N. *et al.* The influence of corruption and governance in the delivery of frontline health care services in the public sector: a scoping review of current and future prospects in low and middle-income countries of South and South-East Asia. *BMC Public Health*, v. 20, p. 1-16, 2020.

[40] AZFAR, O.; GURGUR, T. Does corruption affect health outcomes in the Philippines? *Economics of Governance*, v. 9, n. 3, p. 197-244, 2008.

1.3 Efeito de moderação da corrupção

Embora a evasão fiscal e a corrupção possam aumentar o risco de saúde pública da COVID-19, é importante testar a relação entre a evasão fiscal e o risco de saúde pública da COVID-19, tanto em países com alta corrupção quanto em países com baixa corrupção. Segundo Amara e Khlif,[41] a corrupção diminui a capacidade do país de impor leis e cometer crimes financeiros, o que pode aumentar o comportamento de não conformidade. Eles testaram o efeito de moderação da corrupção e os resultados revelaram que a evasão fiscal aumentou em países altamente corrompidos. Assim, a terceira hipótese é:

H3. A relação entre evasão fiscal e saúde pública durante a pandemia de COVID-19 variam dependendo do nível de corrupção.

2 Plataforma metodológica

2.1 Seleção amostral

Nossa amostra inclui dados transversais de 128 países. A COVID-19 é medida para 179 países. A economia subterrânea é calculada para 158 países. Todos os valores perdidos são removidos e a amostra inclui 134 países. Em seguida, os países *siX* (França, EUA, Chile, Letônia, Líbia e Japão) são removidos após o teste de resíduos para *outliers* (países abaixo de 2 e acima de 2 são removidos). A amostra do estudo consiste em diferentes países de alta diversidade no que diz respeito ao nível de renda, cultura e geografia. O *AppendiX* inclui nossa amostra depois de dividir os países em países de alta corrupção (66 países) e países de baixa corrupção (62 países), após calcular a mediana para testar o efeito de moderação do nível de corrupção na relação entre evasão fiscal e público com COVID-19 e risco de vida.

2.2 Modelos e variáveis de pesquisa

O modelo de regressão é estimado da seguinte forma:

$$ERCOVID19_i = \propto_0 + \sum \beta_{1i}EF_i + \sum \beta_{2i}CORR_i + \sum \beta_{3i}CONT_i + \varepsilon_i$$

Onde:

EFi: Evasão fiscal para o país i;

CORRi: Corrupção para o país i;

CONTƚ: Variáveis de controle;

β1i: Coeficientes de evasão fiscal;

β2i: Coeficientes de corrupção; e

β3i: Coeficientes das variáveis de controle.

---

[41] AMARA, I.; KHLIF, H. Financial crime, corruption and tax evasion: a cross-country investigation. *Journal of Money Laundering Control*, v. 21, n. 4, 2018.

2.2.1 Variável dependente

ERCOVID19 é a variável dependente que é construída pela *SolAbility*. A *SolAbility* é uma instituição independente com presença na Suíça e na Coréia. A exposição ao risco para a saúde é calculada de acordo com os indicadores gerais de saúde por pessoa, população idosa, disponibilidade de infraestrutura de saúde, tais como, leito, médicos e enfermeiras e financiamento de saúde.

2.2.2 Variáveis independentes

A economia subterrânea é usada como uma *proxie* para evasão fiscal (EF). A economia subterrânea pode ser medida por meio de abordagens diretas e indiretas nos níveis macro ou micro.[42] Este estudo usou a medida macroeconômica da economia subterrânea calculada por Medina e Schneider.[43] Medina e Schneider[44] atualizaram a abordagem de causas múltiplas de indicadores múltiplos (MIMIC), substituindo a medida do produto interno bruto (PIB) pela abordagem de intensidade de luz e o método de correspondência média preditiva. A economia subterrânea é usada como uma proXia de evasão fiscal em estudos anteriores.[45]

2.2.3 Variáveis moderadoras

Índice de percepção de corrupção (CORR) construído pela transparência internacional e usado para medir a corrupção em diferentes países. O índice de corrupção é usado como uma variável contínua para testar a relação entre a corrupção e a exposição à saúde pública COVID-19. Em seguida, o índice de percepção de corrupção é atualizado subtraindo o número principal de 100 para que a pontuação mais alta reflita a corrupção alta. A mediana é calculada (mediana = 63) para categorizar os países com baixa corrupção (mediana de 67 países) e países com alta corrupção (71 países < mediana) para testar o efeito de moderação do nível de corrupção na relação entre evasão fiscal e ERCOVID19. O índice de percepção de corrupção é usado como uma *proXia* para medir a corrupção em pesquisas anteriores.[46] A seguir, na Tabela 1, são detalhadas as variáveis utilizadas nesta pesquisa:

---

[42] GEMMELL, N.; HASSELDINE, J. The Tax Gap: a methodological Review, Emerald Group Publishing Limited. *Working Paper Series*, v. 1, n. 1, 2012.

[43] MEDINA, L.; SCHNEIDER, F. Shadow economies around the world: what did we learn over the last 20 years? *IMF Working Paper*, v. 1, n. 11, 2018.

[44] MEDINA, L.; SCHNEIDER, F. Shadow economies around the world: what did we learn over the last 20 years? *IMF Working Paper*, v. 1, n. 11, 2018.

[45] YAMEN, A. *et al*. Impact of institutional environment quality on tax evasion: a comparative investigation of old versus new EU members. *Journal of International Accounting, Auditing and Taxation*, v. 32, p. 17-29, 2018; YAMEN, A. E.; MERSNI, H.; RAMADAN, A. Tax evasion and public governance before and after the European "big bang": a red flag for policymakers. *Journal of Financial Crime*, 2020.

[46] AMARA, I.; KHLIF, H. Financial crime, corruption and tax evasion: a cross-country investigation. *Journal of Money Laundering Control*, v. 21, n. 4, 2018; KHLIF, H.; GUIDARA, A.; HUSSAINEY, K. Sustainability level, corruption and tax evasion: a cross-country analysis. *Journal of Financial Crime*, v. 23, n. 2, 2016.

Tabela 1: Variáveis da Pesquisa

Variáveis	Definição	Sigla
Variável Dependente		
Exposição ao risco de saúde pública com a COVID-19	A exposição aos riscos para a saúde é calculada com base em indicadores gerais de saúde, demografia, disponibilidade de infraestrutura de saúde e financiamento para cuidados de saúde; http://solability.com/	ERCOVID19
Variável Independente		
Evasão Fiscal	A economia subterrânea é usada como um proxy para a evasão fiscal: Economia paralela como porcentagem do PIB anual total (FMI; Medina e Schneider, 2018).	EF
Variável Moderadora		
Índice de Percepção de Corrupção	O Índice de Percepção de Corrupção é um indicador de percepção da corrupção no setor público, ou seja, corrupção política e administrativa. Os valores dos indicadores são determinados usando informações de pesquisas e avaliações de corrupção, coletadas por uma variedade de instituições respeitáveis (CORR = 100 – índice de corrupção; *Transparency International*: www.transparency.org/en/cpi#).	CORR
Taxa de Desemprego	O Variável de Controle de desemprego se refere à parcela da força de trabalho que está sem trabalho, mas disponível para e procurando emprego (Banco mundial: https://data.worldbank.org/).	DESEMP
Usuários da Internet, porcentagem da população	Os usuários da Internet são pessoas que utilizaram a Internet (de qualquer local) nos últimos três meses. A internet pode ser usada por meio de computador, telefone celular, assistente digital pessoal, máquina de jogos, TV digital, etc. (banco mundial: https://data.worldbank.org/).	INTERNET
População com 65 anos ou mais, porcentagem do total	População com 65 anos ou mais em percentagem da população total. População é baseada na definição de fato de população, que conta todos os residentes, independentemente do status legal ou cidadania (Divisão de População das Nações Unidas: www.un.org/).	I65
Densidade populacional, pessoas por km quadrado	A densidade populacional é a população no meio do ano dividida pela área da terra em quilômetros quadrados (*Food and Agriculture Organization*: www.foodsecurityportal.org/).	DENS

Fonte: Autor (2021).

3 Resultados e discussão

3.1 Estatísticas descritivas e matriz de correlação

A Tabela 2 resume as estatísticas descritivas das variáveis dependentes, independentes e de controle. Mostra que o ERCOVID19 (variável dependente) fica entre 2 e 5, com média de 3,59. A evasão fiscal situa-se entre 6 e 70, com uma média aproximada de 27,84. Além disso, a tabela mostra que a corrupção em nossa amostra está entre 9 e 85, com uma média de 56,38.

Tabela 2: Estatísticas descritivas das variáveis utilizadas no modelo de regressão

Variável	Observações	Média	Desvio Padrão	Mínimo	Máximo
ERCOVID19	128	3,597736	0,281538	2,875	4,2
EF	128	27,84601	11,70966	6,94	67
CORR	128	56,38406	19,55801	9	85
INTERNET	128	46,74848	28,58966	2,48	98,2
DENS	128	202	693,0948	2	7.807
I65	128	8,204348	6,036009	0,93	2,195
DESEMP	128	7,271377	5,498084	0,17	27,69

Fonte: Dados da Pesquisa (2021).

A Tabela 3 mostra a matriz de correlação de pessoas entre as variáveis. Existe uma correlação positiva significativa entre ERCOVID19 e evasão fiscal. Além disso, há uma correlação significativa entre ERCOVID19 e corrupção; A Figura 1 descreve esses resultados que foram usados como suporte à nossa hipótese. A matriz de correlação também mostra uma correlação positiva significativa entre evasão fiscal e corrupção, o que corrobora os resultados de Amara e Khlif.[47] Além disso, os resultados mostram uma relação positiva significativa entre o desemprego e o risco COVID-19 e uma relação negativa significativa entre o número de usuários da Internet e o risco COVID-19.

Tabela 3: Matriz de Correlação (continua)

	ERCOVID19	EF	CORR	INTERNET	DENS	I65	DESEMP
ERCOVID19	1,000	-	-	-	-	-	-
EF	0,4587*	1,000	-	-	-	-	-
	0,000	-	-	-	-	-	-
CORR	0,5478*	0,7027*	1,000	-	-	-	-

---

[47] AMARA, I.; KHLIF, H. Financial crime, corruption and tax evasion: a cross-country investigation. *Journal of Money Laundering Control*, v. 21, n. 4, 2018.

(conclusão)

	ERCOVID19	EF	CORR	INTERNET	DENS	I65	DESEMP
	0,000	0,000	-	-	-	-	-
INTERNET	-0,3570*	-0,6292*	-0,7670*	1,000	-	-	-
	0,000	0,000	0,000	-	-	-	-
DENS	-0,073	-0,158	-0,1887*	0,129	1,000	-	-
	0,394	0,065	0,027	0,132	-	-	-
I65	-0,095	-0,5208*	-0,6653*	0,7125*	0,023	1,000	-
	0,268	0,000	0,000	0,000	0,792	-	-
DESEMP	0,2279*	-0,042	-0,084	0,140	-0,107	0,2684*	1,000
	0,007	0,624	0,329	0,102	0,210	0,002	-

Nota: * é significativo no nível de significância de 0,05

Fonte: Dados da Pesquisa (2021).

3.2 Teste de hipóteses e discussão

Antes de testar nossa hipótese, Breusch-Pagan é usado para testar dados de heterocedasticidade, a variação constante é aceita e os dados são homogêneos. Além disso, o teste de Shapiro-Wilk e a assimetria/curtose são usados para testar a normalidade; testes indicaram que os dados são normais. O fator de variação de inflação (VIF) é usado para testar a multicolinearidade de variáveis independentes. Os resultados mostram que o VIF médio em todos os modelos é menor que 2,5 e que todas as variáveis têm VIF menor que 3,5, o que indica que não há problema de multicolinearidade.

Na Tabela 4 (Modelo 1), os resultados sugerem que existe uma relação positiva significativa entre evasão fiscal e ERCOVID19, com b = 0,01 (0,002) e valor de p = 0,000. Este resultado suporta a *H1* e implica que os países com alta evasão fiscal são mais propensos a estar expostos ao risco COVID-19.

Tabela 4: Resultados de regressão do modelo 1 de risco COVID-19 e evasão fiscal

ERCOVID19	Coeficiente	Desvio Padrão	t	P > t	
EF	0,010	0,002	4,470	0,000	F = 13,25, Prob> F = 0,000
INTERNET	-0,004	0,001	-3,190	0,002	R^2 Ajustado = 0,309
DENS	0,000	0,000	0,750	0,452	Média VIF = 1,72
I65	0,015	0,005	3,010	0,003	Obs. = 128
DESEMP	0,011	0,004	2,890	0,004	
CONS	3,278	0,099	33,100	0,000	

Fonte: Dados da Pesquisa (2021).

Na Tabela 5 (Modelo 2), os achados sugerem que existe uma relação positiva significativa entre corrupção e ERCOVID19, com b = 0,01 (0,012) e p-valor = 0,000. Este resultado suporta a *H2*, o que implica que os países com alta corrupção são mais propensos a se expor ao risco COVID-19.

Tabela 5: Resultados de regressão do modelo 2 de risco e corrupção COVID-19

ERCOVID19	Coeficiente	Desvio Padrão	t	P > t	
CORR	0,012	0,001	7,820	0,000	F = 24, Prob.> F = 0,000
INTERNET	-0,001	0,001	-1,000	0,320	R^2 Ajustado = 0,456
DENS	0,000	0,000	1,610	0,110	Média VIF = 2,04
I65	0,022	0,005	4,810	0,000	Obs. = 128
DESEMP	0,010	0,003	2,970	0,004	
CONS	2,728	0,127	21,460	0,000	

Fonte: Dados da Pesquisa (2021).

Ao comparar o R-quadrado do primeiro modelo 33,4% e do segundo modelo 47,6%, percebe-se que a corrupção pode explicar a variação do risco COVID-19 mais do que a evasão fiscal, o que significa que as consequências negativas da corrupção são mais graves do que as consequências negativas da evasão fiscal. Portanto, era importante testar o efeito conjunto da evasão fiscal e da corrupção. Na Tabela 6 (Modelo 3), é testado o efeito conjunto da evasão fiscal e da corrupção. Os resultados indicam uma relação positiva significativa entre evasão fiscal e ERCOVID19 com b = 0,004 (0,002) e valor de p = 0,044 e uma relação positiva significativa entre corrupção e ERCOVID19 com b = 0,01 (0,002) ep = 0,000. Os resultados sugerem que a corrupção é mais significativa do que a evasão fiscal; também depois de testar o efeito conjunto, fica claro que, após a introdução da corrupção no modelo com evasão fiscal, o significado da evasão fiscal é reduzido de 0,000 para 0,044. Além disso, os resultados revelaram que o efeito conjunto da evasão fiscal e da corrupção é maior do que cada uma delas separadamente, pois o R-quadrado aumentou de 33,4% com a evasão fiscal e 47,6% com a corrupção para 49,2% com o efeito conjunto.

Tabela 6: Resultados da regressão do modelo 3: risco COVID-19, evasão fiscal e corrupção (efeito conjunto)

(continua)

ERCOVID19	Coeficiente	Desvio Padrão	t	P > t	
CORR	0,012	0,001	7,820	0,000	F = 24, Prob.> F = 0,000
INTERNET	-0,001	0,001	-1,000	0,320	R^2 Ajustado = 0,456
DENS	0,000	0,000	1,610	0,110	Média VIF = 2,04

(conclusão)

ERCOVID19	Coeficiente	Desvio Padrão	t	P > t	
I65	0,022	0,005	4,810	0,000	Obs. = 128
DESEMP	0,010	0,003	2,970	0,004	
CONS	2,728	0,127	21,460	0,000	

Fonte: Dados da Pesquisa (2021).

Na Tabela 7 (Modelo 4) e na Tabela 8 (Modelo 5), o efeito de moderação da corrupção é testado dividindo os países em países de alta corrupção e países de baixa corrupção. Os resultados indicam que existe uma relação positiva significativa entre evasão fiscal e ERCOVID19 nos países de baixa corrupção com b = 0,012 (0,004) e valor de p = 0,001.

Tabela 7: Resultados da regressão do modelo 3: risco COVID-19, evasão fiscal e corrupção (efeito conjunto)

ERCOVID19	Coeficiente	Desvio Padrão	t	P > t	
CORR	0,012	0,001	7,820	0,000	F = 24, Prob.> F = 0,000
INTERNET	-0,001	0,001	-1,000	0,320	R^2 Ajustado = 0,456
DENS	0,000	0,000	1,610	0,110	Média VIF = 2,04
I65	0,022	0,005	4,810	0,000	Obs. = 128
DESEMP	0,010	0,003	2,970	0,004	
CONS	2,728	0,127	21,460	0,000	

Fonte: Dados da Pesquisa (2021).

Tabela 8: Resultados da regressão do modelo 3: risco COVID-19, evasão fiscal e corrupção (efeito conjunto)

ERCOVID19	Coeficiente	Desvio Padrão	t	P > t	
CORR	0,012	0,001	7,820	0,000	F = 24, Prob.> F = 0,000
INTERNET	-0,001	0,001	-1,000	0,320	R^2 Ajustado = 0,456
DENS	0,000	0,000	1,610	0,110	Média VIF = 2,04
I65	0,022	0,005	4,810	0,000	Obs. = 128
DESEMP	0,010	0,003	2,970	0,004	
CONS	2,728	0,127	21,460	0,000	

Fonte: Dados da Pesquisa (2021).

Consequentemente, um aumento da evasão fiscal aumentará o risco da COVID-19 para a saúde pública, pois poderá aumentar o déficit orçamentário e diminuir os recursos disponíveis para a saúde pública. Por outro lado, existe uma relação insignificante entre evasão fiscal e ERCOVID19 nos países com alta corrupção. Esse resultado implica que não há evidências de que a evasão fiscal possa afetar a saúde pública em países com alta corrupção e que a corrupção pode ser a principal razão para o aumento do risco à saúde pública. Em outras palavras, se houver alta corrupção em um país, o orçamento não será afetado pelo comportamento de evasão fiscal; quanto à evasão ou não da população, a arrecadação tributária não será direcionada à saúde pública por causa da alta corrupção.

A diferença nos resultados entre países com alta corrupção e países com baixa corrupção apoia a *H3* e denota um efeito moderador do nível de corrupção na relação entre evasão fiscal e ERCOVID19. Assim, esses resultados implicam que a gravidade do nível de corrupção é mais do que evasão fiscal e que as consequências negativas da corrupção podem encobrir o efeito da evasão fiscal. Em outras palavras, em países com alta corrupção, se as pessoas não fugissem, o orçamento será prejudicado por causa da alta corrupção e a saúde pública não será melhorada (Tabelas 7 e 8).

Considerações finais

Crises humanitárias e econômicas criam a tempestade perfeita para que a corrupção prospere, devido ao enorme influxo de ajuda financeira e à necessidade de aquisição emergencial e desembolso de fundos para mitigar a crise – com supervisão mínima. Provas de crises anteriores, bem como a atual pandemia de COVID-19 indicaram que a corrupção reduz a quantidade e a qualidade da ajuda ou pacotes de estímulo que chegam aos beneficiários visados, o que pode prolongar a crise e afetar o crescimento.

Uma resposta comum durante uma crise humanitária ou econômica é a mobilização de recursos financeiros para mitigar a crise. Por exemplo, o Fundo Monetário Internacional (FMI) observou que a maioria dos países utilizou uma ampla gama de fontes de financiamento, como recursos orçamentários, doações privadas e fontes externas em resposta à pandemia de COVID.[48] Nos estágios iniciais da pandemia, ele prometeu US$1 trilhão de capacidade de desembarque para seus países membros para reduzir o impacto da COVID19, e o Conselho Executivo imediatamente concordou em permitir financiamento de emergência para mais de 90 países no valor de US$100 bilhões.[49] O Banco Mundial também disponibilizou US$160 bilhões, incluindo mais de US$50 bilhões de recursos da Associação Internacional de Desenvolvimento em doações e termos altamente concessionais.[50]

O objetivo deste artigo foi investigar a relação entre evasão fiscal, corrupção e a exposição aos riscos de saúde provocados pela COVID-19 (ERCOVID19). Este estudo tenta destacar as consequências não econômicas negativas do crime financeiro. Há

---

[48] RAHIM, F. *et al*. COVID-19 Funds in Response to the Pandemic. *IMF Fiscal Affairs*, 2020.

[49] GEORGIEVA, K. Confronting the Crisis: Priorities for the Global Economy. *International Monetary Fund*, 2020.

[50] SAMEER EL KHATIB, A. S. Economía *versus* epidemiología: un análisis del comercio entre mercados y vidas en tiempos de COVID-19. *Contabilidad Y Negocios*, v. 15, n. 30, 2020.

evidências de que a evasão fiscal e a corrupção podem levar ao aumento da ERCOVID19. Além disso, há evidências de que a gravidade da corrupção é mais do que evasão fiscal no que diz respeito ao seu efeito sobre o risco para a saúde pública. Além disso, os resultados revelaram que, na presença de alta corrupção, o efeito da evasão fiscal sobre o risco para a saúde pública torna-se insignificante, mas na ausência de corrupção, o efeito da evasão fiscal torna-se significativo.

Uma vez compreendias as consequências negativas da evasão e corrupção fiscais e como podem afetar a saúde pública, pode-se adicionar mais variáveis à equação de custo do sonegador ou do fraudador. Segundo Alm,[51] o sonegador avalia o custo e os benefícios da evasão fiscal. Aumentar a consciência das consequências negativas da evasão fiscal na saúde pública pode aumentar o custo da evasão fiscal, pois pode afetar a saúde do sonegador, o que pode melhorar o comportamento de *compliance* tributário.

Pesquisas futuras devem dar mais atenção às consequências não econômicas da evasão fiscal. Além disso, a função de custo da evasão fiscal deve ser modificada para incluir as consequências não econômicas negativas da evasão fiscal que podem afetar a comunidade, incluindo o sonegador. O governo deve aumentar a conscientização sobre a corrupção e a evasão fiscal; deve destacar o efeito da corrupção e da evasão fiscal na saúde pública. Mais prioridade deve ser dada à corrupção, pois há evidências de que a corrupção é mais grave do que a evasão fiscal. É claro que, com a alta corrupção, as pessoas não receberão os benefícios do pagamento de impostos, quer paguem ou evitem pagar.

Referências

ALM, J. Compliance costs and the tax avoidance-tax evasion decision. *Public Finance Quarterly*, v. 16, n. 1, p. 31-66, 1988.

ANDERSON, C. J.; TVERDOVA, Y. V. Corruption, political allegiances, and attitudes toward government in contemporary democracies. *American Journal of Political Science*, v. 47, 2003.

ATHUMANI, H. Top Ugandan Officials Arrested in COVID-19 Purchasing Scandal. *VOA News*, 2020.

AMARA, I.; KHLIF, H. Financial crime, corruption and tax evasion: a cross-country investigation. *Journal of Money Laundering Control*, v. 21, n. 4, 2018.

AZFAR, O.; GURGUR, T. Does corruption affect health outcomes in the Philippines? *Economics of Governance*, v. 9, n. 3, p. 197-244, 2008.

BALAFOUTAS, L. *et al.* The hidden costs of tax evasion: collaborative tax evasion in markets for expert services. *Journal of Public Economics*, v. 129, p. 14-25, 2015.

BALIBEK, E. *et al.* Public sector support to firms, fiscal affairs, special Series on COVID-19. *International Monetary Fund*, v. 1, n. 1, 2020.

BOUAZIZ, J. *et al.* Vascular skin symptoms in COVID-19: a French observational study. *Journal of the European Academy of Dermatology and Venereology*, v. 34, n. 9, 2020.

BUEHN, A.; FARZANEGAN, M. R. Smuggling around the world: Evidence from structural equation modeling. *Applied Economics*, v. 44, n. 22, 2012.

CHAUDHRY, S. M. Coronavirus: comparing today's crisis to 2008 reveals some interesting things about China. *The Conversation*, 2020.

---

[51] ALM, J. Compliance costs and the tax avoidance-tax evasion decision. *Public Finance Quarterly*, v. 16, n. 1, p. 31-66, 1988.

CHINGONO, N. Zimbabwe health minister facing coronavirus corruption charge sacked. *The Guardian*, 2020.

DINCER, O.; TEOMAN, O. Does corruption kill? Evidence from half a century infant mortality data. *Social Science and Medicin*, v. 2, n. 14, 2019.

EHRLICH, I.; LUI, F. T. Bureaucratic corruption and endogenous growth. *Journal of Political Economy*, v. 1, n. 3, 1999.

GEMMELL, N.; HASSELDINE, J. The Tax Gap: a methodological Review, Emerald Group Publishing Limited. *Working Paper Series*, v. 1, n. 1, 2012.

GEORGIEVA, K. Confronting the Crisis: priorities for the Global Economy. *International Monetary Fund*, 2020.

GOODELL, J. W. COVID-19 and finance: agendas for future research. *Finance Research Letters*, v. 35, p. 101512, 2020.

GUPTA, S.; MELO, L. Corruption and Military Spending. *Working Paper*, v. 1, n. 2, 2001.

HAN, C. *et al*. Digestive symptoms in COVID-19 patients with mild disease severity: clinical presentation, stool viral RNA testing, and outcomes. *American Journal of Gastroenterology*, v. 115, n. 6, 2020.

HORS, I. Fighting Corruption in the Developing Countries. *OECD Observer*, p. 43, 2000.

KAWACHI, I.; TAKAO, S.; SUBRAMANIAN, S. V. (Eds.). *Global Perspectives on Social Capital and Health*. New York: Springer, 2013.

KHLIF, H.; GUIDARA, A.; HUSSAINEY, K. Sustainability level, corruption and tax evasion: a cross-country analysis. *Journal of Financial Crime*, v. 23, n. 2, 2016.

MAURO, P. Corruption and the composition of government expedinture. *International Monetary Fund*, v. 700, 19th Street, N.W., Washington D.C. 20431, USA, 1998.

MEDINA, L.; SCHNEIDER, F. Shadow economies around the world: what did we learn over the last 20 years? *IMF Working Paper*, v. 1, n. 11, 2018.

MURPHY, R. The cost of tax abuse. A briefing paper on the cost of tax evasion worldwide. *Tax Justice Network*, v. 1, n. 2, 2011.

MURPHY, S.; MARSH, S. UK government urged to justify £108m contact-tracing deal with Serco. *The Guardian*, 2020.

NAHER, N. *et al*. The influence of corruption and governance in the delivery of frontline health care services in the public sector: a scoping review of current and future prospects in low and middle-income countries of South and South-East Asia. *BMC Public Health*, v. 20, p. 1-16, 2020.

NAIK, Y. *et al*. Going upstream–an umbrella review of the macroeconomic determinants of health and health inequalities. *BMC Public Health*, v. 19, n. 1, p. 1678, 2019.

NGUYEN, T. V. *et al*. Local governance, corruption, and public service quality: evidence from a national survey in Vietnam. *International Journal of Public Sector Management*, v. 30, n. 2, 2017.

PICUR, R. D.; RIAHI-BELKAOUI, A. The impact of bureaucracy, corruption and tax compliance. *Review of Accounting and Finance*, v. 5, n. 2, 2006.

PORCANO, T. M. Correlates of tax evasion. *Journal of Economic Psychology*, v. 9, n. 1, p. 47-67, 1988.

PRADY, M. Managing the impact on households: assessing universal transfers (ut), fiscal affairs, special series on COVID-19. *International Monetary Fund*, v. 1, n. 3, 2020.

RAHIM, F. *et al*. COVID-19 Funds in Response to the Pandemic. *IMF Fiscal Affairs*, 2020.

ROBALINO, D. A. The COVID-19 conundrum in the developing world: protecting lives or protecting jobs? *Iza Discussion Papers*, v. 1, n. 4, 2020.

SAMEER EL KHATIB, A. S. Economía versus epidemiología: un análisis del comercio entre mercados y vidas en tiempos de COVID-19. *Contabilidad Y Negocios*, v. 15, n. 30, 2020.

SCHNEIDER, F.; RACZKOWSKI, K.; MR´OZ, B. Shadow economy and tax evasion in the EU. *Journal of Money Laundering Control*, v. 18, n. 1, 2015.

SHLEIFER, A.; VISHNY, R. World Corruption. *Quarterly Journal of Economics*, v. 1, n. 3, 1993.

SOMMER, J. M. Corruption and Health expenditure: a Cross-National Analysis on Infant and Child Mortality. *The European Journal of Development Research*, v. 32, n. 3, 2020.

SUBRAMANIAN, S. V.; BELLI, P.; KAWACHI, I. The macroeconomic determinants of health. *Annual Review of Public Health*, v. 23, n. 1, p. 287-302, 2002.

UNCAC COALITION. *First Regional Meeting for Sub-Saharan Africa*: public Procurement in Times of COVID-19. 2021.

TEREMETSKYI, V. *et al.* Corruption and strengthening anti-corruption efforts in healthcare during the pandemic of Covid-19. *Medico-Legal Journal*, 2021.

YAMEN, A. *et al.* Impact of institutional environment quality on tax evasion: a comparative investigation of old versus new EU members. *Journal of International Accounting, Auditing and Taxation*, v. 32, p. 17-29, 2018.

YAMEN, A. E.; MERSNI, H.; RAMADAN, A. Tax evasion and public governance before and after the European "big bang": a red flag for policymakers. *Journal of Financial Crime*, 2020.

Informação bibliográfica deste texto, conforme a NBR 6023:2018 da Associação Brasileira de Normas Técnicas (ABNT):

EL KHATIB, Ahmed Sameer. Pandemia fiscal: uma análise entre corrupção pública, evasão fiscal e COVID-19. *In*: LIMA, Edilberto Carlos Pontes (Coord.). *Os Tribunais de Contas, a pandemia e o futuro do controle*. Belo Horizonte: Fórum, 2021. p. 59-74. ISBN 978-65-5518-282-8.

INOVAÇÃO NO SETOR PÚBLICO E O FUTURO DAS INSTITUIÇÕES DE CONTROLE

ANA CARLA BLIACHERIENE
LUCIANO VIEIRA DE ARAÚJO

Introdução

A Revolução 4.0 é caracterizada dentre outros aspectos, pelo uso massivo de novas tecnologias (*big data*, mineração de dados, inteligência artificial, robótica, internet das coisas, aprendizado de máquina, *blockchain*) e tecnologias da informação, baseadas na produção, no armazenamento e no processamento de dados para as atividades industriais.[1] Essa revolução impacta fortemente as relações sociais e as relações entre os cidadão e os Estados, implicando mudanças significativas nas relações indivíduo--trabalho-organização e apontando para a necessidade de transformação da prestação de serviços estatais, bem como abrindo caminhos para a horizontalização das relações entre o Estado e os cidadãos. Os efeitos práticos desta revolução têm se materializado bem mais rápido que o processo de regulação estatal, que como essência, vem a reboque dos fatos sociais.

Não bastasse isso,

> [...] a crise da COVID-19 evidenciou o papel central da gestão e burocracia profissional do estado, que precisa resgatar mecanismos de autonomia decisória, fortalecer-se em um ambiente de cooperação e coordenação federativa e passar por uma reforma que elimine distorções e favoreça sua legitimidade e poder de ação.[2]

---

[1] SCHWAB, Klaus. *A quarta Revolução Industrial*. São Paulo: Edipro, 2018; SCHWAB, Klaus; DAVIS, Nicholas. *Aplicando a quarta Revolução Industrial*. São Paulo: Edipro, 2018; SANT'ANNA, Anderson de Souza; FERREIRA, Jaqueline; SANTOS, Tania Coelho dos. Revolução 4.0: uma "radiografia" de países de economia desenvolvida e do brasil. *Revista de Empreendedorismo, Negócios e Inovação*. S. B. do Campo, v. 4, n. 2. 2019. Disponível em: https://pesquisa-eaesp.fgv.br/sites/gvpesquisa.fgv.br/files/arquivos/revolucao_4.0.pdf. Acesso em 01 ago. 2021.

[2] PECI, Alketa; TEIXEIRA, Marco Antonio Carvalho. Desafios da administração pública brasileira. *Gvexecutivo*, v. 20, n. 1, p. 37-39, jan./mar. 2021. p. 37.

A pandemia provocada pelo vírus novo coronavírus (Sars-CoV-2) impulsionou o uso de novas tecnologias no setor público e privado, ao passo em que ampliou a necessidade de atuação estatal para mitigar as externalidades negativas, características de um país ainda marcado pela desigualdade social, cujas populações vulneráveis dependem fortemente de políticas públicas estatais específicas para atendê-las nesse momento social trágico.

O quadro social que se apresenta, com aproximadamente 15 milhões de desempregados;[3] o aumento exponencial de populações em situação de rua, que já passa de 200 mil brasileiros;[4] o endividamento de aproximadamente 60% das famílias brasileiras com o Sistema Financeiro Nacional, sendo o maior porcentual da série histórica, iniciada em janeiro de 2005,[5] para não citar outros indicadores, nos remetem ao necessário enfrentamento dos limites das ações orçamentária e financeira estatais, como também aos limites das capacidades e competências estatais para dirimir os conflitos e atender às necessidades públicas.

Coube ao Estado assumir o protagonismo na entrega de soluções e já é possível apontar onde, quando e como a estrutura estatal conseguiu ou não dar respostas eficientes aos temas demandados: bancarização e concessão temporária de renda mínima; vacinação em massa; continuidade dos serviços públicos; ações sanitárias coordenadas (ou não); socorro a setores econômicos e sociais específicos.[6]

Nesse contexto em que a administração pública é colocada à prova, tramitam no Congresso Nacional reforma estruturais, há muito aguardadas, mas de difícil consenso, como as reformas administrativas[7] e tributária.[8] No centro da discussão estão o custo do estado, a qualidade da prestação do serviço público, a fragilidade do pacto federativo forjado na Constituição de 1988 e a precariedade do planejamento e do orçamento públicos.

A ideia de como os governos tomam decisões políticas que afetam as políticas públicas e, consequentemente, a prestação do serviço público, em tempos de 4ª Revolução Industrial, são extremamente relevantes para compreendermos o papel da sociedade e do controle no ciclo das políticas públicas.

Negligenciar o diagnóstico das necessidades públicas a partir da ótica do cidadão causa danos à ambiência pública e à legitimidade estatal. É absolutamente necessário que os governos abandonem as práticas de adoção exclusiva dos paradigmas hierárquicos clássicos dos processos de tomada de decisões, adotando ativamente a participação social e o controle qualificado, como etapa importante e necessária no ciclo das políticas públicas (da agenda à sua avaliação e retroalimentação).

---

[3]   Cf.: Indicadores IBGE: pesquisa Nacional por Amostra de Domicílios contínua quarto trimestre de 2020. *IBGE – Instituto Brasileiro de Geografia e Estatística*, Rio de Janeiro, 2021.

[4]   Cf.: Nota técnica nº 73: estimativa da População em situação de rua no Brasil – setembro de 2012 a março de 2020, e Nota técnica nº 74: População em situação de rua em tempos de pandemia: um levantamento de medidas municipais emergenciais. *IPEA – Instituto de Pesquisa Econômica Aplicada*, Brasília, 2020.

[5]   Cf.: Endividamento das famílias com o Sistema Financeiro Nacional exceto crédito habitacional em relação à renda acumulada dos últimos doze meses. *BACEN – Banco Central do Brasil*, Brasília, 2021.

[6]   PECI, Alketa; TEIXEIRA, Marco Antonio Carvalho. Desafios da administração pública brasileira. *Gvexecutivo*, v. 20, n. 1, p. 37-39, jan./mar. 2021. p. 37.

[7]   Proposta de Emenda à Constituição (PEC) nº 32/2021.

[8]   Proposta de Emenda à Constituição (PEC) nº 45/2019 e PEC nº 110/2019.

Mais que um direito constitucionalmente garantido, a administração pública dialógica converge com o entendimento moderno de governança multinível. A integração entre a teoria da administração pública participativa e da governança multinível serve para materializar o estado de bem-estar social, esquematizado na Constituição de 1988.[9]

Partindo-se do raciocínio dedutivo e das técnicas de pesquisa bibliográfica e documental da legislação vigente no Brasil, optou-se pela escrita de um ensaio dogmático, a partir do método de revisão de literatura narrativa, no qual não é necessário aplicar estratégias de busca exaustivas.[10] Assim, mantêm-se os propósitos de contextualização do processo de inovação no setor público e os necessários impactos nos mecanismos de controle (social, interno e externo) da administração pública.

Como etapas da pesquisa procedeu-se ao levantamento do estado da arte,[11] a partir de palavras-chaves "inovação *and* setor público", "inovação *and* controle", "reforma administrativa", "governança multinível" em bases de dados multidisciplinares de acesso aberto, além de livros sobre os temas. Após o levantamento preliminar dos textos, procedeu-se à leitura dos resumos e à sua seleção de acordo com sua conexão com a presente abordagem. Ao final, utilizando-se da estratégia do "diálogo entre as fontes", os principais resultados e argumentos para a formulação da presente proposta foram apresentados.

1   A inovação e o Setor Público

A ideia de que o estado seja um mero regulador positivo e financiador da inovação privada, ou até mesmo a ideia de que haja uma real separação entre inovação pública e inovação privada parecem desfocadas no tempo e no espaço.

Cada vez mais abrem-se caminhamos para os Estados que se colocam como verdadeiros *hubs* de inovação. Assim, a ideia de "organizações públicas empreendedoras", capazes de criar, arriscar e explorar é central no modelo de Revolução 4.0.[12]

O dia a dia da administração pública já vem enfrentando os problemas do século XXI (envelhecimento das populações, desigualdade social, corrupção, tráfico internacional de drogas, guerras, crises humanitárias, crises climáticas, crise de legitimidade dos Estados e dos governos, meio ambiente e sustentabilidade dentre outros) mesmo antes da pandemia que se apresentou. Os problemas apresentados são complexos,

---

[9]   PUTRIJANTI, Aju. Participation of Society In Decision-Making By Government In Industrial Revolution 4.0. *E3S Web of Conferences 125*, n. 02018, 2019. Disponível em: https://doi.org/10.1051/e3sconf/02018. Acesso em 31 jul. 2021.

[10] ALVES-MAZZOTTI, A. J. A "revisão bibliográfica" em teses e dissertações: meus tipos inesquecíveis – o retorno. *In*: BIANCHETTI, L.; MACHADO, A. M. N. (Org.). *A bússola do escrever*: desafios e estratégias na orientação de teses e dissertações. São Paulo: Cortez, 2002; VOSGERAU, Dilmeire Sant'Anna Ramos; ROMANOWSK, Joana Paulin. Estudos de revisão, implicações conceituais e metodológicas. *Rev. Diálogo Educ.*, Curitiba, v. 14, n. 41, p. 165-189, jan./abr. 2014.

[11] PICHETH, F. M. *Arte*: um ambiente colaborativo para a formação do pesquisador que atua no ensino superior por meio da participação em pesquisas do tipo estado da arte. 139f. Dissertação (Mestrado em Educação) – Pontifícia Universidade Católica do Paraná, Curitiba, 2007; ROMANOWSKI, Joana Paulin; ENS, Romilda Teodora. As pesquisas denominadas do tipo "estado da arte" em educação. *Diálogo Educ.*, Curitiba, v. 6, n. 19, p. 37-50, set./ dez. 2006.

[12] CAVALCANTE, Pedro (Orgs.). *et al. Inovação no setor público*: teoria, tendências e casos no Brasil. Brasília: Enap; Ipea, 2017; MAZZUCATO, M. *O Estado empreendedor*: desmascarando o mito do setor público vs. setor privado. São Paulo: Portfolio Penguin, 2014.

multisetoriais e requerem soluções da mesma monta, com caminhos cooperativos em meio à ambiência pública e privada.

Peci e Teixeira[13] apontam alguns desafios adicionais a serem enfrentados pela administração pública brasileira pós-pandemia: resgate de mecanismos institucionais que fortalecem a burocracia profissional na contramão da sua politização e ideologização, sob pena de ocorrerem perdas concretas em termos de políticas públicas e prestação de serviços públicos; fortalecimento da resiliência das instituições, garantindo-lhes sua autonomia decisória; fortalecimento de cooperação e coordenação federativas, tendo a política como espaço de negociação e de construção de acordos, e não de conflitos que coloquem em risco as relações intergovernamentais e entre os poderes; reforma administrativa, que tenha a visão do setor público como um todo (níveis da federação e poderes), eliminando distorções e fortalecendo a legitimidade da burocracia; para criar condições favoráveis para a tomada de decisão proativa no setor público brasileiro. Completa-se esses desafios com a necessidade de ampliação de horizontalização das relações entre estado e cidadãos, ampliando-se os espaços de controle institucional e social das escolhas, ações e entregas estatais.

A estrutura estatal weberiana deve ser compreendida a partir de suas característica principais: hierarquizada, a partir da ideia de uma autoridade racional; com caráter legal das normas; focada em processos, com rotinas e procedimentos padronizados, com divisão do trabalho, e nem sempre abertos à experimentação; com caráter formal das comunicações, que eventualmente distancia a sociedade; impessoalidade no relacionamento, que pode "fechar os olhos à realidade dos fatos" e perpetuar desigualdades; privilégio à competência técnica e o mérito, ao menos na formalidade da lei, mas sem aplicar instrumentos adequados de seleção e de avaliação dos servidores públicos; coordenação superior, que gera dicotomia entre atuação política e de gestão; e, finalmente, especializada.[14] Essas características, que foram importantíssimas para a consolidação do serviço público no Brasil, atualmente parecem não ser suficientes para atender às demandas da sociedade da informação ou das sociedades abertas, digitais, "inteligentes" (*wise society*).

A revisão de modelos, de processos e de formas de interação parecem inevitáveis. Isso imporá um vendaval transformador no sistema regulatório estatal vigente, responsável pela construção e manutenção da estrutura weberiana, que é predominante no edifício da administração pública das democracias acidentais.

Ressalte-se que não se faz troça ou se defende a desconstrução do sistema weberiano, que representou uma imensa inovação ao seu tempo, fazendo um corte relevante entre o modelo patrimonialista predominante até então, e construindo um modelo profissionalizado da administração pública que responde hoje, em grande parte, pela qualidade e continuidade da prestação do serviço público. Não obstante isso, não seria necessário qualquer esforço teórico para afirmar, categoricamente, sobre a existência de

---

[13] PECI, Alketa; TEIXEIRA, Marco Antonio Carvalho. Desafios da administração pública brasileira. *Gvexecutivo*, v. 20, n. 1, p. 37-39, jan./mar. 2021. p. 39.

[14] SECCHI, Leonardo. Modelos organizacionais e reformas da administração pública. *Rev. Adm. Pública*, v. 43, n. 2, abr. 2009. Disponível em: https://doi.org/10.1590/S0034-76122009000200004. Acesso em 31 jul. 2021.

falhas desse modelo em conferir cobertura universal e padrões mínimos de qualidade na prestação do serviço público em todo o território nacional.

Já é passada a hora de avançar nas propostas teóricas disponíveis para a reestruturação da administração pública. Uma das características da Revolução 4.0 é a experimentação permanente e a adequação a novos patamares de entrega como melhoras progressivas de indicadores. A ideia de estabilidade de normas, de processos e instituições, muito festejada e esperada no modelo de estado analógico/weberiano, é antagônica à ideia de inovação e de transformação digital dos governos.

> Por um lado, sistemas weberianos tradicionais, tidos como garantidores de racionalidade, previsibilidade e imparcialidade, são lentos em acompanhar a dinâmica à sua volta, ao mesmo tempo em que podem operar dentro de padrões hierárquicos restritivos e anacrônicos. Por outro lado, modelos gerencialistas, supostamente mais dinâmicos e capilarizados, também estão muitas vezes limitados em seus mecanismos de indução de comportamento e difusão de informação, os quais também não dialogam com a necessidade de colaboração e experimentalismo, além de não convergirem para uma visão mais pró-ativa do Estado no enfrentamento de missões contemporâneas. Em ponto intermediário, a governança em rede surge como alternativa, mas também ela pode carecer de efetividade em algumas áreas de política, além de não solucionar disparidades entre grupos de interesse, com capacidades econômicas e mesmo cognitivas desiguais.[15]

A inovação no setor público, para além de uma prática de gestão, deve ser encarada como uma política pública, que tem como objeto a própria estrutura estatal e como efeitos práticos a melhoria da qualidade do serviço público entregue e da qualidade de vida do cidadão. "As inovações se justificam pelas falhas de governo, pelo crescimento de problemas cada vez mais complexos e estruturantes (*wicked problems*) e de demandas por melhores serviços e mais participação no *policymaking*".[16]

Várias são as possibilidades conceituais aplicáveis à inovação no setor público: a) diferencial competitivo;[17] b) melhoria na qualidade dos serviços prestados;[18] c) novos conhecimentos e práticas na administração pública.[19]

O processo de inovação é disruptivo por essência. Transforma antigas estruturas, práticas, organizações, formas de agir e de pensar para alcançar resultados melhores e distintos, com ganhos de escala que podem ser econômicos ou sociais e, muitas vezes, de ambos. A partir da proposta teórica dos seis modelos de inovação[20] sugeridos por

---

[15] CAVALCANTE, Pedro (Orgs.). *et al. Inovação no setor público*: teoria, tendências e casos no Brasil. Brasília: Enap; Ipea, 2017. p. 10-11.

[16] CAVALCANTE, Pedro (Orgs.). *et al. Inovação no setor público*: teoria, tendências e casos no Brasil. Brasília: Enap; Ipea, 2017. p. 16.

[17] SCHUMPETER, J. A. *Theory of Economic Development*. Cambridge: Harvard University Press, 1934.

[18] Cf.: Oslo Manual: guidelines for collecting and interpreting innovation data. 3. ed. The Measurement of Scientific and Technological Activities. *OCDE – Organisation for Economic Co-Operation and Development*, Paris, 2005.

[19] OSBORNE, S. P.; BROWN, K. *Managing change and innovation in public service organizations*. New York: Routledge, 2005.

[20] São elas: Investimento público em ciência, tecnologia e inovação; compras públicas de inovações; institucionais econômicas; institucionais políticas; nos serviços públicos; organizacionais (KATTEL, R.; KARO, E. Start-up governments, or can Bureaucracies innovate? *Ineteconomics*, 2016. Disponível em: https://goo.gl/cxV5kL. Acesso em 30 jul. 2021).

Karo e Kettel,[21] concentramos a abordagem deste texto nas inovações "institucionais políticas", "nos serviços públicos" e nas "inovações organizacionais", por entendermos serem as mais marcantes com reflexos na prestação dos serviços públicos durante e depois da pandemia do novo coronavírus, sem, no entanto, descurar da importância das outras modalidades de inovação abordadas pelos autores.[22]

A partir destas três vertentes de inovação, podemos verificar avanços significativos na administração pública brasileira, que se deu em "ondas" e permitiu a implantação, ainda que inacabada, cuja experimentação é uma característica da Revolução 4.0, do estado social desenhado na Constituição de 1988.

Independentemente da vontade racional e dirigida dos agentes públicos, a pressão social para a materialização dos direitos e garantias prescritos na Constituição Federal de 1988, aliada à Revolução 4.0, podem gerar um movimento transformador na administração pública, que normalmente é alimentado por uma sensação cívica de que os serviços públicos seriam inacessíveis, de baixa qualidade, geradores de desperdício dos escassos recursos públicos, e que serviços públicos de qualidade seriam para poucos privilegiados,[23] gerando um estigma de que o Estado é um problema a ser superado e não um parceiro ou um agente de transformação positiva da sociedade.

Em termos de nação, aqui entendida em todos os níveis (união, estados, municípios e Distrito Federal) e poderes (executivo, legislativo e judiciário), faltam padrões mínimos de prestação de serviços públicos, embora haja centros de excelência em determinadas áreas. O clima organizacional da administração pública torna-se deteriorado, há descontinuidade de ações, falta de reconhecimento de práticas inovadoras, o que também pode gerar descompromisso organizacional por parte dos servidores públicos que acolhem a inovação como prática regular. Esse contexto demonstra um quadro de crise da administração pública, com a diminuição da confiança da sociedade e a baixa performance dos serviços públicos.

Não obstante isso, ainda que considerando exclusivamente o período posterior à Constituição Federal de 1988, o Brasil vem avançando, com forte atuação da União Federal e replicação em Estados e em alguns municípios, e inovando na administração pública com processos de desburocratização, implantação de governo eletrônico, portais de transparência, criação e gestão de carreiras específicas da gestão pública, adoção de acordos de desempenho e ampliação dos espaços de escuta ativa da sociedade e de participação cidadã.

Isso demonstra que estamos percorrendo a trilha correta, mas talvez de forma muito lenta e não coordenada, o que caracteriza uma transformação errática e dependente do agente político de plantão, resvalando na dicotomia existente entre política e gestão,

---

[21] KATTEL, R.; KARO, E. Start-up governments, or can Bureaucracies innovate? *Ineteconomics*, 2016. Disponível em: https://goo.gl/cxV5kL. Acesso em 30 jul. 2021.

[22] CAVALCANTE, Pedro (Orgs.). *et al. Inovação no setor público*: teoria, tendências e casos no Brasil. Brasília: Enap; Ipea, 2017. p. 17-18.

[23] Entranhamento do nepotismo, coronelismo, fisiologismo e corporativismos na atuação da administração pública gera um descrédito nas instituições e insuficiência do Ethos público (COELHO, Fernando. *Inovação na gestão pública & ecossistemas de inovação. Especialização Políticas Públicas para Cidades Inteligentes*. Notas de Aula. Ceará: USP – TCE/CE, 15 a 16 maio 2021).

típica do modelo burocrático de supervisão superior, desembocando em descontinuidade e, por vezes, em retrocessos no processo de inovação.

O processo de inovação na gestão pública caminha *pari passu* com a própria transformação da administração pública: da burocrática, predominante da década de 1930 à década de 1970, à pós-burocrática em construção desde os anos 80 (gerencialista, nova gestão pública, administração pública gerencial, governo empreendedor, governança pública, administração pública societal e novo serviço público).[24]

A marca desta transformação pós-burocrática, caracterizando os processos de inovação correspondentes, foca-se em: controle de resultados, favorecendo a ascensão da auditoria operacional; valorização do desempenho, com criação de indicadores para aferir os 6E´s do desempenho (eficácia, eficiência, efetividade, economicidade, excelência e execução); voltar-se para o atendimento ao cidadão; fazer a transição para o governo aberto; descentralizar os processos decisórios e da prestação do serviço público; flexibilizar o modelo burocrático e implantar um estado-rede, com pluralismo institucional.[25]

As teorias de Manuel Castells e Pierre Levy,[26] que abordam os impactos sociais que se impõem pela era da informação, têm retratado com fidelidade o movimento que se dá na sociedade quanto à sua relação com as estruturas estatais e à pressão que exercem para ampliar os espaços decisórios participativos, o que demonstra uma ruptura no modelo weberiano e analógico clássico: hierarquizado e vertical.

Ao abordar os desafios do estado de bem-estar social e descrever a crise pública contemporânea, Castells[27] descreve um modelo econômico de incapacidade fiscal, um modelo político de insuficiência de governabilidade e um modelo administrativo de disfunções burocráticas. Nesse contexto, perde-se tempo relevante de transformação da administração pública numa discussão vazia e histérica – uma vez que se torna paralisadora da ação estatal e resvala para discursos ideológicos separatistas e de ódio – entre o estado "prestador de serviço e regulador" e o estado "indutor e ativador".

Do exposto se observa que as transformações sociais impõem ao Estado o dever de transformação, como critério de sua legitimidade e sobrevivência. A inovação e a experimentação, e não a mera reforma de modelos de gestão analógicos e estáveis, passa a ser essencial para a sobrevivência das instituições públicas e privadas. Essa lógica também se aplica às instituições públicas de controle (Tribunais de Contas, Poder Judiciário; Ministério Público; Polícia Judiciária; Controle Interno e outros), também submetidas ao teste de legitimidade e controle social.

---

[24] BLIACHERIENE, Ana Carla. *Controle da eficiência do gasto orçamentário.* Belo Horizonte: Editora Fórum, 2016; SECHI, Leonardo. Modelos organizacionais e reformas da administração pública. *Revista de Administração Pública,* 43(2), 347-369, 2009.

[25] COELHO, Fernando. *Inovação na gestão pública & ecossistemas de inovação. Especialização Políticas Públicas para Cidades Inteligentes.* Notas de Aula. Ceará: USP – TCE/CE, 15 a 16 may. 2021.

[26] Autores contemporâneos com obras marcantes, diagnosticam as mudanças sociais atuais e seus impactos nas relações com o estado. Recomenda-se especialmente a leitura de Pierre Lévy (A inteligência coletiva: Por uma antropologia do ciberespaço; O que é o virtual?; Cibercultura; As tecnologias da inteligência: O futuro do pensamento na era da informática) e Manuel Castells (A sociedade em rede (vol. 1); O poder da identidade (vol. 2); Fim de milênio (vol. 3)).

[27] CASTELLS, Manuel. *A era da informação*: economia, sociedade e cultura. Sociedade em Rede. São Paulo: Paz e Terra, 1999. v. 1.

Como referido, adota-se uma perspectiva otimista, entendendo-se que o quadro nacional não é dos piores, embora possa dar passos mais largos e firmes no rumo da inovação.

Dentre os avanços já consolidados, podem-se destacar: ampliação dos mecanismos de transparência, governo aberto e responsabilização (*accountability*); governo eletrônico (E-Gov, E-Administração Pública, E-Serviços Públicos, E-democracia) com facilitação do acesso e da participação cidadã na administração pública; governança eletrônica (E-Governança), novos arranjos de políticas públicas com o papel mais ativo dos cidadãos na produção de bens públicos; governo digital; atuação em redes e parcerias com atores estatais, sociais e da iniciativa privada; e ampliação de utilização de tecnologia de informação para ampliar a qualidade e a eficiência na prestação de serviços públicos; proliferação de laboratórios de inovação (I-LABS); transformação digital; tecnologias emergentes centradas nos dados e na sociedade; Cidades Inteligentes (Smart Cities). A questão central é que a inovação na gestão pública brasileira tem ocorrido mais por iniciativas descoordenadas do que propriamente como um resultado de esforços estratégicos e deliberados,[28] padecendo de mais atenção e aprofundamento.

2 Inovação tecnológica na Administração Pública

No tópico anterior deixou-se claro que a inovação pode ocorrer sob diversos aspectos, perspectivas, processos, organizações e entregas de serviços ou de produtos.

Nem toda inovação no setor público está vinculada ou dependente da adoção de novas, avançadas ou custosas tecnologias. Há inovações disruptivas nos serviços públicos que podem ocorrer, mesmo com a adoção de tecnologias antigas e consolidadas, a partir de uma nova abordagem de uso e aplicação.

A Revolução 4.0 legou à humanidade uma série de novas tecnologias, fruto das tecnologias digitais, que têm grande capacidade de transformação não só disruptivas, mas também de profusão em massa, com baixo custo operacional e ganho de escala exponencial.

Dentre as várias perspectivas da inovação, é possível abordá-la a partir de um horizonte sociotécnico das tecnologias, a partir da construção social da tecnologia e de um modelo multinível da sua implantação prática.[29]

Dentre os avanços já listados na administração pública brasileira, podemos destacar algumas inovações tecnológicas que já consolidaram avanços na prestação de serviços e que puderam rapidamente ampliar a ação estatal no curso do processo pandêmico da COVID-19. Abordaremos alguns.

O *E-Gov* pode ser analisado a partir de um olhar estrito ou ampliado. Sob o aspecto estrito, pode ser entendido como o uso das novas tecnologias para a melhoria da prestação dos serviços públicos, focando na eficiência e racionalidade dos recursos.

---

[28] CAVALCANTE, Pedro (Orgs.). *et al. Inovação no setor público*: teoria, tendências e casos no Brasil. Brasília: Enap; Ipea, 2017.

[29] VAZ, José Carlos. Transformações tecnológicas e perspectivas para a gestão democrática das políticas culturais. *Cadernos Gestão Pública e Cidadania*, São Paulo: FBV, EAESP, v. 22 n. 71, jan./abr. 2017.

No seu entendimento amplo, engloba toda a utilização das tecnologias da informação e comunicação (TICs) pela Administração Pública.[30]

A *E-Governança* se caracteriza por associar o uso das TICs no relacionamento entre o governo e a sociedade, utilizando a comunicação e a interação possibilitada pelas novas tecnologias, viabilizando o direito ao controle social do governo, o direito de ser ouvido pelo governo e o direito à participação social.[31]

O *Governo Digital* foca no uso de tecnologias digitais como parte das estratégias de modernização governamental, gerando benefícios para a sociedade. Pressupõe a existência de um ecossistema digital plurisubjetivo (atores de governo, empresas, organizações da sociedade civil e indivíduos) que se apoia na produção e no acesso a dados, serviços e conteúdos mediante interações com o governo.

Quando bem estruturado, assegura transparência, abertura e inclusão dos processos governamentais e operações, incentiva o envolvimento e a participação de todos os interessados na elaboração de políticas públicas e no desenho e implementação de serviços públicos; cria uma cultura orientada a dados no setor público; reflete uma abordagem de gerenciamento de risco para lidar com as questões de segurança e privacidade digital, adotando medidas eficazes e adequadas de segurança, para aumentar a confiança nos serviços governamentais.[32]

A OCDE,[33] em estudo que aborda a transformação digital do governo, analisa os exemplos de inovação na Dinamarca e da Suécia e aponta uma lista de verificação a ser seguida pelos tomadores de decisão públicos, para compreender os desafios potenciais e os pré-requisitos para o sucesso de projetos de bem-estar digital, desde sua concepção, até o seu desenvolvimento, financiamento, implementação e revisão: esclarecer a estrutura de governança; ter uma visão clara de longo prazo; liderar a implementação com a equipe certa; experimentar por meio de "testes"; desenvolver um caso de negócio sólido; identificar e acolher os depoimentos de grupos de usuários e envolver os funcionários públicos desde o início.

A transformação digital dos governos porte partir de diversas abordagens que vão de modelos centrados no governo a modelos orientados para as pessoas, passando pelo modelo centrado no cidadão. Esse padrão identificado pela OCDE está resumido na Figura 1.

---

[30] CUNHA, Maria Alexandra Viegas Cortez da; MIRANDA, Paulo Roberto de Mello. O uso de TICs pelos governos: uma proposta de agenda de pesquisa a partir da produção acadêmica e da prática nacional. *Revista Organização & Sociedade*, Salvador, v. 20, n. 66, p. 543-566, jul./set. 2013. Disponível em: https://periodicos.ufba.br/index.php/revistaoes/article/view/8843/6301. Acesso em 31 jul. 2021; BARBOSA, Alexandre Fernandes; RIBEIRO, Manuella Maia; OYADOMARI, Winston. Painel nº 09/032. *CONSAD – VI Congresso Consad de Gestão Pública*, Brasília, 16 a 18 abr. 2013. Disponível em: http://consad.org.br/wp-content/uploads/2013/05/032-MONITORAMENTO-DE-POL%C3%8DTICAS-P%C3%9ABLICAS-DE-GOVERNO-ELETR%C3%94NICO.pdf. Acesso em 31 jul. 2021.

[31] VAZ, José Carlos. *Governança eletrônica*: para onde é possível caminhar? São Paulo: Instituto Pólis, 2005. Disponível em: https://polis.org.br/publicacoes/governanca-eletronica-para-onde-e-possivel-caminhar/. Acesso em 31 jul. 2021.

[32] Cf.: Territorial Development Directorate. Adopted by the OECD Council on 15 July 2014. *OCDE – Organisation for Economic Co-Operation and Development*, Paris, 2014. Disponível em: https://www.oecd.org/gov/digital-government/Recommendation-digital-government-strategies.pdf. Acesso em 31 jul. 2021.

[33] Cf.: Digital government strategies for transforming public services in the welfare areas. OECD Comparative Study. *OCDE – Organisation for Economic Co-Operation and Development*, Paris: OCDE Publishing, 2016. Disponível em: https://www.oecd.org/gov/digital-government/Digital-Government-Strategies-Welfare-Service.pdf. Acesso em 31 jul. 2021.

Figura 1: Os elementos da transformação digital – foco predominante atual

Tecnologias de informação e comunicação		
Digitalização	**E-Governo**	**Governo Digital**
(maior uso de tecnologias digitais para melhorar o governo cruzando atividades e dados informações gestão)	(uso por governos de tecnologias digitais, particularmente o Internet, para alcançar melhores objetivos)	(Tecnologias digitais e preferências dos usuários integradas no *design* e recebimento de serviços e ampla reforma do setor público – parte integrante de modernização dos governos como estratégias para criar valor público)
Foco predominante de exemplos disponíveis		
Foco necessário para a transformação digital		
Com foco em: eficiência e produtividade	Com foco em: eficiência e produtividade na entrega sob medida de serviços para indivíduos	Com foco em: governança, (abertura, transparência, engajamento e confiança em governo), bem como eficiência e produtividade
Centrado no governo – usuários destinatários passivos de serviços	Por meio do usuário/ centrado no cidadão - os usuários participam da prestação de serviços e dos processos	Orientado para as pessoas – voz do usuário e suas demandas e necessidades, contribuem para moldar a agenda e os conteúdos dos serviços, bem como suas entregas
		Transformação Digital

(Primeira coluna à esquerda: **Mudança de caminho**)

Fonte: Tradução livre da figura original em inglês[34]

Todo esse contexto segue com o processo de urbanização crescente, a ampliação do uso social de novas tecnologias e o crescimento de plantas estatais das chamadas cidades inteligentes (*smart cities*), cujo modelo impõe a inovação na administração pública (tecnológica, organizacional e política), com a adoção de projetos colaborativos e inovações experimentais.

---

[34] Cf.: Digital government strategies for transforming public services in the welfare areas. OECD Comparative Study. *OCDE – Organisation for Economic Co-Operation and Development*, Paris: OCDE Publishing, 2016. p. 57. Disponível em: https://www.oecd.org/gov/digital-government/Digital-Government-Strategies-Welfare-Service.pdf. Acesso em 31 jul. 2021.

Quanto ao último aspecto, a experimentação é a base de todo e qualquer processo de inovação. A experimentação pressupõe a existência de erros e acertos, ou seja, a existência de muitos erros até que se chegue ao acerto esperado.

Esse é um ponto relevante a ser compreendido e trabalhado pelos órgãos de controle e pelo controle social, como também pelo sistema regulatório e punitivo da estrutura estatal, cuja lógica predominante é a de que os erros praticados na administração pública devem ser redimidos com a punição aos responsáveis e, em alguns casos, com advertência, para que retome o fluxo de sua tomada de decisão e ação ao que já estiver consolidado na lei e na jurisprudência.

Temos aqui um ponto de inflexão na quadra história do direito público. A segurança jurídica, a certeza dos fluxos e processos, a obediência irrestrita à hierarquia, à lei e à jurisprudência consolidadas, são a base do modelo de estado weberiano analógico, mas que podem se colocar como definitivamente inibidoras do avanço da transformação digital e do estabelecimento de um estado inovador digital. A *priori* é possível a busca do consenso, mas ao custo da transformação das ações e das relações entre os operadores do direito e órgãos de controle e a burocracia pública.

Mais uma vez, o que se defende com esta assertiva não é a destruição do estado burocrático ou do marco regulatório legal estabelecido, nem da jurisprudência e das práticas dos órgãos de controle, mas a transformação destes e a abertura de espaços normativos e institucionais para que as experimentações na administração pública sejam estimuladas e valorizadas. Os laboratórios de inovação parecem ser um bom espaço para que isso ocorra, mas não são os únicos. Não se pode matar na fonte (na ação da burocracia estatal) a iniciativa inovadora no dia a dia de suas atuações estatais. Este é um grande desafio para os órgãos regulatório e de controle.

Os laboratórios de inovação da administração pública, se bem manejados, assumem, nesse momento, um papel essencial nos processos experimentais, com possibilidade de impactos positivos posteriores na legislação e no controle, que deverão se adequar a esse novo modelo experimental e promover as mudanças necessárias em sua própria seara.[35]

Observa-se que a revisão da literatura brasileira já apresenta base teórica e casuística farta para a realização de avanços significativos no processo de inovação no setor público e já relata experiências e boas práticas a inspirar estados e governos nesse processo inevitável de transformação e inovação, a partir do contexto das sociedades digitais.

Uma vez superada a análise do processo de transformação digital da administração pública com impactos em processos, modelos organizacionais, prestação de serviços públicos e resultados, resta-nos abordar quais transformações devem ocorrer no controle da administração pública.

---

[35] APPIO, Francesco Paolo; LIMA, Marcos; PAROUTIS, Sotirios. Understanding Smart Cities: Innovation ecosystems, technological advancements, and societal challenges. *Technological Forecasting and Social Change*, v. 142, p. 1-14, may. 2019; NAM, Taewoo; PARDO, Theresa A. *Smart City as Urban Innovation*: focusing on Management, Policy, and Context. Center for Technology in Government University at Albany, State University of New York, U.S. Proceedings of the 5th International Conference on Theory and Practice of Electronic Governance. Sep. 2011. Disponível em: https://doi.org/10.1145/2072069.2072100. Acesso em 31 jul. 2021.

3 Inovação no controle da Administração Pública

Controle é direito fundamental, sob o ponto de vista do cidadão, que nos termos da Constituição é o detentor original do poder, delegando-o a instituições e a agentes públicos (CF, art. 1º, parágrafo único). Controle também é função administrativa, sob o aspecto institucional.

Em termos gerais, com a adoção das novas tecnologias (*big data*, mineração de dados, *blockchain*, robotização), os mecanismos clássicos de controle humano de conformidade dos atos da administração pública podem ser substituídos por modelos algorítmicos mais ágeis e eficientes.

Atualmente, alguns órgãos de controle já utilizam essas tecnologias para conduzir investigações ou para apoiar o trabalho dos burocratas no cruzamento de dados, auxiliando-os com maior precisão e mais agilidade a encontrar o objeto auditável, aplicar matrizes de risco pré-estabelecidas, produzir relatórios, dentre outras possibilidades.

Dessa forma, a utilização de novas tecnologias para o controle já não parece ser uma novidade em si. Talvez, a grande novidade esteja exatamente no uso em escala dessas tecnologias na administração pública e no seu maior aperfeiçoamento, fruto da experimentação e melhoria dos resultados.

Nesse caso, as muitas horas dedicadas atualmente, pelas organizações públicas de controle e de seus servidores, à análise de conformidade – que normalmente é aversa à experimentação e muito festejada no modelo prático de estado analógico weberiano – talvez sejam desnecessárias, uma vez que podem ser realizadas com mais eficiência, eficácia e economicidade, por menos servidores públicos, desde que acompanhadas de um bom algoritmo e manejadas por tecnologia adequada. Suponhamos que se cheque à consolidação desta situação hipotética (muito provável que ocorra nos próximos anos), qual seria a real missão ou a nova missão dos órgãos de controle? Ainda resta algo que lhe seja nobre e que faça destas instituições um elemento central no modelo democrático e republicano nacional?

Com a ampliação da transparência pública, da participação social, da horizontalização das relações estatais e do uso de novas tecnologias pela administração pública e sociedade, torna-se cada vez mais difícil legitimar processos estatais, custosos, lentos e ineficientes, a despeito de serem comumente justificados e defendidos – estado burocrático – como sendo bastiões e garantidores do Estado Democrático de Direito ou de Direitos Fundamentais.

Processos de controle longos e morosos são customizados, validados e justificados em modelos burocráticos e analógicos de estados que espelham sociedades igualmente analógicas e, por isso, tolerantes a esses "incômodos" ou "custos de oportunidade" para a manutenção das democracias liberais. Sociedades abertas e digitais não costumam ser igualmente tolerantes a esses "problemas" de gestão. A tendência é que haja um processo crescente de questionamento e de deslegitimação das mesmas,[36] numa escala que está sendo posta à prova neste exato momento da quadra histórica da humanidade. As manifestações havidas no Brasil desde 2013, que vêm crescendo, nos dão uma

---

[36] CASTELLS, Manuel. *Ruptura*. Rio de Janeiro: Zahar, 2018; LÉVY, Pierre. *A inteligência coletiva – Por uma antropologia do ciberespaço*. São Paulo: Edições Loyola, 2016.

amostra de novo limiar de tolerância e aceitação social (ou não) que se apresenta no sutil tecido social nacional.

Nesse contexto, parece inevitável – por abertura estatal ou por pressão da cidadania – a ampliação do controle social direto, bem como sua imbricação cada vez mais intensa com os controles institucionais que sobreviverem ao crivo da legitimidade social, uma vez que a legitimidade legal e estatal – tão cara aos modelos weberianos analógicos – não são suficientes para as sociedades que se utilizam da chamada inteligência coletiva.[37]

Qual deve ser a colaboração dada especificamente pelas instituições de controle interno e externo, especialmente os Tribunais de Contas, para a sociedade e para a administração pública? Juntamente com o questionamento de qual a real missão ou a nova missão dos órgãos de controle, essa parece ser uma pergunta relevante e que merece estudos mais aprofundados a partir do olhar da inovação.

Para responder a esses questionamentos é necessário desviar o olho do retrovisor e fixá-lo nas experimentações exitosas em andamento no Brasil e no mundo. O processo de transformação social que vivemos com a Revolução 4.0, talvez tenha equivalentes naquilo que a literatura histórica denominou como a "Era das Revoluções", e que foi essencial para a construção das instituições liberais que temos vigentes hoje e que, agora, se submetem ao crivo de grandes questionamentos e transformações e, quem sabe, para a construção de novos pilares.

Este ensaio não se pretende definitivo, mas se propõe a levantar questionamentos que possam guiar novas experimentações na administração pública, incluindo os órgãos de controle, bem como levantar temas a serem aprofundados em pesquisas futuras.

Nessa linha propositiva, a abordagem de temas – como avaliação de políticas públicas, avaliação de resultados de prestação de serviços públicos, análise de capacidades estatais, análise dos 7E´s (6E´s, acrescidos da equidade) na gestão pública, governança multinível, modelos de inovação em gestão pública, formas, meios e limites de experimentação na administração pública dentre outros – todos ligados ao processo de transformação da administração pública, são fundamentais e devem ser conhecidos e apropriados pelo Tribunais de Contas, para que possam colaborar em sua consolidação no Brasil.

Se o algoritmo é eficaz na checagem de validade de padrões, muito adequado aos modelos de auditoria de conformidade, caberá ao humano atuar no juízo ético, de conveniência e oportunidade, ou mesmo de avanço de políticas estatais, restando aos Tribunais de Contas e à sua burocracia um espaço qualificado para atuar nas auditorias operacionais ou em outros modelos de auditoria a serem construídos para a avaliação de políticas públicas, já exigida no texto constitucional.

De um lado, os Tribunais de Contas e outros órgãos de controle (Poder Judiciário; Ministério Público; Polícia Judiciária; Controle Interno) devem questionar suas novas missões; e de outro, devem repensar suas estruturas, processos e organizações, formas de ingresso, custos de oportunidade, uma vez que também estão submetidas ao teste de legitimidade e de controle social.

---

[37] LÉVY, Pierre. *A inteligência coletiva – Por uma antropologia do ciberespaço*. São Paulo: Edições Loyola, 2016.

Temos aqui um ponto de inflexão na história do direito público. A segurança jurídica, a certeza dos fluxos e processos, a obediência irrestrita à lei e à jurisprudência consolidadas, que são a base do modelo do estado weberiano analógico, podem – se mal utilizadas – ser definitivamente inibidoras do processo transformador para o estado inovador digital.

Como já referido, o que se defende com esta assertiva não é a destruição do estado burocrático, do marco regulatório legal estabelecido ou dos sistemas institucionais de controle, mas sua transformação e a abertura de espaços normativos e institucionais para que as experimentações inovativas sejam realizadas nas estruturas da administração pública.

Os laboratórios de inovação parecem ser um bom espaço para isso, mas não são os únicos. É importante manter a iniciativa inovadora no dia a dia dos servidores públicos em suas atuações estatais. Este é um dos grandes desafios, para o presente e para o futuro, dos órgãos de controle, que assim como a administração pública como um todo, deverão adotar novas tecnologias para universalizar, escalar e baratear suas entregas à sociedade.

Conclusão

A Revolução 4.0, a crise social e de legitimidade nas democracias liberais, conjuminadas com a pandemia provocada pelo novo coronavírus (Sars-CoV-2) nos remetem ao necessário enfretamento dos limites das ações orçamentária e financeira estatais, como também aos limites das capacidades e competências estatais para dirimir os conflitos e atender às necessidades públicas.

Se de um lado os estados são questionados, de outro o processo pandêmico nos mostrou o quanto é necessário seu protagonismo para atender às grandes questões sociais. Nesse momento, há fortes demandas cívicas para que se promovam reformas estruturais da organização estatal, que, dentre outros pontos, permitam uma maior participação social, coordenação política e ampliação da aplicação dos pilares da governança multinível.

A inovação nas estruturas estatais pode se dar com a utilização ou não de novas tecnologias (*bid data*, mineração de dados, inteligência artificial, robótica, internet das coisas, aprendizado de máquina, *blockchain*). A transformação digital dos governos aponta para novos parâmetros de participação social e para um processo permanente de escrutínio e submissão do estado, das organizações públicas e da burocracia estatal ao controle social, que vai se gabaritando como o controle mais relevante nas relações estatais que são chamadas a funcionar com uma nova lógica, a lógica da inteligência coletiva.

Nesse novo contexto, a transformação do estado analógico weberiano rumo a um estado digital e participativo impõe alterações nas práticas e estruturas das organizações de controle da administração pública, inclusive dos Tribunais de Contas. Os órgãos de controle devem procurar migrar rapidamente do modelo centrado na auditoria de conformidade, típica do estado analógico weberiano e facilmente substituível por algoritmos, para auditorias de resultados.

Qual deve ser a colaboração dada especificamente pelas instituições de controle interno e externo, especialmente os Tribunais de Contas, para a sociedade e para a administração pública? Juntamente com o questionamento de qual a real missão ou a nova missão dos órgãos de controle, essa parece ser uma pergunta relevante e que merece estudos mais aprofundados a partir do olhar da inovação.

Para responder esses questionamentos é necessário desviar o olho do retrovisor e fixá-lo nas experimentações exitosas em andamento no Brasil e no mundo. O processo de transformação social que vivemos com a Revolução 4.0, talvez tenha equivalentes naquilo que a literatura histórica denominou como a "Era das Revoluções", e que foi essencial para a construção das instituições liberais que temos vigentes hoje e que, agora, se submetem ao crivo de grandes questionamentos e transformações e, quem sabe, para a construção de novos pilares.

Partindo-se do raciocínio dedutivo e das técnicas de pesquisa bibliográfica e documental da legislação vigente no Brasil, optou-se pela escrita de um ensaio dogmático a partir do método de revisão de literatura narrativa, no qual não é necessário aplicar estratégias de buscas exaustivas. Mantiveram-se os propósitos de contextualização do processo de inovação no setor público e os necessários impactos nos mecanismos de controle (social, interno e externo) da administração pública.

Este ensaio levantou questionamentos que podem guiar novas experimentações na administração pública e no processo de transformação digital da administração pública, incluindo os órgãos de controle, bem como levantou temas a serem aprofundados em pesquisas futuras, tais quais: avaliação de políticas públicas; avaliação de resultados de prestação de serviços públicos; análise de capacidades estatais; análise dos 7E´s (6E´s, acrescidos da equidade) na gestão pública; governança multinível; modelos de inovação em gestão pública; formas, meios e limites de experimentação na administração pública.

Referências

ALVES-MAZZOTTI, A. J. A "revisão bibliográfica" em teses e dissertações: meus tipos inesquecíveis – o retorno. *In*: BIANCHETTI, L.; MACHADO, A. M. N. (Org.). *A bússola do escrever*: desafios e estratégias na orientação de teses e dissertações. São Paulo: Cortez, 2002.

APPIO, Francesco Paolo; LIMA, Marcos; PAROUTIS, Sotirios. Understanding Smart Cities: Innovation ecosystems, technological advancements, and societal challenges. *Technological Forecasting and Social Change*, v. 142, p. 1-14, may. 2019.

BACEN – BANCO CENTRAL DO BRASIL. *Endividamento das famílias com o Sistema Financeiro Nacional exceto crédito habitacional em relação à renda acumulada dos últimos doze meses*. Brasília: BACEN, 2021.

BARBOSA, Alexandre Fernandes; RIBEIRO, Manuella Maia; OYADOMARI, Winston. Painel nº 09/032. *CONSAD – VI Congresso Consad de Gestão Pública*, Brasília, 16 a 18 abr. 2013. Disponível em: http://consad. org.br/wp-content/uploads/2013/05/032-MONITORAMENTO-DE-POL%C3%8DTICAS-P%C3%9ABLICAS-DE-GOVERNO-ELETR%C3%94NICO.pdf. Acesso em 31 jul. 2021.

BLIACHERIENE, Ana Carla. *Controle da eficiência do gasto orçamentário*. Belo Horizonte: Editora Fórum, 2016.

CASTELLS, Manuel. *A era da informação*: economia, sociedade e cultura. Sociedade em Rede. São Paulo: Paz e Terra, 1999. v. 1.

CASTELLS, Manuel. *Ruptura*. Rio de Janeiro: Zahar, 2018.

CAVALCANTE, Pedro (Orgs.). *et al. Inovação no setor público*: teoria, tendências e casos no Brasil. Brasília: Enap; Ipea, 2017.

CUNHA, Maria Alexandra Viegas Cortez da; MIRANDA, Paulo Roberto de Mello. O uso de TICs pelos governos: uma proposta de agenda de pesquisa a partir da produção acadêmica e da prática nacional. *Revista Organização & Sociedade*, Salvador, v. 20, n. 66, p. 543-566, jul./set. 2013. Disponível em: https://periodicos.ufba.br/index.php/revistaoes/article/view/8843/6301. Acesso em 31 jul. 2021.

COELHO, Fernando. *Inovação na gestão pública & ecossistemas de inovação. Especialização Políticas Públicas para Cidades Inteligentes*. Notas de Aula. Ceará: USP – TCE/CE, 15 à 16 may. 2021.

IBGE – INSTITUTO BRASILEIRO DE GEOGRAFIA E ESTATÍSTICA. *Indicadores IBGE*: pesquisa Nacional por Amostra de Domicílios contínua quarto trimestre de 2020. Rio de Janeiro: IBGE, 2021.

IPEA – INSTITUTO DE PESQUISA ECONÔMICA APLICADA. *Nota técnica nº 73*: estimativa da População em Situação de Rua no Brasil – setembro de 2012 a março de 2020. Brasília: IPEA, 2020.

IPEA – INSTITUTO DE PESQUISA ECONÔMICA APLICADA. *Nota técnica nº 74*: população em Situação de Rua em Tempos de Pandemia: um Levantamento de Medidas Municipais Emergenciais. Brasília: IPEA, 2020.

KATTEL, R.; KARO, E. Start-up governments, or can Bureaucracies innovate? *Ineteconomics*, 2016. Disponível em: https://goo.gl/cxV5kL. Acesso em 30 jul. 2021.

LÉVY, Pierre. *A inteligência coletiva – Por uma antropologia do ciberespaço*. São Paulo: Edições Loyola, 2016.

MAZZUCATO, M. *O Estado empreendedor*: desmascarando o mito do setor público vs. setor privado. São Paulo: Portfolio Penguin, 2014.

NAM, Taewoo; PARDO, Theresa A. *Smart City as Urban Innovation*: focusing on Management, Policy, and Context. Center for Technology in Government University at Albany, State University of New York, U.S. Proceedings of the 5th International Conference on Theory and Practice of Electronic Governance. Sep. 2011. Disponível em: https://doi.org/10.1145/2072069.2072100. Acesso em 31 jul. 2021.

OCDE – ORGANISATION FOR ECONOMIC CO-OPERATION AND DEVELOPMENT. *Digital government strategies for transforming public services in the welfare areas*. OECD Comparative Study. Paris: OCDE Publishing, 2016. Disponível em: https://www.oecd.org/gov/digital-government/Digital-Government-Strategies-Welfare-Service.pdf. Acesso em 31 jul. 2021.

OCDE – ORGANISATION FOR ECONOMIC CO-OPERATION AND DEVELOPMENT. *Oslo Manual*: guidelines for collecting and interpreting innovation data. 3. ed. The Measurement of Scientific and Technological Activities. Paris: OECD Publishing, 2005.

OCDE – ORGANISATION FOR ECONOMIC CO-OPERATION AND DEVELOPMENT. *Territorial Development Directorate. Adopted by the OECD Council on 15 July 2014*. Paris: OECD Publishing, 2014. Disponível em: https://www.oecd.org/gov/digital-government/Recommendation-digital-government-strategies.pdf. Acesso em 31 jul. 2021.

OSBORNE, S. P.; BROWN, K. *Managing change and innovation in public service organizations*. New York: Routledge, 2005.

PECI, Alketa; TEIXEIRA, Marco Antônio Carvalho. Desafios da administração pública brasileira. *Gvexecutivo*, v. 20, n. 1, p. 37-39, jan./mar. 2021.

PECI, Alketa. A resposta da administração pública brasileira aos desafios da pandemia. *Revista de Administração Pública*, v. 54, n. 4, 2020. Disponível em: bit.ly/gvexecutivoadm. Acesso em 31 jul. 2021.

PECI, Alketa. O que esperar da nova proposta de reforma administrativa: uma análise da Proposta de Emenda à Constituição (PEC) nº 32/20. *Revista de Administração Pública*, v. 54, n. 6, 2020. Disponível em: bit.ly/gvexecutivoreforma. Acesso em 31 jul. 2021.

PICHETH, F. M. *Arte*: um ambiente colaborativo para a formação do pesquisador que atua no ensino superior por meio da participação em pesquisas do tipo estado da arte. 139f. Dissertação (Mestrado em Educação) – Pontifícia Universidade Católica do Paraná, Curitiba, 2007.

PUTRIJANTI, Aju. Participation of Society In Decision-Making By Government In Industrial Revolution 4.0. *E3S Web of Conferences 125*, n. 02018, 2019. Disponível em: https://doi.org/10.1051/e3sconf/02018. Acesso em 31 jul. 2021.

ROMANOWSKI, Joana Paulin; ENS, Romilda Teodora. As pesquisas denominadas do tipo "estado da arte" em educação. *Diálogo Educ.*, Curitiba, v. 6, n. 19, p. 37-50, set./dez. 2006.

SANT'ANNA, Anderson de Souza; FERREIRA, Jaqueline; SANTOS, Tania Coelho dos. Revolução 4.0: uma "radiografia" de países de economia desenvolvida e do brasil. *Revista de Empreendedorismo, Negócios e Inovação*. S. B. do Campo, v. 4, n. 2. 2019. Disponível em: https://pesquisa-eaesp.fgv.br/sites/gvpesquisa.fgv.br/files/arquivos/revolucao_4.0.pdf. Acesso em 01 ago. 2021.

SECHI, Leonardo. Modelos organizacionais e reformas da administração pública. *Revista de Administração Pública*, 43(2), 347-369, 2009.

SCHUMPETER, J. A. *Theory of Economic Development*. Cambridge: Harvard University Press, 1934.

SCHWAB, Klaus; DAVIS, Nicholas. *Aplicando a quarta Revolução Industrial*. São Paulo: Edipro, 2018.

SCHWAB, Klaus. *A quarta Revolução Industrial*. São Paulo: Edipro, 2018.

SECCHI, Leonardo. Modelos organizacionais e reformas da administração pública. *Rev. Adm. Pública*, v. 43, n. 2, abr. 2009. Disponível em: https://doi.org/10.1590/S0034-76122009000200004. Acesso em 31 jul. 2021.

VAZ, José Carlos. *Governança eletrônica*: para onde é possível caminhar? São Paulo: Instituto Pólis, 2005. Disponível em: https://polis.org.br/publicacoes/governanca-eletronica-para-onde-e-possivel-caminhar/. Acesso em 31 jul. 2021.

VAZ, José Carlos. Transformações tecnológicas e perspectivas para a gestão democrática das políticas culturais. *Cadernos Gestão Pública e Cidadania*, São Paulo: FBV, EAESP, v. 22 n. 71, jan./abr. 2017.

VOSGERAU, Dilmeire Sant'Anna Ramos; ROMANOWSK, Joana Paulin. Estudos de revisão, implicações conceituais e metodológicas. *Rev. Diálogo Educ.*, Curitiba, v. 14, n. 41, p. 165-189, jan./abr. 2014.

Informação bibliográfica deste texto, conforme a NBR 6023:2018 da Associação Brasileira de Normas Técnicas (ABNT):

BLIACHERIENE, Ana Carla; ARAÚJO, Luciano Vieira de. Inovação no setor público e o futuro das instituições de controle. *In*: LIMA, Edilberto Carlos Pontes (Coord.). *Os Tribunais de Contas, a pandemia e o futuro do controle*. Belo Horizonte: Fórum, 2021. p. 75-91. ISBN 978-65-5518-282-8.

A INSERÇÃO DE DISCIPLINAS DE CONHECIMENTO COMO SUPORTE AOS TCs EM CENÁRIO PANDÊMICO: O DESIGN PARA ALÉM DO "THINKING"

ANA SOFIA CARREÇO DE OLIVEIRA

Introdução

Em 31 de dezembro de 2019, a Organização Mundial da Saúde (OMS) foi alertada sobre vários casos de pneumonia na cidade de Wuhan, província de Hubei, na República Popular da China. Tratava-se de uma nova cepa (tipo) de coronavírus que não havia sido identificada antes em seres humanos. Uma semana depois, a confirmação da identificação de um novo tipo de coronavírus, o Sars-CoV-2, responsável por causar a doença COVID-19. Praticamente um mês depois, em 30 de janeiro de 2020, a OMS declarou que o surto do novo coronavírus constitui uma Emergência de Saúde Pública de Importância Internacional (ESPII) – o mais alto nível de alerta da Organização, conforme previsto no Regulamento Sanitário Internacional. Em 11 de março de 2020, a COVID-19 foi caracterizada pela OMS como uma pandemia.[1]

De lá pra cá, a população mundial enfrenta cenários disruptivos e desafiadores em diversos campos, segundo a Fiocruz,[2] não somente em ordem biomédica e epidemiológica – em escala global – mas também em impactos sociais, econômicos, políticos, culturais e históricos. É perceptível – tanto no setor privado quanto no setor público – que há um esforço conjunto, mesmo que por vezes não ordenado, para solucionar novas demandas decorrentes da pandemia e acelerar a adoção de novas práticas, hábitos e tecnologias.[3]

---

[1] Dados extraídos da Organização Pan-Americana da Saúde (OPAS). (OPAS – ORGANIZAÇÃO PAN-AMERICANA DA SAÚDE. Disponível em: https://www.paho.org/pt/brasil. Acesso em 01 jun. 2021.

[2] FIOCRUZ – Fundação Oswaldo Cruz. *Impactos sociais, econômicos, culturais e políticos da pandemia*. Rio de Janeiro, 2020. Disponível em: https://portal.fiocruz.br/impactos-sociais-economicos-culturais-e-politicos-da-pandemia. Acesso em 01 jun. 2021.

[3] PASSOS, Dionaldo. Um olhar sobre o impacto da pandemia no mundo. *Jornal Contábil*, Minas Gerais, 14 jul. 2020. Disponível em: https://www.jornalcontabil.com.br/um-olhar-sobre-o-impacto-da-pandemia-no-mundo/. Acesso em 01 jun. 2021.

Esse movimento (disruptivo, porém a longo prazo),[4] já era notado, em outra proporção, anteriormente à pandemia, quando pouco a pouco instituições públicas vinham formalizando em sua agenda, a Inovação[5] como pauta de discussões e práticas dentro da rotina do serviço público – "[...] no século XXI, o termo 'inovação' emerge, ele mesmo, como palavra-guia, impondo-se à pauta das organizações públicas e privadas".[6] Corroborando com esse raciocínio, Jenifer Terra, diretora de operações de desenvolvimento de soluções em softwares da empresa DIGIX,[7] em reflexão sobre a relação da gestão pública e inovação, enfatiza que a associação entre ambos já estava acontecendo, mas de uma forma lenta. Segunda a diretora, a pandemia "obrigou, pressionou todo mundo, inclusive o setor público, a iniciar a sua transformação [...]", houve uma necessidade de adequação às novas rotinas, para que o serviço não fosse totalmente interrompido, órgãos públicos tiveram que se adaptar rapidamente para esse momento: "[...] o setor público, em geral, sentiu o impacto da pandemia, e todos os departamentos veem a necessidade de inovar e se modernizar para se manter funcionando".

É notável, que, independentemente da natureza do órgão público, as consequências da pandemia exigiram uma rápida resposta e posicionamento das instituições perante questões diversas, tais como: funcionamento, estrutura, orientação, logística, prestação de serviços, formas de interação etc. Segundo o procurador do Estado de Mato Grosso, Igor Veiga Carvalho Pinto Teixeira, o serviço público se mostrou imprescindível para o combate à pandemia, bem como os serviços essenciais tiveram que continuar, mesmo

---

4   Segundo Agune e Carlos, a inovação é diretamente ligada aos movimentos disruptivos que podem ser compreendidos por meio das 'ondas de inovação' de Schumpeter, que estão divididas em cinco: 1) Primeira Onda entre 1785-1845, caracterizada pelo reconhecimento do poder da água, desenvolvimento Têxtil e do Ferro; 2) Segunda Onda entre 1845-1900, caracterizada como época do desenvolvimento Vapor, Ferrovias e Aço; 3) Terceira Onda entre 1900-1950, caracterizada pela descoberta da Eletricidade, o desenvolvimento da Química e dos Motores de Combustão Internos; 4) Quarta Onda entre 1950-1990, caracterizada pelo estouro da Petroquímica, Eletrônicos e Aviação e 5) Quinta Onda entre 1990-2020, com advento das Redes Digitais, Softwares e novas Mídias. Vivíamos a quinta onda, com o surgimento da Pandemia. Em reflexão à sistemática de Schumpeter, Agune e Carlos entendem que as mudanças de 'ondas' são provocadas por uma conjunção de inovações disruptivas, que mudam os paradigmas da onda anterior, transformando drasticamente a economia, as relações sociais e a cultura antes prevalecentes, impactando diretamente nas organizações (CARLOS, José Antônio. Inovação Organizacional no Setor Público. In: AGUNE, Roberto et al. Gestão do Conhecimento e Inovação no setor público: dá para fazer. São Paulo: Secretaria de Planejamento e Desenvolvimento Regional, 2014. Disponível em: http://igovsp.net/sp/daprafazer/. Acesso em 01 jun. 2021). O grande desafio das organizações públicas e privadas é se preparar para a inovação como rotina, o que exigirá rever o uso de métodos, técnicas gerenciais e ferramentas (AGUNE, Roberto Meizi; CARLOS José Antônio. Inovação organizacional no setor público. 2015. Disponível em: https://www.tce.ce.gov.br/comunicacao/noticias/1999-plano-de-inovacao-do-tce-ceara-e-lancado-com-pal. Acesso em 01 jun. 2021).

5   Segundo Alencar, a inovação introduz, adota e implementa uma nova ideia (processo, bem ou serviço), em uma organização em resposta a um problema e/ou necessidade percebida. Pode ser trabalhada tanto em setores privados quanto públicos, por três maneiras, segundo HBS apud. Best, 2012: incremental, que explora formas ou tecnologias existentes; modular, que intervém em um ou mais componentes de um sistema e, apesar de significativa, não implica em transformações radicais e a radical, que rompe com o conhecimento, as capacidades e as tecnologias existentes a fim de criar algo novo. (ALENCAR, Eunice Soriano de. A gerência da criatividade. São Paulo: Makron Books, 1996); (HBS apud. BEST, Kathryn. Fundamentos de gestão de design. Porto Alegre: Bookman, 2012).

6   BOLLIGER, Sergio. Inovação depois da Nova Gestão Pública. In: AGUNE, Roberto et al. Gestão do Conhecimento e Inovação no setor público: dá para fazer. São Paulo: Secretaria de Planejamento e Desenvolvimento Regional, 2014. p. 34. Disponível em: http://igovsp.net/sp/daprafazer/. Acesso em 01 jun. 2021.

7   Desde 2001, a DIGIX, empresa privada localizada em Campo Grande/MS, ajuda o setor público a melhorar serviços que impactam a vida de milhares de pessoas, utilizando a tecnologia como ferramenta. (DIGIX. Gestão pública e inovação: o que esperar do pós pandemia? Mato Grosso do Sul, 10 mai. 2021. Disponível em: https://www.digix.com.br/gestao-publica-e-inovacao-o-que-esperar-do-pos-pandemia/. Acesso em 01 jun. 2021).

nos momentos mais complicados. "[...] a Administração Pública de todos os entes já vinha se modernizando para acompanhar o avanço das tecnologias atuais, mas a situação acelerou, forçando mudanças repentinas e assoberbando diversos serviços públicos".[8] Não contrário a este fluxo, segundo Castro e Miranda, órgãos de controle interno, externo e social passaram a adotar a postura de "[...] 'pensar fora da caixinha' para encontrarmos as melhores soluções, e isso tem que valer para todos, inclusive para os órgãos de controle e defesa do Estado".[9]

Como a pandemia é um momento ainda real e presente, em paralelo ao desenvolvimento deste artigo,[10] muitas discussões e estudos ainda estão vigentes em diversos campos; novas práticas e "modo de fazer" ainda estão sendo testados. Cita-se, aqui, por exemplo, a popular modalidade de *home office*, que ressignificou a forma de trabalho não somente em empresas privadas, como também em órgãos públicos – aqui em especial ao presente artigo, destaca-se os Tribunais de Contas (TCs).[11] Isso significa impactos nas relações tanto com o público interno, tanto com o público externo; e principalmente na forma em que o serviço público passou a ser oferecido. Tais discussões e estudos possibilitam a construção e o desenvolvimento coletivo de novos *mindset*, aprofundando o desenvolvimento da ciência e possibilita novas formas de abordagens, práticas, hábitos e tecnologias, citados anteriormente.[12]

Materializando este cenário pressupõe-se que convém a existência de uma rede para atender e dar suporte às necessidades compostas não somente por estruturas materiais/físicas (despesas de capital), como também de pessoal/profissional (despesas correntes) em cada instituição pública. Como forma de visualizar o cenário, por base, volta-se ao já citado movimento vigente da inovação no setor público. Por si só, a inovação carrega consigo profundos impactos em diversos componentes de um sistema, sejam eles orgânicos, funcionais, estruturais ou tecnológicos. Agune[13] já afirmava em sua reflexão sobre o governo do século XXI: um dos principais marcos do processo de

---

[8]   TEIXEIRA, Igor Veiga Carvalho Pinto. Os desafios da atuação do serviço público em meio à pandemia. *Apromat – Associação dos Procuradores do Mato Grosso*, 15 dez. 2020. Disponível em: http://apromat.org.br/os-desafios-da-atuacao-do-servico-publico-em-meio-a-pandemia/. Acesso em 01 jun. 2021.

[9]   CASTRO, Sérgio Pessoa de Paula; MIRANDA, Rodrigo Fontenelle de Araújo. A atuação dos órgãos de controle em face à pandemia da Covid-19. *Revista Eletrônica Consultor Jurídico (ConJur)*, São Paulo, 29 abr. 2020. Disponível em: https://www.conjur.com.br/2020-abr-29/castro-miranda-atuacao-orgaos-controle-pandemia. Acesso em 01 jun. 2021.

[10] Segundo o painel, desenvolvido e alimentado pelo Ministério da Saúde do Brasil, de casos da COVID-19, o país, até 14.07.2021 (dado atualizado às 18:20), contava com 537.394 mil óbitos e 813.702 mil *casos ativos* da doença em acompanhamento. (Cf.: Painel coronavírus. *Coronavírus Brasil*, 2021. Disponível em: https://covid.saude.gov.br/. Acesso em 16 jul. 2021).

[11] Uma pesquisa elaborada pelo Instituto Rui Barbosa, no período de 8 a 14 de março de 2021, levantou dados que identificam questões relacionadas à prática do *home office* nos TCs do Brasil, com o objetivo de subsidiar a elaboração de propostas de diretrizes para essa modalidade de trabalho em um contexto sistêmico – questões relacionadas à situação de trabalho *antes da pandemia, durante a pandemia* e o cenário *futuro pós pandemia*. (Cf.: Relatório final pesquisa teletrabalho. *IRB – Instituto Rui Barbosa*, 2021. Disponível em: https://irbcontas.org.br/wp-content/uploa.ds/2021/05/RELATORIO-FINAL-PESQUISA-TELETRABALHO-IRB.pdf. Acesso em 01 jun. 2021).

[12] PASSOS, Dionaldo. Um olhar sobre o impacto da pandemia no mundo. *Jornal Contábil*, Minas Gerais, 14 jul. 2020. Disponível em: https://www.jornalcontabil.com.br/um-olhar-sobre-o-impacto-da-pandemia-no-mundo/. Acesso em 01 jun. 2021.

[13] AGUNE, Roberto. O Governo no Século XXI. *In*: AGUNE, Roberto *et al. Gestão do Conhecimento e Inovação no setor público*: dá para fazer. São Paulo: Secretaria de Planejamento e Desenvolvimento Regional, 2014. Disponível em: http://igovsp.net/sp/daprafazer/. Acesso em 01 jun. 2021.

inovar, está na introdução de disciplinas que estimulam a compreensão de cenários complexos, de forma que a circulação do conhecimento tácito, a própria inovação, a criatividade, o trabalho em equipe, a criação, a prototipagem e a implementação de novos modelos de negócio, entram na agenda das instituições públicas, abrindo portas à reformulação dos processos e formas de trabalho. O impacto final estará sempre na forma e qualidade percebida dos serviços prestados pelo seu usuário. As diversas disciplinas de conhecimento possibilitam a ponte entre teoria e prática a estas intervenções e resultados, o Design é uma delas.

O presente artigo instiga a ampliar a reflexão sobre o futuro das Instituições de Controle Externo, especificamente os Tribunais de Contas (TCs), sob a ótica de disciplinas de conhecimento, em específico da Gestão Estratégica do Design, cujo potencial teórico proporciona subsídios e base para uma caminhada planejada, eficiente, eficaz e efetiva[14] diversas demandas de diferentes naturezas resultantes da pandemia. Como forma de abordar, contextualizar o tema e suas relações, foram usados os pressupostos da pesquisa qualitativa descritiva – o primeiro considera o ambiente natural como fonte direta para coleta de dados, e o segundo visa a descrever características de determinada população ou fenômeno, ou ainda, o estabelecimento de relações entre variáveis[15] – de natureza aplicada – cujo objetivo é gerar conhecimento para aplicação prática em busca da solução de problemas específicos.[16] Os dados são analisados indutivamente, sem o uso de técnicas de estatísticas, mas sim, com o aprofundamento da compreensão de um grupo social, de uma organização etc.[17] Os procedimentos técnicos usados foram a pesquisa bibliográfica e documental, que contam, sucessivamente, com matérias já publicadas e materiais que ainda não receberam tratamento analítico.[18]

Desta forma, buscou-se responder à questão: como o Design e a Gestão Estratégica do Design pode atuar como apoio estratégico aos Tribunais de Contas, frente ao atual cenário pandêmico e ao futuro dessas Instituições?

---

[14] Segundo Barros, eficiência diz respeito à ação de diminuir custos e aumentar os retornos. Trata-se de fazer mais com menos, aumentando a produtividade. Eficácia diz respeito ao alcance do resultado imediato das ações empreendidas. Diz respeito à real entrega dos produtos ou serviços diretamente ligados às atividades desenvolvidas. Já a efetividade é resultado da repercussão positiva derivada dos resultados alcançado, impactos positivos na realidade. (BARROS, Ana Cristina. A Transparência na Gestão Pública. *Transparência na Gestão Pública* – Controle Cidadão, Fortaleza, v. 6, n. 5, p. 68-79, 2017. Disponível em: https://www.tce.ce.gov.br/downloads/Controle_Cidadao/gestao_publica/fasciculo_5_.pdf. Acesso em 01 jun. 2021).

[15] SILVA, Edna Lúcia da; MENEZES, Estera Muszkat. *Metodologia da pesquisa e elaboração de dissertação.* 4. ed. Florianópolis: UFSC, 2005. Disponível em: https://tccbiblio.paginas.ufsc.br/files/2010/09/024_Metodologia_de_pesquisa_e_elaboracao_de_teses_e_dissertacoes1.pdf. Acesso em 01 jun. 2021.

[16] SILVA, Edna Lúcia da; MENEZES, Estera Muszkat. *Metodologia da pesquisa e elaboração de dissertação.* 4. ed. Florianópolis: UFSC, 2005. Disponível em: https://tccbiblio.paginas.ufsc.br/files/2010/09/024_Metodologia_de_pesquisa_e_elaboracao_de_teses_e_dissertacoes1.pdf. Acesso em 01 jun. 2021; MARCONI, Marina de Andrade; LAKATOS, Eva Maria. *Técnicas de pesquisa.* 6. ed. São Paulo: Atlas, 2007; GERHARDT, Tatiana Engel. *Métodos de pesquisa.* Porto Alegre: Editora da Ufrgs, 2009. Disponível em: http://www.ufrgs.br/cursopgdr/downloadsSerie/derad005.pdf. Acesso em 01 jun. 2021.

[17] GIL, Antonio Carlos. *Como elaborar projetos de pesquisas.* 4. ed. São Paulo: Atlas, 2002; GERHARDT, Tatiana Engel. *Métodos de pesquisa.* Porto Alegre: Editora da Ufrgs, 2009. Disponível em: http://www.ufrgs.br/cursopgdr/downloadsSerie/derad005.pdf. Acesso em 01 jun. 2021.

[18] SILVA, Edna Lúcia da; MENEZES, Estera Muszkat. *Metodologia da pesquisa e elaboração de dissertação.* 4. ed. Florianópolis: UFSC, 2005. Disponível em: https://tccbiblio.paginas.ufsc.br/files/2010/09/024_Metodologia_de_pesquisa_e_elaboracao_de_teses_e_dissertacoes1.pdf. Acesso em 01 jun. 2021.

1 Os Tribunais de Contas e a pandemia

Em estudo realizado sobre as ações dos TCs no enfrentamento das consequências do novo coronavírus, COVID-19, Ribeiro[19] levanta diversos dados e ações comuns aos TCs, que facilitam a compreensão da adaptação desses órgãos frente à pandemia. Primeiramente, o funcionamento dos órgãos seguiu a orientação (por meio de portarias)[20] em nível Federal entre Governo e Ministério da Saúde. Os TCs, com base nessas portarias, anunciaram diversas ações temporárias e preventivas voltadas aos jurisdicionados, aos servidores e à população. Entidades associativas aos TCs como a Associação dos Membros dos Tribunais de Contas do Brasil (Atricon), a Associação Brasileira dos Tribunais de Contas dos Municípios (Abracom), a Associação Nacional de Ministros e Conselheiros Substitutos dos Tribunais de Contas (Audicon), o Conselho Nacional dos Presidentes dos Tribunais de Contas (CNPTC) e o Instituto Rui Barbosa (IRB) emitiram uma Resolução Conjunta nº 1,[21] com diretrizes e recomendações de medidas aos TCs, a fim de colaborar para o enfrentamento dos efeitos do coronavírus. Ribeiro[22] destaca que embora essas associações não tenham competência de regular os TCs, trata-se de instituições compostas por membros que, de certa forma, expressam uma vontade coletiva desses órgãos.

Os TCs possuem a natureza de fiscalizar, bem como de orientar, atividades contábeis, financeiras, orçamentárias e patrimoniais, por meio de seus analistas de controle externo e contadores, que emitem notas e pareceres para os conselheiros.[23] Sua competência estende-se a administradores, gestores como governadores e prefeitos, além de outras pessoas que de alguma maneira prestam serviços ao Poder Público – relações de contratos, convênios e auxílios.[24] Portanto, para muito além de ações internas (público

---

[19] RIBEIRO, Flávia de Oliveira *et al*. Ações dos Tribunais de Contas no enfrentamento dos efeitos do coronavírus. *Revista de Administração Pública [online]*, v. 54, n. 5, p. 1402-1416, 2020. Disponível em: https://doi.org/10.1590/0034-761220200244. Acesso em 01 jun. 2021.

[20] O Estudo cita, em específico, as portarias: Portaria nº 188, Portaria nº 356 e Portaria GM nº 454. Vide: (BRASIL. Portaria nº 188, de 3 de fevereiro de 2020. Declara Emergência em Saúde Pública de importância Nacional (ESPIN) em decorrência da infecção humana pelo novo Coronavírus (2019-nCoV). *Diário Oficial da União*, 04 fev. 2020. Disponível em: http://www.in.gov.br/en/web/dou/-/portaria-n-188-de-3-de-fevereiro-de-2020-241408388. Acesso em 01 jun. 2021; BRASIL. Portaria nº 356, de 11 de março de 2020. Dispõe sobre a regulamentação e operacionalização do disposto na Lei nº 13.979, de 6 de fevereiro de 2020, que estabelece as medidas para enfrentamento da emergência de saúde pública de importância internacional decorrente do coronavírus (COVID-19). *Diário Oficial da União*, 12 mar. 2020. Disponível em: http://www.in.gov.br/web/dou/-/portaria-n-356-de-11-de-marco-de-2020-247538346. Acesso em 01 jun. 2021; BRASIL. Portaria GM nº 454, de 20 de março de 2020. Declara, em todo o território nacional, o estado de transmissão comunitária do coronavírus (COVID-19). *Diário Oficial da União*, 20 mar. 2020. Disponível em: http://www.planalto.gov.br/ccivil_03/portaria/prt454-20-ms.htm. Acesso em 01 jun. 2021).

[21] Cf.: Resolução Conjunta Atricon/Abracom/Audicon/CNPTC/IRB nº 1, de 27 de março de 2020. Dispõe sobre diretrizes e recomendações quanto às medidas que possam ser adotadas pelos Tribunais de Contas, de modo uniforme e colaborativo com os demais poderes, para minimizar os efeitos internos e externos decorrentes do coronavírus (COVID-19). *Atricon*, 30 mar. 2020. Disponível em: http://www.atricon.org.br/normas/resolucao-conjunta-atriconabracom-audicon-cnptc-irb-no-1/. Acesso em 01 jun. 2021.

[22] RIBEIRO, Flávia de Oliveira *et al*. Ações dos Tribunais de Contas no enfrentamento dos efeitos do coronavírus. *Revista de Administração Pública [online]*, v. 54, n. 5, p. 1402-1416, 2020. Disponível em: https://doi.org/10.1590/0034-761220200244. Acesso em 01 jun. 2021.

[23] FRANKLIN, Syllas. Tribunais de Contas dos Estados (TCE's): como estão atuando na pandemia? *Politize!*, 22 jul. 2020. Disponível em: https://www.politize.com.br/tces-e-a-pandemia-do-covid-19/. Acesso em 01 jun. 2021.

[24] FRANKLIN, Syllas. Tribunais de Contas dos Estados (TCE's): como estão atuando na pandemia? *Politize!*, 22 jul. 2020. Disponível em: https://www.politize.com.br/tces-e-a-pandemia-do-covid-19/. Acesso em 01 jun. 2021.

interno), os TCs contaram com ações empreendidas no campo pedagógico, processuais, orientativas e de monitoramento:[25]

- Âmbito interno e pedagógico – em caráter contingencial, a adoção de tais ações objetivou a manutenção das atividades dos TCs e contribuiu para que os órgãos municipais, estaduais e federal pudessem enfrentar a situação de emergência e cumprir suas obrigações legais. Medidas como: 1) Suspensão ou restrição do atendimento presencial prestado ao jurisdicionado, que passou a ser realizado preferencialmente por meio de TICs ou contato telefônico, resultou em realização de determinadas atividades mediante teletrabalho, do qual modificou a rotina de escalas de trabalho com revezamento ou rodízio dos servidores. Com o agravamento da pandemia, foi adotada a modalidade de trabalho *home office*; 2) Restrição ou suspensão de viagens nacionais e internacionais, reuniões presenciais, eventos coletivos – internos e externos. Alguns TCs, em caráter especial, disponibilizaram espaços para uso de trabalho, mediante a aquisição e aplicações de produtos de higiene e limpeza para o asseio das áreas internas, considerando os protocolos emitidos pelo Ministério da Saúde, com vistas à prevenção do coronavírus. Integrantes dos TCs com caso suspeito de testar positivo ao vírus e/ou que mantiveram contato próximo com casos suspeitos e/ou confirmados e grupo de risco, foram submetidos ao isolamento social ou ao regime de teletrabalho; 3) A oferta de cursos, capacitações e palestras passou a ser articulada pelas Escolas de Contas, em plataformas de ensino a distância ou outras modalidades de TICs; 4) Em consideração aos cenários fiscais adversos, os TCs passaram a adotar planos de redução de gastos, com o objetivo de otimizar as despesas a serem realizadas e proporcionar economia; e 5) Instituição de comitês de acompanhamento da pandemia com finalidade não somente sanitária, mas de avaliação das projeções econômicas, sociais e dos impactos nos poderes legislativo, jurídico e executivo.
- Âmbito processual – os TCs flexibilizaram alguns pontos de caráter processual. Medidas como: 1) Suspensão e/ou prorrogação dos prazos processuais e para remessas de dados, demonstrativos e documentos. Ou seja, gestores, responsáveis e até mesmo TCs ganharam tempo para se adaptar frente à obrigatoriedade de manifestação; e 2) Adoção das Sessões Plenárias Virtuais, a fim de continuar atendendo a apreciação e o julgamento de processos, dar celeridade aos julgamentos – com a possibilidade de sustentação oral por meio de videoconferência[26] – e também para a preservação da publicidade e transparências das deliberações proferidas pelos TCs.

---

[25] RIBEIRO, Flávia de Oliveira *et al*. Ações dos Tribunais de Contas no enfrentamento dos efeitos do coronavírus. *Revista de Administração Pública [online]*, v. 54, n. 5, p. 1402-1416, 2020. Disponível em: https://doi.org/10.1590/0034-761220200244. Acesso em 01 jun. 2021.

[26] Alguns TCs passaram a disponibilizar meios que permitem ao advogado realizar seu cadastramento antes da sessão, para fins de sustentação oral. Algumas sessões plenárias virtuais dispunham do pedido de sustentação oral, realizado antes da abertura da sessão, para que o processo fosse retirado de pauta e encaminhado para inclusão em pauta de sessão presencial. A evolução das TICs e de processos de trabalho a distância possibilitou que a sustentação oral também ocorresse por meio de arquivo eletrônico enviado ao TC (RIBEIRO, Flávia de Oliveira *et al*. Ações dos Tribunais de Contas no enfrentamento dos efeitos do coronavírus. *Revista de Administração Pública [online]*, v. 54, n. 5, p. 1402-1416, 2020. Disponível em: https://doi.org/10.1590/0034-761220200244. Acesso em 01 jun. 2021).

- Âmbito orientativo e de monitoramento – os TCs implementaram algumas medidas que visaram minimizar os efeitos da pandemia e possibilitaram a orientação dos jurisdicionados em relação à observância dos parâmetros legais decorrentes da declaração de estado de calamidade, a exemplo das contratações de pessoal e das licitações. Para tanto, ainda segundo Ribeiro,[27] foi elaborada uma série de diretrizes e recomendações em relação às medidas adotadas pelos órgãos de controle externo, de modo colaborativo aos demais poderes, como forma de mitigar riscos de ações administrativas irregulares. Como (novos ou adaptados) "produto" voltado a esse atendimento, pode-se destacar a criação de canais de comunicação junto aos gestores públicos e aos cidadãos em geral– no intuito de oferecer orientações técnicas aos jurisdicionados e esclarecer possíveis dúvidas; novos formatos de atendimento e confecção de produtos de divulgação, com o objetivo de disseminar toda essa nova (ou adaptada) prestação de serviço (seja por meio eletrônico direto; seja pela assessoria da Instituição; seja pela produção de material gráfico orientativo etc.).

Analisando com mais profundidade os pontos apresentados, pressupõe-se diversos novos (ou adaptados) serviços e/ou produtos, desenvolvidos no período pandêmico, que agora passam a fazer parte do catálogo dos TCs. Tal pressuposto estimula o desmembramento de possíveis reflexões, entre elas, como os TCs estão "dando conta" do volume de novas demandas e adaptações: conta somente com o corpo interno da Instituição vinculado à sua natureza e ofício (caso dos servidores efetivos), ou conta também com a *expertise* de outros profissionais de diferentes naturezas que compõem o corpo interno, seja por vínculo efetivo ou por outros, como cargos comissionados e terceirizados? Qual o futuro desses novos, ou adaptados serviços? São sustentáveis? Teve (ainda tem) um aparato de planejamento e execução? Tem lógica e valor agregado para seus usuários? Como os TCs podem aproveitar o momento para garantir a prestação de serviços e o desenvolvimento de produtos sustentáveis, como também para ressignificar os mesmos, focados no valor agregado e percebido pelos seus usuários?

Segundo Castro e Miranda, é implícito que o cenário pandêmico

> [...] exige a remodelação de todos os sistemas e mecanismos de controle, através da união para a criação de novos padrões de aferição de responsabilidade, considerando, retrospectivamente, as reais condições em que foram praticados os atos administrativos e quais os parâmetros de caracterização de um erro como inescusável.[28]

É com base nessas reflexões, que se discute, a seguir, o uso de diferentes disciplinas de conhecimento e de seus profissionais, como forma de atender a esse cenário diferenciado (pandemia) de maneira sustentável.

---

[27] RIBEIRO, Flávia de Oliveira *et al*. Ações dos Tribunais de Contas no enfrentamento dos efeitos do coronavírus. *Revista de Administração Pública [online]*, v. 54, n. 5, p. 1402-1416, 2020. Disponível em: https://doi.org/10.1590/0034-761220200244. Acesso em 01 jun. 2021.

[28] CASTRO, Sérgio Pessoa de Paula; MIRANDA, Rodrigo Fontenelle de Araújo. A atuação dos órgãos de controle em face à pandemia da Covid-19. *Revista Eletrônica Consultor Jurídico (ConJur)*, São Paulo, 29 abr. 2020. Disponível em: https://www.conjur.com.br/2020-abr-29/castro-miranda-atuacao-orgaos-controle-pandemia. Acesso em 01 jun. 2021.

2 As disciplinas de conhecimento como suporte ao setor público

Lima,[29] em sua reflexão sobre a relação das novas tecnologias e as contas públicas, denominou de "Cidadania Digital" o movimento caracterizado pela revolução comportamental da sociedade, agora detentora de novos instrumentos tecnológicos que viabilizam os cidadãos opinarem, protestarem e influenciarem decisões na esfera pública, mediante alguns cliques no teclado de seus equipamentos. O fenômeno "veio para ficar, massificar a participação dos cidadãos e fortalecer a democracia".[30]

Sob esse ponto de vista, pode-se compreender que a Tecnologia é uma aliada aos movimentos sociais e um importante "canal" entre as revoluções (como o exemplo citado anteriormente) e suas expressões/manifestações. Agune e Carlos reforçam que os grandes movimentos/disrupções sociais não podem ser relativizados, somente a Tecnologia. Segundo os autores, a Tecnologia funciona muito mais "como um meio que como um fim". No meio público/privado, isso significa que o uso de novos componentes e métodos organizacionais nas práticas de negócios, na organização do local de trabalho ou nas relações externas são primordiais para que as mudanças sustentáveis e de qualidade aconteçam, fazendo parte, portanto, do resultado da soma de uma inovação organizacional: novas tecnologias e novos processos (Figura 1).

Figura 1: Equação do modo de trabalho entre inovação e setor público

Novas tecnologias + Novos processos = Inovação organizacional

Fonte: adaptado de Agune e Carlos, 2015.[31]

Em sequência a esse raciocínio, a disciplina que dá suporte à Tecnologia, por exemplo, é a Tecnologia de Informação e Comunicação (TIC). No entanto, os movimentos disruptivos, sustentáveis e inovadores – que são latentes e ainda mais emergências em contexto pandêmico – e a inserção de novos (e relevantes) processos contam com uma rede (para suporte tanto teórico, quanto prático) de diversas disciplinas de conhecimento,[32]

---

[29] LIMA, Luiz Henrique. As novas tecnologias e as contas públicas. *Controle Cidadão*, Fortaleza, v. 12, n. 8, p. 115-127, 2014. Disponível em: https://www.tce.ce.gov.br/downloads/Controle_Cidadao/f8_-_controle_cidadao.pdf. Acesso em 01 jun. 2021.

[30] LIMA, Luiz Henrique. As novas tecnologias e as contas públicas. *Controle Cidadão*, Fortaleza, v. 12, n. 8, p. 115-127, 2014. p. 116. Disponível em: https://www.tce.ce.gov.br/downloads/Controle_Cidadao/f8_-_controle_cidadao.pdf. Acesso em 01 jun. 2021.

[31] AGUNE, Roberto Meizi; CARLOS José Antônio. *Inovação organizacional no setor público*. 2015. p. 14. Disponível em: https://www.tce.ce.gov.br/comunicacao/noticias/1999-plano-de-inovacao-do-tce-ceara-e-lancado-com-pal. Acesso em 01 jun. 2021.

[32] Agune e Carlos, em reflexão sob a forma e o ambiente com o qual órgãos públicos estão trabalhando, sugerem a introdução de 11 disciplinas, ou de naturezas referentes, afinadas com os novos desafios dos governos, dentre as quais: 1) utilização do pensamento sistêmico na atividade gerencial; 2) gestão do conhecimento e da inovação em governo; 3) design *thinking* para ambientes governamentais; 3) design de serviços públicos; 4) gestão de projetos governamentais complexos; 5) técnicas de negociação; 6) empreendedorismo no serviço público; 7) novos

que podem ser identificadas em um chamado 'Ambiente de Mudanças' – que tem como característica a mobilização, a comunicação, inter-relação e as TICs – inseridas dentro do fenômeno 'Cidadania Digital', referenciado por Lima[33] – ver Figura 2.

Figura 2: Fenômeno 'Cidadania Digital' no setor público

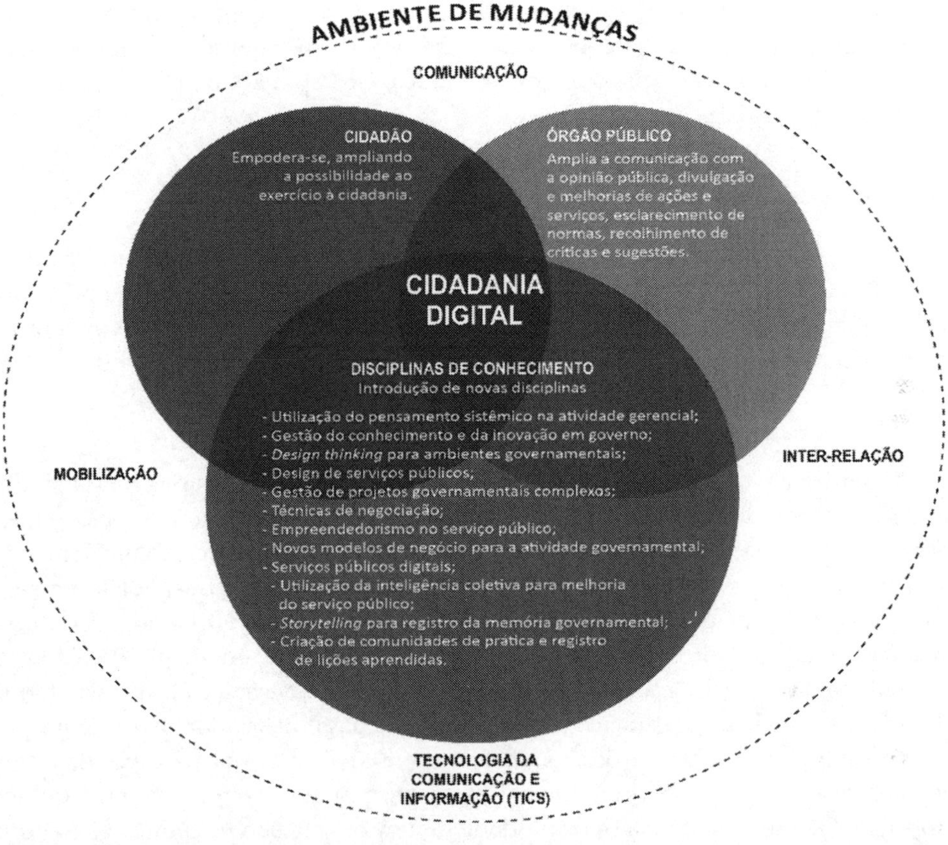

Fonte: elaborada pela autora, com base em Agune, 2014; Agune e Carlos, 2016; Levy, 2014; Lima, 2014; Plonski, 2014; Romaní, 2009.[34]

---

modelos de negócio para a atividade governamental; 8) serviços públicos digitais; 9) utilização da inteligência coletiva para melhoria do serviço público; 10) *storytelling* para registro da memória governamental e 11) criação de comunidades de prática e registro de lições aprendidas. (AGUNE, Roberto Meizi; CARLOS José Antônio. Meu chefe é quem deveria estar aqui. *In*: BASSOTTI; SANTOS (Org.). *Tópicos essenciais sobre gestão pública*. São Paulo: Egap, 2016. Disponível em: http://www.unesp.br/Home/crh/2016-ebook-topicos-essenciais-sobre-gestao-publica. pdf. Acesso em 01 jun. 2021).

[33] LIMA, Luiz Henrique. As novas tecnologias e as contas públicas. *Controle Cidadão*, Fortaleza, v. 12, n. 8, p. 115-127, 2014. Disponível em: https://www.tce.ce.gov.br/downloads/Controle_Cidadao/f8_-_controle_cidadao.pdf. Acesso em 01 jun. 2021.

[34] AGUNE, Roberto. O Governo no Século XXI. *In*: AGUNE, Roberto *et al*. *Gestão do Conhecimento e Inovação no setor público*: dá para fazer. São Paulo: Secretaria de Planejamento e Desenvolvimento Regional, 2014. Disponível em: http://igovsp.net/sp/daprafazer/. Acesso em 01 jun. 2021; AGUNE, Roberto Meizi; CARLOS José Antônio. Meu chefe é quem deveria estar aqui. *In*: BASSOTTI; SANTOS (Org.). *Tópicos essenciais sobre gestão pública*. São Paulo: Egap, 2016. p. 136-147. Disponível em: http://www.unesp.br/Home/crh/2016-ebook-topicos-essenciais-sobre-gestao-publica.pdf. Acesso em 01 jun. 2021; LEVY, Evelyn. Apresentação. *In*: AGUNE, Roberto *et al*. *Gestão do Conhecimento e Inovação no setor público*: dá para fazer. São Paulo: Secretaria de Planejamento e Desenvolvimento Regional, 2014. Disponível em: http://igovsp.net/sp/da-pra-fazer.pdf. Acesso em 01 jun. 2021; LIMA, Luiz Henrique.

Importante destacar que, para cada disciplina citada, temos que considerar que existem os profissionais competentes e com expertise para atuar naquela área. O profissional vai ser o meio que colocará em prática a teoria do conhecimento adquirido.

Pode-se destacar, no esquema da Figura 2, o uso, em mais de um tópico, da disciplina *design*. O *Design*, por seu caráter holístico, sistêmico e estruturado, é uma das disciplinas que encontra oportunidades para contribuir com iniciativas do setor público, agregando valor aos projetos desenvolvidos – bem como aos resultados finais. A combinação entre a disciplina e o meio público, em especial dos TCs, faz parte da discussão do tópico a seguir.

3 A gestão do *design* como estratégia aos TCS

Inicia-se essa discussão, retornando à observação do tópico anterior, quanto à Figura 2: a disciplina de *design* é citada em, pelo menos, dois momentos, no primeiro, como Design Thinking, e, no segundo, como Design de Serviços (ambos voltados ao ambiente público). Primeiramente, discutiremos qual é a amplitude da disciplina *design*.

3.1 *Design*, *designer* e gestão

Historicamente, o *design* está vinculado ao surgimento das indústrias. Sua evolução vem desde o lema de que "a forma segue a função", até a comercialização de objetos mais voltados às reais necessidades e desejos dos consumidores.[35] Nessa crescente demanda por produtos diferenciados, o conceito e as atividades do *design* desenvolveram-se, e hoje, para muitas pessoas, a palavra evoca pensamentos de criatividade, produtos, arquitetura, gráficos ou simplesmente a aparência ou o funcionamento de algo.[36] A atividade ainda é associada ao mero ato de projetar elementos visuais e funcionais – forma e função. Essa visão desencadeia o desconhecimento das potencialidades do *design* por parte de empresas e organizações, tendo como consequência a sua aplicação de forma fragmentada, em um contexto reducionista de curto prazo e com papel limitado nos projetos.[37] "Perde-se, então, a oportunidade de um projeto sob uma ótica global que

---

As novas tecnologias e as contas públicas. *Controle Cidadão*, Fortaleza, v. 12, n. 8, p. 115-127, 2014. Disponível em: https://www.tce.ce.gov.br/downloads/Controle_Cidadao/f8_-_controle_cidadao.pdf. Acesso em 01 jun. 2021; PLONSKI, Guilherme Ary. Prefácio. *In*: AGUNE, Roberto *et al*. *Gestão do Conhecimento e Inovação no setor público*: dá para fazer. São Paulo: Secretaria de Planejamento e Desenvolvimento Regional, 2014. Disponível em: http://igovsp.net/sp/daprafazer/. Acesso em 01 jun. 2021; ROMANÍ, Juan Cristóbal Cobo. El concepto de tecnologías de la información. Benchmarking sobre las definiciones de las TIC en la sociedad del conocimiento. *Zer - Revista de Estudios de Comunicación*, Espanha, v. 14, n. 27, p. 295-318, jul. 2009. Bimestral. ISSN: 1137-1102. Disponível em: https://www.ehu.eus/ojs/index.php/Zer/article/view/2636. Acesso em 01 jun. 2021.

[35] FERNANDES, Fabiane Rodrigues *et al*. *O Estado e o Design no Brasil*. 3. ed. Rio Claro: Frf Produções, 2014.

[36] FERNANDES, Fabiane Rodrigues *et al*. *O Estado e o Design no Brasil*. 3. ed. Rio Claro: Frf Produções, 2014; LEURS, Bas; ROBERTS, Isobel. *What do we mean by design?* 2017. Disponível em: https://www.designcouncil.org.uk/news-opinion/what-do-we-mean-design. Acesso em 01 jun. 2021.

[37] AGUNE, Roberto. O Governo no Século XXI. *In*: AGUNE, Roberto *et al*. *Gestão do Conhecimento e Inovação no setor público*: dá para fazer. São Paulo: Secretaria de Planejamento e Desenvolvimento Regional, 2014. Disponível em: http://igovsp.net/sp/daprafazer/. Acesso em 01 jun. 2021; MARTINS, Rosane Fonseca de F.; MERINO, Eugenio Andrés Diaz. *Gestão de design como estratégia organizacional*. Londrina: Eduel e Rio Books, 2011; SURI, Jane Fulton. The Experience of Evolution: developments in Design Practice. *The Design Journal*, [s.l.], v. 6, n. 2, p. 39-48, jul. 2003. Disponível em: http://dx.doi.org/10.2752/146069203789355471. Acesso em 01 jun. 2021.

ultrapassa os aspectos temporais, principalmente em se tratando de produtos e serviços com um ciclo de vida maior ao próprio projeto".[38]

Apesar da validação de todas essas associações do *design* ao vocabulário citado – Leurs e Roberts[39] capturam o que pode se classificar como "formas tradicionais de *design*" – a prática do *design* se estendeu para além dos limites técnicos e metodológicos para abordagens mais amplas. Em acordo com esse ponto de vista, Mozota *et al*[40] citam que o conceito de *design* sofre entendimentos diferenciados, pois pode-se se referir tanto a uma atividade (o processo de *design*) quanto ao resultado dessa atividade (um plano ou forma), ou é tanto um processo de resolução de problemas quanto um processo de busca de problemas.[41]

Transcendendo aos tipos de *design* citados anteriormente, Paladini[42] elucida que hoje a disciplina ganha um novo *status* e passa a fazer parte da alta esfera corporativa, elaborando parte das estratégias de negócios, auxiliando na melhoria da qualidade, que é consolidada de forma gradual em projetos, programas, políticas, estratégias e na filosofia de design e reconfigurando as estruturas corporativas. Pelo ponto de vista desta abordagem mais ampla do *design*, pode-se observar que seu conceito também é ampliado, pois constitui o desenvolvimento de uma mensagem e/ou um objeto (ou redesenho), atendendo à complexidade de fatores sociais, econômicos e estéticos.[43]

Por esta discussão, Leurs e Roberts[44] avaliam que o design pode funcionar em vários níveis e de maneiras diferentes, desde o conceito tradicional de artefato visual ou tangível, até interações e experiências para transformar sistemas, como pode ser visto no diagrama a seguir (Figura 3).

---

[38] MARTINS, Rosane Fonseca de F.; MERINO, Eugenio Andrés Diaz. *Gestão de design como estratégia organizacional*. Londrina: Eduel e Rio Books, 2011. p. 31-32.

[39] LEURS, Bas; ROBERTS, Isabel. *What do we mean by design?* 2017. Disponível em: https://www.designcouncil.org.uk/news-opinion/what-do-we-mean-design. Acesso em 01 jun. 2021.

[40] MOZOTA, Brigitte Borja de *et al. Gestão do design*: usando o design para construir valor de marca e inovação coorporativa. Porto Alegre: Bookman, 2011.

[41] BEST, Kathryn. *Fundamentos de gestão de design*. Porto Alegre: Bookman, 2012.

[42] PALADINI, Edson Pacheco *et al*. Uma proposta de ferramenta para diagnóstico do nível de envolvimento da gestão de design e sua maturidade. *E-revista Logo*, Laboratório de Orientação da Gênese Organizacional - Universidade Federal de Santa Catarina, v. 6, n. 1, p. 59-84, 29 mar. 2017. Disponível em: http://incubadora.periodicos.ufsc.br/index.php/eRevistaLOGO/article/view/4553/4892. Acesso em 01 jun. 2021.

[43] MARTINS, Rosane Fonseca de F.; MERINO, Eugenio Andrés Diaz. *Gestão de design como estratégia organizacional*. Londrina: Eduel e Rio Books, 2011.

[44] LEURS, Bas; ROBERTS, Isabel. *What do we mean by design?* 2017. Disponível em: https://www.designcouncil.org.uk/news-opinion/what-do-we-mean-design. Acesso em 01 jun. 2021.

Figura 3: Diagrama de níveis do *design*

Fonte: Leurs e Roberts, 2017.[45]

Como diagramado na figura apresentada, a disciplina do *design* comporta o desenvolvimento de artefatos, experiências e transformações desde baixa até alta complexidade. Sendo assim, é papel do design alargar o seu escopo, de modo a englobar áreas diversas,[46] ou seja, ampliar seu campo de atuação, interação e natureza de trabalho. Como forma de atender ao seu amplo e complexo escopo, diversas abordagens – nascidas da essência e natureza do *design* – se instituíram como o *design thinking*, design de serviço, *design* editorial, *design* gráfico, *design* de produto (variando entre diversos, exemplo: móveis, carros, eletrodomésticos, celulares etc.), *design* de interiores, *design* de moda, *design* institucional, *design* de games, web *design*, *design* de comunicação, *design* visual, *design* ecológico etc.

Independentemente de qual linha o *design* aborda, o valor do *design* (funcionando para toda a disciplina) diz respeito à melhoria de situações e coisas, a tornar a vida das pessoas mais fácil.[47]

> Quando falamos em *design*, falamos de projetos pensados por pessoas que buscam oferecer bem-estar para outras pessoas, buscam gerar ambientes felizes, dentro dos limites da felicidade humana possível e razoável. [...] *Design* humaniza, longe de ser objeto, logotipo ou rótulo. [...] É área de conhecimento universal e específica, relacionada à pesquisa, gestão, projeção, construção, produção e acompanhamento de todo o ciclo de vida de produtos, serviços e ambientes. Está aberto para as mais variadas indústrias – da moda aos transportes; da sinalização e mobiliário urbano às tecnologias da informação e da comunicação; das

---

[45] LEURS, Bas; ROBERTS, Isobel. *What do we mean by design?* 2017. Disponível em: https://www.designcouncil.org.uk/news-opinion/what-do-we-mean-design. Acesso em 01 jun. 2021. (Tradução nossa).

[46] BEST, Kathryn. *Fundamentos de gestão de design*. Porto Alegre: Bookman, 2012.

[47] BEST, Kathryn. *Fundamentos de gestão de design*. Porto Alegre: Bookman, 2012; LEURS, Bas; ROBERTS, Isobel. *What do we mean by design?* 2017. Disponível em: https://www.designcouncil.org.uk/news-opinion/what-do-we-mean-design. Acesso em 01 jun. 2021.

fachadas de interiores; do maquinário industrial às embalagens; dos livros e pelas gráficas às interfaces digitais; dos esportes de competição ao lazer; dos objetos de uso diário ao que precisa ser inventado, entre outras tantas possibilidades, tangíveis e intangíveis, que o rico universo do *design* contempla. Essa atuação abrange todos os pilares da economia, seja na iniciativa privada, no setor público seja no terceiro setor, onde houver oportunidades, demandas e necessidades de inteligências criativas.[48]

O "valor" pode ser definido como a qualidade pela qual algo é estimado ou tem importância em maior ou menor grau para alguém. A atividade de *design* bem direcionada pode contribuir para adicionar valor percebido pelo usuário, assim como para identificar maneiras de adicionar novos valores.[49] O valor do *design*, segundo Carreira,[50] é resultado que vai muito além do significado "forma-função": o *design* é um operador de significados e valores para dar aos usuários experiências que vão fazer sentido na vida deles. Quando se coloca que o *design* visa a melhorar experiências, significa ir além de conceber um objeto/produto, significa combinar as interações e dinâmicas com os objetos, ambientes e serviços (ver Figura 4). Importante apontar que não se pode controlar as experiências subjetivas das pessoas, mas sim, influenciar essa experiência por meio de diferentes aspectos, como som, cheiro, textura, entre outros aspectos estéticos e sensoriais, bem como por outras qualidades comportamentais como *feedback*, ritmo, sequência, estratificação e lógica – todos esses aspectos são presentes em projetos de produtos, ambientes, mídia e serviços.[51]

Figura 4: *Design* para a experiência

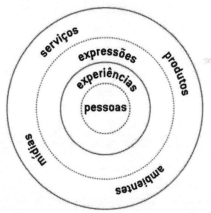

Fonte: Suri, 2003.[52]

---

[48] MEGIDO, Victor Falasca. Prefácio - Revoluções. *In*: MEGIDO, Victor Falasca (Org.). *A Revolução do Design - Conexões para o século XXI*. São Paulo: Editora Gente, 2016. p. 12-13.

[49] MARTINS, Rosane Fonseca de F.; MERINO, Eugenio Andrés Diaz. *Gestão de design como estratégia organizacional*. Londrina: Eduel e Rio Books, 2011.

[50] CARREIRA, José Carlos. Design de significados. *In*: MEGIDO, Victor Falasca (org.). *A Revolução do Design - Conexões para o século XXI*. São Paulo: Editora Gente, 2016. p. 106-115.

[51] SURI, Jane Fulton. The Experience of Evolution: developments in Design Practice. *The Design Journal*, [s.l.], v. 6, n. 2, p. 39-48, jul. 2003. Disponível em: http://dx.doi.org/10.2752/146069203789355471. Acesso em 01 jun. 2021.

[52] SURI, Jane Fulton. The Experience of Evolution: developments in Design Practice. *The Design Journal*, [s.l.], v. 6, n. 2, p. 39-48, jul. 2003. p. 40. Disponível em: http://dx.doi.org/10.2752/146069203789355471. Acesso em 01 jun. 2021. (Tradução nossa).

Compreendidos as atividades, o campo de atuação e o valor da disciplina de *design*, Gregório[53] o estrutura em dois níveis de atuação: estratégico e operacional. O primeiro –estratégico – relaciona-se à definição do problema, à necessidade ou oportunidade; enquanto o segundo – operacional – concentra-se na entrega, na tangibilidade e na implementação da solução. O autor acredita que ambos os níveis compõem inter-relações e saberes básicos e transdisciplinares (humanas, criação, gestão e tecnologia), que constituem qualquer projeto de *design*, influenciando diretamente em seu resultado final (significado, valor, forma e função) como pode ser visto na Figura 5.

Figura 5: Os dois níveis do *design*

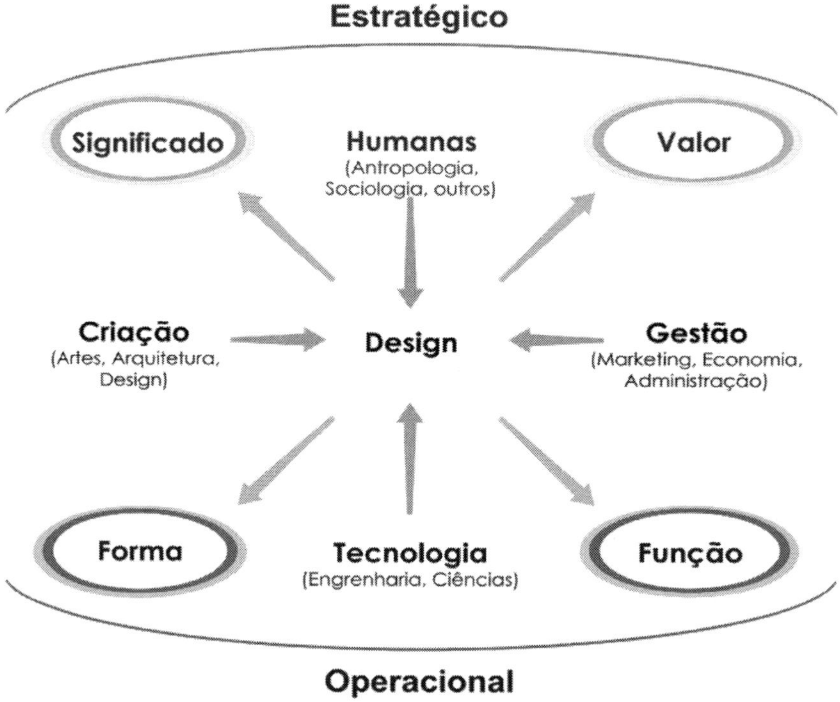

Fonte: Gregório, 2014.[54]

Corroborando com a estrutura apresentada por Gregório,[55] Mozota *et al*[56] classificam a gestão de *design* em três níveis: operacional do projeto, funcional e estratégico. O

---

[53] GREGÓRIO, Alvaro. Um Caminho para o Design de Serviços Públicos. *In*: AGUNE, Roberto. *Gestão do Conhecimento e Inovação no setor público*. São Paulo: Secretaria de Planejamento e Desenvolvimento Regional, 2014. Disponível em: http://igovsp.net/sp/daprafazer/. Acesso em 01 jun. 2021.

[54] GREGÓRIO, Alvaro. Um Caminho para o Design de Serviços Públicos. *In*: AGUNE, Roberto. *Gestão do Conhecimento e Inovação no setor público*. São Paulo: Secretaria de Planejamento e Desenvolvimento Regional, 2014. p. 96. Disponível em: http://igovsp.net/sp/daprafazer/. Acesso em 01 jun. 2021.

[55] GREGÓRIO, Alvaro. Um Caminho para o Design de Serviços Públicos. *In*: AGUNE, Roberto. *Gestão do Conhecimento e Inovação no setor público*. São Paulo: Secretaria de Planejamento e Desenvolvimento Regional, 2014. Disponível em: http://igovsp.net/sp/daprafazer/. Acesso em 01 jun. 2021.

[56] MOZOTA, Brigitte Borja de *et al*. *Gestão do design*: usando o design para construir valor de marca e inovação coorporativa. Porto Alegre: Bookman, 2011.

primeiro refere-se aos primeiros passos de integração do *design* na empresa; o segundo, à criação de uma função de *design* na empresa; e o terceiro refere-se ao papel do *design* como unificador e transformador da visão da empresa. Best[57] classifica esses três níveis como operacional (diz respeito à produção do tangível), tático (diz respeito ao trabalho de sistemas e processos) e estratégico (diz respeito a trabalhar missões e políticas).

O profissional da área – representado pelo designer – habita, segundo a International Council of Design,[58] em um ambiente complexo (como é possível apurar pela Figura 5) e dinâmico. Ele tende, por meio de sua experiência, a criar soluções dinâmicas de ambientes visuais, materiais, espaciais e digitais, empregando abordagens interdisciplinares e híbridas à teoria e prática do *design*. Designers são responsáveis por entender o impacto cultural, ético, social, econômico e ecológico de seus empreendimentos e sua responsabilidade final em relação às pessoas e ao planeta, tanto nas esferas comercial quanto nas não comerciais. Segundo o levantamento 'Diagnóstico do Design Brasileiro',[59] o profissional designer pode ser compreendido como o resultado do processo que envolve as tendências sociais e mercadológicas, somadas ao perfil profissional atual e futuro. Segundo o relatório, o perfil profissional do designer conta com competências e habilidades, tais como: pesquisar, organizar e sistematizar dados e informações; utilizar um procedimento metodológico para o desenvolvimento do trabalho; desenvolver projetos, processos, sistemas e/ou soluções; buscar processos, métodos em diferentes áreas do conhecimento, quando necessário, e aplicá-los à sua atividade e/ou projeto; gerenciar projetos; expressar ideias por meio de desenhos, imagens, textos, modelos, protótipos etc. e conciliar os interesses dos stakeholders em relação ao projeto.

Os diversos níveis de atuação do *design* abriram um novo campo de atuação na área, a de gestão de *design*. Segundo Mozota *et al*,[60] a gestão de design é a combinação de dois campos de naturezas distintas: a Administração e o Design. Apesar da aparente improvável combinação, os autores argumentam que os conceitos fundamentais dessas duas disciplinas revelam muito mais semelhanças que diferenças. O *design* é uma atividade sistêmica de solução de problemas, coordenação e criação, e possui um caráter cultural e artístico; a gestão (entendida aqui como resultado da prática da disciplina Administração) também trabalha com soluções de problemas por meio de processos, gerenciamento de ideias, sistemas empresariais e comunicação, sua essência está ligada à cultura organizacional, às preferências do cliente e à identidade. Na Tabela 1, a seguir, a abordagem comparativa entre os conceitos de *design* e gestão são destacados em síntese.

---

[57] BEST, Kathryn. *Design Management:* Managing Design Strategy, Process and Implementation. 2. ed. London: Bloomsbury Publishing, 2015. Kindle Edition.

[58] International Council of Design (ico-D) é uma rede sem fins lucrativos e apartidária, que lidera de maneira criativa, facilitando o diálogo entre plataformas de design, incluindo categorias profissionais, educacionais e promocionais. (Cf.: Who we are. *Council Of Design International (ico-D)*, 2020. Disponível em: https://www.ico-d.org/about/index#defining-the-profession. Acesso em 01 jun. 2021).

[59] Lançado em 2014 pelo Centro Brasil Design (CBD), em parceria com o Ministério do Desenvolvimento, Indústria e Comércio Exterior (MDIC) e a Agência Brasileira de Promoção de Exportações e Investimentos (Apex-Brasil), o estudo 'Diagnóstico do Design Brasileiro' teve como objetivo criar uma referência em *design* para o desenvolvimento da indústria e fornecer subsídios para a elaboração de uma política pública de *design* no país. (MDIC. *Diagnóstico do Design Brasileiro*. Brasília: Secretaria do Desenvolvimento da Produção, 2014. Disponível em: http://www.mdic.gov.br/arquivos/dwnl_1435234546.pdf. Acesso em 01 jun. 2021).

[60] MOZOTA, Brigitte Borja de *et al*. *Gestão do design*: usando o design para construir valor de marca e inovação coorporativa. Porto Alegre: Bookman, 2011.

Quadro 1: Abordagem comparativa entre conceitos de *design* e gestão

CONCEITOS DE DESIGN	CONCEITOS DE GESTÃO
O design é uma atividade de solução de problema.	Processo. Solução de problema.
O design é uma atividade criativa.	Gerenciamento de ideias. Inovação.
O design é uma atividade sistêmica.	Sistemas empresariais. Informação.
O design é uma atividade de coordenação.	Comunicação. Estrutura.
O design é uma atividade cultural e artística.	Preferências do consumidor. Cultura organizacional. Identidade.

Fonte: Mozota *et al.*, 2011.[61]

Segundo o Design Management Institute,[62] a gestão de *design* abrange os processos, as decisões de negócios e as estratégias em andamento que possibilitam a inovação e criam produtos, serviços, comunicações, ambientes e marcas com *design* eficaz, que melhoram a qualidade de vida e proporcionam sucesso organizacional.

Importante ressaltar que, dentro dos níveis de atuação do *design* existem diferentes contextos. Ambientes privados e públicos, por exemplo, possuem naturezas distintas, cuja atuação a disciplina deve considerar. Com base nesta constatação, a seguir discute-se como interage a gestão de *design*, o próprio *design* e o designer no setor público.

3.2 *Design*, gestão de *design* e *designer* no setor público

Como foi visto, o campo de atuação do *design* segue uma nova ordem de reavaliação da gestão praticada, saindo do limite, mas obviamente percebido, da criação de produtos e peças gráficas, para fazer parte de um sistema consolidado, como um processo de gestão.[63] Esse processo timidamente alcança a gestão pública (mais no âmbito internacional que nacional), agregando valor e significado aos produtos (no caso aqui entendido como os tangíveis – sites por exemplo – e intangíveis, quando diz respeito à prestação de serviço ao público interno e externo dos órgãos) concebidos pelos órgãos, e ainda mais, contribui com o desenvolvimento científico, tecnológico, dentro e fora das estruturas organizacionais, assim como melhora a inter-relação com a sociedade.

A Design Commission[64] avalia que há inúmeras maneiras de fazer *design* para o setor público. Esse *design* pode ser tanto trabalhado no redesenho de um sistema

---

[61] MOZOTA, Brigitte Borja de *et al*. *Gestão do design*: usando o design para construir valor de marca e inovação coorporativa. Porto Alegre: Bookman, 2011. p. 98.

[62] O *Design Management Institute* (DMI) é uma organização internacional que conecta design a negócios, cultura, clientes e o mundo em mudança. Fundada em 1975, a DMI reúne educadores, pesquisadores, designers e líderes de todas as disciplinas de design, todos os setores e todos os cantos do planeta para facilitar a mudança organizacional transformacional e a inovação orientada ao design. (Cf.: What is Design Management? *Design Management Institute*, 2019. Disponível em: https://www.dmi.org/page/What_is_Design_Manag. Acesso em 01 jun. 2021).

[63] MARTINS, Rosane Fonseca de F.; MERINO, Eugenio Andrés Diaz. *Gestão de design como estratégia organizacional*. Londrina: Eduel e Rio Books, 2011.

[64] A *Design Commission* é um grupo de pesquisa que contribui para o trabalho do *Associate Parliamentary Design and Innovation Group*. É composto por parlamentares de todos os partidos e principais representantes de negócios, indústria e setor público. Seu objetivo é explorar, por meio de uma série de pesquisas investigativas, como o

complexo, como em pequenas intervenções que também resultam em uma grande diferença. Importante perceber que cada problema tem sua própria abordagem e solução, bem como cada instituição pública tem o seu próprio contexto e natureza de ofício. Acredita-se que o *design* no setor público pode ser medido pelo seu nível de atuação. Para tanto, a SEE Plataform (Sharing Europe Experience),[65] em 2013, desenvolveu uma proposta denominada "The Public Sector Design Ladder",[66] que funciona como uma ferramenta que diagnostica o nível de uso do *design* no setor público. A Escada do *Design* pode ser utilizada por membros dos governos municipais, estaduais e federais e agências, como forma de monitorar o uso do *design* e determinar como avançar no sentido de promover inovações mais abrangentes de serviços e políticas.[67] Cada nível da Escada é entendido como um bom lugar para se estar, mas quanto mais alto o seu nível, mais valor é criado para o setor público. O Nível 1, 'Design para problemas pontuais', caracteriza-se por diversos tipos de projetos que podem ter amplitude muito pequena ou ter amplas implicações sistêmicas: atende desde problemas sociais até soluções tecnológicas úteis e utilizáveis. Neste nível, o processo de *design* não está incorporado às organizações e funciona de forma pontual. Já no Nível 2, 'Design como habilidade', existe um processo de *design* onde há participação do público interno do órgão público, por meio de métodos e abordagem do *design*. Tais técnicas são trabalhadas e passadas facilmente para não designers, gerando uma rede de conhecimento entre o público interno da instituição. Servidores e colaboradores utilizam essas habilidades para resolverem problemas que seriam pequenos demais para a contratação de designers. Passam a enxergar pelo ponto de vista dos cidadãos aos quais prestam os serviços e tornam-se adeptos à contratação de designers quando necessário. Por fim, o Nível 3 da escada, 'Design para políticas públicas', é trabalhado em nível estratégico e organizacional pelos decisores políticos. Muito do trabalho feito neste nível é experimental, pelo fato de ser uma "disciplina nova", mas a lógica da aplicação do *design* é forte, pelo fato de ele atender certas necessidades dos decisores políticos. Entre essas necessidades estariam a união de processos, desde a criação de políticas até a sua implementação, a redução de riscos através de protótipos de baixo custo, a maneira de obter a visão geral do sistema e o modo de desfazer nichos de departamentos, trazendo também pessoas de fora do governo, conforme ilustrado na Figura 6.[68]

---

design pode promover melhorias econômicas e sociais, e como o governo e as empresas podem entender melhor a importância do design. (DESIGN COMMISSION. *Restarting Britain 2*: design and Public Services. Londres: Policy Connect, 2013. Disponível em: https://www.designcouncil.org.uk/sites/default/files/asset/document/DC_Restarting_Britain_2_report.pdf. Acesso em 01 jun. 2021).

[65] A SEE Platform (*Sharing Europe Experience*) é uma rede de conhecimento europeia que conta com onze organizações parceiras europeias. A rede interage com o governo e o design na formulação de políticas e programas de inovação, por meio de novas pesquisas, workshops, estudos de caso, folhetos de políticas e tem como objetivo construir um banco de evidências para apoiar as autoridades públicas a integrar o design em sua prática principal. (SEE PLATFORM. *Design for Public Good*. Reino Unido: Design Council, 2013. 97p. Disponível em: https://www.designcouncil.org.uk/sites/default/files/asset/document/Design%20for%20Public%20Good.pdf. Acesso em: 01 jun. 2021).

[66] Tradução: "Escada do Design no Setor Público".

[67] SEE PLATFORM. *Design for Public Good*. Reino Unido: Design Council, 2013. 97p. Disponível em: https://www.designcouncil.org.uk/sites/default/files/asset/document/Design%20for%20Public%20Good.pdf. Acesso em: 01 jun. 2021.

[68] SEE PLATFORM. *Design for Public Good*. Reino Unido: Design Council, 2013. 97p. Disponível em: https://www.designcouncil.org.uk/sites/default/files/asset/document/Design%20for%20Public%20Good.pdf. Acesso em: 01 jun. 2021.

Figura 6: *The Public Sector Design Ladder* (Escada do Design no Setor Público)

NÍVEL 3 — Design para políticas

Nesta etapa o design é utilizado a nível estratégico e organizacional pelos decisores na resolução para superar problemas estruturais e na formação de políticas públicas.

NÍVEL 2 — Design como habilidade

Aqui, o design se torna parte da cultura e da maneira de trabalhar do público interno das instituições públicas. Servidores e colaboradores além de participarem do processo de design, utiliza-se de seus métodos e abordagens eles mesmos.

NÍVEL 1 — Design para problemas pontuais

Aqui, os projetos abordam problemas discretos. Estes podem ser muito grandes e ter implicações sistêmicas, mas os projetos são pontuais.

Fonte: SEE Platform, 2013.[69]

A SEE Platform[70] também aponta oito tópicos acerca do porquê do uso do *design* no setor público, por meio de um comparativo de atuação real do setor público e da disciplina de *design* em projetos públicos – Organograma 1.

---

[69] SEE PLATFORM. *Design for Public Good.* Reino Unido: Design Council, 2013. p. 8. Disponível em: https://www.designcouncil.org.uk/sites/default/files/asset/document/Design%20for%20Public%20Good.pdf. Acesso em: 01 jun. 2021.

[70] SEE PLATFORM. *Design for Public Good.* Reino Unido: Design Council, 2013. 97p. Disponível em: https://www.designcouncil.org.uk/sites/default/files/asset/document/Design%20for%20Public%20Good.pdf. Acesso em: 01 jun. 2021.

Organograma 1: Por que usar o design no setor público

SETOR PÚBLICO (como atua em projetos)

DESIGN (como atua em projetos)

Incrementalismo desarticulado
Isso significa que o governo gasta muito tempo remendando soluções aparentemente convenientes, sem parar para pensar se os fundamentos estão certos. O que motiva essas ações, muitas vezes, são os cortes de custos. Porém, se as reais necessidades não são satisfeitas, a poupança é uma falsa economia de gastos pela solução.

Projetando para a real necessidade
Designers olham para as necessidades das pessoas em questão e personalizam as soluções de acordo com aquela necessidade.

Projetos-Pilotos de alto risco
Novas medidas do governo são geralmente testadas em grandes escalas, resultando em riscos e custos consideráveis.

Protótipos - baixo risco/custo
Processos de design testam as soluções inicialmente com protótipos de pequena escala e baixo custo. Ele vê a falha nesta fase como "fracasso inteligente" que permite que as soluções sejam melhoradas ante da execução entrar em ação.

Falta de um pensamento integrado
Desconexão entre a análise de problemas, criação de soluções e implementação, torna o projeto ineficiente.

Processo completo de inovação
Processos de design são integrados, movendo-se com facilidade da análise até a solução e implementação.

Falta do envolvimento dos cidadãos
Se os cidadãos não forem consultados sobre inovações em serviço e política, não há nenhuma garantia de que suas reais necessidades serão atendidas.

Processo centrado no cidadão
Design começa por identificar as necessidades do usuário e passa a trabalhar com os usuários durante todo o processo de co-design e soluções de testes. Este trabalho funciona não só como solução-entrega eficientes, também engaja o cidadão na promoção das novas medidas.

Baixo entendimento das necessidades do cidadão
Pesquisas e grupos focais são ineficientes por causa da diferença entre o que as pessoas dizem que querem/fazem e o que elas realmente querem/fazem.

Entendimento direto das necessidades
Designers observam o comportamento dos usuários no mundo real, pois muitas vezes as pessoas não estão das suas necessidades.

Falta de tangibilidade
Como a maioria do trabalho do governo em serviços e políticas é sob a forma de comunicação escrita, há um risco permanente de informações importantes se perderem em um mar de palavras e números.

Tangibilidade dinâmica
O processo de design torna problemas e dados tangíveis com esboços e diagramas que de forma rápida e clara transmitem as relações entre os elementos inter-relacionados e podem ser facilmente alterados. Posteriormente, no processo, protótipos permitem que as pessoas visualizem como as soluções de trabalho estão e experimentam alternativas.

Estrutura fechada
Departamentos do governo, muitas vezes encontram dificuldade em trabalhar em conjunto ou envolver especialistas relevantes e usuários de fora do governo.

Equipes multidisciplinares
Embora reconhecendo que possam haver barreiras estruturais aqui, o design oferece formas eficazes de avaliar quais os departamentos, disciplinas e os indivíduos são relevantes e uma ampla gama de técnicas para ajudar as equipes multidisciplinares a colaborar.

Projetando para a média
Serviços e políticas muitas vezes são criados para uma média nacional e/ou média de situações específicas do usuário.

Projetando para os extremos
Design prevê e tem em conta os extremos, ajudando a garantir soluções que atinjam uma ampla gama de usuários e cenários. Projetando para extremos, torna as soluções mais inovadoras e inclusivas.

Fonte: SEE Platform, 2013.[71]

---

[71] SEE PLATFORM. *Design for Public Good*. Reino Unido: Design Council, 2013. 97p. Disponível em: https://www.designcouncil.org.uk/sites/default/files/asset/document/Design%20for%20Public%20Good.pdf. Acesso em: 01 jun. 2021.

Trabalha-se, sugestivamente, a gestão de *design* em órgãos públicos por meio de técnicas e abordagens de *design* – as quais são citadas por referências bibliográficas, como pertinentes à esfera pública – tais como o Design de Serviço, o Design Social, o Design Estratégico e o Design Thinking[72] – ver Organograma 2.

Organograma 2: Atuação da gestão de *design* em órgãos públicos

DESIGN DE SERVIÇO

Design de Serviço é uma atividade colaborativa que incorpora muitas disciplinas – incluindo o design e as ciências sociais. Abrange um conjunto de habilidades e práticas multidisciplinares (DESIGN COMMISSION, 2013).

O Design de Serviços ajuda as organizações a enxergarem seus serviços pela perspectiva do cliente. É uma abordagem para projetar serviços que equilibra as necessidades dos clientes e as necessidades do negócio, buscando criar as experiências de serviços fluidas de qualidade. O design de serviço se ancora no Design Thinking e oferece um processo criativo e centrado no ser humano para a melhoria dos serviços e o projeto de novos serviços. Por meio de métodos colaborativos que envolvem clientes e equipes de serviço, ele ajuda as organizações a obterem uma compreensão verdadeira e completa de seus serviços, possibilitando melhorias holísticas e significativas (STICKDORN et al., p. 20, 2020).

Atualmente, no setor público, uma grande quantidade de projetos que envolve o Design de Serviços acontece sem profissionais ou práticas de design (DESIGN COMMISSION, 2013). O Design de Serviço hoje é fortalecido por uma rede mundial, a Service Design Network (SDN). Fundada em 2004, a instituição global e sem fins lucrativos, é especializada em Design de Serviço e promove o impulso as práticas da abordagem seja em instituições privadas ou públicas. Trabalham por meio da sensibilização em eventos, publicações e em conjunto com instituições acadêmicas.

DESIGN SOCIAL

O Design Social refere-se às práticas e métodos tradicionais de design aplicados em um contexto social, onde o material com o qual o designer está trabalhando e os fins para os quais ele está trabalhando, são sociais (ao invés de mercadorias). Tem sido frequentemente comentado que esse tipo de trabalho de design requer uma atitude diferente em relação ao trabalho de design tradicional, em parte porque significa descentralizar ou tirar privilégios do papel do designer. A posição é muito mais uma facilitação do que uma criação autônoma (DESIGN COMMISSION, 2013).

Como exemplo de ferramenta de design no trabalho da inovação para uma base social e regional, destaca-se aqui a *Human Centered Design* (HCD). A HCD é ao mesmo tempo um processo e kit de ferramentas – que teve uso primeiramente no campo comercial/privado – cuja o objetivo é gerar soluções novas para o mundo, tendo como premissa o design "centrado no ser humano" – todo desenvolvimento processo começa pelas pessoas para as quais estejamos criando a solução. O kit de ferramentas tem essência voltada para a natureza social, de forma a contribuir para combate à desigualdade social, pobreza e ausência de uma estrutura adequada para comunidades carentes (IDEO, 2011).

DESIGN ESTRATÉGICO

O Design Estratégico aplica alguns dos princípios do design tradicional a desafios sistêmicos como saúde, educação e mudanças climáticas. Redefine como os problemas são abordados, identifica oportunidades de ação e ajuda a fornecer soluções mais completas e resilientes. Os designers estratégicos têm três competências principais: integração, visualização e administração, e pode ser trabalhar tanto em formulações estratégicas de alto nível, como em políticas públicas, ou de baixo nível de complexidade, caracterizados por projetos pontuais (DESIGN COMMISSION, 2013).

DESIGN THINKING

O Design Thinking é uma das técnicas mais populares, reconhecida por atender bem às necessidades comerciais das consultorias de design e inovação, e funciona para órgãos públicos em formato adaptado (DESIGN COMMISSION, 2013).

O design thinking é uma abordagem centrada no ser humano, o que significa que seu ponto de partida é a necessidades das pessoas (levando-se em conta cidadãos e servidores públicos). Enquanto a avaliação de alguns serviços e produtos em vigência, são apenas abordados e trabalhados com melhorias e incrementos pontuais, não pretendendo rever todo o processo e cuja o objetivo é otimizar o que já existe, a metodologia de projeto com ênfase no Design Thinking lida com o desenvolvimento de projetos quando o enfoque é inovar, ou seja, quando se prevê rever o processo como um todo, o que está sendo entregue como produto e/ou serviço final (IDEO et al., 2016).

A técnica na gestão pública além de focada no usuário - em suas necessidades e satisfação, ao invés de focar no sistema do governo - reúne técnicas e ferramentas já conhecidas na maioria, porém em um contexto de trabalho inovador; é flexível como método, variada como instrumental, rápida para o entendimento e prática e traz uma linguagem comum a áreas especialistas diferentes, sem criar conflitos de métodos (IDEO et al., 2016; GREGÓRIO, 2014).

Fonte: elaborado pela autora, com base em Design Commission, 2013; Gregório, 2014; IDEO *et al.*, 2016; IDEO, 2011; Service Design Network (SDN) e Stickdorn *et al.*, 2020.[73]

---

[72] DESIGN COMMISSION. *Restarting Britain 2*: design and Public Services. Londres: Policy Connect, 2013. Disponível em: https://www.designcouncil.org.uk/sites/default/files/asset/document/DC_Restarting_Britain_2_report.pdf. Acesso em 01 jun. 2021.

[73] DESIGN COMMISSION. *Restarting Britain 2*: design and Public Services. Londres: Policy Connect, 2013. p. 20. Disponível em: https://www.designcouncil.org.uk/sites/default/files/asset/document/

A Design Commission[74] argumenta que o *design* trabalha com três importantes características: 1) conhecimento do usuário; 2) prototipagem e 3) engajamento público real. Já o profissional designer possui algumas habilidades que se diferenciam no campo de atuação do setor público: (1) atenção à escala humana; (2) síntese; (3) geração e criação do novo e (4) trabalho em uma abordagem de investigação exploratória.

Compreendendo a estrutura do *design* no setor público em um contexto geral, voltamos ao ambiente dos TCs. Afinal, como o *design*, a gestão de *design* e o designer pode vir a se posicionar nesses órgãos de controle, mediante o atual cenário pandêmico, com vistas a colaborar com um futuro sustentável dessas Instituições?

3.3 *Design*, gestão de *design* e o *designer* em TCs

No tópico 1 deste artigo, abordou-se as ações dos TCs durante a pandemia. Ressaltou-se o surgimento de novas e/ou adaptadas demandas, de práticas e prestação de serviços, em curto espaço de tempo, devido ao seu caráter emergencial. Levantou-se uma questão em formato reflexivo, sobre como os TCs estão "dando conta" do volume dessas novas demandas e adaptações, e como tornar sustentável e garantir o futuro desses novos e/ou adaptados serviços e/ou produtos, com valor agregado aos seus usuários e atores envolvidos.

Planejar, desenvolver, gerenciar e implementar esses serviços e/ou produtos novos ou adaptados; revisar e monitorar o modo como estão sendo desenvolvidos e sua relação com seus atores e usuários pode ser uma atividade capitaneada por um gestor de *design*, seguindo o viés do Design de Serviços (citado no tópico anterior). Segundo Hobi,[75] esta atividade conta com uma abordagem centrada no usuário, que exige uma visão holística, e cocriativa – do processo e ambiente – envolvendo usuários, profissionais de áreas relacionadas e colaboradores do processo. Segundo Livework Studio,[76] sob o ponto de vista da Gestão Empresarial, – não completamente destoado para o ponto de visão da Gestão Pública – através do *Design* de Serviços, é possível obter insights sobre necessidades, motivações e comportamento de clientes; observar

---

DC_Restarting_Britain_2_report.pdf. Acesso em 01 jun. 2021; GREGÓRIO, Alvaro. Um Caminho para o Design de Serviços Públicos. *In*: AGUNE, Roberto. *Gestão do Conhecimento e Inovação no setor público*. São Paulo: Secretaria de Planejamento e Desenvolvimento Regional, 2014. Disponível em: http://igovsp.net/sp/daprafazer/. Acesso em 01 jun. 2021; IDEO; NESTA; DESIGN FOR EUROPE. *Designing for Public Services*. Estados Unidos: Ideo, 2016. Disponível em: http://5a5f89b8e10a225a44ac-ccbed124c38c4f7a3066210c073e7d55.r9.cf1.rackcdn.com/files/pdfs/Nesta_Ideo_Guide_DesigningForPublicServices_100117.pdf. Acesso em 01 jun. 2021; IDEO (Ed.). *Human Centered Desgin Toolkit*. Estados Unidos: Fundação Bill & Melinda Gates, 2011. Disponível em: http://brazil.enactusglobal. org/wp-content/uploads/sites/2/2017/01/Field-Guide-to-Human-Centered-Design_IDEOorg_Portuguese-73079ef0 d58c8ba42995722f1463bf4b.pdf. Acesso em 01 jun. 2021; SDN – SERVICE DESIGN NETWORK. Disponível em: https://www.service-design-network.org/. Acesso em 01 jun. 2021.

[74] DESIGN COMMISSION. *Restarting Britain 2*: design and Public Services. Londres: Policy Connect, 2013. Disponível em: https://www.designcouncil.org.uk/sites/default/files/asset/document/DC_Restarting_Britain_2_report.pdf. Acesso em 01 jun. 2021.

[75] HOBI, Guilherme. *Design de serviços para o setor público*: a importância desta abordagem para a inovação em serviços. p. 2015. 93f. TCC (Graduação) - Curso de Design de Produto, Universidade Positivo, Curitiba, 2015. Disponível em: https://pt.slideshare.net/GuilhermeHobi1/design-de-servicos-para-o-setor-publico. Acesso em: 01 jun. 2021.

[76] LIVEWORK STUDIO. *Design de Serviço*: fácil de amar, difícil de vender. Londres, 2017. Disponível em: https://medium.com/design-servi%C3%A7o/design-de-servi%C3%A7o-f%C3%A1cil-de-amar-dif%C3%ADcil-de-vender-440e689e452f. Acesso em: 01 jun. 2021.

pontos de serviços que causam irritação no cliente e foca-los como oportunidade de melhorar a experiência do cliente; inovar a proposta de valor ao cliente; possibilitar e capacitar organizações a adotarem modelos de trabalho centrados no cliente e guiar grandes transições e a gestão de mudanças. Ou seja, mirar em um formato sustentável (a longo prazo) de gerenciamento, implementação e monitoramento de produtos e/ou serviços. Ainda segundo a empresa, a abordagem de *Design* de Serviços é interativa, colaborativa – requer engajamento, participação e esforço de muitos *stakeholders* de dentro de toda a organização – e fundamentalmente baseada em entender seres humanos como indivíduos, propiciando resultados tangíveis. Ainda segundo Hobi,[77] o *Design* de Serviços se apropria de ferramentas de diversas áreas e as adapta para as suas necessidades. Alguns exemplos: mapa de jornada do usuário, safári de serviços, identificação de personas, storyboard, criação de cenários, blueprint de serviços, um dia na vida, encenação, Business Model Canvas, Design Thinking, UX Design (Experiência do Usuário) entre outras. Por que não aplicar, por exemplo, a metodologia do UX *Design* para mapear como está sendo, em meio à pandemia, a experiência dos jurisdicionados com os TCs, quanto ao atendimento de caráter pedagógico e orientativo? A ciência dessa metodologia, em específico, resulta em uma estrutura técnica e em um formato mais realista, considerando todo o meio ambiente desse tipo de prestação de serviço. Como resultado dessa avaliação, pode-se traçar um novo redesenho do serviço, se assim for entendido, que atenda melhor a todos e seja um formato mais sustentável a longo prazo na Instituição. Que sirva como modelo! Por que não? Não é sonho, pode ser real, com os subsídios acadêmicos, teóricos e científicos; com as práticas reais nos mercados privados e públicos, da disciplina de conhecimento aqui discutida, o *Design*.

Segundo a IDEO,[78] uma abordagem guiada pelo *design* conecta os pontos entre os aspectos relacionados a políticas e entregas de *design*, sendo trabalhados simultaneamente e não sequencialmente. Independentemente da localização de um governo no mundo e de seus desafios locais, há uma questão em comum: uma mudança de 'projetar de dentro para fora' para 'projetar de fora para dentro'. Ainda segundo a empresa, os governos conduzem a mudança que querem ver e tendem a se concentrar em realizá-la da forma que seja mais eficiente para eles. Como resultado, a mudança desejada, muitas vezes, falha com os cidadãos A utilização de abordagens do *design* equilibra as mudanças desejadas pelo governo e os desejos dos cidadãos. Trata-se, em última análise, de criar um impacto tangível e positivo.[79]

---

[77] Hobi (2015).

[78] A IDEO é uma empresa americana, renomada e reconhecida mundialmente pelo uso de métodos de design em seus projetos. Trabalha com o setor privado, público e o terceiro setor. (IDEO; NESTA; DESIGN FOR EUROPE. *Designing for Public Services*. Estados Unidos: Ideo, 2016. Disponível em: http://5a5f89b8e10a225a44ac-ccbed124c38c4f7a3066210c073e7d55.r9.cf1.rackcdn.com/files/pdfs/Nesta_Ideo_Guide_DesigningForPublicServices_100117.pdf. Acesso em 01 jun. 2021.

[79] IDEO; NESTA; DESIGN FOR EUROPE. *Designing for Public Services*. Estados Unidos: Ideo, 2016. p. 5. Disponível em: http://5a5f89b8e10a225a44ac-ccbed124c38c4f7a3066210c073e7d55.r9.cf1.rackcdn.com/files/pdfs/Nesta_Ideo_Guide_DesigningForPublicServices_100117.pdf. Acesso em 01 jun. 2021.

Sob essa percepção, o profissional de *design* tem um importante papel na atuação em órgãos públicos, visto que, segundo a IDEO *et al*,[80] historicamente, designers trabalharam, até então, em um mundo paralelo aos formuladores de políticas e administradores públicos, porém, com a pressão por mudanças, este quadro mudou e, hoje, os mesmos vivenciam paralelamente o *design* como método de inovação e transformação. Segundo Best,[81] gerenciar a forma como o *design* se alinha aos objetivos organizacionais, estratégicos e operacional é um dos papéis fundamentais do gestor de *design*. Cabe ao profissional identificar maneiras de agregar ou criar valor, tanto no âmbito dos sistemas produto-serviço quanto no âmbito das próprias organizações.

Nesta combinação de raciocínios da IDEO[82] e de Best,[83] parte-se do pressuposto que para que o design trabalhe de forma eficiente, eficaz e efetiva, é importante a proximidade do profissional e da disciplina com a alta gestão dos TCs. Diminuir a distância hierárquica e priorizar o *design* como elemento estratégico de gestão (e não somente operacional) são alinhamentos cruciais para a boa sucessão de um projeto deste nível de complexidade – que envolve público interno, externo, diversos atores, usuários e *stakeholders*, inseridos dentro de um ambiente social e institucional orgânico.

Para concomitar com essas teorias, o profissional tem que estar próximo das estratégias institucionais, caminhando e desenhando ações em conjunto com a alta hierarquia. Não basta só estar representada, por exemplo, no recorte de um projeto específico, que soluciona questões momentâneas e pontuais, é estratégico estar um degrau ainda acima desse caráter pontual e fazer parte da tomada de decisões de projetos com uma visão sistêmica e diferenciada das relações e dos resultados traçados.

Conclusão

Motivado pelo avanço da pandemia do novo coronavírus, os órgãos públicos assumiram o compromisso (por iniciativa própria ou por pressão que o momento exigiu) em suas agendas de criar novos formatos de relacionamento com o seu público, além de tomar medidas emergências de ações em acordo com a natureza prática de sua atuação. Neste estudo apontou-se disciplinas de conhecimento, cada qual com sua natureza, capazes de contribuir com o setor público neste momento tão particular, sendo o *design* uma delas. Ambientou-se a este estudo, em específico, os Tribunais de Contas (TCs) frente às suas necessidades, como forma de refletir sobre a caminhada do futuro das Instituições de controle.

Neste artigo discutiu-se, primeiramente, a amplitude do *design* como disciplina, e inserido dentro do contexto público, bem como o seu nível de atuação; o designer como profissional; e a Gestão de *Design* como elemento estratégico para as Instituições

---

[80] IDEO; NESTA; DESIGN FOR EUROPE. *Designing for Public Services*. Estados Unidos: Ideo, 2016. Disponível em: http://5a5f89b8e10a225a44ac-ccbed124c38c4f7a3066210c073e7d55.r9.cf1.rackcdn.com/files/pdfs/Nesta_Ideo_Guide_DesigningForPublicServices_100117.pdf. Acesso em 01 jun. 2021.

[81] BEST, Kathryn. *Fundamentos de gestão de design*. Porto Alegre: Bookman, 2012.

[82] IDEO; NESTA; DESIGN FOR EUROPE. *Designing for Public Services*. Estados Unidos: Ideo, 2016. Disponível em: http://5a5f89b8e10a225a44ac-ccbed124c38c4f7a3066210c073e7d55.r9.cf1.rackcdn.com/files/pdfs/Nesta_Ideo_Guide_DesigningForPublicServices_100117.pdf. Acesso em 01 jun. 2021.

[83] BEST, Kathryn. *Fundamentos de gestão de design*. Porto Alegre: Bookman, 2012.

públicas. Em um segundo momento, discutiu-se esse aspecto especificamente relacionado aos TCs. Verificou-se que o gerenciamento de projetos sob a visão do *design*, através da abordagem de Design de Serviços, sob a coordenação de um gestor de *design*, atende com pertinência ao cenário dos TCs, em meio à pandemia, mirando, também, na sustentabilidade de um futuro bem próximo. Tal abordagem permite o trabalho diferenciado sob os serviços e/ou produtos ofertados e/ou novos: é centrada no usuário e exige uma visão holística e cocriativa – do processo e ambiente – envolve usuários, profissionais de áreas relacionadas e colaboradores no processo de solução de problemas.

Diante do exposto, a atuação do *design* em órgãos públicos possuí diversas frentes de oportunidade, porém, caracteriza-se por desafios e constantes readequações. O bom aproveitamento desse tipo de iniciativa só é possível com a abertura total da alta gestão às iniciativas que tangem essa reformulação na "forma que estamos fazendo" – que por vezes deparam-se com desafios e barreiras de cunho cultural ou mesmo estruturais, intrínsecos à organização. Discutir e organizar as competências é um aspecto chave para esse avanço. Por fim, fica como oportunidade futura o aprofundamento do tema proposto, não somente referente à caminhada do Design Estratégico nos TCs, como também na relação e dinâmica de interdisciplinaridade das disciplinas apontadas, com o objetivo único de desenvolver práticas e atuações sustentáveis que reflitam diretamente nos serviços/produtos oferecidos pelos TCs à sociedade.

Por este caráter ainda mais sistêmico, justifica-se o título deste estudo: o design para além do "thinking". Refere-se à já popular e recorrente – ao menos no meio privado – abordagem do Design Thinking, que vem sendo utilizada em diversos órgãos públicos, pois, como argumenta Agune, leva em conta – além de tornar compreensível e interpretável – a complexidade de situações e problemas de governo. É reconhecidamente uma abordagem de rápida execução e implementação, com flexibilidade e veloz curva de aprendizado entre funcionários públicos, causando uma boa tática em casos de cocriação de serviços com o cidadão. Essa abordagem, somada a uma Estratégia de Design Institucional (traçada pelo Gestor de Design) – comporta um caráter sistêmico, podendo incluir desde o formato de comunicação, até a oferta de serviços e/ou produtos – coloca todo o potencial que o design pode promover no alinhamento de imagem, produtos e serviços institucionais dos TCs.[84]

Por fim, refletir sobre a abordagem estratégica de disciplinas como o *design* – que dão suporte a situações em que o ambiente público precisa inovar, rever formas de atuação e/ou conceber novas formas de autuar, condição essa que o cenário pandêmico desenhou – é um primeiro passo para também se refletir sobre uma atuação profissional que corresponda à expertise necessária frente as novas estratégias formatadas pelos TCs. Diante do exposto, é perceptível a necessidade, como já mencionado anteriormente, da abertura das altas hierarquias para novas formas de atuação. A diretora de operações da Digix, Jenifer Terra, menciona que o primeiro passo para uma gestão pública eficiente no pós-pandemia "é se abrir mais para o novo e deixar as coisas acontecerem mais alinhadas [...]. A mudança de mindset e de percepção é fundamental". Castro e

---

[84] AGUNE, Roberto. O Governo no Século XXI. *In*: AGUNE, Roberto *et al. Gestão do Conhecimento e Inovação no setor público*: dá para fazer. São Paulo: Secretaria de Planejamento e Desenvolvimento Regional, 2014. Disponível em: http://igovsp.net/sp/daprafazer/. Acesso em 01 jun. 2021.

Miranda[85] ressaltam que o cenário pandêmico [...] exige a remodelação de todos os sistemas e mecanismos de controle, [...] para a criação de novos padrões de aferição de responsabilidade, considerando, retrospectivamente, as reais condições em que foram praticados os atos administrativos e quais os parâmetros de caracterização de um erro como sendo inescusável. Portanto, diante desse cenário, é estratégico contar com as disciplinas de apoio, na formulação de novos padrões. Cabe aos TCs traçar, por meio de uma interação interdisciplinar das áreas existentes, regido por uma comissão especial, quais problemáticas, necessidades, desafios e "dores" os setores enfrentam hoje, a fim de promover um ambiente empático, de imersão e análise, com o objetivo de idealizar novos padrões e estratégias de atuação.

Referências

AGUNE, Roberto Meizi; CARLOS José Antônio. *Inovação organizacional no setor público*. 2015. Disponível em: https://www.tce.ce.gov.br/comunicacao/noticias/1999-plano-de-inovacao-do-tce-ceara-e-lancado-com-pal. Acesso em 01 jun. 2021.

AGUNE, Roberto Meizi; CARLOS José Antônio. Meu chefe é quem deveria estar aqui. *In*: BASSOTTI; SANTOS (Org.). *Tópicos essenciais sobre gestão pública*. São Paulo: Egap, 2016. Disponível em: http://www.unesp.br/Home/crh/2016-ebook-topicos-essenciais-sobre-gestao-publica.pdf. Acesso em 01 jun. 2021.

AGUNE, Roberto. O Governo no Século XXI. *In*: AGUNE, Roberto *et al*. *Gestão do Conhecimento e Inovação no setor público*: dá para fazer. São Paulo: Secretaria de Planejamento e Desenvolvimento Regional, 2014. Disponível em: http://igovsp.net/sp/daprafazer/. Acesso em 01 jun. 2021.

ALENCAR, Eunice Soriano de. *A gerência da criatividade*. São Paulo: Makron Books, 1996.

ATRICON – ASSOCIAÇÃO DOS MEMBROS DOS TRIBUNAIS DE CONTAS DO BRASIL. *Resolução Conjunta Atricon/Abracom/Audicon/CNPTC/IRB nº 1, de 27 de março de 2020*. Dispõe sobre diretrizes e recomendações quanto às medidas que possam ser adotadas pelos Tribunais de Contas, de modo uniforme e colaborativo com os demais poderes, para minimizar os efeitos internos e externos decorrentes do coronavírus (COVID-19). 30 mar. 2020. Disponível em: http://www.atricon.org.br/normas/resolucao-conjunta-atriconabracom-audicon-cnptc-irb-no-1/. Acesso em 01 jun. 2021.

BARROS, Ana Cristina. A Transparência na Gestão Pública. *Transparência na Gestão Pública* – Controle Cidadão, Fortaleza, v. 6, n. 5, p. 68-79, 2017. Disponível em: https://www.tce.ce.gov.br/downloads/Controle_Cidadao/gestao_publica/fasciculo_5_.pdf. Acesso em 01 jun. 2021.

BEST, Kathryn. *Fundamentos de gestão de design*. Porto Alegre: Bookman, 2012.

BEST, Kathryn. *Design Management:* Managing Design Strategy, Process and Implementation. 2. ed. London: Bloomsbury Publishing, 2015. Kindle Edition.

BOLLIGER, Sergio. Inovação depois da Nova Gestão Pública. *In*: AGUNE, Roberto *et al*. *Gestão do Conhecimento e Inovação no setor público*: dá para fazer. São Paulo: Secretaria de Planejamento e Desenvolvimento Regional, 2014. Disponível em: http://igovsp.net/sp/daprafazer/. Acesso em 01 jun. 2021.

BRASIL. Portaria GM nº 454, de 20 de março de 2020. Declara, em todo o território nacional, o estado de transmissão comunitária do coronavírus (COVID-19). *Diário Oficial da União*, 20 mar. 2020. Disponível em: http://www.planalto.gov.br/ccivil_03/portaria/prt454-20-ms.htm. Acesso em 01 jun. 2021.

BRASIL. Portaria nº 188, de 3 de fevereiro de 2020. Declara Emergência em Saúde Pública de importância Nacional (ESPIN) em decorrência da infecção humana pelo novo Coronavírus (2019-nCoV). *Diário Oficial*

---

[85] CASTRO, Sérgio Pessoa de Paula; MIRANDA, Rodrigo Fontenelle de Araújo. A atuação dos órgãos de controle em face à pandemia da Covid-19. *Revista Eletrônica Consultor Jurídico (ConJur)*, São Paulo, 29 abr. 2020. Disponível em: https://www.conjur.com.br/2020-abr-29/castro-miranda-atuacao-orgaos-controle-pandemia. Acesso em 01 jun. 2021.

da União, 04 fev. 2020. Disponível em: http://www.in.gov.br/en/web/dou/-/portaria-n-188-de-3-de-fevereiro-de-2020-241408388. Acesso em 01 jun. 2021.

BRASIL. Portaria nº 356, de 11 de março de 2020. Dispõe sobre a regulamentação e operacionalização do disposto na Lei nº 13.979, de 6 de fevereiro de 2020, que estabelece as medidas para enfrentamento da emergência de saúde pública de importância internacional decorrente do coronavírus (COVID-19). *Diário Oficial da União*, 12 mar. 2020. Disponível em: http://www.in.gov.br/en/web/dou/-/portaria-n-356-de-11-de-marco-de-2020-247538346. Acesso em 01 jun. 2021.

CARLOS, José Antônio. Inovação Organizacional no Setor Público. *In*: AGUNE, Roberto *et al. Gestão do Conhecimento e Inovação no setor público*: dá para fazer. São Paulo: Secretaria de Planejamento e Desenvolvimento Regional, 2014. Disponível em: http://igovsp.net/sp/daprafazer/. Acesso em 01 jun. 2021.

CARREIRA, José Carlos. Design de significados. *In*: MEGIDO, Victor Falasca (org.). *A Revolução do Design - Conexões para o século XXI*. São Paulo: Editora Gente, 2016.

CASTRO, Sérgio Pessoa de Paula; MIRANDA, Rodrigo Fontenelle de Araújo. A atuação dos órgãos de controle em face à pandemia da Covid-19. *Revista Eletrônica Consultor Jurídico (ConJur)*, São Paulo, 29 abr. 2020. Disponível em: https://www.conjur.com.br/2020-abr-29/castro-miranda-atuacao-orgaos-controle-pandemia. Acesso em 01 jun. 2021.

CORONAVÍRUS BRASIL. *Painel coronavírus*. 2021. Disponível em: https://covid.saude.gov.br/. Acesso em 16 jul. 2021.

COUNCIL OF DESIGN INTERNATIONAL (ico-D). *Who we are*. Disponível em: https://www.ico-d.org/about/index#defining-the-profession. Acesso em 01 jun. 2021.

DESIGN COMMISSION. *Restarting Britain 2*: design and Public Services. Londres: Policy Connect, 2013. Disponível em: https://www.designcouncil.org.uk/sites/default/files/asset/document/DC_Restarting_Britain_2_report.pdf. Acesso em 01 jun. 2021.

DESIGN MANAGEMENT INSTITUTE. *What is Design Management?* 2019. Disponível em: https://www.dmi.org/page/What_is_Design_Manag. Acesso em 01 jun. 2021.

DIGIX. *Gestão pública e inovação*: o que esperar do pós pandemia? Mato Grosso do Sul, 10 mai. 2021. Disponível em: https://www.digix.com.br/gestao-publica-e-inovacao-o-que-esperar-do-pos-pandemia/. Acesso em 01 jun. 2021.

FERNANDES, Fabiane Rodrigues *et al. O Estado e o Design no Brasil*. 3. ed. Rio Claro: Frf Produções, 2014.

FIOCRUZ – Fundação Oswaldo Cruz. *Impactos sociais, econômicos, culturais e políticos da pandemia*. Rio de Janeiro, 2020. Disponível em: https://portal.fiocruz.br/impactos-sociais-economicos-culturais-e-politicos-da-pandemia. Acesso em 01 jun. 2021.

FRANKLIN, Syllas. Tribunais de Contas dos Estados (TCEs): como estão atuando na pandemia? *Politize!*, 22 jul. 2020. Disponível em: https://www.politize.com.br/tces-e-a-pandemia-do-covid-19/. Acesso em 01 jun. 2021.

GERHARDT, Tatiana Engel. *Métodos de pesquisa*. Porto Alegre: Editora da Ufrgs, 2009. Disponível em: http://www.ufrgs.br/cursopgdr/downloadsSerie/derad005.pdf. Acesso em 01 jun. 2021.

GIL, Antonio Carlos. *Como elaborar projetos de pesquisas*. 4. ed. São Paulo: Atlas, 2002.

GREGÓRIO, Alvaro. Um Caminho para o Design de Serviços Públicos. *In*: AGUNE, Roberto. *Gestão do Conhecimento e Inovação no setor público*. São Paulo: Secretaria de Planejamento e Desenvolvimento Regional, 2014. Disponível em: http://igovsp.net/sp/daprafazer/. Acesso em 01 jun. 2021.

HOBI, Guilherme. *Design de serviços para o setor público*: a importância desta abordagem para a inovação em serviços. p. 2015. 93f. TCC (Graduação) - Curso de Design de Produto, Universidade Positivo, Curitiba, 2015. Disponível em: https://pt.slideshare.net/GuilhermeHobi1/design-de-servicos-para-o-setor-publico. Acesso em: 01 jun. 2021.

IDEO (Ed.). *Human Centered Desgin Toolkit*. Estados Unidos: Fundação Bill & Melinda Gates, 2011. Disponível em: http://brazil.enactusglobal.org/wp-content/uploads/sites/2/2017/01/Field-Guide-to-Human-Centered-Design_IDEOorg_Portuguese-73079ef0d58c8ba42995722f1463bf4b.pdf. Acesso em 01 jun. 2021.

IDEO. DESIGN THINKING DEFINED. *Estados Unidos*. Disponível em: https://designthinking.ideo.com/#designers-mindset. Acesso em 01 jun. 2021.

IDEO; NESTA; DESIGN FOR EUROPE. *Designing for Public Services*. Estados Unidos: Ideo, 2016. Disponível em: http://5a5f89b8e10a225a44ac-ccbed124c38c4f7a3066210c073e7d55.r9.cf1.rackcdn.com/files/pdfs/Nesta_Ideo_Guide_DesigningForPublicServices_100117.pdf. Acesso em 01 jun. 2021.

IRB – INSTITUTO RUI BARBOSA. *Relatório final pesquisa teletrabalho*. 2021. Disponível em: https://irbcontas.org.br/wp-content/uploa.ds/2021/05/RELATORIO-FINAL-PESQUISA-TELETRABALHO-IRB.pdf. Acesso em 01 jun. 2021.

LEURS, Bas; ROBERTS, Isobel. *What do we mean by design?* 2017. Disponível em: https://www.designcouncil.org.uk/news-opinion/what-do-we-mean-design. Acesso em 01 jun. 2021.

LEVY, Evelyn. Apresentação. *In*: AGUNE, Roberto *et al. Gestão do Conhecimento e Inovação no setor público*: dá para fazer. São Paulo: Secretaria de Planejamento e Desenvolvimento Regional, 2014. Disponível em: http://igovsp.net/sp/da-pra-fazer.pdf. Acesso em 01 jun. 2021.

LIMA, Luiz Henrique. As novas tecnologias e as contas públicas. *Controle Cidadão*, Fortaleza, v. 12, n. 8, p. 115-127, 2014. Disponível em: https://www.tce.ce.gov.br/downloads/Controle_Cidadao/f8_-_controle_cidadao.pdf. Acesso em 01 jun. 2021.

LIVEWORK STUDIO. *Design de Serviço*: fácil de amar, difícil de vender. Londres, 2017. Disponível em: https://medium.com/design-servi%C3%A7o/design-de-servi%C3%A7o-f%C3%A1cil-de-amar-dif%C3%ADcil-de-vender-440e689e452f. Acesso em: 01 jun. 2021.

MARCONI, Marina de Andrade; LAKATOS, Eva Maria. *Técnicas de pesquisa*. 6. ed. São Paulo: Atlas, 2007.

MARTINS, Rosane Fonseca de F.; MERINO, Eugenio Andrés Diaz. *Gestão de design como estratégia organizacional*. Londrina: Eduel e Rio Books, 2011.

MDIC – MINISTÉRIO DO DESENVOLVIMENTO INDÚSTRIA E COMERCIO EXTERIOR. *Diagnóstico do Design Brasileiro*. Brasília: Secretaria do Desenvolvimento da Produção, 2014. Disponível em: http://www.mdic.gov.br/arquivos/dwnl_1435234546.pdf. Acesso em 01 jun. 2021.

MEGIDO, Victor Falasca. Prefácio – Revoluções. *In*: MEGIDO, Victor Falasca (Org.). *A Revolução do Design – Conexões para o século XXI*. São Paulo: Editora Gente, 2016.

MOZOTA, Brigitte Borja de *et al. Gestão do design*: usando o design para construir valor de marca e inovação coorporativa. Porto Alegre: Bookman, 2011.

OPAS – ORGANIZAÇÃO PAN-AMERICANA DA SAÚDE. Histórico da pandemia de COVID-19. Brasília/Distrito Federal. Disponível em: https://www.paho.org/pt/covid19/historico-da-pandemia-covid-19. Acesso em 01 jun. 2021.

PALADINI, Edson Pacheco *et al*. Uma proposta de ferramenta para diagnóstico do nível de envolvimento da gestão de design e sua maturidade. *E-revista Logo*, Laboratório de Orientação da Gênese Organizacional – Universidade Federal de Santa Catarina, v. 6, n. 1, p. 59-84, 29 mar. 2017. Disponível em: http://incubadora.periodicos.ufsc.br/index.php/eRevistaLOGO/article/view/4553/4892. Acesso em 01 jun. 2021.

PASSOS, Dionaldo. Um olhar sobre o impacto da pandemia no mundo. *Jornal Contábil*, Minas Gerais, 14 jul. 2020. Disponível em: https://www.jornalcontabil.com.br/um-olhar-sobre-o-impacto-da-pandemia-no-mundo/. Acesso em 01 jun. 2021.

PLONSKI, Guilherme Ary. Prefácio. *In*: AGUNE, Roberto *et al. Gestão do Conhecimento e Inovação no setor público*: dá para fazer. São Paulo: Secretaria de Planejamento e Desenvolvimento Regional, 2014. Disponível em: http://igovsp.net/sp/daprafazer/. Acesso em 01 jun. 2021.

RIBEIRO, Flávia de Oliveira *et al*. Ações dos Tribunais de Contas no enfrentamento dos efeitos do coronavírus. *Revista de Administração Pública [online]*, v. 54, n. 5, p. 1402-1416, 2020. Disponível em: https://doi.org/10.1590/0034-761220200244. Acesso em 01 jun. 2021.

ROMANÍ, Juan Cristóbal Cobo. El concepto de tecnologías de la información. Benchmarking sobre las definiciones de las TIC en la sociedad del conocimiento. *Zer – Revista de Estudios de Comunicación*, Espanha, v. 14, n. 27, p. 295-318, jul. 2009. Bimestral. ISSN: 1137-1102. Disponível em: https://www.ehu.eus/ojs/index.php/Zer/article/view/2636. Acesso em 01 jun. 2021.

SDN – SERVICE DESIGN NETWORK. *Service Design Impact Report*: Public Sector. Alemanha, 2016. Disponível em: https://www.service-design-network.org/uploads/sdn-impact-report_public-sector.pdf . Acesso em 01 jun. 2021.

SEE PLATFORM. *Design for Public Good*. Reino Unido: Design Council, 2013. 97p. Disponível em: https://www.designcouncil.org.uk/sites/default/files/asset/document/Design%20for%20Public%20Good.pdf. Acesso em: 01 jun. 2021.

SILVA, Edna Lúcia da; MENEZES, Estera Muszkat. *Metodologia da pesquisa e elaboração de dissertação*. 4. ed. Florianópolis: UFSC, 2005. Disponível em: https://tccbiblio.paginas.ufsc.br/files/2010/09/024_Metodologia_de_pesquisa_e_elaboracao_de_teses_e_dissertacoes1.pdf. Acesso em 01 jun. 2021.

SURI, Jane Fulton. The Experience of Evolution: developments in Design Practice. *The Design Journal*, [s.l.], v. 6, n. 2, p. 39-48, jul. 2003. Disponível em: http://dx.doi.org/10.2752/146069203789355471. Acesso em 01 jun. 2021.

TEIXEIRA, Igor Veiga Carvalho Pinto. Os desafios da atuação do serviço público em meio à pandemia. *Apromat – Associação dos Procuradores do Mato Grosso*, 15 dez. 2020. Disponível em: http://apromat.org.br/os-desafios-da-atuacao-do-servico-publico-em-meio-a-pandemia/. Acesso em 01 jun. 2021.

Informação bibliográfica deste texto, conforme a NBR 6023:2018 da Associação Brasileira de Normas Técnicas (ABNT):

OLIVEIRA, Ana Sofia Carreço de. A inserção de disciplinas de conhecimento como suporte aos TCs em cenário pandêmico: o design para além do *"thinking"*. *In*: LIMA, Edilberto Carlos Pontes (Coord.). *Os Tribunais de Contas, a pandemia e o futuro do controle*. Belo Horizonte: Fórum, 2021. p. 93-120. ISBN 978-65-5518-282-8.

A ATUAÇÃO DO TRIBUNAL DE CONTAS DA UNIÃO EM FACE DAS MUDANÇAS ESTRUTURAIS PROVOCADAS PELA PANDEMIA

BENJAMIN ZYMLER
FRANCISCO SÉRGIO MAIA ALVES
THAIS DA MATTA MACHADO FERNANDES

Introdução

No dia 30 de janeiro de 2020, a Organização Mundial de Saúde (OMS) declarou emergência em saúde pública de importância internacional em decorrência do surto do novo coronavírus.[1] Tal situação ensejou a edição da Portaria do Ministério da Saúde (MS) nº 118, de 3 de fevereiro de 2020, que emitiu idêntica declaração no âmbito nacional e adotou as primeiras medidas de prevenção, controle e contenção de riscos.

Posteriormente, o Congresso Nacional editou o Decreto Legislativo nº 6, de 20 de março de 2020, mediante o qual reconheceu a ocorrência do estado de calamidade pública, com efeitos até 31 de dezembro de 2020, exclusivamente para os fins do art. 65 da Lei Complementar nº 101, de 4 de maio de 2000 (Lei de Responsabilidade Fiscal – LRF).

A última medida visava, notadamente, dispensar o cumprimento dos resultados fiscais fixados na Lei nº 13.898, de 11 de novembro de 2019 (Lei das Diretrizes Orçamentárias da União para 2020), e a necessidade de limitação de empenho, em caso de descumprimento, conforme previsto no art. 9º da LRF.

A partir de então, a União buscou atuar em três grandes eixos.

O primeiro envolveu medidas de natureza econômica, tais como a garantia de renda das famílias, o suporte a empresas, o auxílio financeiro aos estados e aos municípios, a provisão de liquidez ao sistema bancário e a liberação de capital regulatório.[2]

---

[1] WHO – WORLD HEALTH ORGANIZATION. *Novel Coronavirus (2019-nCoV)*. Situation Report 11, 31 jan. 2020. Disponível em: https://apps.who.int/iris/bitstream/handle/10665/330776/nCoVsitrep31Jan2020-eng. pdf?sequence=1&isAllowed=y. Acesso em 12 jul. 2021.

[2] SILVA, Mauro Santos. *Política econômica emergencial orientada para a redução dos impactos da pandemia da Covid-19 no Brasil*: medidas fiscais, de provisão de liquidez e de liberação de capital. Texto para discussão 2576. Brasília: Ministério do Planejamento, Orçamento e Gestão. Instituto de Pesquisa Econômica Aplicada (IPEA), 2020. (Internet). Disponível em: https://www.ipea.gov.br/portal/index.php?option=com_content&view=article&id=36248&Itemid=448. Acesso em 12 jul. 2021.

O segundo contemplou a modificação de normas de contratações públicas, direito financeiro e responsabilidade fiscal, cabendo mencionar a Emenda Constitucional nº 106, de 7 de maio de 2020, a Lei nº 13.979, de 6 de fevereiro de 2020, a Lei nº 14.065, de 30 de setembro de 2020, a Lei nº 14.121, de 1º de março de 2021, a Lei nº 14.124, de 10 de março de 2021, e a Lei nº 14.125, de 10 de março de 2021.

Por fim, deve-se destacar as ações específicas de combate à pandemia do novo coronavírus implementadas pelo Ministério da Saúde e órgãos congêneres das demais unidades federativas, as quais se deram a partir da edição de uma série de normas infralegais e atos concretos de execução da política pública de saúde.

As medidas adotadas para o enfrentamento da pandemia e os gastos públicos a elas associadas exigiram dos Tribunais de Contas uma postura proativa, não apenas no exercício de sua função fiscalizatória, mas também no cumprimento de seu papel orientativo e pedagógico.

O presente trabalho tem como objetivo apresentar as mudanças estruturais causadas pela pandemia e a atuação do TCU diante desse novo contexto.

1   Os problemas fiscais decorrentes da pandemia

O ano de 2020 foi absolutamente atípico em praticamente todos os países do mundo. As medidas de combate à pandemia do coronavírus Sars-CoV-2 resultaram numa drástica redução da atividade econômica, com consequências negativas na arrecadação de receita pública.

Paralelamente, os governos das principais economias viram-se obrigados a adotar medidas de flexibilização da política monetária e expansão dos gastos fiscais, para assegurar a subsistência da população afetada pela pandemia e dos setores econômicos mais atingidos, como serviços, transporte, comércio etc.

Os Estados Unidos da América – país cuja taxa de desemprego atingiu 14,7% em abril de 2020, o maior nível desde a Grande Depressão de 1929 – adotou pacotes de estímulo econômico da ordem de US$2,4 trilhões em 2020, valores sem precedentes na história mundial. Em 2020, o novo governo eleito adotou novas medidas econômicas de forte impacto fiscal.

O resultado dessas ações nas contas públicas fez sentir-se imediatamente: a dívida pública americana subiu de US$25,7 trilhões, em maio de 2020, para US$28,2 trilhões, em junho de 2021, ou seja, um crescimento de 9,7%.[3]

1.1   Do "orçamento de guerra" e das medidas de estímulo econômico no Brasil

O Brasil, de forma semelhante, mas em menor grau (dada a realidade econômica do país), adotou uma série de estímulos à economia, por meio de ações da autoridade monetária, e medidas fiscais integrantes do chamado "orçamento de guerra", adotado após a promulgação da Emenda Constitucional nº 106/2020, que instituiu "regime

---

[3]   Cf.: Public debt of the United States of America from July 2020 to July 2021, by month (in billion U.S. dollars). *Statista*, 2021. Disponível em: https://www.statista.com/statistics/273294/public-debt-of-the-united-states-by-month/. Acesso em 16 jul. 2021.

extraordinário fiscal, financeiro e de contratações para enfrentamento de calamidade pública nacional decorrente de pandemia", ainda que o art. 65 da LRF já dispensasse a União do cumprimento das metas de resultado fiscal e da necessidade de promover a limitação de empenho quando da ocorrência de calamidade pública reconhecida pelo Congresso Nacional.

Com base no permissivo constitucional excepcional, a União pôde assumir uma série de encargos não usuais, mas absolutamente necessários para o enfrentamento da pandemia. O orçamento especial aprovado para fazer frente à crise provocada pela Covid-19 tinha uma dotação de R$635,5 bilhões, assim distribuídos: i) R$329,4 bilhões para assistência social e auxílio aos mais vulneráveis; ii) R$158,7 bilhões destinados à manutenção de empregos e ao financiamento ao setor privado; iii) R$79,2 bilhões a título de auxílio financeiro aos estados, ao Distrito Federal e aos municípios; e iv) R$68,2 bilhões para a área de saúde e despesas dos ministérios.

1.2 Dos impactos nos resultados primário e nominal e na dívida pública

Esses gastos extraordinários e a retração da atividade econômica tiveram forte impacto nas contas do governo central, que apresentou um *déficit* primário sem precedentes no ano de 2020, no total de R$745,9 bilhões (equivalentes a 10% do PIB, segundo o critério "abaixo da linha", do Banco Central do Brasil). A Lei de Diretrizes Orçamentárias (LDO) previa, inicialmente, resultado negativo de R$127,9 bilhões, ou 1,53% do PIB então estimado.

Consequentemente, a dívida pública cresceu de forma vertiginosa. A dívida bruta do governo geral (DBGG) alcançou 98,2% do PIB em 2020, contra 75,8% apurados no ano de 2019, ou seja, crescimento de 29,6%. Já a dívida líquida do setor público (DLSP) representou 69,9% do PIB no exercício findo, contra 55,7% do PIB em 2019, com crescimento de 25,4%. Já a relação dívida mobiliária/receita corrente líquida (DM/RCL) subiu de 678,7%, em 2019, para 1.059,9%, em 2020 (aumento de 56,2%).

Ainda que a economia volte a crescer nos próximos anos, a STN prevê que a mudança no patamar de endividamento e no quadro fiscal em 2020 trará reflexos que persistirão ao longo de toda a trajetória da dívida no médio prazo, pelo menos até 2027. Assim, num cenário de maiores *déficits* primários, esperam-se elevação da taxa de juros real e menor crescimento do PIB, o que reforçaria a necessidade de implementação de "reformas que favoreçam o ambiente de negócios e um maior crescimento do PIB, bem como pelo processo de consolidação fiscal".[4]

1.3 Dos impactos da retração da economia na Receita Corrente Líquida e nos limites de despesa de pessoal estabelecidos pela LRF

Nesse contexto, verificou-se queda nominal do Produto Interno Bruto (PIB) de 4,1% e da receita corrente líquida (RCL) da União de 10,5%. Como consequência, diversos órgãos atingiram ou se aproximaram do limite de alerta dos gastos de pessoal (90% do

---

[4] BRASIL. Ministério da Economia. Secretaria Especial da Fazenda. Secretaria do Tesouro Nacional. *Relatório de Projeção da Dívida Pública 2020 – nº 2*. Brasília: 2020. p. 15. Disponível em: https://sisweb.tesouro.gov.br/apex/f?p=2501:9::::9:P9_ID_PUBLICACAO:33480. Acesso em 15 jul. 2021.

limite máximo fixado com base nas regras estabelecidas pela LRF), e houve uma forte expansão da dívida pública.

Considerando o cenário fiscal extremamente restritivo que se vislumbra para os próximos anos, a atuação dos Tribunais de Contas deve intensificar-se de modo a assegurar a boa e correta utilização dos recursos públicos, a fim de coibir o desvio de recursos e a realização de gastos desnecessários e possibilitar a aderência das despesas à disciplina fiscal estabelecida em lei, em especial as despesas de pessoal (arts. 19 a 23 da LRF).

Nos últimos anos, observou-se o aumento dos *déficits* nominal e primário da União, em razão de sua incapacidade de controlar o crescimento das despesas obrigatórias, a exemplo do pagamento de juros (que afeta o resultado nominal somente), de pessoal (ativo e inativo) e pagamento de benefícios previdenciários pelo regime geral de previdência (RGPS). No ano que se passou, o resultado nominal do governo federal foi deficitário em mais de R$1 trilhão – o equivalente a nada menos que 13,7% do PIB –, ao passo que o resultado primário foi negativo em R$745,3 bilhões, ou 10,0% do PIB. Esses números revelam o tamanho do ajuste fiscal a ser empreendido.

Na União, pela primeira vez, o Poder Executivo atingiu o limite de alerta (90%) do limite máximo de 49% da RCL, o que é explicado, em sua maior parte, pela inusitada redução da RCL decorrente da retração da atividade econômica no ano de 2020 (de R$905,7 bilhões, em 2019, para R$651,9 bilhões). Também contribuiu para a metodologia de cálculo adotada pela Secretaria do Tesouro Nacional (STN), que abateu da RCL o auxílio financeiro prestado pela União aos demais entes da federação (R$79,2 bilhões). Contudo, o exame desse ponto continua em aberto, dada a interposição de pedido de reexame pela União contra o Acórdão nº 4.074/2020-TCU-Plenário, que deliberou sobre a matéria.

1.4 Da necessidade de controle da despesa de pessoal num cenário de ajuste fiscal

Historicamente, os ajustes fiscais vinham sendo feitos nas despesas discricionárias, como de custeio e de investimento. Contudo, além da pequena participação relativa desse tipo de despesa no contexto orçamentário (cerca de 0,5% da RCL em 2020, consideradas as despesas liquidadas), não é possível manter o funcionamento da máquina pública e prestar serviços de qualidade ao contribuinte sem que haja recursos para custear despesas essenciais (ainda que tecnicamente classificadas como discricionárias), como luz, água, telefone, aquisição de insumos e de licenças para uso de *softwares*, dentre outras.

Após a aprovação da reforma da previdência, implementada basicamente no regime próprio de previdência do servidor federal (RPPS federal) e no regime geral de previdência social (RGPS) – sendo certo que os demais entes da federação necessitarão de aprovar emendas às respectivas constituições –, o governo centra suas atenções para os gastos com pessoal ativo, motivo pelo qual foi encaminhada a Proposta de Emenda Constitucional (PEC) nº 32/2020. Entre as inovações ali previstas está o fim da estabilidade para os servidores não pertencentes a carreiras típicas de estado, ou seja, uma grande ruptura dos paradigmas até então vigentes desde a Lei nº 1.711/1952, em especial após o advento da Constituição Federal de 1988 e da Lei nº 8.112/1990, que instituiu o regime jurídico único estatutário no âmbito da União.

Sem adentrar o mérito das reformas propostas, as despesas com pessoal são compreensivelmente o próximo alvo das medidas fiscais, dado o seu peso nos orçamentos das três esferas de governo. Por meio da reforma proposta, a União busca a adoção de política remuneratória mais restritiva, na qual não ocorra crescimento vegetativo das folhas de pagamento, como o decorrente de promoções e progressões automáticas, bem assim de adicionais por tempo de serviço. Este último, saliente-se, já foi suprimido na esfera federal desde 1999, mas ainda está presente na legislação de diversos entes da federação, inclusive daqueles que se encontram em situação fiscal reconhecidamente grave. Cito, a título de ilustração, os estados do Rio de Janeiro, Rio Grande do Sul e de São Paulo, bem como o Distrito Federal, em que pese sua forte dependência dos recursos da União.

De toda sorte, é inevitável que a busca do equilíbrio das contas públicas perpassa o controle de gastos com pessoal, ativos e inativos.

Interpretações elásticas dos limites de despesa de pessoal, que ocorreram nos últimos anos, não terão mais espaço, como aquela da qual resultou a exclusão das despesas com inativos e/ou pensionistas para fins de cálculo da despesa de pessoal, a despeito da clareza solar do art. 18 da LRF.

Em estudo acerca da situação fiscal dos estados, Josué Pellegrini verificou a existência de diferença entre a despesa de pessoal apurada pelos estados e pela STN.[5] Em sua análise, cabe destacar a situação dos estados do Rio de Janeiro, Minas Gerais e Rio Grande do Sul, cujas discrepâncias correspondem a 17 pontos percentuais (pp); 15,3pp e 13pp da RCL, respectivamente.

Há que se entender que os limites de despesa de pessoal não são um obstáculo a ser superado pela via interpretativa, mas um instrumento imprescindível para a busca de um mínimo equilíbrio das finanças públicas, de molde a assegurar recursos para a efetiva prestação de serviços à população e para a criação e manutenção da necessária infraestrutura para o desenvolvimento da economia e do setor privado, em que são gerados os recursos ao final arrecadados pelo Estado. Pois, ainda que se reduza artificialmente a relação despesa de pessoal/RCL, há que se ter presente que a RCL é o limite para a despesa corrente e impacta até mesmo as despesas de capital, considerando a crescente dificuldade de os entes federados realizarem operações de crédito.

Com o objetivo de espancar interpretações equivocadas do art. 18 da LRF, foram promovidas alterações no *caput* do art. 169 da CF pela EC nº 109/2020, de forma a incluir expressamente as despesas com pensionistas para fins de cálculo do limite a ser definido em lei complementar. Na mesma toada, e com o objetivo de permitir a reorganização das finanças dos estados, do Distrito Federal e dos municípios, a Lei Complementar nº 178, de 13 de janeiro de 2021, promoveu alterações na LC nº 101/2000 para fins de permitir o gradual enquadramento dos entes federados nos limites estabelecidos originalmente pela Lei de Responsabilidade Fiscal.

---

[5] PELLEGRINI, Josué Alfredo. *Análise da situação fiscal dos estados. Estudo Especial nº 14, da Instituição Fiscal Independente*. Brasília, nov. 2020. Disponível em: https://www2.senado.leg.br/bdsf/bitstream/handle/id/580041/EE14.pdf. Acesso em 15 jul. 2021.

Espera-se, a partir da grave crise fiscal dos estados e municípios nos últimos anos, somada à significativa piora, decorrente da pandemia da Covid-19 e do já precário quadro fiscal da União, que toda a administração pública, com a rigorosa fiscalização que se espera dos Tribunais de Contas, adote as medidas de sua alçada para racionalizar os gastos públicos, em especial as despesas de pessoal, dada sua grande magnitude orçamentária.

Diante desse quadro e do fim do regime extraordinário fiscal e financeiro, em razão da perda dos efeitos do Decreto Legislativo nº 6/2020, em 31.12.2020, deve haver um esforço crescente da administração para racionalizar os gastos com pessoal, que somaram, na União, R$316,8 bilhões, em 2020, ou 48,6% da RCL (apurada pela STN), e respondem por parte significativa das despesas correntes da União, inferiores apenas aos juros e encargos da dívida (R$346,6 bilhões) e às despesas do RGPS (R$667,0 bilhões), sendo certo que a utilização do endividamento público como fonte de recursos para esse tipo de despesa é vedada pela chamada "regra de ouro".

Essa regra veda a realização de despesas de capital para a cobertura de gastos correntes. O objetivo é muito claro: controlar o crescimento desenfreado do endividamento público, mecanismo por meio do qual é repassado às gerações futuras o ônus pelo pagamento de despesas feitas no presente, sendo certo que o custo da dívida pública é inversamente proporcional ao grau de confiança que os agentes econômicos depositam no Poder Público.

Como já acentuado, o "regime extraordinário fiscal, financeiro e de contratações para enfrentamento de calamidade pública nacional decorrente de pandemia", que afastou momentaneamente a incidência da restrição constitucional, decorreu de uma regra transitória que já exauriu seus efeitos. A menos que haja a instituição de nova regra excepcional, os entes federados serão instados a observar as normas fiscais postas no texto constitucional, na LRF e na LC nº 178/2020.

Cabe destacar que o Tribunal de Contas da União, por meio do Acórdão nº 4.074/2020-TCU-Plenário (em fase recursal), deliberou sobre a natureza federal dos recursos relativos aos repasses da União a título do auxílio financeiro de que cuidam o art. 5º da Lei Complementar nº 173, de 27 de maio de 2020, e as Leis nºs 14.041, de 18 de agosto de 2020, e 14.017, de 29 de junho de 2020 – que foram destinados a ações de enfrentamento à pandemia da Covid-19 –, no total de R$79,2 bilhões, considerando que constituem despesas próprias da União e estão sujeitas à fiscalização do TCU. Por esse motivo, a Corte de Contas entendeu que esses valores não deveriam ser abatidos da RCL da União para fins de apuração do limite de despesa de pessoal.

2   Os novos institutos para contratações criados durante a pandemia

A situação excepcional gerada pela disseminação do novo coronavírus demandou a criação de normas especiais para o enfrentamento e a contenção da pandemia.

No campo das contratações públicas foram editadas regras que flexibilizaram os critérios usuais para a dispensa de licitação, que simplificaram procedimentos e permitiram, dentre outros, a realização de pagamentos antecipados. A iniciativa se mostrou necessária para possibilitar que governos respondessem de maneira célere aos desafios impostos pelo atual panorama, especialmente na área da saúde.

As alterações normativas se deram no plano constitucional e infraconstitucional.

2.1 Emenda Constitucional nº 106, de 7 de maio de 2020

Por meio da EC nº 106/2020, foi criado o regime extraordinário de contratações para enfrentamento de calamidade pública nacional decorrente de pandemia, o qual abrangeu algumas medidas de flexibilização e facilitação para a realização de despesas relacionadas à crise sanitária do novo coronavírus.

O art. 2º da norma estabeleceu que o Poder Executivo federal poderia, no âmbito de suas competências, adotar processos simplificados de contratação de pessoal, em caráter temporário e emergencial, e de obras, serviços e compras, com o propósito exclusivo de enfrentamento do contexto da calamidade e de seus efeitos sociais e econômicos, ao longo do seu período de duração.

Tais procedimentos deveriam assegurar, quando possível, competição e igualdade de condições a todos os concorrentes, tendo sido dispensada, no caso de contratação de pessoal por tempo determinado, a observância das regras orçamentárias previstas no §1º do art. 169 da Constituição.

O parágrafo único do art. 3º da EC nº 106/2020 trouxe outra importante medida de facilitação das contratações para o enfrentamento da pandemia. Segundo o dispositivo, não incidirá o disposto no §3º do art. 195 da Constituição Federal durante a vigência da calamidade pública nacional decorrente da pandemia. Por conseguinte, o Poder Público poderá contratar empresa em débito com o Sistema de Seguridade Social para a realização de objetos relacionados ao equacionamento da crise sanitária que assolou o país.

2.2 Lei nº 13.979, de 6 de fevereiro de 2020

No plano infraconstitucional, a Lei nº 13.979/2020 instituiu diversas medidas para enfrentamento da emergência de saúde pública decorrente do novo Coronavírus, tendo estabelecido, dentre outros, um regime extraordinário de contratações.

A norma foi posteriormente alterada pelas Leis nºs 14.035/2020 e 14.065/2020, que detalharam os processos e as condições de contratação e criaram algumas regras aplicáveis estritamente à situação excepcional de combate à pandemia, como será exposto na sequência.

Cabe destacar que esse regime extraordinário de contratações perdeu eficácia jurídica em 31.12.2020, uma vez que não mais se encontra em vigor o Decreto Legislativo nº 6/2020, que lhe dava suporte jurídico, conforme o art. 8º da Lei nº 13.979/2020.

2.2.1 Objetos das contratações

Quanto aos objetos que podiam ser licitados com fundamento na Lei nº 13.979/2020, não há dúvida de sua aplicabilidade para a aquisição de aventais, máscaras de proteção e outros equipamentos de proteção individual para profissionais da área de saúde que hoje estão na linha de frente do combate à pandemia.

Também não existe dúvida do enquadramento, no objeto da lei, da aquisição de medicamentos e equipamentos médicos (respiradores, por exemplo) para utilização nos hospitais que recebem pacientes contaminados com a doença.

Por outro lado, podem surgir dúvidas sobre a aplicação da nova hipótese de dispensa de licitação para os serviços e bens contratados por órgãos que não estivessem diretamente ligados ao enfrentamento da pandemia. Cite-se o exemplo da aquisição de um sistema de teleconferência para proporcionar o trabalho remoto dos servidores de um órgão de fiscalização tributária.

Nesses casos, faz-se necessária a interpretação sistêmica do art. 4º, *caput*, da Lei nº 13.979/2020, e do art. 3º, *caput* e §§1º e 2º, do Decreto nº 10.282/2020. A última norma regulamentou a lei em exame, tendo definido os serviços públicos e atividades essenciais e indispensáveis ao atendimento das necessidades inadiáveis da comunidade, assim considerados aqueles que, se não atendidos, colocassem em perigo a sobrevivência, a saúde ou a segurança da população.

Sob essa perspectiva, é possível concluir que o objeto exemplificado anteriormente poderia ter sido adquirido com amparo no regime de contratações extraordinário. Isso porque entre as medidas que encontram amparo na Lei nº 13.979/2020 está a aquisição de "bens, serviços, inclusive de engenharia, e insumos destinados ao enfrentamento da pandemia" (art. 4º, *caput*, da lei). Para que esse enfrentamento fosse efetivo, seria necessário "resguardar o exercício e o funcionamento dos serviços públicos e atividades essenciais" (art. 3º, *caput*, do Decreto nº 10.282/2020). Entre esses últimos se inserem também aqueles "relacionados à tecnologia da informação e de processamento de dados (data center)", para suporte, por exemplo, à atividade de "fiscalização tributária e aduaneira federal" (art. 3º, §1º, incisos I, XXIII e XXIV, do Decreto nº 10.282/2020).

2.2.2 Nova hipótese de dispensa de licitação

Consoante o seu art. 4º, foi instituída mais uma hipótese de dispensa de licitação, a saber, "a aquisição ou contratação de bens, serviços, inclusive de engenharia, e insumos destinados ao enfrentamento da emergência de saúde pública de importância internacional decorrente do coronavírus de que trata esta Lei".

A dispensa de licitação a que se refere o *caput* desse artigo constitui uma regra de direito temporária ou transitória, aplicável "[...] apenas enquanto perdurar a emergência de saúde pública de importância internacional decorrente do novo coronavírus", nos termos do §1º do dispositivo. Dessa forma, considerando que o Decreto Legislativo nº 6/2020 exauriu seus efeitos em 31.12.2020, não há mais possibilidade de se realizar novas contratações diretas com base no dispositivo.

A dispensa de licitação para aquisição de bens não se restringia a equipamentos novos. Conforme o art. 4º-E, era admitida a contratação de equipamentos usados, desde que o fornecedor se responsabilizasse pelas plenas condições de uso e de funcionamento do objeto contratado. A iniciativa legislativa se mostrou importante, ainda mais no cenário de escassez de insumos frente ao aumento da demanda por produtos de saúde, o que permitiu a ampliação da oferta de produtos a partir do aproveitamento de bens usados, importados ou comercializados.

O tema, inclusive, foi objeto de regulamentação pela Anvisa, que autorizou, ainda em 2020, a importação, a comercialização e a doação de aparelhos usados para uso em UTI, tais como ventiladores pulmonares, monitores de sinais vitais, bombas de infusão, equipamentos de oximetria e capnógrafos (equipamentos que registram a pressão parcial de CO2 durante o ciclo respiratório), até que seja encerrada a situação de emergência em saúde pública no Brasil.[6]

2.2.3 Transparência Pública

O §2º do artigo supracitado, por sua vez, trouxe importante preocupação com a transparência dessas despesas. Segundo a disposição, todas as contratações ou aquisições realizadas a partir da Lei nº 13.979/2020 deveriam ser disponibilizadas, no prazo máximo de 5 dias úteis, contado da realização do ato, em sítio oficial específico na rede mundial de computadores (*internet*).

No âmbito federal, foi criado o Painel de Compras COVID-19. A título ilustrativo, em 08.07.2021, havia o registro de 14.096 compras realizadas por entidades da administração pública federal, o que abrangeu 87.320 itens, 7.925 fornecedores e um valor total homologado de mais de R$8,95 bilhões.

2.2.4 Permissão de contratação de empresa sancionada

O §3º do art. 4º trouxe mais uma medida de facilitação das contratações para o enfrentamento da pandemia. Conforme o dispositivo, na situação excepcional de, comprovadamente, haver uma única fornecedora do bem ou prestadora do serviço, seria possível a sua contratação, independentemente da existência de sanção de impedimento ou de suspensão de contratar com o poder público.

Trata-se, portanto, de uma remissão parcial da pena administrativa outrora aplicável, específica para a execução de objetos relacionados ao combate da crise sanitária. Por óbvio, o Poder Público deveria adotar, nesses casos, medidas de cautela e gestão de riscos na fiscalização do ajuste, a fim de evitar a ocorrência das mesmas falhas de execução que eventualmente tivessem ensejado as sanções aplicadas à contratada.

Justamente por essa razão, o §3º-A estabelecia que, no caso de que trata o §3º desse artigo, "é obrigatória a prestação de garantia nas modalidades previstas no art. 56 da Lei nº 8.666, de 21 de junho de 1993, que não poderá exceder a 10% (dez por cento) do valor do contrato".

2.2.5 Dispensa de licitação com registro de preços

O §4º do artigo em exame permitiu o uso do sistema de registro de preços, previsto no inciso II do *caput* do art. 15 da Lei nº 8.666/1993, na hipótese de dispensa de licitação para o enfrentamento da pandemia, quando se tratasse de compra ou de contratação por mais de um órgão ou entidade. A iniciativa se revelou importante pois, como sabemos,

---

[6] NUNES, Bethânia. Covid-19: Anvisa permite compra de equipamentos usados para UTIs. *Metrópole*, 29 abr. 2020. Disponível em: https://www.metropoles.com/saude/covid-19-anvisa-permite-compra-de-equipamentos-usados-para-utis. Acesso em 8 jul. 2021.

foi recorrente a compra de insumos básicos necessários às unidades de saúde, com certo nível de padronização e utilização que permitem aquisições em grande quantidade, tais como máscaras, avental, protetor facial, luva cirúrgica, dentre vários outros.

O §5º possibilitou a utilização do Decreto nº 7.892/2013, que regulamenta o registro de preços na administração pública federal, pelo ente federativo que quisesse realizar compras na forma do parágrafo anterior (dispensa de licitação com registro de preços). Trata-se de outra medida importante para imprimir celeridade ao regime de contratações públicas para o enfrentamento da pandemia.

Os §§6º, 7º e 8º estabeleceram algumas regras procedimentais ao sistema de registro de preços aplicáveis às contratações para o enfrentamento da pandemia. O primeiro dispositivo disciplinou o prazo para que outros órgãos e entidades manifestassem interesse em participar da licitação.

O §7º, por sua vez, afastou as exceções preceituadas nos §§2º e 3º do art. 4ºE da lei em exame, tornando obrigatória a estimativa de preços segundo as regras do inciso VI do §1º do art. 4-E para o registro de preços a partir de dispensa de licitação. O valor obtido seria o limite máximo da contratação, mesmo que houvesse posteriores oscilações nos preços.

O §8º estabeleceu uma regra que mitigou o exposto no parágrafo anterior, ao permitir o refazimento da estimativa de preços nas contratações celebradas após 30 dias da assinatura da ata de registro de preços, com o intuito de verificar se os preços registrados permanecem compatíveis com os praticados no âmbito dos órgãos e entidades da administração pública. Essa medida se mostrou importante, tendo em vista a grande oscilação nos preços de insumos médicos e hospitalares durante a pandemia.

2.2.6 Simplificação do procedimento de dispensa de licitação

A Lei nº 13.979/2020 trouxe várias regras que implicam uma simplificação do procedimento de dispensa de licitação para aquisição ou contratação de bens, serviços, inclusive de engenharia, e insumos destinados ao enfrentamento da emergência causada pelo novo coronavírus.

O art. 4º-B eliminou a necessidade de justificação de alguns aspectos presentes nas contratações diretas ordinárias por emergência. Conforme o dispositivo, nas dispensas de licitação decorrentes da norma em exame, presumiram-se comprovadas a ocorrência de situação de emergência, a necessidade de pronto atendimento da situação de emergência, a existência de risco à segurança de pessoas, de obras, de prestação de serviços, de equipamentos e de outros bens, públicos ou particulares, e a limitação da contratação à parcela necessária ao atendimento da situação de emergência.

O art. 4º-C, por sua vez, dispensou a elaboração de estudos preliminares quando se tratar da contratação de bens e de serviços comuns. Conforme a Instrução Normativa SEGES nº 5, de 26 de maio de 2017, os estudos preliminares constituem a primeira etapa do planejamento da contratação. O seu objetivo é a análise da viabilidade da contratação e o levantamento dos elementos essenciais que servirão para compor termo de referência ou projeto básico, de forma que melhor atenda às necessidades da administração.

Não se pode negar que a ausência do documento impôs maior risco às contratações relacionadas ao enfrentamento da pandemia, já que, sem um adequado planejamento, pode ter havido a aquisição de bens e serviços que, ao final, não atenderam às necessidades da administração. Todavia, também não se pode olvidar que o cumprimento rígido das premissas de um bom planejamento poderia ter comprometido a celeridade necessária à remediação da situação de urgência causada pela pandemia, motivo pelo qual avalia-se como correta a ponderação de valores realizada pelo legislador.

O art. 4º-D eliminou a necessidade da realização de gerenciamento de riscos na fase interna da contratação, ao estabelecer que esta somente será exigível durante a gestão do contrato.

Da mesma forma, o assunto foi disciplinado na Instrução Normativa SEGES nº 5/2017, que estabeleceu uma série de atividades e procedimentos a serem seguidos pela entidade contratante, com vistas, precipuamente, à identificação e ao tratamento dos principais riscos que possam comprometer a efetividade do planejamento e o alcance dos resultados pretendidos pela contratação (art. 25).

A ausência do documento também pode prejudicar a eficácia da contratação, não obstante seja compreensível a eliminação dessa etapa, na busca de uma obtenção mais célere do bem necessário ao enfrentamento da pandemia.

O art. 4º-E admitiu a apresentação de *termo de referência simplificado ou de projeto básico simplificado* para as aquisições ou contratações de bens, serviços e insumos necessários ao enfrentamento da pandemia.

A norma reuniu todos os principais elementos da etapa de planejamento das contratações ordinárias, de forma resumida, no termo de referência simplificado ou no projeto básico simplificado.

Ao prever o uso de projetos básicos e termos de referência simplificados, a Lei nº 13.979/2020 alinhou-se à jurisprudência do TCU, que já admitiu a utilização de projetos que não atendessem a todos os elementos do art. 6º, inciso IX, da Lei nº 8.666/1993, em casos excepcionais e devidamente justificados envolvendo contratações emergenciais (Acórdão nº 943/2011-TCU-Plenário, Rel. Min. Valmir Campelo).

No caso de serviços de engenharia, a lei foi silente quanto à possibilidade de utilização de projeto básico simplificado, ao seu conteúdo e aos critérios de estimativa de preços. De qualquer forma, somos da opinião de que deveriam ter sido seguidas as normas aplicáveis à elaboração de projetos de engenharia, até porque a natureza do serviço envolve questões de segurança e higidez que não podem ser dispensadas, mesmo em uma emergência.

Quanto à estimativa de preços, compreende-se que a entidade contratante deveria ter se baseado nos preços de referência do Sistema Nacional de Pesquisa de Custos e Índices da Construção Civil (Sinapi) ou, em caso de inviabilidade, nos dados contidos em tabela de referência formalmente aprovada por órgãos ou entidades da administração pública federal em publicações técnicas especializadas, em sistema específico instituído para o setor ou em pesquisa de mercado. Em suma, caberia a aplicação do Decreto nº 7.983, de 8 de abril de 2013.

O §2º ainda admitiu, de modo excepcional, mediante justificativa da autoridade competente, a não realização da estimativa de preços de que trata o inciso VI do §1º desse artigo (letra "f" *supra*).

Na mesma toada, o §3º permitiu a realização de contratação por preços acima dos obtidos a partir da estimativa de preços, desde que os novos valores decorressem de oscilações ocasionadas pela variação de preços, fossem precedidos de negociação com os demais fornecedores, segundo a ordem de classificação, e houvesse efetiva fundamentação.

A contratação por preço superior ao estimado é assunto extremamente controvertido para os gestores públicos e órgãos de controle. Assim, uma das formas de mitigar o risco jurídico de tal procedimento é realizar pesquisa de mercado levando em conta preços praticados em datas mais recentes, envolvendo condições similares às que se buscam contratar. Dadas a imensa demanda de determinados produtos e as eventuais oscilações decorrentes de mudanças bruscas no equilíbrio entre oferta e procura, é preciso certa habilidade dos setores competentes da administração para identificar o preço real de mercado praticado naquele momento, a fim de evitar contratações em situação de abuso.

Esse problema não passou despercebido por Marcos Nóbrega, Brandson Camelo e Ronny Charles, que assinalaram que a pesquisa de preços não é o instrumento apto a resolver o problema informacional quanto ao preço de mercado, constituindo um indicador enviesado da relação negocial.[7]

Todavia, cabe frisar que o Código de Defesa do Consumidor considera prática abusiva a elevação, sem justa causa, do preço dos produtos ou serviços (art. 39, inciso X, da Lei nº 8.078/1990). O aumento arbitrário dos lucros e preços, independentemente de culpa, também pode ser enquadrado como infração à ordem econômica, nos termos do art. 36, inciso III, da Lei nº 12.529/2011. Ainda nesse aspecto, a Lei nº 1.521/1951 dispõe ser crime contra a economia popular "provocar a alta ou a baixa de preços de mercadorias, títulos públicos, valores ou salários por meio de notícias falsas, operações fictícias ou qualquer outro artifício".

Apesar das dificuldades de se configurar aumento abusivo de preços, em um contexto de grande oscilação de preços por conta de eventual desequilíbrio entre oferta e procura, os órgãos de controle não estão dispensados de perquirir e sancionar eventuais ilicitudes identificadas em contratações públicas durante a ocorrência da pandemia.

Seguindo a linha da Emenda Constitucional nº 106/2020, que permitiu a contratação de empresa em débito com o Sistema de Seguridade Social, o art. 4º-F previu que, na hipótese de haver restrição de fornecedores ou de prestadores de serviço, a autoridade competente poderia, excepcionalmente e mediante justificativa,

> dispensar a apresentação de documentação relativa à regularidade fiscal ou, ainda, o cumprimento de 1 (um) ou mais requisitos de habilitação, ressalvados a exigência de apresentação de prova de regularidade trabalhista e o cumprimento do disposto no inciso XXXIII do caput do art. 7º da Constituição Federal.

---

[7] NÓBREGA, Marcos; CAMELO, Bradson; TORRES, Ronny Charles Lopes de. Pesquisa de preços nas contratações públicas, em tempos de pandemia. *In*: LIMA, Luiz Henrique; GODINHO, Heloísa Helena Antonácio M.; SARQUIS, Alexandre Manir Figueiredo (Coord.). *Os desafios do Controle Externo diante da pandemia da Covid-19*: estudos de ministros e conselheiros substitutos dos Tribunais de Contas. Belo Horizonte: Fórum, 2021. p. 205.

Todas essas disposições estão em linha com a ideia de facilitar as contratações relacionadas ao enfrentamento da pandemia, ao criarem um ambiente de contratação livre de barreiras prévias, aumentando o universo de potenciais fornecedores.

2.2.7 Pregão com prazos abreviados

Conforme o art. 4º-G, caso a administração optasse por realizar licitação na modalidade pregão, eletrônico ou presencial, para a aquisição ou contratação de bens, serviços e insumos necessários ao enfrentamento da crise sanitária da COVID-19, os prazos dos procedimentos licitatórios seriam reduzidos pela metade.

Outra medida em prol da celeridade da contratação consistiu na eliminação do efeito suspensivo dos recursos dos procedimentos licitatórios. Consoante o §2º, os expedientes recursais apresentados somente teriam efeito devolutivo. A norma não trouxe nenhuma disposição a respeito de eventuais impugnações ao edital de licitação.

O §3º dispensou a realização da audiência pública a que se refere o art. 39 da Lei nº 8.666/1993 (quando o valor da licitação for superior a 100 (cem) vezes o limite previsto no art. 23, inciso I, alínea "c" da aludida norma), antes da realização do pregão de que trata o *caput*. Mais uma vez foi previsto um mecanismo voltado à redução dos prazos de conclusão do procedimento licitatório.

O pregão de que trata o dispositivo em exame poderia ter sido adotado para a contratação mediante a sistemática de registro de preços. Nessa hipótese, as aquisições seriam consideradas compras nacionais, com vistas à adoção dos quantitativos máximos para as aquisições pelos órgãos participantes e para a adesão dos não participantes previstos no Decreto nº 7.892, de 23 de janeiro de 2013.

Quanto à escolha entre a dispensa e o denominado "pregão express", entende-se que a decisão se encontrava na órbita de discricionariedade do gestor. O fato é que o pregão costuma ser um procedimento de contratação tão ou mais ágil que uma típica dispensa de licitação, ainda mais se for adotada a sua forma eletrônica e se os prazos para a apresentação de propostas forem reduzidos pela metade.

A verdade é que o procedimento de dispensa de licitação acaba tendo sua celeridade condicionada ao prazo dos fornecedores para apresentar suas propostas, bem como por ritos procedimentais internos do órgão contratante, como a manifestação da área de assessoramento jurídico. Sob essa perspectiva, caberia à administração contratante avaliar as peculiaridades do objeto e usar o conhecimento pretérito do mercado fornecedor, na escolha quanto ao procedimento a ser adotado.

2.2.8 Contratos

Conforme o art. 4º-H, os contratos regidos por essa lei teriam prazo de duração de até 6 (seis) meses e poderiam ser prorrogados por períodos sucessivos, enquanto vigorasse o Decreto Legislativo nº 6, de 20 de março de 2020, respeitados os prazos pactuados.

No que se refere aos valores, o art. 4º-I preconiza que a administração pública poderia prever que os contratados ficassem obrigados a aceitar, nas mesmas condições contratuais, acréscimos ou supressões ao objeto contratado de até 50% (cinquenta por cento) do valor inicial atualizado do contrato.

2.2.9 Outras disposições

Consoante o art. 4º-J, os órgãos e entidades da administração pública federal poderiam aderir à ata de registro de preços gerenciada por órgão ou entidade estadual, distrital ou municipal em procedimentos realizados nos termos da Lei nº 13.979/2020, até o limite, por órgão ou entidade, de 50% dos quantitativos dos itens do instrumento convocatório e registrados na ata de registro de preços para o órgão gerenciador e para os órgãos participantes.

A regra é especial frente a disciplina geral anterior, comentada anteriormente, que trata da adesão de entidades de outros entes federativos, que não as da União, aos pregões regidos pela lei em comento.

No que se refere à fiscalização realizada pelos órgãos de controle interno e externo, o art. 4º-K preconiza que eles priorizariam a análise e a manifestação quanto à legalidade, à legitimidade e à economicidade das despesas decorrentes dos contratos ou das aquisições realizadas com fundamento nessa lei. Dito de outra forma, a norma estabeleceu uma certa ordem de preferência da ação fiscalizatória levada a cabo pelo sistema de controle orçamentário e financeiro, o que se mostra razoável tendo em vista o volume de recursos envolvidos e a lógica de se evitar a prática de atos ilícitos, ainda mais no contexto de restrição fiscal e de necessidade de eficiência e eficácia no gasto público relacionado ao combate da pandemia.

O parágrafo único do dispositivo traz importante providência de reforço à atividade orientativa das Cortes de Contas. Conforme o dispositivo, os Tribunais de Contas deveriam atuar para aumentar a segurança jurídica na aplicação das normas dessa lei, inclusive por meio de respostas a consultas. Tal medida também se revelou importante para viabilizar uma atuação pedagógica e orientativa dos Tribunais de Contas, como será comentado a seguir.

2.3 Lei nº 14.065, de 30 de setembro de 2020

Além de empreender algumas modificações na Lei nº 13.979/2020, a Lei nº 14.065/2020 introduziu algumas novidades importantes em matéria de licitações e contratos, a exemplo da autorização de pagamentos antecipados, a adequação dos limites de dispensa de licitação e a ampliação do uso do Regime Diferenciado de Contratações Públicas (RDC).

Conforme o art. 2º da norma, ela se aplicou aos atos realizados durante o estado de calamidade pública reconhecido pelo Decreto Legislativo nº 6, de 20 de março de 2020. Trata-se, portanto, de outra regra de caráter provisório, que se acoplou ao regime jurídico extraordinário editado em função da crise sanitária do novo coronavírus.

Cabe destacar que, diferentemente da Lei nº 13.979/2020, a disciplina da Lei nº 14.065/2020 não se aplicou apenas aos objetos que guardassem pertinência temática com o combate da pandemia. Considerando que o texto normativo não fez nenhuma restrição material quanto à sua abrangência, suas disposições poderiam ter sido usadas para a aquisição de quaisquer bens e serviços, independentemente de sua vinculação ao enfrentamento da COVID-19.

O parágrafo único do art. 2º estendeu a incidência da Lei nº 14.065/2020 aos contratos firmados no período de que trata o *caput*, ou seja, eles permaneceriam sujeitos à aludida norma, mesmo após o fim do estado de calamidade pública decorrente do novo coronavírus. Cuida-se de medida razoável para prestigiar a segurança jurídica, evitando mudanças de regime jurídico no curso de uma contratação.

2.3.1 Novos limites de dispensa de licitação

Conforme o art. 1º, inciso I, foram ampliados os limites de dispensa de licitação em função do valor, que passaram a obedecer aos seguintes critérios:

a) R$100.000,00, para obras e serviços de engenharia, desde que não se refiram a parcelas de uma mesma obra ou serviço, ou para obras e serviços da mesma natureza e no mesmo local, que possam ser realizados conjunta e concomitantemente; e

b) R$50.000,00, para outros serviços e compras, desde que não se refiram a parcelas de um mesmo serviço ou de compra de maior vulto, que possam ser realizados de uma só vez.

Com isso, além das novas regras de contratações diretas por emergência, a administração pública dos entes federativos, de todos os Poderes, e os órgãos constitucionalmente autônomos foram autorizados a realizar dispensas de licitação em valores mais ampliados.

2.3.2 Pagamento antecipado

O art. 1º, inciso II, instituiu a possibilidade de pagamento antecipado nas contratações de que trata o escopo da norma. Para tanto, seria necessário que essa medida representasse condição indispensável para obter o bem ou assegurar a prestação do serviço ou propiciasse significativa economia de recursos.

Dessa forma, o gestor deveria motivar a escolha pela admissão de pagamentos antecipados, à luz dos requisitos supramencionados, sempre que eles se fizessem necessários.

Ademais, seria necessária a previsão da possibilidade de pagamento antecipado em edital ou em instrumento formal de adjudicação direta. Sem essa estipulação prévia, o Poder Público estaria proibido de antecipar pagamentos.

Além da previsão no instrumento do certame, a administração deveria atender às seguintes condições para a operacionalização da medida:

a) estipular a possibilidade de devolução integral do valor antecipado, na hipótese de inexecução do objeto, atualizado monetariamente pela variação acumulada do Índice Nacional de Preços ao Consumidor Amplo (IPCA) ou de índice que venha a substituí-lo, desde a data do pagamento da antecipação até a da devolução;

b) exigir a comprovação da execução de parte ou de etapa inicial do objeto pelo contratado para a antecipação do valor remanescente;

c) exigir a prestação de garantia, nas modalidades de que trata o art. 56 da Lei nº 8.666, de 21 de junho de 1993, *de até 30% (trinta por cento) do valor do objeto*;

d) exigir a emissão de título de crédito pelo contratado;

e) estipular a possibilidade de acompanhamento da mercadoria, em qualquer momento do transporte, por representante da administração; ou

f) exigir a certificação do produto ou do fornecedor.

Entende-se que as condições anteriormente anunciadas também deveriam ser previstas no edital ou instrumento formal de adjudicação direta, sendo adequada, ainda, a sua previsão em contrato.

Conforme o §3º, estava vedado o pagamento antecipado pela administração na hipótese de prestação de serviços com regime de dedicação exclusiva de mão de obra. De fato, a adoção dessa medida nesse tipo de contratação não se justificava, uma vez que não há despesas significativas que importem a necessidade de aporte de valores por parte do contratado, como por vezes ocorre no caso de fornecimento de bens, em que há custos de transporte, de logística e, algumas vezes, alfandegários.

2.3.3 RDC ampliado

Por meio do art. 1º, inciso III, foi ampliada a possibilidade de utilização do Regime Diferenciado de Contratações Públicas (RDC) de que trata a Lei nº 12.462, de 4 de agosto de 2011, para licitações e contratações de quaisquer obras, serviços, compras, alienações e locações.

2.3.4 Espaço de incidência da norma

Conforme o art. 3º da Lei nº 14.065/2020, a disciplina da norma se aplicava, também, às escolas públicas, comunitárias, confessionais ou filantrópicas, às entidades qualificadas como organizações sociais, na forma da Lei nº 9.637, de 15 de maio de 1998, às entidades qualificadas como organizações da sociedade civil de interesse público, na forma da Lei nº 9.790, de 23 de março de 1999, às entidades qualificadas como pontos ou pontões de cultura, na forma da Lei nº 13.018, de 22 de julho de 2014, e às entidades qualificadas como organizações da sociedade civil, na forma da Lei nº 13.019, de 31 de julho de 2014.

A incidência da norma às entidades supramencionadas se limitava aos recursos públicos por elas administrados em decorrência dos respectivos contratos de gestão, termos de parceria, termos de compromisso cultural, termos de colaboração, termos de fomento ou contrato equivalente.

2.3.5 Transparência pública

Conforme o art. 4º, todos os atos decorrentes da lei em exame seriam disponibilizados em sítio oficial da *internet*, observados, no que coubesse, os requisitos previstos no §3º do art. 8º da Lei nº 12.527, de 18 de novembro de 2011.

2.4 Lei nº 14.121, de 1º de março de 2021

A Lei nº 14.121/2021 autorizou o Poder Executivo federal a aderir ao Instrumento de Acesso Global de Vacinas COVID-19 (Covax Facility). Tal iniciativa possibilitou a aquisição desses insumos no âmbito do referido acordo internacional, o que ocorreu a partir do regime jurídico especial instituído pela norma.

A Covax Facility é uma iniciativa apoiada pela Organização Mundial de Saúde (OMS), com o propósito de acelerar o desenvolvimento e a fabricação de vacinas seguras e eficazes contra a COVID-19, de modo a proporcionar o acesso igualitário a todos os países aderentes à iniciativa.

Ela é administrada pela Aliança Gavi (Global Alliance for Vaccines and Imunization), que se descreve como uma parceria público-privada, uma união de governos de países com a Organização Mundial da Saúde, o Banco Mundial, a Fundação Bill & Melinda Gates e outros doadores, incluindo fundações, ONG, associações profissionais e comunitárias, organizações religiosas e universidades, fabricantes de vacina, institutos de pesquisa e técnicos de saúde, visando à distribuição das vacinas nas áreas mais pobres do mundo.[8]

Conforme o §1º do art. 2º da Lei nº 14.121/2021, a adesão à Covax Facility e a aquisição de vacinas no âmbito desse instrumento serão regidas pelas normas contratuais estabelecidas pela Aliança Gavi, inclusive aquelas relativas à responsabilidade das partes. Houve, por conseguinte, a admissão da incidência de norma estrangeira para a contratação do objeto anteriormente especificado (extraterritorialidade), tendo sido afastadas as disposições "[...] da Lei nº 8.666, de 21 de junho de 1993, inclusive a realização de procedimentos licitatórios, da Lei nº 10.742, de 6 de outubro de 2003, e de outras normas em contrário, ressalvadas as previstas nesta Lei".

O §2º do dispositivo estabeleceu que o ato de adesão à Covax Facility realizar-se-á por acordo de compromisso, na modalidade de acordo de compra opcional, e por contratos de aquisição dele decorrentes. Não há obrigatoriedade de aquisição das vacinas, que dependerá de análise técnica e financeira para cada caso, observadas as regras de reembolso dos valores aportados previstas no acordo de compromisso, na modalidade de acordo de compra opcional, nos termos do §3º.

A propósito, a legalidade das condições especiais para adesão à Covax Facility, a exemplo do afastamento da legislação nacional sobre contratações públicas para a incidência de norma estrangeira, foi objeto de consulta formulada pelo então Ministro da Saúde ao Tribunal de Contas da União. A matéria foi apreciada pelo Acórdão nº 534/2021-TCU-Plenário, tendo a Corte de Contas decidido pela legitimidade de tal estipulação, à vista das excepcionais circunstâncias fáticas e jurídicas aplicáveis a essas aquisições. A atuação do TCU nessa e em outras oportunidades, em questões ligadas ao enfrentamento da pandemia, será objeto de tratamento em capítulo posterior.

---

[8] Cf.: Gavi, the Vacinne Alliance helps vaccinate almost half the world's children against deadly and debilitating infectious diseases. *Gavi*, 2021. Disponível em: https://www.gavi.org/our-alliance/about. Acesso em 16 jul. 2021.

2.5 Lei nº 14.124, de 10 de março de 2021

A Lei nº 14.124/2021 instituiu medidas excepcionais relativas à aquisição de vacinas e de insumos e à contratação de bens e serviços relacionados à vacinação contra a COVID-19.

Conforme o art. 2º, a administração pública direta e indireta foi autorizada a celebrar contratos ou outros instrumentos congêneres, mediante dispensa de licitação, para a aquisição de vacinas e insumos destinados à vacinação contra a COVID-19, inclusive antes do registro sanitário ou da autorização temporária de uso emergencial; e a aquisição de bens e serviços de logística, de tecnologia da informação e comunicação, de comunicação social e publicitária, de treinamentos e de outros necessários à implementação da vacinação contra a COVID-19.

A norma segue basicamente a mesma disciplina da Lei nº 13.979/2020, no que se refere:

a) à previsão de um processo administrativo de contratação simplificado, contendo os elementos técnicos referentes à escolha da opção de contratação e à justificativa do preço ajustado;

b) à estipulação de regras de ampla transparência e publicidade a todas as aquisições ou contratações;

c) à possibilidade de contratação de fornecedor exclusivo sancionado;

d) à utilização do sistema de registro de preços;

e) à admissão de certas presunções na justificativa da situação de emergência;

f) à dispensa de elaboração de estudos preliminares;

g) à admissão de termo de referência simplificado ou projeto básico simplificado;

h) aos critérios de estimativa de preços;

i) à admissão de contratação por valores superiores decorrentes de oscilações ocasionadas pela variação de preços, respeitadas determinadas condições; e

j) à dispensa de apresentação de documentação relativa à regularidade fiscal ou, ainda, ao cumprimento de 1 (um) ou mais requisitos de habilitação, ressalvados a exigência de apresentação de prova de regularidade trabalhista e o cumprimento do disposto no inciso XXXIII do *caput* do art. 7º da Constituição Federal, quando houver restrição de fornecedores ou prestadores de serviço.

Ademais, a Lei nº 14.124/2021 previu o pregão com prazos abreviados e atribuiu aos órgãos de controle interno e externo a mesma ordem de prioridade para a análise e a manifestação quanto à legalidade, à legitimidade e à economicidade das despesas decorrentes das aquisições ou das contratações realizadas com fundamento nessa norma.

Uma nota distintiva do regime das contratações de que trata a Lei nº 14.124/2021, frente ao regime geral excepcional da Lei nº 13.979/2020, diz respeito ao gerenciamento de riscos. Consoante o art. 5º da norma em exame, "será obrigatória a previsão de matriz de alocação de risco entre o contratante e o contratado na hipótese de aquisições e de contratos acima de R$200.000.000,00 (duzentos milhões de reais)". Segundo o parágrafo único do dispositivo, em contratos cujo valor seja inferior ao previsto no *caput*, o gerenciamento de riscos da contratação não será realizado na fase interna da contratação, podendo ser efetivado, segundo a opção discricionária da entidade contratante, somente durante a gestão do contrato.

No que se refere aos contratos, a nova regra reproduziu boa parte da disciplina da Lei nº 14.065/2020 quanto à admissão de pagamentos antecipados.

No entanto, o art. 12 da Lei nº 14.124/2021 instituiu algumas cláusulas especiais para aquisição ou fornecimento de vacinas contra a COVID-19, desde que representem condição indispensável para obter o bem ou para assegurar a prestação do serviço. São estas:

a) eventual pagamento antecipado, inclusive com a possibilidade de perda do valor antecipado;
b) hipóteses de não imposição de penalidade à contratada; e
c) outras condições indispensáveis, devidamente fundamentadas.

Ao decidir pela previsão das cláusulas excepcionais supramencionadas, caberá ao gestor comprovar que elas são indispensáveis para a obtenção do bem ou serviço e justificar a sua previsão, nos termos do §2º do art. 12.

O §3º estabeleceu a seguinte condição para aceitação e estipulação das cláusulas de perda do pagamento antecipado e de não imposição de penalidade: a exclusão de sua aplicação em casos de fraude, de dolo ou de culpa exclusiva do fornecedor ou do contratado. Tal ressalva deve constar expressamente do contrato, a fim de evitar eventuais litígios.

O §4º do art. 12 admitiu a possibilidade de estipulação de cláusulas de confidencialidade nos contratos de que trata esse artigo, caso exigido pelo contratado. Não obstante o silêncio da norma, somos da opinião de que essa restrição não se aplica aos órgãos de controle, já que a fiscalização de tais despesas é um poder-dever de assento constitucional.

2.6 Lei nº 14.125, de 10 de março de 2021

Por fim, a Lei nº 14.125/2021 estatuiu regras excepcionais de responsabilidade civil do fornecedor nas aquisições públicas de vacinas.

Conforme o art. 1º, enquanto perdurar a Emergência em Saúde Pública de Importância Nacional (Espin), declarada em decorrência da infecção humana pelo novo coronavírus,

> ficam a União, os Estados, o Distrito Federal e os Municípios autorizados a adquirir vacinas e a assumir os riscos referentes à responsabilidade civil, nos termos do instrumento de aquisição ou fornecimento de vacinas celebrado, em relação a eventos adversos pós-vacinação, desde que a Agência Nacional de Vigilância Sanitária (Anvisa) tenha concedido o respectivo registro ou autorização temporária de uso emergencial.

Tal medida se mostrou necessária, dado o contexto excepcional da pandemia e a necessidade de abreviar a utilização de imunobiológicos, em estágios de desenvolvimento e de conhecimento de riscos incompletos. Essa assunção de riscos pelo Poder Público depende da avaliação técnica e da autorização de uso emergencial da vacina, realizada pelo órgão especializado para tanto, *in casu*, a Anvisa, o que, de certa forma, reduz esse grau de exposição.

A propósito, a legalidade da estipulação de condições especiais para a contratação de vacinas, a exemplo da assunção de responsabilidade civil pelo Poder Público, foi objeto de consulta formulada pelo então Ministro da Saúde ao Tribunal de Contas da União.

A matéria foi apreciada pelo Acórdão nº 534/2021-TCU-Plenário, tendo a Corte de Contas decidido pela legitimidade de tal estipulação, à vista das excepcionais circunstâncias fáticas e jurídicas aplicáveis a essas aquisições. A atuação do TCU, nessa e em outras oportunidades, em questões ligadas ao enfrentamento da pandemia, será objeto de tratamento adiante.

Conforme o §1º do art. 1º, a União, os estados, o Distrito Federal e os municípios poderão constituir garantias ou contratar seguro privado, nacional ou internacional, em uma ou mais apólices, para a cobertura dos riscos de que trata o *caput* desse artigo. Dessa forma, o Poder Público pode contratar a transferência dos riscos das vacinas à iniciativa privada, o que ocorrerá segundo a opção discricionária de cada ente.

3   A governança das instituições públicas durante a pandemia

Desde o início da pandemia do novo coronavírus, o TCU buscou atuar, dentro da moldura de suas competências constitucionais e legais, na avaliação do desempenho do Ministério da Saúde e do Centro de Governo no enfrentamento da crise sanitária decorrente da COVID-19, quanto aos aspectos da eficiência e da eficácia dos atos praticados.

Como seria esperado, o TCU também atuou nos vetores da legalidade, legitimidade e economicidade, ao apreciar, principalmente a partir de denúncias e representações, as despesas realizadas pelos órgãos jurisdicionados no combate à pandemia.

Dentre os principais trabalhos realizados, dois merecem destaque pelos seus propósitos de avaliação sistêmica e pela tentativa de se imprimir um controle pedagógico e prospectivo, voltado à construção de caminhos e à correção de rumos, em face de eventuais problemas identificados na gestão da pandemia:

a) o TC nº 014.575/2020-5, que trata de acompanhamento com o objetivo de avaliar a estrutura de governança montada pelo Ministério da Saúde para o combate à crise gerada pelo novo coronavírus, bem como os atos referentes à execução de despesas públicas, de forma amostral, pelo referido órgão e suas unidades subordinadas, sob os aspectos da legalidade, legitimidade, economicidade, eficiência e efetividade; e

b) o TC nº 016.708/2020-2, que cuida de acompanhamento de natureza operacional para avaliar e acompanhar a governança do Centro de Governo durante o enfrentamento da pandemia provocada pela Covid-19.

3.1   Acompanhamento da estrutura de governança do Ministério da Saúde para o enfrentamento da pandemia

Até a presente data, foram lavrados quatro acórdãos no TC nº 014.575/2020-5, todos relatados pelo Ministro Benjamin Zymler.

O primeiro relatório de acompanhamento apresentou, entre outros assuntos, a metodologia planejada para a execução dos trabalhos e as dificuldades enfrentadas pela equipe para sua execução até aquele momento (Acórdão nº 1.335/2020-TCU-Plenário).

O segundo apresentou a análise referente aos aspectos orçamentários e financeiros relativos ao enfrentamento da pandemia no âmbito do Ministério da Saúde, consolidados até o fim do mês de junho de 2020; às informações relativas às transferências de recursos para os entes subnacionais; às contratações efetuadas; à estrutura de governança montada pelo Ministério para enfrentar a pandemia; ao planejamento de suas ações; à estratégia de comunicação; e à transparência dos contratos e informações atinentes à pandemia (Acórdão nº 1.888/2020-TCU-Plenário).

O terceiro relatório tratou da avaliação dos critérios para transferências de recursos para os entes federados; da avaliação quantitativa dos gastos dos entes federativos com saúde; da análise da encomenda tecnológica para a produção, no Brasil, da vacina contra a COVID-19, firmada pela Fundação Oswaldo (Fiocruz) com o Laboratório AstraZeneca, e do papel do Ministério da Saúde na coordenação do Programa Nacional de Imunizações; da análise da estratégia de testagem de casos suspeitos de contaminação pelo novo coronavírus; e da avaliação do cumprimento das deliberações proferidas em razão do julgamento do segundo relatório (Acórdão nº 2.817/2020-TCU-Plenário).

O quarto relatório apresentou um panorama dos aspectos orçamentários e financeiros relativos ao enfrentamento da pandemia no âmbito do Ministério da Saúde, consolidados até o dia 24.11.2020; da execução dos contratos firmados pelo Ministério; da condução dos processos de aquisição de bens e contratação de serviços; das iniciativas para aquisição de eventuais vacinas contra a Covid-19; e da versão preliminar do Plano Nacional de Vacinação contra a Covid-19, apresentada em 1º/12/2021 (Acórdão nº 4.049/2020-TCU-Plenário).

O quinto relatório de acompanhamento foi incluído na pauta da sessão de julgamento do Plenário do TCU de 14.04.2021, mas a votação da matéria foi interrompida devido a um pedido de vista do Ministro Jorge Oliveira. Até a conclusão deste trabalho, não houve a retomada da discussão.

De substancial, é possível destacar que o governo central buscou criar uma estrutura de governança para o enfrentamento da crise sanitária do novo coronavírus, mas houve falha na operacionalização das ações em razão da falta de coordenação na definição de estratégias e ações ótimas voltadas à solução do problema.

Houve um incremento significativo no aporte de recursos financeiros para o combate da pandemia, os quais se consubstanciaram em aquisições diretas de equipamentos e insumos e em transferências financeiras para os entes subnacionais. Todavia, não foi possível depreender uma lógica racional para a transferência de recursos financeiros e para a distribuição de insumos adquiridos de forma centralizada pelo Ministério da Saúde, durante praticamente toda a execução orçamentária de 2020.

Esse quadro pode ter contribuído para a baixa efetividade das medidas adotadas, quando se usa como critério o número de mortes por habitantes. Conforme o último boletim epidemiológico do Ministério da Saúde (Edição 69, de 14.06 a 26.06.2021), "dentre os países com população acima de 1 milhão de habitantes, [...] o Brasil apresentou

2.421,4 óbitos/1 milhão de habitantes, ocupando a sétima posição no respectivo ranking (Figura 2B)".[9]

Não obstante esses números sejam bastante dinâmicos – o Brasil já ocupou a segunda colocação nesse infeliz *ranking*, em meados do ano de 2020, conforme o voto condutor do Acórdão nº 1.888/2020-TCU-Plenário –, não se pode olvidar que as taxas médias no país se mostram elevadas, em termos relativos, ainda mais se for considerado o perfil mais jovem de nossa pirâmide etária, comparativamente aos países da Europa Ocidental e da América do Norte.

Também não se pode esquecer que as primeiras decisões do Ministério da Saúde foram tomadas em um ambiente de elevada incerteza quanto à extensão e aos efeitos reais da pandemia. Todavia, com o passar do tempo e o aprendizado proporcionado pela experiência pretérita, seria esperada uma melhoria no planejamento e na coordenação das ações de saúde, especialmente no que se refere à instituição e implementação de planos estratégicos e tático-operacionais, inclusive de comunicação. Infelizmente, a melhoria esperada na gestão da pandemia não se verificou ao longo dos diversos acompanhamentos, apesar das determinações e recomendações proferidas nos diversos acórdãos.

Nessas decisões foram expedidas várias determinações ao Ministério da Saúde, cabendo destacar as que impuseram ajuste na estratégia de comunicação a respeito das medidas adotadas para o enfrentamento da pandemia da COVID-19 e das demais informações epidemiológicas e de prevenção e controle da doença (Acórdão nº 1.888/2020-TCU-Plenário); e a elaboração de plano tático-operacional detalhado para a viabilização das medidas mencionadas no Plano de Contingência Nacional para Infecção Humana pelo novo coronavírus, bem como para a comunicação de risco previstas no referido plano.

A verificação do cumprimento dessas determinações está sendo objeto do 5º Relatório de Acompanhamento, que, conforme já exposto, ainda não teve sua votação retomada.

3.2 Acompanhamento da estrutura de governança do Centro de Governo para o enfrentamento da pandemia

Até a presente data, foram lavrados três acórdãos no TC nº 016.708/2020-2, todos relatados pelo Ministro Vital do Rêgo:

a) o Acórdão nº 1.616/2020-TCU-Plenário, mediante o qual o governo federal foi alertado de que a falta de diretriz estratégica clara de enfrentamento à COVID-19 e a ausência de um plano de comunicação abrangente podem comprometer os gastos para enfrentar a pandemia, além de ter recebido recomendação para inclusão de novos membros no Comitê de Crise e no CCOP, bem como determinação para a divulgação das atas de reunião de ambos os comitês;

---

[9] BRASIL. Ministério da Saúde. Secretaria de Vigilância em Saúde. *69º Boletim Epidemiológico Especial*: doença pelo novo Coronavírus – COVID-19. Jul. 2021. Disponível em: https://www.gov.br/saude/pt-br/media/pdf/2021/julho/02/69_boletim_epidemiologico_covid_2junho.pdf. Acesso em 09 jul. 2021.

b) o Acórdão nº 2.092/2020-TCU-Plenário, por meio do qual foi recomendado o aprimoramento nos critérios de seleção dos programas a integrar o Pró-Brasil, bem como determinada a elaboração de plano de ação para imunização da população brasileira em relação à COVID-19;

c) o Acórdão nº 4.075/2020-TCU-Plenário, por intermédio do qual foi recomendado à Casa Civil que promovesse, com a brevidade que a situação requer, ajustes nas planilhas de governança por eixo prioritário para obter melhor coerência entre diretrizes, objetivos gerais e específicos, metas, indicadores e ações planejadas pelo Executivo Federal para o combate à COVID-19, em especial, relativos a: i) relação direta das ações com os objetivos propostos; ii) existência de ações e de indicadores exaustivos e adequados; iii) previsão de medidas de coordenação nas ações que envolverem mais de um ministério; e iv) elaboração de indicadores capazes de mensurar os resultados planejados, bem como relação direta entre ações mitigadoras de risco e evento de risco, de forma a aumentar a capacidade de alcance dos resultados pretendidos.

Cabe destacar que houve interposição de pedidos de reexame por parte da Advocacia-Geral da União em face das determinações constantes do Acórdão nº 1.616/2020-TCU-Plenário (divulgação das atas de reunião dos Comitês Gestor e Operacional) e do Acórdão nº 2.092/2020-TCU-Plenário (apresentação de plano de ação para imunização da população brasileira contra a COVID-19). Os apelos foram julgados parcialmente procedentes pelo Acórdão nº 3.231/2020-TCU-Plenário, de relatoria do Ministro Bruno Dantas, mantendo-se a essência das determinações originais.

Os achados verificados no curso do acompanhamento revelam que o Centro de Governo padeceu das mesmas dificuldades de coordenação e definição de estratégia verificadas na atuação do Ministério da Saúde.

4   A atuação do TCU durante a pandemia e as lições aprendidas

Conforme visto no capítulo anterior, o TCU atuou em diversas frentes na fiscalização das ações adotadas pelo Governo Federal no enfrentamento da pandemia. A excepcionalidade e a urgência da situação exigiram da Corte de Contas e de suas unidades técnicas especializadas, *in casu*, a SecexSaúde e a SecexAdministração, uma atuação rápida na análise dos fatos submetidos à sua apreciação, seja mediante representações e denúncias, seja por meio dos processos de acompanhamento anteriormente mencionados.

A crise sanitária que se instalou no país e no resto do mundo, em função da disseminação do novo coronavírus, alterou profundamente o modo de funcionamento das instituições, das empresas e das pessoas, que tiveram suas rotinas alteradas pelas necessidades de isolamento social ou, mesmo, pelos efeitos da crise econômica que surgiu. Isso sem contar as eventuais agruras individuais pela perda de parentes ou pessoas próximas e, ainda, os efeitos psicológicos da pandemia, que naturalmente afetaram e afetam, de modo distinto, cada um de nós.

A quadra em que vivemos foi e continua sendo um período de aprendizado. Como não poderia ser diferente, o TCU teve que se reinventar diante da situação excepcional que se instalou no país, já que a necessidade de atuação rápida foi acompanhada de mudanças bruscas na legislação e da premência de respostas céleres aos eventuais problemas de legalidade, legitimidade, economicidade, eficiência e eficácia verificados nas ações administrativas fiscalizadas.

Não se pode deixar de destacar, nesse ponto, a criação do Coopera – Programa especial de atuação no enfrentamento à crise da COVID-19. As medidas reunidas nesse programa tiveram como propósito apoiar o gestor público e a sociedade neste momento em que ações emergenciais eram e ainda são necessárias para o combate à pandemia.

A principal ação do programa foi o Plano Especial de Acompanhamento das Ações de Combate à COVID-19, que consiste no acompanhamento de 27 ações desenvolvidas no âmbito de oito ministérios, além da efetivação de parcerias com outros órgãos para apoio às ações e troca de conhecimento e capacitação técnica.

Para ampliar a transparência das informações sobre a atuação do TCU no tema, o Tribunal lançou o Painel Informativo do Coopera, que pode ser acessado pelo sítio eletrônico https://portal.tcu.gov.br/coopera/painel/. Nele há informações sobre a quantidade de processos autuados no Tribunal tratando da fiscalização de ações relacionadas ao enfrentamento da pandemia, segmentados por tipo (acompanhamentos, representações, solicitações do Congresso Nacional e outros).

Os usuários do *site* podem obter informações sobre o assunto dos processos, o seu andamento, ou seja, sobre os atos e decisões neles praticados, sendo divulgado, ainda, o conteúdo dos acórdãos proferidos. Há, também, cartilhas, notícias e orientações para atendimento ao cidadão.

No plano do direito material, a crise sanitária nos fez ver a necessidade de atualizar o direito administrativo, mediante a flexibilização de alguns de seus institutos, a fim de possibilitar uma atuação administrativa célere e proporcional, em resposta às necessidades públicas urgentes que surgiram. Foi instituído o que o Conselheiro Luiz Henrique Lima denominou de direito público de emergência, composto por um conjunto de regras especiais visando dar maior efetividade no enfrentamento à pandemia.[10]

Por óbvio, não se pode descuidar do atendimento dos princípios aplicáveis à administração pública, especialmente a moralidade, o interesse público e a eficiência. Nesse contexto, o grande desafio é encontrar uma solução de equilíbrio entre o rigorismo do procedimento administrativo, da legalidade estrita, destinada à prevenção de ilícitos, e a busca de uma ação pública eficaz e efetiva, agindo em prol do cidadão.

A grande lição que a pandemia nos ofereceu, dentro do universo do direito administrativo, foi a importância de se flexibilizarem e se adaptarem seus institutos, a partir de mudanças bruscas nos cenários em que a norma incidirá. Nesse sentido, o novo regime extraordinário de licitações e contratações parece ter sido uma resposta legislativa adequada ao grave contexto que se apresentou diante de nós.

Nesse particular, as recentes alterações ocorridas no Decreto-Lei nº 4.657, de 4 de setembro de 1942, que trata da Lei de Introdução às normas do Direito Brasileiro

---

[10] LIMA, Luiz Henrique. Direito público de emergência e controle externo na pandemia da Covid-19: lições para o futuro? *In*: LIMA, Luiz Henrique; GODINHO, Heloísa Helena Antonácio M.; SARQUIS, Alexandre Manir Figueiredo (Coord.). *Os desafios do Controle Externo diante da pandemia da Covid-19*: estudos de ministros e conselheiros substitutos dos Tribunais de Contas. Belo Horizonte: Fórum, 2021. p. 19.

(LINDB), a partir da Lei nº 13.655, de 25 de abril de 2018, constituem uma espécie de vaticínio sobre os desafios que se apresentarão à interpretação e à aplicação das normas de Direito Público neste século XXI.

Dentre os principais vetores dessa norma, já aplicados no contexto do direito administrativo excepcional de combate à pandemia, estão a necessidade de levar em conta as consequências práticas das decisões, os obstáculos e as dificuldades reais do gestor e as exigências das políticas públicas a seu cargo, sem prejuízo dos direitos dos administrados (arts. 20 e 22 da LINDB).

Deve-se ressaltar, ainda, a importância de as autoridades públicas atuarem para aumentar a segurança jurídica na aplicação das normas, inclusive por meio de regulamentos, súmulas administrativas e respostas a consultas, como preconiza o seu art. 30.

Tal premissa foi buscada, por exemplo, no parágrafo único do art. 4º-K da Lei nº 13.979/2020, que impôs aos Tribunais de Contas o dever de "[...] atuar para aumentar a segurança jurídica na aplicação das normas desta Lei, inclusive por meio de respostas a consultas".

Esse foi o espírito que permeou a ação do TCU ao responder à consulta formulada pelo Ministério da Saúde a respeito de várias modificações normativas, à época veiculadas nas Medidas Provisórias nºs 1.003/2020 e 1.026/2021. A propósito, elas foram posteriormente convertidas nas já comentadas Leis nºs 14.121/2021 e 14.124/2021.

O principal questionamento da pasta ministerial, à época, era quanto à possibilidade de o Poder Público, em um contrato de fornecimento de vacinas, assumir a integralidade ou a quase integralidade dos riscos contratuais na alocação de riscos.

A matéria foi apreciada por meio do Acórdão nº 534/2021-TCU-Plenário, que, a respeito da questão particular anteriormente anunciada, acolheu o voto proferido pelo Ministro Benjamin Zymler, no sentido de que

> é perfeitamente possível o Poder Público pactuar novas regras de distribuição de riscos, no que se refere aos contratos para aquisição de vacinas, considerando a maior autonomia contratual conferida pelas Leis nºs 14.121/2021 e 14.124/2021 e a premência na remediação da situação de emergência causada pela pandemia do novo coronavírus.

Na ocasião, o relator pontuou que essa opção deve ser devidamente motivada, cabendo ao Estado seguir as boas práticas de governança, gestão de riscos e controles internos, bem como as circunstâncias excepcionais postas, a fim de avaliar se os termos propostos pelas fornecedoras constituem cláusulas uniformes praticadas atualmente em contratações com outros países e se são imprescindíveis à obtenção de vacinas.

Não obstante, o Ministro Benjamin Zymler assinalou que essa assunção de riscos estava sujeita a limites, como os indicados pela melhor doutrina civilista.

Segundo Sílvio de Salvo Venosa, seria incabível uma cláusula de limitação de responsabilidade que abarcasse atos praticados com dolo ou culpa grave, uma vez que isso eliminaria a eficácia preventiva do direito da responsabilidade contratual. Em suas palavras:

> De qualquer forma, ainda que livremente convencionada, não opera essa cláusula em caso de dolo do agente. Não é porque o contratante sabe que está isento de indenizar que

intencionalmente possa ocasionar o dano. Como nessa inconveniente cláusula, naturalmente o agente relaxa no cumprimento da obrigação, se sua culpa for de elevado nível (culpa grave), sua conduta se equipara ao dolo. O caso concreto vai elucidar o juiz.[11]

No mesmo sentido, o relator invocou a doutrina de José Luiz Bayeux Neto:

Em contratos paritários, o único controle material das cláusulas de limitação de responsabilidade deve ser relativo à exclusão por dolo e culpa grave. Essas duas restrições seriam suficientes para se mitigar os efeitos do moral hazard decorrente da redução ou exclusão da responsabilidade do devedor.[12]

Também fez menção a outra condição à aceitação da cláusula de limitação de responsabilidade trazida pela academia, que seria a ideia de ordem pública. Nesse sentido, invocou novamente as lições de Sílvio de Salvo Venosa,[13] sendo oportuno transcrever o seguinte trecho da doutrina de Pablo Stolze Gagliano e Rodolfo Pamplona Filho:

Para esse novo Direito Civil, mais socializado, subversivo dos antigos paradigmas, a cláusula de não indenizar, posto que não seja vedada pelo Código Civil, é condicionada a alguns parâmetros como a igualdade dos estipulantes e a não infringência de superiores preceitos de ordem pública.[14]

É preciso ressaltar, contudo, a dificuldade de se apontar, previamente, sem a devida consideração da situação concreta, quando ocorreria a infração à ordem pública, devido à polissemia e ao caráter abstrato do termo, o que implica a necessidade do labor do intérprete quanto ao seguimento das regras de hermenêutica e a devida consideração do art. 20 da LINDB.

Pelas dificuldades envolvidas na solução de eventual questão jurídica, seria importante que as cláusulas de alocação dos riscos dos contratos de aquisição de vacinas, assim como o seu inteiro teor, fossem precedidas de parecer jurídico da AGU, a fim de possibilitar o escorreito tratamento à questão.

É importante destacar que, na época da apresentação da consulta pelo Ministério da Saúde, ainda não havia sido promulgada a Lei nº 14.125/2021, a qual, conforme visto, deu um tratamento legislativo a essa questão de assunção dos riscos pelo Poder Público relacionados à responsabilidade civil pelo fornecimento de vacinas à população.

A análise realizada pelo Tribunal, à época, tomou como base a melhor teoria civilista a respeito da distribuição de riscos em contratos e a necessidade de se adaptar a lógica do contrato administrativo ao contexto peculiar da pandemia. Ao final, a solução adotada

---

[11] VENOSA, Sílvio de Salvo. *Direito Civil. Teoria Geral das Obrigações e Teoria Geral dos Contratos*. São Paulo: Editora Atlas, 2011. p. 336.

[12] BAYEUX NETO, José Luiz. *A validade da cláusula de limitação de responsabilidade no direito privado e, em especial, no contrato de transporte de carga*. Dissertação (Mestrado em Direito Civil) – Faculdade de Direito, Universidade de São Paulo, São Paulo, 2014. p. 270. Disponível em: http://www.teses.usp.br/teses/disponiveis/2/2131/tde-22082017-152228/. Acesso em 15 mar. 2021.

[13] VENOSA, Sílvio de Salvo. *Direito Civil. Teoria Geral das Obrigações e Teoria Geral dos Contratos*. São Paulo: Editora Atlas, 2011. p. 335.

[14] FILHO, Rodolfo Pamplona; GAGLIANO, Pablo Stolze. *Novo curso de direito civil, volume 3*: responsabilidade civil. São Paulo: Saraiva, 2012. p. 168.

pela unanimidade do Plenário do TCU foi similar à opção legislativa, consubstanciada na Lei nº 14.125/2021, editada quase que simultaneamente à deliberação do Tribunal.

A aludida consulta tratou de outras questões importantes a respeito da eventual incompatibilidade entre os regimes jurídicos das Leis nº 14.121/2021 e 14.124/2021 e as normas vigentes no país. Pela profundidade do tema, recomenda-se a leitura integral do Acórdão nº 534/2021-TCU-Plenário, bem como de seu relatório e voto.

De todo o exposto, é possível afirmar que os Tribunais de Contas têm um espaço ampliado e legítimo para agir preventivamente ou de modo concomitante, no direcionamento de políticas públicas para a obtenção de resultados.

Se não houve o sucesso esperado na questão do enfrentamento da pandemia, não se pode jogar fora o caminho que foi trilhado nos processos de acompanhamento autuados pelo Tribunal e na consulta comentada anteriormente. Conforme exposto, o TCU procurou agir mediante recomendações e determinações e exercer o seu papel pedagógico e orientativo. Os Tribunais de Contas devem, portanto, investir nesse campo de atuação.

Tal atuação está em linha com o papel dos Tribunais de Contas imaginado pelo Conselheiro Luiz Henrique Lima no cenário pós-pandemia, como se verifica na seguinte passagem de sua obra:

> Uma vez ultrapassado o quadro de emergência de saúde pública, é fundamental um novo posicionamento e atuação estratégica dos órgãos de controle externo, ampliando a sua capacidade colaborativa entre si e com outras instituições (IOCKEN, 2018), e alcançando efetividade no enfrentamento de duas gigantescas chagas da sociedade brasileira: a corrupção e a desigualdade.[15]

Como bem disse o prestigiado autor, as Cortes de Contas podem ser poderosos indutores do indispensável e urgente aprimoramento de políticas públicas essenciais para o bem-estar dos brasileiros e o desenvolvimento sustentável, atuando nos mais diversos campos, especialmente na educação e na saúde.

Conclusões

Os novos institutos criados em matéria de contratação pública foram importantes para imprimir celeridade à aquisição de bens e serviços necessários para o enfrentamento da pandemia. Todavia, ainda há um razoável *déficit* de conhecimento quanto à legalidade, eficiência e eficácia dos gastos realizados, devido à grande materialidade e abrangência das ações realizadas, que envolveram bilhões de recursos e despesas em todas as unidades federativas dos três níveis de governo.

Conforme visto, foram detectadas falhas de articulação e coordenação no enfrentamento da pandemia, as quais foram evidenciadas, principalmente, pela falta de

---

[15] LIMA, Luiz Henrique. Direito público de emergência e controle externo na pandemia da Covid-19: lições para o futuro? *In*: LIMA, Luiz Henrique; GODINHO, Heloísa Helena Antonácio M.; SARQUIS, Alexandre Manir Figueiredo (Coord.). *Os desafios do Controle Externo diante da pandemia da Covid-19*: estudos de ministros e conselheiros substitutos dos Tribunais de Contas. Belo Horizonte: Fórum, 2021. p. 92.

um plano tático-operacional detalhado para a viabilização das medidas do Plano de Contingência Nacional para Infecção Humana pelo novo coronavírus.

Foram identificadas, ainda, deficiências na estratégia de comunicação do Ministério da Saúde, além da ausência de uma lógica racional para a transferência de recursos financeiros e para a distribuição de insumos adquiridos de forma centralizada pelo Ministério da Saúde.

Não obstante esse cenário, é possível afirmar que o TCU buscou exercer sua função orientativa e pedagógica, ao se apresentar como um canal institucional para o esclarecimento de dúvidas a respeito do regime jurídico extraordinário editado pelo Governo Federal. Os acompanhamentos realizados no Ministério da Saúde e no Centro de Governo endereçaram determinações e recomendações no afã de contribuir na construção da política pública.

Se não houve o sucesso esperado no enfrentamento da pandemia, não se pode jogar fora o caminho que foi trilhado pela Corte de Contas. O novo cenário que surgirá após o fim da pandemia, especialmente em razão dos problemas fiscais decorrentes do aumento do endividamento público, fará com que os diversos tribunais de contas sejam cada vez mais instados a atuar nesse sentido: de cooperação interinstitucional, visando à solução de problemas comuns da administração pública.

Referências

BAYEUX NETO, José Luiz. *A validade da cláusula de limitação de responsabilidade no direito privado e, em especial, no contrato de transporte de carga*. Dissertação (Mestrado em Direito Civil) – Faculdade de Direito, Universidade de São Paulo, São Paulo, 2014. Disponível em: http://www.teses.usp.br/teses/disponiveis/2/2131/tde-22082017-152228/. Acesso em 15 mar. 2021.

BRASIL. Ministério da Economia. Secretaria Especial da Fazenda. Secretaria do Tesouro Nacional. *Relatório de Projeção da Dívida Pública 2020 – nº 2*. Brasília: 2020. Disponível em: https://sisweb.tesouro.gov.br/apex/f?p=2501:9::::9:P9_ID_PUBLICACAO:33480. Acesso em 15 jul. 2021.

BRASIL. Ministério da Saúde. Secretaria de Vigilância em Saúde. *69º Boletim Epidemiológico Especial*: doença pelo novo Coronavírus – COVID-19. Jul. 2021. Disponível em: https://www.gov.br/saude/pt-br/media/pdf/2021/julho/02/69_boletim_epidemiologico_covid_2junho.pdf. Acesso em 09 jul. 2021.

FILHO, Rodolfo Pamplona; GAGLIANO, Pablo Stolze. *Novo curso de direito civil, volume 3*: responsabilidade civil. São Paulo: Saraiva, 2012.

GAVI. *Gavi, the Vacinne Alliance helps vaccinate almost half the world's children against deadly and debilitating infectious diseases*. 2021. Disponível em: https://www.gavi.org/our-alliance/about. Acesso em 16 jul. 2021.

LIMA, Luiz Henrique. Direito público de emergência e controle externo na pandemia da Covid-19: lições para o futuro? *In*: LIMA, Luiz Henrique; GODINHO, Heloísa Helena Antonácio M.; SARQUIS, Alexandre Manir Figueiredo (Coord.). *Os desafios do Controle Externo diante da pandemia da Covid-19*: estudos de ministros e conselheiros substitutos dos Tribunais de Contas. Belo Horizonte: Fórum, 2021.

NÓBREGA, Marcos; CAMELO, Bradson; TORRES, Ronny Charles Lopes de. Pesquisa de preços nas contratações públicas, em tempos de pandemia. *In*: LIMA, Luiz Henrique; GODINHO, Heloísa Helena Antonácio M.; SARQUIS, Alexandre Manir Figueiredo (Coord.). *Os desafios do Controle Externo diante da pandemia da Covid-19*: estudos de ministros e conselheiros substitutos dos Tribunais de Contas. Belo Horizonte: Fórum, 2021.

NUNES, Bethânia. Covid-19: Anvisa permite compra de equipamentos usados para UTIs. *Metrópole*, 29 abr. 2020. Disponível em: https://www.metropoles.com/saude/covid-19-anvisa-permite-compra-de-equipamentos-usados-para-utis. Acesso em 8 jul. 2021.

PELLEGRINI, Josué Alfredo. *Análise da situação fiscal dos estados. Estudo Especial nº 14, da Instituição Fiscal Independente*. Brasília, nov. 2020. Disponível em: https://www2.senado.leg.br/bdsf/bitstream/handle/id/580041/EE14.pdf. Acesso em 15 jul. 2021.

SILVA, Mauro Santos. *Política econômica emergencial orientada para a redução dos impactos da pandemia da Covid-19 no Brasil*: medidas fiscais, de provisão de liquidez e de liberação de capital. Texto para discussão 2576. Brasília: Ministério do Planejamento, Orçamento e Gestão. Instituto de Pesquisa Econômica Aplicada (IPEA), 2020. (Internet). Disponível em: https://www.ipea.gov.br/portal/index.php?option=com_content&view=article&id=36248&Itemid=448. Acesso em 12 jul. 2021.

STATISTA. *Public debt of the United States of America from July 2020 to July 2021, by month (in billion U.S. dollars)*. 2021. Disponível em: https://www.statista.com/statistics/273294/public-debt-of-the-united-states-by-month/. Acesso em 16 jul. 2021.

VENOSA, Sílvio de Salvo. *Direito Civil. Teoria Geral das Obrigações e Teoria Geral dos Contratos*. São Paulo: Editora Atlas, 2011.

WHO – WORLD HEALTH ORGANIZATION. *Novel Coronavirus (2019-nCoV)*. Situation Report 11, 31 jan. 2020. Disponível em: https://apps.who.int/iris/bitstream/handle/10665/330776/nCoVsitrep31Jan2020-eng.pdf?sequence=1&isAllowed=y. Acesso em 12 jul. 2021.

Informação bibliográfica deste texto, conforme a NBR 6023:2018 da Associação Brasileira de Normas Técnicas (ABNT):

ZYMLER, Benjamin; ALVES, Francisco Sérgio Maia; FERNANDES, Thais da Matta Machado. A atuação do tribunal de contas da união em face das mudanças estruturais provocadas pela pandemia. *In*: LIMA, Edilberto Carlos Pontes (Coord.). *Os Tribunais de Contas, a pandemia e o futuro do controle*. Belo Horizonte: Fórum, 2021. p. 121-149. ISBN 978-65-5518-282-8.

RELATÓRIO DE PESQUISA REALIZADA PARA SUBSIDIAR A ELABORAÇÃO DE PROPOSTA DE DIRETRIZES PARA A MODALIDADE DE TELETRABALHO NOS TRIBUNAIS DE CONTAS DO BRASIL

BIANCA TRISTÃO SANDRI
FÁBIO VARGAS SOUZA
ISABELA DE FREITAS COSTA VASCONCELLOS PYLRO

Introdução

No mês de março de 2020, a Organização Mundial da Saúde (OMS) declarou a pandemia da COVID-19 com orientações de afastamento social e interrupção de serviços de transporte, reduzindo fortemente a mobilidade das pessoas. Em pouco mais de três meses, novos arranjos tiveram que ser viabilizados devido aos desdobramentos da pandemia no Brasil.

Pesquisa realizada relata mudanças nos comportamentos sociais em diferentes esferas da vida, como na família, no círculo de amizades e, especialmente, no trabalho.[1] Nesse contexto, a flexibilização no trabalho foi a alternativa encontrada, e a modalidade de teletrabalho, que é uma forma flexível de trabalho fora das dependências da instituição, com o uso de tecnologia de informação e comunicação,[2] foi adotada amplamente.

O trabalho remoto também foi a alternativa encontrada pelas Cortes de Contas para preservar a saúde e a vida de seus servidores. De forma rápida, a grande maioria foi para casa, e poucos se mantiveram em seus postos de trabalho na modalidade presencial, a fim de que as instituições pudessem receber demandas específicas, nas quais não fosse possível o atendimento remoto.

---

[1] RODRIGUES, A. C. de A. *et al.* Trabalhadores na pandemia: múltiplas realidades, múltiplos vínculos. *In: Os impactos da pandemia para o trabalhador e suas relações com o trabalho* [recurso eletrônico]. Porto Alegre: Artmed, 2020.

[2] LEITE, A. L.; LEMOS, D. D. C.; SCHNEIDER, W. A. Teletrabalho: uma revisão integrativa da literatura internacional. *Contextus – Revista Contemporânea de Economia e Gestão*, v. 17, n. 3, p. 186-209, 2019.

Ir para casa sem o preparo prévio e recursos ideais para a eficácia do trabalho teve algumas implicações, e uma delas é o *technostress*, um tipo de desgaste provocado pela tecnologia.[3] Outros estudos indicam que existem impactos positivos e negativos, tanto para o indivíduo quanto para a organização.[4]

O cenário pandêmico encontrou diferentes situações de trabalho nas instituições de controle externo do país, algumas já adotavam fortemente a modalidade de teletrabalho para todos os seus servidores; outras adotavam essa modalidade de trabalho, mas restrita a servidores vinculados a atividades finalísticas; e ainda outras, até então, não tinham tido qualquer experiência com o trabalho remoto.

Diante de tais realidades diferentes, o Comitê Técnico de Gestão de Pessoas, vinculado ao Instituto Rui Barbosa (IRB), idealizou uma pesquisa com o objetivo de ter um diagnóstico que contribuísse para a elaboração de diretrizes para uma política nacional de teletrabalho nos órgãos de controle.

A pesquisa abordou situações em três momentos diferentes: antes da pandemia, durante e após a pandemia. Cada bloco contém questões para conhecer a realidade dos respondentes antes do contexto pandêmico, assim como para verificar como os servidores estavam lidando com os vínculos familiares, de trabalho e com a comunidade, durante o trabalho remoto; e, por fim, quais eram as expectativas para o pós-pandemia.

Desse modo, este relatório apresenta o contexto, a realidade investigada e o diagnóstico da situação-problema. Em seguida, faz uma análise dos dados encontrados e, por fim, deixa algumas contribuições tecnológicas e sociais.

1 Contexto e realidade investigada

No início de 2020, o Brasil foi afetado fortemente por uma pandemia provocada pelo novo coronavírus (Sars-Cov-2) causador da COVID-19. Essa nova realidade teve forte impacto tanto na vida das pessoas quanto nas organizações privadas e públicas. A principal recomendação da ONU foi o distanciamento social, o que implicava manter as pessoas em casa pelo maior tempo possível. Gutierrez, Secretário-Geral das Nações Unidas, declarou, em março de 2020, que 'neste momento, todo cuidado, realmente, é pouco, e temos que pensar em termos de prevenção, a fim de evitar uma catástrofe sanitária, talvez sem precedentes para os que vivem atualmente'.[5]

Para promover a flexibilização do trabalho, foi adotada, naquele momento, e de maneira ampla, uma modalidade denominada *teletrabalho*, que consiste em uma forma flexível de trabalho fora das dependências da instituição com o uso de tecnologia da informação e comunicação.[6]

---

[3]   RAGU-NATHAN, T. S. *et al.* The consequences of technostress for end users in organizations: conceptual development and empirical validation. *Information Systems Research*, v. 19, n. 4, p. 417-433, 2008.

[4]   LEITE, A. L.; LEMOS, D. D. C.; SCHNEIDER, W. A. Teletrabalho: uma revisão integrativa da literatura internacional. *Contextus – Revista Contemporânea de Economia e Gestão*, v. 17, n. 3, p. 186-209, 2019.

[5]   BERTOLOTE, José. O otimismo ingênuo é um enorme risco ao agravamento da pandemia. *ONU News*, 22 mar. 2020. Disponível em: https://news.un.org/pt/story/2020/03/1708172. Acesso em 29 jun. 2021.

[6]   LEITE, A. L.; LEMOS, D. D. C.; SCHNEIDER, W. A. Teletrabalho: uma revisão integrativa da literatura internacional. *Contextus – Revista Contemporânea de Economia e Gestão*, v. 17, n. 3, p. 186-209, 2019.

Estudos[7] revelam que o teletrabalho pode gerar tanto impactos positivos quanto negativos, seja para os indivíduos ou para as organizações.

Na medida em que muitas instituições públicas precisaram adotar rapidamente o teletrabalho, algumas já com regulamentação própria, mas com necessidade de atualização para atender ao novo momento, outras, sem experiência nessa modalidade de trabalho, tiveram que adotar o regime de teletrabalho, a fim de resguardar seus funcionários e atender às recomendações das autoridades sanitárias locais. Nesse contexto, o Comitê de Gestão de Pessoas dos Tribunais de Contas, junto ao Instituto Rui Barbosa (IRB), desejava contribuir evidenciando dados sobre a realidade relacionada ao teletrabalho na pandemia da COVID-19 nas Cortes de Contas do país, a fim de que cada ente federado pudesse refletir sobre o seu cenário, e assim fosse possível construir uma regulamentação sobre a política de teletrabalho.

Os Tribunais de Contas são instituições públicas que trabalham gerando 'serviços intelectuais' que são materializados por meio de manifestações processuais, chamadas, geralmente, de atividades. Existem diversos tipos de manifestações: despachos, instruções técnicas, relatórios de auditoria, instruções processuais de natureza contábil, de natureza de fiscalização de obras de engenharia, dentre outras. Uma característica dessas atividades é ter a sua execução realizada de forma individual. De maneira diferente estão as atividades desenvolvidas pelas unidades de trabalho que estão nas áreas de atividades-meio. Grande parte delas são realizadas em equipe, ou pelo menos o grau de dependência entre as pessoas nas etapas de sua execução é bem maior.

A pandemia da COVID-19 exigiu que todos os Tribunais de Contas, sem distinção de áreas de trabalho, fossem para a modalidade teletrabalho, permanecendo fisicamente na instituição pouquíssimas pessoas, apenas para manter as instituições em funcionamento e para recebimento de protocolos e algumas outras atividades operacionais. A ampliação do trabalho nessa nova modalidade exigia uma investigação acerca dos impactos positivos e negativos que causaria, tanto para os indivíduos quanto para a instituição. Esse novo cenário também gerou um ambiente de ansiedade e incertezas, além de modificar as estruturas familiares. Essa era a realidade a ser investigada.

2 Diagnóstico da situação-problema e/ou oportunidade

A pesquisa foi idealizada pelo Comitê de Gestão de Pessoas dos Tribunais de Contas e coordenada por uma equipe composta por três servidores da Escola de Contas Públicas do Tribunal de Contas do Estado do Espírito Santo.

Teve como objetivo principal identificar questões relacionadas ao teletrabalho na pandemia da COVID-19, para subsidiar a elaboração de diretrizes para essa modalidade de trabalho nos Tribunais de Contas do país.

A estrutura de referência do questionário foi a utilizada em uma investigação anterior e realizada em junho de 2020, com o objetivo de analisar os efeitos da COVID-19 nos

---

[7] LEITE, A. L.; LEMOS, D. D. C.; SCHNEIDER, W. A. Teletrabalho: uma revisão integrativa da literatura internacional. *Contextus – Revista Contemporânea de Economia e Gestão*, v. 17, n. 3, p. 186-209, 2019.

teletrabalhadores do Tribunal de Contas do Estado do Espírito Santo.[8] O Comitê de Gestão de Pessoas, vinculado ao IRB, tinha novos interesses de investigação, exigindo ajustes e validação na estrutura inicial do questionário, que foram realizadas por meio de reuniões on-line previamente agendadas. A equipe do Comitê também fez simulações, a fim de identificar possíveis inconsistências nas perguntas e respostas.

A pesquisa foi realizada no período 8 a 14 de março de 2021. A aplicação se deu por meio do formulário eletrônico *Google Form*, encaminhado pelo Presidente do Comitê Técnico de Gestão de Pessoas do IRB, o Conselheiro Joaquim Alves de Castro Neto, para divulgação junto aos Presidentes de Tribunais de Contas de todos os entes da Federação.

Das 32 Cortes de Contas que integram o Sistema de Controle Externo Brasileiro, 97% participaram como respondentes institucionais, e como respondentes individuais 37% (7.555) de um total de 20.413 servidores. A estimativa por intervalo apresentado foi com nível de confiança de 99% e erro amostral de 5%.

3   Análise da situação-problema

A técnica de amostragem utilizada foi a não probabilística, por acessibilidade. A coleta de dados primária foi efetuada por meio da aplicação de questionário eletrônico estruturado (*Google Form*), contendo 84 questões, distribuídas da seguinte forma: o primeiro bloco de perguntas (Bloco 1) tratou de questões relacionadas ao trabalho em sua instituição antes da pandemia; o segundo bloco (Bloco 2) versou sobre as situações de trabalho e vida pessoal relacionadas ao período durante a pandemia; em seguida, o terceiro bloco (Bloco 3) agregou perguntas sobre as perspectivas dos teletrabalhadores após a pandemia; e, por fim, o último bloco (Bloco 4) avaliou o gênero, a faixa etária, o tempo de trabalho nas instituições, o tipo de servidor (comissionado ou efetivo), a área de trabalho (finalística, meio ou outra), as facilidades ou não de manter-se em isolamento.

As questões foram do tipo fechada. Também foi utilizada a escala de Likert, para mensuração dos afetos positivos e negativos, do esgotamento mental, e também para percepção sobre a estrutura familiar e tecnológica, sobre os impactos provocados pela atuação do gestor e sobre a conciliação da vida pessoal com o trabalho.

A apresentação dos resultados preliminares ocorreu por meio de *live* institucional promovida pela Associação Brasileira dos Presidentes dos Tribunais de Contas (ABPTC), em 13 de maio de 2021. Na oportunidade, mais de mil pessoas tiveram interesse em conhecer os resultados revelados pela pesquisa.

Os resultados foram entregues ao Instituto Rui Barbosa (IRB), tanto de forma agregada, ao consolidar as respostas de todos os tribunais de contas participantes, quanto de forma individualizada, possibilitando que cada tribunal pudesse conhecer sua realidade, assim como relacionar seus resultados com o restante do país. Os resultados individuais foram enviados pelo IRB ao presidente das Cortes de Contas.

Ao analisar-se os dados, o distanciamento que compreende o período temporal entre o início da pandemia, em especial a data em que houve recomendação de distanciamento

---

[8]   PYLRO, Isabela de Freitas Costa *et al*. COVID-19: reflexos do cenário pandêmico nos teletrabalhadores do Tribunal de Contas do Estado do Espírito Santo (TCE-ES). *Revista TCU*, Brasília, n. 146, p. 147-155, 2020. ISSN eletrônico – 2594-6501.

social (março de 2020) e o efetivo período da coleta de dados (março de 2021) deve ser considerado, assim como as diferentes realidades que se encontravam e que ainda se encontram cada estado da federação frente à pandemia da COVID-19. Quanto aos dados comportamentais apresentados, recomenda-se ponderar sobre a cultura organizacional de cada instituição respondente, bem como se há ou não a implementação de programas de capacitação dos gestores frente ao novo cenário de pandemia e situação de trabalho remoto. Os dados relativos à percepção da realidade atual dos servidores devem ser refletidos sob a dimensão emocional do bem-estar subjetivo, conceitos esses apresentados pela psicologia positiva.

Para facilitar o entendimento da análise, optou-se por manter os blocos conforme estruturado no questionário:

3.1 Bloco 1 – Antes da pandemia

Para 61% dos respondentes, a sua instituição de trabalho tinha regulamentação específica sobre teletrabalho, mas 91% não estavam em teletrabalho antes da pandemia. Dos que estavam em teletrabalho nesse período, 31,1% desenvolviam suas atividades nos cinco dias da semana nessa condição. Em seguida, estão 28,2% com frequência semanal de dois dias, ou seja, uma situação híbrida.

As atividades na condição de teletrabalho eram desenvolvidas no mesmo horário que seria o horário presencial para 65% dos teletrabalhadores, e 71% tinha meta de produtividade a ser alcançada.

Uma variável indicada pelos respondentes é sobre o tempo de trajeto entre casa e trabalho, do total de respondentes (57,4%) gastavam até 30 minutos nesse trajeto, e a maioria fazia esse deslocamento por meio de automóvel (75,5%).

3.2 Bloco 2 – Durante a pandemia

Durante o período de afastamento social, os que não estavam em teletrabalho passaram a fazer suas atividades remotamente (89,5%), mas 5,2% ainda permaneceram presencialmente, e 5,3% já estavam em teletrabalho antes da pandemia. Do grupo que foi para o teletrabalho durante a pandemia, 79% desenvolviam suas atividades nos cinco dias da semana. Para atender às demandas, 55% dos respondentes informaram que não houve alteração na carga-horária diária no novo contexto, e reconheceram que houve leve melhoria da sua produtividade, quando comparada com o momento anterior ao contexto da pandemia (53,1%).

Do total de respondentes, 84% informaram que o seu Tribunal de Contas tinha, elaborou ou ajustou regulamentação específica sobre o teletrabalho no período pandêmico.

Os servidores em teletrabalho informaram que permanecem conectados aos sistemas de seus órgãos por um período de até sete horas diárias (36%), de sete a oito horas diárias são 37%, e de nove a 12 horas diárias são 23%.

As reuniões fora do horário de trabalho ou outras demandas são realidades para 33,6% dos respondentes, e 66,4% informaram que não têm essa demanda ativa.

A comunicação diária com sua chefia é feita por 50% dos respondentes, assim como a comunicação com os integrantes de sua equipe (pares) é de 56% diariamente. Sobre as orientações recebidas pelos gestores no período de pandemia, 83% informaram que são extremamente claras ou bastante claras.

As atividades/entregas são acompanhadas para 93% dos respondentes. Esse acompanhamento é realizado por sistema disponibilizado pelo próprio Tribunal (48,7%), e por planilha própria criada pela área de trabalho (44,4%).

A adaptação inicial ao teletrabalho não aconteceu de forma tranquila para 36% dos respondentes, foi bastante tranquila para 31%, e extremamente tranquila para 33% dos servidores. Dentre as possíveis razões apontadas está a convivência familiar e a conciliação das atividades domésticas com o trabalho durante o período, 72% dos respondentes informaram que essa convivência e as atividades de trabalho não impactaram na nova rotina, e 28% foram impactados bastante ou extremamente.

Com relação à adequação da estrutura física em casa para a prática do teletrabalho, 42% dos respondentes informou que não está adequada, 31% bastante adequada, e 27% está adequada.

No que se refere à produtividade no sistema de teletrabalho, 56% alegaram que essa aumentou, seja de forma extrema ou bastante para os respondentes. Assim como a criatividade aumentou bastante para 30% dos servidores, e aumentou moderadamente para 27% desse grupo.

A recomendação para manter-se em afastamento social implicou em redução significativa das relações pessoais. Para os respondentes em teletrabalho, essa condição reduziu a realização de atividades conjuntas com outros colegas, 65% dos respondentes afirmaram que foi de moderadamente a extremamente esse sentimento; 56% do grupo sente necessidade de se conectar pessoalmente com os seus colegas de trabalho; e 28% tem pouca necessidade dessa conexão. Dentre as alternativas de comunicação, 87% se comunica com seus colegas e gestores através de e-mail, *whatsapp* e zoom, dentre outras ferramentas.

Do total de respondentes, 85% afirmaram que estão conseguindo entregar as atividades demandadas nos prazos pactuados, mas 45% perceberam que a execução das tarefas que depende de outros tem sido mais morosa.

Nesse bloco foram realizadas perguntas relativas a competências técnicas e gerenciais. As respostas trazem algumas sinalizações interessantes na percepção dos respondentes, dentre as quais pode-se destacar:

a) 70% precisou desenvolver novas competências técnicas ou comportamentais durante a pandemia;

b) Das competências desenvolvidas, as que mais tiveram incidência de respostas foram: atualização em sistemas e aplicativos (30,3%), 29,6% em administração do tempo (29,6%) e resiliência (6,9%);

c) Dos 25% dos gestores que responderam ao questionário, 62% informaram que precisam desenvolver a competência de gestão de equipes, 60% de planejamento de atividades remotas e reuniões virtuais com a equipe, e 59% estratégias de comunicação com a equipe. Esses mesmos gestores declararam que precisam desenvolver, principalmente, as seguintes competências técnicas: 52% em conhecimento de sistemas de informação, 40,4% em análise de cenários e tendências, 40,6% em gestão de processos;

d) Por outro lado, os 75% dos servidores não gestores perceberam que seus gestores devem aprimorar-se em reuniões virtuais com a equipe (98%), em planejamento de atividades remotas (97%) e *feedback* (89%). Esse grupo de servidores também apontou que seus gestores devem desenvolver algumas competências técnicas, a exemplo de análise de cenários e tendências (28%), gestão de processos (21,0%) e conhecimento de sistemas de informação (21,8%);

e) Destaca-se que a 'empatia' é a competência comportamental a ser aprimorada por 41% dos gestores, e sob a visão do servidor com relação ao seu gestor, o percentual é de 43%. Há uma forte sintonia nesse achado.

Esses resultados guardam conformidade com o teletrabalho. Em pesquisa anterior,[9] os dados revelaram que, por se tratar de trabalho remoto, as equipes precisam desenvolver novas habilidades para conseguirem trabalhar a distância. Tanto os gestores quanto os liderados devem fazer uso de meios eficazes para se comunicar, a fim de que os resultados do trabalho, agora não presencial, possam ser alcançados.

O cenário atual afetado pela COVID-19 gera um ambiente de ansiedade e incertezas, modificando também as estruturas familiares. Para 34% dos respondentes a experiência de teletrabalho durante a pandemia tem sido cansativa, e 33% afirmaram que discordam totalmente dessa sensação de cansaço. Entretanto, a grande maioria dos respondentes informou que tem conseguido conciliar as tarefas familiares com as tarefas de trabalho (86%).

Por outro lado, os servidores respondentes (88%) afirmaram que o trabalho contribui para uma vida com propósito e significado. Esse mesmo grupo sente-se privilegiado em continuar trabalhando (97,7%).

Nessa etapa do questionário existe um grupo de perguntas sobre o quanto os respondentes desejam continuar em teletrabalho após a pandemia da COVID-19: 87% do total de respondentes entendem que o teletrabalho pode ser uma nova opção de trabalho após a pandemia. Para que essa nova modalidade se torne possível após o período pandêmico, 93% apoia a revisão ou a implementação de regulamentação de uma política de teletrabalho em seu Tribunal.

A percepção da realidade atual pelos teletrabalhadores pode ser afetada pelos afetos positivos e negativos. Os afetos positivos e negativos são a dimensão do emocional do bem-estar subjetivo,[10] que é a percepção que o sujeito possui de quanto feliz ele está com a sua vida.[11] Nesse grupo de perguntas, quando se utilizou a escala de Likert sobre o bem-estar subjetivo dos respondentes durante a pandemia da COVID-19, chegou-se aos seguintes resultados:

a) 41% dos servidores têm apresentado frequência 'às vezes' ou 'frequentemente' em situações de baixa energia e motivação;

---

[9] PYLRO, Isabela de Freitas Costa *et al*. COVID-19: reflexos do cenário pandêmico nos teletrabalhadores do Tribunal de Contas do Estado do Espírito Santo (TCE-ES). *Revista TCU*, Brasília, n. 146, p. 147-155, 2020. ISSN eletrônico – 2594-6501.

[10] DIENER, E. Subjetive Well-Being, n. 3, v. 95, p. 542-575. *American Psycological Association Inc*, 1984.

[11] DIENER, E.; SCOLLON, C. N.; LUCAS, R. E. The involving concept of subjective wellbeing: The multifaceted nature of happiness. *Advances in Cell Aging and Gerontology*, n. 15, p. 187-219, 2003; PYLRO, Isabela de Freitas Costa *et al*. COVID-19: reflexos do cenário pandêmico nos teletrabalhadores do Tribunal de Contas do Estado do Espírito Santo (TCE-ES). *Revista TCU*, Brasília, n. 146, p. 147-155, 2020. ISSN eletrônico – 2594-6501.

b) 49% dos servidores têm apresentado frequência 'às vezes' ou 'frequentemente' em situação de irritação e ansiedade;

c) O cansaço digital está presente em 39% dos servidores, essa frequência ocorre 'às vezes' ou 'frequentemente';

d) 45% sentem falta de interação humana como uma situação apresentada com frequência 'às vezes' ou 'frequentemente';

e) O diagnóstico de pânico é uma situação presente em 45% dos respondentes com frequência 'às vezes' ou 'frequentemente'.

Esses resultados sinalizam sintomas emocionais, esgotamento mental e falta de conexão com as pessoas e devem ser avaliados, considerando a possibilidade de se ter o teletrabalho como nova modalidade de trabalho após a pandemia. Um dado favorável e apresentado por 82,6% dos respondentes é o fato de terem se sentido acolhidos pelo seu Tribunal, ao perceberem que existia uma preocupação com o seu bem-estar em relação à sua saúde.

De forma geral, as instituições dispõem de serviço de saúde para os seus servidores, 52,6% dos respondentes afirmaram que a sua instituição tem médico, 41,5% tem psicólogo, e 17,5% informaram que o seu órgão não oferece serviço algum.

69,4% dos respondentes têm praticado atividades físicas, assistido a filmes e documentários (64,4%) e praticado diversos hobbies (49,4%) como recursos pessoais para lidar com o stress durante a pandemia e o teletrabalho.

3.3 Bloco 3 – Pós-pandemia

Considerando o cenário pós-pandemia e a possibilidade de se manter na modalidade de teletrabalho, 80,4% dos servidores respondentes informaram que gostariam de continuar nessa modalidade. Desses, 47,6% com frequência de cinco dias na semana, e 24,3% com frequência de três dias na semana, o que pode ser entendido como uma situação hibrida, parte da semana em trabalho remoto, e parte presencial.

Entretanto, para a adoção do teletrabalho no pós-pandemia, 94% considera que a estrutura física adequada é muito ou extremamente importante nessa modalidade, e 90% afirma que a disponibilidade de recursos tecnológicos adequados é muito ou extremamente importante. Além dessas duas variáveis, 83% dos respondentes indicaram que o estabelecimento de limites em relação ao tempo conectado com o trabalho é muito ou extremamente importante.

Os respondentes também citaram a importância de ter acompanhamento contínuo dos gestores, de maneira individualizada e coletiva, uma prática importante para 70,5%. A adoção de *feedback* sobre o aspecto do desempenho do trabalho, entre líderes e servidores, é considerada muito ou extremamente importante para 80% dos servidores. Acompanhar a produtividade é importante para 77% do grupo de respondentes, e 88% afirmaram que ter clara a definição de objetivos/entregas é muito importante.

Uma variável importante nessa nova modalidade de trabalho é a oferta de capacitação na modalidade a distância, 74% dos respondentes consideram muito ou extremamente importante terem capacitação on-line. 67% do grupo também declara importante rever as competências técnicas e comportamentais das carreiras.

Para preservar as relações de trabalho e de engajamento das pessoas com a organização (Tribunais de Contas), 72% dos respondentes sugeriram encontros e reuniões para estímulo ao vínculo, e revelaram considerar muito importante (80%) promover ações de saúde física e mental.

O grupo considera como as maiores vantagens do teletrabalho: 90% não ter deslocamento, 79,7% horário flexível, 70,6% diminuição das despesas dos Tribunais de Contas.

3.4 Bloco 4 – Perfil dos respondentes

Das 7.555 respostas obtidas na pesquisa, que permitiu medir o grau de confiança em 99% e um erro amostral de 5%, constatou-se que 53% dos respondentes eram do sexo masculino e 47% do sexo feminino. Com relação à faixa etária, 60% dos servidores estão na faixa etária de 30 a 50 anos. Quanto a filhos, 68,5% têm filhos, sendo que 47,5% têm filhos maiores de 18 anos. 59% são casados, e 64,7% trabalham no Tribunal de Contas a menos de 15 anos. Esse indicador é interessante na medida em que se reconhece a renovação dos técnicos e especialistas da área de controle externo.

A pesquisa revelou que, dentre o grupo de respondentes, 62% tiveram COVID-19, ou algum familiar próximo foi contaminado. Dos 35% que responderam que têm algum tipo de problema de saúde, 68% estão controlando esse problema, indo a médico, tomando medicação e fazendo exames.

4 Contribuições tecnológicas e sociais

O objetivo desta pesquisa foi obter um diagnóstico dos servidores das Cortes de Contas do Brasil em situação de afastamento social recomendado pelos órgãos sanitários locais devido à pandemia da COVID-19, identificando a experiência do trabalho na modalidade de teletrabalho, e os efeitos nos teletrabalhadores, de forma a contribuir para a construção de diretrizes que regulamentem a política de teletrabalho.

Os resultados sugerem que mesmo em um cenário atípico como o atual, o teletrabalho foi percebido positivamente por 80,4% dos respondentes, que consideram uma alternativa válida a continuidade nessa modalidade de trabalho após a pandemia.

A intenção de continuar em teletrabalho também sinaliza a necessidade de acompanhamento contínuo dos gestores de maneira individualizada e coletiva (70,5%), a importância de se adotar *feedback* entre líderes e servidores (80%), e a definição clara de objetivos/entregas (88%).

Dentre os resultados apontados pelos respondentes, ter uma estrutura familiar (94%) e disponibilidade de recursos tecnológicos (97%) adequados são dois requisitos importantes para a manutenção do teletrabalho no pós-pandemia, e deve ser objeto de análise criteriosa na regulamentação da política dessa nova modalidade de trabalho.

Novas competências (duas com mais de 29% de incidência de respostas) tiveram que ser rapidamente aprendidas durante o teletrabalho na pandemia, conforme constatado pelos respondentes: administração do tempo e atualização em sistemas e aplicativos. Mas outras competências técnicas e comportamentais precisaram ser aprimoradas, seja na visão do próprio gestor, seja na visão dos servidores em relação a seus gestores. Essas manifestações poderão contribuir sobremaneira para o planejamento das escolas de contas e suas ações acadêmicas.

Deve-se considerar que o momento vivido é atípico e afeta todas as relações, inclusive no teletrabalho. Possivelmente, a baixa energia e motivação, a irritação e a ansiedade digital (*technostress*) experimentadas, às vezes ou frequentemente, pelos respondentes são exemplos de outras variáveis que podem afetar também as relações pessoais e os resultados.

Uma das possíveis associações que podem ser realizadas com os dados levantados é em relação ao quanto o servidor não se sentiu acolhido pelo seu Tribunal (17,4%) e qual foi a frequência experimentada na variável 'cansaço digital' (*technostress*). Esses servidores não acolhidos experimentaram valores maiores na frequência 'às vezes' (30%), 'frequentemente' (20%) e 'sempre' (8%), o que perfaz 58% em cansaço digital.

Considerando a mesma lógica de cruzamento de dados, o grupo de respondentes que não se sentiu acolhido pelo seu órgão durante a pandemia também teve frequência maior no diagnóstico de extrema ansiedade, 18% 'às vezes', 11% 'frequentemente' e 6% 'sempre', o que alcança 35% dos servidores com essa percepção. Se sentir acolhido contribui para experimentar menos ansiedade, em comparação aos que se sentiram acolhidos, 80% experimentou menos ansiedade.

Os dados sobre o diagnóstico de esgotamento mental também têm frequência significativa para esse mesmo grupo de servidores, 34% experimentaram esse diagnóstico 'às vezes', 'frequentemente' e 'sempre'. Ao comparar com os que se sentiram acolhidos, 84% tiveram baixa frequência em esgotamento mental.

Uma variável relevante indicada pelos servidores é sobre a importância do acompanhamento contínuo da produtividade, 77% reconhecem como muito e extremamente importante esse acompanhamento. O engajamento no trabalho pode gerar resultados positivos na produtividade, pois os servidores tendem a trabalhar de forma mais intensa e focada, a fim de atingir os objetivos almejados por suas organizações.[12] Por outro lado, e de acordo com Dalanhol, Freitas, Hutz, Machado e Vasquez,[13] altas demandas de trabalho provocam o desgaste físico e mental do trabalhador e podem levar ao esgotamento de energia (cansaço, desânimo), e a problemas de saúde como o esgotamento mental (*Síndrome de Burnout*). Esses achados reforçam o que foi observado por Sant'anna; Paschoal; Gozendo,[14] que conforme a situação apresentada, é necessário compreender que a segurança psicológica é fator crítico para entrega e manutenção dos resultados, assim como a observação quanto ao engajamento do trabalhador.

Estimular as pessoas a buscarem emoções positivas, a engajarem-se no seu trabalho e a desenvolveram relacionamentos saudáveis pode ajudá-las a vivenciarem uma vida mais plena, equilibrada e com propósito, impulsionando-as, inclusive, a serem mais produtivas no seu trabalho.[15] Programas com foco no bem-estar no trabalho e com oferta de suporte psicológico também podem favorecer a saúde mental.

---

[12] BAKKER, A. B. An evidence-based model of work engagement. *Current directions in psychological science*, v. 20, n. 4, p. 265-269, 2011.

[13] DALANHOL, N. S. *et al*. Engajamento no Trabalho, saúde mental e personalidade em oficiais de justiça. *Psico*, Porto Alegre, n. 48, v. 2, p. 109-119, 2017.

[14] SANT'ANNA L.; PASCHOAL T.; GOZENDO E.. Bem-estar no trabalho: relações com os estilos de liderança e suporte para ascensão, promoção e salários. *Revista de Administração Contemporânea* n. 16, v. 5, out 2012, ANPAD, 2012.

[15] SELIGMAN, M. E. P. *Flourish*: a Visionary New Understanding of Happiness and Well-Being. New York, NY: Free Press, 2011.

Os programas de capacitação de gestores também podem contribuir para a melhoria das relações de trabalho, a manutenção do engajamento, a sensação de pertencimento e a manutenção dos níveis de produtividade.

A pesquisa envolveu a utilização de amostragem não probabilística por acessibilidade, uma limitação do estudo. Por outro lado, os resultados apresentados têm um volume rico de dados, e que contribuirá para a definição de diretrizes para o estabelecimento da modalidade de teletrabalho nos diversos tribunais de contas existentes no país.

Recomenda-se novos estudos sobre o bem-estar e engajamento de servidores em teletrabalho, pois, considerando as diferenças culturais e regionais, muitas dessas variáveis não foram consideradas nesta pesquisa, mas poderão ser mérito de novas investigações.

Referências

ASSAD, A. *Liderança Tóxica. Você é um líder contagiante ou contagioso*. Rio de Janeiro: Alta Books, 2017.

BAKKER, A. B.; DEMEROUTI, E. *Towards a model of work*. USA: Association for Psychological Science, 2008.

BAKKER, A. B. An evidence-based model of work engagement. *Current directions in psychological science*, v. 20, n. 4, p. 265-269, Sage Journals, 2011.

BERTOLOTE, J. O otimismo ingênuo é um enorme risco ao agravamento da pandemia. *ONU News*, 22 mar. 2020. Disponível em: https://news.un.org/pt/story/2020/03/1708172. Acesso em 29 jun. 2021.

DALANHOL, N. S. *et al*. Engajamento no Trabalho, saúde mental e personalidade em oficiais de justiça. *Psico*, Porto Alegre, n. 48, v. 2, p. 109-119, 2017.

DIENER, E.; SCOLLON, C. N.; LUCAS, R. E. The involving concept of subjective well being: The multifaceted nature of happiness. *Advances in Cell Aging and Gerontology*, n. 15, p. 187-219, 2003.

HUTZ, C. S. (Org.). *Avaliação em psicologia positiva*. Porto Alegre: Artmed, 2014. Reimpressão, 2016.

LEITE, A. L.; LEMOS, D. D. C.; SCHNEIDER, W. A. Teletrabalho: uma revisão integrativa da literatura internacional. *Contextus – Revista Contemporânea de Economia e Gestão*, Ceará, v. 17, n. 3, p. 186-209, 2019.

MACEY, W. H. *et al. Employee engagement*: tools for analysis, practice, and competitive advantage. New Jersey: John Wiley & Sons, 2011.

PYLRO, Isabela de Freitas Costa *et al*. COVID-19: reflexos do cenário pandêmico nos teletrabalhadores do Tribunal de Contas do Estado do Espírito Santo (TCE-ES). *Revista TCU*, Brasília, n. 146, p. 147-155, 2020. ISSN eletrônico – 2594-6501.

RAGU-NATHAN, T. S. *et al*. The consequences of technostress for end users in organizations: conceptual development and empirical validation. *Information Systems Research*, v. 19, n. 4, p. 417-433, 2008.

RODRIGUES, A. C. de A. *et al*. Trabalhadores na pandemia: múltiplas realidades, múltiplos vínculos. *In*: *Os impactos da pandemia para o trabalhador e suas relações com o trabalho* [recurso eletrônico]. Porto Alegre: Artmed, 2020.

SELIGMAN, M. E. P. *Flourish*: a Visionary New Understanding of Happiness and Well-Being. New York, NY: Free Press, 2011.

SELIGMAN, M. E. P. *Felicidade autêntica: use a psicologia positiva para alcançar todo seu potencial*. 2. ed. Rio de Janeiro: Objetiva, 2019.

SELIGMAN, M. E. P. *Florescer*: uma nova compreensão da felicidade e do bem-estar. 1. ed. Rio de Janeiro: Objetiva, 2019.

Anexos

Questionários da pesquisa

BLOCO 1: ANTES DA PANDEMIA COVID-19

1. Em relação ao teletrabalho, ANTES da ocorrência da Pandemia por COVID-19:

    1. 1.1 O TC que você trabalha possuía regulamentação específica para teletrabalho?
    ( ) Sim   ( ) Não

    2. 1.2 Você estava em teletrabalho antes da pandemia?
    ( ) Sim. *Pular para a pergunta 4* ( ) Não. *Pula para a pergunta 3*

    3. 1.2.1 Você desejava/pensava na possibilidade de trabalhar remotamente?
    ( ) Sim   ( ) Não

    4. 1.2.2 Qual era a frequência semanal de trabalho remoto que realizava antes da pandemia?
    ( ) 1 dia   ( ) 2 dias   ( ) 3 dias   ( ) 4 dias   ( ) 5 dias

    5. 1.2.3 Você executava suas atividades dentro do mesmo horário que seria o seu horário presencial?
    ( ) Sim   ( ) Não

    6. 1.2.4 Você possuía alguma meta de produtividade específica por trabalhar remotamente?
    ( ) Sim   ( ) Não

    7. 1.3 Quanto tempo você gastava no trajeto de casa ao trabalho (em cada trajeto de ida ou volta?)
    ( ) Até 30 minutos   ( ) De 30 a 60 minutos   ( ) Mais de 60 minutos

    8. 1.4 Qual o principal tipo de transporte utilizado neste deslocamento?
    ( ) Carro próprio   ( ) Transporte por aplicativos (ex.: Uber)
    ( ) Ônibus   ( ) Metrô   ( ) Trem   ( ) Bicicleta   ( ) A pé   ( ) Outros

BLOCO 2: DURANTE A PANDEMIA – COVID-19

2. Em relação ao teletrabalho, realizado DURANTE a pandemia, e adotado como medida de prevenção ao contágio pelo novo coronavírus:

    9. 2.1 O TC que você trabalha, durante a pandemia, elaborou uma regulamentação específica ou ajustou o regulamento existente sobre o teletrabalho?
    ( ) Sim   ( ) Não

10. 2.2 Você passou a realizar as suas atividades de forma remota?
( ) Sim ( ) Não, continuou presencialmente
( ) Eu já atuava remotamente

11. 2.3 Qual é a frequência de trabalho remoto que você tem realizado durante a pandemia (dias por semana)?
( ) 1 dia ( ) 2 dias ( ) 3 dias ( ) 4 dias ( ) 5 dias

12. 2.4 Quanto à carga horária de trabalho necessária para o atendimento das demandas no atual contexto:
( ) Sem parâmetros (por ingresso/relocação em 2020)
( ) Sem alterações na carga horária para atendimento das demandas no atual contexto
( ) Necessidade de maior carga horária para atender a mesma quantidade de demandas
( ) Necessidade de menor carga horária, pois ocorreu diminuição de demandas
( ) Necessidade de maior carga horária, pois ocorreu aumento de produtividade
( ) Outros

13. 2.5 Considerando apenas a carga horária regular, como você avalia a sua produtividade atual, quando comparada com o momento anterior ao contexto de pandemia do coronavírus?
( ) Sem parâmetros (por ingresso/relotação em 2020)
( ) Totalmente ocioso
( ) Consideravelmente inferior à produtividade anterior
( ) Produtividade praticamente inalterada
( ) Levemente superior à produtividade anterior

14. 2.6 Quantas horas diárias você permanece conectado com o trabalho (uso do computador, uso profissional de mensagens instantâneas, como *whatsapp*, *teams*, etc.)?
( ) Até 7 horas diárias   ( ) De 7 a 8 horas diárias
( ) De 8 a 9 horas diárias   ( ) Mais de 9 horas diárias

15. 2.7 Você tem sido demandado para trabalhos ou reuniões fora do seu horário de trabalho regular?
( ) Sim ( ) Não

16. 2.8 Com qual frequência você se comunica com sua chefia?
( ) Diariamente
( ) Vez por semana
( ) A 4 vezes por semana

( ) Quinzenalmente

( ) Mensalmente

17. 2.9 Com qual frequência você se comunica com os integrantes de sua equipe?

( ) Diariamente

( ) Vez por semana

( ) A 4 vezes por semana

( ) Quinzenalmente

( ) Mensalmente

( ) Diariamente

18. 2.10 Há alguma forma de acompanhamento das atividades/entregas?

( ) Sim. *Pular para a pergunta 19* ( ) Não. *Pular para a pergunta 20*

19. 2.10.1 Qual o meio utilizado para esse acompanhamento?

( ) Planilha própria criada pela área

( ) Sistema disponibilizado pelo Tribunal

( ) Aplicativos específicos (ex.: Trello)

20. 2.11 Numa escala de 5 "extremamente", 4 "bastante", 3 "moderadamente", 2 "um pouco", 1 "nem um pouco", responda as questões a seguir.

1	2	3	4	5
Nem um pouco	Um pouco	Moderadamente	Bastante	Extremamente

1. A adaptação ao teletrabalho ocorreu de forma tranquila.
2. A convivência familiar e a conciliação das atividades domésticas com o trabalho, impacta minha nova rotina.
3. A estrutura física em casa (ambiente, mesa, cadeira, iluminação, ventilação, etc.) está adequada para a prática do teletrabalho.
4. A estrutura técnica (acessos aos sistemas do Tribunal, recursos de internet, softwares e equipamentos de informática) está adequada para que as atividades sejam realizadas adequadamente na modalidade de teletrabalho.
5. As informações e orientações que recebo de meu gestor nesse período são claras e objetivas.
6. A modalidade de trabalho remoto aumentou minha produtividade.
7. A modalidade de trabalho remoto aumentou minha criatividade.
8. O teletrabalho reduziu a realização de atividades conjuntas com outros colegas.
9. Sinto necessidade de me conectar pessoalmente com meus colegas de trabalho.

10. Tenho conseguido entregar as atividades que me são demandadas nos prazos pactuados.
11. A comunicação por e-mail, *whatsapp, zoom, teams*, google ou outras ferramentas, facilita o desenvolvimento das atividades com meus colegas e gestor.
12. A execução de tarefas que dependem de outros tem sido mais morosas.

21. 2.12 Você teve necessidade de desenvolver novas competências técnicas ou comportamentais durante a pandemia da Covid-19?
 (   ) Sim. *Pular para a pergunta 22* (   ) Não. *Pular para a pergunta 23*

22. 2.12.1 Indique as competências:
 (   ) Análise crítica
 (   ) Análise de dados
 (   ) Análise de risco
 (   ) Administração do tempo
 (   ) Atualização em sistemas e aplicativos
 (   ) Capacidade de melhorar minha comunicação
 (   ) Capacidade de manter a equipe engajada
 (   ) Empatia
 (   ) Negociação e prazo para entrega de tarefas
 (   ) Resiliência
 (   ) Iniciativa
 (   ) Visão sistêmica
 (   ) Criatividade

23. 2.13 Você ocupa cargo de chefia ou coordena alguma unidade de trabalho? *
 (   ) Sim
 (   ) Não. *Pular para a pergunta 26*

24. 2.13.1 Indique as competências comportamentais que você precisa desenvolver e que você considera que estão sendo requeridas durante o período de teletrabalho:
 (   ) Empatia   (   ) Gestão de equipes   (   ) Escuta atenta   (   ) Negociação
 (   ) Técnicas de *Coaching*   (   ) Estratégias de comunicação com a equipe
 (   ) Reuniões virtuais   (   ) Feedback
 (   ) Estratégias de manutenção do engajamento
 (   ) Planejamento de atividades remotas

25. 2.13.2 Indique as competências técnicas que você precisa desenvolver e que você considera que estão sendo requeridas durante o período de teletrabalho:
 (   ) Análise de cenários e tendências   (   ) Estratégia global e termos da auditoria
 (   ) Objeto e entidade a auditar   (   ) Análise e gestão de riscos

( ) Plano de auditoria   ( ) Análise e interpretação de dados
( ) Conhecimento de sistemas de informação   ( ) Gestão de projetos
( ) Gestão de processos

Pular para a pergunta 28

26. 2.13.3 Indique as competências comportamentais, requeridas para o teletrabalho, que poderiam ser aprimoradas pelo seu gestor/chefe:
( ) Empatia   ( ) Gestão de equipes   ( ) Escuta atenta   ( ) Negociação
( ) Técnicas de *Coaching*   ( ) Estratégias de comunicação com a equipe
( ) Reuniões virtuais   ( ) *Feedback*
( ) Estratégias de manutenção do engajamento
( ) Planejamento de atividades remotas

27. 2.13.4 Indique as competências técnicas, requeridas no teletrabalho, que poderiam ser aprimoradas pelo seu gestor / chefe:
( ) Análise de cenários e tendências   ( ) Estratégia global e termos da auditoria
( ) Objeto e entidade a auditar   ( ) Análise e gestão de riscos
( ) Plano de auditoria   ( ) Análise e interpretação de dados
( ) Conhecimento de sistemas de informação   ( ) Gestão de projetos
( ) Gestão de processos   ( ) Gestão da qualidade
( ) Instrução de processos

28. 2.14 Numa escala de 5 "concordo totalmente", 4 "concordo", 3 "não concordo, nem discordo", 2 "discordo", 1 "discordo totalmente", responda as questões a seguir.

1	2	3	4	5
Discordo totalmente	Discordo	Nem discordo nem concordo	Concordo	Concordo totalmente

1. A experiência de teletrabalho em situação de pandemia tem sido cansativa.
2. Estou conseguindo conciliar as tarefas familiares com as tarefas de trabalho.
3. O meu trabalho contribui para que eu leve uma vida com propósito e com significado.
4. Sinto-me privilegiado por continuar trabalhando.
5. Teletrabalho pode ser uma nova opção de trabalho, para mim, após a pandemia Covid-19.
6. Eu apoio a revisão ou a implementação de regulamentação de uma política de teletrabalho no Tribunal de Contas.
7. Meu gestor tem uma atitude positiva em relação ao teletrabalho.

29. 2.15 Numa escala de 5 "sempre", 4 "frequentemente", 3 "às vezes", 2 "raramente", 1 "nunca", desde que está trabalhando remotamente por conta da pandemia da Covid-19, com qual frequência experimentou as seguintes situações:

1	2	3	4	5
Nunca	Raramente	As vezes	Frequentemente	Sempre

1. Baixa energia e motivação
2. Irritação e ansiedade
3. Fazendo um trabalho com qualidade inferior
4. Entregando menos trabalho
5. Cometendo mais erros
6. Memória e concentração baixa
7. Dificuldade de lidar com as pessoas
8. Dificuldade de participar de reuniões on-line
9. Cansaço digital (*technostress*)
10. Dificuldade de definir as minhas próprias horas de trabalho
11. Falta de interação humana
12. Problemas para gerenciar fluxo de trabalho
13. Limites confusos entre trabalho e lazer
14. Diagnóstico de extrema ansiedade
15. Diagnóstico de pânico
16. Diagnóstico de esgotamento mental
17. Diagnóstico de depressão
18. Luto
19. Separação ou Divórcio

30. 2.16 Você se sentiu acolhido pelo seu Tribunal durante este período de teletrabalho? Sentiu que existia uma preocupação com o seu bem-estar por parte de seu Tribunal em relação a sua saúde?
( ) Sim   ( ) Não

31. 2.17 O seu Tribunal de Contas oferece que tipo de apoio de serviços de atendimento durante a pandemia de Covid-19?
( ) Médico   ( ) Psicológico   ( ) Psiquiátrico   ( ) Enfermagem
( ) Serviço Social   ( ) Não oferece serviço algum

32. 2.18 Quais são os recursos pessoais* que você vem utilizando para lidar com o stress na situação de pandemia da Covid-19 e teletrabalho? (*) habilidades, conhecimentos, atitudes, experiências de vida, interesses utilizados para auxiliar o indivíduo a superar situações difíceis.
( ) Acupuntura
( ) Atividade(s) de recreação e lazer com os filho(s) / família
( ) Atividade(s) física(s)

( ) Bebidas alcoólicas
( ) Cursos online
( ) Filmes e documentários
( ) *Hobbies* (Artesanato, Culinária, Instrumento musical, Jardinagem, leitura de livros, ouvir música, Contemplação da natureza, etc.)
( ) Intensificação de atividades de trabalho
( ) Jornais e noticiários na TV
( ) Lives diversas
( ) Meditação
( ) Grupos de ajuda/ doação aos necessitados
( ) Prática religiosa, espiritual
( ) Sessões com psicólogos/médicos
( ) Tarefas domésticas
( ) Teleconferência com família e amigos
( ) Yoga
( ) Outros

BLOCO 3: PÓS PANDEMIA COVID-19

3. Agora, imagine seu trabalho quando a pandemia acabar, com a reabertura total das atividades socioeconômicas, retorno total das escolas e da rotina, e responda as questões a seguir:

33. 3.1 Gostaria de continuar em teletrabalho?
( ) Sim *Pular para a pergunta 34* ( ) Não *Pular para a pergunta 35*

34. 3.2 Qual frequência que gostaria de trabalhar remotamente durante a semana?
( ) 1 dia ( ) 2 dias ( ) 3 dias ( ) 4 dias ( ) 5 dias

35. 3.3 Numa escala de "5" extremamente importante, "4" muito importante, "3" moderadamente importante, "2" um pouco importante e "1" nem um pouco importante, qualifique as medidas listadas abaixo conforme a sua importância para manter um teletrabalho sustentável (em relação à estrutura física, comunicação, produtividade, dentre outros requisitos):

1	2	3	4	5
Nem um pouco importante	Um pouco importante	Moderadamente importante	Muito importante	Extremamente importante

1. Estrutura física adequada (mesa, cadeira, iluminação);
2. Disponibilidade de recursos tecnológicos adequados e que viabilizem a prestação de serviço no regime de teletrabalho (computador, softwares, acesso remoto, etc.);

3. Estabelecimento de limites em relação ao tempo conectado com o trabalho;
4. Acompanhamento contínuo das pessoas pela liderança, de maneira individualizada e coletiva;
5. Adoção de *feedback* sobre os aspectos do desempenho no trabalho, entre líderes e servidores, como medida de apoio à manutenção e implementação do teletrabalho;
6. Ampliação da oferta de capacitação na modalidade à distância (treinamentos, cursos, palestras);
7. Definição clara de objetivos / entregas;
8. Acompanhamento contínuo da produtividade;
9. Revisão das competências técnicas e comportamentais;
10. Ações de atenção e promoção da saúde física e mental;
11. Estímulo ao vínculo, aos encontros, às reuniões, de modo a preservar as relações de trabalho e de engajamento das pessoas com a organização.

36. 3.4 Quais são as vantagens do teletrabalho?
( ) Horário flexível   ( ) Não ter deslocamento para o trabalho
( ) Mais tempo com a família   ( ) Diminuição das despesas em casa
( ) Diminuição das despesas dos Tribunais de Contas   ( ) Maior produtividade
( ) Mais tempo livre   ( ) Outros   ( ) Não há vantagens.

BLOCO 4: SOBRE VOCÊ

4. Esse bloco de perguntas tem o objetivo de conhecer um pouco mais sobre você.

4.1 Identidade de gênero:
( ) Feminino   ( ) Masculino   ( ) Não binário
( ) Diferente das opções anteriores

4.2 Faixa etária:
( ) 19 a 29   ( ) 30 a 40   ( ) 41 a 50   ( ) 51 a 60   ( ) acima 60 anos

4.3 Estado civil:
( ) solteiro   ( ) casado   ( ) união estável   ( ) separado   ( ) divorciado
( ) viúvo

4.4 Possui Filhos e/ou Enteados?
( ) Sim   ( ) Não
Se "sim":

4.4.1 Quantos?
( ) 1   ( ) 2   ( ) 3   ( ) 4   ( ) 5 ou mais

4.4.2 Qual a idade dos filhos?
( ) 0 a 3 anos   ( ) 4 a 5 anos   ( ) 6 a 10 anos   ( ) 11 a 14 anos
( ) 15 a 18 anos   ( ) maior de 18 anos

4.5 Você coabita ou cuida de algum idoso?
( ) Sim   ( ) Não

4.6 Período de tempo de trabalho no Tribunal de Contas:
( ) 0 a 5 anos   ( ) 6 a 10 anos   ( ) 11 a 15 anos   ( ) 16 a 20 anos
( ) 21 a 25 anos   ( ) 26 a 30 anos   ( ) mais de 30 anos

4.7 Você já possui todos os requisitos legais para se aposentar?
( ) Sim   ( ) Não

4.8 Pretende se aposentar em 2021?
( ) Sim   ( ) Não

4.9 Você é servidor:
( ) Efetivo   ( ) Comissionado   ( ) De outro órgão à disposição do TC.

Se "Efetivo":

4.9.1. Possui algum cargo em comissão ou função gratificada?
( ) Sim   ( ) Não

4.10 Trabalha na atividade:
( ) Controle Externo   ( ) Meio   ( ) Outra

4.11 Você teve que conviver com problema de desemprego em sua família ou
     familiar próximo:
( ) Sim   ( ) Não

4.12 Você ou algum familiar próximo teve Covid-19?
( ) Sim   ( ) Não

4.13 Você tem apoio de familiares para fazer o distanciamento social?
( ) Sim   ( ) Não

4.14 Você tem algum tipo de problema de saúde?
( ) Sim   ( ) Não

Se "Sim":

4.14.1 Está controlando nesse período indo ao médico, fazendo exames e
tomando a medicação?
( ) Sim   ( ) Não

Informação bibliográfica deste texto, conforme a NBR 6023:2018 da Associação Brasileira de Normas Técnicas (ABNT):

SANDRI, Bianca Tristão; SOUZA, Fábio Vargas; PYLRO, Isabela de Freitas Costa Vasconcellos. Relatório de pesquisa realizada para subsidiar a elaboração de proposta de diretrizes para a modalidade de teletrabalho nos Tribunais de Contas do Brasil. *In*: LIMA, Edilberto Carlos Pontes (Coord.). *Os Tribunais de Contas, a pandemia e o futuro do controle*. Belo Horizonte: Fórum, 2021. p. 151-171. ISBN 978-65-5518-282-8.

A NOVA LEI DE LICITAÇÕES E OS DESAFIOS DO CONTROLE EXTERNO

CRISLAYNE CAVALCANTE
IVAN LELIS BONILHA

Introdução

Ainda que existam poucos estudos conclusivos sobre a mensuração do mercado de compras governamentais e sua participação no Produto Interno Bruto (PIB),[1] estima-se que as contratações públicas representam cerca de 13,8% do PIB.

Dados do IBGE revelaram que o Produto Interno Bruto-PIB do Brasil, em 2020, alcançou a monta de R$7,4 trilhões.[2] Isso quer dizer que, pelo menos, R$1,02 trilhão é gerado através das contratações governamentais.

---

[1] No artigo científico "Mensurando o mercado de compras governamentais brasileiro", os autores esclarecem a dificuldade metodológica em aferir a participação das compras governamentais. Em 2002, Audet ressaltou que os estudos não podem ser comparados porque partem de base de dados diferentes e propôs utilizar os dados do Sistema de Contas Nacionais (SCN) e do Fundo Monetário Internacional (FMI) como fonte dos estudos. Já em 2003, Soares propôs a utilização da metodologia da matriz de insumo-produto, decompondo os gastos por atividade econômica e trazendo à tona dados detalhados da composição da demanda governamental, já que os dados das licitações públicas eram de difícil acesso. A OCDE, nos seus relatórios, define que compra governamental é a "soma dos consumos intermédios (bens e serviços adquiridos pelos governos, para uso próprio, tais como serviços de tecnologia de informação, consultoria especializada, etc.), da formação bruta de capital fixo (aquisição de capital, como a construção de portos, hospitais e novas estradas) e das transferências sociais em espécie via produtores do mercado (bens e serviços produzidos por empresas privadas, adquiridos pelo governo e fornecidos às famílias). E, com base neste conceito, a OCDE publicou em seus relatórios uma participação de 12% no PIB das compras governamentais e 29% de participação no total das despesas. Neste estudo apresentado por Cássio Garcia Ribeiro e Edmundo Inácio Júnior, sugeriu-se um conceito de compras governamentais baseado na Lei nº 8.666/93 e na Lei nº 4.320/64, a utilização dos dados do Balanço Geral da União e concluiu uma participação de 7,9% no PIB das compras governamentais da esfera federal. E, considerando-se os demais entes federados, chega-se a uma participação de 13,8% do PIB. (ESAF. Cadernos de Finanças Públicas. (RIBEIRO, C. G.; INÁCIO JR., E. Mensurando o mercado de compras governamentais brasileiro. *ESAF – Cadernos de Finanças Públicas*, Brasília, n. 14, p. 265-287, dez. 2014. Disponível em: http://www.esaf.fazenda.gov.br/assuntos/biblioteca/cadernos-de-financas-publicas-1/mensur_merc_compras.pdf. Acesso em 27 jul. 2021).

[2] Cf.: PIB. *IBGE. Agência de Notícias*. Disponível em: https://www.ibge.gov.br/explica/pib.php. Acesso em 27 jul. 2021.

Se for considerado o total das contratações governamentais comparado com o total de despesas públicas, a representatividade dos gastos realizados com terceiros contratados pela Administração Pública será ainda maior.

Em 2017, o Banco Mundial publicou o documento chamado "Um ajuste Justo: análise da eficiência e equidade do gasto público no Brasil", no qual destacou a necessidade de melhoria dos processos de compras públicas no Brasil como oportunidade de gerar economias e maior eficiência,[3] confirmando, assim, a importância do tema no cenário econômico-fiscal brasileiro.

No mesmo sentido, o Banco Interamericano de Desenvolvimento publicou o relatório "Melhores gastos para melhores vidas: como o Brasil e a região podem fazer mais com menos", em que constatou que a "ineficiência na alocação dos recursos públicos e na forma de execução de programas e projetos, tais como nas compras governamentais, na gestão do funcionalismo público e nas transferências de recursos podem custar até U\$68 bilhões por ano, ou 3,9% do PIB".[4]

E, em 2021, a Organização para a Cooperação e Desenvolvimento Econômico (OCDE), comparando seus referenciais orientativos de combate à corrupção com as regras e práticas brasileiras, publicou o documento "Combate a cartéis em licitações no Brasil: uma revisão das compras públicas federais", confirmou a importância estratégica das compras públicas na economia do país e na qualidade e eficiência dos serviços públicos, recomendando adequações normativas e de controle das contratações públicas.[5]

Tais fatos demonstram a importância de se fiscalizar as contratações públicas e, por conseguinte, a importância da atuação dos Tribunais de Contas que possuem atribuição Constitucional e legal do controle externo das contratações públicas.

Este artigo busca, portanto, tratar do controle externo exercido pelos Tribunais de Contas em relação às contratações públicas, através do levantamento das normas que regem o controle externo das licitações e contratos nos Tribunais de Contas dos Estados, comparando com as novas diretrizes da nova lei de licitações e as práticas internacionais, tecendo comentários sobre a nova lei de licitações e os desafios do Controle Externo.

1 A fiscalização das contratações públicas pelos Tribunais de Contas

1.1 Competências dos Tribunais de Contas

Sendo o Brasil uma República Federativa que se constituiu em Estado Democrático de Direito e se organizou através da divisão de seus Poderes entre o Legislativo, o

---

[3] Cf.: Um ajuste justo: análise da eficiência e equidade do gasto público no Brasil. *Grupo Banco Mundial,* nov. 2017. Disponível em: https://documents1.worldbank.org/curated/en/884871511196609355/pdf/121480-REVISED-PORTUGUESE-Brazil-Public-Expenditure-Review-Overview-Portuguese-Final-revised.pdf. Acesso em 27 jul. 2021.

[4] Cf.: Melhores gastos para melhores vidas: como o Brasil e a região podem fazer mais com menos. *BID – Banco Interamericano de Desenvolvimento.* Disponível em: https://publications.iadb.org/publications/portuguese/document/Melhores_gastos_para_melhores_vidas_Como_a_América_Latina_e_o_Caribe_podem_fazer_mais_com_menos_pt_pt.pdf. Acesso em 27 jul. 2021.

[5] Cf.: Combate a cartéis em licitações no Brasil: uma revisão das compras públicas federais. *OCDE,* 2021. Disponível em: https://www.oecd.org/daf/competition/Combate-a-Carteis-em-Licitacoes-no-Brasil-uma-Revisao-das-Compras-Publicas-Federais-2021.pdf. Acesso em 27 jul. 2021.

Executivo e o Judiciário, os quais são independentes e harmônicos entre si,[6] necessário se fez a previsão de um controle externo de cada poder.

Pela Constituição Federal de 1988, "a fiscalização do Município será exercida pelo Poder legislativo Municipal, mediante controle externo" (art. 31) e com o auxílio dos Tribunais de Contas dos Estados (art. 31, §1º), e, "a fiscalização contábil, financeira, orçamentária, operacional e patrimonial da União e das entidades da administração direta e indireta, quanto à legalidade, legitimidade, economicidade, aplicação das subvenções e renúncia de receitas, será exercida pelo Congresso Nacional, mediante controle externo" (art. 70) e com o auxílio do Tribunal de Contas da União (art. 71). Em geral, essas regras foram reproduzidas nas Constituições Estaduais.

Assim, para realizar este controle, cabe ao Tribunal de Contas analisar a contabilidade dos Entes públicos, os fluxos financeiros das entradas e pagamentos realizados, a execução do orçamento aprovado por lei, a verificação dos fluxos operacionais de suas atividades, bem como analisar a gestão do patrimônio dos órgãos, com o fim de verificar a legalidade, a legitimidade e a economicidade desses atos.

E, para realizar tal ação de controle externo, o Poder Constituinte atribuiu aos Tribunais de Contas algumas competências elencadas no artigo 71 da Constituição Federal, dentre as quais se destacam: emissão do parecer prévio dos representantes do Poder Executivo; julgamento das contas dos administradores públicos; apreciação dos atos de admissão e aposentadoria de pessoal; realização de auditorias e inspeções; fiscalização dos ajustes, convênios ou acordos em que haja transferência de recursos; prestação de informações ao Poder Legislativo; e, em relação à atribuições que se aplicam na fiscalização das licitações públicas, cabe destacar:

> VIII – aplicar aos responsáveis, em caso de ilegalidade de despesa ou irregularidade de contas, as sanções previstas em lei, que estabelecerá, entre outras cominações, multa proporcional ao dano causado ao erário;
>
> IX – assinar prazo para que o órgão ou entidade adote as providências necessárias ao exato cumprimento da lei, se verificada ilegalidade;
>
> X – sustar, se não atendido, a execução do ato impugnado, comunicando a decisão à Câmara dos Deputados e ao Senado Federal;
>
> XI – representar ao Poder competente sobre irregularidades ou abusos apurados.

Em termos gerais e, apenas para fins didáticos e categorização das atividades de fiscalização relacionadas a licitações públicas, a fiscalização das licitações, antes do advento da Lei Federal nº 8.666/93, era realizada juntamente com procedimentos de análise das prestações de contas, com instauração de inspeções ou auditorias e, eventualmente, análise de alguma denúncia ou representação oficial sobre irregularidade praticada por agentes públicos.

---

6   Constituição Federal do Brasil. Art. 1º "A República Federativa do Brasil, formada pela união indissolúvel dos Estados e Municípios e do Distrito Federal, constitui-se em Estado Democrático de Direito e tem como fundamentos: (...); Art. 2º São Poderes da União, independentes e harmônicos entre si, o Legislativo, o Executivo e o Judiciário. (BRASIL. Constituição da República Federativa do Brasil de 1988. Art. 1º e 2º. *Diário Oficial da União*, Brasília, 5 out. 1988. Disponível em: http://www.planalto.gov.br/ccivil_03/constituicao/constituicao.htm. Acesso em 10 out. 2020).

Infra constitucionalmente, várias legislações ampliaram as competências dos Tribunais de Contas. Citem-se, por exemplo, a Lei de Orçamento (Lei nº 4.320/64) que reforça a atribuição do julgamento das contas dos administradores; a Lei de Responsabilidade Fiscal (Lei Complementar nº 101/00) que disciplinou sobre a prestação de contas da gestão fiscal e atribuiu aos Tribunais de Contas a competência para a fiscalização da Gestão Fiscal, para realização de alertas sobre a gestão fiscal e verificação do cálculo dos limites com gastos de pessoal dos órgãos públicos; a Lei nº 9.504/97 c/c Lei da ficha limpa (Lei Complementar nº 64/90 com alterações trazidas pela Lei Complementar nº 135/10) que determinam que cabe aos Tribunais de Contas repassar à Justiça Eleitoral a lista dos responsáveis que tiveram suas contas julgadas irregulares.

Em especial sobre as licitações, a Lei nº 8.666/93 também privilegiou os Tribunais de Contas ao determinar que:

> O controle das despesas decorrentes dos contratos e demais instrumentos regidos por esta Lei será feito pelo Tribunal de Contas competente, na forma da legislação pertinente, ficando os órgãos interessados da Administração responsáveis pela demonstração da legalidade e regularidade da despesa e execução, nos termos da Constituição e sem prejuízo do sistema de controle interno nela previsto (art. 113).

E, para tanto, na própria legislação há previsão de dois procedimentos de fiscalização:

> 1) a representação de qualquer licitante, contratado ou pessoa física ou jurídica que queira informar sobre irregularidades na aplicação da Lei de Licitações (art. 113, §1º);
>
> 2) o Exame de Editais de licitação, quando o Tribunal solicitá-lo até o dia útil imediatamente anterior à data de recebimento das propostas, para determinar a adoção de medidas corretivas pertinentes, se for o caso (art. 113, §2º).

Além dessas competências legais, as Leis Orgânicas de cada Tribunal de Contas trazem outras atribuições próprias, como, por exemplo: responder consultas sobre interpretação e aplicação de leis; julgar denúncias e representações que comunicam ocorrências de irregularidades; julgar recursos em face de suas próprias decisões; e, até mesmo, solicitar intervenção nos Municípios.

Em resumo, das ações de fiscalização citadas na Constituição Federal e Lei de Licitações, tem-se: prestação de contas (se a análise da contratação for escopo da prestação), inspetorias ou auditorias, análise de processos de denúncias ou representações e exame de edital de licitação. Contudo, a regulamentação do procedimento de cada uma dessas ações depende de norma interna de cada tribunal de contas, o que implica em diversidade de procedimentos.

1.2 Levantamento dos procedimentos de fiscalização

Este trabalho buscou levantar a regulamentação dos procedimentos de fiscalização de dez Tribunais de Contas brasileiros, 30% do total de Cortes de Contas existentes no país, a fim de comparar a forma como se realiza a fiscalização das contratações públicas.

Analisou-se a Lei Orgânica, o Regimento Interno, a Resolução, a Instrução Normativa e Manuais dos Tribunais de Contas dos Estados do Acre-TCEAC, do Tribunal de Contas do Estado de Alagoas-TCEAL, do Tribunal de Contas do Estado do Amazonas-TCEAM, do Tribunal de Contas do Estado do Amapá-TCEAP, do Tribunal de Contas do Estado da Bahia-TCEBA, do Tribunal de Contas dos Municípios da Bahia-TCMBA, do Tribunal de Contas do Estado do Ceará-TCECE, do Tribunal de Contas do Distrito Federal-TCDF, do Tribunal de Contas do Estado do Espírito Santo-TCEES e do Tribunal de Contas do Estado do Paraná-TCEPR.

As estruturas das Leis Orgânicas desses Tribunais são muito parecidas ao preverem competências de fiscalização (ativas e passivas) e, em separado, a fiscalização de ato ou contrato, auditorias, inspeções e/ou acompanhamento. Somente o TCEES regulamentou na Lei Orgânica o exame prévio de instrumento convocatório, previsto no artigo 113 da Lei Geral de Licitações nº 8.666/93. O TCEAP e o TCMBA regulamentaram o exame prévio de editais no Regimento Interno.

Além das competências e formas de fiscalização, verificou-se nos normativos a regulamentação de critérios a serem analisados nas fiscalizações e, em poucos casos, a determinação de objetos de fiscalização, como, por exemplo: obras, PPP, doações de bens, contratos de publicidade e contratos de TI. A fiscalização por modalidade de licitação foi citada nos normativos do TCEAC, do TCEAM e do TCEBA.

1.2.1 Competências previstas na Lei Orgânica

Há muita similaridade na estrutura das Leis Orgânicas pesquisadas. Em geral, os artigos iniciais tratam das competências ou atribuições dos órgãos de Controle.

Muitas dessas competências são cópias do texto constitucional. O que se objetivou analisar neste estudo foram as atribuições que pudessem ter ações de fiscalização exclusivas da área de licitações e contratos. Assim, desconsideraram-se as análises de parecer prévio, prestação de contas, atos de pessoal, transferências voluntárias, dentre outras.

Em resumo, todas as leis orgânicas previram a fiscalização de atos e contratos, em que o Tribunal age ativamente; a análise de comunicações de irregularidades recebidas por terceiros, seja por meio de denúncias, representações ou comunicações dos controles internos dos jurisdicionados, em que o Tribunal age após ser provocado; e a normatização ou interpretação da legislação de licitações e contratos, por meio da edição de súmulas, prejulgados ou respostas a processos de consulta. Poucos foram os Tribunais que previram a função de orientação pedagógica.

Quadro 1 – Competências relacionadas com a fiscalização de licitações e contratos

Competência	TCEAC	TCEAL	TCEAM	TCEAP	TCEBA	TCMBA	TCECE	TCDF	TCEES	TCEPR
(Ativa) Fiscalização de ato ou contrato	74,LO	1,LO	1,LO	26,LO	152,RI	1,LO	46,LO	1,LO	1,LO	29,LO
(Passiva) Denúncia e Representação	84,LO	43,LO	48,LO	26,LO	31,LO	1,LO	56,LO	52,LC	100,LO	30, LO
(Passiva) Comunicação dos Controles Internos	80,LO	41,LO	45,LO	78,LO		79,LO	54,LO	50,LC	44,LO	209, LO
(Passiva) Solicitação do Poder Legislativo							43,LO	38,LC	92,LO	32, LO
(Normativa) Consulta, Súmula, Prejulgado,	6,RI	1,LO	1,LO	26,LO	30,LO	1,LO	1,LO	1,LO	1,LO	38, LO
(Orientativa) Orientação Pedagógica					109,RI	1,RI			33,LO	9,I,LO

Fonte: Elaborado pelos Autores

Dessas competências, buscou-se analisar a regulamentação específica das competências ou atribuições ativas dos tribunais, a fim de verificar os procedimentos adotados desde a escolha do que será fiscalizado, a instauração ou não de processo, o planejamento da fiscalização, os critérios adotados até se chegar ao relatório final. Assim, as competências ou atribuições que neste artigo estão sendo chamadas de "passivas", "normativas" e "orientativas" não serão aprofundadas.

Do levantamento, verificou-se que a competência para realizar fiscalizações envolvendo licitações e contratos, de forma ativa, é prevista nas Leis Orgânicas e Regimentos Internos quando da regulamentação dos seguintes procedimentos: 1) Fiscalização de ato ou contrato; 2) Auditorias; 3) Inspeções; 4) Acompanhamentos; 5) Exame prévio de instrumentos convocatórios.

Além da análise desses procedimentos, o levantamento também buscou identificar objetos de licitação e critérios de fiscalização citados nas Leis Orgânicas e Regimentos Internos.

1.2.2 Fiscalização de atos ou contratos

Nos textos normativos (Leis Orgânicas e Regimentos Internos) todos os Tribunais criaram seções especiais para regulamentar a fiscalização de atos ou contratos. Contudo, já se verifica a divergência de procedimentos adotados.

Em 80% dos normativos, a fiscalização dos atos ou contratos ocorre pelo acompanhamento dos Diários oficiais e pela requisição de editais ou contratos. E, se identificado eventual dano ao erário, é feita abertura de processo de Tomada de Contas Especial.

Constatou-se que 70% dos Tribunais atrelam a fiscalização de atos ou contratos às inspeções e auditorias, bem como preveem a possibilidade de medidas cautelares (somente o TCDF destacou a possibilidade de decretação de indisponibilidade de bens do responsável junto com as cautelares).

Alguns Tribunais utilizam Sistemas Informatizados de captação de dados ou site de divulgação das licitações e contratos de seus jurisdicionados. No estudo foi possível localizar normativos referentes a esses sistemas no TCEAC, TCEBA, TCMBA, TCEES e TCEPR. O TCEAP tem notícia[7] de um sistema de coleta de dados de licitações, mas o normativo não foi localizado.

---

[7] FIGUEIRA, André Felipe de Freitas. TCE apresenta novo sistema de fiscalização eletrônica aos gestores. *TCEAP*, 20 jan. 2017. Disponível em: https://www.tce.ap.gov.br/noticias/tce-apresenta-novo-sistema-de-fiscalizacao-eletronica-aos-gestores. Acesso em 27 jul. 2021.

O TCEAM, TCEAP, TCMBA, TCDF e TCEES previram nesta seção das normas (Lei Orgânica e Regimento Interno) que a fiscalização de atos ou contratos deverá integrar o Plano Anual de Fiscalização.

Cerca de metade dos Tribunais previram na Lei Orgânica e no Regimento Interno regras mais concomitantes relacionadas à fiscalização. O TCEBA, por exemplo, determinou apenas a fiscalização de atos e contratos "contemporâneos" e de prestações de contas que ainda não foram julgadas. O TCMBA, TCECE e TCEES definiram prescrição de 5 (cinco) anos para a fiscalização de atos e contratos.

Ainda, na Lei Orgânica do TCEES há previsão expressa de que a fiscalização de atos ou contratos deve primar pela segurança jurídica e buscar a verdade material. O Regimento Interno do TCMBA também cita a verdade material nas fiscalizações.

Metade dos Tribunais pesquisados previu a fiscalização apenas quando os custos da fiscalização for menor que o recurso a ser fiscalizado (TCEAL, TCEAP, TCMBA, TCECE, TCDF, TCEPR). Há notícias de outros Tribunais que regulamentaram os limites mínimos de valor para fins de instauração de processos ou procedimentos em geral, mas este estudo se limitou a analisar a Lei Orgânica e o Regimento Interno em relação a esse tema.

Em todos os normativos dos Tribunais, na seção da fiscalização de atos ou contratos, houve a previsão de, em se constatando irregularidade, o Tribunal poderá determinar prazo para a regularização, a sustação de atos, a comunicação ao Poder Legislativo, se for o caso, ou a aplicação de multas ou sanções.

Não se identificou um padrão na fiscalização de atos ou contratos. Há divergências se a fiscalização é feita em processo autônomo; quanto ao órgão que julga o processo; se após a fiscalização é aberto outro processo, como, por exemplo, Tomada de Contas Especial, Tomada de Contas Extraordinária. No TCEPR, por exemplo, após a fiscalização, se identificada a necessidade de recomendações, é aberto um processo de homologação de recomendações.

Pelos normativos pesquisados, também não ficou claro como são organizadas as equipes de fiscalização, como se faz a seleção dos diários oficiais, licitações e contratos a serem fiscalizados ou dados captados, nem os critérios a serem utilizados na fiscalização.

A seguir é apresentado quadro comparativo da regulamentação da fiscalização de atos e contratos:

Quadro 2 – Regulamentação da Fiscalização de atos ou contratos

Fiscalização - Ato ou Contrato	TCEAC	TCEAL	TCEAM	TCEAP	TCEBA	TCMBA	TCECE	TCDF	TCEES	TCEPR
Acompanhamento DOE	74,LO	38,LO	32,LO	69,LO			46,LO	41,L(	106,LO	29, LO
Requisição de editais	6,RI	38,LO	32,LO	54,RI	10,LO	64,LO	2,LO		106,LO	
Requisição dos contratos	132, RI	38,LO	32,LO		10,LO	64,LO	2,LO		106,LO	
Sistema Informatizado de captação de dados ou	R97/15		R13/15		114,R	R1255/	IN04/15		106,LO	IN156
Inspeções e Auditorias	74.LO	132,RI	32,LO	69,LO			46,LO	41,L(	106,LO	
Na fiscalização: determinação, contraditório	76,LO	40,LO	34,LO	69,LO	10,LO	65,LO	46,LO	42,L(	109,LO	
Após: prazo, sustação, comunicação ao PL, multa ou sanções	77,LO	134,RI	36,LO	72,LO	10,LO	66,LO	49,LO	45,L(	109,LO	268,RI
Arquivam se falta ou impropriedade formal							48,LO	248,	114,LO	
p/ instruir o julgamento das contas										266,RI
Integra Plano Anual de Fiscalização			203,RI	31,RI			269,RI	178,F	2,LO	
Recomendações de melhorias							261,RI	248,RI		
Abertura de processo administrativo			245,RI		5,RI	31,RI			159,RI	267A,RI
Abertura proc de homologação de										267A,§2º,I
Rito sumaríssimo p/ vícios insanáveis			39,LO							
Medidas Cautelares			41,LO	65,LO	6,RI	85,LO		44,L(	1,LO	53,LO
Indisponibilidade de Bens do responsável								44,LO		
TAG			42-A,LO					41-A,LO	1,LO	9,§5º,LO
Julgam: reg, reg c/ ressalva, irregular		131,RI								
Dano ao Erário: Tomada de Contas Especial	78.LO	117,RI	35,LO	74,LO			67,LO	51,LO	46,L(	57,LO
Dano ao Erário: comunicação ao MP Especial		135,RI			10,LO	76,LO		246,RI		
Verdade Material							255,RI		52,LO	
Segurança Jurídica									52,LO	
Atos e Contratos de prestações de contas não julgadas					154,RI					
Atos e Contratos contemporâneos					142,RI					
Prescrição 5 anos							180,RI	64-A,LO	71,LO	
Arquivam: custo fiscaliz. maior que o débito		90,LO		89,LO			100,LO	100,L(	85,LO	322A,RI

Fonte: Elaborado pelos Autores

1.2.3 Auditorias

A previsão de realização de auditorias pelos Tribunais de Contas está desde a Constituição Federal, nas Leis Orgânicas e Regimentos Internos. Contudo, o conceito e a acepção utilizados são, muitas vezes divergentes, e isso se reflete tanto nos textos dos normativos pesquisados quanto no próprio processo de auditoria realizado por cada Tribunal.

Em 70% dos Tribunais, houve previsão no Regimento Interno e na Lei Orgânica de que as auditorias integram o Plano Anual de fiscalização. O TCEBA, TCDF e TCEES previram a realização de auditorias extraordinárias que não integram o Plano Anual de Fiscalização.

Não há uniformidade quanto à autoridade que pode determinar a instauração de auditorias, aparecendo nos textos: o relator de processo já existente, o Presidente do Tribunal, o Tribunal Pleno, as Câmaras, a Secretaria de Controle Externo ou o Ministério Público de Contas.

Quanto ao objetivo das auditorias, 70% dos casos pesquisados definiram que auditorias se valem para verificar as operações, as atividades ou os controles internos das entidades jurisdicionadas. Somente o TCEES previu que a auditoria também servirá para suprir omissões, falhas ou esclarecimentos. O TCEAM, TCEAP e TCDF definiram como objetivo da auditoria a obtenção de dados.

Metade dos Tribunais regulamentou no Regimento Interno questões relacionadas ao relatório da auditoria, sendo que 50% dos Tribunais definiu que o relatório deve integrar a Prestação de Contas; que em havendo constatação de dano, o relatório deve quantifica-lo e identificar o seu responsável (TCEAC, TCEBA, TCMBA); somente o TCEAM previu a existência de relatório preliminar e relatório conclusivo; O TCEAP, TCEBA, TCMBA determinaram que o relatório deve ser minucioso e conter as evidências que caracterizam os achados de auditoria; por fim, o TCEBA e TCEES exigem que o relatório de auditoria seja separado por períodos financeiros.

Enquanto o TCMBA tem que realizar um cadastro das recomendações, o TCEPR definiu a instauração de processo de homologação de recomendações dadas nas auditorias.

No quadro que se segue é possível verificar as divergências em relação à regulamentação das auditorias:

Quadro 3 – Regulamentação das auditorias nas Leis Orgânicas e Regimentos Internos

Fiscalização - Auditoria	TCEAC	TCEAL	TCEAM	TCEAP	TCEBA	TCMBA	TCECE	TCDF	TCEES	TCEPR
Determinada por Relator em processo						45,RI	4,RI			32,RI
Determinada pelo Presidente		31,RI	89,RI	48,RI		270,RI				259A, RI
Determinada pelo Tribunal Pleno				48,RI		270,RI		232,RI		252A,RI
Determinada pela Secretaria de Controle Externo			75,RI			270,RI				252B,RI
Determinada pelo MP de Contas						270,RI				
Integra Plano Anual de Fiscalização			205,RI	49,RI	136,RI	269,RI		178,R	102,LO	175I,RI
Auditorias Extraordinárias (não integram PAF)					136,RI			232,R	133,RI	
p/ ver operações, atividades, controle interno,		180,RI	205,RI	49,RI	8,LO	268,RI		232,RI		253,RI
P/ suprir omissões, falhas ou esclarecimentos								133,RI		
p/ obter dados			205,RI	49,RI				232,RI		
Pode ser convertido em proc administrativo		182,RI						104,LO		
Pode ter auxílio de força policial						271,RI				
Participação de 3º (especialista, empresas, etc)		132,RI			140,R	1,RI	96,LO	238,RI		
Relatório integrará Prestação de Contas			212,RI	31,RI	10,LO			248,F	136,RI	
Se tiver dano: quantificação, responsável e	123, RI				145,R	273,RI				
Relatório Preliminar e Conclusivo			212,RI							
Relatório minucioso, objetivo com evidências				49,RI	145,R	273,RI				
Relatório separado por períodos financeiros					145,RI			138,RI		
Monitoramento das determinações						276,RI		236,F	R278/14	
Cadastro das recomendações						278,RI				269A,RI

Fonte: Elaborado pelos Autores

1.2.4 Inspeções

Quando a Constituição Federal fala das fiscalizações por iniciativa própria dos Tribunais (art. 71, IV), ela se refere a auditorias e inspeções, mas não distingue esses instrumentos. Coube às Leis Orgânicas, Regimentos Internos e outros normativos estabelecerem tal definição. Ocorre que os conceitos trazidos nesses normativos, além de serem diferentes entre si, afastaram-se dos conceitos trazidos pelos pronunciamentos profissionais emitidos pela Associação das Entidades Fiscalizadores Superiores (INTOSAI).

Da mesma forma que nas regulamentações sobre as auditorias, nas inspeções há divergências de autoridades que podem determinar a realização da fiscalização, os objetivos das inspeções e o seu procedimento.

Quase todos os Tribunais pesquisados permitem a instauração de inspeção por determinação do relator em processos já existentes; 60% deles permitem que o Presidente do Tribunal instaure inspeção; 40% prevê determinação de inspeção pelo Tribunal Pleno; 30% por Secretarias de Controle Externo; e, somente um dos Tribunais – TCMBA – previu determinação vinda do Ministério Público de Contas. Em muitos normativos a determinação pode ser feita por mais de uma dessas autoridades.

Mais da metade dos Tribunais integram as inspeções no Plano Anual de Fiscalização, sendo que somente o TCEAM previu inspeções extraordinárias.

Quanto aos objetivos da inspeção, 60% dos Tribunais utilizam a inspeção para suprimir omissões, falhas ou dúvidas de atos; o TCEAM e o TCMBA também a utilizam para verificar a execução de contratos; O TCEBA, TCMBA e TCDF realizam inspeção também para verificar o cumprimento de suas próprias decisões, e o TCEAC utiliza o instrumento para verificar a reincidência de irregularidades ou a ocorrência de irregularidades em certo período de tempo.

Em relação aos relatórios das inspeções, em geral, a regulamentação é parecida com a regulamentação das auditorias: 30% dos Tribunais explicitaram que, em se detectando dano, o relatório deve quantificar o dano e identificar os seus responsáveis; o relatório integrará a Prestação de Contas em 30% dos TCs; o relatório deve ser minucioso e trazer as evidências em três dos Tribunais; o TCEAM previu a edição de relatório preliminar e conclusivo; por fim, o TCEES previu que os relatórios devem ser separados por períodos financeiros.

A seguir, quadro comparativo da regulamentação das inspeções:

Quadro 4 – Regulamentação das inspeções nas Leis Orgânicas e Regimentos Internos

Fiscalização - Inspeção	TCEAC	TCEAL	TCEAM	TCEAP	TCEBA	TCMBA	TCECE	TCDF	TCEES	TCEPR
Determinada por Relator em processo	121,RI	57,RI	76,RI	48,RI		45,RI	4,RI	233,RI		32,RI
Determinada pelo Presidente		31,RI	89,RI	48,RI		270,RI		233,RI		259A, RI
Determinada pelo Tribunal Pleno				48,RI		270,RI		233,RI		252A,RI
Determinada pela Secretaria de Controle Externo			75,RI			270,RI				252B,RI
Determinada pelo MP de Contas						270,RI				
Integra Plano Anual de Fiscalização			203,RI	31,RI		269,RI		178,F	102,LO	259A, RI
Inspeções Extraordinárias			204,RI							
P/ relatar (i)regularidade, num prazo, reincidência	122, RI									
P/ Suprimir omissões, falhas ou dúvidas de atos		179,RI	202,RI		71,RI	268,RI		233,RI		255,RI
P/ ver execução de contratos			202,RI			268,RI				
p/ ver cumprimento de suas decisões					137,R	268,RI		233,RI		
Se tiver dano: quantificação, responsável e período	123, RI				145,R	273,RI				
Relatório integrará Prestação de Contas	124, RI		76,RI					248,RI		
Participação de 3º (especialista, empresas, etc)		132,RI			140,R	1,RI	96,LO	238,RI		
Pode ter auxílio de força policial						271,RI				
Relatório Preliminar e conclusivo			212,RI							
Relatório minucioso, objetivo com evidências					49,RI	145,R	136,RI			
Relatório separado por períodos financeiros						145,RI				
Monitoramento das determinações						276,RI		236,F	R278/14	
Cadastro das recomendações						278,RI				

Fonte: Elaborado pelos Autores

1.2.5 Acompanhamentos

Nos pronunciamentos profissionais da INTOSAI não há previsão de acompanhamento como ferramenta de fiscalização. E, diferentemente da auditoria e inspeção que é prevista em todos os Tribunais pesquisados, o acompanhamento só é regulamentado em metade deles.

Não há divergência de que esta ferramenta é utilizada para fiscalizar, concomitantemente, os atos ou contratos em certo período de tempo. Nas regulamentações pesquisadas, a fiscalização por acompanhamento se assemelha muito à fiscalização de atos ou contratos, por utilizarem levantamentos do Diário Oficial, de sistemas informatizados de captação de dados, de sites, e por meio de requisição de informações e documentos como formas de se realizar o acompanhamento.

No TCMBA, TCDF e TCEPR há previsão de visita técnica no processo de acompanhamento.

Somente o TCEAM regulamentou no Regimento Interno o acompanhamento expresso de editais, de dispensas de licitações, de inexigibilidades, da análise da fase interna da licitação.

No quadro a seguir demonstra-se o levantamento sobre o acompanhamento:

Quadro 5 – Regulamentação dos acompanhamentos nas Leis Orgânicas e Regimentos Internos

Fiscalização - Acompanhamento	TCEAC	TCEAL	TCEAM	TCEAP	TCEBA	TCMBA	TCECE	TCDF	TCEES	TCEPR
Determinado pelo Pleno									102,LO	252A,RI
Determinado pela Câmara									102,LO	259A, RI
Determinado pelo Presidente										259A, RI
Determinado pelo Relator									102,LO	32,RI
Determinada pela Secretaria de Controle Externo		75,RI			270,RI					252B,RI
Integra Plano Anual de Fiscalização								237,RI		259A, RI
p/ ver num período de tempo								234,RI		
Editais			251,RI							258,RI
Dispensas			251,RI							
Inexigibilidade			251,RI							
Fase Interna da Licitação			251,RI							
Levantamento da amostra via DOE			251,RI			266,RI		235,RI		258,RI
Levantamento sistemas informatizados ou site								235,RI		258,RI
Requisição de informações e documentos			251,RI			266,RI		235,RI		258,RI
Visitas técnicas						266,RI		235,RI		258,RI
Participação de 3º (especialista, empresas, etc)						1,RI		238,RI		
Processo Administrativo por ato fiscalizado			251,RI							
Banco de irregularidades p/ futuras fiscalizações			251,RI							
Monitoramento das determinações									236,R	R278/14

Fonte: Elaborado pelos Autores

1.2.6 Exame do Instrumento Convocatório (art. 113 da Lei nº 8.666/93)

A Lei Geral de Licitação e Contratos – Lei nº 8.666/93 – estipulou que o controle das despesas decorrente da aplicação da lei será feito pelos Tribunais de Contas, conforme a legislação pertinente, mas previu a possibilidade de qualquer pessoa comunicar o tribunal de contas sobre irregularidades (§1º) e a possibilidade dos tribunais solicitarem para exame, até o dia útil anterior à data do recebimento das propostas, a cópia do edital de licitação já publicado, obrigando os órgãos fiscalizados a adotarem as medidas corretivas recomendadas após esse exame. (§2º).

A regulamentação deste procedimento de fiscalização previsto no artigo 113, §2º da Lei nº 8.666/93 consta na Lei Orgânica do TCEES, como "Exame do Instrumento Convocatório", no Regimento Interno do TCMBA, como "Exame Prévio de Instrumento Convocatório" e no TCEAP, como "Edital de Licitação".

Em geral, tal procedimento tem início com a solicitação do edital de licitação, a designação de relator e a determinação de medidas corretivas. No TCEAP há previsão de que somente serão solicitados editais de licitação na modalidade tomada de preços e concorrência.

No TCMBA há previsão de realização de diligências para completar a instrução e, se identificado dano grave, há possibilidade de suspensão cautelar da licitação.

O quadro a seguir mostra o levantamento sobre regulamentação dessa forma de fiscalização:

Quadro 6 – Regulamentação dos exames de editais nas Leis Orgânicas e Regimentos Internos

Fiscalização - Exame Prévio Inst. Convocatório LGL	TCEAC	TCEAL	TCEAM	TCEAP	TCEBA	TCMBA	TCECE	TCDF	TCEES	TCEPR
Solicitação de cópia do edital (até 1 dia útil antes)				54,RI		249,RI			107,LO	
Designação de Relator				55,RI		250,RI				
Diligências para completar instrução						249,RI				
Pode suspender cautelarmente						250,RI			108,LO	
Determinação de medidas corretivas				55,RI		250,RI				
Solicitação de informações ao responsável						251,RI				
Contraditório						250,RI				
Encaminham p/ setor de fiscalização do contrato				55,RI						
Integrará Prestação de Contas						261,RI				
Recomendações de melhorias						261,RI				
Monitoramento das determinações						261,RI				

Fonte: Elaborado pelos Autores

1.2.7 Objetos de fiscalização em licitações e critérios

Algumas Leis Orgânicas e Regimentos Internos já estipulam os objetos de contratações que deverão ser fiscalizados. Neste levantamento identificaram-se os seguintes objetos: obras (TCMBA, TCEES, TCEPR), parceria-público privada (TCEES), doações de bens públicos (TCEES), contratos de publicidade e propaganda (TCMBA) e contratos de tecnologia da informação (TCEES).

E, quanto aos critérios de fiscalização, numa análise geral dos normativos, todos os Tribunais previram a verificação da legalidade, da legitimidade e da economicidade. E, apenas, 60% citaram a verificação da moralidade, da eficiência e da eficácia.

Esporadicamente são citados critérios relacionados à publicidade, à efetividade, à equidade, à sustentabilidade, à transparência ou à verificação de questões ambientais.

O TCEBA previu no Regimento Interno critérios mais específicos de licitações e contratos, quais sejam: análise de valor de mercado, qualidade, quantidade e avaliação de controles internos.

Um dos objetivos deste estudo era identificar como se fiscaliza licitações e contratos e, o que se verifica, isto é, os critérios da fiscalização. Para isso, foram buscados outros normativos infra-regimentais específicos de licitações e contratos, conforme se verifica no quadro que se segue:

Quadro 7 – Critérios de fiscalização presentes nas Leis Orgânicas, Regimentos Internos e normas infra-regimentais

Critérios	TCEAC	TCEAL	TCEAM	TCEAP	TCEBA	TCMBA	TCECE	TCDF	TCEES	TCEPR
Legalidade, Legitimidade e economicidade	38,LO	6,RI	2,LO	66,LO	1,LO	1,LO	1,LO	1,LO	1,LO	9, LO
Moralidade		131,RI		45,RI	110,R	1,RI			132,RI	9, LO
Publicidade		131,RI				1,RI			132,RI	9, LO
Impessoalidade						1,RI			132,RI	9, LO
Ambiental									1,LO	252, RI
Eficiência e eficácia				45,RI	8,LO	1,RI		227,F	91,LO	1, LO
Efetividade, equidade							R10/15		91,LO	252, RI
Sustentabilidade, transparência							R10/15			252, RI
Impropriedade de caráter formal				31,RI	153,R	65,LO	48,LO	43,L(	114,LO	
Execução contratual	133, RI	133,RI	37,LO		255,RI					
Ordem Cronológica dos pagamentos		R2/16					IN1/14			
Instrução do procedim de contratação		IN1/17			255,RI					
Preexistência de recursos orçamentários			38,LO							
Valores de Mercado					153,RI				R329/19	
Qualidade e Quantidade					153,RI					
Avaliação dos controles internos					113,RI			226,F	132,RI	
Calamidade ou emergência (ver Fiscalização-		IN1/17								

Fonte: Elaborado pelos Autores

Ante o exposto, conclui-se que ainda que todos os Tribunais tenham regulamentado a chamada "competência ativa" de fiscalização das licitações e contratos, há divergência nos procedimentos adotados e critérios de fiscalização utilizados. Também não há clareza, a nível de Lei Orgânica e Regimento Interno, quanto à metodologia a ser utilizada para planejar as fiscalizações de licitações e contratos.

2 A nova lei de licitações e os Tribunais de Contas

Enquanto a Lei nº 8.666/93 definiu duas formas de atuação dos Tribunais de Contas: 1) análise de representação; 2) solicitação do edital para exame; a nova lei de licitações, Lei nº 14.133/21, prevê a atuação dos Tribunais para:

a) orientar sobre programas de integridade das empresas licitantes (art. 60, IV e 156, V)

b) receber comunicados de alterações nas ordens de pagamentos e fiscalizar esta ordem (art. 141);

c) atuar como terceira linha de defesa na gestão de riscos e controle preventivo (art. 169);

d) analisar representação de pessoas, comunicando possíveis irregularidades (art. 170, §4);

e) seguir as diretrizes das fiscalizações definidas na Lei (art. 171), incluindo diretrizes para as cautelares;

f) capacitar servidores por meio das Escolas de Contas (art. 173).

A análise de representações de pessoas comunicando irregularidades já é procedimento previsto nas legislações e regimentos internos dos Tribunais de Contas, de forma que não haverá grandes esforços para a implementação de tal atribuição.

Quanto à fiscalização da ordem de pagamentos, a nova lei expressamente determinou que este será um critério de fiscalização dos contratos públicos, mas não definiu o procedimento a ser utilizado para tanto.

No levantamento apresentado, foi possível identificar que o TCEAL previu em norma infra-regimental a análise das ordens de pagamento como critério de fiscalização. Há notícias de tribunais que coletam dados em seus sistemas de captação acerca da ordem de pagamentos, o que facilitaria a verificação de eventual irregularidade.

Em relação à capacitação de servidores, a nova lei reconheceu o importante papel já desempenhado pelos Tribunais de Contas, já previsto, inclusive, em algumas normas analisadas, conforme comentado anteriormente.

Ainda sobre essa questão, cabe destacar a atuação do Instituto Rui Barbosa, que, por meio do Comitê de Aperfeiçoamento Profissional,[8] coordena a Rede das Escolas de Contas e, dentre outras ações, mantém o "Portal IRB Conhecimento – Capacitações para o fortalecimento da cidadania"[9] o qual congrega e divulga as capacitações online e gratuitas das escolas de contas e de instituições parceiras, organizadas por temáticas relativas à administração pública, incluindo capacitações na área de logística e compras públicas.

O projeto do Portal que, inicialmente, era produto da Rede das Escolas de Contas, foi escolhido como ferramenta e produto da Estratégia Nacional de Combate à Corrupção e Lavagem de Dinheiro, na ação nº 10/2020, tendo ampliado a parceria para outras instituições conteudistas de ações de capacitação online e gratuitas.

Quanto à orientação aos programas de integridade, há esforço das várias associações relacionadas ao Controle Externo na elaboração de diretrizes de programas de integridade tanto voltados aos Tribunais de Contas quanto a outras entidades. Vale citar: Normas Brasileiras de Auditoria do Setor Público – NBASP nível 1 IRB;[10] Resolução nº 12/2018 ATRICON[11] – que trata das diretrizes para a avaliação do Marco de Medição de Qualidade dos Tribunais de Contas; GUID 9030 e 9040 IFPP-INTOSAI sobre transparência e independência das entidades de fiscalização superior;[12] e, recentemente, foi criado um grupo de trabalho interinstitucional para desenvolver diretrizes para implantação de programas de integridade nos tribunais e cujos trabalhos estão em andamento.[13]

---

[8] Cf.: Rede Escolas de Contas. *IRB – Instituto Rui Barbosa*. Disponível em: https://irbcontas.org.br/rede-escolas-de-contas/. Acesso em 27 jul. 2021.

[9] Cf.: Portal IRB Conhecimento – capacitações para o fortalecimento da cidadania. *IRB – Instituto Rui Barbosa*. Disponível em: https://irbcontas.org.br/irb-conhecimento/. Acesso em 27 jul. 2021.

[10] Em 2020, as NBASP sofreram alterações em sua estrutura, para se compatibilizarem com a estrutura dos Pronunciamentos Profissionais da INTOSAI, sendo que as normas do nível 1 foram dissociadas para: NBASP 10, 12, 20 e 50 pertencentes ao grupo 1 e, NBASP 130 e 140, devidamente renumeradas, pertencentes ao grupo 2. Para acessar as normas citadas: (NBASP – Normas brasileiras de auditoria do Setor Público: nível 1. *IRB – Instituto Rui Barbosa*, Belo Horizonte, 2015. Disponível em: https://irbcontas.org.br/wp-content/uploads/2020/04/irb-nbasp-nivel1.pdf. Acesso em 27 jul. 2021).

[11] Cf.: Resolução nº 12/2018. *ATRICON – Associação dos membros dos Tribunais de Contas do Brasil*, 30 nov. 2018. Disponível em: https://www.atricon.org.br/wp-content/uploads/2019/01/Resolução-Atricon-12-2018-Diretrizes-3303-Governança.pdf. Acesso em 27 jul. 2021.

[12] Cf.: Professional Pronouncements. *INTOSAI.org*. Disponível em: https://www.issai.org/professional-pronouncements/?n=9000-9999. Acesso em 27 jul. 2021.

[13] Cf.: Portaria Conjunta nº 2/21-IRB ATRICON. *IRB – Instituto Rui Barbosa*, Brasília, 23 jun. 2021. Disponível em: https://irbcontas.org.br/wp-admin/admin-ajax.php?juwpfisadmin=false&action=wpfd&task=file.download&wpfd_category_id=1863&wpfd_file_id=19417&token=&preview=1. Acesso em 27 jul. 2021.

A existência dessas diretrizes, somada à função orientativa dos Tribunais de Contas, seja por meio de determinações, recomendações ou pelas ações das Escolas de Contas, torna essa atribuição legal de fácil implementação.

Por fim, vislumbra-se que o maior desafio para o Controle Externo será mudar uma orientação de fiscalização das licitações voltada à análise individual de certames ou contratos, para verificação de irregularidades, apuração de dano e aplicação de sanções, bem como para uma orientação preventiva, como linha de defesa na gestão de riscos, e que considere as diretrizes trazidas pela Nova Lei.

3 Os desafios do controle

Ante todo o exposto, é possível afirmar que os Tribunais de Contas se organizaram para fiscalizar licitações e contratos por meio de processos individuais de análise de cada licitação ou cada contrato (vide levantamento das regulamentações dos procedimentos de fiscalização de ato ou contrato, auditoria, inspeção, acompanhamento ou exame de instrumento convocatório apresentados anteriormente), com foco na identificação de irregularidades, apuração do dano e aplicação de sanção.

Agora, a nova lei de licitações e contratos, Lei nº 14.133/21, orienta a atuação do controle externo em maior consonância com as normas internacionais de auditoria, traduzidas e incorporadas no Brasil com Normas Brasileiras de Auditoria do Setor Público, conforme de verifica no quadro comparativo que se segue:

Quadro 8 – Comparativo das exigências legais com os pronunciamentos profissionais de auditoria (NBASP)

(continua)

Lei nº 14.133/21	NBASP[14]
Gerir riscos e realizar controle preventivo (art. 169, *caput*), atuando como linha de defesa.	NBASP 100/19, 20, 45, 46, 47, 51[15]
Promover a segurança jurídica e a avaliação do resultado com eficiência, eficácia e efetividade nas contratações (art. 169, §1º).	NBASP 100/17 NBASP 300 e 3000 – auditoria operacional
Ter acesso aos documentos (art. 169, §2º).	NBASP 10/17[16]
Aperfeiçoar controles internos (art. 169, §3º, I).	NBASP 100/19, 20, 51
Considerar a materialidade, a oportunidade, a relevância, o risco e o contraditório[17] (art. 170, *caput*).	NBASP 100/41, 43, 44, 45, 46, 47, 48

---

[14] Considerada a NBASP 100 neste comparativo para fins de ilustração, uma vez que esta norma é a base para todos os tipos de auditoria. Porém, o detalhamento das auditorias, seus elementos, princípios gerais, princípios do processo e do relatório constam em outras normas, conforme o tipo de auditoria que se realizará (de conformidade, financeira ou operacional).

[15] Os relatórios devem conter "recomendações construtivas para possibilitar a adoção de medidas corretivas" (...) "Dependendo do tipo de auditoria, recomendações para ações corretivas e quaisquer contribuições para sanar deficiências de controle interno podem também ser incluídas no relatório".

[16] Princípios para Independência dos Tribunais, princípio 3: acesso irrestrito a informações.

[17] Usado o termo contraditório para representar o momento de ouvir a parte responsável pelo objeto fiscalizado, a fim de ouvir as razões e os resultados obtidos com a contratação, bem como as regras dos §§ do artigo 170.

(conclusão)

Lei nº 14.133/21	NBASP
Considerar a avaliação da parte responsável sobre possíveis recomendações (art. 171, I).	NBASP 100/43
Apurar o dano e individualizar as condutas (art. 169, §3º, II).	NBASP 100/51
Relatar o trabalho com base em evidências (art. 171, II).	NBASP 100/49, 50, 51

Fonte: Elaborado pelos autores

Assim, considerando o levantamento realizado e as novas diretrizes legais de fiscalização, o primeiro grande desafio do Controle Externo brasileiro é uma mudança de cultura de uma fiscalização individualizada (por ato ou contrato), com vistas à identificação de irregularidade e sancionamento, para uma fiscalização baseada em riscos, com aferição do desempenho ou resultado (auditoria operacional) e com vistas a aperfeiçoar a administração pública e a informar a sociedade e seus representantes, com nível de asseguração compatível e de forma imparcial, sobre os resultados dos processos ou operações das contratações públicas (eficiência, eficácia e efetividade).

Outro grande desafio ao Controle Externo é abandonar procedimentos de fiscalização individualizados de análise de contrato por contrato ou edital por edital, para uma análise da operação de contratação dos entes, avaliação de controles internos e, principalmente, para análise massiva das contratações. Tal desiderato não será possível sem a utilização da tecnologia da informação e da análise de dados.

A implementação do Portal Nacional das Compras Públicas (PNCP) auxiliará na consolidação de alguns dados, mas, considerando os riscos e controles preventivos da boa governança das contratações, em que se necessitará de dados que não integram o PNCP, a adoção de sistemas captadores de dados, robôs, inteligência artificial, parece ser um caminho necessário para o Controle Externo.

Recentemente, o IRB, com apoio da ATRICON e CNPTC, assinou acordo de cooperação técnica para o aperfeiçoamento das auditorias operacionais nas contratações públicas.[18] Espera-se, ao final da execução do acordo, que sejam superados os desafios mapeados neste estudo.

Referências

ATRICON – ASSOCIAÇÃO DOS MEMBROS DOS TRIBUNAIS DE CONTAS DO BRASIL. *Resolução nº 12/2018*. 30 nov. 2018. Disponível em: https://www.atricon.org.br/wp-content/uploads/2019/01/Resolução-Atricon-12-2018-Diretrizes-3303-Governança.pdf. Acesso em 27 jul. 2021.

BRASIL. Constituição da República Federativa do Brasil de 1988. *Diário Oficial da União*, Brasília, 5 out. 1988. Disponível em: http://www.planalto.gov.br/ccivil_03/constituicao/constituicao.htm. Acesso em 10 out. 2020.

BID – BANCO INTERAMERICANO DE DESENVOLVIMENTO. *Melhores gastos para melhores vidas*: como o Brasil e a região podem fazer mais com menos. Disponível em: https://publications.iadb.org/publications/

---

[18] Cf.: Acordo de Cooperação Técnica IRB-USTDA. *IRB – Instituto Rui Barbosa*. Disponível em: https://irbcontas.org.br/wp-admin/admin-ajax.php?juwpfisadmin=false&action=wpfd&task=file.download&wpfd_category_id=2017&wpfd_file_id=20148&token=&preview=1. Acesso em 13 ago. 2021.

portuguese/document/Melhores_gastos_para_melhores_vidas_Como_a_América_Latina_e_o_Caribe_podem_fazer_mais_com_menos_pt_pt.pdf. Acesso em 27 jul. 2021.

FIGUEIRA, André Felipe de Freitas. TCE apresenta novo sistema de fiscalização eletrônica aos gestores. *TCEAP*, 20 jan. 2017. Disponível em: https://www.tce.ap.gov.br/noticias/tce-apresenta-novo-sistema-de-fiscalizacao-eletronica-aos-gestores. Acesso em 27 jul. 2021.

FOLHA DE SÃO PAULO. *Entenda a Operação Lava Jato, da Polícia Federal*. 14 nov. 2014. Disponível em: http://www1.folha.uol.com.br/poder/2014/11/1548049-entenda-a-operacao-lava-jato-da-policia-federal.shtml. Acesso em 27 jul. 2021.

GRUPO BANCO MUNDIAL. *Um ajuste justo*: análise da eficiência e equidade do gasto público no Brasil. Nov. 2017. Disponível em: https://documents1.worldbank.org/curated/en/884871511196609355/pdf/121480-REVISED-PORTUGUESE-Brazil-Public-Expenditure-Review-Overview-Portuguese-Final-revised.pdf. Acesso em 27 jul. 2021.

IBGE. Agência de Notícias. *PIB*. Disponível em: https://www.ibge.gov.br/explica/pib.php. Acesso em 27 jul. 2021.

INTOSAI.ORG. *Professional Pronouncements*. Disponível em: https://www.issai.org/professional-pronouncements/?n=9000-9999. Acesso em 27 jul. 2021.

IRB – INSTITUTO RUI BARBOSA. *Portaria Conjunta nº 2/21-IRB ATRICON*. Brasília, 23 jun. 2021. Disponível em: https://irbcontas.org.br/wp-admin/admin-ajax.php?juwpfisadmin=false&action=wpfd&task=file.download&wpfd_category_id=1863&wpfd_file_id=19417&token=&preview=1. Acesso em 27 jul. 2021.

IRB – INSTITUTO RUI BARBOSA. *Acordo de Cooperação Técnica IRB-USTDA*. Disponível em: https://irbcontas.org.br/wp-admin/admin-ajax.php?juwpfisadmin=false&action=wpfd&task=file.download&wpfd_category_id=2017&wpfd_file_id=20148&token=&preview=1. Acesso em 13 ago. 2021.

IRB – INSTITUTO RUI BARBOSA. *NBASP – Normas brasileiras de auditoria do Setor Público*: nível 1. Belo Horizonte, 2015. Disponível em: https://irbcontas.org.br/wp-content/uploads/2020/04/irb-nbasp-nivel1.pdf. Acesso em 27 jul. 2021.

IRB – INSTITUTO RUI BARBOSA. *Rede Escolas de Contas*. Disponível em: https://irbcontas.org.br/rede-escolas-de-contas/. Acesso em 27 jul. 2021.

IRB – INSTITUTO RUI BARBOSA. *Portal IRB Conhecimento – capacitações para o fortalecimento da cidadania*. Disponível em: https://irbcontas.org.br/irb-conhecimento/. Acesso em 27 jul. 2021.

OCDE. *Combate a cartéis em licitações no Brasil*: uma revisão das compras públicas federais. 2021. Disponível em: https://www.oecd.org/daf/competition/Combate-a-Carteis-em-Licitacoes-no-Brasil-uma-Revisao-das-Compras-Publicas-Federais-2021.pdf. Acesso em 27 jul. 2021.

RIBEIRO, C. G.; INÁCIO JR., E. Mensurando o mercado de compras governamentais brasileiro. *ESAF – Cadernos de Finanças Públicas*, Brasília, n. 14, p. 265-287, dez. 2014. Disponível em: http://www.esaf.fazenda.gov.br/assuntos/biblioteca/cadernos-de-financas-publicas-1/mensur_merc_compras.pdf. Acesso em 27 jul. 2021.

Informação bibliográfica deste texto, conforme a NBR 6023:2018 da Associação Brasileira de Normas Técnicas (ABNT):

CAVALCANTE, Crislayne; BONILHA, Ivan Lelis. A nova lei de licitações e os desafios do controle externo. *In*: LIMA, Edilberto Carlos Pontes (Coord.). *Os Tribunais de Contas, a pandemia e o futuro do controle*. Belo Horizonte: Fórum, 2021. p. 173-189. ISBN 978-65-5518-282-8.

ATUAÇÃO DOS TRIBUNAIS DE CONTAS NAS AÇÕES DE ENFRENTAMENTO À PANDEMIA DA COVID-19[1]

DIANA VAZ DE LIMA
JAÍLSON GOMES DE ARAÚJO JÚNIOR
LEANDRO MENEZES RODRIGUES
PETRÔNIO PIRES DE PAULA
RAFAEL LARÊDO MENDONÇA
SABRINA REINBOLD REZENDE

Proposta

Este estudo teve como objetivo analisar a atuação dos Tribunais de Contas nas ações de enfrentamento à pandemia da COVID-19, a partir das seguintes ações: (i) Operacionalização das atividades; (ii) Relacionamento dos tribunais com os jurisdicionados; (iii) Principais meios tecnológicos utilizados; (iv) Práticas de transparência; e (v) Possíveis práticas que poderão permanecer no pós-pandemia.

Metodologia

Inicialmente foram colhidos relatos de experiência de cinco auditores e analistas de tribunais previamente selecionados, um de cada região do país, para compreender como a abordagem do estudo deveria ser feita. Na sequência, foi aplicado questionário com perguntas abertas no período de 1º a 31 de julho de 2020 em todos os 33 Tribunais de Contas brasileiros, para compreender as ações que foram implementadas pelo respectivo Tribunal de Contas em razão das demandas excepcionais da pandemia da COVID-19, cujas respostas foram recepcionadas de forma *on-line* por meio de *link* de acesso.

---

[1] Artigo aprovado e apresentado no XX USP International Conference in Accounting, realizado na cidade de São Paulo/SP, de 29 a 31 de julho de 2020.

Achados

Os resultados revelam a presença do fenômeno do isomorfismo mimético de Dimaggio & Powell,[2] considerando a implantação de ações semelhantes pelos tribunais contas brasileiros. Destas ações, destacam-se a adoção e a possibilidade de manutenção do regime de teletrabalho, a elaboração de orientações e a utilização mais intensa de tecnologia a serviço da comunicação e da transparência no âmbito interno dos Tribunais de Contas e no relacionamento com seus jurisdicionados.

Originalidade

O estudo desenvolve uma metodologia inovadora com a constituição inicial de um grupo de discussão formado por cinco profissionais que atuam em Tribunais de Contas de diferentes regiões brasileiras, moderados por uma representante da academia, evoluindo depois para uma pesquisa ampla, englobando todos os 33 Tribunais de Contas existentes no Brasil, nos níveis Federal, Estadual e Municipal.

Introdução

A declaração da Organização Mundial de Saúde (OMS), em 11 de março de 2020, que classificou como pandemia a COVID-19, doença causada pelo novo coronavírus (Sars-CoV-2), exigiu das autoridades sanitárias nacionais e locais a edição de orientações, impondo alguns desafios à sociedade, como a necessidade de distanciamento social, passando do direito à liberdade a questões relativas à proteção ao direito sanitário e ao patrimônio público.[3] A pandemia da COVID-19 gerou medo não apenas por seus sintomas, mas pela insegurança jurídica causada em um cenário mundial adverso de aumento da demanda por insumos e serviços de saúde, diante da limitação da capacidade de atendimento por parte de seus provedores.[4]

Segundo Valêncio,[5] a má gestão pública do problema, cujo formato inicial súbito e localizado não foi contido o suficiente, criou condições para convertê-lo num processo generalizado e de gravidade social desmedida, exigindo maior complexidade de providências do poder público nos três níveis de governo, com articulação interinstitucional e ações intersetoriais em alta sintonia. Neste contexto, para Teixeira,[6] a crise sanitária demanda por parte do controlador um exercício de empatia para com o gestor público,

---

[2] DIMAGGIO, Paul J.; POWELL, Walter W. The iron cage revisited: institutional isomorphism and collective rationality in organizational fields. *American sociological review*, p. 147-160, 1983.

[3] TOSTES, Anjuli; MELO FILHO, Hugo (Ed.). *Quarentena*: reflexões sobre a pandemia e depois. São Paulo: Canal 6 Editora, 2020; POSSÍDIO, Cyntia; MARTINEZ, Luciano. *O trabalho nos tempos do Coronavírus*. São Paulo: Saraiva Educação SA, 2020.

[4] ALBUQUERQUE, Aline *et al. Bioética e COVID-19*. São Paulo: Editora Foco, 2021; FACCHINI, Luiz Augusto. COVID-19: Nocaute do neoliberalismo? Será possível fortalecer os princípios históricos do SUS e a APS em meio à pandemia? *APS em Revista*, v. 2, n. 1, p. 3-10, 2020; PÉRCIO, Gabriela. *Alterações Contratuais durante a pandemia Covid-19*: aspectos da aplicação do art. 4º-I da Lei nº 13.979/20. Curitiba: Juruá, 2020.

[5] VALÊNCIO, Norma. A nova ordem social sob decretação de emergência: riscos à gestão pública e à vida democrática. *Vértices*, Campos dos Goytacazes/RJ, v. 23, n. 1, p. 69-97, 2021.

[6] TEIXEIRA, Alan José de Oliveira. Possíveis cedências do controle da administração no pós-pandemia. *Revista Controle: Doutrinas e artigos*, v. 19, n. 1, p. 423-444, 2021.

o que não significa um abandono da legalidade, com a necessidade de que as decisões administrativas sejam efetuadas com base em evidências científicas.

Nesse cenário, o Instituto Rui Barbosa do Brasil (IRB) – associação civil criada pelos Tribunais de Contas do Brasil em 1973, com o objetivo de auxiliar os Tribunais de Contas no desenvolvimento e aperfeiçoamento de suas atividades, desde o início do quadro pandêmico vem atuando em conjunto com os Tribunais de Contas e entidades representativas de Controle Externo (CNPTC, IRB, ATRICON, AUDICON, ABRACOM, ANTC, AMPCOM) na articulação de meios para minimizar os efeitos internos e externos decorrentes da pandemia da COVID-19.[7] Segundo informações disponíveis no site da entidade, a fim de propagar informação e ater-se ao princípio de transparência pública, diversos Tribunais de Contas brasileiros têm criado *hotsites* para divulgar, de forma clara e acessível, informações de interesse de jurisdicionados, servidores públicos e demais cidadãos quanto às decisões e orientações relativas ao enfrentamento da crise que foi instalada.[8]

O que se observa é que, neste contexto de urgência e ineditismo, as ações dos Tribunais de Contas se fizeram ainda mais necessárias, para garantir a efetividade dos atos dos gestores públicos. Como forma de dar mais agilidade às ações administrativas, as entidades legais (Supremo Tribunal Federal e Congresso Nacional) flexibilizaram medidas burocráticas de finanças públicas e de contratação de fornecedores a todos os gestores públicos, considerando o estado de calamidade, por meio de dispositivos contidos na própria Lei de Responsabilidade Fiscal (LRF) e ainda na publicação da Lei Federal nº 13.979/2020, que dispõe sobre medidas para enfrentamento da emergência de saúde pública decorrente da disseminação do vírus no território nacional, como a possibilidade de dispensa de licitação para aquisição de bens, serviços e insumos de saúde destinados ao combate da doença.

No Parecer Técnico nº 4/2020, do Conselho Nacional de Presidentes dos Tribunais de Contas (CNPTC), ao tratar da transparência da gestão orçamentária e financeira em tempos de pandemia, é ressaltada a necessidade de medidas eficientes de aquisições e contratações de bens e serviços destinados ao enfrentamento da emergência. Entretanto, segundo o Conselho, os entes da Federação devem obediência às leis que determinam a obrigação de disponibilização de informações, em tempo real, dos gastos públicos, assim como dos contratos firmados, além de informações sobre a execução orçamentária e financeira da União, dos Estados, do Distrito Federal e dos Municípios.

Sobre o perfil do administrador eficiente, Megginson *et al*[9] consideram aquele que tem a capacidade de "fazer as coisas direito", alcançando um produto mais elevado (resultados, produtividade, desempenho) em relação aos insumos (mão de obra, material, dinheiro, máquinas e tempo) necessários à sua consecução. Em outras palavras, um administrador é considerado eficiente quando minimiza o custo dos recursos usados para atingir determinado fim. Na visão econômica, o conceito de eficiência, segundo

---

[7] Cf.: Hot Sites dos Tribunais de Contas: combate ao Covid-19. *IRB – Instituto Rui Barbosa do Brasil*, 2020. Disponível em: https://irbcontas.org.br/hot-sites-coronavirus/. Acesso em 05 jun. 2020.

[8] Cf.: Hot Sites dos Tribunais de Contas: combate ao Covid-19. *IRB – Instituto Rui Barbosa do Brasil*, 2020. Disponível em: https://irbcontas.org.br/hot-sites-coronavirus/. Acesso em 05 jun. 2020.

[9] MEGGINSON, Leon C.; MOSLEY, Donald C.; PIETRI, Paul H. *Administração*: conceitos e aplicações. Belo Horizonte: Harba, 1998.

a percepção de Zylbersztajn e Sztajn,[10] está relacionado à possibilidade de se atingir o melhor resultado com o mínimo de erro ou desperdício.

Diante do exposto, considerando que diante do cenário da pandemia da COVID-19, além de se colocarem à disposição dos jurisdicionados e dos demais poderes, exercendo um papel colaborativo e orientador, os Tribunais de Contas devem preocupar-se com a prevenção de excessos que podem ocorrer na administração. O presente estudo tem como objetivo analisar a atuação dos Tribunais de Contas nas ações de enfrentamento da pandemia da COVID-19. Para tratar a questão da pesquisa, inicialmente foram colhidos relatos de experiência de cinco auditores e analistas de tribunais previamente selecionados, um de cada região do País, para compreender como a abordagem do estudo deveria ser feita. Na sequência, foi aplicado um questionário com perguntas abertas no período de 1º a 31 de julho de 2020, em todos os 33 Tribunais de Contas brasileiros, para compreender as ações que foram implementadas por cada um deles, em razão das demandas excepcionais da pandemia da COVID-19, cujas respostas foram recepcionadas de forma *on-line* por meio de *link* de acesso, a partir das seguintes ações: (i) Operacionalização das atividades; (ii) Relacionamento dos Tribunais com os jurisdicionados; (iii) Principais meios tecnológicos utilizados; (iv) Práticas de transparência; e (v) Possíveis práticas que poderão permanecer no pós-pandemia. Todos os Tribunais de Contas responderam a pesquisa e, complementarmente, algumas informações foram extraídas diretamente dos sites das entidades.

1   Desenvolvimento

Nos estudos realizados por Silva[11] foi verificado que as funções primárias de controle externo da administração pública exercidas pelos Tribunais de Contas no Brasil, desde 1893, quando foi realizada a primeira sessão do Tribunal de Contas, hoje denominado de Tribunal de Contas da União (TCU), são direcionadas ao combate dos mecanismos de corrupção, à ineficiência e à malversação de recursos públicos. No período histórico entre 1893 e a atualidade, criaram-se Tribunais de Contas nos estados, no Distrito Federal e também em municípios. Todos com as mesmas funções do TCU, porém, direcionadas aos seus jurisdicionados estaduais e municipais.

Vinculadas às funções primárias e à fiscalização do cumprimento da legalidade, legitimidade e economicidade e à aplicação de subvenções e renúncia de receitas, contemporaneamente, cabem aos 33 Tribunais de Contas em todo Brasil, a competência de avaliar o desempenho operacional dos órgãos e entidades sob sua jurisdição, acompanhar a eficiência da gestão governamental e das políticas públicas implementadas, além de oferecer formação e capacitação dos agentes auditados[12] (Quadro 01).

---

[10]   ZYLBERSZTAJN, D., & SZTAJN, R. *Direito e economia*: análise econômica do direito e das organizações. Rio de Janeiro: Campus, 2005.

[11]   SILVA, A. A. C. *O Tribunal de Contas da União na história do Brasil*: evolução histórica, política e administrativa (1890 – 1998). Prêmio Serzedello Corrêa 1998: Monografias Vencedoras/Tribunal de Contas da União. Brasília: TCU, Instituto Serzedelo Corrêa, 1999.

[12]   SILVA, A. A. C. *O Tribunal de Contas da União na história do Brasil*: evolução histórica, política e administrativa (1890 – 1998). Prêmio Serzedello Corrêa 1998: Monografias Vencedoras/Tribunal de Contas da União. Brasília: TCU, Instituto Serzedelo Corrêa, 1999.

Quadro 01: Lista dos Tribunais de Contas brasileiros

Sigla	Nome
TCU	Tribunal de Contas da União
TCDF	Tribunal de Contas do Distrito Federal
TCE-AC	Tribunal de Contas do Estado do Acre
TCE-AL	Tribunal de Contas do Estado do Alagoas
TCE-AM	Tribunal de Contas do Estado do Amazonas
TCE-AP	Tribunal de Contas do Estado do Amapá
TCE-BA	Tribunal de Contas do Estado da Bahia
TCE-CE	Tribunal de Contas do Estado do Ceará
TCE-ES	Tribunal de Contas do Estado do Espírito Santo
TCE-GO	Tribunal de Contas do Estado de Goiás
TCE-MA	Tribunal de Contas do Estado do Maranhão
TCE-MG	Tribunal de Contas do Estado de Minas Gerais
TCE-MS	Tribunal de Contas do Estado de Mato Grosso do Sul
TCE-MT	Tribunal de Contas do Estado de Mato Grosso
TCE-PA	Tribunal de Contas do Estado do Pará
TCE-PB	Tribunal de Contas do Estado da Paraíba
TCE-PE	Tribunal de Contas do Estado do Pernambuco
TCE-PI	Tribunal de Contas do Estado do Piauí
TCE-PR	Tribunal de Contas do Estado do Paraná
TCE-RJ	Tribunal de Contas do Estado do Rio de Janeiro
TCE-RN	Tribunal de Contas do Estado do Rio Grande do Norte
TCE-RO	Tribunal de Contas do Estado de Rondônia
TCE-RR	Tribunal de Contas do Estado de Roraima
TCE-RS	Tribunal de Contas do Estado do Rio Grande do Sul
TCE-SC	Tribunal de Contas do Estado de Santa Catarina
TCE-SE	Tribunal de Contas do Estado de Sergipe
TCE-SP	Tribunal de Contas do Estado de São Paulo
TCE-TO	Tribunal de Contas do Estado de Tocantins
TCM-BA	Tribunal de Contas dos Municípios do Estado da Bahia
TCM-GO	Tribunal de Contas dos Municípios do Estado de Goiás
TCM-PA	Tribunal de Contas dos Municípios do Estado do Pará
TCM-RJ	Tribunal de Contas do Município do Rio de Janeiro
TCM-SP	Tribunal de Contas do Município de São Paulo

Fonte: levantamento efetuado pelos autores.

Segundo Lima e Sarquis,[13] porém, é o combate aos desvios de recursos e a busca pela eficiência estatal os maiores propulsores da ampliação das funções dos Tribunais de Contas, que atualmente são nove: fiscalizadora, opinativa, julgadora, sancionadora, corretiva, consultiva, normativa, informativa e ouvidora. Cabe destaque às funções informativa, orientativa e ouvidora, que são recentes no ordenamento e funcionalidade das Cortes de Contas.

De acordo com Fernandes,[14] o sistema de controle externo é o conjunto de ações de controle desenvolvidas por uma estrutura organizacional com procedimentos, atividades e recursos próprios, não integrados na estrutura controlada, visando à fiscalização, à verificação e à correção de atos. Segundo o disposto na Constituição da República Federativa do Brasil de 1988, o titular do controle externo da administração pública é o Poder Legislativo, que conta com o auxílio técnico dos Tribunais de Contas para exercer a fiscalização contábil, financeira, orçamentária, operacional e patrimonial das entidades da administração direta e indireta quanto à legalidade, à legitimidade, à economicidade e à fiscalização da aplicação das subvenções e renúncia de receitas, tendo como objetivo assegurar que os recursos públicos sejam bem empregados em benefício da sociedade.

Importante registrar que essa condição de auxiliar dos Tribunais de Contas não significa uma relação de subordinação ao Poder Legislativo, visto que a própria Carta Magna lhes garante a autonomia necessária para exercer suas competências, inclusive, a função de jurisdição de contas dos responsáveis pela gestão de recursos públicos. De acordo com as Normas Internacionais das Entidades Fiscalizadoras Superiores[15] da Organização Internacional de Entidades Fiscalizadoras Superiores (Intosai), a independência das Entidades Fiscalizadoras Superiores prevista na Constituição Federal de 1988 e na legislação também garante a elas um grau muito elevado de iniciativa e autonomia, mesmo quando estiverem atuando como agente do legislativo e fazendo auditorias seguindo suas instruções.

Outras competências, entretanto, também relevantes ao controle abrangente da administração pública, são definidas como privativas dos Tribunais de Contas, que as exerce de forma independente. Dentre elas, a emissão do parecer prévio sobre a prestação de contas do Chefe do Poder Executivo e o julgamento das contas dos administradores públicos e do particular que venha a utilizar, arrecadar, guardar, gerenciar ou administrar valores públicos ou pelos quais o ente federado responda, ou que, em nome deste, assuma obrigações de natureza pecuniária.

Segundo o disposto nas Normas Internacionais das Entidades Fiscalizadoras Superiores,[16] o Estado de Direito e a democracia são fundamentos essenciais da auditoria

---

[13] LIMA, Luiz Henrique; SARQUIS, A. M. F. *Processos de controle externo*: estudos de ministros e conselheiros substitutos dos Tribunais de Contas. Belo Horizonte: Fórum, 2019.

[14] FERNANDES, Jorge Ulisses Jacoby. *Tribunais de Contas do Brasil*: jurisdição e competência. Belo Horizonte: Editora Fórum, 2003.

[15] INTOSAI. ISSAI 1 – Declaração de Lima. Austria, 1977 *apud* Tribunal de Contas da União. *Fiscalização e Controle*. Traduzido em 2016 pelo TCU. Disponível em: https://portal.tcu.gov.br/lumis/portal/file/fileDownload. jsp?fileId=8A8182A2561DF3F5015623293FD0781C Acesso em: 05 de agosto de 2020.

[16] INTOSAI. ISSAI 20 – Princípios de transparência e Accountability. Austria, 2010 *apud* Tribunal de Contas da União. *Fiscalização e Controle*. Traduzido em 2016 pelo TCU. Disponível em: https://portal.tcu.gov.br/lumis/portal/file/fileDownload.jsp?fileId=8A8182A2561DF3F501562329409F78D5 Acesso em 05 ago. 2020.

independente. Com efeito, a atuação dos Tribunais de Contas se mostra essencial à democracia brasileira e se apresenta como um importante instrumento de cidadania como agente indutor de boas práticas na gestão pública, notadamente aquelas relacionadas ao processo de transparência da arrecadação e dos gastos públicos ao cidadão, em fomento ao controle social.

Para Araújo,[17] nos últimos anos, os Tribunais de Contas têm envidado esforços notáveis para aprimorar suas relações com a sociedade, especialmente para instrumentalizar o cidadão de forma tempestiva e clara, com informações sobre a aplicação de recursos públicos de forma justa, legal, econômica, razoável, eficiente, eficaz e efetiva, bem como para averiguar se os recursos estão devidamente registrados em conformidade com os padrões contábeis internacionalmente reconhecidos. Entre as ações de relevo, segundo o pesquisador, estão a implantação de ouvidorias, a divulgação de relatórios, a publicação de mídia impressa e de outros tipos de periódicos, a edição de programas específicos em televisão, rádio, internet, além da realização de eventos objetivando o fortalecimento de parcerias com a sociedade.

Uma constatação atual é a de que a cooperação entre os órgãos de controle provou ser eficaz na investigação e no julgamento. Esses órgãos desenvolveram plataformas de controle, trocas de informações, acessos ilimitados a sistemas cooperados, além de treinamento de funcionários e auditores, financiamento de programas de controle social e apoio a investimentos em tecnologia (por exemplo: integração de sistemas internos, governo eletrônico, modernização do sistema de contratos públicos – especialmente nos níveis estadual e municipal) para melhorar a transparência e a prestação de contas, entre outros.[18] Afinal, as competências atuais das Cortes de Contas no Brasil e as suas contribuições foram decisivas para o combate à má administração dos recursos públicos. Assim, inovar em relação aos seus procedimentos e aproximar cada vez mais da sociedade acarretaram mudanças tanto estruturais quanto de procedimentos e de gestão nos Tribunais de Contas, levando-os a implementar, de forma quase que impositiva pela conjuntura atual, as perspectivas da governança.

Para Chamoun,[19] nesse cenário, é inadiável que os Tribunais de Contas reorganizem sua carteira de atividades, desenvolvam novas competências e realizem controles e fiscalizações relevantes para governos e sociedades. Para tanto, segundo o pesquisador, o controle externo deve atuar para garantir finanças públicas equilibradas, assegurar a obediência aos princípios da legitimidade, da eficiência e da efetividade, além de preservar ambientes éticos nos negócios governamentais. Considera também que, além do papel de supervisão, esses órgãos constitucionais de controle devem dedicar-se a projetar visões sistêmicas de governos, identificando o que funciona e o que não funciona, traçando previsões sobre tendências e riscos que podem afetar governos e sociedades.

---

[17] ARAÚJO, Inaldo da Paixão Santos. *Tribunal de Contas e Cidadania*. 2012. Disponível em: https://tce-ba.jusbrasil. com.br/noticias/100219820/tribunal-de-contas-e-acidadania. Acesso em 05 ago. 2020.

[18] MUNGIU-PIPPIDI, Alina. Democratization without decommunization in the Balkans. *Orbis*, v. 50, n. 4, p. 641-655, 2006.

[19] CHAMOUN, Rodrigo Flávio Freire Farias. *Os tribunais de contas na era da governança pública*: focos, princípios e ciclos estratégicos do controle externo. Tribunal de Contas do século XXI. Belo Horizonte: Fórum, 2020. p. 334.

O que se observa é que nas ações de combate à pandemia da COVID-19 a atuação dos Tribunais de Contas se faz ainda mais presente. Para Ramalho,[20] a urgência e o ineditismo que marcarão muitos atos administrativos desta época exigem mais do que nunca a atuação pedagógica e preventiva das Cortes de Contas, para que se preserve a autonomia dos gestores sem ignorar eventuais irregularidades nos gastos, seja por má-fé ou descuido. No atual quadro de excepcionalidade decorrente da pandemia da COVID-19, os governos buscaram regulamentar as contratações emergenciais e atribuíram aos órgãos de controle, explicitamente, a competência para acompanhar os dados disponibilizados nos portais de transparência dos seus jurisdicionados, além de todas as fases dos processos administrativos relacionados às contratações, com vistas a permitir a sua realização de forma célere e eficiente, garantir a sua transparência, prevenir a corrupção e oferecer maior segurança aos gestores públicos.

Nesse cenário, fica ainda mais evidente a relevância social e institucional dos Tribunais de Contas, que estão sendo avocados a redobrar seus esforços no sentido de ampliar os canais eletrônicos de interlocução com seus jurisdicionados e de dar acesso a informações aos cidadãos, além de garantir uma atuação tempestiva de fiscalização, visando à efetividade, à eficiência e à conformidade na utilização dos recursos, especialmente aqueles destinados às ações de enfrentamento à crise sanitária, desempenhando, portanto, um importante papel no aperfeiçoamento da administração pública ao enfatizar os princípios de transparência, *accountability*, governança e desempenho.

2 Metodologia

Objetivando analisar a atuação dos Tribunais de Contas nas ações de enfrentamento à pandemia da COVID-19, este estudo foi dividido em duas etapas. Na primeira delas foram colhidos relatos de experiência de cinco auditores e analistas de tribunais previamente selecionados, um de cada região do país, para compreender como a abordagem do estudo deveria ser feita. Na sequência, foi aplicado questionário com perguntas abertas no período de 1º a 31 de julho de 2020, em todos os 33 Tribunais de Contas brasileiros, para compreender as ações que foram implementadas por cada um deles, em razão das demandas excepcionais da pandemia da COVID-19, cujas respostas foram recepcionadas de forma *on-line* por meio de *link* de acesso.

Na primeira etapa, os relatos de experiência foram colhidos por uma representante da academia, professora em uma universidade federal pública brasileira, com reconhecida competência acadêmica e profissional. A escolha dos profissionais foi feita por indicações de grupos de pesquisa dos quais a professora faz parte, sendo selecionado um representante de cada região brasileira. Assim, participaram desta primeira etapa cinco servidores que ocupam o cargo de auditor/analista em cinco Tribunais de Contas brasileiros, sendo três Tribunais de Contas de estados (TCE/PA, TCE/PR e TCE/RJ) e dois Tribunais de Contas de municípios (TCM/BA e TCM/GO). O uso de relatos de experiência se deu em virtude da necessidade da brevidade das informações pelo

---

[20] RAMALHO, D. O Controle dos Gastos Públicos em Tempos de Pandemia. *Tribunal de Contas de São Paulo*, 2020. Disponível em: https://www.tce.sp.gov.br/6524-artigo-controle-gastos- publicos-tempos-pandemia. Acesso em 11 jun. 2021.

desafio da evidenciação de seus resultados, conforme o contexto da pandemia exigia, com o fito de contribuição às organizações pesquisadas.

Esse contato inicial, na primeira etapa, acabou aproximando a representante da academia dos profissionais consultados que, posteriormente, foram convidados a compor a equipe de pesquisa. A partir dos relatos de experiências colhidos, cinco ações foram relacionadas como sendo implementadas nos Tribunais de Contas em razão das demandas excepcionais da pandemia da COVID-19, devidamente referenciadas na literatura, conforme Quadro 02.

Quadro 02: Variáveis analisadas

Ações relacioandas nos relatos de experiências	Referências
Operacionalização das atividades de fiscalização e julgamento	ANAO (2014); IFAC (2001);
Meios tecnológicos utilizados	IFAC/CIPFA (2014); Ngoepe e Ngulube (2013);
Práticas que poderão permanecer após o período de crise	Schelker (2013); Romolini, Gori e Fissi (2015); OCDE (2015)
Relacionamento dos Tribunais com os jurisdicionados	Freeman (1984);
Práticas de transparência	Donaldson e Preston (1995); Jones (1995); Metcalfe (1998); Moore (1999); e, Clarkson (1995)

Fonte: dados do estudo.

Na segunda etapa, a partir dos resultados da primeira, foi aplicado questionário com perguntas abertas no período de 1º a 31 de julho 2020, em todos os 33 Tribunais de Contas brasileiros, para compreender como tais ações foram implementadas. De acordo com Creswell,[21] a estratégia de técnica de levantamento permite uma descrição quantitativa ou numérica de tendências (ocorrência de frequência), opiniões e atitudes de uma população ou uma amostra, e utiliza como principais técnicas de coleta de dados o questionário, a entrevista e o formulário.

Dado o ambiente de isolamento social recomendado pela OMS, a coleta das respostas se deu de forma *on-line,* por meio de *link* de acesso. Segundo Malhotra,[22] as pesquisas realizadas com auxílio da Internet estão ficando cada vez mais populares entre os pesquisadores, principalmente devido às suas vantagens, entre as quais, menores custos, rapidez e capacidade de atingir populações específicas, assim como, do ponto de vista do respondente, é possível responder da maneira que for mais conveniente, no tempo e local de cada um. Registre-se que ao entrevistado foi dada a faculdade de apresentar sua opinião pessoal sobre quais e como as ações vinham sendo adotadas no respectivo Tribunal de Contas onde exercia suas funções laborais.

---

[21] CRESWELL, J. W. *Uma estrutura para projeto. Projeto de pesquisa*: métodos qualitativo, quantitativo e misto. Porto Alegre: Artmed, 2007.

[22] MALHOTRA, Naresh K. *Pesquisa de Marketing*: uma orientação aplicada. Porto Alegre: Bookman Editora, 2001.

Cabe evidenciar que os participantes foram escolhidos de forma aleatória dentro do mesmo perfil utilizado na metodologia de coleta de dados inicial, ou seja, servidores no cargo de auditores e analistas que desempenham suas atividades nos Tribunais de Contas brasileiros, o que pode se apresentar como uma limitação da pesquisa. Entendeu-se que mesmo as respostas refletindo a opinião e a percepção do inquirido, ainda assim era possível, por meio delas, recolher variadas informações sobre o tema em questão, além de proporcionar respostas de maior profundidade.

Alguns cuidados operacionais foram tomados para garantir a qualidade nas respostas obtidas, como a não identificação dos respondentes pelo nome, sexo, idade, tempo de serviço público, cujas variáveis não foram consideradas relevantes na literatura para a discussão sobre o assunto. Outro cuidado se deu com o tempo despendido pelo respondente, com a indicação de que não ultrapassasse 10 (dez) minutos. Especificamente, a aplicação do questionário ocorreu de forma remota entre os dias 1º e 31 de julho de 2020, sendo os participantes da pesquisa contactados previamente por meio de aplicativo de mensagem, para verificar a sua disponibilidade em participar como respondente. Na oportunidade, foi informado o objetivo da pesquisa e sua relevância.

Desta forma, o *link* do sítio da internet o qual continha o questionário *on-line* foi encaminhado via aplicativo de mensagem para 33 servidores pertencentes aos quadros dos 33 Tribunais de Contas existentes no Brasil (Quadro 01), sendo obtidas 100% das respostas. De forma complementar, buscou-se informações nos sites dos Tribunais respondentes, para conferência, quando julgado necessário.

As análises ocorreram de forma sistemática, na qual todas as 33 respostas foram verificadas exaustivamente, efetuando o agrupamento daquelas que se assemelhavam, ou seja, as ações relatadas de um Tribunal de Contas que mantinham semelhanças com as ações de outro Tribunal foram agrupadas. As descrições das ações que dissentiam das demais foram separadas e pontuadas para serem relatadas de forma singular.

3 Resultados

3.1 Operacionalização das atividades

Todos os Tribunais de Contas relatados neste estudo começaram suas atuações de forma excepcional no cenário estudado, após a promulgação do estado de calamidade pública. No entanto, as respostas para as ações de enfrentamento à pandemia por parte dos Tribunais se deram em momentos distintos, parte em março (25 tribunais), parte em abril (8 tribunais) de 2020 (Quadro 3).

Quadro 3 – Início da operacionalização

Mês	Quantidade	Percentual	Percentual Acumulado
Março/20	25	75,8	75,8
Abril/20	8	24,2	100,0
Total	33	100,0	-

Fonte: dados do estudo.

Nesse período, foi possível constatar a realização de diversas ações, a fim de garantir a operacionalização das atividades no âmbito interno dos Tribunais de Contas, entre elas, a instituição ou a ampliação do teletrabalho, possibilitando que os servidores continuassem desempenhando suas atividades por meio do *home office,* conforme Gráfico 1.

Gráfico 1 – Principais ações no âmbito interno dos Tribunais de Contas

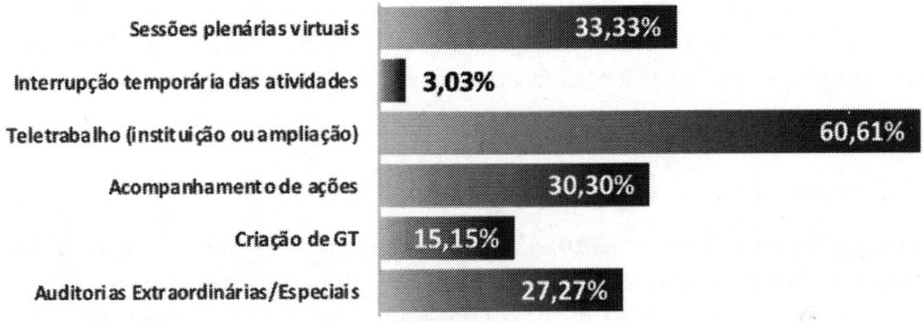

Fonte: elaborado pelos Autores, a partir de dados do estudo.

A pesquisa também revelou que os Tribunais de Contas atuaram para o fortalecimento da área de Tecnologia da Informação (TI), de modo a permitir o desenvolvimento ou a aquisição de ferramentas para realização das sessões virtuais de julgamento, além de terem criado comissões específicas para acompanhamento das ações de enfrentamento à pandemia da COVID-19 nos estados e municípios. A pesquisa evidenciou que os serviços de fiscalização e julgamento não pararam, posto que foram adotadas sessões plenárias virtuais por 33% dos Tribunais de Contas até o momento da realização da pesquisa. Os sistemas corporativos dos Tribunais de Contas também foram adaptados para o modo *home office,* com o devido acompanhamento pelas chefias imediatas e com o suporte da área de informática do respectivo Tribunal de Contas.

Mesmo encontrando-se em perspectivas diferentes sob a ótica da TI, houve avanços em todos os Tribunais de Contas. No caso do TCE/PR, mesmo já tendo sistema processual eletrônico, bem como ferramentas também eletrônicas para atendimento ao jurisdicionado, sob a ótica da estrutura de trabalho, foram necessárias adaptações, contratando e ampliando o serviço de suporte de internet, a fim de evitar o travamento dos sistemas, o que foi prontamente solucionado com a atuação da área de TI. No caso do TCE/PA, que possuía apenas sistema capaz de receber prestação de contas de forma *on-line,* implantado há dois anos, houve a cooperação de todos os atores que compõem a instituição para que os trabalhos de fiscalização e atendimento ao jurisdicionado não ficassem prejudicados.

Quanto às sessões de julgamento, assim como no TCM/BA, todos os demais Tribunais de Contas analisados passaram a ter suas sessões realizadas de forma *on-line,* com o uso de ferramentas de reunião virtual alinhadas à retransmissão simultânea pela plataforma de compartilhamento de vídeos *Youtube.* Para tanto, foram feitas adaptações nos regramentos internos (regimentos internos ou resoluções), para garantir a possibilidade de realização de sessões virtuais.

Tanto no caso do TCE/PA quanto no caso do TCE/RJ, foram abertos procedimentos de fiscalização especial (extraordinários) nas compras realizadas para as ações de enfrentamento à pandemia da COVID-19. Também foi possível observar a sensível mudança de comportamento e ações institucionais do TCE/PA quanto à sua função fiscalizatória, deixando de ser instituição prepoderantemente punitiva, com aplicação de multas e análise de conformidade (auditoria de conformidade), para atuar, com maior protagonismo, como órgão colaborativo e analista de eficiência (auditoria operacional) da gestão estadual. Essa mudança de postura somente foi possível em virtude da demanda da sociedade, fazendo com que aquela Corte de Contas se readequasse para atuar de forma concomitante à realização das receitas e despesas públicas, atacando os possíveis erros e desvios de recursos de imediato.

3.2 Relacionamento com os jurisdicionados

Durante o período analisado, 42% dos Tribunais de Contas lançaram *hotsites* reunindo trabalhos que estão sendo realizados pela instituição neste período de pandemia, bem como elaboraram notas técnicas, orientações e *e-books*. O *hotsite* disponibiliza as recomendações de boas práticas expedidas por aqueles Tribunais, além de disponibilizar área de perguntas e respostas mais frequentes para auxiliar os jurisdicionados.

Outro ponto que merece destaque foi que 30% dos Tribunais de Contas decidiram realizar *lives* e cursos na modalidade de educação a distância (EAD). Esses vídeos são produzidos por seus próprios servidores-docentes ou professores convidados, disponibilizados no canal de suas respectivas Escolas de contas na mídia social *Youtube*, voltados a orientar os seus jurisdicionados e a sociedade em geral. Esse foi o mesmo percentual de Tribunais que criaram canais de atendimento eletrônico aos jurisdicionados.

Gráfico 2 – Principais ações no relacionamento com jurisdicionados

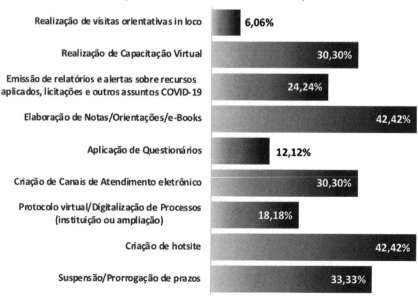

Fonte: elaborado pelos Autores, a partir de dados do estudo.

O TCE/PA, o TCE/PR e O TCM/GO tiveram mudanças em seus protocolos de recebimento de documentação. No Pará, foi possibilitado que o serviço de protocolo geral fosse realizado de forma integral pelo sistema da Ouvidoria, sem prejuízo aos jurisdicionados que necessitavam dar entrada em documentação. No Paraná, os jurisdicionados passaram também a ser atendidos via *Whatsapp*. No TCM/GO, os jurisdicionados passaram a protocolar as prestações de contas do exercício de 2020 via sistema *Ticket*, além de ter sido disponibilizado atendimento via *Whatsapp*.

Cabe destaque o relato do TCE/PA, no qual os respectivos governos locais instituíram nesse período o serviço de protocolo digital. Esse serviço, capaz de gerar e tramitar documentos de forma eletrônica, facilitou a tramitação de ofícios e documentos solicitados pelos Tribunais de Contas. Esse sistema também já existia no TCE/PR, mas era pouco utilizado por órgãos e cidadãos, tendo se fortalecido nesses tempos de pandemia.

3.3 Meios Tecnológicos

O trabalho remoto, as sessões plenárias virtuais e as demandas decorrentes das ações emergenciais de fiscalização exigiram criatividade e agilidade nas tomadas de decisões pelas equipes responsáveis pelas soluções e serviços de tecnologia da informação em todos os Tribunais pesquisados. Para que cada servidor pudesse ter acesso remoto aos sistemas internos e pastas corporativas, 52% dos tribunais relataram o uso da rede VPN (*Virtual Private Network),* que compreende uma rede de comunicação privada implementada sobre uma malha de comunicação pública, como a *internet* (Gráfico 3).

Gráfico 3 – Principais ferramentas utilizadas

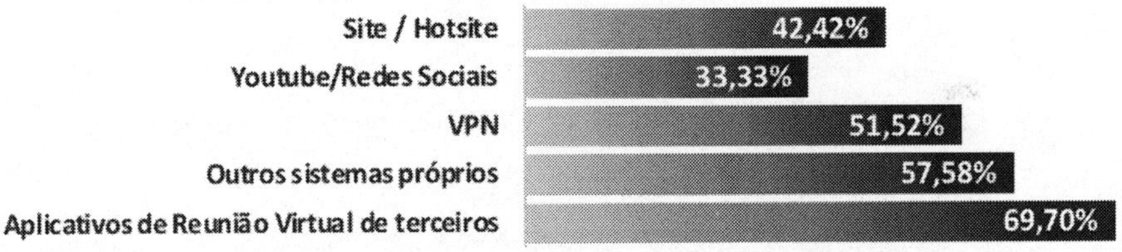

Ferramenta	%
Site / Hotsite	42,42%
Youtube/Redes Sociais	33,33%
VPN	51,52%
Outros sistemas próprios	57,58%
Aplicativos de Reunião Virtual de terceiros	69,70%

Fonte: elaborado pelos Autores, a partir de dados do estudo.

Além do uso da VPN para acesso aos sistemas internos, 70% dos Tribunais adotaram aplicativos de reunião virtual de terceiros, como *Zoom, Google Meet, Microsoft Teams,* com reuniões sendo transmitidas de forma simultânea no canal do próprio tribunal, na plataforma de compartilhamento de vídeos no *Youtube*. O *Cisco Webex* e o *Skype for Business* foi, dentre outras ferramentas, uma das plataformas de videoconferências adotadas pelos Tribunais para realização das reuniões entre setores, palestras, treinamentos e cursos com retransmissão simultânea pela plataforma de compartilhamento de vídeos *Youtube,* conforme relatado anteriormente.

3.4 Práticas de transparência

Em sintonia com a importância da transparência neste momento de profunda preocupação com as ações desempenhadas pelo poder público, e tendo em vista os diversos normativos que foram editados pelas esferas de governo no sentido de regular o enfrentamento da crise, 42% dos Tribunais de Contas relataram o acompanhamento dos portais de transparência dos jurisdicionados com os temas relacionados ao enfrentamento da pandemia. Esse foi o mesmo percentual de Tribunais que disponibilizaram em seus portais um painel de dados estruturados que permite visualizar informações sobre as contratações diretas emergenciais realizadas no combate à pandemia da COVID-19 (Gráfico 4).

Gráfico 4 – Práticas de transparência adotadas

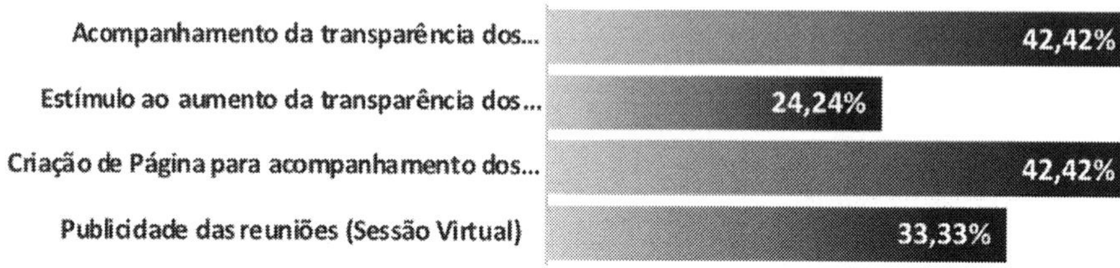

- Acompanhamento da transparência dos... 42,42%
- Estímulo ao aumento da transparência dos... 24,24%
- Criação de Página para acompanhamento dos... 42,42%
- Publicidade das reuniões (Sessão Virtual) 33,33%

Fonte: elaborado pelos Autores, a partir de dados do estudo.

3.5 Possíveis práticas no pós-pandemia

Como legado das ações desenvolvidas de forma emergencial pelos Tribunais pesquisados em relação ao trabalho remoto, 64% deles destacaram que a adoção dos trabalhos de forma remota, ainda que em situação adversa para muitos, apresentou resultados positivos quanto à produtividade das atividades, fator que pode influenciar uma avaliação de possível continuidade do teletrabalho por parte dos responsáveis (Gráfico 5).

Gráfico 5 – Possíveis práticas mantidas no pós-pandemia

- Manutenção do Hotsite/ações de... 9,09%
- Aplicação de Questionários 3,03%
- Publicações de Notas, Relatórios e Orientações 18,18%
- Canais de Atendimento eletrônico 21,21%
- Capacitações Virtuais 21,21%
- Reuniões Virtuais 36,36%
- Fiscalizações Concomitantes 21,21%
- Fiscalizações Remotas 15,15%
- Protocolo virtual/Digitalização de Processos 12,12%
- Sessões plenárias virtuais 12,12%
- Manutenção do Teletrabalho 63,64%

Fonte: elaborado pelos Autores, a partir de dados do estudo.

Sobre a implementação das sessões plenárias virtuais, foi relatado que a ação facilitou a defesa e a sustentação oral de gestores de locais mais distantes, e que poderá ser mantida no pós-pandemia em 12% dos Tribunais. E, ainda, 36% dos tribunais manifestaram a possibilidade de manutenção das reuniões virtuais.

Considerações finais

O presente estudo teve como objetivo analisar a atuação dos Tribunais de Contas nas ações de enfrentamento da pandemia da COVID-19, a partir da coleta de relatos de experiência e de aplicação de questionário com perguntas abertas aplicado entre 1º e 31 de julho de 2020 em todos os 33 Tribunais de Contas brasileiros, para compreender as ações que foram implementadas por cada um deles, em razão das demandas excepcionais da pandemia da COVID-19, cujas respostas foram recepcionadas de forma *on-line* por meio de *link* de acesso.

A revisão da literatura mostrou que os Tribunais de Contas possuem um papel fundamental no controle da economicidade da gestão dos recursos públicos, relacionado com a capacidade de aferir a relação entre custo e benefício das atividades e os resultados obtidos pelos administradores, segundo os aspectos da conformidade legal dessas ações e da eficiência na utilização dos recursos no atendimento às necessidades da população.

Com relação à atuação dos Tribunais de Contas nas ações de enfrentamento da pandemia da COVID-19, os achados da pesquisa revelaram que a crise sanitária demanda, por parte do controlador, um exercício de empatia para com o gestor público, o que não significa um abandono da legalidade, com a necessidade de que as decisões administrativas sejam efetuadas com base em evidências científicas. De forma que nesses tempos de pandemia a atuação dos Tribunais de Contas se fez ainda mais presente.

A partir da análise de cinco ações colhidas a partir dos relatos de experiência – (i) Operacionalização das atividades; (ii) Relacionamento dos Tribunais com os jurisdicionados; (iii) Principais meios tecnológicos utilizados; (iv) Práticas de transparência; e (v) Possíveis práticas que poderão permanecer no pós-pandemia – e das respostas obtidas junto aos 33 Tribunais de Contas, verificou-se que, em relação à operacionalização das atividades, os Tribunais de Contas brasileiros tiveram que se adaptar a novas práticas, como o teletrabalho (*home office*) e a transmissão de sessões de julgamento de forma virtual, ocasionando em forte trabalho dos meios tecnológicos e de colaboração pessoal dos servidores. Ainda considerando o momento como de fragilidade e o possível desvio de recursos, alguns Tribunais abriram inspeções extraordinárias para acompanhar, de forma concomitante, os gastos relacionados à pandemia.

Destacou-se, também, que os Tribunais desenvolveram canais de comunicação e orientação com os órgãos jurisdicionados com o fito de desenvolver, mesmo que à distância, a função orientadora dos Tribunais de Contas e, desta forma, ampliaram e aperfeiçoaram suas atuações, se comparadas com as ações anteriores à Pandemia. Além disso, cursos EAD e *lives* foram relatados como ações desenvolvidas por alguns Tribunais, com a expectativa de diminuir as dúvidas dos jurisdicionados pela falta de conhecimento e de contribuir, de forma interna, com o desenvolvimento operacional dos servidores que foram os executores dos vídeos em questão.

Foi verificado o uso de plataformas de reuniões virtuais já existentes no mercado, como *Zoom, Google Meet, Microsoft Teams*, o que contribuiu para a não ocorrência de custos operacionais com desenvolvimento de outras ferramentas. Na visão dos respondentes, o legado positivo gerado pelas ações decorrentes da pandemia da COVID-19 está relacionado, basicamente, à antecipação de avanços tecnológicos que possibilitaram a manutenção das atividades institucionais dos Tribunais de Contas na forma de *home office* e a disponibilização em seus portais de painéis de informações e dados estruturados sobre as contratações de insumos e serviços realizadas pelos seus jurisdicionados.

Dessa forma, percebe-se que no cenário de incertezas, onde são necessárias respostas rápidas com economia de recursos, as organizações aqui estudadas promoveram ações inéditas e semelhantes, nas questões de operacionalização das atividades (fiscalização e julgamento) assemelhando-se com o fenômeno do isomorfismo mimético de Dimaggio & Powell.[23]

Como limitações do trabalho, cita-se as dificuldades de obtenção de informações finais dos resultados efetivos decorrentes das ações de fiscalização adotadas pelos Tribunais de Contas em função do curto lapso de tempo decorrido desde o início da disseminação da COVID-19. Todavia, acredita-se que este estudo contribuiu para evidenciar que, apesar do cenário desfavorável de crise para as políticas públicas, é possível, e cada vez mais necessário, investir em tecnologia, de modo a fomentar a transparência das ações por parte dos Tribunais de Contas, já que o controle é o guardião constitucional da eficiência e economicidade das ações governamentais, notadamente o controle externo.

Para futuras pesquisas, recomenda-se a continuidade deste estudo, a fim de monitorar como as ações aqui apresentadas vêm evoluindo nesse cenário de crise sanitária, e de compreender que lições podem ser tiradas para serem usadas no pós-crise.

Referências

ALBUQUERQUE, Aline *et al. Bioética e COVID-19*. São Paulo: Editora Foco, 2021.

ARAÚJO, Inaldo da Paixão Santos. *Tribunal de Contas e Cidadania*. 2012. Disponível em: https://tce-ba.jusbrasil.com.br/noticias/100219820/tribunal-de-contas-e-acidadania. Acesso em 05 ago. 2020.

CHAMOUN, Rodrigo Flávio Freire Farias. *Os Tribunais de Contas na era da governança pública*: focos, princípios e ciclos estratégicos do controle externo. Tribunal de Contas do século XXI. Belo Horizonte: Fórum, 2020.

CRESWELL, J. W. *Uma estrutura para projeto. Projeto de pesquisa*: métodos qualitativo, quantitativo e misto. Porto Alegre: Artmed, 2007.

DIMAGGIO, Paul J.; POWELL, Walter W. The iron cage revisited: institutional isomorphism and collective rationality in organizational fields. *American sociological review*, p. 147-160, 1983.

FACCHINI, Luiz Augusto. COVID-19: Nocaute do neoliberalismo? Será possível fortalecer os princípios históricos do SUS e da APS em meio à pandemia? *APS em Revista*, v. 2, n. 1, p. 3-10, 2020.

FERNANDES, Jorge Ulisses Jacoby. *Tribunais de Contas do Brasil*: jurisdição e competência. Belo Horizonte: Editora Fórum, 2003.

INTOSAI. ISSAI 1 – Declaração de Lima. Austria, 1977 *apud* Tribunal de Contas da União. *Fiscalização e Controle*. Traduzido em 2016 pelo TCU. Disponível em: https://portal.tcu.gov.br/lumis/portal/file/fileDownload.jsp?fileId=8A8182A2561DF3F5015623293FD0781C Acesso em: 05 de agosto de 2020.

---

[23] DIMAGGIO, Paul J.; POWELL, Walter W. The iron cage revisited: institutional isomorphism and collective rationality in organizational fields. *American sociological review*, p. 147-160, 1983.

INTOSAI. ISSAI 20 – Princípios de transparência e Accountability. Austria, 2010 *apud* Tribunal de Contas da União. *Fiscalização e Controle*. Traduzido em 2016 pelo TCU. Disponível em: https://portal.tcu.gov.br/lumis/portal/file/fileDownload.jsp?fileId=8A8182A2561DF3F501562329409F78D5 Acesso em 05 ago. 2020.

IRB – INSTITUTO RUI BARBOSA DO BRASIL. *Hot Sites dos Tribunais de Contas*: combate ao Covid-19. 2020. Disponível em: https://irbcontas.org.br/hot-sites-coronavirus/. Acesso em 05 jun. 2020.

LIMA, Luiz Henrique; SARQUIS, A. M. F. *Processos de controle externo*: estudos de ministros e conselheiros substitutos dos Tribunais de Contas. Belo Horizonte: Fórum, 2019.

MALHOTRA, Naresh K. *Pesquisa de Marketing*: uma orientação aplicada. Porto Alegre: Bookman Editora, 2001.

MEGGINSON, Leon C.; MOSLEY, Donald C.; PIETRI, Paul H. *Administração*: conceitos e aplicações. Belo Horizonte: Harba, 1998.

MUNGIU-PIPPIDI, Alina. Democratization without decommunization in the Balkans. *Orbis*, v. 50, n. 4, p. 641-655, 2006.

PÉRCIO, Gabriela. *Alterações Contratuais durante a pandemia Covid-19*: aspectos da aplicação do art. 4º-I da Lei nº 13.979/20. Curitiba: Juruá, 2020.

POSSÍDIO, Cyntia; MARTINEZ, Luciano. *O trabalho nos tempos do Coronavírus*. São Paulo: Saraiva Educação SA, 2020.

RAMALHO, D. O Controle dos Gastos Públicos em Tempos de Pandemia. *Tribunal de Contas de São Paulo*, 2020. Disponível em: https://www.tce.sp.gov.br/6524-artigo-controle-gastos- publicos-tempos-pandemia. Acesso em 11 jun. 2021.

SILVA, A. A. C. *O Tribunal de Contas da União na história do Brasil*: evolução histórica, política e administrativa (1890 – 1998). Prêmio Serzedello Corrêa 1998: Monografias Vencedoras/Tribunal de Contas da União. Brasília: TCU, Instituto Serzedelo Corrêa, 1999.

TOSTES, Anjuli; MELO FILHO, Hugo (Ed.). *Quarentena*: reflexões sobre a pandemia e depois. São Paulo: Canal 6 Editora, 2020.

TEIXEIRA, Alan José de Oliveira. Possíveis cedências do controle da administração no pós-pandemia. *Revista Controle: Doutrinas e artigos*, v. 19, n. 1, p. 423-444, 2021.

VALÊNCIO, Norma. A nova ordem social sob decretação de emergência: riscos à gestão pública e à vida democrática. *Vértices*, Campos dos Goytacazes/RJ, v. 23, n. 1, p. 69-97, 2021.

ZYLBERSZTAJN, D., & SZTAJN, R. *Direito e economia*: análise econômica do direito e das organizações. Rio de Janeiro: Campus, 2005.

Informação bibliográfica deste texto, conforme a NBR 6023:2018 da Associação Brasileira de Normas Técnicas (ABNT):

LIMA, Diana Vaz de *et al.* Atuação dos Tribunais de Contas nas ações de enfrentamento à pandemia da COVID-19. *In*: LIMA, Edilberto Carlos Pontes (Coord.). *Os Tribunais de Contas, a pandemia e o futuro do controle*. Belo Horizonte: Fórum, 2021. p. 191-207. ISBN 978-65-5518-282-8.

CONFLITOS DE COMPETÊNCIA E ATUAÇÃO COOPERADA: DESAFIOS E PERSPECTIVAS INTERGOVERNAMENTAIS DO CONTROLE EXTERNO BRASILEIRO

DUALYSON DE ABREU BORBA
FERNANDA PINHEIRO PANTOJA

Introdução

A crise sanitária desencadeada pela pandemia da COVID-19 originou – e continua a originar – desafios para os governos e para a sociedade, em âmbito global. No contexto em tela, os órgãos de controle – tal como os demais órgãos e entidades públicas, além da iniciativa privada – precisaram engendrar novos rumos na usual forma de trabalho e encarar as mais variadas contingências advindas da situação em comento. Nesse passo, em meio à circunstância inicial de caos ocasionada pelo surto pandêmico, seguida da gradativa volta à normalidade possível, o papel das Cortes de Contas tem sido posto à prova constantemente, fazendo-se necessária a adoção de novos mecanismos e estratégias capazes de manter a estabilidade do sistema de controle externo como um todo.

Nesse tocante, destacam-se sistemáticas de auto-organização (a exemplo da utilização intensificada do teletrabalho, a capacitação de pessoal para fiscalizações pertinentes à COVID-19, a realização de sessões plenárias virtuais, entre outras), bem como de interação com os jurisdicionados e cidadãos (novas estratégias de fiscalização, aprimoramento dos sistemas de processo eletrônico, foco na transparência do Poder Público etc.). Ocorre que alguns dilemas já vividos anteriormente pelo controle externo também se intensificaram na conjuntura pandêmica, sobretudo no que tange à fiscalização de recursos manuseados por várias esferas de governo ou mesmo a execução de políticas públicas que sejam de incumbência de mais de um ente federativo.

No presente estudo, analisou-se a temática referente aos conflitos de competência entre as Cortes de Contas, no contexto da estrutura federativa brasileira, e a necessidade de atuação integrada e colaborativa entre elas, tema instigante e ainda pouco explorado no âmbito técnico e acadêmico. Para tanto, realizou-se estudo teórico sobre o assunto, colacionando-se casos práticos pertinentes, no intuito de averiguar de que forma a problemática tem sido tratada no âmbito do Controle Externo ou mesmo na seara judicial.

Além desta introdução e das considerações finais, o presente artigo contará com duas seções de desenvolvimento. Na primeira delas, discute-se o papel dos Tribunais de Contas em um panorama federativo, expondo-se a posição de tais órgãos no desenho político-administrativo traçado na Constituição de 1988. Em seguida, na segunda seção, aborda-se, exclusivamente, a confluência no campo de atuação desses órgãos, demonstrando-se os riscos inerentes – sobretudo quanto à possibilidade de conflitos de competência –, além da necessidade de execução de ações cooperadas e eficientes, em prol do interesse público.

1 Tribunais de Contas na Estrutura Federalista Brasileira

A Constituição Federal de 1988 manteve o federalismo como forma de Estado, conforme já vinha ocorrendo na realidade brasileira desde 1889, com a Proclamação da República.[1] Nesse sentido, Silva[2] destaca que a autonomia federativa dos entes integrantes da federação assenta-se em dois elementos básicos, quais sejam: a) na existência de órgãos próprios, isto é, que não dependam de órgãos federais quanto ao modo de investidura; e b) na detenção de um mínimo de competências exclusivas.

Com relação ao primeiro elemento, importa, para este estudo, sobretudo a existência de um aparato de controle externo em todos os níveis de governo (federal, estadual, distrital e municipal). Isso porque a titularidade do controle externo foi concebida pela Constituição Federal ao Poder Legislativo, o qual está presente no âmbito de todas as esferas federativas. Nesse sentido, aos Tribunais de Contas foi dada a incumbência de auxiliar no exercício dessa importante função, dentro da sistemática político-administrativa brasileira.

Historicamente, as primeiras tentativas de implantar um sistema de fiscalização das contas públicas no Brasil, como nação já independente em relação a Portugal, não foram promissoras. Nesse sentido, somente com a queda do Império e a emergência de transformações institucionais correlatas foi possível a criação das Cortes de Contas pátrias, com previsão explícita na Constituição de 1891 de um Tribunal para liquidar as contas da receita e da despesa, verificando-se a respectiva legalidade antes de serem prestadas ao Congresso Nacional.[3]

Barreto[4] aponta que o Piauí foi o primeiro estado a implementar o Tribunal de Contas, em 1890, o qual passou a ter suas funções ampliadas com o advento da Carta Constitucional de 1891. No caso dos demais estados, a criação de uma Corte de Contas

---

[1]   SILVA, José Afonso da. *Curso de Direito Constitucional Positivo*. 37. ed. São Paulo: Malheiros, 2014.

[2]   SILVA, José Afonso da. *Curso de Direito Constitucional Positivo*. 37. ed. São Paulo: Malheiros, 2014.

[3]   BARRETO, Neila Maria Souza. *Cinquenta + 10 anos de história do Tribunal de Contas do Estado de Mato Grosso*. Cuiabá: Carlini & Caniato Editorial, 2013; BRASIL. Constituição da República dos Estados Unidos do Brasil, de 24 de fevereiro de 1891. Nós, os representantes do povo brasileiro, reunidos em Congresso Constituinte, para organizar um regime livre e democrático, estabelecemos, decretamos e promulgamos a seguinte. *Diário Oficial da União*, Rio de Janeiro, 24 fev. 1891. Disponível em: http://www.planalto.gov.br/ccivil_03/constituicao/constituicao91. htm. Acesso em 12 jul. 2021.

[4]   BARRETO, Neila Maria Souza. *Cinquenta + 10 anos de história do Tribunal de Contas do Estado de Mato Grosso*. Cuiabá: Carlini & Caniato Editorial, 2013.

própria ocorreu em momentos diferentes, a exemplo da Bahia, que instituiu seu Tribunal de Contas em 1915; ou o caso do Tribunal de Contas do Estado de São Paulo, fundado em 1947. Dessa forma, verifica-se que, bem antes da Constituição atualmente vigente, já existia um movimento de difusão territorial do controle externo da Administração Pública, por meio de Cortes de Contas.

Contudo, conforme relembra Netto,[5] a Constituição de 1988 trouxe importantes acréscimos de competências e de responsabilidades para os Tribunais de Contas, em defesa de seu respectivo fortalecimento institucional. Seria o caso da possibilidade de realização de auditorias de resultado (também conhecidas como "auditorias operacionais"), por meio das quais as Cortes de Contas podem, segundo o autor, "aferir a legitimidade, a economicidade e a razoabilidade dos atos de gestão, contribuindo, igualmente, para o bom êxito da Administração Pública, como é do seu dever".

O texto constitucional de 1988 previu que o Tribunal de Contas da União seria o órgão auxiliar do Congresso Nacional (art. 71, *caput*), prescrevendo as atribuições específicas daquela Corte de Contas. Em seguida, no art. 75, a Constituição Federal especificou que as normas estabelecidas no âmbito federal também deveriam ser aplicadas, no que coubesse, à organização, composição e fiscalização dos Tribunais de Contas dos Estados e do Distrito Federal, bem como dos Tribunais e Conselhos de Contas dos Municípios.

Nesse ponto, observa-se uma similitude entre a estrutura das Cortes de Contas brasileiras e do Poder Judiciário pátrio. No caso deste, tem-se que o texto constitucional de 1988 não criou uma estrutura judiciária na esfera municipal, revestindo a Justiça comum estadual de competência para resolver litígios que não fossem afetos à Justiça especializada (composta pela Justiça do Trabalho, da Justiça Militar e da Justiça Eleitoral) ou questões de interesse da União (resolvidas pela Justiça comum federal). Semelhantemente, o texto constitucional, além da criação de uma Corte de Contas federal, concentrou nos Tribunais de Contas estaduais a competência de fiscalizar tanto a Administração Pública estadual quanto a municipal, vedando a criação de conselhos ou órgãos de contas municipais (art. 31, §4º), embora tenha sido permitida a permanência daqueles já existentes até então (art. 31, §1º).

Willeman[6] destaca que, embora um movimento semelhante já tenha sido iniciado no âmbito da Carta Magna de 1967 (por meio de alterações introduzidas pela Emenda Constitucional nº 01/1969), foi somente a partir da Constituição de 1988 que se instituiu um verdadeiro sistema nacional dos Tribunais de Contas, mediante normas que abrangiam a fiscalização financeira estatal não só da União, mas também dos demais entes subnacionais. Ainda segundo a autora, tal pré-ordenamento institucional do sistema de controle externo limitou consideravelmente o poder de atuação do legislador

---

[5] NETTO, Jair Lins. Tribunal de Contas: sempre combatido, nunca conhecido. *Revista de Direito Administrativo*, v. 200, p. 71-84, 1995. Disponível em: http://bibliotecadigital.fgv.br/ojs/index.php/rda/article/view/46527/46569. Acesso em 24 jun. 2021.

[6] WILLEMAN, Mariana Montebello. *O desenho institucional dos Tribunais de Contas e sua vocação para a tutela da accountability democrática*: perspectivas em prol do direito à boa administração. Tese de Doutorado. PUC-Rio, 2016. Disponível em: http://www2.dbd.puc-rio.br/pergamum/tesesabertas/1221597_2016_completo.pdf. Acesso em 23 jun. 2021.

constituinte estadual, no que tange à configuração institucional das respectivas cortes de contas.

Assim sendo, na prática, o texto constitucional vigente possibilitou a existência atual de trinta e três cortes de contas, as quais podem ser classificadas em cinco categorias: *(a)* um órgão para auxiliar o Congresso Nacional (o Tribunal de Contas da União); *(b)* vinte e seis órgãos para auxiliar as Assembleias Legislativas estaduais (os Tribunais de Contas Estaduais), dos quais, vinte e três também auxiliam câmaras municipais; *(c)* um órgão para auxiliar a Câmara Legislativa do Distrito Federal (o Tribunal de Contas do Distrito Federal); *(d)* três órgãos que auxiliam exclusivamente as câmaras municipais existentes em determinados estados (o Tribunal de Contas dos Municípios do Estado do Pará, o Tribunal de Contas dos Municípios do Estado da Bahia e o Tribunal de Contas dos Municípios do Estado de Goiás); e *(e)* dois órgãos que auxiliam exclusivamente câmaras municipais específicas (o Tribunal de Contas do Município de São Paulo e o Tribunal de Contas dos Municípios do Rio de Janeiro).

Percebe-se, assim, que a Constituição conferiu uma sistemática de controle externo complexa e multifacetada, considerando as peculiaridades do sistema federativo brasileiro e a realidade concreta vivenciada à época da Assembleia Constituinte de 1987/1988. Houve preconização de um cenário de controle externo robusto e difuso, de modo a abranger os mais diversos tipos de atos administrativos praticados por gestores públicos, em todos os níveis de governo. Por outro lado, tal complexidade gera paradoxos, tais como conflitos de competência e sobreposição de competências, os quais serão mais bem discutidos na seção a seguir.

2 Conflitos de competência e atuação conjunta dos Tribunais de Contas

A matriz constitucional de controle externo da Administração Pública, conforme já exposto, primou pela existência de Cortes de Contas variadas, de modo a abranger o supervisionamento dos quatro níveis de governo (federal, distrital, estadual e municipal). Ocorre que o federalismo também traz consigo algumas incongruências no que tange ao controle externo, sendo relevantes para este estudo, inicialmente, dois pontos primordiais: as competências materiais comuns dos entes federativos e a sistemática de repartição de receitas tributárias.

Esclarecendo a primeira situação, Silva[7] assevera que a Constituição de 1988 estruturou uma sistemática de repartição de competências a qual pode ser separada em dois grandes grupos: *competências materiais* e *competências legislativas*. As primeiras poderiam ser subdivididas em *exclusivas* (art. 21) e *comuns* – também chamadas de *cumulativas* ou *paralelas* – (art. 23); já as segundas podem ser divididas em *exclusiva* (art. 25, §§1º e 2º), *privativa*, *concorrente* e *suplementar*. Para este estudo, importam, sobretudo, as competências materiais, ou seja, aquelas que delimitam a extensão de atuação de cada esfera de governo, já que estão intimamente ligadas à fiscalização das Cortes de Contas.

As competências materiais exclusivas são aquelas conferidas a uma determinada esfera de governo, com exclusão das demais, enquanto, no caso das competências

---

[7] SILVA, José Afonso da. *Curso de Direito Constitucional Positivo*. 37. ed. São Paulo: Malheiros, 2014.

materiais comuns, determinada esfera teria a faculdade de praticar atos em conjunto e em pé de igualdade com as esferas restantes, sendo que o exercício por apenas uma delas não impede o exercício por parte das outras.[8] Nesse passo, Franzese[9] aponta que a Constituição vigente, apesar de propor um compartilhamento, não indicou a proporção de cada esfera de governo na execução de políticas públicas, criando graves problemas de sobreposição de ações e, também, de *accountability*.

Obviamente, tais implicações afetam diretamente as Cortes de Contas brasileiras, já que, ao mesmo tempo em que estes órgãos devem supervisionar o manuseio do patrimônio e de recursos da respectiva esfera de fiscalização, não podem invadir o espectro de outras pessoas políticas, sob o risco, inclusive, de serem considerados nulos os trabalhos desenvolvidos. Assim sendo, seria possível identificar ao menos dois riscos relevantes para o interesse público: (i) a sobreposição de atividades de fiscalização por parte de duas ou mais cortes de contas (implicando em desnecessários dispêndios de recursos públicos financeiros e humanos); (ii) o prejuízo quanto ao controle de determinados atos administrativos, ante a possibilidade de as diversas cortes de contas existentes entenderem que são incompetentes para proceder com a determinada fiscalização.

A situação torna-se ainda mais complexa quando se analisa o regime de repartição de receitas tributárias esboçado na Constituição Federal. Isso porque, ao conceder mais autonomia aos entes subnacionais – incluindo a elevação dos municípios à categoria de entes federativos –, o legislador constituinte de 1987/1988 teve que instituir meios concretos para que tais entes pudessem estar revestidos dos haveres necessários ao exercício das novas competências que lhes foram afetas. Para tanto, além de atribuir competência específica para instituição de tributos nas esferas estadual, distrital e municipal, o texto constitucional também previu que parte do produto de arrecadação dos entes de maior abrangência territorial passaria a pertencer aos entes de menor abrangência.

Assim sendo, a título de exemplificação, quarenta e nove por cento do produto de arrecadação do imposto de renda e do imposto sobre produtos industrializados – tributos de competência federal – são destinados ao Fundo de Participação dos Estados e do Distrito Federal, ao Fundo de Participação dos Municípios e a programas de financiamento ao setor produtivo das regiões Norte, Nordeste e Centro-Oeste (art. 159, inciso I, da CF/88). Nesse mesmo sentido, cinquenta por cento do produto de arrecadação do imposto sobre a propriedade de veículos automotores – de competência estadual – pertence aos municípios (art. 158, inciso III, da CF/88).

A descentralização financeira de recursos da União e dos Estados pode gerar dúvidas, portanto, sobre qual Corte de Contas é realmente competente para a respectiva fiscalização e em qual momento. No caso das transferências voluntárias, a situação é parcialmente resolvida pela própria Constituição Federal, a qual estabelece, em seu art. 71, inciso IV, que compete ao TCU fiscalizar a aplicação de quaisquer recursos repassados pela União mediante convênio, acordo, ajuste ou outros instrumentos congêneres, a

---

8 SILVA, José Afonso da. *Curso de Direito Constitucional Positivo*. 37. ed. São Paulo: Malheiros, 2014.

9 FRANZESE, Cibele. *Federalismo cooperativo no Brasil*: da Constituição de 1988 aos sistemas de políticas públicas. Tese de Doutorado. São Paulo: Fundação Getúlio Vargas, 2010.

Estado, ao Distrito Federal ou a Município. Tal norma é replicada nas constituições estaduais, considerando-se o princípio da simetria aplicável aos Tribunais de Contas (art. 75, *caput*, da CF/88), como é o caso do art. 116, inciso VI, da Constituição do Estado do Pará.[10] No que tange às transferências obrigatórias, por outro lado, a situação não é tão simples, podendo surgir conflitos de competência.

O Código de Processo Civil (Lei nº 13.105/2015), em seu artigo 66, define como conflito de competência situações em que duas ou mais autoridades julgadoras: (a) se declaram igualmente competentes; (b) se consideram incompetentes, atribuindo uma à outra a competência; (c) divergem acerca da reunião ou separação de processos. Ademais, o parágrafo único do dispositivo legal em questão esclarece que a instância julgadora que não acolher a competência declinada deverá suscitar o conflito de competência, salvo se a atribuir a outro juízo. Havendo suscitação de conflito, este será decidido pela autoridade constitucional ou legalmente competente, no rito estabelecido pelos artigos 951 e seguintes do Código de Processo Civil.

Lima[11] reconhece que, embora não seja usual, há registros de conflitos de competência entre Tribunais de Contas. Ou seja, é possível identificar situações, como aquelas elencadas no artigo 66 do Código de Processo Civil, no decorrer de julgamentos realizados no âmbito do controle externo, sobretudo em uma perspectiva multinível. Aponta-se, aqui, como exemplo, o Processo nº 037.048/2019-8, que correu no âmbito do TCU,[12] pertinente a uma Tomada de Contas Especial na qual a equipe técnica identificou um superfaturamento que alcançava a ordem de 980.465,00 (novecentos e oitenta mil, quatrocentos e sessenta e cinco reais). Entretanto, o Plenário do TCU entendeu que, de todo o montante apurado, aquela Corte só poderia determinar a devolução de R$47.771,36 (quarenta e sete mil, setecentos e setenta e um reais e trinta e seis centavos), ordenando a remessa dos autos ao Tribunal de Contas de Sergipe, a fim de que este fiscalizasse a quantia remanescente, por tratar-se de valores de natureza estadual.

Neste caso, em especial, o Tribunal de Contas da União movimentou todo o seu aparato administrativo para realizar as investigações e análises pertinentes à situação em apreço, chegando-se a uma conclusão precisa quanto à existência de superfaturamento em volume vultoso. Entretanto, grande parte do esforço institucional foi parcialmente infrutífero, ao se verificar que apenas uma pequena parcela dos recursos envolvidos estava dentro da esfera de fiscalização daquela Corte de Contas federal. Assim, ainda que a Corte de Contas estadual competente possa aproveitar parte do trabalho realizado pela equipe técnica do TCU, é indiscutível que será necessária a repetição de determinados atos já praticados no bojo do processo tramitado na esfera federal: nova instrução processual, novas citações dos interessados, novas diligências, novo julgamento, novas análises de peças de defesa e peças recursais etc. Situações como esta

---

[10] PARÁ. Constituição do Estado do Pará de 1989. *Diário Oficial*, Belém, 06 out. 1989. Disponível em: https://www.sistemas.pa.gov.br/sisleis/legislacao/228. Acesso em 13 jul. 2021.

[11] LIMA, Luiz Henrique. *Controle externo*: teoria e jurisprudência para os tribunais de contas. 8. ed. Rio de Janeiro: Método, 2019.

[12] BRASIL. Tribunal de Contas da União. *Acórdão nº 8.800/2021*. Processo nº 037.048/2019-8. Primeira Câmara. Relator: Augusto Sherman. Data da Sessão: 22 jun. 2021. Disponível em: https://contas.tcu.gov.br/sagas/SvlVisualizarRelVotoAcRtf?codFiltro=SAGAS-SESSAO-ENCERRADA&seOcultaPagina=S&item0=754458. Acesso em 15 jul. 2021.

mostram-se contrárias aos princípios constitucionais da eficiência e da economicidade (art. 37, *caput*, e art. 70, *caput*, ambos da CF/88).

No âmbito do Processo nº 005.506/2017-4, o TCU proferiu dois acórdãos interessantes quanto ao tema aqui abordado. No primeiro deles (Acórdão nº 1.824/2017), em Sessão Plenária, assentou-se entendimento no sentido de que seria do TCU a competência para fiscalizar a aplicação de recursos referentes à complementação financeira da União ao Fundo de Manutenção e Desenvolvimento do Ensino Fundamental e de Valorização do Magistério (Fundef), bem como ao Fundo de Manutenção e Desenvolvimento da Educação Básica e Valorização dos Profissionais da Educação (Fundeb), ainda que os pagamentos fossem, eventualmente, decorrentes de sentença judicial. Tal deliberação foi justificada pelo fato de que, de um modo ou de outro, na visão do TCU, os recursos continuariam tendo natureza federal.

Posteriormente, em sede de Embargos de Declaração (Acórdão nº 1.962/2017), o Plenário daquela Corte de Contas reconheceu que a decisão embargada (o Acórdão nº 1.824/2017) deveria ser esclarecida, já que poderia dar margem à conclusão de que a competência de fiscalização, quanto aos recursos envolvidos, era exclusiva do TCU. Dessa forma, naquela oportunidade, aclarou-se o entendimento anteriormente emanado, asseverando-se que, embora o TCU fosse realmente competente para fiscalizar recursos do Fundeb e do Fundef, tal competência seria concorrente em relação aos demais Tribunais de Contas.

Além disso, também pode-se mencionar o inverso, ou seja, casos de declínio de competência no âmbito de Cortes de Contas estaduais, sob a alegação de competência exclusiva do TCU. É o caso, por exemplo, da Denúncia nº 25174-2017, julgada no âmbito do Tribunal de Contas do Mato Grosso do Sul (TCE-MS), em que se reconheceu a incompetência deste para apurar possíveis irregularidades em procedimento licitatório, por se entender tratar-se de verbas de natureza federal. No mesmo sentido, por meio da Denúncia nº 951975, o Tribunal de Contas de Minas Gerais (TCE-MG) determinou o arquivamento do feito sem julgamento do mérito, por se considerar materialmente incompetente para julgar a matéria apreciada, também compreendendo que este caso envolvia verba de origem federal.

Importante ressaltar que, em nenhum dos casos mencionados, há garantia de concordância por parte das Cortes de Contas tidas como responsáveis pela respectiva apreciação. Implica dizer que estas, igualmente revestidas de autonomia funcional, podem perfeitamente entender que também não são competentes para se manifestar sobre o assunto, arquivando o feito, ou remetendo-o a outro Tribunal de Contas, haja vista a inexistência, no ordenamento jurídico pátrio, de regramento claro quanto à resolução de conflitos de competência desta natureza no âmbito do Controle Externo.

Não se pode esquecer que, especificamente em relação a conflitos de competência, estão envolvidos também direitos do próprio jurisdicionado. Fernandes[13] elenca uma série de princípios que regem o controle externo, sobretudo no exercício da jurisdição

---

[13] FERNANDES, Jorge Ulisses Jacoby. *Tribunais de Contas do Brasil*: jurisdição e competência. 4. ed. Belo Horizonte: Fórum, 2016.

dos Tribunais de Contas, tais como a garantia do devido processo legal. Didier Júnior,[14] por sua vez, esclarece que o devido processo legal pode ser compreendido em duas dimensões, quais sejam, *dimensão formal* ou *procedimental* (correspondente a garantias processuais tais como o contraditório, o juiz natural e a razoável duração do processo) e *dimensão substancial* (referente à necessidade de que as decisões sejam emanadas de forma substancialmente devida).

Especificamente quanto ao princípio do juiz natural, há de se observar que é uma proteção atinente ao Estado Democrático de Direito, assegurando-se o pré-estabelecimento de regras quanto à definição do órgão julgador, o que colabora, inclusive, com a garantia quanto à imparcialidade deste.[15] Assim sendo, sob o ponto de vista dos direitos e garantias dos jurisdicionados, é inconcebível a existência de dúvidas sobre qual Tribunal de Contas é competente para fiscalização de determinados atos, de modo que tal situação se mostra incompatível com o Princípio do Devido Processo Legal e, sobretudo, com o Princípio do Juiz Natural. Por esse motivo, é importante que eventuais incertezas a este respeito sejam dirimidas, até mesmo para que as decisões emanadas no âmbito do Controle Externo não se tornem desprovidas de segurança jurídica.

No caso do Poder Judiciário, a Constituição Federal teve bastante cuidado no que tange à delimitação da competência funcional dos órgãos de natureza jurisdicional. Com relação especificamente aos conflitos de competência, o legislador constituinte também não foi silente. Nesse tocante, cabe, por exemplo, ao Supremo Tribunal Federal, resolver os conflitos de competência entre o Superior Tribunal de Justiça e os demais tribunais, assim como entre Tribunais Superiores entre si, ou entre estes e qualquer outro tribunal (art. 102, I, "o"). Já ao Superior Tribunal de Justiça, cabe dirimir conflitos de competência entre quaisquer tribunais (ressalvados os conflitos cuja resolução é de atribuição do STF), bem como entre tribunais e juízes a eles não vinculados e, também, entre juízes que são vinculados a tribunais diversos. Tais regramentos são geralmente complementados pela legislação infraconstitucional e por atos normativos infralegais, no âmbito dos mais diversos Tribunais.

Nesse tocante, importa destacar que, ao contrário do sistema judiciário, no qual existe um critério de determinação de competência em que órgãos de hierarquia superior podem resolver conflitos de competência de órgãos hierarquicamente inferiores, no sistema de controle externo não há sistemática análoga. As Cortes de Contas são totalmente autônomas e independentes, de modo que, embora o TCU sirva muitas vezes de parâmetro para os demais tribunais subnacionais, não existe uma relação verticalizada entre ele e as Cortes de Contas estaduais, ou entre estas e as Cortes de Contas com abrangência municipal.

Fato relevante, que expressa bem tal independência, ocorreu ao longo do processo legislativo que culminou na aprovação da Nova Lei de Licitações (Lei nº 14.133/2021). Isso porque, no projeto que foi inicialmente aprovado no âmbito do Poder Legislativo, o artigo 172 asseverava que os órgãos de controle deveriam se orientar pelos enunciados

---

[14] DIDIER JÚNIOR, Fredie. *Curso de direito processual civil*: introdução ao direito processual civil, parte geral e processo de conhecimento. 19. ed. Salvador: Ed. JusPodivm, 2017.

[15] FERNANDES, Jorge Ulisses Jacoby. *Tribunais de Contas do Brasil*: jurisdição e competência. 4. ed. Belo Horizonte: Fórum, 2016.

das súmulas do TCU, no que fosse relativo à aplicação daquela Lei, a fim de que se garantisse uniformidade de entendimentos e se propiciasse segurança jurídica aos interessados. O parágrafo único daquele dispositivo previa, também, que eventual decisão que contrariasse a orientação sumulada do TCU deveria ser pautada em motivos relevantes, sendo necessárias as devidas justificativas. Tal artigo foi integralmente vetado pelo Presidente da República, sob o argumento de que a criação de uma força vinculante às súmulas do TCU violaria o princípio da separação dos poderes (art. 2º, CF), bem como o próprio pacto federativo (art. 1º, CF) e a autonomia dos Estados, Distrito Federal e Municípios (art. 18, CF).

Verifica-se, assim, que uma resolução mais eficaz a esse respeito requereria uma alteração no texto constitucional, de modo que este ou passasse a contemplar expressamente mecanismos de resolução de conflito de competência no âmbito do Controle Externo, ou, ao menos, delegasse ao legislador infraconstitucional poderes para tanto. Entretanto, a alteração da Constituição é verdadeiramente complexa e dependente de um procedimento mais rigoroso do que a aprovação e modificação de normas infraconstitucionais, existindo, inclusive, poucos legitimados para proposições dessa natureza (art. 60, da CF/88). Assim sendo, transformações dessa magnitude dependem de um ambiente político altamente favorável, motivo pelo qual é necessário que os Tribunais de Contas busquem alternativas factíveis para um enfrentamento mais imediato desses obstáculos.

A ausência de normas claras, conforme apontado, também tem findado, muitas vezes, na judicialização de alguns casos que são apreciados no âmbito do Controle Externo. Nesse tocante, é possível mencionar decisão do STF que dispôs sobre a competência do Tribunal de Contas da União para fiscalizar verbas do Fundo Constitucional do Distrito Federal,[16] ou mesmo decisão do STJ que reconheceu a competência do Tribunal de Contas do Distrito Federal (TCDF) para fiscalizar a aplicação de recursos federais repassados ao Distrito Federal para custeio de serviço público de saúde, mesmo que o TCU seja considerado igualmente apto a fiscalizar tais montantes.[17]

As consequências desses conflitos e a falta de regulamentação também afloraram no cenário pandêmico, quando foram editadas, dentre outras normas, a Lei nº 14.041/2020 (que definiu a recomposição dos Fundos de Participação dos Estados e Municípios – FPE e FPM) e a Lei Complementar nº 173/2020 (que estabeleceu o Programa Federativo de Enfrentamento ao Sars-CoV-2 e instituiu um conjunto de medidas em auxílio aos Estados, ao Distrito Federal e aos Municípios, dentre os quais, a transferência de R$60 bilhões para Estados, Distrito Federal e Municípios, além da suspensão dos pagamentos da dívida pública interna).

---

[16] BRASIL. Supremo Tribunal Federal. *STF - AgR MS: nº 28584 DF - Distrito Federal*. Processo nº 0000470-93.2010.1.00.0000. Segunda Turma. Relator: Edson Fachin. Data de julgamento: 28 out. 2019. Disponível em: https://stf.jusbrasil.com.br/jurisprudencia/783013149/agreg-em-mandado-de-seguranca-agr-ms-28584-df-distrito-federal-0000470-9320101000000. Acesso 16 jul. 2021.

[17] BRASIL. Superior Tribunal de Justiça. *STJ - RMS: nº 61997 DF*. Processo nº 2019/0300310-0. Primeira Turma. Relator: Benedito Gonçalves. Data do Julgamento: 16 jun. 2020. Disponível em: https://stj.jusbrasil.com.br/jurisprudencia/863911465/recurso-ordinario-em-mandado-de-seguranca-rms-61997-df-2019-0300310-0/inteiro-teor-863911472. Acesso 16 jul. 2021.

No âmbito do controle externo, questão que veio à tona foi a dúvida quanto à competência para fiscalização desses recursos, ou seja, se caberia exclusivamente ao TCU, por se tratar de valores de fonte federal, ou se esse controle se estenderia aos demais Tribunais de Contas subnacionais. Nesse sentido, a Associação dos Membros dos Tribunais de Contas do Brasil (ATRICON), por meio da Nota Técnica nº 03/2020, seguindo a decisão prolatada pelo TCU no Acórdão nº 977/2017-Plenário, manifestou-se no sentido de que tal fiscalização caberia aos TCEs, aos TCMs e ao TCDF, em suas respectivas jurisdições. Isso porque, no caso da recomposição do FPE e do FPM, a lógica na movimentação dos recursos deu-se nos mesmos moldes do que já ocorre nos repasses usualmente efetuados pela União aos entes federativos, na sistemática de repartição constitucional de receitas tributárias.

Em relação ao auxílio-financeiro proveniente do Programa Federal de Enfrentamento ao coronavírus, instituído pela LC nº 173/2020, a ATRICON o considerou como uma transferência legal obrigatória, dado que os recursos, uma vez repassados, via depósito nas contas bancárias já utilizadas para os repasses dos fundos constitucionais, são incorporados ao patrimônio dos entes subnacionais, conforme disposto no §6º, do art. 5º, da LC nº 173/2020. Com isso, o ente beneficiário deve reconhecer tais montantes como receita orçamentária (de origem "transferências correntes") e utilizá-los na programação orçamentária mediante a abertura de créditos adicionais.

Entretanto, no entendimento do TCU, conforme Acórdão nº 4.074/2020-Plenário, os repasses da União aos entes subnacionais a título de auxílio ou apoio financeiro, para os fins previstos nos dois sobreditos normativos, constituem despesas próprias da União e não repartição constitucional ou legal de tributos e outros ingressos que integrem a receita corrente bruta federal. Portanto, na ótica daquela Corte de Contas federal, os repasses mencionados atrairiam a competência fiscalizatória do Tribunal de Contas da União, por força dos incisos II, VI e VIII do art. 71 da Constituição Federal.

Nesse tocante, inexistindo regras específicas a este respeito, qual seria, então, a melhor postura do controle externo, em todas as esferas de governo, a fim de que eventuais conflitos de competência ou sobreposição de atividades fiscalizatórias não violem o interesse público?

Considerando a independência funcional dos Tribunais de Contas, a melhor opção parece ser a existência de iniciativas provenientes deles próprios, no sentido de se firmarem relações institucionais que garantam eficiência fiscalizatória em um regime multinível. Para tanto, é necessária existência de elevada maturidade organizacional, no sentido de que as Cortes de Contas, a despeito da inexistência de normas legais a esse respeito, possam proceder com uma utilização racional, coerente e ponderada de suas respectivas prerrogativas, a fim de integrarem ações cooperadas que reduzam a ineficiência advinda de eventuais situações de sobreposição de funções ou conflitos de competência.

A esse respeito, verifica-se que a utilização de instrumentos de adesão voluntária têm sido uma solução satisfatória para a transescalaridade, tanto da ação interinstitucional, quanto das estratégias de mobilização social por parte das pessoas políticas que integram o pacto federativo brasileiro (União, estados, Distrito Federal e municípios), possibilitando-se a superação de visões reducionistas da governança regional.[18] Em outras palavras, de modo a contrapor a sobreposição de esforços, a União e os entes subnacionais têm agido de forma colaborativa, unindo esforços espontaneamente para a consecução de objetivos em comum, a exemplo da utilização de acordos de cooperação intergovernamentais, bem como a atuação conjunta por meio de consórcios públicos no combate à pandemia.

Algumas iniciativas nesse sentido têm sido tomadas nos últimos anos, no âmbito das Cortes de Contas nacionais. Cita-se, como exemplo, o Projeto Integrar, capitaneado pelo TCU, com o objetivo de "melhorar o planejamento de fiscalizações em nível nacional, induzindo o aperfeiçoamento da gestão das políticas descentralizadas e uso de indicadores para fundamentar a tomada de decisões", além de "estreitar as relações entre os tribunais de contas, por meio do compartilhamento de boas práticas".[19]

Tal projeto surgiu por meio de um acordo de cooperação firmado entre o TCU e a Organização para a Cooperação e Desenvolvimento Econômico (OCDE), viabilizando "o desenvolvimento de uma estratégia de controle ordenada para a seleção de auditorias com ênfase nos desafios trazidos à governança multinível e os riscos relacionados aos resultados das políticas públicas descentralizadas".[20] Inicialmente, o projeto centrou-se em políticas públicas e programas na área de educação, porém, a expectativa é de que haja adaptação para outras áreas, tais como saúde e segurança pública.

No desenvolvimento do Projeto Integrar, por meio de parceria com o Instituto Rui Barbosa (IRB) e a Associação dos Membros dos Tribunais de Contas (Atricon), oportunizou-se às Cortes de Contas brasileiras um estreitamento de relações institucionais, bem como o compartilhamento de boas práticas. Em um primeiro momento, no ano de 2018, além do TCU, outros nove Tribunais de Contas aderiram à ação. Posteriormente, em 2020, o Projeto Integrar contou com a participação de todas as trinta e três Cortes de Contas nacionais.

Nessa mesma linha segue o Acordo de Cooperação Técnica (ACT) nº 01/2018,[21] firmado entre os Tribunais de Contas – por intermédio do IRB e da ATRICON – e a Secretaria do Tesouro Nacional (STN), que tem como objeto a conjugação de esforços entre a STN – enquanto órgão central de contabilidade da federação – e os respectivos

---

[18] CLEMENTINO, Maria do Livramento Miranda. Ipea. A atualidade e o ineditismo do consórcio nordeste. *Boletim Regional, Urbano e Ambiental*, v. 21, jul./dez. 2019. Disponível em: http://repositorio.ipea.gov.br/bitstream/11058/9702/1/BRUA21_Opiniao1.pdf. Acesso em 09 jul. 2021.

[19] BRASIL. Tribunal de Contas da União. *Projeto Integrar*: propostas para o fortalecimento do controle externo de políticas públicas descentralizadas. Brasília: Secretaria-Geral de Controle Externo (Segecex), Secretaria de Controle Externo de Educação (SecexEduc), 2020. Disponível em: https://portal.tcu.gov.br/data/files/60/D6/82/E0/9E3477100CE24177F18818A8/Projeto_Integrar_propostas_fortalecimento_controle_externo_politicas_publicas_descentralizadas.pdf. Acesso em 14 jul. 2021.

[20] BRASIL. Tribunal de Contas da União. *Projeto Integrar*: propostas para o fortalecimento do controle externo de políticas públicas descentralizadas. Brasília: Secretaria-Geral de Controle Externo (Segecex), Secretaria de Controle Externo de Educação (SecexEduc), 2020. Disponível em: https://portal.tcu.gov.br/data/files/60/D6/82/E0/9E3477100CE24177F18818A8/Projeto_Integrar_propostas_fortalecimento_controle_externo_politicas_publicas_descentralizadas.pdf. Acesso em 14 jul. 2021.

[21] ASSOCIAÇÃO DOS MEMBROS DOS TRIBUNAIS DE CONTAS DO BRASIL (ATRICON); INSTITUTO RUI BARBOSA (IRB); SECRETARIA DO TESOURO NACIONAL (STN). Acordo de Cooperação Técnica nº 01/2018. *Fomentar o controle e a transparência da gestão fiscal, harmonizar conceitos e apoiar o exercício do controle social*. Disponível em: https://www.gov.br/tesouronacional/pt-br/contabilidade-e-custos/acordos-de-cooperacao-1/acordos-de-cooperacao. Acesso em 16 jul. 2021.

Tribunais signatários. O objetivo do compromisso em questão é fomentar a transparência da gestão fiscal, apoiar o exercício do controle social, racionalizar os custos de controle e regulação, reduzir as divergências e duplicidades de dados e informações, além de promover a transferência de conhecimentos e harmonizar conceitos e procedimentos entre os entes governamentais na aplicação de normas atinentes à execução orçamentária, financeira e patrimonial, à contabilidade pública e à gestão fiscal.

O ACT conta com a participação dos Tribunais de Contas do Brasil e tem prazo estimado de duração de cinco anos. Oito grupos temáticos foram constituídos para tratar especificamente das seguintes matérias: a) Harmonização de Conceitos e Procedimentos de Gestão Fiscal; b) Matriz de Saldos Contábeis e Compartilhamento de Dados; c) Requisitos Mínimos de Qualidade dos SIAFICs; d) Padronização de Conceitos e Regras de Contabilização; e) Harmonização de conceitos e procedimentos em relação ao SIOPS e ao SIOPE; f) Regimes Próprios de Previdência; g) Auditoria Financeira; e h) Consórcios Públicos. A partir disso, já foi possível a emissão de alguns relatórios parciais e notas técnicas que subsidiarão ações do controle externo em âmbito nacional.

Embora não tenha sido uma cooperação entre as Cortes de Contas brasileiras em si, mostra-se também importante a colaboração prestada pelas Cortes de Contas estaduais à União, no contexto do enfrentamento à pandemia do novo coronavírus, com relação à fiscalização do auxílio emergencial. O Tribunal de Contas do Estado do Pará (TCE/PA), por exemplo, assim como outras Cortes de Contas subnacionais, colaborou com a Controladoria Geral da União (CGU) para a identificação de mais de três mil servidores públicos estaduais que possivelmente teriam recebido indevidamente mais de R$5,1 bilhões em auxílio.[22] Isso reforça a tese da importância da cooperação multinível no monitoramento quanto ao emprego de recursos públicos, considerando-se a expertise e o volume de informações privilegiadas que esses órgãos de controle externo possuem, no âmbito de suas respectivas jurisdições territoriais.

Ações como essas, de atuação integrada e colaborativa, propiciam o fortalecimento do controle externo como um todo, em sua dimensão federativa, possibilitando fiscalizações tempestivas e eficientes que contribuem para o aprimoramento da gestão dos recursos públicos. No contexto pós-pandêmico, tais fatores serão ainda mais imprescindíveis, tendo em vista que a sociedade brasileira necessitará sobremaneira do Poder Público para superar o trágico legado socioeconômico deixado pela pandemia do novo coronavírus.

Considerações finais

A existência de um panorama político-administrativo nacional com diversas competências materiais comuns aos entes federativos faz surgir questões que põem em xeque não somente a partilha de atribuições e responsabilidades quanto à execução de políticas governamentais, mas também a própria sistemática do controle externo exercido

---

[22] BRASIL. Tribunal de Contas do Estado do Pará. *Auxílio Emergencial*: TCE e CGU detectam mais de três mil servidores públicos estaduais que podem ter recebido ilegalmente cerca de 5,3 mi. 05 ago. 2021. Disponível em: https://www.tce.pa.gov.br/index.php/comunicacao/noticias/5469-auxilio-emergencial-tce-e-cgu-detectam-mais-de-tres-mil-servidores-publicos-estaduais-que-podem-ter-recebido-ilegalmente-cerca-de-5-3-mi. Acesso em 15 jul. 2021.

sobre a Administração Pública. Nesse passo, a inexistência de um delineamento preciso quanto às competências fiscalizatórias das Cortes de Contas brasileiras, sobretudo no contexto das transferências intergovernamentais de recursos, traz riscos ao interesse público e compromete as garantias processuais constitucionalmente resguardadas dos respectivos interessados.

Nesse tocante, o surto mundial da COVID-19 fez com que a situação se tornasse ainda mais patente, na medida em que foi necessária uma intensa descentralização de recursos financeiros aos entes subnacionais, para o enfrentamento da crise pandêmica. Assim, problemas tais como a sobreposição de atividades fiscalizatórias, bem como conflitos de competência – os quais já existiam no âmbito do controle externo –, passaram a esboçar novos contornos, exigindo-se dos Tribunais de Contas a busca por alternativas, a fim de que eles possam cumprir, com eficiência e economicidade, suas funções institucionais.

Uma alteração constitucional, suprindo a referida lacuna legislativa, poderia amenizar o problema. Entretanto, considerando-se toda a complexidade envolta na tramitação de emendas à Constituição Federal (o que depende, sobretudo, de interesses políticos), bem como a urgência quanto à implementação de mecanismos concretos que garantam um controle externo abrangente e efetivo, torna-se necessário que os Tribunais de Contas pátrios se unam e desenvolvam soluções colaborativas. Dentre elas, pode-se mencionar a celebração de convênios e acordos de cooperação, ou mesmo a emissão de atos normativos conjuntos que reduzam situações de sobreposição de esforços e previnam eventuais conflitos de competência.

É certo que algumas ações – tais como aquelas apresentadas neste estudo – já têm sido adotadas por esses órgãos. Entretanto, considerando-se as perspectivas para a conjuntura pós-pandêmica, com o consequente aumento da relevância do papel do Poder Público para a reconstrução do cenário socioeconômico nacional, é indispensável que as Cortes de Contas brasileiras fortaleçam ainda mais seus laços institucionais colaborativos, a fim de que o sistema de controle externo nacional, em sua totalidade, possa contribuir cada vez mais com a sociedade brasileira

Referências

ASSOCIAÇÃO DOS MEMBROS DOS TRIBUNAIS DE CONTAS DO BRASIL (ATRICON); INSTITUTO RUI BARBOSA (IRB); SECRETARIA DO TESOURO NACIONAL (STN). Acordo de Cooperação Técnica n° 01/2018. *Fomentar o controle e a transparência da gestão fiscal, harmonizar conceitos e apoiar o exercício do controle social.* Disponível em: https://www.gov.br/tesouronacional/pt-br/contabilidade-e-custos/acordos-de-cooperacao-1/acordos-de-cooperacao. Acesso em 16 jul. 2021.

BARRETO, Neila Maria Souza. *Cinquenta + 10 anos de história do Tribunal de Contas do Estado de Mato Grosso.* Cuiabá: Carlini & Caniato Editorial, 2013.

BRASIL. Constituição da República dos Estados Unidos do Brasil, de 24 de fevereiro de 1891. Nós, os representantes do povo brasileiro, reunidos em Congresso Constituinte, para organizar um regime livre e democrático, estabelecemos, decretamos e promulgamos a seguinte. *Diário Oficial da União*, Rio de Janeiro, 24 fev. 1891. Disponível em: http://www.planalto.gov.br/ccivil_03/constituicao/constituicao91.htm. Acesso em 12 jul. 2021.

BRASIL. Constituição da República Federativa do Brasil de 1988. *Diário Oficial da União*, Brasília, 05 out. 1988. Disponível em: http://www.planalto.gov.br/ccivil_03/constituicao/constituicao.htm. Acesso em 12 jul. 2021.

BRASIL. Lei nº 13.105, de 16 de março de 2015. Código de Processo Civil. *Diário Oficial da União*, Brasília, 17 mar. 2015. Disponível em: http://www.planalto.gov.br/ccivil_03/_ato2015-2018/2015/lei/l13105.htm. Acesso em 15 jul. 2021.

BRASIL. Lei nº 14.041, de 18 de agosto de 2020. Dispõe sobre a prestação de apoio financeiro pela União aos Estados, ao Distrito Federal e aos Municípios com o objetivo de mitigar as dificuldades financeiras decorrentes do estado de calamidade pública reconhecido pelo Decreto Legislativo nº 6, de 20 de março de 2020, e da emergência de saúde pública de importância internacional decorrente da pandemia da Covid-19. *Diário Oficial da União*, Brasília, 19 ago. 2020. Disponível em: http://www.planalto.gov.br/ccivil_03/_ato2019-2022/2020/Lei/L14041.htm. Acesso em 15 jul. 2021.

BRASIL. Lei nº 14.133, de 1º de abril de 2021. Lei de Licitações e Contratos Administrativos. *Diário Oficial da União*, Brasília, 01 abr. 2021. Disponível em: http://www.planalto.gov.br/ccivil_03/_ato2019-2022/2021/lei/L14133.htm. Acesso em 12 jul. 2021.

BRASIL. Lei nº 173, de 27 de maio de 2020. Estabelece o Programa Federativo de Enfrentamento ao Coronavírus SARS-CoV-2 (Covid-19), altera a Lei Complementar nº 101, de 4 de maio de 2000, e dá outras providências. *Diário Oficial da União*, Brasília, 28 mai. 2020. Disponível em: http://www.planalto.gov.br/ccivil_03/leis/lcp/lcp173.htm. Acesso em 15 jul. 2021.

BRASIL. Superior Tribunal de Justiça. *STJ – RMS: nº 61997 DF*. Processo nº 2019/0300310-0. Primeira Turma. Relator: Benedito Gonçalves. Data do Julgamento: 16 jun. 2020. Disponível em: https://stj.jusbrasil.com.br/jurisprudencia/863911465/recurso-ordinario-em-mandado-de-seguranca-rms-61997-df-2019-0300310-0/inteiro-teor-863911472. Acesso em 16 jul. 2021.

BRASIL. Supremo Tribunal Federal. *STF – AgR MS: nº 28584 DF – Distrito Federal*. Processo nº 0000470-93.2010.1.00.0000. Segunda Turma. Relator: Edson Fachin. Data de julgamento: 28 out. 2019. Disponível em: https://stf.jusbrasil.com.br/jurisprudencia/783013149/agreg-em-mandado-de-seguranca-agr-ms-28584-df-distrito-federal-0000470-9320101000000. Acesso em 16 jul. 2021.

BRASIL. Tribunal de Contas da União. *Acórdão nº 1.824/2017*. Processo nº 005.506/2017-4. Plenário. Relator: Walton Alencar Rodrigues. Data da Sessão: 25 out. 2017. Disponível em: https://portal.tcu.gov.br/data/files/62/20/E9/A4/97CDE610A9F02DE6E18818A8/precatorios_do_fundef_atualizado.pdf. Acesso em 15 jul. 2021.

BRASIL. Tribunal de Contas da União. *Acórdão nº 1.962/2017*. Processo nº 005.506/2017-4. Plenário. Relator: Walton Alencar Rodrigues. Data da Sessão: 12 set. 2017. Disponível em: https://portal.tcu.gov.br/data/files/62/20/E9/A4/97CDE610A9F02DE6E18818A8/precatorios_do_fundef_atualizado.pdf. Acesso em 15 jul. 2021.

BRASIL. Tribunal de Contas da União. *Acórdão nº 4.074/2021*. Processo nº 024.304/2020-4. Plenário. Relator: Bruno Dantas. Data da Sessão: 08 dez. 2020. Disponível em: https://pesquisa.apps.tcu.gov.br/#/documento/acordao-completo/4074%252F2020/%2520/DTRELEVANCIA%2520desc%252C%2520NUMACORDAOINT%2520desc/0/%2520. Acesso em 16 jul. 2021.

BRASIL. Tribunal de Contas da União. *Acórdão nº 8.800/2021*. Processo nº 037.048/2019-8. Primeira Câmara. Relator: Augusto Sherman. Data da Sessão: 22 jun. 2021. Disponível em: https://contas.tcu.gov.br/sagas/SvlVisualizarRelVotoAcRtf?codFiltro=SAGAS-SESSAO-ENCERRADA&seOcultaPagina=S&item0=754458. Acesso em 15 jul. 2021.

BRASIL. Tribunal de Contas da União. *Acórdão nº 977/2017*. Processo nº 036.659/2016-9. Plenário. Relator: Aroldo Cedraz. Data da Sessão: 17 mai. 2017. Disponível em: https://pesquisa.apps.tcu.gov.br/#/documento/acordao-completo/*/KEY%253AACORDAO-COMPLETO-2253032/DTRELEVANCIA%2520desc/0/sinonimos%253Dfalse. Acesso em 15 jul. 2021.

BRASIL. Tribunal de Contas da União. *Projeto Integrar*: propostas para o fortalecimento do controle externo de políticas públicas descentralizadas. Brasília: Secretaria-Geral de Controle Externo (Segecex), Secretaria de Controle Externo de Educação (SecexEduc), 2020. Disponível em: https://portal.tcu.gov.br/data/files/60/D6/82/E0/9E3477100CE24177F18818A8/Projeto_Integrar_propostas_fortalecimento_controle_externo_politicas_publicas_descentralizadas.pdf. Acesso em 14 jul. 2021.

BRASIL. Tribunal de Contas do Estado do Pará. *Auxílio Emergencial*: TCE e CGU detectam mais de três mil servidores públicos estaduais que podem ter recebido ilegalmente cerca de 5,3 mi. 05 ago. 2021. Disponível em: https://www.tce.pa.gov.br/index.php/comunicacao/noticias/5469-auxilio-emergencial-tce-e-cgu-detectam-mais-de-tres-mil-servidores-publicos-estaduais-que-podem-ter-recebido-ilegalmente-cerca-de-5-3-mi. Acesso em 15 jul. 2021.

CLEMENTINO, Maria do Livramento Miranda. Ipea. A atualidade e o ineditismo do consórcio nordeste. *Boletim Regional, Urbano e Ambiental*, v. 21, jul./dez. 2019. Disponível em: http://repositorio.ipea.gov.br/bitstream/11058/9702/1/BRUA21_Opiniao1.pdf. Acesso em 09 jul. 2021.

DIDIER JÚNIOR, Fredie. *Curso de direito processual civil*: introdução ao direito processual civil, parte geral e processo de conhecimento. 19. ed. Salvador: Ed. JusPodivm, 2017.

FERNANDES, Jorge Ulisses Jacoby. *Tribunais de Contas do Brasil*: jurisdição e competência. 4. ed. Belo Horizonte: Fórum, 2016.

FRANZESE, Cibele. *Federalismo cooperativo no Brasil*: da Constituição de 1988 aos sistemas de políticas públicas. Tese de Doutorado. São Paulo: Fundação Getúlio Vargas, 2010.

LIMA, Luiz Henrique. *Controle externo*: teoria e jurisprudência para os tribunais de contas. 8. ed. Rio de Janeiro: Método, 2019.

MATO GROSSO DO SUL. Tribunal de Contas do Mato Grosso do Sul. *Denúncia nº 25174-2017*. Relator: Ronaldo Chadid. Data da Publicação: 10 nov. 2020. Disponível em: https://tce-ms.jusbrasil.com.br/jurisprudencia/1121661358/denuncia-den-251742017-ms-1874791/inteiro-teor-1121661664. Acesso em 15 jul. 2021.

MINAS GERAIS. Tribunal de Contas de Minas Gerais. *Denúncia nº 951975*. Relator: Wanderley Ávila. Data do Julgamento: 14 jul. 2016. Disponível em: https://tce-mg.jusbrasil.com.br/jurisprudencia/418117365/denuncia-den-951975. Acesso em 17 jul. 2021.

NETTO, Jair Lins. Tribunal de Contas: sempre combatido, nunca conhecido. *Revista de Direito Administrativo*, v. 200, p. 71-84, 1995. Disponível em: http://bibliotecadigital.fgv.br/ojs/index.php/rda/article/view/46527/46569. Acesso em 24 jun. 2021.

PARÁ. Constituição do Estado do Pará 1989. *Diário Oficial*, Belém, 06 out. 1989. Disponível em: https://www.sistemas.pa.gov.br/sisleis/legislacao/228. Acesso em 13 jul. 2021.

SILVA, José Afonso da. *Curso de Direito Constitucional Positivo*. 37. ed. São Paulo: Malheiros, 2014.

WILLEMAN, Mariana Montebello. *O desenho institucional dos Tribunais de Contas e sua vocação para a tutela da accountability democrática*: perspectivas em prol do direito à boa administração. Tese de Doutorado. PUC-Rio, 2016. Disponível em: http://www2.dbd.puc-rio.br/pergamum/tesesabertas/1221597_2016_completo.pdf. Acesso em 23 jun. 2021.

Informação bibliográfica deste texto, conforme a NBR 6023:2018 da Associação Brasileira de Normas Técnicas (ABNT):

BORBA, Dualyson de Abreu; PANTOJA, Fernanda Pinheiro. Conflitos de competência e atuação cooperada: desafios e perspectivas intergovernamentais do controle externo brasileiro. *In*: LIMA, Edilberto Carlos Pontes (Coord.). *Os Tribunais de Contas, a pandemia e o futuro do controle*. Belo Horizonte: Fórum, 2021. p. 209-223. ISBN 978-65-5518-282-8.

PASSOS MÍNIMOS NECESSÁRIOS PARA ADEQUAÇÃO À LGPD PELAS CORTES DE CONTAS BRASILEIRAS

FABIO CORREA XAVIER

Não há dúvida de que a Lei Geral de Proteção de Dados – Lei nº 13.709/2018, doravante LGPD – se aplica tanto ao setor privado, quanto ao setor público. Segundo Silva, a LGPD "altera em muito a maneira como as empresas – e não só elas, mas também os órgãos e entidades públicas – devem gerenciar os dados".[1] Silva argumenta, ainda, que "já havia leis que abrangiam os temas privacidade e proteção de dados; no entanto, a LGPD veio para consolidar um microssistema de tratamento desses dados: quem, como, quando, onde, porque, com que fim podem ser usados esses dados".[2]

Por anos, a Administração Pública coletou dados pessoais de maneira indiscriminada e sem se preocupar com princípios como finalidade, adequação, necessidade ou mesmo segurança. Via de regra, optava-se por maximizar a coleta de dados, mesmo sem uma justificativa clara em relação à sua necessidade para atender sua finalidade pública, em busca do interesse público, para executar suas competências e atribuições legais, como previsto no caput do art. 23 da LGPD. E a consequência é destacada por Barbosa e Oliveira que são bem incisivos ao afirmar que uma "enorme quantidade de dados pessoais e dados sensíveis estão sob o domínio do Poder Público, como informações financeiras e fiscais (Imposto de Renda), de educação (histórico escolar), de saúde (prontuário médico), de consumo (Nota Fiscal Paulista), entre inúmeras outras".[3] E como os dados são as novas *commodities* do século XXI, dada sua importância comercial e estratégica,[4]

---

[1] SILVA, Andressa Carvalho da. Lei Geral de Proteção de Dados e a Responsabilidade Estatal: implicações no âmbito dos tribunais de contas. 73f. Monografia (Especialização) – Curso de Direito Público, Universidade de Caxias do Sul, Porto Alegre, 2020. p. 2

[2] SILVA, Andressa Carvalho da. Lei Geral de Proteção de Dados e a Responsabilidade Estatal: implicações no âmbito dos tribunais de contas. 73f. Monografia (Especialização) – Curso de Direito Público, Universidade de Caxias do Sul, Porto Alegre, 2020. p. 23

[3] BARBOSA, Daniela B.; OLIVEIRA, Victor F. LGPD: a necessidade de proteção dos dados do setor público. *O Estadão*, São Paulo. 12 set. 2020. Disponível em: https://politica.estadao.com.br/blogs/fausto-macedo/lgpd-a-necessidade-de-protecao-dos-dados-do-setor-publico/. Acesso em 25 dez. 2020.

[4] SILVA, Andressa Carvalho da. Lei Geral de Proteção de Dados e a Responsabilidade Estatal: implicações no âmbito dos tribunais de contas. 73f. Monografia (Especialização) – Curso de Direito Público, Universidade de Caxias do Sul, Porto Alegre, 2020.

é importante que o setor público faça a adequação para ficar em conformidade com a novel legislação, sem prejuízo à consecução de suas atividades finalísticas.

Em todo esse contexto, as Cortes de Contas, que possuem valiosíssimos bancos de dados sobre seus jurisdicionados, também devem se adequar. Em pesquisa realizada no mês de junho de 2021, no âmbito do Comitê de Tecnologia, Governança e Segurança da Informação do Instituto Rui Barbosa sobre a adequação à LGPD, foi possível constatar que a adequação já avançou no âmbito das Cortes de Contas. Contudo, ainda há muito a ser feito. Dos 33 Tribunais de Contas do Brasil, 24 (aproximadamente 73%) responderam à pesquisa. O gráfico a seguir ilustra o resultado:

Figura 1 – Resultado de pesquisa sobre a LGPD no âmbito do Comitê de Tecnologia, Governança e Segurança da Informação do IRB

1 Agentes de tratamento de dados pessoais

De início, cabe clarificar os conceitos relacionados aos agentes de tratamento previstos da LGPD. Agentes de tratamento, por definição, são aqueles que exercem o papel de controlador ou operador de dados pessoais. Os agentes de tratamento podem ser pessoas naturais ou jurídicas, de direito público ou privado. A Autoridade Nacional de Proteção de Dados (ANPD), ciente das diversas discussões e interpretações que a LGPD incitava, publicou, no último dia 27 de maio, o seu primeiro Guia Orientativo, definindo claramente as atribuições dos agentes de tratamento – controlador e operador – e o papel do encarregado de dados. O documento, intitulado Guia Orientativo para Definições de Agentes de Tratamento de Dados Pessoais e do Encarregado,[5] está disponível na página *web* da ANPD.

O guia traz importantes definições para esclarecer o papel dos funcionários e servidores à luz da LGPD, preenchendo lacunas que davam margem a interpretações diversas e consequente insegurança jurídica sobre as atribuições de todos os envolvidos no processo de tratamento de dados pessoais. A ANPD busca, com esse guia, exercer o seu papel de regulamentação e *enforcement* da LGPD. O guia está sujeito a atualizações, uma vez que, segundo a própria ANPD, está aberto a comentários e contribuições por parte da sociedade em geral.

Pessoas naturais podem ser agentes de tratamento – operadoras ou controladoras. Segundo o guia, pessoas naturais serão controladoras quando agirem "de acordo com os próprios interesses, com poder de decisão sobre as finalidades e elementos essenciais de tratamento". Pessoas naturais serão operadoras quando "atuarem de acordo com os interesses do controlador, sendo-lhes facultada apenas a definição de elementos não essenciais à finalidade do tratamento". Por exemplo, médicos ou advogados, como profissionais liberais que lidam com informações de pacientes ou clientes, estão atuando como controladores e como operadores ao tratarem tais dados pessoais.

Destaca-se que a principal diferença entre controlador e operador é o poder de decisão que compete ao primeiro.

Segundo o guia divulgado pela ANPD, "não são considerados controladores ou operadores os indivíduos subordinados, tais como os funcionários, os servidores públicos ou as equipes de trabalho de uma organização, já que atuam sob o poder diretivo do agente de tratamento". Eles atuarão mediante subordinação às decisões do controlador.

O controlador também pode fazer tratamento de dados pessoais. A diferença do controlador para o operador é *o poder de decisão* que o controlador possui. E esse poder de decisão permite que ele contrate um operador para realizar o tratamento em seu nome.

Outro ponto que restou esclarecido pelo Guia é a *"desnecessidade de que todas as decisões sejam tomadas pelo controlador"*. A ANPD definiu que o controlador deve definir somente as principais decisões sobre o tratamento de dados, chamadas de elementos essenciais para o cumprimento da finalidade do tratamento. Um desses elementos essenciais é a definição da finalidade do tratamento dos dados, incluindo os objetivos e a base legal do tratamento.

O Guia destaca algumas atribuições do operador: "(i) seguir as instruções do controlador; (ii) firmar contratos que estabeleçam, dentre outros assuntos, o regime de atividades e responsabilidades com o controlador; (iii) dar ciência ao controlador em caso de contratação de suboperador".

Aqui cabe um destaque em relação ao estabelecimento de relação contratual entre o controlador e o operador. A ANPD recomenda como boa prática que seja feito um contrato entre o controlador e o operador, limitando expressamente a atuação do operador às diretrizes do controlador, definindo objeto, duração, natureza e finalidade do tratamento de dados, tipos de dados envolvidos, obrigações das partes e fixando

---

[5] BRASIL. Autoridade Nacional de Proteção de Dados. *Guia Orientativo para Definições de Agentes de Tratamento de Dados Pessoais e do Encarregado*. Brasília, mai. 2021. Disponível em: https://www.gov.br/anpd/pt-br/assuntos/noticias/2021-05-27-guia-agentes-de-tratamento_final.pdf. Acesso em 14 jun. 2021.

parâmetros objetivos em relação às responsabilidades de cada parte. O operador, em caso de pessoa jurídica, é a organização em si. Os seus funcionários são apenas seus subordinados ou representantes. Assim, "empregados, administradores, sócios, servidores e outras pessoas naturais que integram a pessoa jurídica e cujos atos expressam a atuação desta não devem ser considerados operadores".

Em relação ao papel de operador, o Guia traz o conceito de suboperador, que é "aquele contratado pelo operador para auxiliá-lo a realizar o tratamento de dados pessoais em nome do controlador". Embora a relação direta do suboperador seja com o operador – o que deve ser formalizado em ajuste próprio –, é importante que o controlador dê sua autorização formal e até contratual, uma vez que este é quem tem o poder de decisão sobre o tratamento de dados. O suboperador, assim como o operador, também tem responsabilidades e deve responder por elas perante a ANPD.

Outro conceito trazido pelo Guia refere-se à possibilidade de o cenário envolver mais de um controlador, que tomarão decisões em conjunto, especialmente quanto à finalidade do tratamento de um mesmo conjunto de dados. Neste caso, os controladores envolvidos responderão de forma solidária perante a ANPD, de acordo com a LGPD, art. 42, §1º, II. Com base na regulamentação europeia – *General Data Protection Regulament* (GDPR) – a ANPD definiu a controladoria conjunta como "a determinação conjunta, comum ou convergente, por dois ou mais controladores, das finalidades e dos elementos essenciais para a realização do tratamento de dados pessoais, por meio de acordo que estabeleça as respectivas responsabilidades quanto ao cumprimento da LGPD".

2   Ações mínimas para adequação à LGPD pelas Cortes de Contas

O caminho para a adequação à LGPD é bem mais complexo do que pode parecer. Contudo, podemos definir alguns passos mínimos que devem ser seguidos no caminho para a conformidade com a LGPD, conforme exibido na figura a seguir:

Figura 2 – Ações mínimas para adequação à LGPD

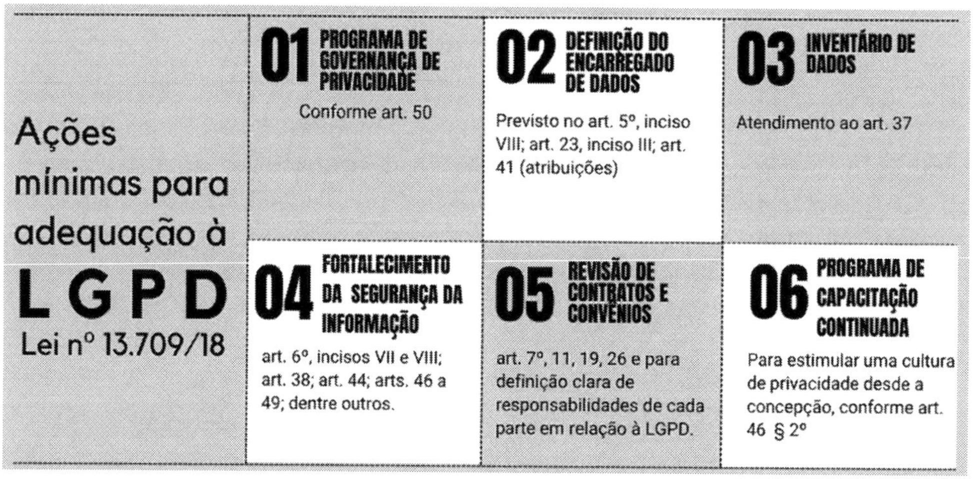

Essas ações não são sequenciais e podem ser conduzidas de forma concomitante. Cada um desses passos será detalhado nas seções seguintes.

2.1 Programa de Governança em Privacidade

Inicialmente, cabe definir o que seria a governança de dados. Cabella, Ferreira, Kauer e Kauer[6] definem, com base no DMBOK,[7] que governança de dados é "o exercício de autoridade e controle (planejamento, monitoramento e execução) sobre o gerenciamento de ativos de dados" e "fornece orientação e supervisão para o gerenciamento de dados, estabelecendo um sistema de direitos de decisão sobre dados que atenda às necessidades da empresa". Ainda de acordo com Cabella, Ferreira, Kauer e Kauer,[8] o DMBOK define três objetivos da governança de dados: (i) permitir que uma organização gerencie seus dados como um ativo; (ii) definir, aprovar, comunicar e implementar princípios, políticas, procedimentos, métricas, ferramentas e responsabilidades para gerenciamento de dados; e (iii) monitorar e orientar atividades em conformidade com políticas, uso de dados e gerenciamento. Assim, é primordial definir políticas e procedimentos para incutir na cultura organizacional uma adequada prática de gestão e governança de dados.

Cabe ainda diferenciar a governança de dados da governança em privacidade, esta última exigida pelo §2º do art. 50 da LGPD[9] como boa prática para aplicação dos

---

[6]   CABELLA, Daniela Monte Serrat *et al*. Afinal de contas: o que é a "Governança em Privacidade" da LGPD? *Migalhas*, 03 jul. 2020. Disponível em: https://migalhas.uol.com.br/depeso/330230/afinal-de-contas--o-que-e-a--governanca-em-privacidade--da-lgpd. Acesso em 25 dez. 2020.

[7]   DAMA INTERNACIONAL. *DAMA:* Guia para o corpo de conhecimento em gerenciamento de dados. Technics Publications, 2012.

[8]   CABELLA, Daniela Monte Serrat *et al*. Afinal de contas: o que é a "Governança em Privacidade" da LGPD? *Migalhas*, 03 jul. 2020. Disponível em: https://migalhas.uol.com.br/depeso/330230/afinal-de-contas--o-que-e-a--governanca-em-privacidade--da-lgpd. Acesso em 25 dez. 2020.

[9]   Art. 50. Os controladores e operadores, no âmbito de suas competências, pelo tratamento de dados pessoais, individualmente ou por meio de associações, poderão formular regras de boas práticas e de governança que estabeleçam as condições de organização, o regime de funcionamento, os procedimentos, incluindo reclamações e petições de titulares, as normas de segurança, os padrões técnicos, as obrigações específicas para os diversos envolvidos no tratamento, as ações educativas, os mecanismos internos de supervisão e de mitigação de riscos e outros aspectos relacionados ao tratamento de dados pessoais.
§1º Ao estabelecer regras de boas práticas, o controlador e o operador levarão em consideração, em relação ao tratamento e aos dados, a natureza, o escopo, a finalidade e a probabilidade e a gravidade dos riscos e dos benefícios decorrentes de tratamento de dados do titular.
§2º Na aplicação dos princípios indicados nos incisos VII e VIII do caput do art. 6º desta Lei, o controlador, observados a estrutura, a escala e o volume de suas operações, bem como a sensibilidade dos dados tratados e a probabilidade e a gravidade dos danos para os titulares dos dados, poderá:
I – implementar programa de governança em privacidade que, no mínimo:
a) demonstre o comprometimento do controlador em adotar processos e políticas internas que assegurem o cumprimento, de forma abrangente, de normas e boas práticas relativas à proteção de dados pessoais;
b) seja aplicável a todo o conjunto de dados pessoais que estejam sob seu controle, independentemente do modo como se realizou sua coleta;
c) seja adaptado à estrutura, à escala e ao volume de suas operações, bem como à sensibilidade dos dados tratados;
d) estabeleça políticas e salvaguardas adequadas com base em processo de avaliação sistemática de impactos e riscos à privacidade;
e) tenha o objetivo de estabelecer relação de confiança com o titular, por meio de atuação transparente e que assegure mecanismos de participação do titular;
f) esteja integrado a sua estrutura geral de governança e estabeleça e aplique mecanismos de supervisão internos e externos;
g) conte com planos de resposta a incidentes e remediação; e
h) seja atualizado constantemente com base em informações obtidas a partir de monitoramento contínuo e avaliações periódicas;

princípios de segurança e prevenção. Enquanto a primeira trata de qualquer tipo de dado, pessoais ou não, a segunda é voltada somente para os dados pessoais, que afetam diretamente o direito à privacidade das pessoas, ou seja, os dados pessoais conforme definido pela LGPD.

No contexto da Governança em Privacidade, surge a discussão sobre a criação de um Comitê de Privacidade e Proteção de Dados Pessoais para auxílio na adoção e fiscalização de medidas de adequação a normas referentes à proteção da privacidade e dados pessoais. Segundo Dessotti,[10] a criação desse Comitê é uma boa prática e um "importante instrumento facilitador da promoção de uma cultura de proteção aos dados pessoais dentro da instituição, ao mesmo tempo em que contribui para a tomada de decisão de forma centralizada, com a minimização, inclusive, de eventuais conflitos de interesse que possam existir". O Comitê se torna, assim, o núcleo para tomada de decisão em relação às ações que tratam de privacidade e proteção de dados, à luz da LGPD, dentro da instituição. É como um farol que ilumina o caminho que os servidores e colaboradores da instituição deverão seguir para atendimento aos regramentos da LGPD. Dessotti[11] define como atribuições do comitê, de forma não exaustiva: (i) propor políticas e procedimentos para adequação à LGPD; (ii) ser um porta-voz da necessidade de seu cumprimento e conscientização de todos os agentes internos envolvidos com tratamento de dados pessoais; (iii) gerenciar atividades relativas ao tratamento de dados; (iv) fiscalizar processos que envolvem tratamento de dados pessoais; (v) endereçar problemas envolvendo produtos e serviços (no que se refere ao tratamento de dados); (vi) acompanhar legislações e orientações sobre o tema; (vii) conduzir análises e investigações; (viii) realizar o inventário e o mapeamento de dados e relatórios de impacto à proteção de dados. Jimene[12] afirma que há um estímulo à autorregulação nas instituições, por meio da criação de regulamentos próprios para atendimento à LGPD, de acordo com as peculiaridades de cada um.

Silva e Piovesan argumentam que o Comitê de Privacidade e Proteção de Dados Pessoais deve ser integrado por "pessoas envolvidas diretamente com a execução do tratamento de dados pessoais"[13] bem como por pessoas da alta administração da instituição, sem prejuízo da necessária inclusão de outros setores chave. Assim, o Comitê

II – demonstrar a efetividade de seu programa de governança em privacidade quando apropriado e, em especial, a pedido da autoridade nacional ou de outra entidade responsável por promover o cumprimento de boas práticas ou códigos de conduta, os quais, de forma independente, promovam o cumprimento desta Lei.
§3º As regras de boas práticas e de governança deverão ser publicadas e atualizadas periodicamente e poderão ser reconhecidas e divulgadas pela autoridade nacional.

[10] DESSOTTI, Mariana Zanardo. A importância do Comitê de Privacidade e Proteção de Dados Pessoais na governança dos dados pessoais. *Migalhas*, 20 dez. 2019. Disponível em: https://www.migalhas.com.br/depeso/317339/a-importancia-do-comite-de-privacidade-e-protecao-de-dados-pessoais-na-governanca-dos-dados-pessoais. Acesso em 15 jun. 2021.

[11] DESSOTTI, Mariana Zanardo. A importância do Comitê de Privacidade e Proteção de Dados Pessoais na governança dos dados pessoais. *Migalhas*, 20 dez. 2019. Disponível em: https://www.migalhas.com.br/depeso/317339/a-importancia-do-comite-de-privacidade-e-protecao-de-dados-pessoais-na-governanca-dos-dados-pessoais. Acesso em 15 jun. 2021.

[12] JIMENE, Camilla do Vale. Capítulo VII – Da Segurança e das Boas Práticas: seção ii – das boas práticas e da governança. *In*: MALDONADO, Viviane Nóbrega; BLUM, Renato Opice (Comp.). *LGPD*: lei geral de proteção de dados comentada. São Paulo: Thomson Reuters Brasil, 2019.

[13] SILVA, Jacira Jacinto da; PIOVESAN, Flávia da Silva Paupitz. LGPD: o DPO e o comitê de privacidade e proteção de dados pessoais são necessários? *Estadão*, 25 nov. 2020. Disponível em: https://politica.estadao.com.br/blogs/fausto-macedo/lgpd-o-dpo-e-o-comite-de-privacidade-e-protecao-de-dados-pessoais-sao-necessarios/. Acesso em 15 jun. 2021.

acaba sendo uma materialização do comprometimento da alta administração com a cultura de privacidade e proteção de dados, sendo um espelho para todos na organização.

No contexto da Governança em Privacidade, o Comitê seria um guardião do processo de *compliance* da Instituição. *Compliance* refere-se "ao conjunto de ações a serem adotadas no ambiente corporativo para que se reforce a anuência da empresa à legislação vigente, de modo a prevenir a ocorrência de infrações ou, já tendo ocorrido o ilícito, propiciar o imediato retorno ao contexto de normalidade e legalidade".[14]

Adicionalmente, segundo Frazão, Oliva e Abílio,[15] consideram-se vantagens tradicionalmente atribuídas aos programas de *compliance* – como podemos enquadrar a governança em privacidade – (i) permitir a adequada gestão do risco da atividade – na medida em que identifica os pontos sensíveis em que há exposição ao descumprimento – e, por consequência, auxiliar na prevenção de ilícitos; (ii) viabilizar a pronta identificação de eventual descumprimento, bem como a remediação de danos daí decorrentes, auxiliando, assim, na minoração dos prejuízos; (iii) fomentar a criação de uma cultura corporativa de observância às normas legais; e (iv) servir potencialmente como atenuante no caso de punições administrativas – na tutela de dados, esse aspecto soma-se à vantagem adicional de adaptar e operacionalizar diversos dos comandos gerais e conceitos abertos da LGPD.

De qualquer forma, para que tenhamos a governança em privacidade, é importante fazer o mapeamento dos dados que circulam pela instituição, realizar um inventário deles (conforme exposto na seção anterior) e, em seguida, classifica-los, com o fim de "assegurar que a informação receba um nível adequado de proteção, de acordo com a sua importância para a organização".[16] Dessa forma, pode-se identificar os dados pessoais e seus fluxos, de forma a proteger sua confidencialidade, integridade e disponibilidade,[17] além de avaliar se esses dados estão de acordo com os princípios da finalidade, da adequação e da necessidade, previstos pela LGPD. Aqui vale destacar como esses princípios regem a coleta e o tratamento de dados pessoais. Segundo Maldonado e Blum, "o tratamento de dados pessoais deve estar ancorado, necessariamente, a uma base legal que o legitima".[18] Assim, a coleta e o tratamento de dados pela Administração Pública deve guardar relação direta com a missão institucional do órgão ou entidade,[19] em observância ao princípio da finalidade.[20] Enquanto o princípio da finalidade foca

---

[14] FRAZÃO, Ana. Programas de *compliance* e critérios de responsabilização de pessoas jurídicas por ilícitos administrativos. *In*: ROSSETTI, Maristela Abla; PITTA, André Grunspun. *Governança corporativa*: avanços e retrocessos. São Paulo: Quartier Latin, 2007. p. 683.

[15] FRAZÃO, Ana; OLIVA, Milena Donato; ABILIO, Vivianne da Silveira. *Compliance* de dados pessoais. *In*: TEPEDINO, Gustavo; FRAZÃO, Ana; OLIVA, Milena Donato. *Lei Geral de Proteção de Dados pessoais e suas repercussões no Direito Brasileiro*. São Paulo: Thomson Reuters Brasil, 2019.

[16] IRB – INSTITUTO RUI BARBOSA. *Nota Técnica nº 01/2019. Considerações sobre a aplicação da LGPD no âmbito dos Tribunais de Contas*. Brasília, 2019. p. 18.

[17] Confidencialidade é garantir que a informação estará disponível somente para quem dela deve fazer uso. Integridade, por sua vez, é garantir que a informação é exata, completa, e que não foi alterada indevidamente. E disponibilidade, por fim, é garantir que a informação esteja disponível sempre que for necessária.

[18] MALDONADO, Viviane Nóbrega; BLUM, Renato Opice (Coords.). *LGPD*: lei geral de proteção de dados comentada. São Paulo: Thomson Reuters Brasil, 2019. p. 284.

[19] SILVA, Andressa Carvalho da. Lei Geral de Proteção de Dados e a Responsabilidade Estatal: implicações no âmbito dos tribunais de contas. 73f. Monografia (Especialização) – Curso de Direito Público, Universidade de Caxias do Sul, Porto Alegre, 2020.

[20] MALDONADO, Viviane Nóbrega; BLUM, Renato Opice (Coords.). *LGPD*: lei geral de proteção de dados comentada. São Paulo: Thomson Reuters Brasil, 2019.

com a legitimidade do propósito do tratamento de dados, o princípio da adequação analisa a legitimidade sob o ponto de vista da expectativa do titular dos dados. E o princípio da necessidade, por sua vez, define que os dados coletados devem se restringir ao "mínimo necessário à execução da política pública decorrente da investidura legal, ou seja, a finalidade da coleta".[21]

2.2 Definição do Encarregado pelo Tratamento de Dados Pessoais

O encarregado pelo tratamento de dados pessoais, definido no art. 41 da LGPD, é o responsável pelas comunicações entre o controlador, o titular de dados e a ANPD, sendo um canal interativo entre esses atores. Silva destaca que "a lei atribui a responsabilidade ao controlador e ao operador, mas não ao encarregado. Isso porque, em algumas hipóteses, pode não haver a figura do encarregado".[22][23] Contudo, o Guia Orientativo para Definições de Agentes de Tratamento de Dados Pessoais e do Encarregado,[24] reitera que órgãos e entidades públicas devem indicar um encarregado de dados, baseando-se no art. 23, inciso III. Mas qual seria o perfil ideal para o encarregado de dados?

O §2º do artigo 41 da LGPD define, de forma não exaustiva, as principais responsabilidades do encarregado de dados.[25] Contudo, Bruno[26] relaciona as principais responsabilidades, de forma mais detalhada:

a) interagir com os titulares dos dados pessoais, inclusive prestando esclarecimentos e adotando providências necessárias em razão desses contatos ou reclamações dos titulares;

b) interagir com a ANPD, sendo inclusive o ponto de contato para recebimento das comunicações da Autoridade, e responsável por adotar as providências requeridas;

c) orientar os colaboradores da entidade a respeito das práticas relacionadas à proteção de dados pessoais;

d) executar todas as atribuições determinadas em normas complementares, da ANPD ou de outros órgãos;

---

[21] MALDONADO, Viviane Nóbrega; BLUM, Renato Opice (Coords.). *LGPD*: lei geral de proteção de dados comentada. São Paulo: Thomson Reuters Brasil, 2019. p. 287.

[22] Conforme §3º do art. 41 da LGPD.

[23] SILVA, Andressa Carvalho da. Lei Geral de Proteção de Dados e a Responsabilidade Estatal: implicações no âmbito dos tribunais de contas. 73f. Monografia (Especialização) – Curso de Direito Público, Universidade de Caxias do Sul, Porto Alegre, 2020. p. 20.

[24] BRASIL. Autoridade Nacional de Proteção de Dados. *Guia Orientativo para Definições de Agentes de Tratamento de Dados Pessoais e do Encarregado*. Brasília, mai. 2021. Disponível em: https://www.gov.br/anpd/pt-br/assuntos/noticias/2021-05-27-guia-agentes-de-tratamento_final.pdf. Acesso em 14 jun. 2021.

[25] §2º As atividades do encarregado consistem em:
I – aceitar reclamações e comunicações dos titulares, prestar esclarecimentos e adotar providências;
II – receber comunicações da autoridade nacional e adotar providências;
III – orientar os funcionários e os contratados da entidade a respeito das práticas a serem tomadas em relação à proteção de dados pessoais; e
IV – executar as demais atribuições determinadas pelo controlador ou estabelecidas em normas complementares.

[26] BRUNO, M.G.S. Dos Agentes de Tratamento de dados Pessoais. *In*.: MALDONADO, Viviane Nóbrega; BLUM, Renato Opice (coords.). *LGPD*: Lei Geral de Proteção de dados Comentada. São Paulo: Thomson Reuters Brasil, 2019, p. 358.

e) assessorar os responsáveis pelo tratamento de dados pessoais na emissão de relatórios de impacto à proteção de dados pessoais, emitindo opiniões e pareceres que possam embasar tais relatórios;

f) monitorar a conformidade das atividades de tratamento de dados pessoais com a regulamentação e as normas vigentes;

g) cooperar com a ANPD, sempre que demandado;

h) recomendar a realização de relatórios de impacto à proteção de dados pessoais, ou não, inclusive sobre a metodologia de sua realização;

i) recomendar as salvaguardas para mitigar quaisquer riscos aos direitos dos titulares de dados pessoais tratados pela empresa, inclusive salvaguardas técnicas e medidas organizacionais;

j) decidir sobre a adequação dos relatórios de impacto à proteção de dados, e se as conclusões estão, ou não, de acordo com a regulamentação.

Podemos notar que as responsabilidades de um encarregado permeiam várias áreas do conhecimento, como de legislação, privacidade e proteção de dados, tecnologia da informação, segurança da informação, metodologias de análise de risco e governança, administração e atendimento às demandas internas e externas. A designação do encarregado pelas instituições deve ser baseada nas qualidades profissionais do indicado, especialmente conhecimento sobre privacidade e proteção de dados. Quanto mais complexas forem as atividades de tratamento de dados realizadas pela instituição, maior deverá ser o nível de conhecimento técnico do encarregado.[27]

Opice Blum[28] argumenta que o encarregado pode ser responsável por cumprir o princípio da responsabilização e prestação de contas, previsto no art. 6º, inciso X,[29] da LGPD, gerando evidências de conformidade, como relatórios de impacto à proteção de dados, geração de indicadores, registro das atividades de tratamento, atas de reunião do Comitê de Privacidade, dentre outras.

O encarregado pode ser um colaborador da instituição ou um terceiro contratado, inclusive, uma empresa. No entanto, é importante evitar o conflito de interesses das atribuições do encarregado com outras funções que ele eventualmente exerça na instituição. Uma das atribuições do encarregado é verificar se as atividades de tratamento de dados executadas pela instituição estão de acordo com o previsto na LGPD. Assim, se o encarregado é responsável pelo tratamento de dados em sua instituição, sua atividade de monitoramento da conformidade gera um conflito de interesse, podendo fazer com que a instituição não atenda plenamente à legislação. Por exemplo, se o encarregado de dados for o mesmo colaborador responsável por definir e especificar soluções de TI para a empresa haverá conflito, pois ele deverá fiscalizar a si mesmo à luz da LGPD.

---

[27] BRUNO, M.G.S. Dos Agentes de Tratamento de dados Pessoais. *In*.: MALDONADO, Viviane Nóbrega; BLUM, Renato Opice (coords.). *LGPD*: Lei Geral de Proteção de dados Comentada. São Paulo: Thomson Reuters Brasil, 2019, p. 359.

[28] OPICE BLUM. *Melhores práticas de Governança e Conformidade com a LGPD*. São Paulo, 2020. Disponível em: https://opiceblumacademy.com.br/wp-content/uploads/2020/02/lgpd-governanca-melhores-praticas.pdf. Acesso em 25 dez. 2020.

[29] X – responsabilização e prestação de contas: demonstração, pelo agente, da adoção de medidas eficazes e capazes de comprovar a observância e o cumprimento das normas de proteção de dados pessoais e, inclusive, da eficácia dessas medidas.

Assim, o princípio da segregação de funções deve ser observado para evitar conflitos de interesses na designação do encarregado de dados, de forma que ele não acumule posições na instituição que o "leve a determinar os propósitos e meios relacionados ao tratamento de dados pessoais".[30]

Nesse sentido, a Instrução Normativa SGD/ME nº 117[31] veda expressamente que o encarregado seja lotado nas áreas de Tecnologia da Informação ou mesmo que seja gestor responsável por sistemas da instituição.

Outro ponto que merece destaque é a posição da função de encarregado de dados dentro da estrutura organizacional da empresa. Bruno[32] defende que o cargo deve ser desvinculado das áreas tradicionais da empresa, com reporte direto à Diretoria e à Presidência, com todos os recursos necessários à execução de suas atividades. A Instrução Normativa nº 117 define que o encarregado deve ter acesso direto à Alta Administração[33] da instituição.

O Tribunal de Contas da União, por sua vez, atribuiu à Ouvidoria a responsabilidade pelo papel de encarregado de dados. Tal atribuição foi feita por meio da Portaria-TCU nº 142, de 25 de setembro de 2020, com base em relatório do Grupo de Trabalho que foi constituído para avaliar o impacto da LGPD naquela corte de contas.[34] Tal decisão reforça a definição de que o encarregado seria um canal interativo entre os atores afetados pela LGPD[35] e que a Ouvidoria já faz tal papel em relação a outras legislações que tratam de dados, como a Lei de Acesso à Informação. De forma semelhante, o Tribunal de Contas do Estado de São Paulo também atribuiu a função de encarregado ao Ouvidor da Instituição.

Fato é que o encarregado de dados deve ter uma função relevante no âmbito das instituições, especialmente no árduo caminho de adequação à LGPD. Justamente por isso, ele deve ter autonomia, bom nível de conhecimento das matérias envolvidas no tema e acesso direto à alta administração da instituição. Também é importante e uma

---

[30] BRUNO, M.G.S. Dos Agentes de Tratamento de dados Pessoais. *In.*: MALDONADO, Viviane Nóbrega; BLUM, Renato Opice (coords.). *LGPD:* Lei Geral de Proteção de dados Comentada. São Paulo: Thomson Reuters Brasil, 2019, p. 360.

[31] BRASIL. Ministério da Economia. Instrução Normativa SGD/ME nº 117, de 19 de novembro de 2020. Dispõe sobre a indicação do Encarregado pelo Tratamento dos Dados Pessoais no âmbito dos órgãos e das entidades da administração pública federal direta, autárquica e fundacional. *Diário Oficial da União*, Brasília, 20 nov. 2020. n. 222, Seção 1, p. 92-92. Disponível em: https://www.in.gov.br/en/web/dou/-/instrucao-normativa-sgd/me-n-117-de-19-de-novembro-de-2020-289515596. Acesso em 25 dez. 2020.

[32] BRUNO, M.G.S. Dos Agentes de Tratamento de dados Pessoais. *In.*: MALDONADO, Viviane Nóbrega; BLUM, Renato Opice (coords.). *LGPD:* Lei Geral de Proteção de dados Comentada. São Paulo: Thomson Reuters Brasil, 2019, p. 360.

[33] Alta Administração é definida no Parágrafo único do Art. 3º de referida IN:
"Parágrafo único: Para fins do inciso I do caput do art. 3º, considera-se como alta administração os Ministros de Estado, ocupantes de cargos de natureza especial, os ocupantes de cargo de nível 6 do Grupo-Direção e Assessoramento Superiores – DAS e os presidentes e diretores de autarquias, inclusive as especiais, e de fundações públicas ou as autoridades de hierarquia equivalente".

[34] BRASIL. Tribunal de Contas da União. Portaria-TCU nº 142, de 25 de setembro de 2020. Atribui à Ouvidoria o exercício das atividades de encarregado pelo tratamento de dados pessoais, em observância ao disposto na Lei Geral de Proteção de Dados. *Boletim do Tribunal de Contas da União*, Brasília, a. 53, n. 184, p. 1-1, 28 set. 2020. Disponível em: https://portal.tcu.gov.br/lumis/portal/file/fileDownload.jsp?fileId=8A81881E74BB416D0174D538FD934282&inline=1. Acesso em 25 dez. 2020.

[35] SILVA, Andressa Carvalho da. Lei Geral de Proteção de Dados e a Responsabilidade Estatal: implicações no âmbito dos tribunais de contas. 73f. Monografia (Especialização) – Curso de Direito Público, Universidade de Caxias do Sul, Porto Alegre, 2020.

boa prática que o encarregado seja apoiado por uma equipe de proteção de dados, de forma que ele tenha os recursos necessários – prazos apropriados, pessoal, finanças e infraestrutura – para executar suas funções.

Além disso, conforme §1º do artigo 41 da LGPD, a identidade e as informações de contato do encarregado devem ser publicadas no sítio eletrônico do controlador, para que ele possa ser facilmente encontrado, tanto pela ANPD, quanto pelos titulares dos dados e demais interessados, atendendo ao princípio da transparência. Isso é importante, pois os "direitos dos titulares (art. 18) são, em regra, exercidos em face do controlador, a quem compete, entre outras providências, fornecer informações relativas ao tratamento, assegurar a correção e a eliminação de dados pessoais, receber requerimento de oposição a tratamento".[36] O art. 18[37] da LGPD definiu os direitos específicos que podem ser exercidos pelo titular dos dados pessoais, ou seja, o titular tem o direito de obter do controlador informações sobre os seus dados pessoais, como a existência ou não de tratamento de seus dados, o acesso e a correção de dados, a anonimização, o bloqueio ou a eliminação de dados desnecessários em desconformidade com a LGPD, a portabilidade dos dados, dentre outros. De acordo com Maldonado, "o que se impõe ao controlador é que sempre processe a requisição que lhe é formulada, não sendo admissível ignorá-la, ainda que possa se mostrar ilegítima ou despropositada".[38] Souza e Silva defendem que tais direitos atribuem a cada pessoa a prerrogativa de "controlar a circulação de seus próprios dados, por meio de uma série de medidas e procedimentos".[39]

2.3 Diagnóstico da situação atual – Inventário de Dados

Um dos mais importantes e complexos passos para a adequação à LGPD seria a realização de um diagnóstico da situação atual do órgão ou entidade. Para isso, algumas instituições criam uma comissão ou grupo de trabalho multidisciplinar, com

---

[36] BRASIL. Autoridade Nacional de Proteção de Dados. *Guia Orientativo para Definições de Agentes de Tratamento de Dados Pessoais e do Encarregado*. Brasília, mai. 2021. Disponível em: https://www.gov.br/anpd/pt-br/assuntos/noticias/2021-05-27-guia-agentes-de-tratamento_final.pdf. Acesso em 14 jun. 2021.

[37] Art. 18. O titular dos dados pessoais tem direito a obter do controlador, em relação aos dados do titular por ele tratados, a qualquer momento e mediante requisição:
I – confirmação da existência de tratamento;
II – acesso aos dados;
III – correção de dados incompletos, inexatos ou desatualizados;
IV – anonimização, bloqueio ou eliminação de dados desnecessários, excessivos ou tratados em desconformidade com o disposto nesta Lei;
V – portabilidade dos dados a outro fornecedor de serviço ou produto, mediante requisição expressa, de acordo com a regulamentação da autoridade nacional, observados os segredos comercial e industrial; (Redação dada pela Lei nº 13.853, de 2019). Vigência.
VI – eliminação dos dados pessoais tratados com o consentimento do titular, exceto nas hipóteses previstas no art. 16 desta Lei;
VII – informação das entidades públicas e privadas com as quais o controlador realizou uso compartilhado de dados;
VIII – informação sobre a possibilidade de não fornecer consentimento e sobre as consequências da negativa;
IX – revogação do consentimento, nos termos do §5º do art. 8º desta Lei.

[38] MALDONADO, Viviane Nóbrega. Dos Direitos do Titular. *In*: MALDONADO, Viviane Nóbrega; BLUM, Renato Opice (Coords.). *LGPD*: lei geral de proteção de dados comentada. São Paulo: Thomson Reuters Brasil, 2019. p. 215-244.

[39] SOUZA, Eduardo Nunes de; SILVA, Rodrigo da Guia. Direitos do Titular de dados pessoais na Lei nº 13.709/2018: uma abordagem sistemática. *In*: TEPEDINO, Gustavo; FRAZÃO, Ana; OLIVA, Milena Donato. *Lei Geral de Proteção de Dados pessoais e suas repercussões no Direito Brasileiro*. São Paulo: Thomson Reuters Brasil, 2019. p. 199-218.

abordagem holística, para fazer o levantamento dos impactos nas atividades, como também o inventário e o mapeamento dos dados pessoais que trafegam na instituição, de forma digital ou não, identificando os processos de trabalho nos quais são coletados e os documentos em que são inseridos.

O inventário de dados pessoais, ou *data mapping*, é um documento que registra como é feito o tratamento de dados pessoais pela instituição, verificando seu alinhamento ao previsto pelo art. 37[40] da LGPD. O inventário é uma forma de fazer um balanço do que a instituição faz com os dados pessoais, identificando quais dados são tratados, onde estão e quais operações são realizadas com eles e se esse tratamento é baseado no "legítimo interesse". O documento de mapeamento de dados deve refletir o caminho percorrido pelo dado pessoal dentro da instituição, incluindo os processos e procedimentos pelos quais o dado transita. O documento deve registrar, para cada dado: (i) o fundamento para sua coleta, a base legal usada para realizar o tratamento do dado pessoal; (ii) a forma de coleta, se diretamente do titular ou por outras fontes, incluindo coleta não digital; (iii) a finalidade do tratamento do dado pessoal, de acordo com a LGPD; (iv) as medidas técnicas de segurança para proteção do dado pessoal; (v) se há compartilhamento desse dado, que departamentos internos ou outras instituições fazem o tratamento desse dados pessoais; (vi) o descarte do dado, ou seja, quando se dá o término do tratamento desse dado pessoal dentro da instituição.

Desse modo, a instituição terá em suas mãos um panorama geral dos dados pessoais sob sua posse e tratamento, que servirá de subsídio para elaboração do Relatório de Impacto à Proteção de Dados – RIPD, que poderá ser solicitado pela ANPD – Agência Nacional de Proteção de Dados, conforme art. 38.[41] O RIPD é um documento do controlador – definido no artigo 5º, inciso XVII, da LGPD – que deve conter a "descrição dos processos de tratamento de dados pessoais que podem gerar riscos às liberdades civis e aos direitos fundamentais, bem como medidas, salvaguardas e mecanismos de mitigação de risco".[42] Esse relatório poderá ser exigido pela ANPD quando o tratamento de dados pessoais tiver como fundamento o interesse legítimo do controlador (art. 10, §3º) e poderá exigir sua elaboração (art. 38) e publicação a qualquer tempo (art. 32).

2.4 Fortalecimento da segurança da informação

Historicamente, a segurança da informação tem sido vista como uma responsabilidade exclusiva da área de tecnologia da informação das organizações. Em relação ao tema, a pesquisa realizada pelo Comitê de Tecnologia, Governança e Segurança da

---

[40] Art. 37. O controlador e o operador devem manter registro das operações de tratamento de dados pessoais que realizarem, especialmente quando baseado no legítimo interesse.

[41] Art. 38. A autoridade nacional poderá determinar ao controlador que elabore relatório de impacto à proteção de dados pessoais, inclusive de dados sensíveis, referente a suas operações de tratamento de dados, nos termos de regulamento, observados os segredos comercial e industrial.
Parágrafo único. Observado o disposto no caput deste artigo, o relatório deverá conter, no mínimo, a descrição dos tipos de dados coletados, a metodologia utilizada para a coleta e para a garantia da segurança das informações e a análise do controlador com relação a medidas, salvaguardas e mecanismos de mitigação de risco adotados.

[42] BRASIL. Lei nº 13.709, de 14 de agosto de 2018. Lei Geral de Proteção de Dados Pessoais (LGPD). *Diário Oficial da União*, Brasília, 15 ago. 2018. Disponível em: http://www.planalto.gov.br/ccivil_03/_Ato2015- 2018/2018/Lei/ L13709.htm. Acesso em 25 dez. 2020.

Informação do IRB mostrou que a segurança da informação deve ser cuidadosamente observada pelas Cortes de Contas, uma vez que 21% declararam que não possuem uma área dedicada ao tema.

Contudo, a LGPD deixa claro, em seu art. 46,[43] que a segurança da informação é dever dos agentes de tratamento, ou seja, responsabilidade do controlador e do operador. Tepedino, Frazão e Oliva[44] defendem que, na falta de definição clara sobre os padrões técnicos de segurança mínimos citados no §1º do art. 46, por parte da ANPD, pode-se utilizar as diretrizes definidas no Decreto nº 8.771/16, que regulamenta o Marco Civil da Internet, transcritas a seguir:

Art. 13. Os provedores de conexão e de aplicações devem, na guarda, armazenamento e tratamento de dados pessoais e comunicações privadas, observar as seguintes diretrizes sobre padrões de segurança:

I – o estabelecimento de controle estrito sobre o acesso aos dados mediante a definição de responsabilidades das pessoas que terão possibilidade de acesso e de privilégios de acesso exclusivo para determinados usuários;

II – a previsão de mecanismos de autenticação de acesso aos registros, usando, por exemplo, sistemas de autenticação dupla para assegurar a individualização do responsável pelo tratamento dos registros;

III – a criação de inventário detalhado dos acessos aos registros de conexão e de acesso a aplicações, contendo o momento, a duração, a identidade do funcionário ou do responsável pelo acesso designado pela empresa e o arquivo acessado, inclusive para cumprimento do disposto no art. 11, §3º, da Lei nº 12.965, de 2014; e

IV – o uso de soluções de gestão dos registros por meio de técnicas que garantam a inviolabilidade dos dados, como encriptação ou medidas de proteção equivalentes.

Adicionalmente, pode-se utilizar boas práticas de segurança da informação já consolidadas no mercado, como, por exemplo, a norma ABNT ISO/EIC 27001:2013[45] (Tecnologia da informação – Técnicas de segurança – Sistemas de gestão da segurança da informação – Requisitos).

O §2º do art. 46 da LGPD prescreve claramente que as organizações devem adotar o conceito de Privacidade desde a Concepção (*Privacy by design*), quando diz que "as medidas de que trata o caput deste artigo deverão ser observadas desde a

---

[43] Art. 46. Os agentes de tratamento devem adotar medidas de segurança, técnicas e administrativas aptas a proteger os dados pessoais de acessos não autorizados e de situações acidentais ou ilícitas de destruição, perda, alteração, comunicação ou qualquer forma de tratamento inadequado ou ilícito.
§1º A autoridade nacional poderá dispor sobre padrões técnicos mínimos para tornar aplicável o disposto no caput deste artigo, considerados a natureza das informações tratadas, as características específicas do tratamento e o estado atual da tecnologia, especialmente no caso de dados pessoais sensíveis, assim como os princípios previstos no caput do art. 6º desta Lei.
§2º As medidas de que trata o caput deste artigo deverão ser observadas desde a fase de concepção do produto ou do serviço até a sua execução.

[44] FRAZÃO, Ana; OLIVA, Milena Donato; ABILIO, Vivianne da Silveira. *Compliance* de dados pessoais. *In*: TEPEDINO, Gustavo; FRAZÃO, Ana; OLIVA, Milena Donato. *Lei Geral de Proteção de Dados pessoais e suas repercussões no Direito Brasileiro*. São Paulo: Thomson Reuters Brasil, 2019.

[45] Esta Norma especifica os requisitos para estabelecer, implementar, manter e melhorar continuamente um sistema de gestão da segurança da informação dentro do contexto da organização. Esta Norma também inclui requisitos para a avaliação e o tratamento de riscos de segurança da informação voltados para as necessidades da organização.

fase de concepção do produto ou do serviço até sua execução". Segundo Tepedino, Frazão e Oliva, "a noção de segurança e de sigilo devem permear todas as atividades de tratamento de dados, desde a concepção de um produto ou serviço".[46] Ou seja, a privacidade e a proteção de dados não deve ser um adendo ao produto ou serviço *a posteriori*, mas sim fazer parte desde o início do projeto. Esse conceito foi desenvolvido por Ann Cavoukian[47] e é baseado em sete princípios fundamentais:

i) *proativo, e não reativo; preventivo, e não corretivo;* ou seja, tomar medidas proativas e não reativas, antecipando e prevendo eventos que coloquem a privacidade em risco, antes que aconteçam;

ii) *privacidade por padrão,* primando por entregar o máximo grau de privacidade, garantindo que os dados pessoais são automaticamente protegidos em qualquer sistema de TI ou práticas de negócio;

iii) *privacidade incorporada ao projeto (design),* em outros palavras, a privacidade deve estar incorporada no projeto e arquitetura de sistemas de TI e nas práticas de negócio desde o projeto; ou seja, não deve ser tratada como um apêndice, ou mesmo em fases posteriores;

iv) *funcionalidade total,* acomodando todos os interesses e objetivos legítimos, privilegiando o ganha-ganha, evitando falsas dicotomias como a privacidade *versus* a segurança ou a privacidade *versus* a usabilidade;

v) *segurança ponta a ponta – proteção do ciclo de vida dos dados,* de forma que a privacidade seja incorporada antes da coleta do primeiro dado e vá se desdobrando por todo o ciclo de vida dos dados envolvidos, com medidas de segurança adequadas e fortes. Assim, todo dado é coletado, mantido e eliminado de forma segura, garantindo a segurança ponta a ponta de todo o processo de tratamento de dados;

vi) *visibilidade e transparência,* de forma a garantir a todas as partes interessadas que o tratamento de dados está de acordo com a finalidade e com os objetivos declarados, independentemente da prática comercial ou da tecnologia empregada, e sujeito à verificação; ou seja, é dar transparência para os componentes e operações que tratam de dados pessoais, permitindo sua verificação por aqueles diretamente interessados. Seria o tripé Prestação de Contas (*Accountability*), Transparência (*Openness*) e Conformidade (*Compliance*);

vii) *respeito pela privacidade do usuário,* que é colocar o interesse dos titulares em primeiro lugar, oferecendo medidas e padrões rígidos de privacidade e facilidade de uso e interação. É respeitar os direitos do titular, especialmente quanto ao consentimento, à precisão dos dados, ao acesso e à conformidade.

Além disso, a área de segurança da informação é responsável (ou corresponsável) por propor e revisar as políticas de proteção de dados, redes e sistemas. Nesse contexto

---

[46] FRAZÃO, Ana; OLIVA, Milena Donato; ABILIO, Vivianne da Silveira. *Compliance* de dados pessoais. *In*: TEPEDINO, Gustavo; FRAZÃO, Ana; OLIVA, Milena Donato. *Lei Geral de Proteção de Dados pessoais e suas repercussões no Direito Brasileiro.* São Paulo: Thomson Reuters Brasil, 2019. p. 681.

[47] CAVOUKIAN, Ann. *Privacy by Design*: the 7 Foundational Principles. August, 2009. Disponível em: https://iapp. org/media/pdf/resource_center/Privacy%20by%20Design%20-%20 7%20Foundational%20Principles.pdf. Acesso em 14 mar. 2021.

entram diversos documentos, como a política de segurança da informação, a política de privacidade, a política de classificação de informação, a política de controle de acesso, a política de desenvolvimento seguro, a política de uso aceitável de recursos de TI, a política de resposta a incidentes, o código de ética e conduta, a metodologia de análise, a validação e o tratamento de riscos, os termos de uso, os termos de consentimento de uso de dados, dentro outros.

A ANPD ainda não regulamentou os padrões técnicos mínimos citados no §1º do art. 46. Uma opção além de utilizar as diretrizes definidas no Marco Civil da Internet, é se espelhar em boas práticas já consolidadas no mercado, como as normas da ABNT. A norma ABNT ISO/IEC 27001:2013[48] define os requisitos para estabelecer, implementar, manter e melhorar de forma contínua um Sistema de Gestão da Segurança da Informação – SGSI, com foco nas necessidades e particularidades de cada organização. Por sua vez, a norma ABNT ISO/IEC 27002:2013 estipula as melhores práticas para apoiar a implantação do SGSI, incluindo a seleção, a implementação e o gerenciamento de controles, com base em análise de risco da organização. Há, ainda, a norma ABNT ISO/IEC 27005:2019, que trata do processo de gestão de riscos de segurança da informação, complementada pela ABNT ISO/IEC 31000:2018, que traz recomendações para gerenciar os riscos. Por fim, há a ABNT ISO/IEC 27701:2019, para tratar da gestão da privacidade no contexto da organização.

A experiência das Autoridades de Proteção de Dados europeias também pode ser de grande valia para a ANPD e para as instituições brasileiras. Um relatório do time de cibersegurança e proteção de dados do escritório de advocacia DLA Piper,[49] de janeiro de 2021, destaca algumas tendências e ações acerca da atuação das autoridades de proteção de dados europeias, no qual é possível identificar algumas boas práticas valorizadas naquele continente[50] e que podem ser replicadas no Brasil: (i) monitoramento de contas de usuário privilegiadas; (ii) monitoramento do acesso e uso de bancos de dados com dados pessoais; (iii) implementação de *hardening* de servidores,[51] para evitar acesso a contas de administradores ou super usuários; (iv) encriptação de dados pessoais e dados pessoais sensíveis; (v) uso de autenticação multifator;[52] (vi) controle de acesso rígido para aplicações, com base na necessidade e remoção de acesso quando não for mais necessário; (vii) teste de invasão frequentes; (viii) não armazenamento de senhas em texto claro e arquivos não criptografados;[53] (ix) registro de tentativas de login sem

---

[48] XAVIER, Fabio Correa. Ações para adequação à LGPD pela Administração Pública. *In*: FRAZÃO, Ana *et al*. *Comentários à Lei Geral de Proteção de dados*. Lei 13.709/2018. Ribeirão Preto: Migalhas, 2021.

[49] DLA PIPER'S CYBERSECURITY AND DATA PROTECTION TEAM. DLA Piper GDPR fines and data breach survey. *DLA Piper*, jan. 2021. Disponível em: https://www.dlapiper.com/en/uk/insights/publications/2021/01/dla-piper-gdpr-fines-and-data-breach-survey-2021/. Acesso em 11 fev. 2021.

[50] XAVIER, Fabio Correa. Quais são os padrões técnicos mínimos exigidos pela LGPD? *MIT Technology Review*, 25 mar. 2021. Disponível em: https://mittechreview.com.br/quais-sao-os-padroes-tecnicos-minimos-exigidos-pela-lgpd/. Acesso em 14 jun. 2021.

[51] *Hardening* é um processo de mapeamento das ameaças, mitigação dos riscos e execução das atividades corretivas, com foco na infraestrutura e objetivo principal de torná-la preparada para enfrentar tentativas de ataque.

[52] Sistema de autenticação que verifica a identidade do usuário por meio de duas ou mais credenciais de acesso.

[53] Como, por exemplo, colocar senha em linhas de código de sistemas e aplicações.

sucesso; (x) revisão manual de códigos para verificar se há dados pessoais indevidos; (xi) processamento de dados de cartões de acordo com o padrão PCI DSS.[54]

Cabe destacar, ainda, que a área de segurança deve monitorar constantemente se há algum incidente de segurança relacionado aos dados pessoais. Incidente de segurança pode ser definido como "qualquer evento adverso, confirmado ou sob suspeita, relacionado à segurança de sistemas de computação ou de redes de computadores".[55] A LGPD define que todo incidente que implique em acessos não autorizados e de situações ilícitas de destruição, perda, alteração, comunicação ou qualquer forma de tratamento inadequado ou ilícito[56] deverá ser notificado pelo controlador à Autoridade Nacional de Proteção de Dados e ao titular dos dados. Como os órgãos e instituições públicas têm sob sua tutela dados pessoais e dados pessoais sensíveis da população, é fundamental a definição de uma política clara de tratamento de incidentes. A política deve atender às definições da ANPD, inclusive o prazo para notificação que ainda não foi definido, bem como conter a descrição da natureza dos dados pessoais afetados, as informações sobre os titulares envolvidos, as medidas técnicas e de segurança que foram utilizadas para a proteção dos dados, os riscos relacionados ao incidente, os motivos da não comunicação imediata (se for o caso) e as medidas que foram ou serão adotadas para reverter ou mitigar os danos do incidente. A ANPD, dependendo da gravidade do incidente, pode determinar medidas adicionais, como a ampla divulgação nos meios de comunicação, e definir medidas complementares para tratar o incidente.

Segundo Opice Blum[57] o plano de resposta a incidentes deve trabalhar sobre cinco pilares em caso de um incidente: (i) designação prévia de um comitê de crise, que define pessoas que atuarão diante de um incidente e suas respectivas funções e responsabilidades; (ii) estruturação prévia das respostas necessárias, ou seja, uma cadeia interna de validação de resposta aos titulares dos dados pessoais afetados nos incidentes; (iii) comunicação às autoridades competentes, no caso a ANPD; (iv) identificação, coleta e preservação das evidências, descobrindo "sua causa (ou tentar no máximo estado da técnica) e fazer prova positiva da investigação realizada são providências muito importantes, não só para traçar um caminho ou rastro positivo de que, de fato, a organização tratou o incidente com a gravidade que possui, como também para minimizar condenações civis e sanções administrativas"; e (iv) elaboração de relatório final do incidente e revisão dos procedimentos, que deve descrever de forma circunstanciada todas as providências que foram tomadas em relação ao incidente.

---

[54] As iniciais *PCI DSS* vêm do inglês "Payment Card Industry Data Security Standard", ou seja, é o *Padrão* de Segurança de Dados da Indústria de Pagamento com Cartão. No entanto, o banco emissor ou a adquirente dos cartões são os responsáveis por cumprir as regras estabelecidas e punir qualquer violação de dados.

[55] INSTITUTO DE TECNOLOGIA E SOCIEDADE. *Lei Geral de Proteção de Dados Pessoais (LGPD) e Setor Público*: um guia da Lei nº 13.709/2018, voltado para os órgãos e entidades públicas. Um guia da Lei nº 13.709/2018, voltado para os órgãos e entidades públicas. Rio de Janeiro, 2019. Disponível em: https://itsrio.org/wp-content/uploads/2019/05/LGPD-vf-1.pdf. Acesso em 25 dez. 2020.

[56] Art. 46. Os agentes de tratamento devem adotar medidas de segurança, técnicas e administrativas aptas a proteger os dados pessoais de acessos não autorizados e de situações acidentais ou ilícitas de destruição, perda, alteração, comunicação ou qualquer forma de tratamento inadequado ou ilícito.

[57] OPICE BLUM. *Melhores práticas de Governança e Conformidade com a LGPD*. São Paulo, 2020. Disponível em: https://opiceblumacademy.com.br/wp-content/uploads/2020/02/lgpd-governanca-melhores-praticas.pdf. Acesso em 25 dez. 2020.

Por todo o exposto, a área de segurança da informação das instituições deve ser fortalecida, pois são os executores e responsáveis pelo monitoramento das ações e controles de segurança da informação dentro da organização. Uma área de segurança fraca, sem o apoio da alta administração, não é capaz de implementar com eficácia os controles necessários para atendimento à LGPD, nem a metodologia do *privacy by design*, fundamental para uma cultura de proteção de dados pessoais.

2.5 Revisão de contratos e convênios

Um ponto que merece atenção é a revisão dos contratos e convênios já existentes à luz da LGPD. A área jurídica das instituições deve analisar cada instrumento, inserindo cláusulas de observância à LGPD. Tal atividade deve ser feita em contratos, convênios e outros instrumentos que impliquem no tratamento de dados pessoais, assim como aqueles que regulam o relacionamento com eventuais operadores de tratamento de dados pessoais em nome do controlador, contratos com funcionários, clientes e fornecedores.

Fato é que todos os instrumentos que envolvem dados pessoais, novos ou já firmados, deverão apresentar cláusulas que os adequem aos princípios e regras da LGPD. Essas cláusulas devem tratar de modo transparente quais são os dados coletados e tratados, qual a finalidade do tratamento e como esse tratamento está adequado e limitado à finalidade expressa, sem se esquecer dos demais princípios, especialmente o da adequação e necessidade.

A título de exemplo, podemos citar algumas considerações que devem constar nos contratos:

- Deve haver separação clara de responsabilidades entre as partes do contrato, com a disposição de procedimentos de verificação e auditoria do cumprimento, incluindo, também, sanções e punições em caso do desrespeito à LGPD;
- Devem existir regras que definam padrões mínimos de segurança da informação;
- Toda possibilidade de transferência de dados deve estar prevista e protegida por cláusulas específicas, além de ser preciso verificar se é necessário o consentimento expresso do titular e se tal transferência está alinhada com a atividade principal das partes.

Além desses cuidados, o contrato deve deixar claro quais são as práticas de proteção de dados e de conformidade tomadas por cada parte, como, por exemplo, a existência (ou não) de políticas relacionadas à segurança e à privacidade, como política de privacidade, política de resposta a incidentes, código de ética e conduta, dentre outras. De forma complementar, todas as partes devem concordar em manter o nível de proteção de dados alinhado no momento da assinatura do contrato, evitando que as ações de conformidade só sejam tomadas no início do ajuste.

2.6 Programa de capacitação continuada

O elo humano é constantemente negligenciado em ações institucionais. Em relação à LGPD, é essencial que a instituição promova treinamentos, capacitação, sensibilização e campanhas constantes para servidores, contratados, jurisdicionados e parceiros que versem sobre segurança da informação, privacidade e cuidados necessários com o tratamento dos dados pessoais. Deve-se empregar expressões e exemplos claros e didáticos, alinhados ao público-alvo dos eventos. Frazão, Oliva e Abílio destacam que "é ideal que sejam segregados os funcionários de acordo com os tipos de risco a que estão sujeitos e ao setor a que pertencem – de modo a permitir abordar as especificidades de cada um sem que se deixe de lado a essência do programa".[58]

De qualquer modo, a instituição deve investir em um programa de capacitação constante, de forma a manter todos atualizados quanto a alterações feitas em procedimentos e políticas, como para reforçar as premissas da LGPD, minimizando o risco de falhas por desconhecimento ou não compreensão do tema. Essa ação é fundamental para se criar uma verdadeira cultura de proteção de dados e de um ecossistema digital seguro.

Considerações finais

Este texto não tem a pretensão de exaurir todas as ações para adequação à LGPD pelas Cortes de Contas brasileiras, mas sim, apresentar, de forma pragmática, as principais ideias e ações que poderão facilitar essa hercúlea tarefa.

Fato é que há diversas ações que podem ser tomadas pela Cortes de Contas para, desde logo, caminhar para a conformidade com a LGPD. Ações essas que não dependem diretamente de orientações ou definições da recém-criada Agência Nacional de Proteção de Dados e que não entram em conflito com outras legislações já existentes.

Dessa forma, as Cortes de Contas devem, o quanto antes, adequar procedimentos e sua forma de atuação para se adequarem à LGPD, sem prejudicar sua missão institucional. Mais que isso, devem se organizar para responder às demandas dos titulares dos dados pessoais, com a agilidade necessária. Mesmo que nem todas as solicitações sejam atendidas, é importante receber e tratar todas as requisições, sendo que, em caso de negativa, o controlador deve sustentar razões relevantes, destacando a base legal do tratamento e justificar sua perfeita e regular continuidade.[59] Embora essa tarefa seja de certa forma análoga ao que teve que ser feito para atendimento à Lei de Acesso à Informação[60] e até mesmo à instalação de serviços de Ouvidoria pelo setor público, no caso da LGPD a complexidade pode ser maior, pois há a necessidade de se saber exatamente que dados pessoais existem na instituição, como e porque eles são tratados e se estão em conformidade com os princípios da finalidade, da adequação e da necessidade, já citados neste texto. Nunca é demais destacar que não se trata apenas de dados digitais: a LGPD trata de dados pessoais que existam em qualquer mídia. Com isso, percebemos, claramente, que o mapeamento de dados, citado como uma das primeiras medidas, se torna fundamental para atendimento às demandas do titular dos

---

[58] FRAZÃO, Ana; OLIVA, Milena Donato; ABILIO, Vivianne da Silveira. *Compliance* de dados pessoais. *In*: TEPEDINO, Gustavo; FRAZÃO, Ana; OLIVA, Milena Donato. *Lei Geral de Proteção de Dados pessoais e suas repercussões no Direito Brasileiro*. São Paulo: Thomson Reuters Brasil, 2019. p. 691.

[59] MALDONADO, Viviane Nóbrega. Dos Direitos do Titular. *In*: MALDONADO, Viviane Nóbrega; BLUM, Renato Opice (Coords.). *LGPD*: lei geral de proteção de dados comentada. São Paulo: Thomson Reuters Brasil, 2019.

[60] SILVA, Andressa Carvalho da. Lei Geral de Proteção de Dados e a Responsabilidade Estatal: implicações no âmbito dos tribunais de contas. 73f. Monografia (Especialização) – Curso de Direito Público, Universidade de Caxias do Sul, Porto Alegre, 2020.

dados. Também é importante criar uma infraestrutura tecnológica capaz de permitir que o titular possa enviar as suas demandas e exercer os seus direitos.

No fim, todos, sociedade e governo, ganharão em privacidade, transparência, governança e respeito aos direitos dos titulares.

Referências

BARBOSA, Daniela B.; OLIVEIRA, Victor F. LGPD: a necessidade de proteção dos dados do setor público. *O Estadão*, São Paulo. 12 set. 2020. Disponível em: https://politica.estadao.com.br/blogs/fausto-macedo/lgpd-a-necessidade-de-protecao-dos-dados-do-setor-publico/. Acesso em 25 dez. 2020.

BRASIL. Autoridade Nacional de Proteção de Dados. *Guia Orientativo para Definições de Agentes de Tratamento de Dados Pessoais e do Encarregado*. Brasília, mai. 2021. Disponível em: https://www.gov.br/anpd/pt-br/assuntos/noticias/2021-05-27-guia-agentes-de-tratamento_final.pdf. Acesso em 14 jun. 2021.

BRASIL. Lei nº 13.709, de 14 de agosto de 2018. Lei Geral de Proteção de Dados Pessoais (LGPD). *Diário Oficial da União*, Brasília, 15 ago. 2018. Disponível em: http://www.planalto.gov.br/ccivil_03/_Ato2015- 2018/2018/Lei/L13709.htm. Acesso em 25 dez. 2020.

BRASIL. Ministério da Economia. Instrução Normativa SGD/ME nº 117, de 19 de novembro de 2020. Dispõe sobre a indicação do Encarregado pelo Tratamento dos Dados Pessoais no âmbito dos órgãos e das entidades da administração pública federal direta, autárquica e fundacional. *Diário Oficial da União*, Brasília, 20 nov. 2020. n. 222, Seção 1, p. 92-92. Disponível em: https://www.in.gov.br/en/web/dou/-/instrucao-normativa-sgd/me-n-117-de-19-de-novembro-de-2020-289515596. Acesso em 25 dez. 2020.

BRASIL. Tribunal de Contas da União. Portaria-TCU nº 142, de 25 de setembro de 2020. Atribui à Ouvidoria o exercício das atividades de encarregado pelo tratamento de dados pessoais, em observância ao disposto na Lei Geral de Proteção de Dados. *Boletim do Tribunal de Contas da União*, Brasília, a. 53, n. 184, p. 1-1, 28 set. 2020. Disponível em: https://portal.tcu.gov.br/lumis/portal/file/fileDownload.jsp?fileId=8A81881E74BB416D0174D538FD934282&inline=1. Acesso em 25 dez. 2020.

BRUNO, M.G.S. Dos Agentes de Tratamento de dados Pessoais. *In*.: MALDONADO, Viviane Nóbrega; BLUM, Renato Opice (coordenadores.). *LGPD: Lei Geral de Proteção de dados Comentada*. São Paulo: Thomson Reuters Brasil, 2019.

CABELLA, Daniela Monte Serrat *et al*. Afinal de contas: o que é a "Governança em Privacidade" da LGPD? *Migalhas*, 03 jul. 2020. Disponível em: https://migalhas.uol.com.br/depeso/330230/afinal-de-contas--o-que-e-a--governanca-em-privacidade--da-lgpd. Acesso em 25 dez. 2020.

CAVOUKIAN, Ann. *Privacy by Design*: the 7 Foundational Principles. August, 2009. Disponível em: https://iapp.org/media/pdf/resource_center/Privacy%20by%20Design%20-%20 7%20Foundational%20Principles.pdf. Acesso em 14 mar. 2021.

DESSOTTI, Mariana Zanardo. A importância do Comitê de Privacidade e Proteção de Dados Pessoais na governança dos dados pessoais. *Migalhas*, 20 dez. 2019. Disponível em: https://www.migalhas.com.br/depeso/317339/a-importancia-do-comite-de-privacidade-e-protecao-de-dados-pessoais-na-governanca-dos-dados-pessoais. Acesso em 15 jun. 2021.

DLA PIPER'S CYBERSECURITY AND DATA PROTECTION TEAM. DLA Piper GDPR fines and data breach survey. *DLA Piper*, jan. 2021. Disponível em: https://www.dlapiper.com/en/uk/insights/publications/2021/01/dla-piper-gdpr-fines-and-data-breach-survey-2021/. Acesso em 11 fev. 2021.

FRAZÃO, Ana. Programas de *compliance* e critérios de responsabilização de pessoas jurídicas por ilícitos administrativos. *In*: ROSSETTI, Maristela Abla; PITTA, André Grunspun. *Governança corporativa*: avanços e retrocessos. São Paulo: Quartier Latin, 2007.

FRAZÃO, Ana; OLIVA, Milena Donato; ABILIO, Vivianne da Silveira. *Compliance* de dados pessoais. *In*: TEPEDINO, Gustavo; FRAZÃO, Ana; OLIVA, Milena Donato. *Lei Geral de Proteção de Dados pessoais e suas repercussões no Direito Brasileiro*. São Paulo: Thomson Reuters Brasil, 2019.

INSTITUTO DE TECNOLOGIA E SOCIEDADE. *Lei Geral de Proteção de Dados Pessoais (LGPD) e Setor Público*: um guia da Lei nº 13.709/2018, voltado para os órgãos e entidades públicas. Um guia da Lei nº 13.709/2018, voltado para os órgãos e entidades públicas. Rio de Janeiro, 2019. Disponível em: https://itsrio.org/wp-content/uploads/2019/05/LGPD-vf-1.pdf. Acesso em 25 dez. 2020.

IRB – INSTITUTO RUI BARBOSA. *Nota Técnica nº 01/2019. Considerações sobre a aplicação da LGPD no âmbito dos Tribunais de Contas.* Brasília, 2019.

JIMENE, Camilla do Vale. Capítulo VII – Da Segurança e das Boas Práticas: seção ii – das boas práticas e da governança. *In*: MALDONADO, Viviane Nóbrega; BLUM, Renato Opice (Comp.). *LGPD*: lei geral de proteção de dados comentada. São Paulo: Thomson Reuters Brasil, 2019.

MALDONADO, Viviane Nóbrega; BLUM, Renato Opice (Coords.). *LGPD*: lei geral de proteção de dados comentada. São Paulo: Thomson Reuters Brasil, 2019.

MALDONADO, Viviane Nóbrega. Dos Direitos do Titular. *In*: MALDONADO, Viviane Nóbrega; BLUM, Renato Opice (Coords.). *LGPD*: lei geral de proteção de dados comentada. São Paulo: Thomson Reuters Brasil, 2019.

MATOS, Ana Carla Harmatiuuk; RUZIK, Carlos Eduardo Pianoviski. Diálogos entre a Lei Geral de Proteção de Dados e a Lei de Acesso à Informação. *In*: TEPEDINO, Gustavo; FRAZÃO, Ana; OLIVA, Milena Donato. *Lei Geral de Proteção de Dados pessoais e suas repercussões no Direito Brasileiro*. São Paulo: Thomson Reuters Brasil, 2019.

OPICE BLUM. *Melhores práticas de Governança e Conformidade com a LGPD*. São Paulo, 2020. Disponível em: https://opiceblumacademy.com.br/wp-content/uploads/2020/02/lgpd-governanca-melhores-praticas.pdf. Acesso em 25 dez. 2020.

SILVA, Andressa Carvalho da. Lei Geral de Proteção de Dados e a Responsabilidade Estatal: implicações no âmbito dos tribunais de contas. 73f. Monografia (Especialização) – Curso de Direito Público, Universidade de Caxias do Sul, Porto Alegre, 2020.

SILVA, Jacira Jacinto da; PIOVESAN, Flávia da Silva Paupitz. LGPD: o DPO e o comitê de privacidade e proteção de dados pessoais são necessários? *Estadão*, 25 nov. 2020. Disponível em: https://politica.estadao.com.br/blogs/fausto-macedo/lgpd-o-dpo-e-o-comite-de-privacidade-e-protecao-de-dados-pessoais-sao-necessarios/. Acesso em 15 jun. 2021.

SOUZA, Eduardo Nunes de; SILVA, Rodrigo da Guia. Direitos do Titular de dados pessoais na Lei nº 13.709/2018: uma abordagem sistemática. *In*: TEPEDINO, Gustavo; FRAZÃO, Ana; OLIVA, Milena Donato. *Lei Geral de Proteção de Dados pessoais e suas repercussões no Direito Brasileiro*. São Paulo: Thomson Reuters Brasil, 2019.

TEPEDINO, Gustavo; FRAZÃO, Ana; OLIVA, Milena Donato (Org.). *Lei Geral de Proteção de Dados Pessoais*: e suas repercussões no direito brasileiro. São Paulo: Thomson Reuters Brasil, 2019.

XAVIER, Fabio Correa. Ações para adequação à LGPD pela Administração Pública. *In*: FRAZÃO, Ana et al. *Comentários à Lei Geral de Proteção de dados*. Lei 13.709/2018. Ribeirão Preto: Migalhas, 2021.

XAVIER, Fabio Correa. Quais são os padrões técnicos mínimos exigidos pela LGPD? *MIT Technology Review*, 25 mar. 2021. Disponível em: https://mittechreview.com.br/quais-sao-os-padroes-tecnicos-minimos-exigidos-pela-lgpd/. Acesso em 14 jun. 2021.

Informação bibliográfica deste texto, conforme a NBR 6023:2018 da Associação Brasileira de Normas Técnicas (ABNT):

XAVIER, Fabio Correa. Passos mínimos necessários para adequação à LGPD pelas cortes de contas brasileiras. *In*: LIMA, Edilberto Carlos Pontes (Coord.). *Os Tribunais de Contas, a pandemia e o futuro do controle*. Belo Horizonte: Fórum, 2021. p. 225-244. ISBN 978-65-5518-282-8.

O TRIBUNAL DE CONTAS CONTEMPORÂNEO, O PROCESSO DE TRANSFORMAÇÃO E A PANDEMIA

FÁBIO TÚLIO FILGUEIRAS NOGUEIRA

Pensamentos preliminares

Em pleno momento de grandes transformações político-sociais, na segunda metade da década de 70, quando o regime militar já demonstrava inclinações para a volta da democracia, o cantor e compositor Belchior anunciava que "o passado é uma roupa que não nos serve mais" (Velha roupa colorida, 1976). E não serve mais porque engordamos ou emagrecemos; crescemos ou murchamos com o passar do tempo; os padrões de moda já nos impõem cores, estilos e modelos diversos daqueles que um dia adotamos como referência. Definitivamente, aquele que envergou a vestimenta outrora usada já não é mais a mesma pessoa e qualquer tipo de tentativa de reutilizá-la passará, necessariamente, pela realização de ajustes que se amoldem ao corpo e instante presentes.

Velhos hábitos que se incorporaram à nossa rotina precisam, periodicamente, ser revisitados, a fim de que se tornem compatíveis com a realidade e a concretude do presente. Se antes a vasta cabeleira podia ser repartida ao meio, dando, a quem a ostentava, ares despojados e joviais, no tempo atual, para muitos, a escassez capilar os obriga a adaptar o penteado, pondo o que sobrou para um dos lados ou aderindo a artifícios de ocultação (chapéus, por exemplo) ou ainda assumindo a reluzente fronte como sinal de sabedoria, conquistada com o transcurso dos anos.

Nada adianta ficar de mal com a superfície que a imagem reflete. De qualquer forma e maneira, nada ou ninguém passa incólume pela ação do tempo, sem experimentar transformações de todas as naturezas. Como diz o filósofo contemporâneo Lulu Santos: "Nada do que foi será de novo do jeito que já foi um dia. Tudo passa. Tudo sempre passará".

A seu modo, até as estruturas rochosas, aparentemente impávidas e invulneráveis, se dobram ao diuturno e prolongado desgaste provocado pela atividade dos ventos, das chuvas, do calor e do frio (intemperismo), modificando-as permanentemente. Algumas vezes produzindo arranjos de constituição e beleza ímpares, que impressionam os sentidos visuais daqueles que os contemplam.

Mudar é verbo que se conjuga em perfeita sintonia com viver e, essencialmente, compõe rima exata com adaptar. Ao descrever a Teoria da Evolução, Charles Darwin assentou que a sobrevivência não é assegurada pelo emprego da força, mas depende de mudanças adaptativas (viver, mudar e adaptar) dos seres expostos às transformações constantes (paulatinas ou abruptas) do ambiente que os cerca.

Por maior que seja a busca pela estabilidade, a mudança se fará sempre presente e obrigatória. Mesmo aquele sujeito preso a opiniões e conceitos quase imutáveis também experimenta ocasiões de metamorfose do pensar. Transformar é mudar sem perder a essência. A água poder assumir a forma sólida, líquida ou gasosa, a depender do estado de agitação cinética de suas moléculas, mas nunca deixará de ser água.

Quase sempre a transformação é um processo evolutivo lento e constante e, por isso, pouco notado pelos agentes passivos da mudança. No entanto, em determinadas ocasiões, ela acontece em saltos, pulando várias etapas de uma só vez, causando perplexidade e dificuldades de adaptação no novo cenário descortinado. Seja de que forma for, o ato de mudar provoca alguma ruptura com o arcabouço estrutural sob o qual se apoiavam antigas práticas, até então adequadas ao tratamento das situações afloradas em dados instantes passados. Deixar para trás a certeza/segurança e arriscar-se em território pouco conhecido causa temor e apreensão desde tempos imemoriais. O vislumbre de novas paisagens impõe a saída das sendas e veredas trafegadas no vai e vem diário e o desbravamento de novos caminhos, até então ignorados.

Por questão de sobrevivência, malgrado a escassez de caça e de alimentos obtidos através do processo de coleta, exigissem a migração, nunca foi tranquilo para o nômade abandonar a segurança de sua caverna, bem como as terras e seus recantos por ele tão bem explorados, para se enveredar por ambientes desconhecidos e pouco amistosos.

Semelhante dilema é descrito nas "Escrituras Sagradas", onde, mesmo premidos pelo julgo da escravidão e tirania faraônica, para os judeus não foi pacífica e uniforme a aceitação de Moisés como condutor de seu povo rumo à Terra Prometida, porquanto a incerteza da jornada assustava tanto quanto o domínio opressivo experimentado pelo "Povo de Deus".

O contexto estampado veicula um paradoxo. Se por um lado a marcha da mudança é via que não se admite retorno, permitindo apenas momentos de variações rítmicas dos passos, mas sem nunca ser contida; por outro ela aterroriza, chegando quase a paralisar, o paciente da mutação. Não é o medo do escuro que impedirá que a Terra deixe girar e faça a luz solar dar lugar à noite pouco iluminada.

1   O tribunal de contas contemporâneo em construção

Superada a parte introdutória, vale dispor que, em 1988, a Constituição Federal tratou de mudar a roupagem do "Complexo Tribunal de Contas", aquinhoando-o, substancialmente, de competências, inexistentes até então, que alargaram o seu campo de atuação para muito além da fiscalização orçamentária, contábil e financeira dos entes e das entidades públicas.

Tirar um indivíduo de sua zona de conforto, na qual ele conhece e domina seus meandros, e fazê-lo se arriscar em território pouco afeiçoado é tarefa das mais complicadas. O mesmo se pode dizer das instituições, que, ao longo do tempo, incorporam e sedimentam uma cultura organizacional e procedimental, sendo difícil e trabalhoso se livrar das amarras elaboradas por anos de atuação em determinada direção.

À semelhança de um legista, que busca identificar a causa do óbito, não devolvendo ao indivíduo necropsiado à vida, os Tribunais de Contas, até o advento da Carta Cidadã, voltavam sua força de ação, quase exclusivamente, à análise de contas já ocorridas, nas quais eram possíveis a identificação de desvios de condutas e quantificação do prejuízo amargado pelo erário, sem, contudo, obter o tão esperado ressarcimento daquilo que foi subtraído/mal investido. Na maioria dos casos, em todo o Brasil, a experiência e os dados estatísticos informam que não mais que 2 ou 3% do montante de recursos públicos perdidos seja pela má-administração, seja por desvios visando ao atendimento de interesses pessoais de agentes públicos e privados, efetivamente retornam aos cofres públicos, somados àquilo que é devolvido espontaneamente (muito raro) ou através do processo de persecução administrativa ou penal.

Em um ambiente de acompanhamento *a posteriore* surgia a figura do Tribunal reativo, que se manifestava sob a forma de censura e punição quando identificava malfeitos promovidos pelos gestores da coisa pública. Pouco ou quase nada era feito ou pensado para evitar o cometimento de erros ou fraudes. Esperava-se que as incorreções acontecessem para só depois aponta-las, sem a obrigação de preveni-las ou corrigi-las nas fases iniciais. Tal cenário acompanhou o Sistema Tribunais de Contas desde a época em que Rui Barbosa patrocinou a criação/instalação do TCU.

Nesse contexto, a transformação almejada pelo constituinte originário de 1988 demorou a acontecer. Deixar para trás o papel de apontador do erro alheio sem o compromisso de participar no apoio às ações estratégicas e operacionais foi, e ainda é, o palmilhar de um extenso caminho. A metamorfose ganhou notável impulso na última década. Primeiramente, os Tribunais de Contas – concebidos para funcionarem como unidades insulares, sem a presença de quaisquer pontes de comunicação entre eles – enxergaram a necessidade de estabelecer entre si laços fortes e perenes de interlocução, de maneira a criar um verdadeiro sistema, onde as decisões e os rumos são definidos conjuntamente, favorecendo ao surgimento de panorama uniforme e dotado de razoável segurança jurídica.

Criada para dar representatividade aos Membros do universo do Controle Externo, inicialmente como entidade classista, a Atricon, após mais de uma década de existência, se converte em principal órgão de agregação, elando a grande e importante corrente de interesses e necessidades conjuntas das Casas de Contas.[1] A partir deste ponto, através de longo processo de convencimento e convergência, um esqueleto de normas infralegais foi estabelecido, de modo que a atuação dessas Instituições caminhasse em idêntico (ou quase) compasso.

No mesmo instante em que as sinapses se formavam, o Complexo das Cortes de Contas, paulatinamente, percebeu que a Constituição Federal, embora não tenha colocado

---

[1] Cf.: Estatuto da Associação dos Membros dos Tribunais de contas do Brasil – Gestão 2020/2021. *ATRICON – Associação dos membros dos Tribunais de contas do Brasil.* Disponível em: https://www.atricon.org.br/wp-content/uploads/2017/09/Estatuto-da-Atricon-aprovado-em-Assembleia-Geral-no-dia-13-de-novembro-de-2019..pdf. Acesso em 15 mar. 2021.

óbices à fiscalização tardia (posterior) e às punições dela decorrente, deixou transparente a necessidade de atuação prévia ou, no mínimo, concomitante, como está positivado nos incisos IX (assinar prazo para que o órgão ou entidade adote as providências necessárias ao exato cumprimento da lei, se verificada ilegalidade), X (sustar a execução de ato impugnado) e XI (representar ao Poder competente sobre irregularidades ou abusos apurados) do artigo 71.[2] A partir do entendimento deste grito constitucional, alguns Tribunais passaram a adotar a forma de controle concomitante, assumindo posição de parceiro do bom gestor público, orientando-o para o desenvolvimento de ações que respeitem e observem todos os princípios da Administração Pública e apontando eventuais desvios de rota, auxiliando-o ao retorno ao caminho mais adequado. Hoje, o cenário descortinado se espraia para quase todos os componentes deste importante sistema.

Outrora unicamente repressor, o Tribunal de Contas Contemporâneo analisa a gestão pública em tempo quase real, intervindo a cada momento em que é observada falha na execução de algum procedimento e solicitando a correção daquilo que se distancia dos princípios administrativos constitucionais. A nova abordagem tenta impedir que o prejuízo venha a ocorrer, inexistindo a necessidade de se buscar reparação. De maneira ilustrativa, alguns Tribunais de Contas (exemplo: TCE/PB)[3] recebem os editais de licitações, examinam a legalidade do procedimento, observam se há sobrepreço, superfaturamento e/ou cláusulas limitativas de concorrência, e quando identificadas uma ou mais dessas falhas, o relator expede uma decisão cautelar monocrática, suspendendo a sua continuidade até o perfeito ajuste e sua respectiva demonstração.

Reforce-se, ainda, que essa transmutada instituição, neste mesmo *locus* temporal, passou a investir na formação do bem-intencionado gestor, através de suas respectivas Escolas de Contas,[4] de forma a torná-lo um conhecedor do universo público e suas nuances, bem como alguém familiarizado com técnicas de liderança, estratégia e controle (Governança). Ademais, um substancial acervo de instrumentos, ferramentas, mecanismos e soluções tecnológicas foram e são desenvolvidas e postas à disposição destes administradores, com o claro objetivo de facilitar o diagnóstico do que não convém à administração e de auxiliar no processo decisório.

Entretanto, o que seria *Governança*? Termo tão decantado atualmente. De acordo com o Referencial Básico da Governança Organizacional, publicado pelo TCU em 2020, a Governança Organizacional é conceituada

> como a aplicação de práticas de liderança, de estratégia e de controle, que permitem aos mandatários de uma organização (que administra recursos públicos) e às partes nela interessadas avaliar sua situação e demandas, direcionar a sua atuação e monitorar o seu funcionamento, de modo a aumentar as chances de entrega de bons resultados aos cidadãos, em termos de serviços e de políticas públicas.[5]

---

[2] BRASIL. Constituição da República Federativa do Brasil de 1988. *Diário Oficial da União*, Brasília, 05 out. 1988. Disponível em: http://www.planalto.gov.br/ccivil_03/constituicao/constituicao.htm. Acesso em 15 mar. 2021.

[3] BRASIL. Tribunal de contas do Estado da Paraíba. *Painéis de acompanhamento e gestão*. Disponível em: https://tce.pb.gov.br/paineis/paineis-de-acompanhamento. Acesso em 18 jun. 2021.

[4] Cf.: Rede Escola de Contas. *IRB – Instituto Rui Barbosa*. Disponível em: https://irbcontas.org.br/rede-escolas-de-contas/. Acesso em 18 jun. 2021.

[5] Cf.: Governança pública. *TCU – Tribunal de Contas da União*. Disponível em: https://portal.tcu.gov.br/governanca/governancapublica/. Acesso em 28 jun. 2021.

Não basta a vontade e as boas intenções do agente público, este precisa assentar suas ações em bem planejadas atividades, de forma a priorizar o gerenciamento estratégico, ter apoio de um eficiente controle interno, capaz de identificar e indicar o caminho a ser trilhado rumo à correção e adotar uma postura de liderança firme, sendo exemplo de observância aos princípios éticos e exigindo de seus auxiliares similar padrão de comportamento.

Deflui-se deste pensamento que a tarefa de bem gerir a coisa pública não deveria ser entregue a amadores. São obrigações e compromissos de todas as naturezas a cumprir. As formas de fiscalização (Controle Externo: Tribunais de Contas e Ministério Público) se sucedem e se multiplicam, na tentativa de descobrir os malfeitos do administrador público e admoestá-lo na proporção do erro cometido. A cada dia a filtragem fiscalizatória executada pelos Controles Externos fica mais intensa e eficiente. Em alguns momentos chegando até a inibir a disposição de fazer do agente público eleito, que, por medo de reprimendas, opta pela inação ou pela ação superficial em necessidades urgentes.

Ademais, a postura correicional e repressora adotada pelos Órgãos de Controle tem, em boa medida, afastado da esfera administrativa pública o cidadão probo, capaz e interessado em proporcionar benefícios à sua comunidade. Estes, temerosos de ter manchada a sua reputação pessoal, optam pelo distanciamento do Poder Público, abrindo espaço para aproveitadores que apenas desejam adquirir vantagens para si e para o seu grupo político. Então, pergunto: será que o sistema, de alguma maneira, não está contribuindo para a perpetuação do mau gestor?

Essa reflexão vem consumido, dia a dia, os debates patrocinados pelos Tribunais de Contas. A conclusão é que mudanças na abordagem, ora em andamento, são necessárias, e que é preciso trazer de volta, aos círculos do Poder Público, o cidadão engajado e comprometido. Ademais, como falado em parágrafos atrás, prevenir ou propor correção em tempo oportuno é bem mais eficaz e economicamente vantajoso que tentar recompor o que fora perdido.

Criou-se uma narrativa, comumente propagada, que, sob esta ótica, carece ser desencorajada, no sentido de que todo político é desonesto e aquele que se afeiçoa à participação política também deseja se locupletar. Política é, sim, um local sadio, à espera dos desejosos de bem servir a sociedade. Quem o contamina são os pouco inclinados à defesa do interesse comum, os quais se multiplicam na ausência do cidadão socialmente responsável.

A maneira mais eficiente de se trazer o desejo de participação nos destinos da Polis é demonstrar a este cidadão que o Complexo Tribunal de Contas, atualmente, é um grande parceiro da Administração Pública. Diuturnamente, as Cortes de Contas treinam e capacitam milhares de agentes públicos, dotando-os de conhecimento e expertise para agir de forma adequada no gerenciamento da coisa pública. Dados de 2018 apontam que os TCs, através das suas Escolas de Contas, ministraram cursos e capacitações (+ 5.000) para mais de 600.000 agentes públicos, servidores e cidadãos.

A cada instante os Tribunais de Contas, isoladamente ou em conjunto, desenvolvem ferramentas e mecanismos capazes de fornecer informações assaz hábeis à formulação de políticas públicas, ao processo decisório, ao planejamento estratégico, entre outros. Os TCs não se restringem a desenvolver e a usar, internamente, tais instrumentos. Há uma incansável procura de dividir suas funcionalidades e vantagens no seu uso com a Administração Pública, treinando-a para o melhor aproveitamento daquilo gerado pelas ferramentas oferecidas.

As informações produzidas são de todas as naturezas. Vão desde diagnósticos acerca de quadro de pessoal do setor público, com especial alcance para o planejamento adequado da mão de obra pública, passando por sistemas de gerenciamento georreferenciados de obras, que possibilitam o acompanhamento à distância da evolução de determinados empreendimentos.

Merece destaque o TC EDUCA,[6] que representa um sistema de monitoramento e expedição de alertas, concebido pela Atricon e pelo IRB, para o acompanhamento das metas do Plano Nacional de Educação (PNE), que, através de indicadores, traça panoramas a propósito da evolução dos Estados, do Distrito Federal e dos Municípios brasileiros, no atingimento das metas do PNE, com destaque para situações ou risco de descumprimento.

Outra ferramenta muito atual é a formulação do hotsite VacinaCovid-19TC,[7] gerado pelo esforço do Conselho Nacional dos Presidentes dos Tribunais de Contas (CNPTC), lançado no dia 15.04.21, que almeja monitorar a campanha de vacinação contra a COVID-19 nos estados, municípios e Distrito Federal, além de reunir informações sobre fiscalização e boas práticas de gestão relativas aos planos de imunização.

Ademais, é cabível alardear que os Tribunais de Contas possuem o maior acervo de informações sobre a Administração Pública brasileira e o põe inteiramente à disposição do gestor interessado em deles se valer. É possível fazer digressões infinitas acerca das contribuições dos Tribunais de Contas na direção da produção de informações essenciais à confecção de estratégias de atuação e políticas públicas.

Doutra banda, os Tribunais de Contas estimulam e cobram dos seus jurisdicionados a implantação e o perfeito funcionamento de mecanismos de transparência governamental. Não é suficiente prestar contas anualmente aos Órgãos de Controle, se faz preciso prestá-la diariamente a quem efetivamente detém o Poder em uma democracia, a Sociedade. Todos os dias, os TCs exigem dos jurisdicionados a disponibilização das informações gerenciais em tempo real, pois sociedade informada é aquela capaz de exercer o Controle Social.

Em tempo, vale mencionar que o Sistema Tribunais de Contas opera impulsionando os entes e entidades sob sua jurisdição a dar concretude e efetividade aos seus mecanismos de controle interno e gerenciamento de riscos administrativos, seja capacitando os controladores e gerentes de riscos, seja cobrando das autoridades superiores o seu funcionamento adequado. Não se concebe uma administração, pública ou privada, sem mecanismos eficazes de controle interno e ajustada gerência de riscos.

Em nenhum instante as ações proporcionadas pelos TCs descuram dos princípios administrativos que informam a Administração Pública brasileira. Ao contrário disso, todo ato concreto de apoio aos gestores públicos vai no sentido de formar líderes

---

[6]   OLIVEIRA, Priscila Pinto de; GROSSER, Viviane Pereira. TC educa sistema de monitoramento dos planos de educação. *IRB – Instituto Rui Barbosa*. Disponível em: https://irbcontas.org.br/biblioteca/tc-educa-sistema-de-monitoramento-dos-planos-de-educacao/. Acesso em 18 jun. 2021.

[7]   Cf.: Covid – Fiscalização da Campanha de vacinação. *CNPTC – Conselho Nacional de presidentes dos Tribunais de Contas*. Disponível em: https://covid.cnptcbr.org/. Acesso em 28 jun. 2021.

preocupados em ouvir a sua comunidade – planejando maneiras de prover as suas demandas e incentivando a sua participação na busca de soluções –, que sejam éticos e comprometidos com o interesse alheio.

Dito isso, é de bom alvitre trazer à baila, novamente, que a Governança, já definida alhures, se funda em três eixos: Liderança, Estratégia e Controle.

Liderar com ética é inspirar os subordinados através do exemplo; é ouvir com atenção e respeito os anseios dos liderados; é ter o compromisso com o interesse coletivo. Desenvolver estratégias eficientes, eficazes e efetivas é ancorar suas decisões no conhecimento; é buscar a participação popular para a solução de problemas; é estabelecer planos e revisá-los rotineiramente, de modo a readequá-los às novas necessidades. Controlar é saber gerenciar riscos; é prestar contas de suas atividades a todos os interessados; é ser transparente; é ter a capacidade de detecção de falhas e vontade de corrigi-las tempestivamente.

O contexto delineado dá a exata noção de que o Tribunal de Contas Contemporâneo é, salvo melhor juízo, o principal indutor da Governança no setor público. Vez que suas ações, direta ou indiretamente, desaguam em algum dos pilares alicerçantes da Governança pública. Em resumo, o TC atual é mais um colaborador da gestão pública do que o outrora inquisidor, que vivia a caçar bruxas. Todavia, o poder legítimo condenatório não fora abdicado, apenas reservado ao mau gestor, cuja preocupação central é trazer benefícios para si e para os seus, ou ainda os incautos que agem sem prudência, zelo e perícia para com o erário.

Contudo, mudança é porta que se abre por dentro e nenhuma evolução se opera em sua plenitude apenas considerando o que nos rodeia, o exterior. É de bom tom esclarecer que a introspecção, o olhar para dentro e o se ver no espelho são exercícios fundamentais e obrigatórios para enxergar os próprios erros e, consciente deles, buscar corrigi-los, ressignificando o seu papel e a sua existência. O "Sistema Tribunais de Contas", por meio da Atricon, não ficou à margem dessa necessidade premente. Em 2013 foi criado um mecanismo de autoexame dos TCs, denominado Marco de Medição de Desempenho (MMD TC),[8] que nada mais é que um amplíssimo diagnóstico a respeito da performance das Cortes de Contas no desenvolvimento de suas funções institucionais.

Após avaliações bianuais realizadas no intervalo da criação ao tempo presente, o Marco de Medição do Desempenho cumpriu um papel significativo nos avanços de todas as Unidades de Controle Externo. A ferramenta de exame serviu (e serve) para que cada instituição examinada identifique quais pontos em sua atuação se mostram claudicantes e em que aspectos operacionais seu agir é destacado, com a possibilidade de ser posto como modelo para os demais.

Enquanto as imperfeições são tratadas internamente, na medida das peculiaridades de cada Corte, as boas práticas executadas, além de estimuladas, são catalogadas e exaustivamente apresentadas, por intermédio de esforços conjuntos do Instituto Rui Barbosa e da Associação dos Membros dos Tribunais de Contas do Brasil, na esperança de que o bem-sucedido exemplo seja replicado, proporcionando ainda mais uniformidade, coesão e engrandecimento do sistema em edificação.

---

[8] Cf.: Marco de medição de desempenho – MMD. *QATC-ATRICON*. Disponível em: http://qatc.atricon.org.br/. 15 mar. 2021.

Como ilustração atualíssima de modelo a ser seguido, vale mencionar o aplicativo "Sou Eco",[9] desenvolvido pelo Tribunal de Contas do Estado do Amazonas, cuja utilização tende a elevar o nível de indispensabilidade das Cortes de Contas. Citado software vai muito adiante do que apenas um mecanismo de denúncia de crimes ambientais. Ao confeccioná-lo, seus desenvolvedores idealizaram um instrumento capaz de criar um canal de comunicação bidirecional, no qual o cidadão/denunciante consegue apontar crimes de qualquer natureza, existindo a firme promessa de retorno acerca do andamento das providências tomadas.

Na hipótese de queixas cuja ação repressora ou corretora esteja dentro do rol de competências dos Tribunais de Contas, o próprio órgão recebe a demanda, atua para reestabelecer a legalidade e informa ao demandante os resultados da intervenção ou o curso da movimentação das diligências efetuadas para o saneamento da desconformidade alertada. Se incompetente para dar seguimento ao propósito, cabe ao Tribunal dar ciência à legítima instituição responsável pelo desenlace fiscalizatório, assinando-lhe, sempre que possível, prazo para informar as providências executadas, as quais serão repassadas ao cidadão demandante, tornando-o parte integrante de todas as etapas relacionadas ao controle social. A iniciativa, de enorme relevância, cujo processo de divulgação aos outros Tribunais ora se inicia, visa a conferir ao "Sistema Cortes de Contas" o espaço e protagonismo concedido pela Constituição Federal e ainda pouco explorado.

De modo a dar mais realce à aludida transformação, a Atricon, com auxílio de alguns dos seus mais destacados quadros, desenvolveu uma forma/ferramenta de aferir uniformemente, em todo o território nacional, qual é o impacto econômico-financeiro de suas ações, sejam elas na repressão dos malfeitos, na sua prevenção ou na propositura de correção deles. Denominado de "Manual de Quantificação dos Benefícios do Controle (MQB)",[10] este mecanismo, em franca fase de implantação nas Cortes de Contas, propiciará à sociedade os dados referentes ao retorno gerado pela atividade dos TCs por unidade monetária nele investida. Desta forma, o Sistema Tribunais de Contas evidenciará a sua essencialidade à proteção do interesse público e erário, pondo na prateleira do esquecimento os argumentos daqueles que nos acusam de oneroso, perdulários e desnecessários.

2 A pandemia e sua contribuição à mudança

E a pandemia, qual o impacto trazido ao progresso dos Tribunais de Contas? O que trouxe de novo? Antes de mais nada, não é demais assentar que o *futuro é o presente visto em perspectiva*. E o presente do Controle Externo já era cravejado de mudanças, para as quais a COVID-19 serviu de agente catalizador.

Pode-se afirmar que o trabalho remoto ou teletrabalho já era uma realidade para parcela de servidores de boa parte dos Tribunais de Contas. Neste exato momento, as Cortes de Contas, que ainda não haviam regulado a atividade ou tinham feito de forma

---

[9] BRASIL. Tribunal de contas do Estado do Amazonas. *TCE lança aplicativo 'sou eco' para receber denúncias sobre crimes ambientais*. 18 out. 2019. Disponível em: https://www2.tce.am.gov.br/?p=32509. Acesso em 18 jun. 2021.

[10] Cf.: Manual de qualificação de benefícios gerados pela atuação dos Tribunais de Contas. *ATRICON – Associação dos membros dos Tribunais de contas do Brasil*, 2020. Disponível em: https://www.atricon.org.br/wp-content/uploads/2020/06/MQB_Manual.pdf. Acesso em 28 jun. 2021.

parcial, estão à procura de modelos que sejam compatíveis com as suas necessidades, a fim de fornecer regramento formal para o período que sucederá a enfermidade.

O acompanhamento de obras via sistemas de georreferenciamento, a utilização de plataformas para reuniões virtuais e as formas de espalhar conhecimento à distância (EAD) já eram práticas utilizadas que, por força das exigências sanitárias, sofreram fortíssimo impulso, passando de atividades pouco usuais para procedimento de rotina.

Em função da distância física, precisou-se ampliar o alcance e a efetividade dos mecanismos tecnológicos de aproximação com as administrações públicas já existentes, de maneira a possibilitar a intervenção tempestiva, antes da cristalização do dano ao erário. Ao contrário do que se possa imaginar, a separação espacial, na maioria dos casos, serviu para aproximar os Tribunais de Contas da Administração Pública, colocando os Órgãos de Fiscalização como parceiros, incentivadores de boas práticas gerenciais e sinalizadores para a correção de rumo em tempo oportuno.

No antigo Egito, a mesma água que anualmente inundava as margens do Vale do Nilo, causando sérios dissabores aos ribeirinhos, era aquela que carreava em seu interior o sedimento necessário à fertilidade do solo, fazendo florescer uma das mais importantes civilizações do mundo antigo. Doutra vertente, a sabedoria oriental ensina que a escuridão traz consigo o germem da luz. Em termos gerais, não existe mal que não carregue, a ele acoplado, benefício de semelhante magnitude.

Se a moléstia gerou impossibilidade ou óbices à realização de diligência, noutro sentido, trouxe uma necessidade maior de transparência e celeridade na apresentação dos atos por parte da Administração, associado a um olhar ainda mais aguçado/apurado dos auditores do controle externo para os procedimentos anteriores à fase de liquidação da despesa pública, de modo que eventuais imperfeições fossem detectadas e alertadas antes do prejuízo se mostrar quase irreversível. De certa forma, o aterrorizante vírus funcionou como encosta, dando velocidade à água, que ao chover, escorre ladeira abaixo.

Considerando o exposto, para fins do "Sistema Tribunal de Contas", nada de novo foi criado. As práticas e ferramentas já existiam e estavam à inteira disposição. Apenas a forma de utilizá-las foi modificada, com substancial alteração no seu alcance.

Em passado recente, o Conselheiro Valdecir Pascoal, em discurso proferido no encerramento do XXIX Congresso dos Tribunais de Contas, quase profetizando, traçou um intrigante paralelo entre o ipê amarelo do cerrado e os Tribunais de Contas. Conforme o ilustre pensador, assim como a árvore típica do planalto central brasileiro, que, quando tudo concorre para a formação de um cenário monocromático (marcado pelo cinza da vegetação), floresce em cores vivas de majestosa beleza nas condições climáticas mais inóspitas do ano, os Tribunais de Contas, em momentos de aparente esterilidade, emergem com uma força transformadora incomum, realizando um salto de qualidade na sua atuação institucional. É a maneira de reafirmar a imprescindibilidade que a Constituição Federal garantiu no processo de estabilidade do frágil tecido democrático nacional. A enfermidade mundial se prestou a atestar a tese suscitada pela eminente autoridade do Complexo de Contas. Se houvesse a possibilidade de questionar a Darwin acerca do futuro das Cortes de Contas brasileiras, provavelmente o cientista afirmaria que as decantadas instituições de fiscalização estão fadadas à sobrevivência com sucesso, mesmo em um mundo que lhe pareça hostil, vez que possuem uma destacável capacidade evolutiva/adaptativa.

Ultimando o raciocínio, cabe dar destaque ao fato de que as instituições são feitas de pessoas e, neste instante, a tarefa mais complicada é convencer os servidores das novas necessidades e adequações, tirando-os da sua zona de conforto. É bem verdade que, como escrito nos parágrafos antecedentes, as mudanças estavam em curso, porém, suavemente compassadas, em comparação com o frenesi momentâneo.

Além de sua finitude, uma das poucas certezas existenciais é que a vida é um eterno estado de transformação, inexistindo ser incapaz de evoluir. Ser adequado e apropriado hoje, não significa que assim será amanhã, pois o passado é uma roupa que não nos serve mais.

Referências

ATRICON – ASSOCIAÇÃO DOS MEMBROS DOS TRIBUNAIS DE CONTAS DO BRASIL. *Estatuto da Associação dos Membros dos Tribunais de contas do Brasil – Gestão 2020/2021*. Disponível em: https://www.atricon.org.br/wp-content/uploads/2017/09/Estatuto-da-Atricon-aprovado-em-Assembleia-Geral-no-dia-13-de-novembro-de-2019..pdf. Acesso em 15 mar. 2021.

ATRICON – ASSOCIAÇÃO DOS MEMBROS DOS TRIBUNAIS DE CONTAS DO BRASIL. *Manual de qualificação de benefícios gerados pela atuação dos Tribunais de Contas*. 2020. Disponível em: https://www.atricon.org.br/wp-content/uploads/2020/06/MQB_Manual.pdf. Acesso em 28 jun. 2021.

BRASIL. Constituição da República Federativa do Brasil de 1988. *Diário Oficial da União*, Brasília, 05 out. 1988. Disponível em: http://www.planalto.gov.br/ccivil_03/constituicao/constituicao.htm. Acesso em 15 mar. 2021.

BRASIL. Tribunal de contas do Estado da Paraíba. *Painéis de acompanhamento e gestão*. Disponível em: https://tce.pb.gov.br/paineis/paineis-de-acompanhamento. Acesso em 18 jun. 2021.

BRASIL. Tribunal de contas do Estado do Amazonas. *TCE lança aplicativo 'sou eco' para receber denúncias sobre crimes ambientais*. 18 out. 2019. Disponível em: https://www2.tce.am.gov.br/?p=32509. Acesso em 18 jun. 2021.

CNPTC – CONSELHO NACIONAL DE PRESIDENTES DOS TRIBUNAIS DE CONTAS. *Covid – Fiscalização da Campanha de vacinação*. Disponível em: https://covid.cnptcbr.org/. Acesso em 28 jun. 2021.

IRB – INSTITUTO RUI BARBOSA. *Rede Escola de Contas*. Disponível em: https://irbcontas.org.br/rede-escolas-de-contas/. Acesso em 18 jun. 2021.

OLIVEIRA, Priscila Pinto de; GROSSER, Viviane Pereira. TC educa sistema de monitoramento dos planos de educação. *IRB – Instituto Rui Barbosa*. Disponível em: https://irbcontas.org.br/biblioteca/tc-educa-sistema-de-monitoramento-dos-planos-de-educacao/. Acesso em 18 jun. 2021.

QATC-ATRICON. *Marco de medição de desempenho – MMD*. Disponível em: http://qatc.atricon.org.br/. 15 mar. 2021.

TCU – Tribunal de Contas da União. *Governança pública*. Disponível em: https://portal.tcu.gov.br/governanca/governancapublica/. Acesso em 28 jun. 2021.

Informação bibliográfica deste texto, conforme a NBR 6023:2018 da Associação Brasileira de Normas Técnicas (ABNT):

NOGUEIRA, Fábio Túlio Filgueiras. O Tribunal de Contas contemporâneo, o processo de transformação e a pandemia. *In*: LIMA, Edilberto Carlos Pontes (Coord.). *Os Tribunais de Contas, a pandemia e o futuro do controle*. Belo Horizonte: Fórum, 2021. p. 245-254. ISBN 978-65-5518-282-8.

BREVES REFLEXÕES SOBRE A EFETIVIDADE DO SISTEMA BRASILEIRO DE COMBATE À CORRUPÇÃO: A SOBREPOSIÇÃO DE AUTORIDADES E AS METODOLOGIAS PARA CALCULAR O DANO AO ERÁRIO FEDERAL[1]

FERNANDO ANTÔNIO DA SILVA FALCÃO

Introdução

Nos últimos anos, com mais ênfase a partir do início da Operação Lava Jato, os órgãos federais vêm investigando diversos casos de corrupção envolvendo funcionários de empresas estatais, políticos e grandes grupos empresariais, notadamente do ramo da construção civil. Desde que começou a Operação Lava Jato, o Ministério Público Federal, a Receita Federal do Brasil e a Polícia Federal, o Conselho Administrativo de Defesa da Concorrência, o Tribunal de Contas da União e a Controladoria-Geral da União investigam o cartel de empresas privadas que fraudava as licitações da Petrobras e da Eletrobras.

Com exceção dos casos em que são formadas forças-tarefa entre instituições, não é possível afirmar que exista uma coordenação entre os diversos órgãos que investigam a aplicação de recursos públicos federais. Essa ausência de coordenação afeta a eficiência das investigações na medida em que as mesmas ocorrências são investigadas por várias autoridades, por vezes criando uma sobreposição de esforços investigativos na qual diversas autoridades, dentro de suas competências legais, investigam os mesmos fatos jurídicos, sem que haja um efetivo compartilhamento de evidências e "soma" de *expertises*. As dificuldades podem ser percebidas nos casos de assinatura de acordos de leniência e de cálculo dos danos causados ao erário, como será tratado adiante.

Neste artigo pretendo tratar brevemente de duas questões relacionadas aos desafios no combate à corrupção no Brasil: (i) a sobreposição de competências e a ausência de

---

[1] As opiniões expressas neste artigo são reflexões pessoais, não refletindo, necessariamente, o entendimento do Tribunal de Contas da União ou das demais instituições aqui referidas.

regras claras que permita uma investigação coordenada entre as instituições competentes; e (ii) os métodos de cálculo dos danos ao erário causados por fraudes nas licitações públicas, notadamente considerando casos relacionados aos investimentos da Petrobras. Ao final, conclui-se que a adoção de regras jurídicas que efetivamente distribuam as competências entre as autoridades, estabelecendo uma coordenação entre elas, bem como a adoção de métodos eficientes de cálculo do dano ao erário, seriam medidas que permitiriam uma maior efetividade no combate à corrupção no Brasil.

Na seção 1, faço uma descrição do sistema federal brasileiro de combate à corrupção. Na seção 2, trato da sobreposição de competências entre as autoridades para investigar os casos de corrupção no âmbito federal. Na seção 3, apresento, em linhas gerais, o sistema federal norte-americano de combate à corrupção. Na seção 4, descrevo, brevemente, alguns métodos de cálculo do dano ao erário. Na seção 5, faço uma revisão sucinta e concluo tratando dos desafios para fortalecer o sistema brasileiro de combate à corrupção no que toca às questões tratadas neste artigo.

1   O sistema federal brasileiro de combate à corrupção

No Brasil, não existe um único órgão responsável por empreender ou coordenar o combate à corrupção, nem mesmo dentro do próprio Poder Executivo Federal. São diversas instituições que desempenham suas funções, conforme as respectivas competências definidas pela Constituição Federal. No entanto, não há diretrizes para coordenar o trabalho interagências. France mencionou esta ausência de uma agência única "responsável por conter a corrupção. Essa tarefa é compartilhada por vários órgãos em nível federal e regional".[2] Em algumas investigações são criadas forças-tarefa, como foi o caso da Operação Lava Jato. Voltarei a este tópico posteriormente.

Spercel mencionou que:

> O Brasil possui um desenho institucional "multiagências", onde diversos órgãos e entidades públicas têm competência para realizar ações preventivas e repressivas em relação a atos de corrupção, nas esferas administrativa, civil e criminal. Se, por um lado, um sistema multiagências torna difícil para as entidades privadas capturarem o Estado (já que sempre haverá algum ente público que não esteja integrado ao esquema corrupto), por outro lado, esse sistema, se não funcionar corretamente, pode resultar em competição destrutiva entre as agências e trará enorme insegurança jurídica para réus privados, o que acabará por desestimular o uso de acordos de leniência. Atualmente, diversos acordos de leniência firmados pelo Ministério Público Federal (MPF) estão sendo questionados por outras autoridades anticorrupção, em grande parte para resguardar suas esferas de competência e interesses institucionais/corporativos. (Tradução livre).[3]

---

[2]   FRANCE, Guilherme. Brazil: overview of corruption and anti-corruption. Anti-corruption Helpdesk Answer. *Transparency International*, jan. 2019. p. 14. Disponível em: https://knowledgehub.transparency.org/helpdesk/brazil-overview-of-corruption-and-anti-corruption-1. Acesso em 10 jul. 2021.

[3]   SPERCEL, Thiago. *Fighting Corruption in Brazil – Recent Developments and Challenges Ahead*. 30 jul. 2018. p. 3. Disponível em: https://www.machadomeyer.com.br/en/recent-publications/publications/compliance-and-integrity/fighting-corruption-in-brazil-recent-developments-and-challenges-ahead. Acesso em 7 jul. 2021.

A questão dos acordos de leniência será tratada posteriormente. Na sequência, identifico rapidamente as principais competências de cada uma dessas instituições.

A Constituição Federal Brasileira e vários estatutos específicos criaram as instituições e autoridades que fazem parte do sistema federal anticorrupção. São estes os principais órgãos e instituições: (i) Receita Federal do Brasil (RFB), (ii) Comissão de Valores Mobiliários (CVM), (iii) Banco Central do Brasil (Bacen), (iv) Conselho de Controle de Atividades Financeiras (COAF), (v) Departamento de Recuperação de Ativos e Cooperação Jurídica Internacional (DRCI), (vi) Conselho Administrativo de Defesa da Concorrência (CADE), (vii) Polícia Federal (PF), (viii) Controladoria-Geral da União (CGU), (ix) Advocacia-Geral da União (AGU), (x) Tribunal de Contas da União (TCU), (xi) Ministério Público Federal (MPF), (xii) Poder Judiciário Federal e (xiii) Estratégia Nacional de Combate à Corrupção e à Lavagem de Dinheiro (Enccla). É importante destacar que, neste sistema, cada instituição tem atribuições e competências próprias.

Como mencionei anteriormente, fazem parte do Poder Executivo Federal a RFB, a CVM, o Bacen, o COAF, o DRCI, o CADE, a PF, a CGU e a AGU. A RFB, a CVM e o Bacen são autarquias vinculadas ao Ministério da Economia. O COAF é uma autarquia vinculada ao Bacen. O DRCI, o CADE e a PF fazem parte do Ministério da Justiça e Segurança Pública. A CGU é o órgão de controle interno do Poder Executivo Federal. O MPF é, segundo a Constituição Federal, um órgão de Estado, faz parte do Ministério Público da União, é independente e essencial à função jurisdicional do Estado brasileiro.

A RFB é responsável pela fiscalização aduaneira, arrecadação de tributos federais e apuração de crimes relacionados à corrupção, como sonegação de impostos, contrabando e lavagem de dinheiro.

A CVM é responsável por desenvolver e supervisionar o mercado de valores mobiliários, aplicando sanções, garantindo sua eficiência, funcionamento e acesso às informações apropriadas, bem como por proteger os investidores. Em casos de corrupção e fraudes relacionadas ao mercado de valores mobiliários, a CVM poderá atuar e abrir sua própria investigação.

O Bacen atua na manutenção da solidez e da eficiência do Sistema Financeiro Nacional, no controle do meio circulante e na estabilidade de preços. O Banco Central do Brasil pode, ainda, atuar nos casos de corrupção e fraude envolvendo operações no Sistema Financeiro Nacional, no Sistema de Consórcios e no Sistema de Pagamentos Brasileiro. O Bacen e a CVM podem, além de conduzir investigações, assinar acordos de leniência.

O COAF é a unidade de inteligência financeira brasileira, e onde está centrado o regime de prevenção à lavagem de dinheiro e de combate ao financiamento do terrorismo. Nos casos investigados pela Operação Lava Jato, por exemplo, o COAF auxiliou nas investigações, produzindo relatórios contendo movimentações financeiras atípicas.

O DRCI é responsável pela análise de cenários, pela identificação de tratados, pela definição de políticas eficazes e eficientes e pelo desenvolvimento de uma cultura de combate à lavagem de dinheiro.

O CADE é a autoridade brasileira de defesa da concorrência. Possui um escritório do Ministério Público Federal para analisar casos e processar empresas e indivíduos quando necessário. Ressalto que, com o início da Operação Lava Jato, foi possível comprovar a existência de um cartel de empresas que fraudava as licitações da empresa estatal Petrobras, o que atraiu a competência da autoridade antitruste brasileira.

A PF é instituição federal de fiscalização, responsável por, entre outras competências, fazer o controle de fronteira e investigar o tráfico internacional de drogas, o crime organizado, a lavagem de dinheiro, a corrupção, o crime do colarinho branco e o terrorismo.

A CGU é responsável pelo sistema de controles internos do Poder Executivo Federal, incluindo as competências de auditoria interna, o combate à corrupção e fraudes, a aplicação de sanções e a celebração de acordos de leniência.

A AGU é a instituição responsável por representar a República Federativa, bem como o Governo Federal Brasileiro em processos perante todos os tribunais regionais federais, o Superior Tribunal de Justiça e o Supremo Tribunal Federal. A AGU possui atuações consultiva e contenciosa e atua, juntamente com a CGU, na negociação e assinatura dos acordos de leniência.

O TCU é um tribunal administrativo, órgão auxiliar do Poder Legislativo. Exerce o controle externo, audita as contas de todos os responsáveis pela gestão de fundos ou ativos federais, ou de qualquer pessoa que aplique indevidamente recursos públicos que resultem em prejuízos ao erário público ou que se envolva em fraudes em licitações públicas. O TCU também emite anualmente um parecer prévio sobre as contas prestadas pelo governo federal.

O MPF, instituição independente, essencial à função jurisdicional do Estado, atua na defesa de interesses difusos e coletivos, instaurando processos criminais em casos de crimes contra ativos da União Federal, incluindo falsificação de moeda, formação de cartel, lavagem de dinheiro, corrupção, fraudes bancárias, fraudes em compras federais, crimes ambientais, tráfico internacional de drogas, dentre outros crimes. No caso da Operação Lava Jato, o MPF iniciou uma investigação contra empresas privadas e pessoas físicas envolvidas com o cartel envolvendo casos de corrupção e fraude em licitações públicas. Importante registrar que nos casos de assinatura de acordos de leniência, a 5a Câmara de Coordenação e Revisão – Combate à Corrupção do MPF – é a instância competente para homologar tais acordos no âmbito do Ministério Público Federal.

O Poder Judiciário, incluindo os Juízos Federais de 1a instância, os Tribunais Regionais Federais, o Superior Tribunal de Justiça e o Supremo Tribunal Federal, é responsável não apenas pelas decisões quanto aos atos de investigação e processuais, como também pela homologação de acordos de leniência e de colaboração. Além disso, recentemente, o Supremo Tribunal Federal decidiu que a Justiça Eleitoral também é competente para julgar caso de corrupção quando envolver, simultaneamente, "caixa 2" de campanha e outros crimes comuns (Inquérito nº 4435).

A Estratégia Nacional de Combate à Corrupção e à Lavagem de Dinheiro (Enccla) foi criada em 2003, sendo responsável pela articulação entre órgãos dos Poderes Legislativo, Judiciário e Executivo, federal e estaduais, os Ministérios Públicos, bem como pela criação de políticas públicas sobre o tema.

Feita uma breve introdução sobre os principais órgão federais que atuam no combate à corrupção, tratarei, na seção seguinte, da sobreposição de competências entre as várias instituições anteriormente referidas, no exercício das respectivas competências, para investigar e sancionar pessoas físicas e jurídicas nos casos de fraudes e corrupção.

2 A sobreposição de competências entre as autoridades que compõem o sistema federal brasileiro de combate à corrupção

Há mais de uma década, em um relatório da Transparência Internacional e do Centro de Recursos Anticorrupção (*U4 Helpdesk*), Marie Chêne já havia registrado que as agências anticorrupção têm mais sucesso, hipoteticamente, se houver uma forte colaboração entre si, mas que em geral as instituições trabalham com falta de integração, "devido à sua ampla diversidade, mandatos sobrepostos, agendas concorrentes, vários níveis de independência de interferência política e uma falta geral de clareza institucional".[4]

LaForge conduziu uma pesquisa sobre a coordenação envolvendo instituições governamentais a partir 2003. Ele mencionou que a principal questão do sistema de responsabilização do Brasil é que existia uma cooperação esparsa nas operações para a elaboração de políticas. Mencionou, ainda, que a cooperação é importante para o julgamento dos casos. O Autor destacou que "houve poucos esforços para coordenar prioridades, desenvolver políticas em conjunto ou criar uma estratégia governamental para combater a corrupção".[5]

No Brasil, essa colaboração e coordenação entre órgãos ainda não é uma prática comum. Guilherme France mencionou que as forças-tarefas, somadas à Polícia Federal, ao Ministério Público Federal, à Receita Federal do Brasil e a outros órgãos, tornaram-se uma forma de apurar esquemas de corrupção elaborados. Ele também mencionou que a força-tarefa permite a comunicação e a coordenação imediatas entre essas agências.[6]

Iniciada em 2014, a chamada "Operação Lava Jato" é um bom exemplo de cooperação e trabalho entre agências. Essa investigação revelou um esquema envolvendo algumas empresas estatais brasileiras, empresas privadas e pagamentos de propinas a funcionários públicos, políticos e partidos políticos. A investigação foi conduzida pelo Ministério Público Federal em uma força-tarefa que inclui a Polícia Federal e funcionários públicos da RFB, do COAF e do DRCI. Além disso, o CADE e a CGU firmaram, respectivamente, acordos de leniência. O TCU deu continuidade e ampliou as suas investigações sobre as fraudes e os danos ao erário causados pela atuação do cartel.

Os resultados da Operação Lava Jato são surpreendentes: 5,9 bilhões de reais ressarcidos em 309 acordos de colaboração, 12,9 bilhões de reais ressarcidos em 26 acordos de leniência, algumas empresas e pessoas físicas envolvidas assumindo seus

---

[4] CHÊNE, Maria. Coordination Mechanisms of Anti-Corruption Institutions. *U4 Expert Answer*, set. 2009. p. 1. Disponível em: https://www.u4.no/publications/coordination-mechanisms-of-anti-corruption-institutions. Acesso em 10 jul. 2021. (Tradução livre).

[5] LAFORGE, Gordon. *The Sum of Its Parts:* coordinating Brazil's Fight Against Corruption, 2003 – 2016. Princeton University: Global Challenges Corruption, Innovations for Successful Societies, 2017. p. 4. Disponível em: https://successfulsocieties.princeton.edu/sites/successfulsocieties/files/GLF_AC-Strategy_Brazil_FORMATTED_20Feb2017.pdf. Acesso em 9 jul. 2021. (Tradução livre).

[6] FRANCE, Guilherme. Brazil: overview of corruption and anti-corruption. Anti-corruption Helpdesk Answer. *Transparency International*, jan. 2019. Disponível em: https://knowledgehub.transparency.org/helpdesk/brazil-overview-of-corruption-and-anti-corruption-1. Acesso em 10 jul. 2021.

crimes e comprometidos com uma melhor forma de fazer negócios.[7] No entanto, essa investigação também mostrou como a falta de coordenação entre as instituições com competência para atuar em relação aos mesmos fatos jurídicos pode impactar e limitar seus resultados.

Do ponto de vista dos responsáveis, há dificuldades para compartilhar informações e firmar acordos de leniência ou de colaboração, tendo em vista a multiplicidade de autoridades que investigam os mesmos crimes em processos criminais, civis e administrativos. Cada instituição com a sua *expertise*, com análises distintas e diferentes padrões de investigação e competências para aplicar penalidades. Há uma multiplicidade de autoridades e sobreposição de competências que afetam a coordenação e a eficácia do sistema anticorrupção brasileiro.

Não há dúvidas de que a obrigação de responder para múltiplas autoridades é de quem fez a opção por cometer ilícitos e, como consequência, assumiu o risco de algum dia responder às autoridades pelos malfeitos. No entanto, a questão que se aponta é que a sobreposição de competências e a ausência de coordenação entre as instituições afeta a eficiência do combate à corrupção, com reflexos nos esforços investigativos. E do ponto de vista da legislação existente, não há nada de errado com tal sobreposição, pois as instituições estão a exercer as suas respectivas competências, não havendo uma previsão legal quanto à coordenação entre elas.

Um exemplo de coordenação interagências é o acordo de leniência. É um instrumento que se mostrou de grande valia para as investigações no caso da Operação Lava Jato, tendo trazido informações e documentos fundamentais para as autoridades, como meio para obter informações e reaver valores indevidamente desviados.

De acordo com a legislação brasileira, pelo menos o MPF, a Polícia Federal, a CGU, o CADE, a CVM e o Bacen podem firmar esse tipo de acordo. Em acréscimo, a AGU faz parte dos acordos de leniência firmados pela CGU por representar o governo brasileiro em processos e ações judiciais e administrativas. No entanto, considerando as competências de cada instituição, os enfoques dados às investigações são diferentes.

Enfoques à seara criminal, administrativa e civil trazem resultados diferentes a cada investigação. É necessário que cada instituição, conforme sua área de atuação, busque, respectivamente, obter informações relacionadas a licitações, ao sistema financeiro, ao mercado de valores mobiliários e à concorrência. A coordenação entre instituições certamente poderia trazer ganhos às investigações.

A Operação Lava Jato revelou que, quando as autoridades trabalham juntas, os resultados são muito mais profundos e rápidos, aumentando a eficiência e a efetividade das investigações. Ao mesmo tempo, devido à falta de poder legalmente definido a uma instituição para coordenar as investigações com todas as outras, a sobreposição de autoridade cria desafios que enfraquecem o combate à corrupção.

Nesse sentido, é importante lembrar que as informações, evidências e documentos obtidos por cada órgão não são compartilhados automaticamente. A investigação tem o tempo próprio em cada instituição, conforme os respectivos desdobramentos.

---

[7] BRASIL. Ministério Público Federal. *Caso Lava Jato*. [s.d]. Disponível em: http://www.mpf.mp.br/grandes-casos/lava-jato/entenda-o-caso. Acesso em 11 jul. 2021.

Indivíduos e empresas envolvidos nas fraudes necessitam responder aos chamamentos das instituições e responder a cada uma, conforme as implicações e consequências dos atos ilícitos praticados. Muito embora pessoas físicas e empresas sejam obrigadas a "confessar" todos os seus "pecados", há prejuízos para as investigações, e considerando que as informações são prestadas individualmente, em momentos distintos, há a possibilidade de o responsável optar por selecionar as informações ou mesmo não responder a todas as investigações. E, até mesmo, pessoas físicas e jurídicas podem optar por não confirmar em uma determinada investigação o que foi dito/confessado perante outra instituição.

Na mesma linha, uma instituição pode não concordar com todos os termos do acordo assinado com outro órgão, notadamente se não houver alavancagem investigativa à agência governamental que não foi signatária do acordo ou se não houver concordância com valores de multas ou de cálculos para ressarcimento dos prejuízos ao erário.

E, sob outro enfoque, não há garantias de que a confissão feita a uma instituição terá efeitos legais perante outro órgão, como redução da sanção, porque também não há legislação que permita a celebração de apenas um acordo de colaboração ou de leniência com consequências legais para todas as instituições. Com isso, falta segurança jurídica àquele que colabora, pois fica a incerteza de que as informações serão úteis para mais de uma investigação e se será concedida qualquer redução da sanção por mais de uma instituição.

Assim, as pessoas físicas e jurídicas necessitam assinar acordos de colaboração ou leniência com diversas instituições se desejarem receber vantagens de cada uma delas. Caso contrário, poderão, ao mesmo tempo, receber benefícios por colaborarem com uma instituição e serem sancionadas por outro órgão em decorrência do mesmo fato jurídico.

Recentemente, em agosto de 2020, o STF, a CGU, a AGU e o TCU assinaram um protocolo para compartilhamento de informações nos acordos de leniência. Consta do documento extraído de endereço eletrônico do Tribunal de Contas da União a seguinte informação:

> É dentro desta concepção de Estado de Direito que devem atuar as instituições incumbidas do combate à corrupção e recuperação de ativos procedentes do ilícito. Isso impõe que os diversos atores públicos ajam de forma coordenada e em estrita observância às suas atribuições e competências legalmente estabelecidas na matéria. Sem isso, se geram insegurança jurídica, conflitos interinstitucionais, sobreposição de atuações, insuficiência ou vácuos na atuação estatal, impunidade e desproporcionalidade na punição das pessoas físicas e jurídicas. Enfim, não se garante a justa prevenção e combate à corrupção.[8]

O referido protocolo é uma iniciativa que visa à implementação de uma ação cooperativa, sistêmica e coordenada das instituições signatárias. Há, também, previsão de comunicação entre as instituições sobre apurações que possam recair sobre as respectivas competências. Ainda não há informações para avaliar os resultados desse protocolo.

---

[8] BRASIL. Tribunal de Contas da União. *Cooperação técnica define protocolo para compartilhamento de informações nos acordos de leniência.* Disponível em: https://portal.tcu.gov.br/imprensa/noticias/cooperacao-tecnica-define-protocolo-para-compartilhamento-de-informacoes-nos-acordos-de-leniencia.htm. Acesso em 10 jul. 2021.

Nessa linha da ação coordenada, um bom exemplo ocorre nos Estados Unidos, onde os procuradores do Departamento de Justiça (cargo que equivale ao de procurador da República no Brasil) são os responsáveis por conduzir as investigações, coordenar os trabalhos com outras agências governamentais e processar indivíduos e empresas nos casos de fraudes e crimes do colarinho branco. Na seção seguinte farei uma breve descrição e comparação entre os sistemas brasileiro e o norte-americano de combate à corrupção.

3 O sistema federal norte-americano de combate à corrupção

O sistema de combate à corrupção nos Estados Unidos da América é um bom exemplo para ser comparado ao sistema brasileiro. Primeiro, porque é um modelo com múltiplas instituições atuando conforme suas respectivas competências. Segundo, porque as agências e departamentos governamentais, por meio de suas auditorias internas, buscam uma atuação mais preventiva com o aperfeiçoamento da gestão, ao mesmo tempo em que procuram reforçar os canais de denúncias. Além disso, o reporte dos casos envolvendo crimes de fraudes e corrupção ao Departamento de Justiça facilita a sua atuação para centralizar e coordenar investigações. A seguir, uma breve descrição do sistema americano.

De acordo com uma pesquisa divulgada pela *Columbia Law School-U.S. Anti-Corruption Oversight*: A State-by-State Survey:

> O governo federal dos Estados Unidos tem um sistema descentralizado de fiscalização anticorrupção único no mundo. Um grande número de Inspetores Gerais conduz auditorias e investigações em órgãos do poder executivo. O *Office of Government Ethics* fornece aconselhamento e treinamento sobre questões éticas. O *Office of Special Counsel* rege a conduta de funcionários federais e candidatos e protege os denunciantes de retaliação. O *Government Accountability Office* audita os gastos federais em nome do Congresso. E unidades especializadas de investigadores e procuradores dentro do Departamento de Justiça fazem cumprir as leis de integridade pública em todos os níveis de governo. Outros gabinetes de fiscalização fornecem supervisão nos ramos legislativo e judiciário, embora geralmente faltem as fortes salvaguardas de independência possuídas pelas agências de supervisão no poder executivo. (Tradução livre).[9]

Chamo a atenção para uma questão: o texto apresentado trata, basicamente, do sistema anticorrupção norte-americano no que se refere à corrupção e a fraudes envolvendo funcionários públicos federais e agências governamentais dos EUA. Por outro lado, os Estados Unidos da América também têm uma legislação estabelecida e forte atuação no que se refere aos casos de fraudes e de corrupção envolvendo funcionários públicos estrangeiros e que preencham os requisitos legais que atraíam a sua competência. A legislação básica aplicável nesse caso é o *Foreign Corrupt Practices Act* (FCPA), que será brevemente tratada posteriormente.

---

[9] COLUMBIA LAW SCHOOL.. *Oversight and Enforcement of Public Integrity*: a state-by-state study. Center for the Advancement of Public Integrity. [s.d.]. Disponível em: https://www.law.columbia.edu/capi-map#capi-mapinfo. Acesso em 9 jul. 2021.

A seguir, uma descrição sucinta de alguns órgãos e agências que trabalham no combate à corrupção e à fraude, seguindo a sequência da estrutura do Brasil antes apresentada e as respectivas contrapartes nos Estados Unidos da América.

O *Internal Revenue* Service (IRS) americano é órgão que exerce as competências semelhantes às da Receita Federal do Brasil. A *Securities and Exchange Commission* (SEC) é a contraparte da CVM nos EUA. A SEC atua promovendo a justiça nos mercados de valores mobiliários e no compartilhamento de informações entre investidores, profissionais e empresas, de forma a permitir o investimento com confiança. A SEC investiga no âmbito administrativo e pode atuar nos casos envolvendo corrupção e fraudes juntamente com o *Department of* Justice (DOJ), inclusive firmando acordos de leniência. Já a *Financial Crimes Enforcement Network* (FinCEN) é a instituição americana que exerce as funções similares às do COAF e do DRCI, protegendo o sistema financeiro e combatendo a lavagem de dinheiro.

Nos Estados Unidos da América, existem duas autoridades federais antitruste: a *Federal Trade Commission-Bureau of Competition* (FTC) e o *Department of Justice-Antitrust Division*. O *Federal Bureau of Investigation* (FBI) é a contraparte americana da Polícia Federal, sendo vinculado ao DOJ.

Em relação ao controle interno, não foram encontradas informações que reportassem a existência de um órgão central de controle interno do Governo Federal americano. Os órgãos governamentais possuem departamentos de controle interno que fazem auditorias, sendo meios para receber as informações sobre o que acontece nas respectivas organizações e para aperfeiçoar a sua gestão. São os chamados *"Offices of Inspectors General"*, divisões dentro de agências e departamentos (ministérios), responsáveis por fiscalizar os trabalhos e prevenir perdas e operações ilegais.

Nessa linha, conforme citado na pesquisa publicada pela *Columbia Law School*, foi referido o *U.S. Office of Government* Ethics (OGE), cuja missão declara que "o serviço público é uma confiança pública, exigindo que os funcionários coloquem a lealdade à Constituição, às leis e aos princípios éticos acima do ganho privado".[10] O OGE lidera e fiscaliza o programa de ética no Poder Executivo federal americano.

Foi citado, ainda, o *U.S. Office of Special Counsel* (OSC). A missão do OSC é "salvaguardar o sistema de mérito, protegendo funcionários públicos federais de práticas ilegais, em especial as represálias por denúncias".[11]

Importante citar também o *Council of the Inspectors General on Integrity and Efficiency* (CIGIE), que é uma instituição independente criada pelo Poder Executivo federal para tratar de questões sobre integridade, efetividade e estabelecimento de uma força de trabalho bem treinada nos chamados *Offices of Inspectors General*.

O *Government Accountability* Office (GAO) é o órgão vinculado ao Congresso norte-americano e que possui competências semelhantes ao TCU. Ele conduz investigações e auditorias para o Congresso dos Estados Unidos da América, fornecendo-lhe informações para o governo economizar recursos e aperfeiçoar a sua gestão. É conhecido

---

[10] COLUMBIA LAW SCHOOL. *Oversight and Enforcement of Public Integrity*: a state-by-state study. Center for the Advancement of Public Integrity. [s.d.]. Disponível em: https://www.law.columbia.edu/capi-map#capi-mapinfo. Acesso em 9 jul. 2021. (Tradução livre).

[11] U.S. OFFICE OF SPECIAL COUNSEL. *About OSC*. [s.d.]. Disponível em: https://osc.gov/Agency. Acesso em 5 jul. 2021. (Tradução livre).

como "*congressional watchdog*". O diretor do GAO é o *Comptroller General* dos EUA, indicado pelo Presidente norte-americano e aprovado pelo Senado, para um mandato de quinze anos.

O *Offices of the United States Attorneys* (USAO) é a contraparte da AGU nos EUA. Os advogados atuam nos casos em que os Estados Unidos da América são parte em um processo. A atuação ocorre nos casos de processos criminais em que o governo federal é a parte demandante, nos processos cíveis em que o governo é demandado e, ainda, nas ações de cobrança de dívidas consideradas irrecuperáveis. Ressalto que o *Solicitor General of the United States* representa o Governo Federal perante a Suprema Corte dos EUA, bem como acompanha os julgamentos nas demais instâncias em que o governo federal é parte para decidir em quais casos recorrerá àquela Corte.

O *Department of Justice* e seus procuradores, alocados em divisões conforme temas e os crimes federais, como fraudes e corrupção envolvendo funcionários públicos estrangeiros e antitruste, são a contraparte americana do Ministério da Justiça e Segurança Pública. Os procuradores também atuam nos processos em que os EUA são parte.

O DOJ e a SEC estão atuando nos casos investigados pela Operação Lava Jato, notadamente porque, de acordo com o *Foreign Corrupt Practices Act* (FCPA, Lei americana que trata dos casos de corrupção envolvendo funcionários públicos estrangeiros), as autoridades americanas são competentes para atuar nos casos em que o crime tenha sido cometido no território dos EUA, ou tenha sido utilizado o sistema bancário americano, ou seja, uma empresa que se utilize do mercado de capitais americano (como emissor de ações ou de *American Depository Receipts*-ADRs), ou, ainda, empresas que tenham sido organizadas sob as leis americanas ou que tenham a sua atividade principal localizada nos EUA. Com base em alguma dessas previsões legais, grupos empresariais brasileiros foram investigados e/ou processados pelo DOJ e pela SEC.

O então Procurador-Geral Adjunto dos Estados Unidos da América, Sr. Rod J. Rosenstein, registrou em uma conferência em Nova Iorque sobre a FCPA que:

> A aplicação da FCPA se concentra no mercado global, porque o mundo está interconectado. Problemas econômicos em lugares distantes afetam as empresas e os mercados financeiros americanos. O mesmo acontece com a corrupção estrangeira.
>
> Os estrangeiros que se beneficiam do mercado americano precisam cumprir nossas regras e padrões. E nossos cidadãos, quer estejam fazendo negócios aqui ou no exterior, permanecem responsáveis pelos estatutos e regulamentos desta grande e próspera nação. (Tradução livre).[12]

Anoto que o enfoque do trabalho desenvolvido pelo DOJ, com base na FCPA, é importante em razão da sua atuação nos casos criminais, na obrigatoriedade de comunicação de crimes por parte das agências e departamentos (ministérios) ao DOJ, bem como porque grandes casos de corrupção, a exemplo das investigações da Operação Lava Jato, normalmente envolvem múltiplas jurisdições.

---

[12] ROSENSTEIN, Rod J. Deputy Attorney General. The U.S. Department of Justice. *Remarks Address at the American Conference Institute's 20th Anniversary New York Conference on the Foreign Corrupt Practices Act.* Nova Iorque, mai. 2018. Disponível em: https://www.justice.gov/opa/speech/deputy-attorney-general-rod-j-rosenstein-delivers-remarks-american-conference-institutes. Acesso em 6 jul. 2021.

Importante ressaltar que nesses casos de fraudes, corrupção e crimes do colarinho branco, incluindo o mercado de valores mobiliários, o DOJ e a SEC utilizam, com frequência, a proteção do *Whistleblower* (denunciante - aquele que reporta um ato ilícito às autoridades), os mecanismos de *Deferred Prosecution Agreement* (DPA) e *Non Prosecution Agreement* (NPA). A diferença entre ambos é que no DPA a empresa é denunciada, sendo necessária uma homologação judicial, enquanto no NPA não há uma denúncia e é assumido o compromisso de a empresa não ser processada, seja judicial ou civilmente.

É bastante comum a colaboração de pessoas físicas e privadas com o Departamento de Justiça e a *Securities and Exchange Commission*. Friso que dada a competência do júri, inclusive para casos de corrupção nos EUA, assim como o alto custo de uma ação judicial, é natural a busca por outros meios de solução de controvérsias, como o DPA e o NPA.

Cabe destacar que a questão da falta de coordenação entre agências também existe nos EUA, e no discurso citado anteriormente, ocorrido em 2018, o então Procurador-Geral Adjunto, Sr. Rod J. Rosenstein, anunciou uma política para evitar o chamado *Piling on*, ou o empilhamento/acúmulo de diversas investigações sobre o mesmo fato por várias agências governamentais:

> Uma das coisas com que as empresas se preocupam é o risco de enfrentar várias ações de coação para a mesma conduta. É importante que sejamos agressivos ao perseguir os transgressores, mas devemos desencorajar a aplicação desproporcional das leis de corrupção por parte de várias autoridades. No futebol, o termo "empilhar" se refere a um jogador pulando em uma pilha de outros jogadores depois que o adversário já foi derrubado.
>
> "Empilhar" é o assunto de uma nova política do Departamento que estamos anunciando hoje. A política instrui os componentes do Departamento a se coordenarem adequadamente entre si e com outras agências de fiscalização na imposição de várias penalidades a uma empresa pela mesma conduta. (Tradução livre).[13]

Essa nova política, que tem como um de seus pilares o encorajamento dos procuradores e advogados que trabalham para o DOJ e o USAO entrarem em contato com as diversas autoridades das agências governamentais, federais, estaduais, municipais e estrangeiras, com atuação sobre a mesma conduta ilícita, estimula a coordenação dos esforços investigativos, bem como a aplicação de sanções.

Em adição, os EUA adotam o *Federal Sentencing Guidelines*, criado como um conjunto de normas para uniformizar as sentenças de indivíduos e empresas. Atualmente, tais regras não são mais obrigatórias e sevem como parâmetros para aplicação de penas. Ainda assim, tais parâmetros são utilizados para balizar os termos de acordos de leniência, por exemplo, trazendo uma segurança jurídica àqueles que praticaram crimes, bem como parâmetros para que o DOJ e a SEC negociem termos com pessoas físicas e jurídicas.

A partir dessa breve descrição do sistema norte-americano de combate à corrupção é possível extrair que a coordenação das investigações e denúncias é concentrada fortemente, no trabalho do *Department of Justice*. Até porque, as instituições necessitam informar ao DOJ sobre os casos de fraudes e corrupção. Normalmente, os casos de

---

13 ROSENSTEIN, Rod J. Deputy Attorney General. The U.S. Department of Justice. *Remarks Address at the American Conference Institute's 20th Anniversary New York Conference on the Foreign Corrupt Practices Act*. Nova Iorque, mai. 2018. Disponível em: https://www.justice.gov/opa/speech/deputy-attorney-general-rod-j-rosenstein-delivers-remarks-american-conference-institutes. Acesso em 6 jul. 2021.

corrupção envolvem não apenas o pagamento de propinas, a lavagem de dinheiro, como também a falsidade de registros contábeis. Tal falsidade de registros afeta o mercado de capitais, levando investidores a adotarem decisões com base em informações falsas. Por tal razão, a SEC é outro forte componente no enfrentamento da corrupção.

Após tratar da questão da coordenação entre os múltiplos órgãos que enfrentam/ investigam casos de corrupção, passo a tratar brevemente de outra temática importante, os métodos de cálculo dos danos ao erário, e que, assim como a referida coordenação, representa um desafio para quem investiga ou é investigado.

4 Metodologias para calcular o dano ao erário

A Operação Lava Jato vem investigando diversos casos de corrupção envolvendo empresas estatais brasileiras, funcionários públicos, políticos brasileiros e grandes grupos empresariais, notadamente do ramo da construção. Como já foi dito, esta Operação é uma força-tarefa que inclui, pelo menos, a RFB, a PF e o MPF, além de informações produzidas pelo DRCI e pelo COAF, assim como informações de auditorias conduzidas pelo TCU. De acordo com um dos casos que foi apurado e condenado, o MPF estimou o pagamento de 1% a 3% do valor do contrato a título de propina. Nesse sentido, a ação criminal no 5021365-32.2017.4.04.7000/PR. Essa porcentagem foi fornecida por pessoas que receberam ou pagaram tais vantagens ilícitas.

Segundo o ex-juiz Sérgio Moro, Alberto Youssef, que operava a lavagem de dinheiro, e Paulo Roberto Costa, ex-diretor da Petróleo Brasileiro S/A – Petrobras:

> [...] revelaram que, via de regra, todo contrato firmado pela Petrobras com as grandes construtoras brasileiras inclui propina de 1 ou 2 por cento do valor total do contrato para os funcionários da Petrobras que o aprovaram. O papel de Youssef era organizar o esquema de lavagem de dinheiro. Costa recebia parte dos subornos para trabalhar pelos interesses das construtoras. Outra parte do dinheiro foi para políticos, incluindo parlamentares federais do Partido Progressista (Partido Progressista), que fazia parte da coalizão governista e foi na prática responsável pela indicação de Costa para seu cargo na Petrobras. (Tradução livre).[14]

Certamente, esse percentual é uma forma correta de calcular o valor das propinas. De acordo com esses percentuais, o MPF calculou o montante de tais vantagens, assinou acordos de colaboração e de leniência e tem buscado judicialmente a recuperação de ativos. Esses mesmos percentuais foram utilizados pela CGU e AGU para firmar acordos de leniência com as mesmas empresas, basicamente com o mesmo valor de danos e/ou multas. Evidentemente, o valor é pago uma única vez para o erário ou, se for o caso, para a entidade estatal envolvida.

É interessante destacar a diferença de conceitos: o MPF vem investigando principal-mente sob o enfoque penal, de forma a obter informações e documentos para conhecer a atuação do cartel, os ilícitos cometidos e as pessoas físicas e jurídicas envolvidas. Nesse sentido, os acordos de colaboração e leniência foram meios importantíssimos

---

[14] MORO, Sérgio F. Preventing Systemic Corruption in Brazil. Daedalus. *The Journal of the American Academy of Arts & Sciences*, Summer, 2018. p. 160. Disponível em: https://www.amacad.org/sites/default/files/daedalus/ downloads/18_Summer_Daedalus.pdf. Acesso em 7 jul. 2021.

para a alavancagem das investigações. Nesses acordos, há cláusula estabelecendo que não está sendo dada a quitação de todos os danos causados ao erário.

A CGU e a AGU assinaram acordos envolvendo valores que se assemelham com aqueles constantes dos acordos com o MPF. Neles também há previsão de que não está sendo dada a quitação de todos os prejuízos causados.

Em outra frente, o CADE também investiga o cartel de empresas que fraudou as licitações na Petrobras e na Eletrobras. Desta feita, sob o enfoque da legislação antitruste, não se trata necessariamente de buscar ressarcir danos causados ao erário por má aplicação de recursos públicos, mas o prejuízo decorrente das fraudes para o mercado relevante, se considerada uma situação de concorrência. O CADE aplica meios econométricos para estimar tal prejuízo e estabelece em seus acordos de leniência e termos de cessação de conduta as sanções conforme as informações prestadas (alavancagem investigativa), bem como o momento em que a empresa buscou a autarquia para reportar o ato ilícito.

Por sua vez, o TCU tem conduzido suas auditorias em alguns dos empreendimentos investigados pela Operação Lava Jato e, já a partir de 2008, havia apontado indícios de fraudes nas licitações, inclusive tendo reafirmado as informações constantes nesses relatórios no âmbito de comissões parlamentares de inquérito (TCs nº 010.546/2009-4, 008.472/2008-3, 009.834/2010-9).

O Tribunal de Contas da União tem o dever constitucional de calcular os prejuízos causados ao erário e sancionar as pessoas físicas e empresas envolvidas a ressarcirem o erário. A Corte de Contas também pode aplicar multas, declarar empresas inidôneas e proibir a contratação de pessoas físicas para cargos públicos federais.

Os prejuízos causados ao erário não coincidem com os valores pagos a título de propina constantes dos acordos assinados pelo MPF, CGU/AGU, até porque, se uma empresa assumiu que pagou propina, ela estava assumindo um risco com o ato ilícito praticado.

Para ser vantajosa a prática desse ato ilícito, o risco da atividade empresarial é maior e, se o risco é maior, também será maior o preço praticado pela empresa, de forma que ela repassa esse "aumento do seu custo" para o contratante. Em sendo o preço maior do que aquele que efetivamente seria praticado em um ambiente de concorrência, resta claro que coube ao erário, acionistas e empresas estatais pagarem pelo valor maior cobrado nos contratos. E a questão é: quanto maior que aquele valor inicial entre 1% e 3% foi o prejuízo causado ao erário? Quais métodos podem ser utilizados para calcular os danos dentro de um prazo razoável?

Por um lado, as empresas que firmaram acordos alegaram que os prejuízos causados são aqueles estabelecidos nos referidos acordos. Não obstante, está claro que as empresas não suportaram esse custo sozinhas e, muito menos, que não precificaram o risco que assumiram com as fraudes. Tais valores foram repassados aos preços praticados nos contratos e/ou nos quantitativos informados para equipamentos e serviços fornecidos, sendo diferentes daqueles efetivamente pagos por tais empresas para os seus fornecedores.

Um exemplo da diferença que poderia haver entre o valor do pagamento a título de propina e os custos da corrupção, e também dos investimentos ruins para a empresa estatal e o erário, é este mencionado pelo ex-juiz Sérgio Moro:

Alguns dos investimentos ruins da Petrobras podem não ser explicados simplesmente como resultado de um julgamento ruim ou aposta infeliz, mas sim como uma escolha deliberada dos diretores corruptos da maior empresa do Brasil para gerar subornos em vez de tomar a melhor decisão do ponto de vista econômico de visualizar. Um exemplo é a construção da nova refinaria Abreu e Lima. Inicialmente, a Petrobras estimou o custo do projeto em US\$2,4 bilhões. No entanto, até 2015, a Petrobras já havia perdido US\$18,5 bilhões na construção da refinaria, e ela estava apenas parcialmente concluída. Mesmo se a refinaria operasse com eficiência total pelo resto de sua vida planejada, ela incorreria em uma perda de US\$3,2 bilhões. Os casos da Lava Jato mostraram que foram pagos subornos em alguns contratos de construção da refinaria. Mas a diferença entre US\$2,4 bilhões e US\$18,5 bilhões não pode ser explicada apenas pelos custos adicionais dos subornos. Decisões ruins de investimento foram tomadas porque os executivos da Petrobras estavam mais preocupados em receber propinas do que em fazer seu trabalho no melhor interesse da empresa. (Tradução livre).[15]

No âmbito do TCU existem diferentes métodos para calcular os danos ao erário. A opção pode variar conforme os dados existentes referentes a quantidades, parâmetros em bancos de dados oficiais (incluindo preços de equipamentos, serviços e valores para contratação de mão de obra), existência de notas fiscais e tempo decorrido desde os fatos e o prazo disponível para calcular o dano.

A seguir, listo alguns desses métodos. Ressalto que, certamente, não estão incluídos os custos referentes aos investimentos ruins e sem viabilidade econômica, como no caso da Refinaria Abreu e Lima, antes referido. E, por oportuno, friso, ainda, que alguns dos métodos são recentes, a sua consolidação ocorrerá conforme a evolução da jurisprudência, tanto do TCU, quanto do Poder Judiciário.

O primeiro método consiste em classificar os valores em uma curva, chamada ABC, e utilizar como amostra os valores mais representativos, comparando-os com preços constantes em bancos de dados oficiais.

O segundo método para calcular o dano ao erário consiste em utilizar a classificação da curva ABC e comparar os preços de notas fiscais emitidas pela empresa contratada com os documentos fiscais de seus fornecedores, e considerando razoáveis valores dos custos da contratada, incluindo custos diretos e bonificação e despesas indiretas (BDI).

O terceiro método consiste em reunir informações sobre diversas licitações e preços, definir parâmetros econométricos e calcular o percentual do valor que a estatal ou o Governo pagou a maior em razão da fraude e da corrupção. Essa diferença deve ser ressarcida ao erário. Este método é semelhante à metodologia aplicada pelo CADE.

Um quarto método consiste em considerar que o contrato foi obtido mediante fraude/corrupção e a partir disso considerar apenas os custos comprovadamente incorridos pela empresa subtraindo-os do valor total do contrato, de forma a considerar a diferença como produto de ilícito (como benefício auferido pela atividade criminosa/produto do crime) e, portanto, como dano causado ao erário. Trata-se da devolução do lucro ilegítimo. Quanto a este método, no entanto, foi feita uma ressalva quanto à sua aplicação no âmbito do TCU, em razão do entendimento de que, diferentemente do ressarcimento do dano ao erário, a sanção de perda de bens não pode ser aplicada pelo

---

[15] MORO, Sérgio F. Preventing Systemic Corruption in Brazil. Daedalus. *The Journal of the American Academy of Arts & Sciences*, Summer, 2018. p. 160. Disponível em: https://www.amacad.org/sites/default/files/daedalus/downloads/18_Summer_Daedalus.pdf. Acesso em 7 jul. 2021.

TCU, mas apenas pelo Poder Judiciário (Acórdão nº 129/2020-TCU-Plenário, Relator Exmo. Ministro Benjamin Zymler).

Ressalto que, considerando a existência de diversos serviços e equipamentos nos contratos das refinarias da Petrobras, por exemplo, é possível a combinação de métodos para calcular o dano. Nesse sentido, cito o recente Acórdão nº 1361/2021-TCU-Plenário (Relator Exmo. Ministro Benjamin Zymler).

Trata-se de uma tomada de contas especial para apurar possíveis irregularidades em contrato celebrado para execução das obras de implantação das unidades de coqueamento retardado (UCR) da Refinaria Abreu e Lima (RNEST), localizada no Município de Ipojuca/PE. Na TCE foram utilizados os métodos da Curva ABC para seleção de itens da amostra e comparação com preços constantes em bancos de dados oficiais, o estudo econométrico (redução em aproximadamente 17% do valor do desconto que seria ofertado no caso de um cenário competitivo) e a comparação dos valores praticados no contrato com aqueles preços constantes de documentos fiscais emitidos por fornecedores, acrescidos dos custos diretos e bonificação e despesas indiretas.

Feitas essas considerações, registro que não há diretrizes que determinem a aplicação deste ou daquele método, o que fortalece os argumentos dos responsáveis, quanto à segurança jurídica da metodologia aplicada ao caso em concreto. É preciso diferenciar, no caso específico, o que seria apenas um argumento de defesa sem embasamento, e o que seria um argumento válido, tendo sido demonstradas as razões e os prejuízos à defesa para uma eventual inaplicabilidade de um ou outro método.

Nesse sentido, friso que é preciso compatibilizar os esforços investigativos entre as instâncias e os órgãos, no sentido de buscar a adoção de métodos rápidos e eficazes que aumentem a efetividade do combate à corrupção das ações de ressarcimento dos prejuízos causados ao erário, desestimulando a prática de atos ilícitos como meio para obtenção de contratos. Por oportuno, cito trecho do Voto condutor do Acórdão nº 129/2020-TCU-Plenário (Relator Exmo. Ministro Benjamin Zymler), quando da análise da inaplicabilidade da sanção de perda de bens pelo TCU:

> Embora concorde com a posição do d. representante do MP/TCU no sentido de que a desinformação quanto às cláusulas dos acordos de leniência supracitados inviabiliza a avaliação imediata da efetiva natureza e dos fundamentos dos pagamentos efetuados pelas empreiteiras com base nesses ajustes, *não se pode olvidar que a sobreposição de atribuições entre as diversas instâncias de controle pode produzir um inútil esforço processual*, caso esta Corte de Contas dê prosseguimento ao presente feito. (Grifos acrescidos).[16]

Conclusão

O combate à corrupção envolve competências de vários órgãos e instituições brasileiras. É vital a cooperação e a coordenação entre elas, de forma a evitar a sobreposição de investigações e múltiplas penalidades pelos mesmos atos ilícitos. As organizações

---

[16] BRASIL. Tribunal de Contas da União. *Acórdão nº 129/2020-TCU-Plenário*. Relator Exmo. Ministro Benjamin Zymler. 29 jan. 2020. p. 58. Disponível em: https://pesquisa.apps.tcu.gov.br/#/documento/acordao-completo/*/NUMACORDAO%253A129%2520ANOACORDAO%253A2020%2520COLEGIADO%253A%2522Plen%25C3%25A1rio%2522/DTRELEVANCIA%2520desc%252C%2520NUMACORDAOINT%2520desc/0/%2520. Acesso em 10 jul. 2021.

criminosas estão se sofisticando cada vez mais, o que exige maior esforço investigativo das instituições envolvidas. A falta de coordenação certamente reduz a efetividade do sistema de combate à corrupção no Brasil.

Aranha lançou um mapa de um fluxo de controle de corrupção no Brasil. Após acompanhar 19.000 irregularidades, analisar processos administrativos e/ou judiciais relacionados a tais irregularidades, bem como analisar mais de 60 entrevistas, a autora concluiu que falta coordenação no processo de prestação de contas, principalmente quando relacionado a casos de corrupção.[17]

Matthew Jenkins estudou a coordenação interagências e mencionou que:

> Sem emendas legislativas que permitam maior troca de informações e na ausência de unidades formais de coordenação, por exemplo, a colaboração no local será difícil (Sampford, Smith e Brown 2005).[18]

O sistema americano de combate à corrupção, no qual há uma forte predominância do Departamento de Justiça e da *Securities and Exchange Commission*, aliada à política de que procuradores e advogados públicos procurem as demais agências governamentais para compartilhar informações, é um bom exemplo de coordenação de múltiplas agências.

O sistema de combate à corrupção brasileiro necessita ser aprimorado de modo a permitir a coexistência da coordenação com o respeito às competências de cada instituição. A coordenação não implica, necessariamente, a perda de comando da investigação, mas sim, um aperfeiçoamento de fluxos de trabalho combinado com o compartilhamento de informações e evidências. É necessário dotar o sistema de maior dinamismo e efetividade, de forma a torná-lo mais organizado e eficiente que a própria organização criminosa.

Em relação ao ressarcimento dos prejuízos decorrentes das fraudes e corrupção, cito o seguinte excerto de trabalho publicado pela OCDE-STaR (*The World Bank*), o qual ressalta que:

> Em 2005, a Convenção das Nações Unidas contra a Corrupção (UNCAC) entrou em vigor; a UNCAC exige que os Estados-membros criminalizem o suborno doméstico e estrangeiro e estabelece diretrizes sobre punição e execução, incluindo confisco dos produtos do crime, devolução de lucros, recuperação direta de propriedade e compensação por danos. No momento deste relatório, 150 países eram Estados-membros da UNCAC.
>
> Identificar e definir o valor monetário das receitas provenientes da corrupção é crucial para garantir que as sanções sejam suficientemente proporcionais, dissuasivas e eficazes, conforme exigido pelo Artigo 3 da Convenção Antissuborno. Além disso, na prática, o confisco ou a recuperação dos produtos da corrupção, conforme previsto na UNCAC, podem ser impossíveis de ocorrer nos casos em que esses lucros não puderem ser quantificados pelos investigadores ou procuradores. (Tradução nossa). (Tradução livre).[19]

---

[17] ARANHA, Ana Luiza. *The Web of Accountability Institutions and Corruption Control in Brazil*. OECD, 2018. Disponível em: https://www.oecd.org/corruption/integrity-forum/academic-papers/Aranha.pdf. Acesso em 12 jul. 2021.

[18] JENKINS, Matthew. *Interagency coordination mechanisms: improving the effectiveness of national anti-corruption efforts*. Transparency International, jan. 2019. Disponível em: https://knowledgehub.transparency.org/assets/uploads/helpdesk/Interagency-coordination-mechanisms_2019_PR.pdf. Acesso em 8 jul. 2021.

[19] OECD/THE WORLD BANK. Identification and Quantification of the Proceeds of Bribery: Revised edition. *OECD Publishing*, fev. 2012. P. 13. Disponível em: http://dx.doi.org/10.1787/9789264174801-en. Acesso em 11 jul. 2021.

A definição dos métodos mais expeditos de cálculo dos danos ao erário, tarefa que pode ser incluída na coordenação entre as instituições governamentais, é um importante aliado na busca da dissuasão de agentes públicos e privados a adotarem modelos de negócios que privilegiem o pagamento de propinas, a eliminação de concorrência e a obtenção de ganhos indevidos às custas do erário e dos acionistas.

O então Procurador-Geral adjunto do Departamento de Justiça americano, Rod J. Rosenstein, ressaltou que:

> A corrupção costuma ser uma ferramenta para empresas que não conseguem acompanhar os concorrentes por meio de inovação, qualidade e eficiência. Quando falamos em nivelar o campo de atuação para as empresas, queremos dizer nivelar para padrões mais elevados, não para baixo. (Tradução livre).[20]

O sistema de combate à corrupção brasileiro precisa ser dotado de maior efetividade e agilidade, de modo a melhor enfrentá-la, dissuadindo agentes públicos e privados de se valerem de suas posições ou do poder econômico para corromper e obter ganhos ilícitos. Como bem escreveu a OCDE, no documento "Integridade Pública. Uma estratégia contra a corrupção. Desigualdade, exclusão e desilusão: o custo real da corrupção":

> A corrupção é uma das questões mais corrosivas do nosso tempo. Destrói recursos públicos, amplia as desigualdades econômicas e sociais, cria descontentamento e polarização política e reduz a confiança nas instituições.
>
> A corrupção perpetua a desigualdade e a pobreza, impactando o bem-estar e a distribuição da renda e prejudicando oportunidades para participar igualmente na vida social, econômica e política.[21]

Referências

ARANHA, Ana Luiza. *The Web of Accountability Institutions and Corruption Control in Brazil*. OECD, 2018. Disponível em: https://www.oecd.org/corruption/integrity-forum/academic-papers/Aranha.pdf. Acesso em 12 jul. 2021.

BRASIL. Estratégia Nacional de Combate à Corrupção e à Lavagem de Dinheiro. *Quem somos?* [s.d]. Disponível em: http://enccla.camara.leg.br/quem-somos. Acesso em 9 jul. 2021.

BRASIL. Ministério Público Federal. *Ação Criminal no 5021365-32.2017.4.04.7000/PR*. 06 fev. 2019. Disponível em: http://www.mpf.mp.br/grandes-casos/lava-jato/entenda-o-caso/curitiba/acoes/processo-penal-63/sentenca-versao-em-ingles/arquivo. Acesso em 11 jul. 2021.

BRASIL. Tribunal de Contas da União. *Cooperação técnica define protocolo para compartilhamento de informações nos acordos de leniência*. Disponível em: https://portal.tcu.gov.br/imprensa/noticias/cooperacao-tecnica-define-protocolo-para-compartilhamento-de-informacoes-nos-acordos-de-leniencia.htm. Acesso em 10 jul. 2021.

BRASIL. Tribunal de Contas da União. *Acórdão nº 129/2020-TCU-Plenário*. Relator Exmo. Ministro Benjamin Zymler. 29 jan. 2020. Disponível em: https://pesquisa.apps.tcu.gov.br/#/documento/acordao-completo/*/

---

[20] ROSENSTEIN, Rod J. Deputy Attorney General. The U.S. Department of Justice. *Remarks Address at the American Conference Institute's 20th Anniversary New York Conference on the Foreign Corrupt Practices Act.* Nova Iorque, mai. 2018. Disponível em: https://www.justice.gov/opa/speech/deputy-attorney-general-rod-j-rosenstein-delivers-remarks-american-conference-institutes. Acesso em 6 jul. 2021.

[21] OCDE. *Integridade Pública. Uma estratégia contra a corrupção. Desigualdade, exclusão e desilusão: o custo real da corrupção.* 2020. p. 2. Disponível em: https://www.oecd.org/gov/ethics/integrity-recommendation-brazilian-portuguese.pdf. Acesso em 5 jul. 2021.

NUMACORDAO%253A129%2520ANOACORDAO%253A2020%2520COLEGIADO%253A%2522Plen%25
C3%25A1rio%2522/DTRELEVANCIA%2520desc%252C%2520NUMACORDAOINT%2520desc/0/%2520.
Acesso em 10 jul. 2021.

BRASIL. Tribunal de Contas da União. *Acórdão nº 1361/2021-TCU-Plenário*. Relator Exmo. Ministro Benjamin Zymler. 09 jun. 2021. Disponível em: https://pesquisa.apps.tcu.gov.br/#/documento/acordao-completo/*/
NUMACORDAO%253A1361%2520ANOACORDAO%253A2021%2520COLEGIADO%253A%2522Plen%
25C3%25A1rio%2522/DTRELEVANCIA%2520desc%252C%2520NUMACORDAOINT%2520desc/0/%2520.
Acesso em 10 jul. 2021.

CHÊNE, Maria. *Coordination Mechanisms of Anti-Corruption Institutions*. U4 Expert Answer, set. 2009. Disponível em: https://www.u4.no/publications/coordination-mechanisms-of-anti-corruption-institutions. Acesso em 10 jul. 2021.

COLUMBIA LAW SCHOOL. *Oversight and Enforcement of Public Integrity*: a state-by-state study. Center for the Advancement of Public Integrity. [s.d.]. Disponível em: https://www.law.columbia.edu/capi-map#capi-mapinfo. Acesso em 9 jul. 2021.

COUNCIL OF THE INSPECTORS GENERAL ON INTEGRITY AND EFFICIENCY. *Resources*. [s.d]. Disponível em: https://www.ignet.gov. Acesso em 12 jul. 2021.

FRANCE, Guilherme. Brazil: overview of corruption and anti-corruption. Anti-corruption Helpdesk Answer. *Transparency International*, jan. 2019. Disponível em: https://knowledgehub.transparency.org/helpdesk/brazil-overview-of-corruption-and-anti-corruption-1. Acesso em 10 jul. 2021.

JENKINS, Matthew. Interagency coordination mechanisms: improving the effectiveness of national anti-corruption efforts. *Transparency International*, jan. 2019. Disponível em: https://knowledgehub.transparency.
org/assets/uploads/helpdesk/Interagency-coordination-mechanisms_2019_PR.pdf. Acesso em 8 jul. 2021.

LAFORGE, Gordon. *The Sum of Its Parts*: coordinating Brazil's Fight Against Corruption, 2003 – 2016. Princeton University: Global Challenges Corruption, Innovations for Successful Societies, 2017. Disponível em: https://successfulsocieties.princeton.edu/sites/successfulsocieties/files/GLF_AC-Strategy_Brazil_
FORMATTED_20Feb2017.pdf. Acesso em 9 jul. 2021.

MORO, Sérgio F. Preventing Systemic Corruption in Brazil. Daedalus. *The Journal of the American Academy of Arts & Sciences*, Summer, 2018. Disponível em: https://www.amacad.org/sites/default/files/daedalus/
downloads/18_Summer_Daedalus.pdf. Acesso em 7 jul. 2021.

OCDE. *Integridade Pública. Uma estratégia contra a corrupção. Desigualdade, exclusão e desilusão: o custo real da corrupção*. 2020. Disponível em: https://www.oecd.org/gov/ethics/integrity-recommendation-brazilian-portuguese.pdf. Acesso em 5 jul. 2021.

OECD/THE WORLD BANK. Identification and Quantification of the Proceeds of Bribery: Revised edition. *OECD Publishing*, fev. 2012. Disponível em: http://dx.doi.org/10.1787/9789264174801-en. Acesso em 11 jul. 2021.

OFFICES OF THE UNITED STATES ATTORNEYS. *Mission*. [s.d]. Disponível em: https://www.justice.gov/
usao/mission. Acesso em 6 jul. 2021.

ROSENSTEIN, Rod J. Deputy Attorney General. The U.S. Department of Justice. *Remarks Address at the American Conference Institute's 20th Anniversary New York Conference on the Foreign Corrupt Practices Act*. Nova Iorque, mai. 2018. Disponível em: https://www.justice.gov/opa/speech/deputy-attorney-general-rod-j-rosenstein-delivers-remarks-american-conference-institutes. Acesso em 6 jul. 2021.

SPERCEL, Thiago. *Fighting Corruption in Brazil – Recent Developments and Challenges Ahead*. 30 jul. 2018. Disponível em: https://www.machadomeyer.com.br/en/recent-publications/publications/compliance-and-integrity/fighting-corruption-in-brazil-recent-developments-and-challenges-ahead. Acesso em 7 jul. 2021.

U. S. Department of State, Bureau of International Narcotics and Law Enforcement Affairs. *Combating Corruption and Promoting Good Governance*. [s.d]. Disponível em: https://www.state.gov/anticorruption/organizations/
index.htm. Acesso em 5 jul. 2021.

U. S. OFFICE OF GOVERNMENT ETHICS. *What We Do*. [s.d]. Disponível em: https://www.oge.gov/web/
OGE.nsf/about_what-we-do. Acesso em 5 jul. 2021.

U.S. OFFICE OF SPECIAL COUNSEL. *About OSC*. [s.d]. Disponível em: https://osc.gov/Agency. Acesso em 5 jul. 2021.

Informação bibliográfica deste texto, conforme a NBR 6023:2018 da Associação Brasileira de Normas Técnicas (ABNT):

FALCÃO, Fernando Antônio da Silva. Breves reflexões sobre a efetividade do sistema brasileiro de combate à corrupção: a sobreposição de autoridades e as metodologias para calcular o dano ao erário Federal. *In*: LIMA, Edilberto Carlos Pontes (Coord.). *Os Tribunais de Contas, a pandemia e o futuro do controle*. Belo Horizonte: Fórum, 2021. p. 255-273. ISBN 978-65-5518-282-8.

INTERVENÇÕES PÚBLICAS EM UM CENÁRIO DE PANDEMIA E SUAS CONSEQUÊNCIAS – CAUTELA E CANJA DE GALINHA NÃO FAZEM MAL A NINGUÉM

FERNANDO B. MENEGUIN
AMANDA FLÁVIO DE OLIVEIRA

Introdução

A vida adulta nos revela inúmeras situações em que ter descumprido ponderações prudentes de nossos pais custaram um preço alto para nossas escolhas. E igualmente nos revela que determinados conselhos são atemporais e precisos. A chamada à cautela, à prudência, ao agir com segurança, tradicionalmente transmitida entre as gerações de brasileiros pelo ditado popular que consta do título deste artigo revela-se atual e válida não apenas para a condução de nossas vidas pessoais, mas serve igualmente ao modo como devem ser conduzidas as instituições nacionais e a atuação pública.

Mas, se o agir impulsivo encontra motivações psicológicas na vida humana, e, de alguma forma, integra o próprio processo de amadurecimento das pessoas, atuar sem se atentar às consequências sociais, sem critérios objetivos e de racionalidade, em âmbito público, pode significar impor um preço alto demais para a coletividade. Quem vai pagar a conta, no entanto, não coincide com o autor do ato precipitado: pagam os cidadãos, pode-se até mesmo obstar o desenvolvimento nacional.

O contexto de pandemia representou um terreno fértil para medidas urgentes adotadas pelas autoridades nacionais: de fato, a situação impunha a elas o dever de agir prontamente. Adaptações legais e na forma de agir do Estado fizeram-se prementes, e foi a própria realidade de crise que assim impôs, não havia escolha quanto a isso. Mas, agir rapidamente não pode ser compreendido como autorização para agir de forma descuidada, emocional, leviana, atécnica, irracional ou populista. Se não havia a opção de nada fazer, sempre há muitas opções sobre o que e como fazer.

De fato, o "como" agir representou o grande desafio posto às autoridades. E, adicionalmente, uma variável agregava complexidade à ação estatal: o cenário de incerteza em que envolta a pandemia decorrente do COVID-19. Maurício Bugarin,[1] a respeito do

---

[1] BUGARIN, Maurício. Covid-19 e teoria econômica: diferença entre risco e incerteza. *Nexo*, 21 mai. 2021.

tema, explica que, em uma situação de incerteza, a informação é mais limitada, o que gera dificuldade para se estimar as diferentes probabilidades do que pode acontecer. A incerteza dificulta a tomada de decisão e a coordenação em sociedade, propiciando terreno fértil para falhas de governo.

Face a essa incerteza e à urgência requerida, testemunhou-se, no Brasil, a edição de inúmeras ações públicas sem sustentação em evidências e com nítidos efeitos colaterais negativos para a sociedade. As motivações para essas ações podem decorrer de razões diversas, variando de imperícia a ambição de poder. Mas o contexto inédito e agudo também serviu para caricaturizar as situações e escancarar a imperiosidade da necessidade de cuidado no desenho de qualquer intervenção estatal.

1   Falhas de governo e suas lições no cenário de pandemia

Falhas de governo podem ser compreendidas como intervenções governamentais incorretas que geram distorções maiores do que os problemas a que elas se propunham a resolver.[2] Esse efeito adverso é conhecido na literatura como "Efeito Peltzman", situação em que a regulação tende a criar condutas não previstas para os regulados, anulando os benefícios almejados.[3]

Desde o século XIX, Bastiat já adverte para o risco de "perversão" da lei. Em suas palavras, no clássico "A Lei", as razões para tanto decorreriam da "ambição estúpida" ou da "falsa filantropia".[4] Mais recentemente, a Escola da Escolha Pública (ou *Public Choice*) revela que, se se admite, com mais facilidade, que na vida privada as pessoas agem movidas pelo autointeresse, o mesmo ocorre em decisões estatais ou governamentais, uma vez que elas são tomadas por seres humanos, igualmente motivados por ponderações de custo e benefício. Nesse sentido, se podem ser identificáveis "falhas de mercado", hábeis a justificar a ação estatal, sua substituição por "falhas de governo" pode causar estrago ainda maior: a diferença entre elas é que a falha de governo é promovida por um agente monopolista e com poder de coerção.[5]

Nesse sentido, mesmo que agindo pautado por boa-fé, o agente público pode estar enviesado em sua percepção da realidade ou do interesse público que busca alcançar. Agir pautado em evidências e análises custo-benefício constituem antídotos inabidicáveis quando se trata de ações oficiais... e o contexto de crise acentua essa realidade.

Como exemplo de distorções geradas no Brasil, no curso da pandemia, pode-se citar o caso das inúmeras iniciativas que pululuaram nos quatro cantos do Brasil, em todos os níveis da federação, voltadas a "garantir um preço justo" de produtos e serviços ou a "reprimir preço ou lucro abusivo". Essa, talvez, tenha sido a primeira ação amplamente difundida: produtos antes longe de serem considerados essenciais para

---

[2]   DANTAS, G. B.; MENEGUIN, F. B. Como aprimorar a qualidade regulatória – modelos de maturidade. Brasília: Núcleo de Estudos e Pesquisas/CONLEG/Senado, jun. 2020 (TD nº 279). Disponível em: www.senado.leg.br/estudos. Acesso em 16 jul. 2021.

[3]   PELTZMAN, S. Regulation and the Wealth of Nations: the Connection between Government Regulation and Economic Progress. *New Perspectives on Political Economy*, v. 3, n. 3, p. 185-204, 2007.

[4]   BASTIAT, Frédéric. *A lei*. São Paulo: LVM Editora, 2019.

[5]   OLIVEIRA, Amanda Flávio de. O mito do regulador infalível. *In*: *Colunas da WebAdvocacy – Opiniões Qualificadas*, Brasília, Editora WebAdvocacy, v. II, p. 13-16, abr./mai. 2021.

as famílias brasileiras, migraram para esse patamar e o aumento súbito da demanda gerou o inevitável aumento de preço imediato.

Afora a dificílima tarefa de definir o nível a partir do qual o preço ou o lucro deixa de ser "legítimo" para se tornar "ilícito", não curiosamente, os preços mais altos se revelaram exatamente, como se disse, em produtos e serviços que vieram a ser mais demandados do que o normal, por estarem diretamente implicados na questão de saúde pública. Foram inúmeras, portanto, as farmácias multadas, algumas impedidas de funcionar, por entidades de defesa do consumidor, por exemplo. Cabe lembrar, no entanto, que houve também queda de preços no início da pandemia – isso aconteceu nos postos de gasolina, dado o cenário em que se recomendou o isolamento social, e em que o consumo de combustível sofreu queda brusca.[6]

Relembre-se que o movimento que indicou preço alto para o álcool em gel e preço baixo para a gasolina foi precisamente o mesmo, é intuitivo e representativo daquilo que a Economia descreve como o mecanismo da oferta e da procura: em um cenário de escassez da oferta ou de aumento da demanda, preços sobem, ao passo que em cenários de abundância de oferta ou queda na procura, preços caem. A mudança abrupta do padrão de consumo, nos dois casos mencionados, surtiu efeitos imediatos em ambos. A dificuldade de reposição de estoque no primeiro caso e a dificuldade de fazer escoar o estoque no segundo instantaneamente refletiu-se no preço. Mas não se esgotou nele. O preço é um veículo importante de informação tanto ao consumidor quanto ao fornecedor. No primeiro caso, em seguida, inúmeras empresas de mercados afins reposicionaram-se e passaram a produzir álcool gel, atividade que não desempenhariam caso a demanda continuasse usual; no segundo, empresas começam a fechar suas portas e contratos entre empresas no mercado se romperam. O estágio dois do movimento, portanto, representado pela mudança na alocação dos fatores, também é apto a produzir mudanças no preço de equilíbrio praticado, na hora certa, conforme as forças do mercado.

Tampouco fazia qualquer sentido a afirmação de que a repressão ao preço subitamente elevado se prestaria a proteger consumidores hipossuficientes economicamente. Basta observar que, caso o preço se mantivesse em seu patamar tradicional, consumidores com maior poder aquisitivo e, portanto, mais disponibilidade de recursos momentâneos, tenderiam a adquirir um volume grande do produto, mesmo acima de sua necessidade, esgotando o estoque desses produtos no comércio.

A elevação de preços, em um cenário de crise, serve especialmente para modificar comportamentos de consumidores e fornecedores. Aqueles, os consumidores, tendem a adquirir produtos e a contratar serviços no limite de sua necessidade e a zelar melhor por eles. Os fornecedores, por sua vez, tendem a se reinventar para suprir uma demanda crescente por um produto (e aproveitar uma oportunidade de mercado aberta pela crise). O aumento da oferta do produto que se seguirá impactará novamente nos preços, trazendo-os de volta ao patamar mais baixo, acessível, outra vez, a um grupo maior de pessoas.

O caso do preço do álcool em gel e da gasolina, logo no início da pandemia, é simbólico e traz consigo lições definitivas. Fechar farmácias quando mais se precisa dela não resolve o problema do preço de um dos produtos que ela disponibiliza para

---

[6]   OLIVEIRA, A. F.; MENEGUIN, F. B. Controle de preços abusivos em tempo de crise. *O Consumerista*, 09 abr. 2020.

a venda. Controlar preços nunca é uma solução eficiente. Problemas complexos são resolvidos por meio de exercício sóbrio de busca de solução racional e baseado em evidências científicas.

Além disso, houve outras intervenções estatais preocupantes. É também o caso da "moratória" ou, em outras palavras, das inúmeras proposições legislativas, originárias dos três níveis da federação, em que se buscou instituir uma prorrogação legal do prazo concedido pelo credor a seu devedor para o pagamento de uma dívida, alterando, nesse ponto, os termos do contrato originalmente pactuado. Diversos projetos de lei nesse sentido foram propostos, para os mais variados tipos de contratos, em relação aos mais diferentes serviços essenciais, tais como bancários e educacionais, bem como em serviços públicos de fornecimento de energia elétrica, telefonia, água e esgoto.[7]

Mesmo que movidos por boas intenções, projetos desse tipo geram muito mais dano àqueles que visa auxiliar que seus supostos benefícios instantâneos. Nesse ponto, cabe lembrar que o contrato, juntamente com a propriedade, consistem em dois instrumentos essenciais para o funcionamento do mercado. São eles que permitem aos agentes econômicos transacionarem. O contrato e a propriedade fornecem as bases para um jogo cooperativo em que ambas as partes de uma negociação se beneficiam. O benefício advém da criação de um valor adicionado que aumenta a riqueza dos envolvidos e, por conseguinte, da sociedade.

Convém recordar também as bases da *Teoria de Desenho de Mecanismos*, trabalho que permitiu aos economistas norte-americanos Leonid Hurwicz, Eric Maskin e Roger Myerson vencerem o Prêmio Nobel de Economia, no ano de 2007. Em linhas gerais, a Teoria busca entender os incentivos com os quais se defronta um agente no momento de tomar uma decisão que afeta outros agentes e, a partir disso, criar regras de alocação de recursos que levem todos os agentes a agir de forma ótima, de acordo com um critério previamente estabelecido.

Admitindo o fato de que as pessoas respondem a incentivos, ou seja, tomam suas decisões de forma estratégica, é inevitável perceber que o mecanismo criado por uma moratória legalizada e generalizada gera incentivos para que os agentes procurem se beneficiar disso, maximizando sua utilidade individual. Esse movimento acontece tanto de um lado, quanto de outro das partes de um contrato.

A instituição de uma moratória nos contratos, preliminarmente destinada a ajudar o consumidor individual, se universalizada e legitimada, irá prejudicá-lo no agregado. Esse prejuízo manifestar-se-á, por exemplo, na quebra generalizada dos vínculos contratuais, ou no aumento de preço para aqueles que não aderirem à moratória, a ponto de torná-lo proibitivo.

A moratória dos contratos afeta uma engrenagem complexa, e ações que deveriam beneficiar o consumidor individualizado, a "microjustiça", uma vez tornadas universais, podem acabar impondo riscos ou custos aos fornecedores, aptos a gerar efeitos coletivos ou efeitos de "segunda ordem", isto é, impactando de forma indesejável na "macrojustiça".

Nesse cenário, o papel mais seguro a ser desempenhado pelo Estado deve ser o de *facilitar e fomentar a negociação privada*, inclusive criando meios para esse fim. As revisões

---

[7] MENEGUIN, Fernando B.; OLIVEIRA, Amanda Flávio de. Moratória e serviços essenciais: medida bem-intencionada com efeitos indesejáveis. *Jota*, 16 abr. 2020. Disponível em: https://www.jota.info/opiniao-e-analise/artigos/moratoria-e-servicos-essenciais-medida-bem-intencionada-com-efeitos-indesejaveis-16042020. Acesso em 14 abr. 2021.

unilaterais dos contratos, impostas pelo Poder Público e universalizadas, tendem a prejudicar a todos. Deve-se dar preferência à diminuição dos custos de se efetivar negociações, ou, em linguajar econômico, à *diminuição dos custos de transação*, conforme ensina o Professor Ronald Coase, também ganhador de um prêmio Nobel de Economia.[8]

Por outro lado, diversos autores, de todos os lados do espectro econômico, já conduziram estudos que evidenciam o fato de que leis deficientes, ou "ambíguas, obscuras, incoerentes, contraditórias umas com as outras ou juridicamente inválidas ou viciadas"[9] revelam-se inábeis a obter o êxito por elas desejado, promovem insegurança jurídica, aumentam o custo do país, reduzem a competitividade e atravancam o crescimento e o desenvolvimento.

2   Matriz institucional e controle

Subjacente ao tema central deste artigo, encontra-se a temática das instituições. Tanto as normas, quanto as decisões administrativas e judiciais, assim como os costumes e as tradições da sociedade civil moldam a maneira como as pessoas vivem em comunidade. Essas regras formais e informais direcionam o comportamento de cada um dos cidadãos. As instituições, entre as quais encontra-se o próprio ordenamento jurídico, devem estar racionalmente orientadas a funcionar de forma a contribuir com uma eficiente coordenação do sistema econômico.

Douglass North, renomado autor institucionalista, explicita o significado das instituições e ratifica sua importância, ao mencioná-las como regras do jogo de uma dada sociedade e ao estruturar os incentivos no intercâmbio entre as pessoas, tanto do ponto de vista político e social, quando do ponto de vista econômico.[10]

São os efeitos da matriz institucional que tornam fundamental o cuidado com as ações oriundas do Estado. A importância de se debruçar sobre o desenho de uma política pública e seus resultados reside no fato de que há perdas significativas que podem acontecer caso a formulação das regras e da organização da política não atenda às necessidades do programa, gerando incentivos errados para a sociedade.

Na mesma linha, Acemoglu e Robinson afirmam que as instituições são a causa fundamental do crescimento econômico e das diferenças de desenvolvimento entre os países. Segundo os autores, os principais determinantes das diferenças de renda *per capita* entre os países são as diferenças nas instituições.[11]

O desenho dos marcos regulatórios e das políticas públicas, a atuação do Judiciário e dos órgãos de controle têm impacto forte nessa matriz institucional, favorecendo ou dificultando o desenvolvimento econômico. Enfatiza-se que também integram a matriz institucional as decisões e jurisprudências oriundas dos Tribunais de Contas.[12]

---

[8]   COASE, Ronald. *The firm, the market and the law*. Chicago: University of Chicago Press, 1988.

[9]   OLIVEIRA, L. H. S. *Análise de Juridicidade de Proposições Legislativas*. Brasília: Núcleo de Estudos e Pesquisas/CONLEG/Senado (Texto para Discussão nº 151), 2014.

[10]   NORTH, D. C. *Institutions, institutional change and economic performance*. Cambridge: Cambridge University Press, 1990.

[11]   ACEMOGLU, D.; ROBINSON, J. The Role of Institutions in Growth and Development. Commission on Growth and Development. *Working Paper*, World Bank, Washington, DC, n. 10, 2008.

[12]   MENEGUIN, F. B. A Análise de Impacto Regulatório e o Aprimoramento das Normas. *In*: YEUNG, L. (Org.). *Análise Econômica do Direito – Temas Contemporâneos*. São Paulo: Actual, 2020.

O controle externo, ao emitir mandamentos para a administração pública, afeta a atuação do Estado e interfere no impacto das intervenções públicas. Cabe assim, por parte dos Tribunais de Contas, o dever de se preocupar com as consequências de suas decisões e não simplesmente com a conformidade legal. Assim como as ações mencionadas que visavam reprimir supostos preços "abusivos" ou o dirigismo contratual desmesurado, também pode o controle externo gerar excessivos custos sociais.

Nesse aspecto, há que se comentar alvissareira mudança acontecida no ordenamento jurídico. Em 26 de abril de 2018, foi publicada a Lei nº 13.655, que inclui no Decreto-Lei nº 4.657, de 4 de setembro de 1942 (Lei de Introdução às Normas do Direito Brasileiro – LINDB), disposições sobre segurança jurídica e eficiência na criação e aplicação do direito público, tendo por escopo conferir mais transparência a todos os envolvidos em processos nas esferas administrativa e judicial, bem como aprimorar a segurança jurídica na aplicação das normas.

As mudanças trazidas pela Lei nº 13.655/2018 sinalizam um aprimoramento dos órgãos de controle no sentido de se favorecer uma maior eficiência na administração pública e, por conseguinte, na sociedade. O que se enxerga nos seus dispositivos é a mensagem de proteção à segurança jurídica, transparência e diálogo entre quem decide e os interessados.[13]

Toda sistemática inaugurada pela mencionada legislação caminha no sentido de criar um ambiente que não cause tanto prejuízo ao fluxo das atividades administrativas, evitando-se, o quanto possível, a interferência das decisões na rotina da Administração Pública, de modo também a não frear iniciativas inovadoras dos gestores públicos. Trata-se, assim, de um ajuste pragmático da matriz institucional com o objetivo de agregar eficiência à administração pública, mudando o foco de uma análise formalista para uma análise com ênfase nos resultados.

As mudanças ocorridas na LINDB já provocaram novas diretrizes para o controle externo. Basta saber que o Tribunal de Contas da União publicou a Resolução nº 315, de 2020, fixando novos parâmetros para as recomendações e determinações feitas pela Corte de Contas, conforme os objetivos a seguir, anotados por Rosilho:[14]

- Simplificar a comunicação. O diploma esclareceu que determinações devem conter "comando com ação direta" (art. 8ª, parágrafo único). E vedou que recomendações fossem "genéricas e distantes da realidade prática da unidade jurisdicionada" (art. 12, *caput*) ou baseadas exclusivamente "em critérios que contenham elevada carga de abstração teórica ou conceitos jurídicos indeterminados" (art. 12, parágrafo único).
- Estimular o controle baseado em evidências e com foco em resultado. É o que se extrai do comando para que recomendações sejam baseadas em "critérios, tais como leis, regulamentos, boas práticas e técnicas de comparação (benchmarks)" e "agregue valor à unidade jurisdicionada, baixando custos, simplificando

---

[13] CONRADO, M. M.; MENEGUIN, F. B. Impactos da Lei nº 13.655/2018 nos órgãos de controle e seus reflexos na Administração Pública. *Revista Brasileira de Direito Público – RBDP*, Belo Horizonte, a. 17, n. 67, p. 59-79, out./dez. 2019.

[14] ROSILHO, A. Simplificação do controle pelo Tribunal de Contas da União. *Jota*, mai. 2020.

processos de trabalho, melhorando a qualidade e o volume dos serviços ou aprimorando a eficácia e os benefícios para a sociedade" (art. 11, §§ 1º e 2º, II).

- Estimular o controle colaborativo. Para isso, obrigou a unidade técnica instrutiva a oportunizar "aos destinatários das deliberações a apresentação de comentários" e informações "quanto às consequências práticas da implementação das medidas aventadas" (art. 14, caput).

Atente-se ao fato de que conseguir uma matriz institucional que favoreça o desenvolvimento econômico não constitui um esforço apenas do Brasil. O tema tem ocupado agenda global, com foco na melhoria da qualidade normativa e regulatória. No âmbito da União Europeia e da OCDE (Organização para a Cooperação e Desenvolvimento Econômico), tal movimento ganhou o nome de *Better Regulation*:

> The better regulation agenda is about designing and evaluating EU policies and laws transparently, with evidence, and backed up by the views of citizens and stakeholders. It covers all policy areas and aims for targeted regulation that goes no further than required, in order to achieve objectives and bring benefits at minimum cost.[15]

Reduzir a regulação estatal precisamente às hipóteses em que ela evidentemente se faça necessária, ousar desregular nas hipóteses em que a regulação não logrou alcançar os efeitos desejados e cuidar da qualidade regulatória são desafios postos ao Brasil. O contexto de crise sanitária, da qual decorre uma crise econômica, acentua a necessidade de precaução, cautela e assertividade no enfrentamento desses desafios.

Conclusão

Recursos são limitados, o que significa que nem todas as necessidades e anseios humanos podem ser simultaneamente atendidos. Dessa maneira, as pessoas, os governos, a sociedade como um todo, qualquer que seja o seu tipo de organização econômica, ou regime político, são obrigados a fazer opções, escolhas. Em especial para o Estado, em que as decisões das autoridades têm seu custo partilhado pela coletividade e em que a capacidade de arrecadação se revela limitada, é premente a necessidade de atuar de forma responsável e sustentável.

Nesse sentido, é fundamental que a estrutura de incentivos propiciada pela intervenção pública na economia esteja corretamente alinhada para promover desenvolvimento econômico. Criar obstáculos ao desenvolvimento nunca é uma opção admissível.

As instituições, conjunto de regras que moldam o comportamento dos cidadãos na sociedade, têm um papel crucial nesse processo. Garantir uma boa matriz institucional, que favoreça o empreendedorismo, a inovação e os investimentos, é pré-requisito para o sucesso de um país. Da mesma forma, é do conjunto dessas instituições e de seu

---

[15] A agenda de uma melhor regulamentação diz respeito a projetar e avaliar as políticas e leis da União Europeia de forma transparente, com evidências, e apoiada pelas opiniões dos cidadãos e das partes interessadas. Abrange todas as áreas de políticas públicas e visa à regulamentação direcionada que não vai além do necessário, a fim de alcançar objetivos e trazer benefícios a um custo mínimo. (Tradução livre). Original disponível em: (Cf.: Better Regulation: why and how. *European Commission*, [s.d]. Disponível em: https://ec.europa.eu/info/law/law-making-process/planning-and-proposing-law/better-regulation-why-and-how_en. Acesso em 14 mai. 2021).

funcionamento que emergirão os caminhos para a superação das crises. Sairá mais rapidamente da crise o país cujas instituições assim permitam.

Referências

ACEMOGLU, D.; ROBINSON, J. The Role of Institutions in Growth and Development. Commission on Growth and Development. *Working Paper*, World Bank, Washington, DC, n. 10, 2008.

BASTIAT, Frédéric. *A lei*. São Paulo: LVM Editora, 2019.

BUGARIN, Maurício. Covid-19 e teoria econômica: diferença entre risco e incerteza. *Nexo*, 21 mai. 2021.

COASE, Ronald. *The firm, the market and the law*. Chicago: University of Chicago Press, 1988.

CONRADO, M. M.; MENEGUIN, F. B. Impactos da Lei nº 13.655/2018 nos órgãos de controle e seus reflexos na Administração Pública. *Revista Brasileira de Direito Público – RBDP*, Belo Horizonte, a. 17, n. 67, p. 59-79, out./dez. 2019.

DANTAS, G. B.; MENEGUIN, F. B. Como aprimorar a qualidade regulatória – modelos de maturidade. Brasília: Núcleo de Estudos e Pesquisas/CONLEG/Senado, jun. 2020 (TD nº 279). Disponível em: www. senado.leg.br/estudos. Acesso em 16 jul. 2021.

EUROPEAN COMMISSION. *Better Regulation*: why and how. [s.d]. Disponível em: https://ec.europa.eu/ info/law/law-making-process/planning-and-proposing-law/better-regulation-why-and-how_en. Acesso em 14 mai. 2021.

MENEGUIN, Fernando B.; OLIVEIRA, Amanda Flávio de. Moratória e serviços essenciais: medida bem-intencionada com efeitos indesejáveis. *Jota*, 16 abr. 2020. Disponível em: https://www.jota.info/opiniao-e-analise/artigos/moratoria-e-servicos-essenciais-medida-bem-intencionada-com-efeitos-indesejaveis-16042020. Acesso em 14 abr. 2021.

MENEGUIN, F. B. A Análise de Impacto Regulatório e o Aprimoramento das Normas. *In*: YEUNG, L. (Org.). *Análise Econômica do Direito – Temas Contemporâneos*. São Paulo: Actual, 2020.

NORTH, D. C. *Institutions, institutional change and economic performance*. Cambridge: Cambridge University Press, 1990.

OLIVEIRA, Amanda Flávio de. O mito do regulador infalível. *In*: *Colunas da WebAdvocacy – Opiniões Qualificadas*, Brasília, Editora WebAdvocacy, v. II, p. 13-16, abr./mai. 2021.

OLIVEIRA, A. F.; MENEGUIN, F. B. Controle de preços abusivos em tempo de crise. *O Consumerista*, 09 abr. 2020.

OLIVEIRA, L. H. S. *Análise de Juridicidade de Proposições Legislativas*. Brasília: Núcleo de Estudos e Pesquisas/CONLEG/Senado (Texto para Discussão nº 151), 2014.

PELTZMAN, S. Regulation and the Wealth of Nations: the Connection between Government Regulation and Economic Progress. *New Perspectives on Political Economy*, v. 3, n. 3, p. 185-204, 2007.

ROSILHO, A. Simplificação do controle pelo Tribunal de Contas da União. *Jota*, mai. 2020.

Informação bibliográfica deste texto, conforme a NBR 6023:2018 da Associação Brasileira de Normas Técnicas (ABNT):

MENEGUIN, Fernando B.; OLIVEIRA, Amanda Flávio de. Intervenções públicas em um cenário de pandemia e suas consequências – cautela e canja de galinha não fazem mal a ninguém. *In*: LIMA, Edilberto Carlos Pontes (Coord.). *Os Tribunais de Contas, a pandemia e o futuro do controle*. Belo Horizonte: Fórum, 2021. p. 275-282. ISBN 978-65-5518-282-8.

CORRUPÇÃO, TRIBUNAIS DE CONTAS E JURIMETRIA: PROPOSTA DE UM SISTEMA DE INDICADORES DE CORRUPÇÃO BASEADO EM DADOS DO TRIBUNAL DE CONTAS DA UNIÃO

GILSON PIQUERAS GARCIA

Introdução

A corrupção é um dos maiores problemas contemporâneos. Estudos mostram que ela reduz os investimentos públicos, provoca má alocação de recursos e tem um impacto negativo sobre a educação, a saúde e a renda. Para o seu controle são necessários o planejamento, a implementação, a análise e o monitoramento de políticas públicas de combate à corrupção. Não é possível executar um ciclo de políticas públicas sem indicadores adequados. Por isso é necessário dispor de um sistema de indicadores de corrupção regional no Brasil que seja objetivo, válido e confiável, entre outras propriedades desejáveis a esse sistema. O Índice de Percepção de Corrupção (IPC) da Transparência Internacional é o indicador de corrupção mais amplamente conhecido no mundo. Publicado desde 1995, o IPC teve o extraordinário mérito de colocar o problema da corrupção em destaque na agenda internacional. O IPC, porém, é inadequado para monitorar políticas públicas regionais de combate à corrupção. Primeiro, porque, da mesma forma que outros índices, como, por exemplo, o Controle da Corrupção (CC) do Banco Mundial, trata-se de um índice subjetivo. O IPC é construído a partir de pesquisas de opinião com especialistas de instituições de renome. Vários estudos demonstram que a corrupção percebida pode ser bastante diferente da corrupção real, a depender de inúmeros fatores, tais quais o destaque dado ao tema pela imprensa. Isso faz com que o IPC tenha um problema de validade, se utilizado como indicador da corrupção, pois o que ele mede, na verdade, é a percepção da corrupção. Corrupção e percepção da corrupção são conceitos diferentes. Além disso, as fontes de pesquisa de opinião utilizadas para construir o IPC podem mudar de um ano para o outro, o que faz com que o índice, apesar de adequado para fazer comparações entre países num mesmo ano, não tenha confiabilidade para fazer comparações ao longo do tempo. A própria Transparência Internacional não recomenda o uso do IPC para análise de séries temporais. Mais ainda, o IPC fornece anualmente um único valor para o Brasil, assim como para os outros países, e, portanto, não permite comparações entre estados, nem comparações para um mesmo estado ao longo do tempo, o que o torna inadequado para o planejamento e controle de políticas públicas regionais de combate à corrupção.

Para superar este problema, diversos estudos propuseram índices de corrupção regionais objetivos, baseados, por exemplo, em experimentos, preços de contratos públicos e dados de órgãos de controle. No Brasil, vários indicadores de corrupção foram propostos a partir, principalmente, de dados de controladorias gerais e de tribunais de contas.[1] Todavia, infelizmente, nenhum deles logrou conquistar uma continuidade de uso, provavelmente devido a problemas na sua construção. De fato, nenhum dos estudos brasileiros citados traz uma discussão sobre propriedades desejáveis para indicadores de políticas públicas, e nem sobre a adequação dos indicadores propostos a essas propriedades, motivo pelo qual, supostamente, houve limitações que resultaram na descontinuidade de sua utilização. Este trabalho propõe um sistema de indicadores de corrupção brasileiro, objetivo e regional, que busque superar as limitações das propostas anteriores. Para tal, as escolhas metodológicas necessárias para a construção desse sistema são detalhadas e justificadas, de modo a se obter um sistema de indicadores de corrupção com o maior número de propriedades desejáveis para indicadores de políticas públicas.

1 Referencial teórico: o conceito de corrupção

Segundo o Banco Mundial, corrupção é "o abuso de cargos públicos para ganhos privados".[2] A Transparência Internacional conceitua corrupção de forma semelhante: "Definimos corrupção como o abuso do poder confiado para ganho privado".[3] Bobbio, Mateucci e Pasquino, por sua vez, definem corrupção da seguinte forma: "Assim se designa o fenômeno pelo qual um funcionário público é levado a agir de modo diverso dos padrões normativos do sistema, favorecendo interesses particulares em troca de recompensa".[4] Para os referidos autores, o conceito de corrupção não abrange considerações morais: "A Corrupção é considerada em termos de legalidade e ilegalidade e não de moralidade e imoralidade". Também abrange apenas os agentes públicos, não se aplicando ao setor privado: "Corrupção significa transação ou troca entre quem corrompe e quem se deixa corromper". Nye afirma que a definição de corrupção é problemática e que existem amplas e variadas abordagens, muitas delas apropriadas para julgamentos morais. O autor usa uma definição mais focada e operacional para a análise política: "Corrupção é o comportamento que se desvia dos deveres formais de uma função pública em razão

---

[1] GARCIA, G. P. Indicadores de corrupção e Tribunais de Contas: uma revisão da literatura. *Revista Controle – Doutrina e Artigos*, v. 19, n, 2, p. 97-125, 2021. Disponível em: https://doi.org/10.32586/rcda.v19i2.709. Acesso em 14 jul. 2021.

[2] Cf.: Helping countries combat corruption: the role of the World Bank. *World Bank*, Washington, 1997. p. 8. Disponível em: http://www1.worldbank.org/publicsector/anticorrupt/corruptn/corrptn.pdf. Acesso em 06 jan. 2021.

[3] Cf.: What is corruption? *Transparency International*. Disponível em: https://www.transparency.org/en/what-is-corruption#. Acesso em 06 jan. 2021.

[4] BOBBIO, N.; MATEUCCI, N.; PASQUINO, G. *Dicionário de política*. 11. ed. Distrito Federal: UnB/Linha Gráfica Editora, 1998. p. 292.

de vantagens financeiras ou de status privadas (pessoais, familiares ou amigos)".[5] Isso incluiria os seguintes comportamentos: "a) suborno (uso de recompensa para perverter o julgamento do ocupante de um cargo público); nepotismo (concessão de cargo público em razão de relacionamento em vez de mérito); peculato (apropriação ilegal de recursos públicos para uso privado)".

Segundo Silva,[6] existem três correntes relacionadas à definição da corrupção: a moralista, a legalista e a revisionista. Para os moralistas, a corrupção estaria ligada a uma questão ética. A desvantagem da definição ética é que ela careceria de uma fundamentação científica precisa, o que poderia levar a resultados duvidosos em trabalhos empíricos. Para os legalistas, a corrupção está ligada à ruptura das normas. Finalmente, para os revisionistas, a corrupção pode ser um benefício, especialmente em países subdesenvolvidos, altamente burocratizados, e por isso seria considerada um fator de desenvolvimento. Numa tentativa de unificar as três correntes, o autor propõe uma definição funcional da corrupção: "Desvio de um padrão de conduta institucionalizado que se caracteriza principalmente pela utilização do público pelo privado com um manifesto propósito de favorecimento pessoal ou grupal".

Brei[7] divide as definições de corrupção em quatro grupos: definições com foco no mercado, no interesse público, em regulamentações formais e na opinião pública. As definições centradas no mercado, que teriam poucos adeptos, se baseiam em teorias econômicas. A corrupção é definida como um instrumento ilegal para influir sobre os atos da burocracia durante a formulação e implantação de políticas públicas. O agente público considera o seu cargo um negócio e buscará maximizar sua renda (*rent seeking*), baseado apenas no mercado e desconsiderando questões éticas. Esta definição teve origem no modelo de Ackerman,[8] onde o burocrata é um ser racional que toma decisões considerando apenas as leis do mercado, oferta, demanda, receitas e custos. A grande crítica que se faz a tal definição é a despreocupação com os aspectos éticos. As definições centradas no interesse público se baseiam em questões morais e éticas. A corrupção é definida como um comportamento que se afasta das normas, uma não conformidade, motivada por obter ganhos privados ao custo do interesse público. No ato corrupto, onde decisões públicas seriam compradas e vendidas, haveria ganho para o corrupto e o corruptor e perda para a sociedade. Estas definições receberam inúmeras críticas, em função da enorme dificuldade de se definir interesse público. As diferentes partes interessadas dentro da sociedade discordariam entre si, por terem interesses conflitantes, o que impossibilita uma definição consensual de interesse público.

As definições centradas na lei estão próximas do proposto por Nye.[9] Para a linha dominante, a corrupção é definida como o abuso do poder público para obter ganhos privados através da transgressão das normas. Uma das críticas que se faz a essa definição é a insuficiência de parâmetros oferecidos pelas normas para cobrir todo o conceito de

---

[5] NYE, S. Corruption and political development: a coast-benefit analysis. *American Political Science Review*, v. 61, n. 2, p. 417-27, 1967. p. 419.

[6] SILVA, M. Corrupção: tentativa de uma definição funcional. *Revista de Administração Pública*, v. 28, n. 1, p. 18-23, 1994. p. 21.

[7] BREI, Z. A. Corrupção: dificuldades para definição e para um consenso. *Revista de Administração Pública*, Rio de Janeiro v. 30, n. 1. p. 64-77, 1996.

[8] ACKERMAN, R. S. *The economics of corruption: an essay in political economy*. New York: Academie Press, 1978.

[9] NYE, S. Corruption and political development: a coast-benefit analysis. *American Political Science Review*, v. 61, n. 2, p. 417-27, 1967.

corrupção. Outra crítica é a possível falta de idoneidade de quem estabelece as normas que serão usadas como critério para julgamento se um ato é corrupto ou não.

As definições centradas na opinião pública são de natureza social. Nesta perspectiva foram criados três tipos: a chamada corrupção negra seria aquela condenável pela maioria da elite e do público, que a desejariam ver punida; a corrupção branca seria considera tolerável, e não haveria apoio firme para a necessidade de punição; enquanto a corrupção cinza seria uma categoria intermediária. O conceito de corrupção teria dimensões que poderiam ser analisadas à luz da opinião pública.

A definição social da corrupção seria a que mais desafios trás para sua compreensão. Este tipo de abordagem pode elucidar a razão pela qual a corrupção é, em maior ou menor grau, aceita pela população. Tal definição teria grande dificuldade de operacionalização, tanto do ponto de vista teórico, quanto do ponto de vista prático. O autor conclui afirmando ser difícil estabelecer um consenso sobre a definição de corrupção. Esta dificuldade resultaria na necessidade de o pesquisador escolher entre uma definição mais estreita ou ampla do conceito de corrupção.

Segundo Tanzi,[10] a corrupção é difícil de ser definida e, muitas vezes, também difícil de ser identificada e, embora haja diversas definições na literatura, nenhuma parece ser satisfatória. Para efeito de seu estudo, que se debruça sobre a relação entre corrupção, investimento público e crescimento, o autor define corrupção como a não adequação intencional ao princípio da igualdade de tratamento, pelo qual as relações pessoais ou familiares não devem interferir nas decisões econômicas tomadas por agentes econômicos. Para a corrupção ficar caracterizada seriam necessários alguns requisitos. Primeiro, que as regras que foram quebradas sejam precisas e claras. Segundo, que o agente público tenha recebido um benefício identificável. E, finalmente, que exista um nexo causal entre o benefício e a quebra da norma.

Conforme Filgueiras,[11] os primeiros conceitos sobre corrupção têm origem nos anos 50, a partir de uma abordagem funcionalista calcada na modernização e num modelo comparativo sobre o desenvolvimento. A corrupção estaria relacionada a práticas políticas típicas de sociedades tradicionais, como o clientelismo, a patronagem, o nepotismo e o fisiologismo. Para a abordagem funcionalista, a corrupção pode facilitar ou dificultar o desenvolvimento. A corrupção seria típica das sociedades subdesenvolvidas e ela teria um papel na modernização ao ajeitar e agilizar a máquina burocrática, o que fomentaria o desenvolvimento econômico. O problema desta abordagem é que ela parte da hipótese de que as instituições dos países subdesenvolvidos seriam mais permeáveis à corrupção, mas com o passar do tempo, elas imitariam as instituições dos países desenvolvidos, que supostamente seriam mais blindadas contra a corrupção. Nos anos 1970, a literatura colocou a cultura como determinante principal da corrupção. Nesta perspectiva, a cultura seria dominante em relação à política e à economia, ao definir os valores dentro de uma sociedade. O sistema de valores, além das normas, seria fundamental para incentivar ou bloquear a corrupção. A partir dos anos 1980, os estudos sobre a corrupção incorporaram a teoria econômica. Os custos da corrupção superariam os benefícios mencionados na abordagem funcionalista. Agentes racionais buscariam maximizar sua renda (*rent seeking*) através das análises de custos e benefícios

---

[10] TANZI, Vito. Corruption, Governmental Activities, and Markets. *IMF Working Paper*, 1994.

[11] FILGUEIRAS, F. A tolerância à corrupção no Brasil. Uma antinomia entre normas morais e prática social. *Opinião Pública*, v. 15, n. 2, 2009.

da corrupção e as estruturas de mercado (concorrência perfeita, monopólio etc.) teriam diferentes efeitos sobre o incentivo à corrupção. No mesmo sentido de Brei,[12] a grande crítica feita a este modelo é o fato de ele centrar-se exclusivamente na Economia. Segundo o autor, a corrupção deve ser analisada também como um fenômeno político, permitindo a reflexão sobre uma abordagem normativa do interesse público. Isso permitiria uma visão mais abrangente dos diferentes problemas que configuram a prática da corrupção e daria origem a uma concepção mais ampla do controle da corrupção.

Miranda afirma que existe quase um conceito de corrupção para cada estudioso do tema, mas defende a existência de quatro tipos: o primeiro conceito é centrado na função pública: "Existe corrupção quando há o desvio por parte de um funcionário público dos deveres formais do cargo devido à busca de recompensas para si ou para terceiros".[13] Já o segundo conceito é centrado no mercado: "O cargo público é utilizado pelo seu ocupante como uma forma de maximizar a sua renda pessoal". O terceiro conceito é centrado na ideia de bem público: "Uma prática é considerada como corrupta quando o interesse comum, pensado como algo que tem existência e pode ser identificado, é violado em função da preocupação com ganhos particulares". Finalmente, o quarto conceito é baseado na opinião pública: "O conceito de corrupção tem dimensões definíveis que são bem reconhecidas pelo público". O autor propõe um novo conceito de corrupção, onde haveria necessariamente uma transação ou troca entre o corrupto e o corruptor, e por isso o nepotismo e o peculato estariam excluídos. Por outro lado, a corrupção privada estaria incluída em tal conceito.

No conceito de corrupção a ser utilizado neste trabalho, um agente público deve participar do ato corruptivo. Estão fora dele, portanto, os atos em que somente agentes privados participam. Para ficar caracterizada a corrupção também é necessário que uma norma legal tenha sido rompida. Embora existam abordagens que caracterizem a corrupção como rompimento de normas morais ou desvios do interesse público, elas estão afastadas deste estudo, porque são pouco operacionais. Existe uma subjetividade inconveniente ao definir qual norma moral será utilizada e certa controvérsia na definição de interesse público. Embora seja possível alegar que as normas legais não cobrem todo tipo de corrupção ou que podem ter sido produzidas por quem não tinha idoneidade para tal, a abordagem legalista é a mais objetiva para o conceito de corrupção. Finalmente, o agente público deve obter um ganho ou vantagem indevida em função do desvio da norma. Portanto, para este trabalho, o conceito de corrupção é o desvio da norma legal cometido por agente público para obter ganho ou vantagem indevida.

Segundo Jannuzzi, "no campo aplicado das políticas públicas, os indicadores sociais são medidas usadas para permitir a operacionalização de um conceito abstrato ou de uma demanda de interesse programático".[14] Indicadores são construídos a partir de estatísticas públicas. Os cadastros de contas julgadas irregulares pelo TCU são as estatísticas públicas que mais se aproximam do conceito de corrupção usado neste estudo. O TCU tem a competência para julgar as contas dos agentes públicos, conforme

---

[12] BREI, Z. A. Corrupção: dificuldades para definição e para um consenso. *Revista de Administração Pública*, Rio de Janeiro v. 30, n. 1. p. 64-77, 1996.

[13] MIRANDA, L. F. Unificando os conceitos de corrupção: uma abordagem através da nova metodologia dos conceitos. *Revista Brasileira de Ciência Política*, Brasília, n. 25, p. 237-272, 2018. p. 239.

[14] JANNUZZI, P. M. Indicadores para diagnóstico, monitoramento e avaliação de programas sociais no Brasil. *Revista do Serviço Público*, Brasília, v. 56, n. 2, p. 137-160, 2005. p. 138.

preceitua o artigo 71, inciso II, da Constituição Federal (CF). A Lei Orgânica do TCU (LOTCU) determina que as contas dos administradores serão submetidas a julgamento anual e julgadas irregulares quando se comprovar uma das seguintes situações (art. 16):

a) omissão no dever de prestar contas;
b) prática de ato de gestão ilegal, ilegítimo, antieconômico, ou infração à norma legal ou regulamentar de natureza contábil, financeira, orçamentária, operacional ou patrimonial;
c) dano ao Erário decorrente de ato de gestão ilegítimo ou antieconômico;
d) desfalque ou desvio de dinheiros, bens ou valores públicos.[15]

O artigo 19 da LOTCU trata dos débitos imputados aos responsáveis por contas julgadas irregulares:

Art. 19. Quando julgar as contas irregulares, havendo débito, o Tribunal condenará o responsável ao pagamento da dívida atualizada monetariamente, acrescida dos juros de mora devidos, podendo, ainda, aplicar-lhe a multa prevista no art. 57 desta Lei, sendo o instrumento da decisão considerado título executivo para fundamentar a respectiva ação de execução.[16]

Do artigo 71, II, da CF e dos artigos 16 e 19 da LOTCU é possível afirmar que a quantidade de contas julgadas irregulares pelo TCU e seus respectivos débitos são uma aproximação muito boa do conceito de corrupção utilizado neste trabalho. Para tentar superar as fraquezas dos indicadores existentes, é proposto neste estudo um sistema de indicadores de corrupção brasileiro, objetivo e regional. O primeiro indicador é o CIPM (contas irregulares por milhão de habitantes), que é o resultado da divisão da quantidade de contas da Unidade da Federação (UF) julgadas irregulares pelo Tribunal de Contas da União (TCU) pela população da UF. O segundo é o VDPM (valor do débito por milhão de reis de Produto Interno Bruto), que é a divisão do valor do débito das contas julgadas irregulares pelo TCU pelo Produto Interno Bruto (PIB) da UF. O Quadro 1, a seguir, apresenta uma proposta de modelo de análise para corrupção.

Quadro 1 – Modelo de análise da corrupção

CONCEITO	DIMENSÃO	INDICADOR
CORRUPÇÃO	QUANTIDADE	CIPM (quantidade de contas julgadas irregulares por milhão de habitantes)
	VALOR	VDPM (valor do débito das contas julgadas irregulares por milhão de reais do Produto Interno Bruto)

Fonte: Elaborado pelo autor

---

[15] BRASIL. Lei nº 8.443, de 16 de julho de 1992. Dispõe sobre a Lei Orgânica do Tribunal de Contas da União e dá outras providências. *Diário Oficial da União*, Brasília, 17 jul. 1992, retificado em 22 abr. 1993. Disponível em: http://www.planalto.gov.br/ccivil_03/leis/l8443.htm. Acesso em 17 out. 2020.

[16] BRASIL. Lei nº 8.443, de 16 de julho de 1992. Dispõe sobre a Lei Orgânica do Tribunal de Contas da União e dá outras providências. *Diário Oficial da União*, Brasília, 17 jul. 1992, retificado em 22 abr. 1993. Disponível em: http://www.planalto.gov.br/ccivil_03/leis/l8443.htm. Acesso em 17 out. 2020.

2 Metodologia

A base de dados usada para este estudo foi a planilha "Relação de condenações com contas julgadas irregulares", fornecida em 01 de junho de 2021, como resposta à demanda nº 38.432, enviada à Ouvidoria do Tribunal de Contas da União (TCU) em 22 de abril de 2021. Esta planilha tem 60.493 linhas referentes a contas julgadas irregulares e 10 colunas, quais sejam: Unidade da Federação do responsável; Município do responsável; Número do processo; Tipo de deliberação (multa ou débito); Número do acórdão; Data da apreciação; Data do trânsito em julgado; Tipo de responsabilidade (individual ou solidária); Valor na data da apreciação e Valor atualizado. Os registros de condenações se referem a contas julgadas irregulares transitadas em julgado a partir de 1.1.2000. Os dados foram extraídos em 30.04.2021, e correspondem a 95% do total de registros existentes. As Unidades da Federação e Municípios são referentes ao domicílio do responsável em 30.04.2021, conforme registrado na base de dados da Receita Federal do Brasil.

Desta planilha foram retiradas as contas com trânsito em julgado em 2021, para se analisar o período de 20 anos, entre 2001 e 2020, resultando numa nova base de 60.011 contas. Para cálculo do valor dos débitos foi aplicado um primeiro filtro, separando os valores na data da apreciação apenas para o tipo de deliberação débito (eliminando as multas, portanto) e um segundo filtro eliminando a multiplicidade de valores referentes à mesma responsabilidade solidária, o que resultou numa base de valores com 21.064 contas. Os dados referentes à estimativa das populações de 2001 a 2020 e aos Produtos Internos Brutos (PIB), a preços correntes, de 2001 a 2018 (informação mais recente disponível em 01.07.2021), foram coletados no sítio eletrônico do Instituto Brasileiro de Geografia e Estatística.

A quantidade de contas julgadas irregulares pelo TCU e os respectivos valores dos débitos, por UF, são estatísticas públicas que têm boa aproximação com o conceito de corrupção aqui tratado. Por isso, optou-se por construir um sistema de dois indicadores baseados na quantidade e no valor dos débitos das contas julgadas irregulares por UF. Adotou-se o ano do trânsito em julgado das contas julgadas irregulares como o ano base do indicador de corrupção. Para efeitos comparativos, a quantidade absoluta de contas julgadas irregulares e o valor absoluto dos respectivos débitos não são bons indicadores regionais de corrupção, porque as UF têm diferentes tamanhos e, obviamente, espera-se que as UFs maiores tenham maiores quantidades e valores de débitos de contas irregulares, o que não significa, obrigatoriamente, que elas tenham um maior nível de corrupção. Por isso, optou-se por dividir a quantidade de contas irregulares pela população da UF. Da mesma forma, os valores dos débitos foram divididos pelo Produto Interno Bruto (PIB) da respectiva UF. Tanto a população quanto o PIB são estatísticas de fácil obtenção junto ao sítio do Instituto Brasileiro de Geografia e Estatística (IBGE), e as estimativas têm periodicidade anual, validade, consistência e segurança de continuidade de publicação. Propõe-se, então, como sistema de indicadores de corrupção brasileiro, objetivo e regional, o CIPM, que é a quantidade de contas julgadas irregulares pelo TCU por milhão de habitantes da UF, e o VDPM, que é o valor do débito das contas julgadas irregulares por milhão de reais do PIB da UF.

3 Resultados

Os Quadros 2 e 3 mostram o CIPM para as unidades da federação de 2001 a 2020.

Quadro 2 – CIPM de 2001 a 2010

UF	2001	2002	2003	2004	2005	2006	2007	2008	2009	2010
AC	0,0	0,0	15,0	20,6	28,4	32,0	27,5	19,1	15,9	43,6
AL	15,1	13,9	11,7	14,1	7,0	11,5	8,2	15,7	6,7	9,9
AM	21,4	18,9	13,5	17,2	13,0	19,6	14,0	14,4	17,1	19,5
AP	14,0	31,0	48,6	62,1	55,5	74,7	34,1	37,5	49,5	86,6
BA	10,1	10,1	6,5	9,1	9,8	11,8	6,7	7,0	8,1	9,1
CE	8,2	8,2	5,8	6,8	6,8	7,7	7,0	5,8	3,5	6,6
DF	20,5	29,4	20,1	13,1	18,9	18,5	15,9	19,9	18,8	46,3
ES	4,8	5,9	7,4	9,2	7,0	6,1	8,1	6,1	4,0	10,5
GO	6,4	10,7	7,9	6,4	5,7	9,2	7,6	5,0	7,1	11,0
MA	8,4	8,4	11,6	10,5	17,2	26,2	13,1	21,1	32,4	35,7
MG	4,9	5,3	2,8	4,8	4,7	5,2	6,0	7,2	6,7	8,4
MS	30,8	17,8	11,1	6,7	6,6	9,6	8,8	5,6	15,3	9,4
MT	7,0	8,8	21,9	10,5	11,4	12,3	17,5	20,6	14,0	16,1
PA	5,7	6,7	7,1	11,2	9,8	8,9	9,9	10,7	8,5	11,9
PB	21,3	20,3	25,3	14,3	13,9	15,2	13,5	6,7	14,6	14,1
PE	9,2	7,7	8,3	5,4	7,3	7,5	10,8	7,4	6,6	8,5
PI	17,4	30,0	23,6	19,5	17,3	12,8	18,1	12,5	21,0	17,0
PR	3,3	2,4	2,5	2,7	4,9	5,3	5,6	3,9	4,7	4,7
RJ	15,1	6,1	10,9	7,6	3,4	5,1	4,3	7,4	5,1	7,1
RN	13,9	8,4	9,7	8,8	12,3	17,4	20,6	22,9	22,3	25,6
RO	7,1	9,1	1,4	9,6	9,1	19,2	18,6	15,4	21,9	13,4
RR	29,7	14,4	39,2	39,3	25,6	7,4	25,3	43,6	49,8	77,7
RS	2,3	2,6	3,4	2,1	3,0	2,2	2,2	2,2	1,8	3,6
SC	2,8	1,4	3,4	2,8	3,2	2,2	3,4	1,5	2,0	1,8
SE	6,6	3,3	2,7	9,3	19,3	20,0	17,0	27,5	13,4	19,3
SP	1,8	2,2	1,9	1,1	2,6	4,1	8,3	3,8	3,3	3,2
TO	18,6	18,2	15,4	23,0	33,7	31,5	28,1	25,0	25,5	54,2
Brasil	7,6	7,0	6,8	6,5	7,0	8,4	8,5	7,8	7,9	10,1

Fonte: Elaborado pelo autor.

Quadro 3 – CIPM de 2011 a 2020 e média de 2001 a 2020 (20 anos)

UF	2011	2012	2013	2014	2015	2016	2017	2018	2019	2020	média
AC	41,5	43,5	45,1	30,4	32,4	24,5	28,9	39,1	15,9	19,0	26,1
AL	7,0	5,4	6,1	6,0	6,6	15,2	16,6	18,7	12,0	12,2	11,0
AM	18,9	14,5	9,5	17,0	16,3	33,2	19,2	15,4	19,3	13,3	17,3
AP	38,0	50,1	34,0	32,0	48,3	35,8	30,1	36,2	27,2	26,7	42,6
BA	8,8	5,7	5,5	5,0	8,8	8,1	6,5	7,1	6,3	6,2	7,8
CE	8,6	4,5	7,2	10,6	13,8	11,9	14,0	16,7	11,9	11,3	8,8
DF	37,9	25,3	18,3	26,3	25,0	25,9	32,2	41,0	53,1	34,7	27,1
ES	12,1	8,7	3,6	5,9	1,5	4,5	3,7	2,8	3,7	2,5	5,9
GO	9,5	4,5	5,1	5,5	7,3	10,2	9,3	10,8	13,8	13,9	8,4
MA	28,0	15,9	21,3	32,1	45,8	22,0	32,4	45,2	26,1	23,2	23,8
MG	6,0	3,9	4,2	3,9	6,6	7,5	5,5	4,6	5,2	5,0	5,4
MS	16,1	9,2	7,7	5,0	9,4	5,6	8,8	4,7	8,7	2,8	10,0
MT	25,7	20,9	21,7	17,7	13,5	18,2	8,4	9,0	7,7	5,4	14,4
PA	7,7	9,3	11,2	9,8	11,5	19,3	17,6	16,9	13,4	14,3	11,1
PB	15,0	14,7	13,0	15,2	17,6	29,8	28,3	36,8	38,1	27,5	19,8
PE	10,0	7,6	9,9	6,9	7,7	10,9	10,3	8,8	9,1	9,6	8,5
PI	14,7	10,2	13,2	23,9	15,6	13,1	17,1	22,4	14,1	20,4	17,7
PR	4,9	5,4	6,3	3,4	4,0	3,6	5,5	3,7	9,0	7,1	4,6
RJ	8,7	5,7	6,2	10,0	13,1	9,8	9,2	6,2	4,0	5,4	7,5
RN	22,5	16,4	7,1	7,9	11,9	15,8	12,0	10,3	12,5	8,8	14,4
RO	19,0	24,5	13,3	19,4	19,8	26,9	18,8	12,5	9,6	10,6	15,0
RR	89,1	91,6	75,8	52,3	71,2	81,7	97,6	46,8	39,6	14,3	50,6
RS	3,2	2,9	1,3	4,6	3,6	5,0	5,0	5,2	3,3	3,9	3,2
SC	3,8	2,7	3,2	1,8	6,0	3,6	4,1	3,3	4,1	4,7	3,1
SE	17,2	18,9	23,7	11,7	14,3	22,5	15,3	19,8	13,9	11,6	15,4
SP	3,4	1,9	1,8	2,3	3,0	4,1	4,0	4,1	4,4	5,2	3,3
TO	25,7	14,8	18,3	22,0	16,5	29,4	33,5	24,4	22,9	15,7	24,8
Brasil	9,5	7,0	7,0	7,9	9,7	10,4	10,1	10,3	9,4	8,7	8,4

Fonte: Elaborado pelo autor

A Figura 1 apresenta o mapa da corrupção referente ao CIPM médio de 2001 a 2020 (20 anos). Quanto maior o CIPM médio mais alto o nível de corrupção.

Figura 1 – Mapa da corrupção média entre 2001 e 2020 (CIPM)

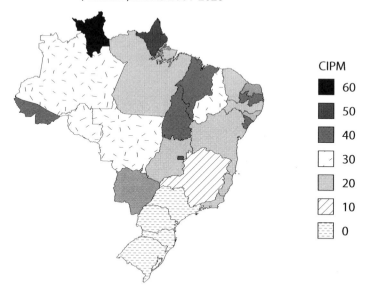

Fonte: Elaborada pelo autor.

A Figura 2 mostra o mapa da corrupção (CIPM) para 2020.

Figura 2 – Mapa da corrupção para 2020 (CIPM)

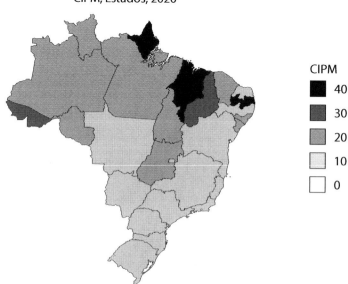

Fonte: Elaborada pelo autor.

Os Quadros 4 e 5 mostram o VDPM para as unidades da federação de 2001 a 2018.

Quadro 4 – VDPM de 2001 a 2010

Sigla	2001	2002	2003	2004	2005	2006	2007	2008	2009	2010
AC	0	0	88	203	153	225	84	228	113	2060
AL	194	256	197	408	50	316	226	271	225	350
AM	114	279	225	274	216	229	236	281	641	339
AP	6	141	662	606	517	1326	904	899	1956	1651
BA	369	425	111	339	224	364	816	348	220	329
CE	298	204	127	441	115	136	221	144	68	150
DF	13	138	72	32	75	123	280	41	28	224
ES	26	63	53	41	151	460	104	101	66	91
GO	83	158	203	91	55	88	77	39	113	142
MA	413	334	372	247	525	1012	461	1352	1789	1364
MG	144	63	42	50	87	95	127	170	55	116
MS	315	91	17	25	97	68	234	30	153	30
MT	24	57	2037	794	147	155	549	237	154	371
PA	197	228	288	311	249	247	298	276	455	385
PB	215	609	286	473	251	339	275	116	510	276
PE	208	199	216	127	69	198	233	101	151	262
PI	513	1120	570	568	331	347	717	423	766	436
PR	5	17	14	21	30	32	116	19	59	96
RJ	256	87	403	55	29	205	38	138	66	149
RN	160	167	141	113	123	316	338	492	440	402
RO	102	64	17	24	88	743	177	133	202	483
RR	572	179	651	39	62	176	57	670	1458	2571
RS	64	54	66	12	18	41	17	30	29	40
SC	13	4	21	8	17	20	4	6	36	8
SE	40	10	9	162	1702	344	70	219	183	203
SP	8	1138	20	5	19	34	166	143	66	47
TO	226	270	373	213	707	492	334	2117	643	1026
Total	100	474	144	87	81	136	179	163	135	160

Fonte: Elaborado pelo autor.

Quadro 5 – VDPM de 2011 a 2018 e média de 2001 a 2018 (18 anos)

Sigla	2011	2012	2013	2014	2015	2016	2017	2018	média
AC	1589	934	385	412	339	367	394	796	465
AL	96	14	118	109	187	338	480	158	222
AM	436	264	177	535	325	701	431	447	342
AP	960	490	204	261	1773	1102	1172	506	841
BA	330	282	144	181	321	320	272	183	310
CE	236	225	145	269	460	442	372	226	238
DF	247	863	59	234	192	96	148	471	185
ES	77	32	20	45	36	81	75	20	86
GO	151	111	210	168	135	158	176	111	126
MA	1171	866	1048	2429	2319	950	2495	1586	1152
MG	52	107	109	108	107	189	173	79	104
MS	148	22	35	13	48	15	63	51	81
MT	358	554	184	272	474	305	66	160	383
PA	225	324	420	446	415	961	742	617	394
PB	288	305	395	249	400	1026	908	465	410
PE	413	266	118	550	222	281	219	255	227
PI	709	199	207	712	458	382	343	425	512
PR	56	30	39	12	86	51	72	32	44
RJ	99	190	102	228	322	181	153	255	164
RN	402	243	103	354	260	451	223	141	270
RO	382	757	108	869	485	3117	442	82	460
RR	1245	1125	1766	2661	1126	2812	3441	3030	1313
RS	39	22	7	40	10	39	37	21	32
SC	32	315	7	24	76	48	26	109	43
SE	62	81	115	1566	419	541	668	486	382
SP	94	15	46	29	80	56	82	67	117
TO	479	3012	637	203	168	1191	541	401	724
Total	**156**	**172**	**106**	**183**	**200**	**212**	**203**	**174**	**170**

Fonte: Elaborado pelo autor

A Figura 3 apresenta o mapa da corrupção referente ao VDPM médio de 2001 a 2018 (18 anos). Quanto maior o VDPM médio mais alto o nível de corrupção.

Figura 3 – Mapa da corrupção média entre 2001 e 2018 (VDPM)

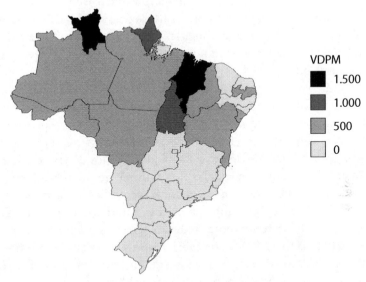

Fonte: Elaborada pelo autor.

A Figura 4 mostra o mapa da corrupção (VDPM) para 2018.

Figura 4 – Mapa da corrupção para 2018 (VDPM)

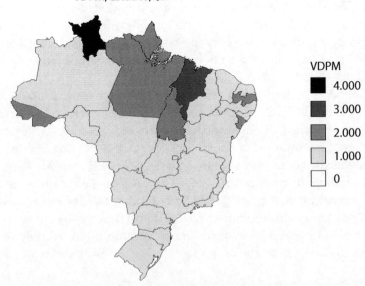

Fonte: Elaborada pelo autor.

4 Propriedades dos indicadores (CIPM e VDPM)

Jannuzzi[17] lista as propriedades desejáveis para indicadores de políticas públicas: relevância para a agenda política e social, validade de representação do conceito, confiabilidade da medida, cobertura operacional, sensibilidade às ações previstas, especificidade ao programa, inteligibilidade de sua construção, comunicabilidade ao público, factibilidade operacional para sua construção, periodicidade na sua atualização, desagregabilidade territorial e comparabilidade da série histórica. A seguir passamos a analisar a aderência do sistema de indicadores de corrupção (CIPM e VDPM) a cada uma dessas propriedades.

Considerando o espaço que o tema corrupção tem ocupado na agenda nacional, pode-se considerar altamente relevante a construção de um sistema de indicadores objetivos e regionais para medir a corrupção. A validade se refere à proximidade entre o indicador e o conceito abstrato que ele mede. As contas julgadas irregulares pelo TCU e os respectivos valores de débito estão bem próximos do conceito de corrupção adotado neste trabalho, motivo pelo qual pode-se afirmar que os indicadores são válidos. Confiabilidade é a capacidade de um indicador fazer medições consistentes através do espaço e do tempo. Como o TCU utiliza o mesmo critério (Lei Orgânica e Regimento Interno) para julgar os diferentes entes federativos e nos diferentes anos, é possível afirmar que o CIPM e o VDPM são confiáveis para fazer comparações entre estados ao longo do tempo. Isso não seria possível se fossem utilizados os dados dos Tribunais de Contas Estaduais (TCEs) e dos Tribunais de Contas Municipais (TCMs), uma vez que os diferentes Tribunais têm Leis Orgânicas e Regimentos Internos diferentes. Cobertura operacional é a capacidade do indicador ser representativo do fenômeno que ele está medindo. O CIPM e o VDPM cobrem somente os julgados do TCU, e não os acórdãos dos TCEs e dos TCMs, e por isso não têm uma cobertura total. No entanto, como foi mencionado, caso houvesse uma opção pela cobertura total, seria perdida a confiabilidade, que juntamente com a validade são as duas propriedades mais importantes dos indicadores. Além disso, haveria a perda da factibilidade operacional da construção, outra importante propriedade, uma vez que o acesso aos dados dos julgados dos TCEs e TCMs é, não raro, bastante difícil. Por essa razão, optou-se por reduzir a cobertura e garantir a confiabilidade e a factibilidade operacional.

Sensibilidade é a capacidade do indicador sofrer alteração em função de políticas públicas. Os efeitos de ações e campanhas de combate à corrupção executadas, por exemplo, em determinado estado e ano, podem ser monitorados através da evolução dos indicadores no tempo e da comparação com outros estados. É muito provável que a quantidade de contas julgadas irregulares pelo TCU, e os respectivos valores dos débitos, diminuam em função de ações repressivas e educativas de combate à corrupção. Especificidade é a capacidade do indicador detectar somente o fenômeno analisado. Poderia ser questionado se além de corrupção as contas também não poderiam ser julgadas irregulares por desídia. No entanto, o TCU não julga estas contas irregulares conforme expresso no artigo 16 da LOTCU: "As contas serão julgadas: [...]

---

[17] JANNUZZI, P. M. *Indicadores sociais no Brasil*: conceitos, fonte de dados e aplicações. 6. ed. Campinas: Alínea, 2017. p. 34.

II – regulares com ressalva, quando evidenciarem impropriedade ou qualquer outra falta de natureza formal de que não resulte dano ao Erário".[18] O CIPM e o VDPM têm, portanto, boa especificidade. A especificidade é um critério especialmente crítico nos indicadores compostos, como, por exemplo, o Índice de Percepção da Corrupção (IPC) da Transparência Internacional, ou o indicador proposto por Boll,[19] um dos motivos pelos quais preferiu-se propor um sistema de dois indicadores simples, o CIPM e o VDPM, como medidas objetivas da corrupção estadual.

Inteligibilidade se refere à transparência da metodologia de construção do indicador. O CIPM e o VDPM são inteligíveis uma vez que sua metodologia de construção foi explicada em detalhes durante o texto, as escolhas metodológicas adotadas suficientemente justificadas. Comunicabilidade é a facilidade de compreensão do indicador por parte da população, de conselhos de controle social e dos demais agentes públicos. Ela tem por objetivo garantir a transparência das decisões técnicas. Os indicadores CIPM e VDPM são de mais fácil compreensão que, por exemplo, o Índice de Percepção da Corrupção (IPC), que é um indicador subjetivo composto. Factibilidade é a facilidade de obtenção do indicador a custos módicos e num tempo razoável. As estatísticas para construção do CIPM e do VDPM, o cadastro de contas irregulares, solicitado junto ao TCU e a população dos entes da federação, no sítio do IBGE, conforme discutido anteriormente, são de fácil obtenção.

A periodicidade do ICPM e do VDPM é anual, a mesma dos indicadores tradicionais como o IPC e o Barômetro Geral da Corrupção (BGC) da Transparência Internacional e o Controle da Corrupção (CC) do Banco Mundial. O CIPM e o VDPM possuem boa desagregabilidade territorial, uma vez que é possível calculá-lo por unidade da federação ou por município. O CIPM e o VDPM permitem a comparação de valores presentes com séries históricas de maneira confiável, uma vez que os julgamentos do TCU utilizam a mesma norma ao longo do tempo e para todos os diferentes entes da federação. O Quadro 6, a seguir, mostra a aderência do CIPM e do VDPM às 12 propriedades desejáveis listadas por Jannuzzi.[20]

Quadro 6 – Propriedades do CIPM e do VDPM

(continua)

Propriedade	sim	não
Relevância para a agenda política e social	x	
Validade de representação do conceito	x	
Confiabilidade da medida	x	
Cobertura operacional		x

---

[18] BRASIL. Lei nº 8.443, de 16 de julho de 1992. Dispõe sobre a Lei Orgânica do Tribunal de Contas da União e dá outras providências. *Diário Oficial da União*, Brasília, 17 jul. 1992, retificado em 22 abr. 1993. Disponível em: http://www.planalto.gov.br/ccivil_03/leis/l8443.htm. Acesso em 17 out. 2020.

[19] BOLL, J. L. S. *A corrupção governamental no brasil: construção de indicadores e análise da sua incidência relativa nos estados brasileiros*. Dissertação (Mestrado em Economia do Desenvolvimento). Faculdade de Administração, Contabilidade e Economia, Pontifícia Universidade Católica do Rio Grande do Sul, Porto Alegre, 2010.

[20] JANNUZZI, P. M. *Indicadores sociais no Brasil*: conceitos, fonte de dados e aplicações. 6. ed. Campinas: Alínea, 2017. p. 34.

(conclusão)

Propriedade	sim	não
Sensibilidade às ações previstas	x	
Especificidade ao programa	x	
Inteligibilidade de sua construção	x	
Comunicabilidade ao público	x	
Factibilidade operacional para sua construção	x	
Periodicidade na sua atualização	x	
Desagregabilidade territorial	x	
Comparabilidade da série histórica	x	

Fonte: Elaborado pelo autor.

Segundo Jannuzi,[21] é muito raro um indicador atender a todas as propriedades desejáveis e normalmente é necessário fazer uma escolha na sua construção, sendo as mais importantes a validade e a confiabilidade. Considerando que o CIPM e o VDPM têm essas duas propriedades e que apenas a cobertura operacional não foi atendida, para não sacrificar a confiabilidade e a factibilidade operacional de construção, é possível concluir que o CIPM e o VDPM são bons indicadores objetivos regionais de corrupção.

Considerações finais

O objetivo do presente trabalho foi atingido, uma vez que foi proposto o CIPM – contas julgadas irregulares pelo TCU por milhão de habitantes – e o VDPM – valor dos débitos das contas por milhão de reais do PIB. As propriedades dos indicadores foram analisadas e concluiu-se que o CIPM e VDPM têm um bom conjunto de propriedades desejáveis. Todas as escolhas metodológicas foram consideradas e detalhadamente explicadas, para evitar incorrer em fraquezas de propostas anteriores. Foi feita a opção por um sistema de dois indicadores simples, em vez de indicadores compostos, predominantes tanto em indicadores subjetivos quanto em indicadores objetivos de corrupção. Um indicador simples ou um conjunto de indicadores simples, conforme defende Jannuzzi,[22] é mais adequado para políticas públicas, por ser mais facilmente compreendido por todos, do que indicadores compostos, como o Índice de Percepção da Corrupção (IPC). Neste trabalho foram calculados valores do CIPM e do VDPM apenas para os estados. Trabalhos posteriores poderão calcular os valores para municípios, uma vez que a base de dados o permite, o que leva a uma sugestão para estudos posteriores. Além disso, o CIPM e o VDPM poderão ser usados para testar hipóteses sobre causas e

---

[21] JANNUZZI, P. M. *Indicadores sociais no Brasil*: conceitos, fonte de dados e aplicações. 6. ed. Campinas: Alínea, 2017. p. 39.

[22] JANNUZZI, P. M. *Indicadores sociais no Brasil*: conceitos, fonte de dados e aplicações. 6. ed. Campinas: Alínea, 2017.

consequências da corrupção, ao relacioná-lo com indicadores, por exemplo, de saúde, de educação ou de renda, o que leva a outra sugestão para trabalhos futuros.

Referências

ACKERMAN, R. S. *The economics of corruption: an essay in political economy*. New York: Academie Press, 1978.

BOBBIO, N.; MATEUCCI, N.; PASQUINO, G. *Dicionário de política*. 11. ed. Distrito Federal: UnB/Linha Gráfica Editora, 1998.

BOLL, J. L. S. *A corrupção governamental no brasil: construção de indicadores e análise da sua incidência relativa nos estados brasileiros*. Dissertação (Mestrado em Economia do Desenvolvimento). Faculdade de Administração, Contabilidade e Economia, Pontifícia Universidade Católica do Rio Grande do Sul, Porto Alegre, 2010.

BRASIL. Lei nº 8.443, de 16 de julho de 1992. Dispõe sobre a Lei Orgânica do Tribunal de Contas da União e dá outras providências. *Diário Oficial da União*, Brasília, 17 jul. 1992, retificado em 22 abr. 1993. Disponível em: http://www.planalto.gov.br/ccivil_03/leis/l8443.htm. Acesso em 17 out. 2020.

BREI, Z. A. Corrupção: dificuldades para definição e para um consenso. *Revista de Administração Pública*, Rio de Janeiro v. 30, n. 1. p. 64-77, 1996.

FILGUEIRAS, F. A tolerância à corrupção no Brasil. Uma antinomia entre normas morais e prática social. *Opinião Pública*, v. 15, n. 2, 2009.

GARCIA, G. P. Indicadores de corrupção e Tribunais de Contas: uma revisão da literatura. *Revista Controle – Doutrina e Artigos*, v. 19, n, 2, p. 97-125, 2021. Disponível em: https://doi.org/10.32586/rcda.v19i2.709. Acesso em 14 jul. 2021.

JANNUZZI, P. M. *Indicadores sociais no Brasil*: conceitos, fonte de dados e aplicações. 6. ed. Campinas: Alínea, 2017.

JANNUZZI, P. M. Indicadores para diagnóstico, monitoramento e avaliação de programas sociais no Brasil. *Revista do Serviço Público*, Brasília, v. 56, n. 2, p. 137-160, 2005.

MIRANDA, L. F. Unificando os conceitos de corrupção: uma abordagem através da nova metodologia dos conceitos. *Revista Brasileira de Ciência Política*, Brasília, n. 25, p. 237-272, 2018.

NYE, S. Corruption and political development: a coast-benefit analysis. *American Political Science Review*, v. 61, n. 2, p. 417-27, 1967.

SILVA, M. Corrupção: tentativa de uma definição funcional. *Revista de Administração Pública*, v. 28, n. 1, p. 18-23, 1994.

TANZI, Vito. Corruption, Governmental Activities, and Markets. *IMF Working Paper*, 1994.

TRANSPARENCY INTERNATIONAL. *What is corruption?* Disponível em: https://www.transparency.org/en/what-is-corruption#. Acesso em 06 jan. 2021.

WORLD BANK. *Helping countries combat corruption*: the role of the World Bank. Washington, 1997. Disponível em: http://www1.worldbank.org/publicsector/anticorrupt/corruptn/corrptn.pdf. Acesso em 06 jan. 2021.

Informação bibliográfica deste texto, conforme a NBR 6023:2018 da Associação Brasileira de Normas Técnicas (ABNT):

GARCIA, Gilson Piqueras. Corrupção, Tribunais de Contas e Jurimetria: proposta de um sistema de indicadores de corrupção baseado em dados do Tribunal de Contas da União. *In*: LIMA, Edilberto Carlos Pontes (Coord.). *Os Tribunais de Contas, a pandemia e o futuro do controle*. Belo Horizonte: Fórum, 2021. p. 283-299. ISBN 978-65-5518-282-8.

O PAPEL DE CONTROLE DOS TRIBUNAIS DE CONTAS E O SEU IMPACTO DEMOCRÁTICO NAS AÇÕES DE ENFRENTAMENTO À PANDEMIA DA COVID-19

GRHEGORY PAIVA PIRES MOREIRA MAIA
JULIA NATÁLIA ARAÚJO SANTOS

Introdução

Em dezembro de 2019, o mundo parou. Diversas imagens e informações da China passaram a ocupar os jornais e as televisões de todos os continentes. Havia surgido a nova variante do coronavírus (Sars-CoV-2), originadora da COVID-19, e que veio a alterar profundamente a ordem social. As inúmeras mortes diárias, ocasionadas pelo vírus, instauraram pânico e medo na comunidade internacional.

Inicialmente, os principais afetados, depois dos chineses, foram os países asiáticos, tais como o Japão, a Tailândia e a Singapura. Em pouco tempo, depois de chegar à Europa, a COVID-19 espalhou-se pelo globo e a sua circulação fez com que as fronteiras terrestres fossem praticamente desfeitas.

A Organização Mundial de Saúde (OMS) decretou emergência de saúde pública de importância internacional,[1] na data de 30 de janeiro de 2020 e, em menos de três meses, uma pandemia.[2] Em 11 de março de 2020, deu-se início a uma crise sanitária de nível mundial.

Diante disso, o cenário em que tudo era novo reclamava soluções científicas, sociais e governamentais. O enfrentamento de uma doença causada por um vírus desconhecido e a nível de uma pandemia veio acompanhado do nascimento de inúmeras necessidades. Dessa forma, exigiam-se respostas de todos os atores sociais direcionados ao denominador comum: o combate à pandemia.

---

[1] WORLD HEALTH ORGANIZATION. *Statement on the first meeting of the International Health Regulations (2005) Emergency Commitee regarding the outbreak of novel coronavírus (2019-nCoV)*. Geneva: WHO, 2020. Disponível em: https://bit.ly/3B9wBu6. Acesso em 01 jul. 2021.

[2] WORLD HEALTH ORGANIZATION. *WHO Director-General's opening remarks at the media briefing on COVID-19-11 March 2020*. Geneva: WHO, 2020b. Disponível em: https://bit.ly/2VGrrW4. Acesso em 01 jul. 2021.

Assim, instaura-se a luta contra o tempo e a corrida pela produção de vacina. Sem sombra de dúvidas, o ator principal é a ciência e a busca pela tecnologia capaz de produzir um imunizante eficaz e rápido. Todavia, de igual forma, houve a necessidade de o direito movimentar-se para viabilizar esse enfrentamento, oferecendo suporte administrativo ao novo panorama e à gestão de políticas públicas governamentais das autoridades e até mesmo da população.

A legislação precisou ser alterada para amparar as ações direcionadas ao enfrentamento da pandemia; as contratações públicas viabilizadas em menor trâmite e com certa desburocratização; as restrições de direitos precisaram ser realizadas; bem como a alocação e a transferência de recursos concedidos aos entes para fazerem frente aos novos gastos.

Na governança da administração pública, é necessário realizar o *controle* sobre todos os recursos disponibilizados e, em consequência, deve haver prestação de contas sobre a utilização de recursos públicos e a observância dos impactos fiscais, a fim de que o equilíbrio financeiro seja mantido. Para isso, impõe-se a transparência para a devida contabilização e dos seus impactos no orçamento anual.

Nesse ponto, considerando a importância e a função social das atividades exercidas pelas cortes de contas sobre a gestão e a aplicação dos recursos públicos, o presente artigo visa averiguar qual é o impacto da atuação de controle dos Tribunais de Contas direcionadas ao combate à pandemia pela COVID-19, dentro da sociedade democrática. O tema justifica-se ante a sua atualidade e a necessidade de investigação a respeito do objeto novo e que requer contribuições e estudos a seu respeito, sobretudo para avaliar a gestão dos recursos públicos no combate à pandemia.

A metodologia será pautada em pesquisa bibliográfica e documental, assim como de marcos teóricos do assunto relacionado ao Tribunal de Contas e ao controle. Além disso, quanto aos dados a respeito das atividades desenvolvidas, será utilizada a abordagem qualitativa e dedutiva de análise de informações.

Assim, o trabalho será estruturado em 04 (quatro) partes. Em um primeiro momento, expõe-se acerca do papel do controle no Estado Democrático de Direito e, seguidamente, a respeito do desenho constitucional e da organização dos Tribunais de Contas no Brasil. Depois disso, passa-se à abordagem do papel do Tribunal de Contas como facilitador da transparência dos recursos públicos destinados ao enfrentamento da pandemia. Por fim, segue-se às experiências e às iniciativas de ações realizadas pelos Tribunais, com recorte do Tribunal de Contas da União e do Tribunal de Contas do Estado de Mato Grosso.

Este será o caminho a ser seguido para abordar o tópico, bem como para colaborar com o estudo de um tema tão importante e caro à sociedade, por meio do oferecimento de dados e de pesquisas direcionadas ao exame do impacto democrático da atividade de controle exercida pelas cortes de contas nas ações de enfrentamento à COVID-19.

1   O controle no Estado Democrático de Direito e a gestão da coisa pública

Partindo de um viés etimológico, a democracia transporta a ideia de que o governo de uma sociedade deve ser atribuído ao seu povo, que é seu soberano. Trata-se, então, de uma forma de governo que se contrapõe às outras existentes,[3] como a autocracia, a oligarquia e a monarquia.

Ainda que essa concepção seja insuficiente para expressar tudo o que a palavra democracia conquistou desde O seu surgimento,[4] é possível estabelecer algum conteúdo mínimo que está relacionado ao conceito de democracia, como se vê:

> A despeito da dificuldade envolvida na definição precisa do conceito, é correto afirmar que há determinados conteúdos mínimos inerentes às ideias de democracia que estarão presentes em qualquer concepção ou teoria acerca do assunto. Um desses conteúdos mínimos é, sem dúvida, a noção de *controle social*.[5]

Com isso, nota-se que o controle social[6] desempenha papel especial e destacado em ambientes democráticos. Tendo em vista que a democracia é um ideal a ser buscado, é necessário o fortalecimento de práticas democráticas no seio social.

O controle social pode ser entendido de maneiras diversas, a depender da corrente ou da perspectiva adotada. Aqui, contudo, importa registrar que o uso atual do termo pode ser utilizado para designar um controle sobre o Estado tanto por parte da sociedade quanto por parte de entidades do próprio ente estatal, traduzindo-se em um prisma de vigilância e de controle sobre as ações governamentais.

A noção de controle, por sua vez, está intimamente ligada ao valor republicano, uma vez que a expressão *res publica* revela que algo pertence a todos ou que diz respeito a algo comum.[7] Dessa forma, se alguma coisa mostra-se como de interesse geral, impõe-se que seja exercido sobre ele certo controle, a fim de que essa coisa pública seja da melhor forma administrada e executada.

Quanto ao ponto, Ayres Britto ensina que

> [...] numa república impõe-se responsabilidade jurídica pessoal a todo aquele que tenha por competência (e conseqüente dever) cuidar de tudo que é de todos, assim do prisma da decisão como do prisma da gestão. E tal responsabilidade implica o compromisso da melhor decisão e da melhor administração possíveis. Donde a exposição de todos eles (os que decidem sobre a 'res publica' e os que a gerenciam) à comprovação do estrito cumprimento dos princípios constitucionais e preceitos legais que lhes sejam especificamente exigidos.

---

3   *Cf.* BOBBIO, Norberto. *A teoria das formas de governo*. 10. ed. São Paulo: UnB, 2017.

4   O berço da democracia pode ser concedido à Grécia Clássica e, em especial, à democracia ateniense em meados do século V a.C. Contudo, não se ignora que o seu surgimento refere-se muito mais à teoria democrática do que às práticas em si, as quais destoam do que atualmente entende-se por democracia e seus pressupostos. Para um estudo aprofundado de suas origens, *Cf.* DAHL, Robert. *A democracia e seus críticos*. São Paulo: Editora WMF Martins Fontes, 2012; DUNN, John. *A história da democracia*. São Paulo: Editora Unifesp, 2016.

5   BARCELLOS, Ana Paula. Papéis do Direito Constitucional no fomento do controle social democrático: algumas propostas sobre o tema da informação. *Revista Direito do Estado*, Rio de Janeiro, n. 12, p. 77-106, out./dez. 2008. p. 82, grifo dos autores.

6   Pode ser concebido como o "conjunto de métodos pelos quais a sociedade influencia o comportamento humano, tendo em vista manter determinada ordem" (MANNHEIM, K. *Sociologia Sistemática*: uma introdução ao estudo de sociologia. 2. ed. São Paulo: Pioneira, 1971).

7   SARTORI, Giovanni. *A teoria da democracia revisitada*: volume II – as questões clássicas. São Paulo: Ática, 1994. p. 47.

A começar, naturalmente, pela prestação de contas das sobreditas gestões orçamentárias, financeira, patrimonial, contábil e operacional.[8]

Nessa linha, o controle pode ser entendido como um fundamento inseparável dos valores democráticos, bem como da ideia de boa administração. Aliás, a principal luta do constitucionalismo foi o estabelecimento de limites ao poder, os quais não devem ser absolutos em uma sociedade constitucional-democrática.

É necessário, pois, que o poder, independentemente de quem o exerça, seja sempre balizado e, nesse ponto, o controle pode ser concebido como um princípio inerente à concepção de função e atribuição estatal.[9]

O controle pode atuar em várias vertentes, sendo equivocado pensar que se dá apenas de forma repressiva ou punitiva. Ao revés, mostra-se presente em ações que incentivem e qualifiquem o desempenho das atividades dos agentes públicos e dos demais representantes do povo.[10]

Esse controle, de modo geral, pode materializar-se de dois modos: interno[11] e externo.[12] Enquanto o primeiro ocorre dentro dos próprios órgãos integrantes do aparato estatal sobre suas funções, o segundo é desempenhado por um órgão alheio àquela instituição ou unidade, ou seja, no seio da própria administração.

Ainda, o fim visado pelo controle está próximo da ideia de *accountability*, tão comentada nos últimos tempos pelas mais diversas áreas do saber e particularmente na democracia contemporânea. Mesmo que o termo não encontre a correta tradução no português, entende-se que ele é empregado para referir-se a distintas frentes. Em síntese, pode ser entendida como a exigência de que os portadores de atribuições públicas ou de poder prestem "informações e justificações sobre suas ações e seus resultados".[13]

O pressuposto é a responsabilização dos que desempenham a função pública em face dos cidadãos[14] e, dessa maneira, "é tarefa das instituições políticas construírem mecanismos de prestação de contas à sociedade, no sentido de reduzir a razão de Estado a uma razão do público e permitir o controle deste sobre aquele".[15]

O controle, portanto, possibilita a *accountability* pública e, assim, torna-se um instrumento valioso e indispensável nas sociedades democráticas, principalmente para aperfeiçoar a influência democrática em face de novas práticas trazidas pela modernidade, as quais exigem a devida adaptação à nova realidade que conversa

---

[8] BRITTO, Carlos Ayres. O Regime Constitucional dos Tribunais de Contas. *Revista Diálogo Jurídico*, Salvador, v. I, n. 9, dez. 2001. p. 11.

[9] MIOLA, Cezar. Tribunal de Contas – controle para a cidadania. *Revista do Tribunal de Contas do Rio Grande do Sul*, Porto Alegre, v. 14, n. 25, 1996.

[10] DE CARVALHO, Harley Sousa; ALBUQUERQUE, Felipe Braga. Fortalecendo a Democracia: a Contribuição dos Tribunais de Contas para o Controle Social. *Revista Controle*, v. VIII, n. 1, set. 2010. p. 374.

[11] Previsto no caput dos arts. 31, 70 e 74, e nos incisos I a IV e §1º do art. 74 da Constituição da República de 1988.

[12] Previsto no caput e §§1º, 2º e 4º do art. 31, caput dos arts. 70 e 71 da Constituição da República de 1988.

[13] TOMIO, Fabrício Ricardo de Limas; ROBL FILHO, Ilton Norberto. Accountability e Independência Judiciais: uma Análise da Competência do Conselho Nacional de Justiça (CNJ). *Revista de Sociologia e Política*, Curitiba, v. 21, n. 45, p. 29-46, mar. 2013. p. 30.

[14] FILGUEIRAS, Fernando. Além da transparência: accountability e Política da Publicidade. *Lua Nova*, São Paulo, v. 84, p. 65-94, 2011. p. 67.

[15] FILGUEIRAS, Fernando. Além da transparência: accountability e Política da Publicidade. *Lua Nova*, São Paulo, v. 84, p. 65-94, 2011. p. 68.

com elementos novos, como a sociedade da informação, o descrédito institucional e o aumento de casos de corrupção, dentre outros.

2 O desenho constitucional dos Tribunais de Contas na Constituição da República de 88 e o controle externo

Os Tribunais de Contas são órgãos constitucionais, dotados de autonomia, com competências específicas e que objetivam "concretizar a fiscalização administrativo--financeira das ações governamentais".[16] Partindo de um esforço histórico, um dos principais responsáveis por sua criação no Brasil foi Ruy Barbosa, de quem partiu a iniciativa ainda em 1890.[17] Na exposição de motivos do Decreto nº 966-A, de 7.11.1890, que criou o Tribunal de Contas da União, assinado pelo jurista, consta que:

> A medida que vem propor-vos é a criação de um Tribunal de Contas, corpo de magistratura intermediária à administração e à legislatura que, colocado em posição autônoma, com atribuições de revisão e julgamento, cercado de garantias contra quaisquer ameaças, possa exercer as suas funções vitais no organismo constitucional, sem risco de converter-se em instituição de ornato aparatoso e inútil [...] não basta julgar a administração, denunciar o excesso cometido, colher a exorbitância ou prevaricação, para as punir. Circunscrita a esses limites, essa função tutelar dos dinheiros públicos será muitas vezes inútil, por omissa, tardia ou impotente. Convém levantar entre o poder que autoriza periodicamente a despesa e o poder que quotidianamente a executa um mediador independente, auxiliar de um outro, que, comunicando com a legislatura e intervindo na administração, seja não só o vigia como a mão forte da primeira sobre a segunda, obstando a perpetuação das infrações orçamentárias por um veto oportuno aos atos do Executivo, que direta ou indiretamente, próxima ou remotamente, discrepem da linha rigorosa das leis de finanças.[18]

Entretanto, registra-se que o Tribunal apenas foi efetivamente originado pela constituição de 1891[19] e definitivamente instaurado em 1893. De acordo com o art. 89 da referida constituição, estava "instituído um Tribunal de Contas para liquidar as contas da receita e despesa e verificar a sua legalidade, antes de serem prestadas ao Congresso".[20] Dessa maneira, ao tribunal caberia a função atinente à liquidação de contas de receitas e despesas no viés da legalidade.

---

[16] ARANTES, Rogério Bastos *et al. Controles democráticos sobre a administração pública no Brasil. In:* LOUREIRO, Maria Rita; ABRUCIO, Fernando Luiz; PACHECO, Regina Silva (eds.). *Burocracia e política no Brasil:* desafios para a ordem democrática no século XXI. Rio de Janeiro: Ed. FGV, 2010. p. 128.

[17] PELEGRINI, Marcia. *A competência sancionatória do Tribunal de Contas:* contorno constitucionais. Belo Horizonte: Fórum, 2014. p. 92.

[18] BARBOSA, Rui. *Exposição de Motivos:* Brasil. Decreto nº 966-A, de 7 de novembro de 1890. Cria um Tribunal de Contas para o exame, revisão e julgamento dos atos concernentes à receita e despesa da República. 1890. v. 11, p. 3440.

[19] BRASIL. Constituição da República dos Estados Unidos do Brasil, de 24 de fevereiro de 1891. Nós, os representantes do povo brasileiro, reunidos em Congresso Constituinte, para organizar um regime livre e democrático, estabelecemos, decretamos e promulgamos a seguinte. *Diário Oficial da União,* Rio de Janeiro, 24 fev. 1891.

[20] Art. 89. BRASIL. Constituição da República dos Estados Unidos do Brasil, de 24 de fevereiro de 1891. Nós, os representantes do povo brasileiro, reunidos em Congresso Constituinte, para organizar um regime livre e democrático, estabelecemos, decretamos e promulgamos a seguinte. *Diário Oficial da União,* Rio de Janeiro, 24 fev. 1891.

Foi a Constituição Federal de 1988, com o seu projeto democrático em contraponto aos acontecimentos ditatoriais vivenciados pela sociedade brasileira, que ampliou significativamente as funções do Tribunal de Contas e atribuiu papel importante no desenho institucional. Assim, separou uma seção *especial* para a fiscalização contábil, financeira, orçamentária, operacional e patrimonial da Administração Pública e deu base ao fortalecimento da Corte de Contas.

De acordo com o artigo 70 da Carta, o controle externo é efetuado pelo Congresso Nacional e com o auxílio do Tribunal de Contas da União.[21] Pela sua disposição, durante muito tempo imperou na doutrina o pensamento da existência de subordinação do Tribunal de Contas ao poder legislativo.[22]

Contudo, trata-se de entendimento superado,[23] porque há muito reconhece-se a autonomia e a independência da instituição, que fica claro já na exposição de motivos de Ruy Barbosa, anteriormente exposta, e no próprio texto constitucional. O órgão conjuga diversas e relevantes competências na gestão da coisa pública, nos termos do artigo 71,[24] além de prestar auxílio ao Congresso Nacional no desempenho do controle externo.

Dessa forma, ajuda na apreciação de contas; julga as dos administradores e outros responsáveis por dinheiro, bens e valores públicos da administração pública; aprecia a legalidade de atos de admissão de pessoal, além de inspeções e de auditorias que sejam de natureza contábil, financeira, orçamentária, operacional e patrimonial nos poderes legislativo, executivo e judiciário. Ainda, a Constituição, em nome do princípio da simetria, deixou a cargo da constituição estadual estabelecer e dispor os Tribunais de Contas estaduais com a observância da organização e composição do TCU.

Em face das funções expostas, fica evidente que os Tribunais de Contas revelam-se como um dos principais órgãos responsáveis pela realização do controle externo no arcabouço jurídico desenhado pela constituição federal.

3   Para além do controle externo: o papel do Tribunal de Contas como facilitador da transparência dos recursos públicos destinados ao enfrentamento da pandemia

Como dito anteriormente, a baliza democrática impõe a participação popular na gestão e fiscalização dos recursos públicos que influenciam os rumos de uma sociedade. A definição de quais políticas públicas serão realizadas pelos administradores sintetiza as prioridades dentro daquela comunidade e depende da utilização das verbas públicas.

---

[21]   Art. 70. BRASIL. Constituição da República Federativa do Brasil de 1988. *Diário Oficial da União*, Brasília, 05 out. 1988.

[22]   Basicamente, os fundamentos dos autores que apoiavam essa teoria fundavam-se na ideia de que se o Tribunal de Contas é órgão auxiliar do Congresso Nacional, estando, em decorrência disso, subordinado ao poder Legislativo.

[23]   Nesse sentido: "o Tribunal de Contas da União não é órgão do Congresso Nacional, não é órgão do Poder Legislativo. Quem assim me autoriza a falar é a Constituição Federal, com todas as letras do seu art. 44, *litteris*: 'O Poder Legislativo é exercido pelo Congresso Nacional, que se compõe da Câmara dos Deputados e do Senado Federal' [...] Logo, o Parlamento brasileiro não se compõe do Tribunal de Contas da União" (BRITTO, Carlos Ayres. O Regime Constitucional dos Tribunais de Contas. *Revista Diálogo Jurídico*, Salvador, v. I, n. 9, dez. 2001. p. 2).

[24]   Art. 71. BRASIL. Constituição da República Federativa do Brasil de 1988. *Diário Oficial da União*, Brasília, 05 out. 1988.

É imprescindível, cada vez mais, o entendimento de que aquilo que é público é, em sua essência, da responsabilidade de todos. Como tal, exige-se que as ações públicas e as de seus agentes sejam controlados pelos administrados.

Nesse contexto, a atividade desempenhada pelas Cortes de Contas abre espaço também para que o controle seja exercido pelo corpo social, isso porque suas recomendações e orientações possuem marcado viés pedagógico e auxiliam na transparência da gestão governamental.

Dessa forma, muito mais que somente efetuar o controle externo, esses órgãos dão visibilidade à gestão pública, à fiscalização dos gastos, à admissão de pessoal, entre outras, e, com isso, potencializam a publicidade das ações governamentais, o que pode despertar o interesse da população em acompanhar a administração pública.

A transparência e a publicidade, neste caso, significam "a redução das assimetrias informacionais entre cidadãos e agentes estatais, de maneira a reduzir as falhas de gestão e permitir maior controle sobre os atos ilícitos cometidos no setor público".[25] Os eventos das últimas décadas da política nacional a respeito da descoberta e dos variados esquemas de corrupção com a utilização de verbas públicas demonstraram a premente obrigação de aperfeiçoar gradativamente mais as instâncias de controle, seja o externo, seja o social.

Sabe-se que a concepção de democracia conserva um espaço como sendo *ideal* e ainda a ser alcançado e, constantemente, buscado por todos os atores sociais, a exemplo de uma educação para a democracia, ainda ausente na sociedade. A questão guarda lugar nas raízes da sociedade brasileira, já que "ainda existem diversos obstáculos, construídos historicamente, que precisam ser desmitificados, e as Cortes de Contas podem atuar como importantes interlocutores na relação entre a sociedade civil e a Administração Pública".[26]

É, por conseguinte, na prática, que se abrem as portas para atingir as promessas não cumpridas da democracia.[27] A "democracia não necessita apenas vigorar, mas precisa também que o seu núcleo seja aperfeiçoado, o que demanda pessoas emancipadas. É por meio de um corpo social emancipado que se torna possível uma autêntica democracia".[28]

Não se pode perder de vista o ideal democrático e, portanto, há a necessidade de permanente dialética entre teoria e prática, e esse canal é possibilitado pelas atividades corretivas e pedagógicas dos Tribunais de Contas e em sua missão de ampliar a visibilidade dos resultados obtidos pelas ações e pelos programas de governo à sociedade.

Os casos de corrupção e de mau gerenciamento dos recursos públicos raramente mostram-se de fácil identificação no dia a dia do corpo social, mormente pela modernização das técnicas de desvio de fundos, o que demanda certa *expertise* para identificá-los, além de conhecimento técnico e disponibilidade de pessoal, que podem e são oferecidos pela estatura dos Tribunais de Contas.

---

[25] FILGUEIRAS, Fernando. Além da transparência: accountability e Política da Publicidade. *Lua Nova*, São Paulo, v. 84, p. 65-94, 2011. p. 68.

[26] ROCHA, Zilton. Os Tribunais de Contas e os desafios para a promoção do Controle Social. *Revista do TCM*, Rio de Janeiro, v. 28, n. 46, p. 4-11, jan. 2011. p. 6.

[27] *Cf.* BOBBIO, Norberto. *O futuro da democracia*: uma defesa das regras do jogo. 15. ed. Rio de Janeiro/São Paulo: Paz e Terra, 2018.

[28] SANTOS, Julia Natália Araújo. *A Era da Democracia Confusa*: a Jurisdição Constitucional Como Instrumento de Defesa dos Direitos Fundamentais. Dissertação (Mestrado em Direito) – Universidade Federal de Mato Grosso, Cuiabá, 2021. p. 163.

Esse papel facilitador é reforçado sobremaneira no atual quadro pandêmico que o mundo presencia. São tanto as alterações legislativas e contratações públicas para amparar as ações direcionadas ao enfrentamento da pandemia quanto a alocação e a transferência de recursos concedidos aos entes para fazerem frente aos novos gastos, o que torna dificultoso o acompanhamento e a fiscalização sobre todos os recursos envolvidos por parte da população.

O tema é perceptível pelo quadro sobre os atos normativos expedidos a respeito da COVID-19,[29] criado pela Secretaria-Geral da Presidência da República, que é atualizado diariamente. Entre as mais de 500 (quinhentas) legislações publicadas a respeito do assunto, verificam-se decretos, legislações e portarias que regulam inúmeros assuntos afetos à gestão, assim como abertura de créditos orçamentários para fazerem frente aos gastos.

Para mais, no âmbito internacional, o Programa de Desenvolvimento das Nações Unidas (UNDP) lançou o relatório "Accountability and COVID-19: a guidance note on inclusive process and institution",[30] no qual debate formas práticas para que os governos, a sociedade civil, os parlamentos e as instituições de supervisão independente trabalhem em conjunto para enfrentar os desafios trazidos pela COVID-19.[31] O documento reforçou a necessidade de informação e de transparência nas ações de combate, afirmando que "mais do que nunca os governos precisam ser abertos e transparentes",[32] e trouxe, como exemplo de melhoria, a transparência nos relatórios dos governos e também no uso e na disponibilidade de uso dos recursos públicos.[33]

A preocupação da Organização das Nações Unidas, sistema global de proteção dos direitos humanos, reforça a necessidade de empreendimento de ações conjuntas dos atores sociais para o devido enfrentamento da pandemia com destaque para a publicidade e para a informação acerca dos recursos e dos dados públicos direcionados ao combate da COVID-19. Isso faz com que seja exigido um olhar fiscalizatório reforçado sobre a gestão para que sejam controlados os resultados e os gastos das medidas tomadas pelos administradores e, em última instancia, para continuar promovendo a cultura do controle e da transparência na gestão da coisa pública.

4 A experiência e a iniciativa dos Tribunais de Contas no combate e enfrentamento à COVID-19

A materialização da importância dos Tribunais de Contas pode ser visualizada nas ações desempenhadas pelo Tribunal de Contas da União (TCU) durante o período

---

[29] BRASIL. *Legislação COVID-19*. Brasília, 2021. Disponível em: https://bit.ly/3kqcdPp. Acesso em 05 jul. 2021.

[30] ORGANIZAÇÃO DAS NAÇÕES UNIDAS. Programa de Desenvolvimento das Nações Unidas (UNDP). *In*: Accountability and COVID-19: a guidance note on inclusive process and institution. *UNDP*, 2020. Disponível em: https://bit.ly/3rcSwvM. Acesso em 10 jul. 2021.

[31] ORGANIZAÇÃO DAS NAÇÕES UNIDAS. Programa de Desenvolvimento das Nações Unidas (UNDP). *In*: Accountability and COVID-19: a guidance note on inclusive process and institution. *UNDP*, 2020. p. 1. Disponível em: https://bit.ly/3rcSwvM. Acesso em 10 jul. 2021.

[32] ORGANIZAÇÃO DAS NAÇÕES UNIDAS. Programa de Desenvolvimento das Nações Unidas (UNDP). *In*: Accountability and COVID-19: a guidance note on inclusive process and institution. *UNDP*, 2020. p. 3. Disponível em: https://bit.ly/3rcSwvM. Acesso em 10 jul. 2021.

[33] ORGANIZAÇÃO DAS NAÇÕES UNIDAS. Programa de Desenvolvimento das Nações Unidas (UNDP). *In*: Accountability and COVID-19: a guidance note on inclusive process and institution. *UNDP*, 2020. p. 3. Disponível em: https://bit.ly/3rcSwvM. Acesso em 10 jul. 2021.

pandêmico. De acordo com o presidente do TCU, José Mucio Monteiro, estar-se-á diante de um inimigo desconhecido e "o TCU atua no sentido de mostrar sua seriedade no trato da coisa pública, seja antes, durante ou depois dessa crise. Estamos totalmente engajados nessa batalha. Temos um papel importantíssimo e muito a colaborar nas ações".[34]

Em abril de 2020, a Corte lançou o programa especial de atuação no enfrentamento à crise da COVID-19 (Coopera). No *hotsite*,[35] estão concentradas todas as atividades e informações que possuem ligação com o assunto. Constatam-se grupos de trabalho, painéis de informações, processos relacionados, bem com normativas e cartilhas.

Dentre todos os projetos do Coopera, o principal fruto é o Plano Especial de Acompanhamento das Ações de Combate à COVID-19, que é responsável por acompanhar e apoiar as 27 (vinte e sete) ações que estão sendo realizadas em 08 (oito) ministérios. Percebe-se, assim, que o TCU tem buscado desenvolver atividades em parcerias com outras entidades com o oferecimento de suporte e de conhecimento técnico.

De acordo com o painel informativo,[36] existem: 301 (trezentos e um) processos, 37 (trinta e sete) acompanhamentos, 213 (duzentas e treze) representações, 3 (três) solicitações do Congresso Nacional e 48 (quarenta e oito) outros documentos denominados "outros".

São várias as frentes exploradas, a exemplo da normativa expedida a respeito do *Balanço da Fiscalização do Auxílio Emergencial* em que o TCU concluiu que o "auxílio Emergencial foi tempestivo e alcançou trabalhadores sem renda formal, porém os altos índices de pagamentos indevidos resultaram em desperdício de recursos públicos".[37]

O gráfico a seguir também demonstra os resultados positivos obtidos pelos órgãos na atividade fiscalizatória sobre os pagamentos do referido auxílio:

Figura 1 – Taxa de pagamentos do auxílio emergencial que foram detectados como indevidos por órgãos de controle[38]

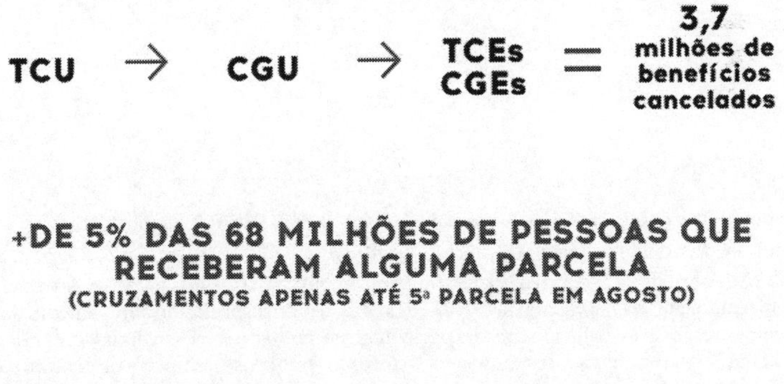

TCU → CGU → TCEs CGEs = **3,7** milhões de benefícios cancelados

+DE 5% DAS 68 MILHÕES DE PESSOAS QUE RECEBERAM ALGUMA PARCELA
(CRUZAMENTOS APENAS ATÉ 5ª PARCELA EM AGOSTO)

---

[34] TCU lança o Coopera – Programa especial de atuação no enfrentamento à crise da Covid 19. Imprensa (BRASIL. Tribunal de Contas da União. Programa especial de atuação no enfrentamento à crise da COVID-19 (Coopera). *TCU*, 2020. Disponível em: https://bit.ly/3reOUt4. Acesso em 13 jul. 2021).

[35] BRASIL. Tribunal de Contas da União. Programa especial de atuação no enfrentamento à crise da COVID-19 (Coopera). *TCU*, 2020. Disponível em: https://bit.ly/3reOUt4. Acesso em 13 jul. 2021.

[36] Cf.: Processos do TCU no programa especial de atuação no enfrentamento à crise da COVID-19. *Painel Informativo Coopera*, dados atualizados até a data de 13 de julho de 2021. Disponível em: https://bit.ly/3wJHCyR. Acesso em 13 jul. 2021.

[37] DANTAS, Bruno. Balanço da Fiscalização do Auxílio Emergencial. *Coopera*, 2021. p. 3. Disponível em: https://bit.ly/2UTZXf9. Acesso em 13 jul. 2021.

[38] DANTAS, Bruno. Balanço da Fiscalização do Auxílio Emergencial. *Coopera*, 2021. Disponível em: https://bit.ly/2UTZXf9. Acesso em 13 jul. 2021.

Ademais, pode ser citado o relatório constante no acórdão nº 908/2021,[39] em que a corte apresentou, de forma sistematizada, o detalhamento dos gastos da União com a pandemia. Outro trabalho feito pelo TCU foi quanto ao acompanhamento de natureza operacional sobre o planejamento estratégico do governo no enfrentamento da COVID-19[40] em que se verificaram falhas e indícios de omissão.

Essa última ação é salutar no atual contexto pandêmico brasileiro, em que estão em curso investigações, assim como uma comissão parlamentar de inquérito[41] sobre a gestão do governo no combate à pandemia, que não conseguiu impedir a morte de mais de quinhentas mil pessoas.[42] Além disso, procura-se descobrir informações a respeito do atraso de vacinas e de indícios de superfaturamento na aquisição de produtos e de serviços relacionados ao combate à COVID-19.

No âmbito estadual, o Tribunal de Contas do Estado de Mato Grosso (TCE/MT) criou um espaço em seu website chamado de "Radar Covid", com painel de análise e monitoramento da COVID-19,[43] contendo abas de aquisições, recursos da COVID, receitas COVID, despesas COVID, fiscalizações e estrutura hospitalar.

De acordo com seu presidente:

> Essa ferramenta comprova que o TCE-MT está dando transparência às ações de controle externo. Atualmente, temos 40 processos de fiscalização sendo feitos específicos da Covid-19. Nessa aba, o cidadão poderá ver além da quantidade de fiscalizações, mas também em que fase estão os processos, quais são estes processos, tendo inclusive um gráfico mostrando cada processo por município, por relator e secretaria de Controle Externo.[44]

Como exposto, o radar criado pelo TCE/MT dá enfoque à transparência e funciona como canal de comunicação entre o cidadão e os gatos públicos, prestigiando a dialética entre os diversos atores sociais no controle dos gastos públicos, especialmente durante a pandemia.

---

[39] BRASIL.. Tribunal de Contas da União. *Tomada de contas nº 016.873/2020-3*. 17 jun. 2020.

[40] BRASIL.. Tribunal de Contas da União (Plenário). *Acórdão nº 1533/2021. TC nº 016.708/2020-2*. 30 jun. 2021.

[41] Instalada em 27 de abril de 2021 e com a finalidade "Apurar, no prazo de 90 dias, as ações e omissões do Governo Federal no enfrentamento da Pandemia da Covid-19 no Brasil e, em especial, no agravamento da crise sanitária no Amazonas com a ausência de oxigênio para os pacientes internados; e as possíveis irregularidades em contratos, fraudes em licitações, superfaturamentos, desvio de recursos públicos, assinatura de contratos com empresas de fachada para prestação de serviços genéricos ou fictícios, entre outros ilícitos, se valendo para isso de recursos originados da União Federal, bem como de outras ações ou omissões cometidas por administradores públicos federais, estaduais e municipais, no trato com a coisa pública, durante a vigência da calamidade originada pela Pandemia do Coronavírus "SARS-CoV-2", limitado apenas quanto à fiscalização dos recursos da União repassados aos demais entes federados para as ações de prevenção e combate à Pandemia da Covid-19, e excluindo as matérias de competência constitucional atribuídas aos Estados, Distrito Federal e Municípios" (BRASIL. Senado Federal. Atividade Legislativa – Comissões. *CPI da Pandemia*, 2021. Disponível em: https://bit.ly/3ifCLA5. Acesso em 13 jul. 2021).

[42] BRASIL. *COVID19 Painel Coronavírus*. 2021. Disponível em: https://covid.saude.gov.br/. Acesso em 14 jul. 2021.

[43] BRASIL.. Tribunal de Contas do Estado de Mato Grosso. Painel de análise e monitoramento da COVID-19. *TCE/MT*, 2021. Disponível em: https://bit.ly/2UPjVIe. Acesso em 14 jul. 2021.

[44] MATO GROSSO. Tribunal de Contas do Estado de Mato Grosso. Força-tarefa do TCE-MT fiscaliza aproximadamente R$64 milhões das licitações para combate à Covid-19. *TCE/MT*, 2020. Disponível em: https://bit.ly/2UUIuTO. Acesso em 14 jul. 2021.

Além disso, são disponibilizadas orientações expedidas aos gestores no combate ao coronavírus.[45] Nas normativas constam recomendações a respeito de créditos extraordinários, calamidade pública e transferência de recursos; criação de comissões especiais de apoio e fiscalização para o enfrentamento ao coronavírus; orientação acerca da divulgação das contratações referentes à COVID-19; estabelecimento de procedimentos de contabilização, transparência e prestação de contas dos recursos no enfrentamento ao coronavírus, criação de força tarefa para fiscalizar o valor gasto em licitações para o combate à COVID-19, entre outros.

Por fim, em razão da necessidade de recorte e amplitude deste objeto de trabalho, destaca-se que todas essas ações e iniciativas, tanto do TCU quanto do TCE/MT, ainda estão em andamento, motivo pelo qual, neste momento, apenas foram citadas, a título informativo, no que se refere à experiência que vem sendo cultivada neste âmbito, dado que ainda serão objeto de análises específicas após suas conclusões.

Algumas conclusões: impacto positivo na qualidade democrática

O desafio de toda e qualquer instituição é continuar relevante em face às mudanças verificadas na sociedade pelo decurso do tempo e pelo surgimento de novas tecnologias. No caso dos Tribunais de Contas, desde a promulgação da Constituição de 1988, a pertinência do órgão só aumentou, seja porque é uma das principais instituições que realizam o controle sobre a gestão da coisa pública, seja porque contribui para a transparência das ações desempenhadas pelos agentes públicos.

Com o contexto pandêmico, sua importância foi ainda mais ressaltada, posto estar-se diante de um dos valores mais caros do ordenamento jurídico: a vida e a saúde humana. O direito tem se movimentado para viabilizar esse enfrentamento, oferecer suporte administrativo ao novo panorama e à gestão de políticas públicas e governamentais das autoridades.

Com isso, mais de 500 (quinhentas) normativas foram editadas para amparar as ações direcionadas ao enfrentamento da pandemia, tais como as contratações públicas e a produção de vacinas. Tornou-se imperioso, então, realizar o controle sobre todos esses recursos disponibilizados, a fim de que o equilíbrio financeiro seja mantido, os fundos corretamente utilizados, bem como esquemas de corrupção sejam impedidos.

Por tudo isso, conclui-se que os Tribunais de Contas impactam de forma positiva na qualidade democrática da sociedade na busca da concretização de seu ideal, isso porque, além de exercerem o controle, abrem espaço também para o controle social, que é potencializado por meio da transparência da gestão governamental. As atividades corretivas e pedagógicas das cortes de contas ampliam a visibilidade das ações e dos programas de governo e permitem o conhecimento mais efetivo dos cidadãos acerca da coisa pública.

A democracia é um projeto a ser concretizado e é por intermédio de canais de comunicação entre os diversos atores sociais, tais como os criados pelos Tribunais de Contas, que seu ideal permanecerá latente na sociedade democrática.

---

[45] BRASIL. Tribunal de Contas do Estado de Mato Grosso. Orientações e notícias das ações do TCE-MT para auxiliar gestores no combate ao coronavírus. *TCE/MT*, 2020b. Disponível em: https://bit.ly/2VUiqZT. Acesso em 10 jul. 2021.

Referências

ARANTES, Rogério Bastos *et al.* Controles democráticos sobre a administração pública no Brasil. *In*: LOUREIRO, Maria Rita; ABRUCIO, Fernando Luiz; PACHECO, Regina Silva (eds.). *Burocracia e política no Brasil*: desafios para a ordem democrática no século XXI. Rio de Janeiro: Ed. FGV, 2010.

BARBOSA, Rui. *Exposição de Motivos*: Brasil. Decreto nº 966-A, de 7 de novembro de 1890. Cria um Tribunal de Contas para o exame, revisão e julgamento dos atos concernentes à receita e despesa da República. 1890. v. 11.

BARCELLOS, Ana Paula. Papéis do Direito Constitucional no fomento do controle social democrático: algumas propostas sobre o tema da informação. *Revista Direito do Estado*, Rio de Janeiro, n. 12, p. 77-106, out./dez. 2008.

BOBBIO, Norberto. *A teoria das formas de governo*. 10. ed. São Paulo: UnB, 2017.

BOBBIO, Norberto. *O futuro da democracia*: uma defesa das regras do jogo. 15. ed. Rio de Janeiro/São Paulo: Paz e Terra, 2018.

BRASIL. Constituição da República dos Estados Unidos do Brasil, de 24 de fevereiro de 1891. Nós, os representantes do povo brasileiro, reunidos em Congresso Constituinte, para organizar um regime livre e democrático, estabelecemos, decretamos e promulgamos a seguinte. *Diário Oficial da União*, Rio de Janeiro, 24 fev. 1891.

BRASIL. Constituição da República Federativa do Brasil de 1988. *Diário Oficial da União*, Brasília, 05 out. 1988.

BRASIL. Tribunal de Contas da União. Programa especial de atuação no enfrentamento à crise da COVID-19 (Coopera). *TCU*, 2020. Disponível em: https://bit.ly/3reOUt4. Acesso em 13 jul. 2021.

BRASIL. Tribunal de Contas do Estado de Mato Grosso. Orientações e notícias das ações do TCE-MT para auxiliar gestores no combate ao coronavírus. *TCE/MT*, 2020b. Disponível em: https://bit.ly/2VUiqZT. Acesso em 10 jul. 2021.

BRASIL. Tribunal de Contas do Estado de Mato Grosso. Painel de análise e monitoramento da COVID-19. *TCE/MT*, 2021. Disponível em: https://bit.ly/2UPjVIe. Acesso em 14 jul. 2021.

BRASIL. *COVID19 Painel Coronavírus*. 2021. Disponível em: https://covid.saude.gov.br/. Acesso em 14 jul. 2021.

BRASIL. *Legislação COVID-19*. Brasília, 2021. Disponível em: https://bit.ly/3kqcdPp. Acesso em 05 jul. 2021.

BRASIL. Senado Federal. Atividade Legislativa – Comissões. *CPI da Pandemia*, 2021. Disponível em: https://bit.ly/3ifCLA5. Acesso em 13 jul. 2021.

BRASIL. Tribunal de Contas da União (Plenário). *Acórdão nº 1533/2021. TC nº 016.708/2020-2*. 30 jun. 2021.

BRASIL. Tribunal de Contas da União. *Tomada de contas nº 016.873/2020-3*. 17 jun. 2020.

BRITTO, Carlos Ayres. O Regime Constitucional dos Tribunais de Contas. *Revista Diálogo Jurídico*, Salvador, v. I, n. 9, dez. 2001.

DAHL, Robert. *A democracia e seus críticos*. São Paulo: Editora WMF Martins Fontes, 2012.

DANTAS, Bruno. Balanço da Fiscalização do Auxílio Emergencial. *Coopera*, 2021. Disponível em: https://bit.ly/2UTZXf9. Acesso em 13 jul. 2021.

DE CARVALHO, Harley Sousa; ALBUQUERQUE, Felipe Braga. Fortalecendo a Democracia: a Contribuição dos Tribunais de Contas para o Controle Social. *Revista Controle*, v. VIII, n. 1, set. 2010.

DUNN, John. *A história da democracia*. São Paulo: Editora Unifesp, 2016.

FILGUEIRAS, Fernando. Além da transparência: accountability e Política da Publicidade. *Lua Nova*, São Paulo, v. 84, p. 65-94, 2011.

MANNHEIM, K. *Sociologia Sistemática*: uma introdução ao estudo de sociologia. 2. ed. São Paulo: Pioneira, 1971.

MATO GROSSO. Tribunal de Contas do Estado de Mato Grosso. Força-tarefa do TCE-MT fiscaliza aproximadamente R$64 milhões das licitações para combate à Covid-19. *TCE/MT*, 2020. Disponível em: https://bit.ly/2UUIuTO. Acesso em 14 jul. 2021.

MIOLA, Cezar. Tribunal de Contas – controle para a cidadania. *Revista do Tribunal de Contas do Rio Grande do Sul*, Porto Alegre, v. 14, n. 25, 1996.

ORGANIZAÇÃO DAS NAÇÕES UNIDAS. Programa de Desenvolvimento das Nações Unidas (UNDP). *In*: Accountability and COVID-19: a guidance note on inclusive process and institution. *UNDP*, 2020. Disponível em: https://bit.ly/3rcSwvM. Acesso em 10 jul. 2021.

PAINEL INFORMATIVO COOPERA. *Processos do TCU no programa especial de atuação no enfrentamento à crise da COVID-19*. Dados atualizados até a data de 13 de julho de 2021. Disponível em: https://bit.ly/3wJHCyR. Acesso em 13 jul. 2021.

PELEGRINI, Marcia. *A competência sancionatória do Tribunal de Contas*: contorno constitucionais. Belo Horizonte: Fórum, 2014.

ROCHA, Zilton. Os Tribunais de Contas e os desafios para a promoção do Controle Social. *Revista do TCM*, Rio de Janeiro, v. 28, n. 46, p. 4-11, jan. 2011.

SANTOS, Julia Natália Araújo. *A Era da Democracia Confusa*: a Jurisdição Constitucional Como Instrumento de Defesa dos Direitos Fundamentais. Dissertação (Mestrado em Direito) – Universidade Federal de Mato Grosso, Cuiabá, 2021.

SARTORI, Giovanni. *A teoria da democracia revisitada*: volume II – as questões clássicas. São Paulo: Ática, 1994.

TOMIO, Fabrício Ricardo de Limas; ROBL FILHO, Ilton Norberto. Accountability e Independência Judiciais: uma Análise da Competência do Conselho Nacional de Justiça (CNJ). *Revista de Sociologia e Política*, Curitiba, v. 21, n. 45, p. 29-46, mar. 2013.

WORLD HEALTH ORGANIZATION. *Statement on the first meeting of the International Health Regulations (2005) Emergency Commitee regarding the outbreak of novel coronavírus (2019-nCoV)*. Geneva: WHO, 2020a. Disponível em: https://bit.ly/3B9wBu6. Acesso em 01 jul. 2021.

WORLD HEALTH ORGANIZATION. *WHO Director-General's opening remarks at the media briefing on COVID-19-11 March 2020*. Geneva: WHO, 2020. Disponível em: https://bit.ly/2VGrrW4. Acesso em 01 jul. 2021.

Informação bibliográfica deste texto, conforme a NBR 6023:2018 da Associação Brasileira de Normas Técnicas (ABNT):

MAIA, Grhegory Paiva Pires Moreira; SANTOS, Julia Natália Araújo. O papel de controle dos Tribunais de Contas e o seu impacto democrático nas ações de enfrentamento à pandemia da COVID-19. *In*: LIMA, Edilberto Carlos Pontes (Coord.). *Os Tribunais de Contas, a pandemia e o futuro do controle*. Belo Horizonte: Fórum, 2021. p. 301-313. ISBN 978-65-5518-282-8.

OS TRIBUNAIS DE CONTAS: A PANDEMIA E O FUTURO DO CONTROLE

INALDO DA PAIXÃO SANTOS ARAÚJO
ELISA DIAS LUCAS

> O QUE SERÁ (A FLOR DA PELE)
> *O que será que será*
> *Que todos os avisos não vão evitar*
> *Porque todos os riscos vão desafiar*
> *Porque todos os sinos irão repicar*
> *Porque todos os hinos irão consagrar*
> *E todos os meninos vão desembestar*
> *E todos os destinos irão se encontrar*
>
> (Chico Buarque e Milton Nascimento)

O período estranho que estamos atravessando, no qual uma doença infecciosa ameaça simultaneamente muitas pessoas pelo mundo, desperta uma gama de questionamentos acerca de uma nova forma de viver e se relacionar. O que é o novo normal? A nova realidade imposta também promove mudanças na administração pública? Qual o papel dos Tribunais de Contas no contexto da pandemia? E, afinal, qual o futuro do Controle?

O controle da Administração Pública não é recente, remonta à Grécia clássica no século V antes de Cristo e está intimamente relacionado aos ideais de Democracia. Os papiros egípcios atribuídos à época de 1.300 a.C. já indicavam a importância da organização e da administração da burocracia pública no Antigo Egito. Na China, as parábolas de Confúcio sugerem práticas para a boa administração pública, tendo em vista que as atividades estatais, dentre elas a administração financeira, deveriam ocorrer em benefício do povo, assim como as rendas públicas não podiam ser consideradas privativas dos reis e estavam sujeitas a uma rigorosa fiscalização, a fim de evitar malversação ou desvios do dinheiro público.

Em 1494, o Frei Luca Pacioli, na célebre publicação *Summa de Arithmetica, Geometria, Proportioni et Proportionalità*, escreveu sobre o método das partidas dobradas, que determina que para cada lançamento a débito em uma conta deve haver um lançamento correspondente a crédito em outra conta, revolucionando a forma de registro das transações financeiras no mundo e, consequentemente, no controle.

Ressaltamos que o conceito de controle nos moldes atuais ganhou maiores contornos com a formação do Estado moderno e do constitucionalismo que sucederam a Revolução Francesa. O controle da Administração Pública é um dos instrumentos de que dispõe a sociedade para concretizar o primado democrático na consecução do Princípio Republicano.

Inspirada pelos ideais da Revolução Francesa, a Declaração dos Direitos do Homem e do Cidadão de 1789 já expressava sua atenção com a aplicação do dinheiro público, tanto que garantiu ao cidadão o direito de acompanhar o emprego das verbas públicas (art. 14), além de assegurar à sociedade o direito de pedir contas a todo agente público pela sua administração (art. 15), *in verbis*:

> [...]
>
> Art. 14º Todos os cidadãos têm direito de verificar, por si ou pelos seus representantes, da necessidade da contribuição pública, de consenti-la livremente, de observar o seu emprego e de lhe fixar a repartição, a coleta, a cobrança e a duração.
>
> Art. 15º A sociedade tem o direito de pedir contas a todo agente público pela sua administração.
>
> [...].

A História francesa apresenta uma embrionária Corte de Contas durante o reinado de Luís IX, a denominada *Chambre de Comptes*, cuja atribuição seria a de vigiar os dispêndios públicos. Foi extinta por ocasião da Revolução Francesa por ser considerada como pertencente ao *Ancien Régime*. Todavia, a *Chambre de Comptes* serviu de inspiração para a *Cour de Comptes*, 1807, a quem competia o exame posterior das contas públicas, uma vez que o exame prévio foi atribuído ao Ministério Ordenador da Despesa e ao Ministério da Fazenda.

Lucivaldo Vasconcelos Barros registra a criação da Câmara de Contas pelo Império Austríaco, em 1661; da Câmara Superior de Contas da Prússia, em 1714; do Tribunal Maior de Contas de Buenos Aires, com jurisdição nas províncias do Rio da Prata, Paraguai e Tucuman, em 1767; da *Corte dei Conti italiana*, em 1862 e da Corte de Contas belga, em 1883.

No Estado Contemporâneo, os órgãos de controle da Administração Pública estão presentes na estrutura estatal, sejam na forma de Tribunais de Contas ou de Controladorias, podendo estar vinculados ao Legislativo, ao Judiciário, ao Executivo e até não terem vinculação aos poderes estatais clássicos, afigurando-se como um traço característico do Estado democrático de direito.

Na experiência brasileira, à exceção da Constituição de 1824, todas as demais (1891, 1934, 1937, 1946, 1967, EC nº 01/1969 e 1988) previram a existência de uma Corte de Contas, que foi introduzida no ordenamento jurídico, ainda no Governo Provisório, por meio do Decreto nº 966-A, de 07.11.1890, por mérito de Rui Barbosa, que na Exposição de Motivos sobre a criação do Tribunal de Contas da União (TCU), manifestou-se nos seguintes termos:

[...]

Faltava ao Governo coroar a sua obra com a mais importante providência que uma sociedade política bem constituída pôde exigir de seus representantes.

Referimo-nos à necessidade de tornar o orçamento uma instituição inviolável e soberana, em sua missão de prover às necessidades publicas mediante o menor sacrifício dos contribuintes, à necessidade urgente de fazer dessa lei das leis uma força da nação, um sistema saibo, econômico, escudado contra todos os desvios, todas as vontades, todos os poderes que ousem lhe perturbar o curso traçado.

Nenhuma instituição é mais relevante, para o movimento regular do mecanismo administrativo e político de um povo, do que a lei orçamentaria. Mas em nenhuma também há maior facilidade aos mais graves e perigosos abusos.

O primeiro dos requisitos para a estabilidade de qualquer fôrma de governo constitucional consiste em que o orçamento deixe de ser uma simples combinação formal, como mais ou menos tem sido sempre, entre nós, e revista o caráter de uma realidade segura, solene, inacessível a transgressões impunes.

Cumpre acautelar e vencer esses excessos, quer se traduzam em atentados contra a lei, inspirados em aspirações opostas ao interesse geral, quer se originem (e são estes porventura os mais perigosos) em aspirações de utilidade pública, não contidas nas raias fixadas à despesa pela sua delimitação parlamentar.

Tal foi sempre, desde que os orçamentos deixaram de ser 1'état du roi, o empenho de todas as nações regularmente organizadas.

Não é, todavia, commum o hábito de execução fiel do orçamento, ainda entre os povos que deste assumpto poderiam dar-nos ensinamento proveitoso.

O déficit, com que se encerram quase todas as liquidações orçamentarias entre nós, e os créditos suplementares, que, deixando de ser excepção, constituem a regra geral, a imemorial tradição, formando todos os anos um orçamento duplo, mostram quanto estão desorganizadas as nossas leis de finanças, e quão pouco escrúpulo tem presidido à concepção e execução dos nossos orçamentos.

Cumpre à República mostrar, ainda neste assumpto, a sua força regeneradora, fazendo observar escrupulosamente, no regimento constitucional em que vamos entrar, o orçamento federal.

Se não se conseguir este desideratum: se não pudermos chegar a uma vida orçamentaria perfeitamente equilibrada, não nos será dado presumir que hajamos reconstituído a pátria, e organizado o *futuro*. (Grifo nosso).

Rio, 7 de novembro de 1890 – Ruy Barbosa.

Essa breve incursão pela linha do tempo das Cortes de Contas reflete um pensamento do filósofo chinês Confúcio (552 a.C.): "Se queres prever o futuro, estuda o passado". Para tentarmos diagnosticar um possível futuro para o controle externo, precisamos entender suas bases históricas e suas adversidades no decorrer do tempo. É fato que o supracitado excerto, da autoria do memorável Rui Barbosa, no distante ano de 1890, traduz preocupações e conclusões hodiernas, atinentes à necessidade de um controle externo em consonância com os princípios da legalidade, da moralidade e da eficiência.

Com a promulgação da Constituição Federal de 1988, os Tribunais de Contas foram alçados a uma envergadura ímpar na trajetória da legislação brasileira, conforme demonstra seu extenso rol de competências (art. 71, CF/88). Tal envergadura confere um futuro alvissareiro às Cortes de Contas e ao exercício do controle, uma vez que o arcabouço legal, pelo menos em termos teóricos, delineia e reflete os Princípios basilares da Democracia e possibilita o controle social, aqui entendido como a possibilidade de atuação da sociedade civil por intermédio das vias de participação democrática no controle das ações do Estado e dos gestores públicos, bem como a participação ativa nas questões que irão influenciar diretamente o seu próprio destino como sociedade.

Sobre o assunto, o Professor Celso Antônio Bandeira de Mello leciona que:

> Quem exerce 'função administrativa' está adstrito a satisfazer interesses públicos, ou seja, interesses de outrem: a coletividade.
>
> Por isso, o uso das prerrogativas da Administração é legítimo se, quando e na medida indispensável ao atendimento dos interesses públicos; vale dizer, do povo, porquanto nos Estados Democráticos o poder emana do povo e em seu proveito terá de ser exercido.[1]

A Organização Mundial da Saúde (OMS) declarou a ocorrência do surto do "coronavírus" (Sars-CoV-2) configurando-se, assim, o Estado de Emergência de Saúde Pública de Importância Internacional (ESPII). Posteriormente, ante a elevação do número de contaminações, no dia 11 de março de 2020, a OMS decretou a condição de pandemia. A partir daí, o futuro, entendido como "conjunto de fatos relacionados a um tempo que há de vir; destino, sorte", revelou-se incerto. Como entoou Milton Nascimento em sua belíssima canção, "nada será como antes, amanhã".

O avanço da pandemia da COVID-19 em nosso país fez com que o poder público fosse incumbido da difícil tarefa de planejar e adotar medidas visando à contenção e ao combate aos efeitos maléficos do vírus em nossa população. Entre tais medidas, optou-se pela flexibilização temporária de normas aplicáveis às contratações da Administração Pública, quando destinadas ao enfrentamento do vírus e enquanto perdurasse a emergência. A referida medida está prevista na Lei nº 13.979, de 6 de fevereiro de 2020, sancionada pelo Governo Federal, que também inovou ao prever a possibilidade de contratação de empresas com a inidoneidade declarada ou com o direito suspenso de licitar ou contratar com a Administração Pública, quando se tratar, comprovadamente, de única fornecedora do bem ou serviço a ser adquirido.

Destacamos que para além da flexibilização das regras de licitação, outros fatores podem ampliar os riscos de corrupção nas contratações públicas durante a pandemia. Um deles reside na edição da Medida Provisória nº 996, de 13 de maio de 2020, ao definir as hipóteses de responsabilização civil e administrativa de agentes públicos pela prática de atos durante a pandemia. Evidenciamos que o texto prevê: à responsabilização dos agentes *"quando agirem ou se omitirem com dolo ou erro grosseiro"*, porém não determina, de forma clara e precisa, o que se deve entender por dolo ou erro grosseiro. A constitucionalidade da medida já foi analisada pelo Supremo Tribunal Federal (STF), que decidiu, por maioria de votos, que os atos dos agentes públicos em relação à pandemia devem observar critérios técnicos e científicos de entidades médicas e sanitárias e o princípio da autocontenção no caso de dúvidas sobre a eficácia de eventuais medidas.

---

[1] MELLO, Celso Antonio Bandeira de. *Direito Administrativo*. 29.ed. São Paulo: Malheiros, 2012. p. 162.

Essa nova realidade gerou significativas modificações no comportamento do administrador público, abrindo para este um campo de permissibilidade, que tende a despertar nos órgãos de controle mais acuidade no exercício do seu mister.

Nesse sentido, em um cenário no qual os casos de corrupção já se revelaram uma realidade constante, em que pese a gravidade do momento, os órgãos de controle desempenham um papel relevante na preservação da probidade do gasto público, principalmente na busca da preservação do direito à saúde, consectário lógico da conquista dos direitos humanos e pressuposto indissociável da vida, previsto no artigo 5º da Constituição Federal de 1988.

Segundo declaração do Ministro José Múcio Monteiro:

> Podemos ter muitos acertos, mas também muitos erros frente a essa pandemia. E o pior erro que poderá existir é o de se apropriar de uma situação de salvar vidas para o enriquecimento ilícito. O vírus da corrupção, com a emergência das compras emergenciais, foi retroalimentado por conta da COVID-19.[2]

Assim, após medidas sanitárias e o exercício de um papel orientativo e informativo, os Tribunais de Contas readequaram suas ações de fiscalização, discutidas na Reunião Extraordinária com os Secretários de Controle Externo, realizada no dia 23 de março de 2021, entre as quais se destacam as seguintes:

1. Realizar conferência *on-line* com prefeitos para esclarecimento de dúvidas;

2. Criar canais específicos de Ouvidoria relacionados à pandemia;

3. Alocar um Relator específico para as ações relacionadas à COVID-19;

4. Encaminhar ofício ao Governador do Estado e Prefeitos, solicitando todas as informações referentes aos gastos públicos decorrentes da COVID-19;

5. Encaminhar ofício aos Secretários de Educação solicitando as informações referentes aos gastos com a merenda escolar e ações realizadas durante a após o período da pandemia;

6. Orientar aos gestores a abertura de uma área específica nos portais de transparência relacionada aos gastos decorrentes da pandemia;

7. Criar robô para coletar dados nos portais da transparência;

8. Formar redes de acompanhamento das ações relacionadas à COVID-19 com outros órgãos de controle;

9. Disponibilizar notas técnicas, resoluções e instruções normativas quanto às contratações temporárias e emergenciais em período de pandemia;

10. Intensificar os trabalhos de orientação. Ex.: Fornecimento de cartilhas de orientação aos jurisdicionados sobre os gastos relacionados à pandemia, perguntas e respostas;

11. Formar grupos técnicos de trabalho para acompanhar os normativos emitidos em período de pandemia (diários oficiais, leis, decretos, jurisprudências);

12. Criar grupos de trabalho para acompanhar as despesas por contratações emergenciais (dispensa de licitação);

---

[2] AGÊNCIA DO SENADO. *Precisamos de vacina contra corrupção, dizem parlamentares e membros do TCU.* Disponível em: https://www12.senado.leg.br/noticias/materias/2020/06/18/precisamos-proteger-o-bom-gestor-diz-presidente-do-tcu. Acesso em: 15 jul. 2021.

13. Verificar, por meio de informações estratégicas, o risco de contratações para direcionar as ações de fiscalização e que representem maior custo x benefício nas ações de auditoria;

14. Realizar análise de risco das contratações, por meio do cruzamento de bases de dados disponíveis;

15. Gerar, em sistemas de controle de processos, destaque específico para os processos relacionados à COVID-19;

16. Criar hotsite com orientações específicas aos jurisdicionados relacionadas ao momento da pandemia;

17. Intensificar a fiscalização dos recursos repassados dos Estados para as Organizações Sociais (OS) de Saúde quanto à COVID-19;

18. Acessar registro de banco de preços (bases nacionais de notas eletrônicas, comprasnet etc.) praticados no período de pandemia;

19. Acompanhar as resoluções da Atricon, IRB, CNPTC para realização das fiscalizações e auditorias;

20. Criar um banco de boas práticas relacionadas às ações de controle dos gestores (planos de ação) quanto à pandemia;

21. Acompanhar, via redes sociais, as ações sobre a pandemia com os jurisdicionados;

22. Agregar ao índice de transparência municipal a alteração da Lei Federal nº 13.979/2020, que exige seção específica nos portais de transparência;

23. Avaliar a criação de auditorias operacionais na área de saúde e merenda escolar;

24. Mapear os procedimentos para distribuição do auxílio merenda e transparência dos gastos (compras das Secretarias Municipais de Educação, correspondência com o cardápio escolar, aquisições da agricultura familiar etc.);

25. Acessar boletins informativos com notícias internacionais e suas recomendações; e

26. Ajustar os sistemas de informação para filtrar, de forma específica, as despesas associadas à COVID-19.

Não se pode olvidar que os órgãos de controle têm engendrado esforços voltados para ações de enfrentamento à pandemia na administração pública, principalmente no tocante ao combate à corrupção.

Como exemplo das atividades das Cortes de Contas no combate à corrupção, o Tribunal de Contas da União deu início aos trabalhos de avaliação dos procedimentos adotados pelo Ministério das Relações Exteriores e pelo Ministério da Saúde, relativamente à busca internacional das vacinas contra a COVID-19, em face dos indícios de que as instituições, perdidas em meio a procedimentos burocráticos, pretextos e até mesmo em ilusões sobre o tratamento da COVID-19, atrasaram injustificadamente em mais de um ano a adoção, nas suas áreas de competência, de providências básicas e fundamentais para o combate à pandemia (Processo nº 014.954/2021-4).

Por intermédio do Processo de nº 015.126/2021-8, o TCU busca esclarecer a informação veiculada em publicidade institucional nas redes sociais e televisão acerca da compra de mais de 560 milhões de doses de vacinas contra a COVID-19.

Conforme noticiado pelo sítio *Terra*, acessado no dia 25.06.2021, os Auditores do TCU encontraram suspeitas de irregularidades envolvendo a compra da vacina indiana Covaxin, pelo governo federal. Ainda segundo o sítio, "Relatório produzido pela área técnica do Tribunal de Contas da União apontou "possíveis impropriedades" no processo de contratação de 20 milhões de doses do imunizante a R$1,6 bilhão".

A análise realizada pelos técnicos indicou três pontos que deverão ser avaliados pelos ministros do TCU quando da apreciação do processo que trata das supostas irregularidades:

1) Não houve qualquer tentativa de negociação do preço proposto pela empresa, de US$15 a dose, o mais alto entre as seis vacinas adquiridas pelo governo brasileiro até agora;

2) A falta de documentos que demonstram a busca por eventuais preços internacionais da vacina, para saber se o Brasil pagaria mais caro que outros países;

3) Uma avaliação, por parte do Ministério da Saúde, acerca dos riscos de o contrato não ser cumprido pela contratada.

O relatório traz conclusões prévias da análise feita pela Corte de Contas, realizada no mês de março, após a assinatura do contrato entre a Precisa Medicamentos, representante no Brasil do laboratório indiano Bharat Biothec, e o Ministério da Saúde, no dia 25 de fevereiro de 2021.

Segundo os auditores do TCU, o próprio ministério reconheceu, em documentos internos, a necessidade de tentar negociar o valor que seria pago. Em 17 de fevereiro, o Departamento de Imunização e Doenças Transmissíveis (DEIDT) citou em nota técnica que "o valor apresentado pela empresa foi de US$15,00 por dose". O setor sugeriu, no entanto, ao Departamento de Logística (DLOG) da pasta que avaliasse "a possibilidade de realização de negociação com o fornecedor, a fim de apurar melhores preços".

"Não consta dos autos do processo administrativo nenhum documento que evidencie qualquer tentativa de negociação do preço proposto pela empresa, ou busca por eventuais preços internacionais da vacina, em eventuais vendas para outros países", aponta o TCU.

Em outro parecer, datado de 24 de fevereiro, a Advocacia-Geral da União afirmou que "não observou a estimativa de preços" prevista em lei e "nem mesmo a justificativa para a sua dispensa excepcional". O órgão informou, então, que era necessário que a "autoridade competente" juntasse uma manifestação para dispensar a pesquisa de preços, o que também não ocorreu.

Ainda na esteira das ações de enfrentamento à pandemia na administração pública e do combate à corrupção, o Tribunal de Contas da Bahia (TCE/BA), diante da escassez de insumos e de equipamentos de proteção individual (EPIs), assim como da urgência na contratação dos serviços de engenharia, necessários para os esforços de enfrentamento da pandemia da COVID-19, considerou relevante a elaboração de material com preços de referência para as aquisições realizadas no período, permitindo a consulta de aquisições dos diversos entes federativos, com base em informações de transparência dessas despesas.

O TCE/BA vem executando auditoria de acompanhamento das receitas e despesas do Estado da Bahia (Processo nº TCE/003682/2020), referente ao período de 1º/01 a 31.05.2020, buscando evidenciar oscilações em face do enfrentamento da pandemia do novo coronavírus, realizando uma análise comparativa da execução orçamentária e financeira desse período com os mesmos meses do ano de 2019.

A auditoria verificou, ainda, as leis editadas no período cujo objeto é o suporte orçamentário para, por exemplo, dar auxílio financeiro à população para o pagamento das contas de água e energia elétrica, assim como o auxílio financeiro para hospedagem em casas de acolhimento para portadores da COVID-19, no caso de não disporem de adequada estrutura familiar para ficar em casa, permanecendo em centros de apoio com as despesas pagas pelo Estado.

Além das respectivas leis, também, foram examinados os 83 decretos numerados, expedidos para disciplinar as circunstâncias diversas relacionadas ao enfrentamento da pandemia do coronavírus no Estado da Bahia.

O Tribunal de Contas do Estado de São Paulo (TCE/SP), em atendimento à solicitação da Comissão Parlamentar de Inquérito (CPI) da pandemia, enviou a relação de todos os processos e ações de fiscalização relativos à aplicação de recursos federais destinados ao Estado e aos municípios para o combate à pandemia da COVID-19.

Os arquivos disponibilizados pela Corte de Contas contêm dados e informações que abrangem o governo estadual e os municípios (exceto a Capital) com população até 200 mil habitantes, em atendimento ao solicitado na forma do Requerimento nº 142-2021, de autoria do Senador Ciro Nogueira.

No total foram relacionados 1.427 processos autuados entre 2020 e 2021, com atualização até março deste ano, sendo 1.231 processos de acompanhamento especial; 58 contratos municipais (R$147.065.292,35); 25 repasses a entidades do Terceiro Setor (R$75.964.899,65); e 10 contratos estaduais (R$35.580.661,97).

As informações, com base nos dados dos setores de Fiscalização de Auditoria Eletrônica, têm como objeto a utilização dos recursos advindos da União relacionados ao enfrentamento da calamidade pública decorrente da pandemia.

Com a finalidade de subsidiar os trabalhos da CPI, o TCE/SP, adicionalmente, enviou todos os balancetes contábeis consolidados no exercício de 2020 que constam da base de dados da Auditoria Eletrônica e o relatório das principais atividades desenvolvidas pela Corte.

O TCE/SP informou, ainda, que fiscaliza outros 40 processos de acompanhamento especial, 75 contratos de municípios que perfazem a soma global de R$134.863.870,07 e 18 autos de repasses a entidades do Terceiro Setor, que totalizam R$46.741.384,93 – todos os recursos de fontes federais não foram remetidos por contarem com população superior a 200 mil habitantes.

No início de abril, o Tribunal de Contas do Estado do Paraná (TCE/PR) notificou 18 municípios sobre vacinação indevida de agentes políticos, que aparentemente não se enquadram em nenhum dos grupos prioritários para imunização, conforme os critérios definidos pelo Ministério da Saúde. O Tribunal solicitou, ainda, informações a quatro municípios, sobre casos de "multivacinados" (quando o portador de um mesmo CPF supostamente recebe diversas doses do imunizante). Essa situação foi verificada a partir de informações fornecidas pela Controladoria-Geral da União (CGU) e pelo Tribunal de Contas da União (TCU).

O Tribunal de Contas do Estado de Goiás (TCE/GO), em fomento à transparência e ao controle social, disponibiliza painéis dinâmicos por meio dos quais o cidadão acompanha os gastos e as aquisições de bens ou serviços relacionadas ao combate do coronavírus.

O Tribunal de Contas do Estado do Espírito Santo (TCE/ES) recomendou aos 78 municípios capixabas e à Secretaria Estadual de Saúde (Sesa) que adotem medidas para garantir a efetividade do programa de imunização contra a COVID-19. A decisão foi proferida em julgamento de processo de fiscalização, na modalidade acompanhamento, que visa acompanhar a vacinação na população capixaba. Achados de auditoria apontaram deficiências nos planos municipais e processos de vacinação dos jurisdicionados.

O Tribunal de Contas de Mato Grosso (TCE/MT) emitiu recomendação a 64 municípios do Mato Grosso, nos quais o índice de aplicação de doses de vacina contra COVID-19 está abaixo de 58%, para que adotem providências para intensificar a vacinação. O TCE/MT recomenda que os municípios intensifiquem a vacinação dos grupos prioritários elencados nos planos de vacinação contra a COVID-19, utilizando-se de mutirões nos fins de semana, ampliação dos locais de vacinação e funcionamento dos postos em horário estendido, além de sistema itinerante de aplicação das doses nas regiões onde se encontram os grupos prioritários.

No âmbito do Tribunal de Contas do Estado de Minas Gerais (TCE/MG), a Cartilha de Orientação "Integridade na Vacinação contra a COVID-19" visa fortalecer a atuação da gestão pública municipal, fomentar o controle social e promover a integridade na política pública de vacinação.

Além das ações conjuntas dos Tribunais de Contas no enfrentamento da pandemia do COVID-19, as denúncias formuladas pelo Sr. Luís Ricardo Miranda, relativas às supostas irregularidades na compra da vacina Covaxin, revelam a ação do controle interno no contexto de combate à corrupção. Luís Ricardo é servidor de carreira do Ministério da Saúde e trabalha atualmente como coordenador de importação no Departamento de Logística em Saúde. O servidor foi chamado para depor na CPI da pandemia e reafirmou suas suspeitas de que a compra da Covaxin é parte de um esquema de corrupção.

Nesse contexto, observamos que o controle interno apresenta um papel fundamental no auxílio da Gestão Pública, tendo por objetivo a execução segura da atuação administrativa, pautada em princípios e regras técnicas e de direito, com vistas à realização precípua do interesse público, uma vez que recai sobre todos os atos e procedimentos administrativos do ente controlado.

Seu fundamento vem explicitado na Súmula 473 do Supremo Tribunal Federal, sendo o poder-dever de autotutela:

> A administração pode anular seus próprios atos, quando eivados de vícios que os tornam ilegais, porque deles não se originam direitos; ou revogá-los, por motivo de conveniência ou oportunidade, respeitados os direitos adquiridos, e ressalvada, em todos os casos, a apreciação judicial.

O Controle Interno previne práticas antieconômicas e fraudes, tornando as operações internas mais eficientes e confiáveis, tendo como base a organização de métodos e medidas que controlam com exatidão, confiabilidade e integralidade os dados contábeis. São estabelecidos por normas e procedimentos instituídos para obter proteção do patrimônio e dados contábeis confiáveis, visando à execução desconcentrada dos serviços públicos e outras atividades de interesse coletivo.

Guerra, apud Castro, 2007 acentua:

> Em outras palavras, trata-se de um complexo de procedimentos administrativos, constitucionalmente previsto, de natureza financeira, contábil e orçamentária, exercido por órgão posicionado dentro da própria estrutura da Administração, indissociável desta, impondo ao gestor público a necessária visualização de todos os seus atos administrativos com boa margem de segurança, de acordo com as peculiaridades de cada órgão ou entidade, com fincas de prevenção, identificação e rápida correção de irregularidades ou ilegalidades, capaz de garantir o cumprimento dos planos, metas e orçamentos preconcebidos.[3]

Nesse sentido, revela-se indubitável a importância do controle interno para o futuro do controle que, aliado ao exercício efetivo da cidadania, produz efeitos a longo prazo no combate e, principalmente, na prevenção de um vírus tão devastador quanto o da COVID-19, "o vírus da corrupção", conforme asseverou José Múcio Monteiro, ex-ministro do TCU.

Desse modo, controle e cidadania são temas indissociáveis, tornando-se eficazes na medida em que pretendem preservar a função essencial do Estado de prover as necessidades coletivas, o que inclui o controle realizado por meio de suas próprias instituições e, sobretudo, o exercício do controle social, popular ou democrático. É imperioso reconhecer que o indispensável controle externo da administração pública precisa ser permanentemente nutrido pela ação legítima e constante do controle social.

Joaquim José Gomes Canotilho assevera que,

> a justificação da democracia em termos negativos e basicamente procedimentais pretende pôr em relevo que a essência da democracia consiste na estruturação de mecanismos de seleção dos governantes e, concomitantemente, de mecanismos de limitação prática do poder, visando criar, desenvolver e proteger instituições políticas adequadas e eficazes para um governo sem as tentações da tirania.[4]

É por isso, segundo o mesmo autor, que "essa compreensão do princípio democrático como princípio de controle tem sido agitada em tempos recentes a propósito da capacidade de resposta do sistema político-constitucional à corrupção política".

Vale lembrar que as entidades estão atentas ao futuro do controle. Em 2022, o Brasil assumirá por três anos a presidência da Organização Internacional de Instituições de Fiscalização Superior (INTOSAI). O XXIV Congresso da INTOSAI será realizado no Rio de Janeiro e pretende reunir representantes de mais de 170 países. A escolha do Brasil resulta do prestígio internacional adquirido pelos Tribunais de Contas ao longo das últimas décadas, com destaque para a presidência da Organização Latino-americana e do Caribe de Entidades de Fiscalização Superior (OLACEFS).

---

[3] GUERRA, Evandro Martins *apud*. CASTRO, Rodrigo Pironti de. *Controle Interno da Administração Pública*: uma perspectiva do modelo de gestão administrativa. Disponível em: https://www.biblioteca.pucpr.br/tede/tde_busca/arquivo.php?codArquivo=644. Acesso em: 12 jul. 2021.

[4] CANOTILHO, Joaquim José Gomes. *Direito Constitucional e teoria* da *Constituição*. 7. ed. Coimbra: Ed. Almedina, 1941. p. 291.

Malgrado as peculiaridades de cada país, há um amplo espectro de princípios, normas e técnicas que são comuns a todas as Entidades Fiscalizadoras Superiores (EFS) e encontram-se expressas em documentos como a Declaração de Lima (1977) e a recente Declaração de Moscou (2019), assegurando a relevância contínua das EFS como instituições de grande relevância para a atividade de controle.

Em cenários impactados pela revolução digital, pelos fenômenos das mudanças climáticas globais e pela acentuação das crises políticas, econômicas e sociais agravadas pela pandemia, a governança está em transformação. Exige a adoção de novas técnicas e metodologias de fiscalização de políticas públicas, implicando em um redirecionamento estratégico para que as EFS possam ser ágeis, efetivas e relevantes na agregação de valor à sociedade.

Assim, além do incremento na *accountability*, os órgãos de controle precisam exercer, de forma otimizada, o papel de elementos essenciais à democracia e ao aprimoramento da gestão pública.

Falar de futuro é um exercício cercado de incertezas, principalmente em um cenário de crise generalizada, no qual já estão oficializadas mais de 536 mil mortes, só no Brasil, vitimadas por um vírus letal. Em toda a carreira de um profissional familiarizado com os números, este é o mais difícil de contabilizar.

O vírus da COVID-19 e suas variantes são letais. A corrupção também mata. Ambos atuando juntos representam a falência da governabilidade. Para o vírus, o remédio é a vacina, o bom senso e a ciência. Para a corrupção, a lei e o controle. A conjugação de tais elementos possibilitam um razoável exercício de futurologia, pautado na persecução dos direitos fundamentais previstos na constituição cidadã e no pleno alcance do Estado Democrático de Direito.

Quanto ao futuro do controle, aprendamos com o sábio poeta Ariano Suassuna quando diz:

> Não sou nem otimista, nem pessimista. Os otimistas são ingênuos, e os pessimistas amargos. Sou um realista esperançoso. Sou um homem da esperança. Sei que é para um futuro muito longínquo. Sonho com o dia em que o sol de Deus vai espalhar justiça pelo mundo todo.[5]

Referências

AGÊNCIA DO SENADO. *Precisamos de vacina contra corrupção, dizem parlamentares e membros do TCU*. Disponível em: https://www12.senado.leg.br/noticias/materias/2020/06/18/precisamos-proteger-o-bom-gestor-diz-presidente-do-tcu. Acesso em: 15 jul. 2021.

BARROS, Lucivaldo Vasconcelos. TCU: presença na história nacional. *In*: BRASIL. Tribunal de Contas da União. *Prêmio Serzedello Corrêa 1998*: monografias vencedoras. Brasília: TCU, Instituto Serzedello Corrêa, 1999.

CANOTILHO, Joaquim José Gomes. *Direito Constitucional e teoria da Constituição*. 7.ed. Coimbra: Ed. Almedina, 1941. p. 291.

COSTA, Luiz Bernardo Dias. *Tribunal de Contas*: evolução e principais atribuições no Estado Democrático de Direito. Belo Horizonte: Fórum, 2006.

---

[5] SUASSUNA, Ariano. Não sou nem otimista, nem pessimista. *Pensador*. Disponível em: https://www.pensador.com/frase/MTIyNDU2NQ/. Acesso em: 12 jul. 2021.

CASTRO, Rodrigo Pironti de. *Controle Interno da Administração Pública*: uma perspectiva do modelo de gestão administrativa. Disponível em: https://www.biblioteca.pucpr.br/tede/tde_busca/arquivo.php?codArquivo=644. Acesso em: 12 jul. 2021.

Declaração Universal dos Direitos Humanos 1948. Disponível em https://brasil.un.org/pt-br/91601-declaracao-universal-dos-direitos-humanos. Acesso em: 19 mar. 2009.

FERREIRA, Aurélio Buarque de Holanda. Novo Aurélio século XXI: o dicionário da língua portuguesa. Rio de Janeiro: Editora Nova Fronteira, 1999.

MELLO, Celso Antonio Bandeira de. *Direito Administrativo*. 29.ed. São Paulo: Malheiros, 2012. p. 162.

SANTOS, Jair Lima. Tribunal *de Contas da União & controles estatal e social da Administração Pública.* Curitiba: Juruá, 2005.

SUASSUNA, Ariano. Não sou nem otimista, nem pessimista. *Pensador.* Disponível em: https://www.pensador.com/frase/MTIyNDU2NQ/. Acesso em: 12 jul. 2021.

TERRA. *TCU aponta "possíveis impropriedades" em compra da Covaxin.* 25 jun. 2021, Disponível em: https://www.terra.com.br/noticias/coronavirus/tcu-aponta-possiveis-impropriedades-em-compra-da-covaxin,635a1c86b39ab4b921922c36278c9977nt7dop1e.html. Acesso em: 12 jul. 2021.

Informação bibliográfica deste texto, conforme a NBR 6023:2018 da Associação Brasileira de Normas Técnicas (ABNT):

ARAÚJO, Inaldo da Paixão Santos; LUCAS, Elisa Dias. Os Tribunais de Contas: a pandemia e o futuro do controle. *In*: LIMA, Edilberto Carlos Pontes (Coord.). *Os Tribunais de Contas, a pandemia e o futuro do controle.* Belo Horizonte: Fórum, 2021. p. 315-326. ISBN 978-65-5518-282-8.

APLICAÇÃO DA NOVA LEI DE LICITAÇÕES EM TEMPOS DE PANDEMIA DA COVID-19 E O USO DO *COMPLIANCE*

JOSÉ BENITO LEAL SOARES NETO
RAFAELLA BATALHA DE GOIS GONÇALVES
RAFAEL SOARES DE CERQUEIRA

Introdução

Nas últimas décadas, com o aumento no acesso e utilização das redes sociais, um número cada vez maior de pessoas passou a ter acesso facilitado às notícias referentes aos escândalos cada vez mais frequentes no Brasil envolvendo, em sua grande maioria, casos de corrupção e desvio de verbas públicas, que aumentou não somente em qualidade, mas também em complexidade e sofisticação.

Nesse cenário, em especial pelo fato de ainda estarmos passando pela pandemia da COVID-19, tornou-se necessário o aprimoramento dos sistemas de combate ao ilícito, sendo percebido agora como uma necessidade tanto no âmbito da Administração Pública, quanto no âmbito da iniciativa privada, eis que a sociedade civil deve ter organização para participar ativamente desse processo. No contexto empresarial, as organizações que mantêm algum tipo de relação jurídica com a Administração Pública possuem papel de destaque a ser cumprido.

Assim surgem as primeiras normas trazendo a previsão da obrigatoriedade de criação de procedimentos de controle interno, tendo como marco inicial mais importante no Brasil a Lei Federal nº 12.846/2013, que trata da responsabilização administrativa e civil de pessoas jurídicas pela prática de atos contra a administração pública, nacional ou estrangeira.

Essa lei traz diversos conceitos novos em seu texto, mas talvez, o que tenha se tornado mais importante seja o denominado programa de integridade da pessoa jurídica ou sistema de *compliance,* que significa, em tradução livre, estar em conformidade.

O significado original do termo *compliance* deriva da expressão inglesa *"to comply"*, que, em tradução livre, pode ser ligada à ideia de atuação em conformidade ou em respeito às normas legais. Nesta mesma linha de raciocínio, o Conselho Administrativo de Defesa Econômica (CADE) conceitua o instituto como:

(...) um conjunto de medidas internas que permite prevenir ou minimizar os riscos de violação às leis decorrentes de atividade praticada por um agente econômico e de qualquer um de seus sócios ou colaboradores.[1]

O uso desse tipo de sistema serve para que seja possível para as organizações empresariais passarem a ter instrumentos aptos a identificar ou a evitar a prática de ilícitos envolvendo dinheiro público, além de funcionar como mecanismo garantidor de que aquela empresa está sendo bem gerenciada, servindo para destaca-la no mercado dentro do qual atua.

Esse sistema que funciona como uma forma de proteção para as empresas, serve para garantir a perenidade de existência da organização, sendo construído, de forma resumida, sobre cinco pilares principais: a) o comprometimento e apoio da alta direção da empresa contra atos ilícitos; b) a definição de instância responsável pelas informações e denúncias; c) a análise de perfil e riscos de todas as atividades; d) a estruturação das regras e instrumentos internos de denúncia; e complô) a criação de estratégias de monitoramento e formação contínuos dentro dos setores das empresas.

O objetivo principal do presente artigo é justamente detalhar ao máximo a legislação que define as regras da contratação de obras, serviços e compras por parte do Estado, em especial com a edição da nova Lei de Licitações, bem como verificar se é possível inserir os diversos requisitos de compliance nas exigências definidas por lei que regem as relações jurídicas firmadas entre a Administração Pública e os particulares, exteriorizada quase sempre por meio dos editais de licitação.

A análise do conjunto de normas que versam sobre sistemas de integridade ou instrumentos de *compliance* é que permitirá que o Poder Público possa não somente se proteger, mas também exigir maior cuidado por parte dos particulares, garantindo, dessa forma, a consolidação de um ambiente empresarial mais consciente do seu papel em relação ao uso correto das verbas públicas.

1   As fases evolutivas do *compliance* e da integridade no Brasil

A primeira legislação estrangeira que tratou do tema *compliance* e integridade foi o *Foreign Corrupt Practices Act* (FCPA), que entrou em vigor no ano de 1977, logo após estourar o escândalo denominado pela imprensa americana como "*Watergate*".

Esse diploma passou a criminalizar a prática de suborno de autoridades estrangeiras por empresas em transações comerciais internacionais. Também se preocupou em determinar, como deveres a serem cumpridos por tais organizações, a manutenção de controles internos e registros contábeis fidedignos, bem como a necessidade de comunicação de seus atos aos seus acionistas e aos órgãos de controle setorial.

Não restou às empresas destinatárias da norma outra saída senão a adoção de políticas de integridade de anticorrupção, além da criação e utilização do instrumento do *compliance*, para que pudessem passar a atuar sempre em conformidade com a lei.

---

[1]   CADE. *Guia para programas de compliance.* 2016, p. 9. Disponível em https://cdn.cade.gov.br/Portal/centrais-de-conteudo/publicacoes/guias-do-cade/guia-compliance-versao-oficial.pdf. Acesso em: 08 junho 2021.

Posteriormente, ainda nos Estados Unidos, os deveres impostos inicialmente para as empresas foram aprimorados e reforçados pelo Sarbanes-Oxley Act (SOX), aprovado ainda em 2002, quando estouraram os escândalos envolvendo a Enron.[2]

Em solo europeu, pode ser citado o denominado *UK Bribery Act*, que entrou em vigor em 2010, no Reino Unido. Tal legislação passou a criminalizar não somente a corrupção pública, mas também a privada.

Merece destaque um dos artigos desta norma, que dispõe sobre a hipótese de criminalização dos atos praticados pelos colaboradores da organização empresarial, caso os mesmos ocorram por falhas nas medidas preventivas criadas para combater a corrupção por seus trabalhadores, quando estes atuarem para obter ou manter um negócio.

Nesse sentido, ainda com base neste normativo, a única linha de defesa que poderia ser usada pela organização seria justamente comprovar que possuía, à época do ocorrido, os procedimentos adequados para prevenir a ocorrência de suborno.

Por fim, deve ser citada a Convenção sobre o Combate da Corrupção de Funcionários Públicos Estrangeiros em Transações Comerciais Internacionais, que entrou em vigor no ano de 1997. Tal documento é considerado um marco internacional por demais relevante no combate à corrupção transnacional que, ainda que de maneira indireta, também funcionou como fator estimulador para a criação e utilização de mecanismos de *compliance*.

O Brasil ratificou tal convenção, tendo sido o ato de recepção da mesma promulgado em nosso ordenamento por meio do Decreto nº 3.678/2000, que levou à alteração de parte da nossa legislação penal, o Código Penal, para a inserção de novos dispositivos, quais sejam: os artigos 337-B, 337-C e 337-D.

A utilização de tal instituto, no exterior, está consolidada há décadas, sofrendo apenas atualizações e aprimoramentos, sendo colocado em um novo patamar mundial, com a sua inserção nas mais diversas pautas internacionais, citando, como exemplos, os recentes posicionamentos tomados pelo Banco Mundial em parceria com a Organização para a Cooperação e o Desenvolvimento Econômico (OCDE) e a Organização das Nações Unidas (ONU).

Na oportunidade, tais organismos deliberaram pela necessidade de implantação de programas de integridade, tanto em instituições públicas, quanto em instituições privadas, para se harmonizar a busca pelo desenvolvimento econômico, sempre conforme as disposições legais existentes, tendo em vista o aumento exacerbado na complexidade das relações negociais que já temos vivenciado há vários anos.

No Brasil, o termo apareceu pela primeira vez com a Lei Federal nº 9.613/1998, que tratava sobre os crimes de "lavagem" ou ocultação de bens, direitos e valores, bem como da prevenção da utilização do sistema financeiro para a prática de tais ilícitos.

---

[2] Os escândalos envolvendo a Enron foram uma série de eventos que culminaram com a decretação da falência da empresa americana que atuava na área de energia, *commodities* e serviços, bem como provocaram a dissolução da Arthur Andersen LLP, que foi uma das maiores empresas de auditoria e contabilidade do mundo. De se destacar que esta foi uma crise de grandes proporções, eis que a Enron detinha mais de US$60 bilhões de dólares em ativos, sendo até hoje um dos maiores pedidos de falência da história dos Estados Unidos, provocando, ainda, uma série de discussões sobre a necessidade de melhoria da legislação aplicável às práticas contábeis.

Todavia, ganhou destaque muito maior com a promulgação da Lei Federal nº 12.846/2013, conhecida como Lei Anticorrupção e, aproximadamente um ano após, com as primeiras revelações dos primeiros escândalos ocorridos nas relações jurídicas estabelecidas entre grandes construtoras e o Poder Público, na operação que ficou conhecida como operação "Lava Jato".

A partir desse momento, ocorreu uma profunda mudança da cultura empresarial no Brasil, em especial das empresas do mesmo ramo de atividade de algumas organizações investigadas nesta operação, fazendo com que diversos empresários saíssem de uma espécie de estado de torpor, para compreender a necessidade urgente da criação de sistemas de *compliance* voltados principalmente a combater atos definidos como atos de corrupção.

O que ocorreu a partir desse evento foi um aumento exponencial no número de empresas brasileiras que passaram a adotar programas de *compliance* anticorrupção, atualizando e aprimorando cada vez mais seus mecanismos.

Segundo Monteiro e Kertesz,[3] em uma pesquisa realizada por uma empresa de consultoria, envolvendo um campo de amostras de duzentos e cinquenta empresas brasileiras, foi constatado que 57% delas contavam com programas de *compliance* em 2015, havendo um acréscimo desse percentual para 97% em 2019, durante os desdobramentos da Operação Lava Jato.

A evolução desse instituto no Brasil pode ser dividida em três fases principais, de acordo com o âmbito de aplicação de tais sistemas de integridade: nas empresas privadas, nas empresas estatais e na Administração Pública Direta.

A primeira fase entrou em vigor com a edição da Lei Federal nº 12.846/2013, que criava disposições relativas à possibilidade de responsabilização administrativa de pessoas jurídicas, pela prática de atos contra a Administração Pública, posteriormente regulamentada pelo Decreto nº 8.420/2015.

O referido Decreto, em seu artigo 41, traz a definição legal de programa de integridade, ao classificá-lo como um "conjunto de mecanismos e procedimentos internos de integridade, auditoria e incentivo à denúncia de irregularidades e na aplicação efetiva de códigos de ética e de conduta, políticas e diretrizes com objetivo de detectar e sanar desvios, fraudes, irregularidades e atos ilícitos praticados contra a administração pública, nacional ou estrangeira".

O referido artigo destaca, ainda, que tal programa deve ser elaborado de acordo com as características e riscos inerentes às atividades exercidas e exploradas por cada empresa, devendo ser constantemente atualizado e melhorado, como forma de garantir a sua máxima efetividade. Isso quer dizer que não existe uma fórmula genérica padrão de programa de integridade que possa ser aplicada indistintamente a qualquer tipo de pessoa jurídica, mas que deve sempre ser feito um estudo detalhado de toda a legislação aplicável a cada empresa. Importante destacar, ainda, que existem diferenças entre a ideia de sistema de integridade e sistema de *compliance*.

---

[3] MONTEIRO, Felipe; KERTESZ, Suzana. Doing business in Brazil after Operation Car Wash (B). *INSEAD*, 20 jan. 2021. Disponível em: https://publishing.insead.edu/case/doing-business-brazil-after-operation-car-wash-b. Acesso em 18 jun. 2021.

O sistema de *compliance* é composto por diversas diretrizes que convergem sempre para o bom cumprimento das leis em geral, o atuar conforme a lei, o que compreende, sem dúvida, a adoção de medidas anticorrupção específicas, integrando-as ao conjunto de procedimentos já existentes. É o cumprimento de todas as normas e determinações dos órgãos reguladores de determinada atividade empresarial, possuindo um campo de abrangência muito grande, que pode e deve ser dividido em outras áreas menores.

Já o sistema de integridade, chamado por alguns de integridade empresarial, é algo bem mais abrangente, que envolve não somente a criação de um bom sistema de compliance, mas também temas ligados à transparência, à meritocracia, à lealdade na concorrência empresarial, ao respeito às novas exigências ligadas à sustentabilidade e à responsabilidade social, à reputação da empresa, levando em conta seu mercado consumidor e seus concorrente e, por fim, à criação de sistema de *compliance*, gestão de riscos e governança corporativa.

Diversos doutrinadores já se debruçaram sobre a questão inerente às diferenças citadas, dentre os quais, Giovanini, ao afirmar que "a integridade (...) seria um conceito mais abrangente que *compliance*, porque compreenderia a percepção de se fazer o certo, independentemente das normas e das leis".[4]

Nesse sentido, tal ideal deveria ser estritamente observado não somente no respeito às normas internas da organização, mas também externamente, quando a empresa, por meio de seus colaboradores, estabelece relações pessoais e comerciais com terceiros.

Não basta criar toda a estrutura necessária para que se possa dizer que uma empresa está atuando conforme a lei, pois para que esse ideal realmente funcione, é necessário que se torne mais que um sistema, que se transforme na própria cultura daquela corporação, fazendo com que não seja possível dissociar seu comprometimento na observância das leis de suas normas internas.

Caso contrário, conforme defende Giovanini, é preciso dizer que "(...) a efetividade do *compliance* não depende de mero preenchimento de checklist ou da existência de um código de conduta na parede. Afinal, uma empresa não muda seu comportamento só por assinar um papel".[5]

Um bom sistema de *compliance* deve ter como escopo principal não somente a prevenção, mas também a detecção e correção de eventuais desvios, fraudes, irregularidades ocorridas dentro de uma empresa, o descumprimento de disposições previstas nas leis, procedimentos, regulamentos e controles aos quais determinada organização se encontra submetida.

Os elementos ou pilares principais desse sistema são, resumidamente, os seguintes: comprometimento da alta direção da empresa; treinamento contínuo dos colaboradores para que tomem conhecimento dos novos procedimentos aplicáveis à sua rotina de trabalho; revisão e atualização periódica do sistema criado; criação de rotinas de investigações internas; utilização de mecanismos de *due diligence;* elaboração do código

---

[4] GIOVANINI, Wagner. Programas de Compliance e Anticorrupção: importância e elementos essenciais. *In*: SOUZA, Jorge Munhós de; QUEIROZ, Ronaldo Pinheiro de (Org.). *Lei Anticorrupção e Temas de Compliance*. 2. ed. Salvador: JusPodivm, 2017.

[5] GIOVANINI, Wagner. Programas de Compliance e Anticorrupção: importância e elementos essenciais. *In*: SOUZA, Jorge Munhós de; QUEIROZ, Ronaldo Pinheiro de (Org.). *Lei Anticorrupção e Temas de Compliance*. 2. ed. Salvador: JusPodivm, 2017.

de conduta ética; criação de um canal de denúncias; implementação de rotinas de avaliação de risco; e, criação de políticas e controles internos.

A maior dificuldade enfrentada inicialmente pelas empresas que queriam criar uma cultura organizacional pró-compliance, sem dúvida alguma, é a complexidade do sistema jurídico brasileiro, em especial no que se refere à necessidade de adequação às milhares de leis contábeis e fiscais existentes nas três esferas de regulamentação (municipal, estadual e federal). Isso cria um ambiente muito mais inóspito para que uma organização empresarial possa estar sempre em conformidade com a legislação aplicável ao seu ramo de atividade.

A segunda fase do *compliance* no Brasil se voltou às Empresas Estatais, com a entrada em vigor da Lei Federal nº 13.303/2016, que determinou que tanto as empresas públicas quando as sociedades de economia mista tivessem que criar regras envolvendo as questões inerentes à gestão de riscos ao *compliance*, devendo o setor responsável pela implementação de tais programas atuar de forma independente, vinculado de forma direta somente ao Conselho de Administração de tais empresas.

Essa legislação determina que seja criado nas estatais um sistema de controle interno completo, que sejam adotadas práticas voltadas para a gestão de riscos, que seja criado um comitê independente com formação estatutária de auditoria, prevendo também a necessidade da elaboração e aprovação de um Código de Conduta Ética, bem como um canal de denúncias, no qual se busque preservar o sigilo do denunciante.

De forma diferente da estrutura do sistema de *compliance* aplicável na iniciativa privada, podemos dizer que, no caso das estatais, esse sistema se organiza em apenas três pilares centrais, que são a estruturação de um controle interno bem definido, a gestão de riscos e o comitê de auditoria estatutário.

Em relação ao código de conduta ética, a Lei das Estatais, em seu artigo 9º, descreveu, de maneira pormenorizada, quais elementos devem estar presentes neste código, dentre os quais podem ser citados os princípios, os valores e a missão das pessoas jurídicas; as orientações sobre a prevenção de conflito de interesses e a vedação de atos de corrupção; as instâncias internas que ficarão responsáveis pelo controle do código; a necessidade de treinamento e formação constantes para aos empregados e diretores dessas empresas.

Norma semelhante é a Lei Federal nº 13.848/2019, destinada às agências reguladoras, que também trouxe diversos dispositivos determinando a obrigatoriedade da adoção de programas de integridade pelas referidas agências, só que de forma bem menos detalhada que a lei das estatais.

A terceira fase é a que estamos vivenciando atualmente, direcionada à Administração Pública Direta, mas que produz efeitos, ainda que por via reflexa, em diversos setores privados. Ela começa com a entrada em vigor do Decreto nº 9.203/2017, que estabelece diretrizes sobre a política de governança da administração pública federal direta, autárquica e fundacional.

Essa norma determina, em seu artigo 19, que os órgãos e entidades integrantes dessa esfera governamental deverão criar sistemas de integridade, tendo por objetivo primordial a promoção de ações institucionais voltadas principalmente para a prevenção, detecção e punição de fraudes e atos de corrupção.

Estabelece também quais princípios da governança pública devem ser seguidos e previstos quando da criação de tais sistemas, dentre os quais podem ser citados a capacidade de resposta, a integridade, a melhoria regulatória e a transparência.

O referido Decreto serviu como ponto de partida para que diversos Estados brasileiros também passassem a elaborar as normatizações necessárias para a criação das bases legais para seus sistemas de integridade, dentre os quais podemos citar, apenas a título exemplificativo, os seguintes: Estado do Espírito Santo (Lei Estadual nº 10.993/2019); Estado de Santa Catarina (Lei Estadual nº 10.691/2018); Estado de Minas Gerais (Decreto Estadual nº 47.185/2017); Distrito Federal (Decreto Estadual nº 39.736/2019).

2   A nova Lei de Licitações e as exigências ligadas à integridade e ao *compliance*

Apesar de a Administração Pública, em todo o seu atuar diuturno e, em especial, quando realiza a compra de bens ou a contratação de serviços, dever estar sempre pautada pelos clássicos princípios insculpidos no artigo 37, caput, da Constituição Federal de 1988, a legalidade, a impessoalidade, a moralidade, a publicidade e a eficiência, que já serviriam como base para a criação e aplicação das normas voltadas para o *compliance*, com o passar dos anos, tornou-se cada vez mais necessária a criação de novas normas, para que fosse possível acompanhar a evolução dos contornos desse instituto, prevendo, de forma muito mais detalhada, como tais condutas éticas teriam que ser adotadas pelo Poder Público.

Também pode ser citado como fundamento para a exigência de tal sistema, a questão da responsabilidade definida pelas normas constitucionais às pessoas jurídicas, no que se refere à necessidade de submissão das empresas ao interesse público, sendo plenamente legal que o Estado possa estabelecer a exigência de adoção de ferramentas internas para o combate à corrupção das empresas, como decorrência da sua função social, que deve ser sempre perseguida no funcionamentos das mesmas, conforme disposto nos artigos 5º, inciso XXIII e 175, inciso IV, ambos da Carta Maior.

Com a entrada em vigor das disposições contidas no artigo 41 do Decreto nº 8.420/2015, citado anteriormente, que regulamentou a Lei Anticorrupção, passaram a surgir diversas normas no plano estadual, tendo por objetivo precípuo o combate à corrupção e a necessidade do agir estatal de forma ética e transparente em suas contratações com particulares.

Foram editadas as seguintes normas, dentre outras: no Estado de Pernambuco (Lei Estadual nº 16.722 de 2019), no Estado do Amazonas (Lei Estadual nº 4.730 de 2018), no Estado do Rio Grande do Sul (Lei Estadual nº 15.228 de 2018), no Estado do Rio de Janeiro (Lei Estadual nº 7.753 de 2017), no Estado de Goiás (Lei Estadual nº 20.489 de 2019).

Posteriormente, em nível infraconstitucional, além das legislações citadas anteriormente, também foi elaborada a Portaria/CGU nº 57/19, alterando a antiga Portaria/CGU nº 1.089/18 e estabelecendo novas diretrizes para que os órgãos e as entidades integrantes da administração pública federal direta, autárquica e fundacional pudessem passar a adotar procedimentos para a estruturação, a execução e o monitoramento dos seus programas de integridade.

Todo esse cenário contribuiu para a inserção de exigências ligadas ao *compliance* no texto aprovado da Lei Federal nº 14.133/2021, mais conhecida como Nova Lei de Licitações e Contratos Administrativos, que trouxe, em seus artigos 25, 60, 156 e 163 disposições e exigências ligadas à ideia da integridade.

Essa nova norma passou a vigorar a partir da data de sua publicação, 1º de abril de 2021, não sendo aplicável aos processos licitatórios e contratos administrativos que já foram encerrados ou que já tenham sido iniciados, mas ainda estejam em andamento findos ou em andamento.

Também trouxe uma nova regra de transição, definindo um prazo de dois anos após sua entrada em vigor, para que seja abandonado totalmente o regramento previsto na antiga Lei Federal nº 8.666/1993.

Com isso, apesar de já ter entrado em vigor, passou a existir a possibilidade de que os órgãos públicos, na realização de suas licitações, ainda possam usar as legislações antigas, quais sejam: a Lei Federal nº 8.666/1993, a Lei Federal nº 10.520/2002, e os artigos 1º a 47-A da Lei nº 12.462/2011.

Essa regra foi criada justamente para permitir uma transição paulatina no uso e aplicação das referidas leis, evitando uma parada abrupta no uso das normas anteriores. No entanto, o que permanece vedada é a combinação das regras da nova lei de licitações com as regras das normas anteriores, o que criaria um terceiro sistema, híbrido.

Passam a ser abarcadas pela nova lei as contratações públicas que envolvam: a) alienação e concessão de direito real de uso de bens; b) compra, inclusive por encomenda; c) locação; d) concessão e permissão de uso de bens públicos; e) prestação de serviços, inclusive os técnicos profissionais especializados; f) obras e serviços de arquitetura e engenharia; e g) contratações de tecnologia da informação e de comunicação.

Ficam de fora do âmbito de aplicação da Lei Federal nº 14.133/2021 as compras governamentais que envolvam: a) contratos que tenham por objeto operação de crédito, interno ou externo, e gestão de dívida pública, incluídas as contratações de agente financeiro e a concessão de garantia relacionada a esses contratos; b) as contratações sujeitas a normas previstas em legislação própria.

O artigo 25 da Lei de Licitações assim dispõe:

> Art. 25. O edital deverá conter o objeto da licitação e as regras relativas à convocação, ao julgamento, à habilitação, aos recursos e às penalidades da licitação, à fiscalização e à gestão do contrato, à entrega do objeto e às condições de pagamento.
>
> (...)
>
> §4º Nas contratações de obras, serviços e fornecimentos de grande vulto, o edital deverá prever a obrigatoriedade de implantação de programa de integridade pelo licitante vencedor, no prazo de 6 (seis) meses, contado da celebração do contrato, conforme regulamento que disporá sobre as medidas a serem adotadas, a forma de comprovação e as penalidades pelo seu descumprimento.[6]

---

[6] BRASIL. Lei nº 14.133, de 01 de abril de 2021. Lei de Licitações e Contratos Administrativos. Brasília, DF: Presidência da República. *Diário Oficial da União*, Brasília, 01 abr. 2021. Disponível em: http://www.planalto.gov.br/ccivil_03/_ato2019-2022/2021/lei/L14133.htm. Acesso em 22 jun. 2021.

O ponto que se destaca neste caso é que esta exigência de apresentação de programa de integridade pelo licitante vencedor só se aplica, de acordo com o previsto no art. 6º, inciso XXII, às obras, serviços e fornecimentos de grande vulto, considerados aqueles cujo valor estimado supera R$200.000.000,00 (duzentos milhões de reais).

Este ponto pode ser citado como fator mitigador da exigência prática de sistema de integridade, se consideramos que, por se tratar de um valor muito elevado, certamente atingirá uma minoria de contratações, mesmo se tratando apenas de uma norma que trata das normas gerais.

Corroborando com a afirmação de que tais valores ainda são mito altos, deve ser considerada pesquisa realizada por Bremaeker,[7] constatando que tão somente o pequeno percentual de 1,65% dos cerca de 5.568 municípios do país possuem receitas orçamentárias acima de R$ 1bilhão de reais.

O dispositivo legal remete à edição de um regulamento posterior que irá dispor sobre as medidas a serem adotadas, a forma de comprovação e as penalidades pelo seu descumprimento. O esperado é que, aos poucos, tais previsões sejam aplicáveis também às compras e contratações de valores menores.

Todavia, importa destacar que a exigência de apresentação desta documentação não deve ser considerada como condição prévia para que as empresas licitantes possam participar dos certames, mas sim, uma obrigação que deve ser concretizada somente após a assinatura do contrato, não sendo vedada, em respeito ao princípio da isonomia, a participação em licitações por eventuais interessados, independentemente de possuírem ou não programas de integridade.

Mais adiante, o artigo 60, inciso IV, trata dos critérios de desempate entre duas ou mais propostas, da seguinte forma:

> Art. 60. Em caso de empate entre duas ou mais propostas, serão utilizados os seguintes critérios de desempate, nesta ordem:
> (...)
> IV – desenvolvimento pelo licitante de programa de integridade, conforme orientações dos órgãos de controle.[8]

O curioso, neste ponto, é que interpretando o texto da lei, resta claro que, ao dispor que o programa de integridade deverá ser elaborado de acordo com as orientações dos respectivos órgãos de controle, é possivel afirmar que tal documento nao precisa existir antes da realização do certame licitatório, podendo ser apresentado posteriormente um projeto para a sua criação.

A verificação da existência de programa de integridade na empresa licitante também foi considerada pelo legislador como fator relevante para o caso de necessidade de aplicação de punições, conforme se depreende da leitura do artigo 156:

---

[7] BREMAEKER, François E. J. Os municípios bilionários em 2019. *Observatório de Informações Municipais*, Rio de Janeiro, 2020. Disponível em: http://www.oim.tmunicipal.org.br/abre_documento.cfm?arquivo=_repositorio/_oim/_documentos/5276BBE0-90B6-EEA9-3BACD89E138AF80313092020011429.pdf&i=3170. Acesso em 18 jun. 2021.

[8] BRASIL. Lei nº 14.133, de 01 de abril de 2021. Lei de Licitações e Contratos Administrativos. Brasília, DF: Presidência da República. *Diário Oficial da União*, Brasília, 01 abr. 2021. Disponível em: http://www.planalto.gov.br/ccivil_03/_ato2019-2022/2021/lei/L14133.htm. Acesso em 22 jun. 2021.

Art. 156. Serão aplicadas ao responsável pelas infrações administrativas previstas nesta Lei as seguintes sanções:

(...)

§1º Na aplicação das sanções serão considerados:

(...)

V – a implantação ou o aperfeiçoamento de programa de integridade, conforme normas e orientações dos órgãos de controle.[9]

E a última previsão acerca de programas de integridade nas empresas que participam de certames licitatórios é a contida no artigo 163 da referida lei, que trouxe a novidade de trazer tal programa como uma condição para a reabilitação do licitante punido, em algumas hipóteses específicas:

Art. 163. É admitida a reabilitação do licitante ou contratado perante a própria autoridade que aplicou a penalidade, exigidos, cumulativamente:

(...)

Parágrafo único. A sanção pelas infrações previstas nos incisos VIII e XII do caput do art. 155 desta Lei exigirá, como condição de reabilitação do licitante ou contratado, a implantação ou aperfeiçoamento de programa de integridade pelo responsável.[10]

Assim, nos casos em que o licitante é punido pela apresentação de declaração ou documentação falsa exigida no edital, quando prestar falsa declaração durante a licitação ou a execução do contrato, bem como praticar atos lesivos à administração pública, nacional ou estrangeira, atentando contra o patrimônio público nacional ou estrangeiro, contra princípios da administração pública ou contra os compromissos internacionais assumidos pelo Brasil, se esta empresa possuir e apresentar um sistema de integridade, poderá ser considerado reabilitado pelo órgão administrativo que havia lhe aplicado a penalidade.

Nesses casos, se a sanção aplicada pela autoridade competente for a declaração de inidoneidade para licitar ou contratar, deverá ser respeitado o previsto no artigo 155, no sentido de que somente depois de decorrido o prazo mínimo de três anos, a empresa apenada poderá pleitear a sua reabilitação.

3 Da necessidade de redução dos limites mínimos para exigência de apresentação da existência de sistema de integridade pelas empresas licitantes

Antes mesmo da edição e entrada em vigor da nova Lei de Licitações, diversos estados brasileiros já tinham elaborado suas próprias normas nesse sentido.

---

[9] BRASIL. Lei nº 14.133, de 01 de abril de 2021. Lei de Licitações e Contratos Administrativos. Brasília, DF: Presidência da República. *Diário Oficial da União*, Brasília, 01 abr. 2021. Disponível em: http://www.planalto.gov.br/ccivil_03/_ato2019-2022/2021/lei/L14133.htm. Acesso em 22 jun. 2021.

[10] BRASIL. Lei nº 14.133, de 01 de abril de 2021. Lei de Licitações e Contratos Administrativos. Brasília, DF: Presidência da República. *Diário Oficial da União*, Brasília, 01 abr. 2021. Disponível em: http://www.planalto.gov.br/ccivil_03/_ato2019-2022/2021/lei/L14133.htm. Acesso em 22 jun. 2021.

A título meramente exemplificativo, podem ser citadas as leis do Estado do Amazonas (Lei nº 4.730/2018), que definiu patamar em R$3,3 milhões em contratos de obras e engenharia, e R$1,43 milhões para compras e serviços; a norma do Distrito Federal (Lei nº 6.112/2018), que passou a cobrar a comprovação da existência de programas de integridade para contratos de valor igual ou superior a R$5 milhões; e a lei do Estado de Pernambuco (Lei nº 16.722/2019), que fixou esse mesmo patamar em R$10 milhões.

No Estado de Sergipe, uma norma recentíssima foi aprovada, também com o mesmo escopo das legislações citadas, a Lei nº 8.866/2021, que dispôs sobre a obrigatoriedade de instituição de programa de integridade nas empresas que contratem com a Administração Pública do referido Estado.

Em seu artigo 1º, foi inserida disposição sobre a obrigatoriedade da criação de programas nesse sentido, para todas as organizações empresariais que venham a celebrar contrato, consórcio, convênio, concessão ou parceria público-privada com a Administração Pública Direta e Indireta, bem como os Poderes Executivo, Legislativo e Judiciário do Estado de Sergipe, além do Ministério Público, do Tribunal de Contas e da Defensoria Pública Estadual, independentemente de existir ou não dispensa de processo licitatório.

Quanto à definição dos valores globais mínimos para a exigência de tais documentos, restou determinado que os mesmos seriam da ordem de R$1.000.000,00 (um milhão de reais), para obras e serviços de engenharia e de gestão e de R$650.000,00 (seiscentos e cinquenta mil reais) para compras e serviços, bem como outros contratos administrativos em geral, não previstos do referido artigo 1º.

Portanto, esses valores são muito mais realistas e alinhados com o cenário das contratações estaduais, quando comparados com as demais legislações citadas anteriormente e, mais ainda, se comparado ao novo estatuto licitatório.

Mais adiante, no artigo 5º, foi estipulado prazo para a implantação desses programas, devendo o mesmo ocorrer dentro de cento e oitenta dias, a contar da data de celebração do contrato com a Administração Pública, não havendo novidade em relação à exigência federal.

Já no artigo 6º existe a previsão de que tal programa deve ser devidamente avaliado e certificado, devendo, para tanto, que seja apresentado pela empresa licitante relatório do perfil e relatório de conformidade do programa ao órgão que for indicado pelo Poder Executivo, bem como a comprovação do fiel cumprimento das demais exigências determinadas em regulamento.

Por fim, no artigo 8º, está contida a disposição de que, caso seja constatado que o programa apresentado seja meramente formal, ou ainda, que seja absolutamente ineficaz para mitigar o risco de ocorrência de atos lesivos dispostos na legislação inerente ao tema, o documento apresentado pela empresa deve ser considerado inapto para fins de cumprimento da lei sergipana.

4   A necessidade de uma fiscalização efetiva da exigência de sistemas de *compliance*

Este, sem dúvida, é um dos grandes desafios que já vem sendo enfrentados pela Administração Pública, mas que agora, especificamente no tocante às licitações e contratos administrativos, também deverá ser devidamente observado.

O primeiro obstáculo a ser superado é a enorme diferença existente entre o plano teórico, do dever ser, se comparado com à dura realidade da maioria dos servidores públicos, em especial em alguns estados da federação, onde os mesmos não possuem acesso ou recursos para promover a sua capacitação específica sobre o tema. Isso sem falar que muitos órgãos públicos funcionam com um número defasado de funcionários.

Tal cenário pode acabar impactando negativamente as previsões contidas na nova Lei de Licitações, gerando dúvidas sobre a viabilidade dessa exigência legal, considerando que, pelo menos em alguns dos estados nos quais já existia tal exigência legal, não foi possível identificar empresas que tenham sido fiscalizadas ou punidas pelo descumprimento de tal obrigação legal.

Algumas dessas leis dispõem que a comprovação de que essa obrigação foi devidamente cumprida deverá ocorrer pelo preenchimento de alguns relatórios simplificados de perfil e de conformidade nos sistemas próprios dos órgãos de fiscalização, sendo anexada a documentação comprobatória necessária. Isso quer dizer que é a própria empresa que irá dizer se possui ou não sistema de *compliance*.

Nesses casos, a norma prevê que deverá ser emitido um certificado por esta empresa, caso a mesma atinja uma pontuação mínima, podendo ser revogado tal documento caso a fiscalização verifique e constate que as informações não são verdadeiras, ou seja, a fiscalização será feita por amostragem, podendo passar ilesas por esse filtro, empresas que ainda não possuem o programa de *compliance*.

Existem, ainda, normas estaduais que preveem que essa comprovação será feita pela apresentação de uma declaração emitida pela própria empresa, podendo posteriormente ocorrer a rescisão contratual, caso sejam constatadas fraudes pela licitante.

O problema é que a análise da veracidade do referido documento deveria ser feita por qualquer cidadão ou empresa concorrente, cabendo ao órgão responsável pelo controle interno da administração emitir parecer final decidindo a situação concreta.

Considerações finais

A Administração Pública, quando realiza suas compras de bens e contratações de serviços de acordo com a Lei de Licitações, certamente está exposta a um grau de risco muito maior em sua atuação, considerando que nesses procedimentos sempre estão envolvidas diversas operações financeiras entre o poder público e as empresas particulares que fornecem para o governo. Se for somado a isso o grande aumento de casos envolvendo atos de corrupção, o cenário de atuação governamental fica mais delicado ainda, o que justifica plenamente a adoção de medidas específicas e por vezes extraordinárias por parte do controle interno dos órgãos públicos.

É indubitável que as empresas que integram o setor privado da economia podem colaborar em grande grau na busca pela atuação e aprimoramento de novas políticas de integridade e de combate à corrupção, funcionando informalmente esses programas como verdadeiro ativo empresarial.

Tais mecanismos ainda podem ser inseridos dentro de um universo conhecido no meio empresarial como políticas ESG, sigla em inglês que significa "*Environment, Social and Governance"*, pois essas práticas também são aptas a proteger as empresas que as adotam de atos de suborno ou fraudes.

Com a inserção no texto da Lei Federal nº 14.133/2021 de diversos dispositivos versando sobre a exigência de programas de integridade pelas empresas que contratam com o poder público, fica claro que a intenção do legislador federal foi criar um critério legal de favorecimento, nos certames licitatórios, das empresas que dispuserem de sistemas de *compliance*, criando uma estratégia para estimular essas organizações a adotarem esse sistema e a contribuírem para a manutenção de um ambiente de negócios públicos e privados muito mais saudável para o desenvolvimento nacional.

Além disso, quando adotam sistemas dessa natureza, as empresas acabam sendo beneficiadas de outras formas, tais como pela criação de uma vantagem competitiva perante clientes, bancos e fornecedores; a médio e longo prazo, a garantia de continuidade do empreendimento; e a preservação da imagem e reputação da companhia.

A exigência de programas de integridade pela Administração Pública, tanto em seu aspecto de participação nos certames licitatórios, quanto sob o ponto de vista de ser um mero critério de desempate entre as propostas apresentadas, funciona como mais um instrumento estatal válido e que desponta como apto a promover a probidade estatal de maneira mais ampla.

Referências

ALMEIDA, Fabricio Bolzan de. *Manual de Direito Administrativo*. 4. ed. São Paulo: Saraiva, 2020. E-book. Disponível em: https://integrada.minhabiblioteca.com.br/#/books/9788553618422/cfi/0!/4/4@0.00:20.3. Acesso em 02 jul. 2021.

BRASIL. Decreto nº 8.420, de 18 de março de 2015. Regulamenta a Lei nº 12.846, de 1º de agosto de 2013, que dispõe sobre a responsabilização administrativa de pessoas jurídicas pela prática de atos contra a administração pública, nacional ou estrangeira e dá outras providências. *Diário Oficial da União*, Brasília, 19 mar. 2015. Disponível em: http://www.planalto.gov.br/ccivil_03/_ato2015-2018/2015/decreto/d8420.htm. Acesso em 29 junho 2021.

BRASIL. Lei nº 12.846, de 01 de agosto de 2013. Dispõe sobre a responsabilização administrativa e civil de pessoas jurídicas pela prática de atos contra a administração pública, nacional ou estrangeira, e dá outras providências. *Diário Oficial da União*, Brasília, 02 ago. 2013. Disponível em: http://www.planalto.gov.br/ccivil_03/_ato2011-2014/2013/lei/l12846.htm. Acesso em 28 jun. 2021.

BRASIL. Lei nº 13.303, de 30 de junho de 2016. Dispõe sobre o estatuto jurídico da empresa pública, da sociedade de economia mista e de suas subsidiárias, no âmbito da União, dos Estados, do Distrito Federal e dos Municípios. *Diário Oficial da União*, Brasília, 01 jul. 2016. Disponível em: http://www.planalto.gov.br/ccivil_03/_ato2015-2018/2016/lei/l13303.htm. Acesso em 19 jun. 2021.

BRASIL. Lei nº 14.133, de 01 de abril de 2021. Lei de Licitações e Contratos Administrativos. Brasília, DF: Presidência da República. *Diário Oficial da União*, Brasília, 01 abr. 2021. Disponível em: http://www.planalto.gov.br/ccivil_03/_ato2019-2022/2021/lei/L14133.htm. Acesso em 22 jun. 2021.

BREMAEKER, François E. J. Os municípios bilionários em 2019. *Observatório de Informações Municipais*, Rio de Janeiro, 2020. Disponível em: http://www.oim.tmunicipal.org.br/abre_documento.cfm?arquivo=_repositorio/_oim/_documentos/5276BBE0-90B6-EEA9-3BACD89E138AF80313092020011429.pdf&i=3170. Acesso em 18 jun. 2021.

CADE. *Guia para programas de compliance*. 2016. Disponível em https://cdn.cade.gov.br/Portal/centrais-de-conteudo/publicacoes/guias-do-cade/guia-compliance-versao-oficial.pdf. Acesso em: 08 junho 2021.

CASTRO, Rodrigo Pironti Aguirre de. Exigência de compliance nas contratações como poder público é constitucional. *Conjur*, 2018. Disponível em: https://www.conjur.com.br/2018-dez-03/pironti-constitucional-exigir-compliance-contratacoes-publicas. Acesso em 20 jun. 2021.

COIMBRA, Marcelo de Aguiar; BINDER, Vanessa Alessi Manzi (Orgs.). *Manual de compliance*: preservando a boa governança e a integridade das organizações. São Paulo: Atlas, 2010.

DAL POZZO, Antônio Araldo Ferraz *et al. Lei Anticorrupção*: apontamentos sobre a Lei nº 12.846/2013. São Paulo: Contracorrente, 2015.

DI PIETRO, Maria Sylvia Zanella. *Direito Administrativo*. 34. ed. Rio de Janeiro: Forense, 2021. E-book. Disponível em: https://integrada.minhabiblioteca.com.br/#/books/9788530993351/cfi/6/10!/4@0:0. Acesso em 25 jun. 2021.

FRANCO, Isabel. *Guia Prático de Compliance*. Rio de Janeiro: Forense, 2020.

GABARDO, Emerson; CASTELLA, Gabriel Morettini e. A nova lei anticorrupção e a importância do compliance para as empresas que se relacionam com a Administração Pública. *A&C – Revista de Direito Administrativo & Constitucional*, Belo Horizonte, a. 15, n. 60, p. 129-147, abr./jun. 2015.

GIOVANINI, Wagner. Programas de Compliance e Anticorrupção: importância e elementos essenciais. *In*: SOUZA, Jorge Munhós de; QUEIROZ, Ronaldo Pinheiro de (Org.). *Lei Anticorrupção e Temas de Compliance*. 2. ed. Salvador: JusPodivm, 2017.

MEDAUAR, Odete. *Direito Administrativo Moderno*. 21. ed. Belo Horizonte: Fórum, 2018.

MONTEIRO, Felipe; KERTESZ, Suzana. Doing business in Brazil after Operation Car Wash (B). *INSEAD*, 20 jan. 2021. Disponível em: https://publishing.insead.edu/case/doing-business-brazil-after-operation-car-wash-b. Acesso em 18 jun. 2021.

OCDE – Organização para Cooperação e o Desenvolvimento Econômico. *Anti-Corruption Ethics compliance Handbook 2013*. Disponível em: https://www.oecd.org/corruption/Anti-CorruptionEthicscomplianceHandb ook.pdf. Acesso em 18 jun. 2021.

OLIVEIRA, Rafael Carvalho Rezende. *Princípios do Direito Administrativo*. 2. ed. São Paulo: Método, 2013. E-book. Disponível em: https://integrada.minhabiblioteca.com.br/#/books/978-85-309-4939-6/cfi/0!/4/2@100:0.00. Acesso em 05 jul. 2021.

OLIVEIRA, Rafael Carvalho Rezende. *Nova Lei de Licitações e Contratos Administrativos*: comparada e Comentada. 1. ed. Rio de Janeiro: Forense, 2021. E-book. Disponível em: https://integrada.minhabiblioteca.com.br/#/books/9786559640218/cfi/6/2!/4/2@0:0. Acesso em 05 jul. 2021.

ONU – Organização das Nações Unidas. *An Anti-Corruption Ethics and compliance Programme for Business*: a Practical Guide. 2013. Disponível em: https://www.unodc.org/documents/corruption/Publications/2013/13-84498_Ebook. pdf. Acesso em 18 jun. 2021.

Informação bibliográfica deste texto, conforme a NBR 6023:2018 da Associação Brasileira de Normas Técnicas (ABNT):

SOARES NETO, José Benito Leal; GONÇALVES, Rafaella Batalha de Gois; CERQUEIRA, Rafael Soares de. Aplicação da nova Lei de licitações em tempos de pandemia da COVID-19 e o uso do *compliance*. *In*: LIMA, Edilberto Carlos Pontes (Coord.). *Os Tribunais de Contas, a pandemia e o futuro do controle*. Belo Horizonte: Fórum, 2021. p. 327-340. ISBN 978-65-5518-282-8.

OS EFEITOS DA PANDEMIA NA ATIVIDADE ECONÔMICA DOS MUNICÍPIOS GAÚCHOS

LUIZ GILBERTO MURY

Introdução

O Brasil identificou a primeira contaminação pelo novo coronavírus no final de fevereiro de 2020, enquanto a Europa já registrava centenas de casos de COVID-19. A declaração de transmissão comunitária no país veio em março, mês em que também foi registrada a primeira morte pela doença.[1] Antes mesmo de haver casos da doença no Brasil, em 6 de fevereiro de 2020, o governo federal sancionou a Lei[2] que trata das normas da quarentena no país e medidas de combate ao coronavírus.

Segundo dados da Agência Câmara de Notícias,[3] em 18.03.2020, em meio ao isolamento social, o governo federal adotou medidas para mitigar o efeito da doença na economia, entre elas (*i*) declaração de estado de calamidade pública; (*ii*) reforço no programa Bolsa Família; (*iii*) atraso no recolhimento do Fundo de Garantia do Tempo de Serviço (FGTS) e do Simples Nacional por três meses, para reforçar o caixa das empresas; (*iv*) linha de crédito pessoal (com o intuito de ajudar trabalhadores autônomos) e para empresas

No estado do RS, já no dia 10.03.2020 a Secretaria da Saúde (SES) confirmou o primeiro caso de infecção pelo novo coronavírus,[4] anúncio feito pelo governador Eduardo Leite em coletiva à imprensa no Palácio Piratini. À época, o governador afirmou:

---

[1] AGENCIA BRASIL. *Primeiro caso de covid-19 no Brasil completa um ano.* Brasília, 26 fev. 2021. Disponível em: https://agenciabrasil.ebc.com.br/saude/noticia/2021-02/primeiro-caso-de-covid-19-no-brasil-completa-um-ano. Acesso em 14 jul. 2021.

[2] A proposta foi enviada ao Congresso e aprovada na mesma semana como forma de estabelecer regras para o resgate dos brasileiros que estavam em Wuhan – cidade chinesa epicentro da pandemia.

[3] CÂMARA DOS DEPUTADOS. Governo anuncia medidas de combate à pandemia de coronavírus. 18 mar. 2020. Disponível em: https://www.camara.leg.br/noticias/646385-governo-anuncia-medidas-de-combate-a-pandemia-de-coronavirus/. Acesso em 14 jul. 2021.

[4] Tratava-se de um morador de Campo Bom com histórico de viagem para a Itália entre 16 e 23 de fevereiro.

O importante é que consigamos evitar a disseminação desse vírus para que ele não chegue em pessoas com alguma debilidade do seu sistema imunológico que podem ter complicações. Por isso as medidas de isolamento, da etiqueta respiratória e hábitos de higiene para preservar não só as suas (sic), mas como também às das outras pessoas ao seu redor.

A reação legal do governo veio dois dias após com a edição do Decreto nº 55.115/2020, que dispunha sobre medidas temporárias de prevenção ao contágio pelo COVID-19 no âmbito do Estado. A esse Decreto se sucederam 112 até a data de 11 de junho de 2021,[5] os quais versavam sobre diferentes formas de combate à disseminação do vírus.

Diversas medidas foram adotadas pelo governo Estadual do RS para fins de prevenção e de enfrentamento à epidemia causada pelo novo coronavírus; dentre as quais o Sistema de Distanciamento Controlado,[6] que vigeu de maio de 2020 até o final de abril de 2021.[7] Esse sistema, baseado na segmentação regional e setorial, previa 4 (quatro) níveis de restrições e era representado por bandeiras nas cores amarela, laranja, vermelha e preta. Essas bandeiras variavam conforme a propagação da doença e a capacidade do sistema de saúde em cada uma das 20 regiões pré-determinadas, sendo que cada região era avaliada por meio de 11 indicadores consolidados em dois grandes grupos: propagação e capacidade de atendimento. Conforme o resultado, a região recebia uma bandeira com menores ou maiores restrições, podendo, inclusive, ser determinada a proibição de funcionamento de atividades não essenciais.[8]

Visando avaliar se as medidas de restrição às atividades não essenciais afetaram os municípios gaúchos, este artigo irá analisar a evolução de quatro aspectos econômicos em âmbito municipal: (*i*) nível de emprego formal; (*ii*) número de empresas locais; (*iii*) arrecadação de ICMS no município e (*iv*) recolhimento de ISSQN em dois períodos: de março/2019 a fevereiro de 2020 e de março/2020 a fevereiro/2021. Estas variáveis foram escolhidas por conveniência para medir a atividade econômica local, já que são possíveis de serem obtidas e resultam em uma aproximação da realidade. Para uma medição precisa seria necessário obter os microdados de emprego e de faturamento de todas as unidades econômicas de cada município gaúcho, informação que, além de normalmente confidencial, é impraticável de ser obtida. Sendo assim, com base nas quatro variáveis escolhidas, esta pesquisa pretende responder à seguinte pergunta:

---

[5]   SECRETARIA DA SAÚDE DO RIO GRANDE DO SUL. *Decretos Estaduais*. Disponível em: https://coronavirus.rs.gov.br/decretos-estaduais. Acesso em: 29 ago. 2021.

[6]   BRASIL. Decreto Estadual nº 55.240/2020, de 10.05.2020. Institui o Sistema de Distanciamento Controlado para fins de prevenção e de enfrentamento à epidemia causada pelo novo Coronavírus no âmbito do Estado do RS, reitera a declaração de estado de calamidade pública em todo o território estadual e dá outras providências. *Diário Oficial*, Porto Alegre, 10 mai. 2020.

[7]   Com o Decreto Estadual nº 55.882, de 15 de maio de 2021, o governo instituiu o Sistema de Avisos, Alertas e Ações para fins de monitoramento, prevenção e enfrentamento à pandemia de COVID-19 no âmbito do Estado do Rio Grande do Sul, substituindo o sistema de bandeiras vigente até então. (BRASIL. Decreto Estadual nº 55.882, de 15 de maio de 2021. Institui o Sistema de Avisos, Alertas e Ações para fins de monitoramento, prevenção e enfrentamento à pandemia de COVID-19 no âmbito do Estado do Rio Grande do Sul, reitera a declaração de estado de calamidade pública em todo o território estadual e dá outras providências. *Diário Oficial*, Porto Alegre, 15 mai. 2021).

[8]   Cf.: Entenda o modelo de distanciamento controlado do RS que entra em vigor a partir de segunda-feira. *Governo do Estado do Rio Grande do Sul*. Disponível em: https://estado.rs.gov.br/entenda-o-modelo-de-distanciamento-controlado-do-rs. Acesso em: 1 set. 2021.

(i) As medidas de enfrentamento à COVID-19 afetaram o nível de emprego, o número de empresas ou a arrecadação dos impostos ICMS e ISSQN no RS?

Para responder a essa questão serão comparados os valores mensais das quatro variáveis da pesquisa em um período de 24 meses, dos quais 12 meses na pré-pandemia, e os 12 meses seguintes às primeiras medidas de restrição às atividades econômicas. Ademais, visando aprofundar a análise, os municípios gaúchos que apresentarem melhor desempenho médio em cada um dos quatro quesitos durante esse período serão questionados acerca da eventual participação do poder público no fomento aos resultados positivos alcançados.

Para a consecução desses objetivos, este capítulo foi estruturado em 2 seções, além desta introdução e das considerações finais. A seção 1 detalha o levantamento de dados realizado e emprega a metodologia escolhida para responder à questão formulada. Na seção 2, por sua vez, apresentam-se as respostas recebidas.

1 Análise dos dados

Nesta seção serão apresentados, em nível estadual e municipal, os dados referentes ao nível de emprego, número de empresas e recolhimento de ICMS e de ISSQN. O objetivo é verificar se houve variação dos mesmos entre dois períodos de 12 meses cada, tendo como ponto de corte o mês de março de 2020, pois a partir desse mês iniciaram-se no RS as medidas de enfrentamento ao coronavírus. O primeiro período, de março de 2019 a fevereiro de 2020, apresenta o comportamento das quatro variáveis antes da pandemia, enquanto que o segundo período, de março de 2020 a fevereiro de 2021, apresenta as variáveis durante a vigência de medidas restritivas a atividades não essenciais.

Apesar de os dados estarem disponíveis duas semanas após o encerramento de um mês, devido à questão da sazonalidade é necessário que a comparação se dê entre os mesmos meses. Nesse sentido, como o mês de corte foi definido como março de 2021, a pesquisa compara 12 meses antes e 12 meses após o início da pandemia.

Importante mencionar que não se trata aqui de medir o impacto das medidas de restrição à atividade econômica, pois para poder estimar o efeito causal ou o impacto de um programa, qualquer método de avaliação deve obter o chamado contrafactual, ou seja, qual teria sido o resultado para os participantes de um determinado programa caso não tivessem participado do mesmo. Na prática, a avaliação de impacto exige que o pesquisador crie um grupo de comparação (controle) para que sejam feitas comparações com o grupo que recebeu o programa (tratamento). Neste caso, a diferença entre os dois seria o impacto verificado.[9]

No caso em tela, como todos os municípios gaúchos foram afetados pelas medidas restritivas, não seria possível criar os dois grupos – de tratamento e de controle; sendo assim, a sessão seguinte irá abordar a ferramenta estatística empregada para analisar se são diferentes as duas séries de dados consideradas: 12 meses na pré-pandemia e 12 meses durante a mesma. Desse modo, pretende-se verificar se durante o período inicial

---

[9]   GERTLER, P. *et al. Avaliação de impacto na prática.* 2. ed. Washington, DC: Banco Mundial, 2016.

de combate à pandemia ocorreram mudanças nas variáveis econômicas selecionadas, sem, no entanto, atribuir a essas, causalidade pelo eventual efeito verificado.

1.1 Metodologia

A avaliação de eventuais efeitos decorrentes das medidas adotadas pelo Estado do RS para enfrentamento da pandemia será realizada por meio de inferência estatística, que tem por objetivo fazer afirmações sobre características de uma população baseando-se nos resultados de uma amostra. Para tanto, realiza-se um teste de hipótese, que é um procedimento para inferir, com uma determinada margem de segurança, acerca da veracidade de uma afirmação.

No caso em tela, para as quatro variáveis: *Número de empregos formais, Número de empresas, Valores arrecadados de ICMS* e *Valores recolhidos de ISSQN,* será testado se é possível afirmar, em nível de Rio Grande do Sul e com 95% de segurança, que a média dos valores dos 12 meses anteriores à pandemia (mar./2019 a fev./2020) é significativamente diferente daquela referente aos 12 meses iniciais de combate ao coronavírus (mar./2020 a fev./2021). A análise será realizada com uso da ferramenta Análise de dados: Teste-T: *duas amostras em par para médias,* integrante do pacote estatístico do software MS Excel.

O teste T de Student usa conceitos estatísticos para rejeitar ou não uma hipótese. A estatística T foi introduzida em 1908 por um químico da cervejaria Guinness, para monitorar a qualidade da cerveja produzida. Uma das variantes desse teste é aplicada para verificar se as médias de duas amostras relacionadas, extraídas da mesma população (antes e depois) e com distribuição normal, são ou não significativamente diferentes. Um exemplo de aplicação desta variante seria para testar se houve redução no tempo de produção de uma peça antes e depois do treinamento dos operadores de máquinas.[10]

1.2 Comportamento do nível de emprego

A elaboração da série histórica com o saldo mensal de empregados (admitidos-demitidos) por município entre março de 2019 e fevereiro de 2021 originou-se das seguintes bases de dados públicas: e-Social,[11] CAGED[12] e RAIS,[13] fornecidas pela Coordenação de Estatísticas e Estudos do Trabalho da Secretaria de Trabalho, órgão vinculado ao Ministério da Economia. Os dados foram então tabulados por município, com a totalização para o estado do RS, mês a mês, apresentada no Quadro 1.

---

[10] FÁVERO, L.; BELFIORE, P. *Análise de Dados. Estatística e Modelagem Multivariada com Excel, SPSS e Stata.* São Paulo: Elsevier, 2017. p. 224.

[11] O Sistema de Escrituração Fiscal Digital das Obrigações Fiscais Previdenciárias e Trabalhistas, também conhecido como e-Social, é um projeto do governo federal do Brasil que visa unificar o envio dos dados sobre trabalhadores em um site e permitir que as empresas prestem as informações uma única vez.

[12] Cadastro Geral de Empregados e Desempregados, criado como registro permanente de admissões e dispensa de empregados sob o regime da Consolidação das Leis do Trabalho.

[13] Relação Anual de Informações Sociais – relatório de informações socioeconômicas solicitado anualmente pelo Governo às pessoas jurídicas e outros empregadores. A Portaria nº 1.127, de 14 de outubro de 2019, da Secretaria de Previdência e Trabalho do Ministério da Economia, determinou que a partir de 2020 as empresas gradativamente utilizem o e-Social como uma única base de dados para as estatísticas do trabalho (BRASIL. Ministério da Economia. *Governo substitui CAGED e RAIS pelo eSocial a partir de janeiro de 2020.* 15 out. 2019. Disponível em: https://www.gov.br/economia/pt-br/assuntos/noticias/2019/10/governo-substitui-caged-e-rais-pelo-esocial-a-partir-de-janeiro-de-2020. Acesso em 15 mai. 2021).

Quadro 1 – Total de empregos formais no RS entre mar./2019 e fev./2021

Período 1 - de Março de 2019 a Fevereiro de 2020											
mar/19	abr/19	mai/19	jun/19	jul/19	ago/19	set/19	out/19	nov/19	dez/19	jan/20	fev/20
2.938.651	2.936.714	2.925.645	2.922.106	2.918.712	2.916.743	2.918.545	2.926.901	2.939.165	2.921.115	2.934.299	2.957.411
Período 2 - de Março de 2020 a Fevereiro de 2021											
mar/20	abr/20	mai/20	jun/20	jul/20	ago/20	set/20	out/20	nov/20	dez/20	jan/21	fev/21
2.942.353	2.861.249	2.825.882	2.819.109	2.820.427	2.826.895	2.842.608	2.869.032	2.898.024	2.895.902	2.923.313	2.952.257

Fonte: Elaboração própria a partir de dados da RAIS, CAGED e e-Social.

Os mesmos dados foram então plotados no gráfico da Figura 1.

Figura 1 – Total mensal de empregos formais do RS entre mar./2019 e fev./2021

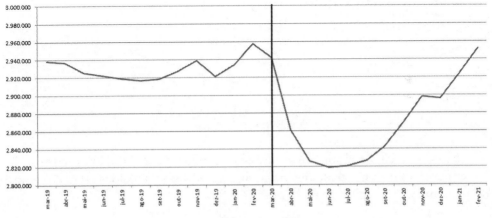

Fonte: Elaboração própria.

Observa-se, na Figura 1, que os empregos formais no RS retornaram praticamente ao patamar anterior após três meses de declínio[14] e oito meses em ascensão, o que resultou em uma pequena queda (-1,93%) na média do Estado: antes da pandemia, o número médio mensal de empregos formais era de 2.929.667, enquanto que, durante os primeiros doze meses de enfrentamento à pandemia, a média foi de 2.873.088 postos de trabalho.

Para responder à questão deste capítulo: *As medidas de enfrentamento à COVID não afetaram o nível de empregos do RS*, utilizou-se a ferramenta do MS Excel: Teste-T: duas amostras em par para médias. O resultado foi que, com 95% de significância, as médias dos dois períodos são estatisticamente diferentes;[15] ou seja, é possível afirmar que, no total do Estado, o número de empregos sofreu os efeitos das medidas de enfrentamento ao novo coronavírus.

Os dados analíticos, no entanto, demonstram que alguns municípios tiveram importante crescimento no número médio de empregos, enquanto para outros, o resultado foi adverso. A Tabela 1 expõe os municípios (com ao menos 1.000 empregos formais) que tiveram os maiores crescimentos médios entre os dois períodos.

---

[14] Ressalta-se que não foi analisada a qualidade, mas sim a quantidade de postos de trabalho recriados.

[15] P(T<=t) bicaudal: 0,0004289. Como o valor é inferior a 0,05, rejeita-se a hipótese de que as médias de ambos os períodos sejam iguais.

Tabela 1 – Empregos formais por município do RS entre mar./2019 e fev./2021

Município	Nº médio de empregos entre mar./2019 e fev./2020	Nº médio de empregos entre mar./2020 e fev./2021	Variação %
MIRAGUAI	1.243	1.555	25,09%
TRINDADE DO SUL	2.128	2.519	18,39%
VILA MARIA	1.609	1.836	14,06%
SÃO JOSÉ DO NORTE	3.577	4.061	13,51%
BOM JESUS	2.589	2.802	8,24%
WESTFALIA	1.597	1.728	8,24%
SÃO FRANCISCO DE PAULA	3.864	4.142	7,20%
RIO PARDO	5.435	5.770	6,17%
MARAU	14.555	15.450	6,14%
TUPANDI	2.876	3.047	5,96%

Fonte: Elaboração própria.

Esses municípios foram então questionados sobre a eventual participação do poder público local nos resultados positivos. As respostas recebidas estão na seção 2 deste capítulo.

1.3 Variação no número de empresas de Sociedade Limitada

Por meio de solicitação à Junta Comercial, Industrial e Serviços do RS – JUCISRS[16] foram obtidas as movimentações de abertura e de encerramento de todas as empresas no RS no período pesquisado e por município. Semelhantemente à movimentação de postos de trabalho, os dados foram divididos em dois períodos: de março de 2019 à fevereiro de 2020 e de março de 2020 à fevereiro de 2021. Entretanto, como existem diversos tipos de natureza jurídica para empresas: Empresário Individual, EIRELI, Empreendedor Individual, Sociedade Limitada, Sociedade Anônima, Cooperativa, Consórcio, etc., por limitações de espaço no capítulo optou-se por analisar somente a variação do número de empresas classificadas como Sociedade Limitada, que representam cerca de 22% do total. A maioria das empresas na JUCISRS está registrada como individual, porém essas não foram analisadas devido à possibilidade de refletirem a "pejotização" das relações de trabalho, que ocorre quando a relação passa a ser entre empresas ao invés do contrato de trabalho entre a empresa e seus empregados.

---

[16] A Junta Comercial de Porto Alegre foi instalada em 24 de maio de 1877. Em seu início, tinha jurisdição para atuar sobre os atuais territórios dos Estados do Rio Grande do Sul, Mato Grosso e Santa Catarina. Em 1925 houve a alteração do nome de Junta Comercial de Porto Alegre para Junta Comercial do Rio Grande do Sul. A análise dos arquivamentos da Junta Comercial do Rio Grande do Sul representa uma parte significativa da história das empresas gaúchas e, por decorrência, da própria história econômica do RS. (Cf.: Histórico. *JUCIS-RS*. Disponível em: www.jucis.rs.gov.br/historico. Acesso em 26 jun. 2021).

O Quadro 2 expõe a totalização mensal de empresas Ltda. para o Estado.

Quadro 2 – Total mensal de empresas Ltda. no RS entre mar./2019 e fev./2021

Período 1 - de Março de 2019 a Fevereiro de 2020											
mar/19	abr/19	mai/19	jun/19	jul/19	ago/19	set/19	out/19	nov/19	dez/19	jan/20	fev/20
169.944	169.897	170.007	170.131	170.288	170.541	170.533	170.682	170.835	170.900	171.059	171.327
Período 2 - de Março de 2020 a Fevereiro de 2021											
mar/20	abr/20	mai/20	jun/20	jul/20	ago/20	set/20	out/20	nov/20	dez/20	jan/21	fev/21
171.743	171.915	172.108	172.440	173.021	173.597	174.242	175.085	175.876	176.626	177.361	178.181

Fonte: Elaboração própria a partir dos dados fornecidos pela JUCISRS.

A Figura 2 expõe graficamente a totalização mensal para o Estado do Rio Grande do Sul.

Figura 2 – Total mensal de empresas Ltda. no RS entre mar./2019 e fev./2021

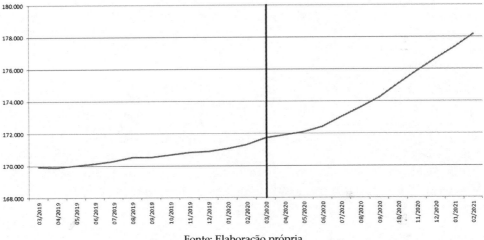

Fonte: Elaboração própria.

Os dados demonstram que o crescimento mensal do número de empresas no RS foi constante, indo de 170 mil empresas Ltda. para 178 mil nos dois anos da pesquisa. Em termos dos períodos considerados, antes da pandemia a média de empresas Ltda. no Estado era de 170.512, enquanto que, durante a pandemia, a média mensal foi de 174.349,6 empresas Ltda.

Para responder à questão deste capítulo: *As medidas de enfrentamento à COVID não afetaram o número de empresas Ltda. no RS*, utilizou-se a ferramenta do MS Excel: Teste-T: duas amostras em par para médias. O resultado foi que, com 95% de significância, as médias dos dois períodos são diferentes;[17] ou seja, o número médio de empresas Ltda. variou durante o período da pandemia.

Em que pese, no agregado, o Estado ter tido resultado favorável, individualmente alguns municípios apresentaram crescimento, enquanto outros tiveram mais empresas Ltda. encerrando as atividades. Sendo assim, elaborou-se a Tabela 2 para classificar e

---

[17] P(T<=t) bicaudal: 0,0000130. Como o valor é inferior a 0,05, rejeita-se a hipótese de que as médias de ambos os períodos sejam iguais.

identificar os municípios (com ao menos 200 empresas Ltda.) que tiveram as maiores variações positivas.

Tabela 2 – Média mensal de empresas Ltda. por município entre mar./2019 e fev./2021

Município	Nº médio de empresas Ltda. entre Mar./2019 e fev./2020	Nº médio de empresas Ltda entre mar./2020 e fev./2021	Variação %
PORTO XAVIER	186	202	8,75%
SENADOR SALGADO FILHO	334	353	5,69%
VILA NOVA DO SUL	397	417	4,99%
CERRO LARGO	482	506	4,96%
BOA VISTA DO BURICA	453	475	4,92%
XANGRI-LA	279	292	4,90%
CRISTAL DO SUL	643	673	4,55%
CONSTANTINA	204	213	4,40%
MACHADINHO	261	272	4,34%
PINHAL	229	239	4,18%

Fonte: Elaboração própria a partir de dados da JUCISRS.

Na sequência, esses municípios foram questionados sobre a eventual participação do poder público local nos resultados positivos. As respostas estão na seção 2 deste capítulo.

1.4 Arrecadação de ICMS por município

A elaboração da série histórica entre março de 2019 e fevereiro de 2021 com o valor mensal do ICMS arrecadado por município originou-se do portal de dados abertos da Secretaria Estadual da Fazenda – SEFAZ/RS.

O Quadro 3 demonstra que no total do RS os municípios apresentaram forte queda na arrecadação de ICMS entre janeiro e maio de 2020, recuperando-se em seguida. Em termos de média mensal, no período pré-pandemia o valor arrecadado era de R$2.519.926.458, enquanto no período pós início da COVID-19 o valor era de R$2.440.820.961.

Quadro 3 – Valores mensais de ICMS* recolhidos no RS (em 000 R$)

Período 1 - de Março de 2019 a Fevereiro de 2020 (em R$ 000)												
mar/19	abr/19	mai/19	jun/19	jul/19	ago/19	set/19	out/19	nov/19	dez/19	jan/20	fev/20
2.318.157	2.456.384	2.355.797	2.311.243	2.339.646	2.411.325	2.408.672	2.329.947	2.745.736	3.247.519	2.729.335	2.585.357

Período 2 - de Março de 2020 a Fevereiro de 2021 (em R$ 000)												
mar/20	abr/20	mai/20	jun/20	jul/20	ago/20	set/20	out/20	nov/20	dez/20	jan/21	fev/21
2.359.888	2.134.747	1.704.958	1.972.704	2.198.744	2.419.956	2.660.107	2.632.498	2.900.963	2.869.462	2.909.362	2.526.462

Fonte: Elaboração própria
* Excetuando-se os valores pagos por contribuintes de outras unidades da federação

A oscilação dos valores pode ser visualizada na Figura 3.

Figura 3 – Valores mensais de ICMS recolhidos no RS entre mai./2019 e abr./2021

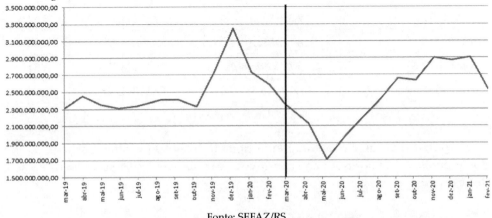

Fonte: SEFAZ/RS.

Para testar a hipótese deste capítulo: *As medidas de enfrentamento à COVID não afetaram a arrecadação de ICMS no RS*, utilizou-se a ferramenta do MS Excel: Teste-T: duas amostras em par para médias. O resultado foi que, com 95% de significância, as médias dos dois períodos não são diferentes;[18] ou seja, não é possível afirmar que a arrecadação de ICMS sofreu efeitos durante os primeiros 12 meses da pandemia.

Apesar de, no agregado, a arrecadação do ICMS ter retomado os níveis anteriores, individualmente alguns municípios apresentaram forte variação média, como demonstra a Tabela 3, que identifica os municípios (com ao menos R$1 milhão de arrecadação mensal média) que tiveram as maiores variações positivas.

---

[18] P(T<=t) bicaudal: 0,370111. Como o valor é superior a 0,05, não é possível aceitar a hipótese de que as médias de ambos os períodos sejam diferentes.

Tabela 3 – Média mensal de ICMS por município do RS (em 000 R$)

Município	Valor médio de ICMS entre mar./2019 e fev./2020	Valor médio de ICMS entre mar./2020 e fev./2021	Variação %
CAPÃO DO LEÃO	1.108.801,49	2.110.542,20	90,34%
FORMIGUEIRO	625.634,20	1.142.249,88	82,57%
SÃO SEPE	764.884,43	1.332.613,72	74,22%
NOVA PRATA	4.298.535,45	7.401.445,34	72,19%
PALMARES DO SUL	951.904,94	1.515.557,90	59,21%
RIO PARDO	1.500.740,85	2.372.897,37	58,12%
VERA CRUZ	2.376.925,71	3.745.212,96	57,57%
ITAQUI	4.328.013,10	6.378.601,47	47,38%
HORIZONTINA	5.791.592,26	8.534.828,63	47,37%
SERTÃO SANTANA	762.013,51	1.122.823,51	47,35%

Fonte: Elaboração própria.

Após, esses municípios foram questionados sobre a eventual participação do poder público local nos resultados positivos. As respostas recebidas estão na seção 2 deste capítulo.

1.5 Arrecadação de ISSQN por município

Os dados da arrecadação do ISSQN por município entre março de 2019 e fevereiro de 2021 proveem do SIAPC,[19] e permitem observar, na totalização do Estado, que houve forte queda na arrecadação do imposto entre os meses de março e junho de 2020, mas com rápida recuperação nos dois meses seguintes, como demonstrado esquematicamente no Quadro 4.

Quadro 4 – Valores mensais de ISSQN no RS entre mar./2019 e fev./2021 (em 000 R$)

Período 1 - De Março de 2019 a Fevereiro de 2020											
mar/19	abr/19	mai/19	jun/19	jul/19	ago/19	set/19	out/19	nov/19	dez/19	jan/20	fev/20
2.318.157	2.456.384	2.355.797	2.311.243	2.339.646	2.411.325	2.408.672	2.329.947	2.745.736	3.247.519	2.729.335	2.585.357
Período 2 - De Março de 2020 a Fevereiro de 2021											
mar/20	abr/20	mai/20	jun/20	jul/20	ago/20	set/20	out/20	nov/20	dez/20	jan/21	fev/21
2.359.888	2.134.747	1.704.958	1.972.704	2.198.744	2.419.956	2.660.107	2.632.498	2.900.963	2.869.462	2.909.362	2.526.462

Fonte: SIAPC.

---

[19] Sistema de Informações para Auditoria e Prestação de Contas. Conjunto de dados e informações gerados pelas entidades da esfera municipal e colocados à disposição dos técnicos do TCE/RS para consultas e pesquisas, subsidiando análises e auditoria. (Cf.: Sistemas de controle externo. *Portal TCE*. Disponível em: https://portalnovo.tce.rs.gov.br/sistemas-de-controle-externo/?section=SIAPC. Acesso em 30 jun. 2021).

E visualmente na Figura 4.

Figura 4 – Valores mensais de ISSQN recolhidos no RS entre mar./2019 e fev./2021

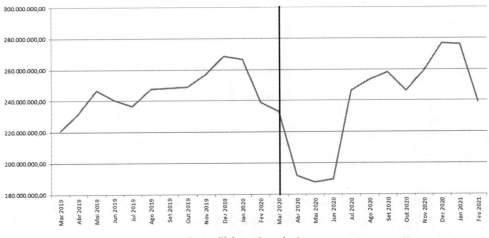

Fonte: Elaboração própria.

Em termos de média nos dois períodos – pré-pandemia e durante os primeiros 12 meses de enfrentamento à COVID-19 – temos os seguintes valores: média de arrecadação no período 1: R$246.022.895 e média no período 2: R$238.172.483.

Para responder à questão do capítulo: *As medidas de enfrentamento à COVID não afetaram a arrecadação de ISSQN no âmbito do RS*, utilizou-se a ferramenta do MS Excel: Teste-T: duas amostras em par para médias. O resultado foi que, com 95% de significância, as médias dos dois períodos não são diferentes;[20] ou seja, não é possível afirmar que a arrecadação de ISSQN, no agregado do RS, sofreu efeitos durante o período inicial da pandemia.

Para verificar o resultado de forma analítica foi elaborada a Tabela 4, que classificou e identificou os municípios (com ao menos R$200 mil de arrecadação mensal média de ISSQN) com as maiores variações médias positivas entre os dois períodos.

Tabela 4 – Média mensal de pagamento de ISSQN por município (continua)

Município	Valor médio de ISSQN entre mar./2019 e fev./2020	Valor médio de ISSQN entre mar./2020 e fev./2021	Variação %
PIRATINI	149.236,57	307.699,39	106,18%
SÃO JOSÉ DO NORTE	396.747,36	522.179,44	31,62%
SANTA VITÓRIA DO PALMAR	305.155,63	462.532,89	51,57%
SANTANA DO LIVRAMENTO	530.931,35	725.432,35	36,63%

---

[20] P(T<=t) bicaudal: 0,319604. Como o valor é superior a 0,05, não é possível aceitar a hipótese de que as médias de ambos os períodos sejam diferentes.

(conclusão)

Município	Valor médio de ISSQN entre mar./2019 e fev./2020	Valor médio de ISSQN entre mar./2020 e fev./2021	Variação %
ARROIO DOS RATOS	192.762,90	249.918,45	29,65%
NOVA SANTA RITA	507.924,70	664.058,23	30,74%
ITAQUI	302.987,67	387.375,26	27,85%
SOLEDADE	318.992,86	407.902,88	27,87%
SÃO FRANCISCO DE PAULA	197.153,50	240.467,78	21,97%
MARAU	691.587,47	852.292,28	23,24%

Fonte: Elaboração própria.

Esses municípios foram então questionados sobre a eventual participação do poder público local nos resultados positivos. As respostas recebidas estão na seção 2 deste capítulo.

2 Participação dos municípios nos resultados

Para enfrentar os efeitos econômicos da pandemia, o poder público atuou nas três esferas de governo. Em nível federal foi lançado, entre outros, o programa que autorizou as empresas a reduzirem proporcionalmente a jornada de trabalho e os salários dos empregados, além de suspenderem os contratos de trabalho temporariamente.[21] Na esfera estadual o governo gaúcho editou a Lei nº 15.494, de 06/08/2020, que instituiu o Sistema Estadual de Trabalho, Emprego e Renda – TRABALHAR-RS, o Conselho Estadual do Trabalho, Emprego e Renda – CTER-RS – e constituiu o Fundo Estadual do Trabalho – FUNTRAB-RS. No âmbito municipal, por sua vez, algumas das medidas que foram implementadas por gestores públicos gaúchos serão apresentadas nesta seção a partir da pesquisa[22] que indagou administrações locais acerca da participação do poder público nos resultados positivos registrados.

Para facilitar a exposição, os relatos da participação municipal foram classificados em três modos: Fiscalização, Facilitação e Fomento.

---

[21] A Medida Provisória nº 936, que entrou em vigor em abril, foi sancionada e transformada em lei em julho. Até então, o prazo de suspensão de contratos era de até 60 dias, e o de redução de jornada e salário era de até 90 dias. Além disso, com a MP sendo convertida na Lei nº 14.020/2020, houve uma série de adendos às medidas, envolvendo, por exemplo, gestantes, deficientes, prazo para o empregador comunicar as mudanças nos contratos, redução e suspensão de acordo com a necessidade da empresa, entre outros. Em 2021 foi editada a medida provisória 1.045, que permite a redução da jornada e a suspensão dos contratos de trabalho, além da estabilidade no emprego para o trabalhador. (G1. *Lei autoriza redução de jornada e salário até dezembro; veja perguntas e respostas.* 1º abr. 2020. Disponível em: https://g1.globo.com/economia/noticia/2020/04/01/veja-detalhes-da-mp-que-autoriza-reducao-de-jornada-e-salario-em-ate-tres-meses.ghtml. Acesso em: 14 jul. 2021).

[22] Dentre as razões para os resultados positivos, também foram apontados: a instalação de novas empresas no município, o empreendedorismo local, a Lei de Liberdade Econômica – nº 13.874/2019, a taxa de câmbio favorável às exportações e o aquecimento de atividades econômicas como a construção civil e o agronegócio.

2.1 Fiscalização

Os municípios que registraram crescimento na arrecadação de ICMS e ISSQN relataram diversas ações realizadas, como:

(i) Auditoria em empresas locais, identificando o saldo operacional e repassando os relatórios ao Estado para continuidade do processo, resultando, dessa forma, em valores acrescidos ao valor adicionado municipal;

(ii) Avaliação das declarações das empresas optantes pelo Simples Nacional com o cruzamento de dados disponibilizados pela receita estadual, relativas à movimentação dos cartões de crédito;

(iii) Procedimentos preventivos antes do fechamento dos balanços das empresas, corrigindo distorções;

(iv) Retorno da turma volante;

(v) Intensificação da fiscalização de rua dos informais;

(vi) Acompanhamento das empresas de categoria geral que são optantes pelo Simples Nacional, bem como a correção das GIAS e PGDAS;

(vii) Utilização de *software* que realiza comparativo entre compras x faturamento (valor adicionado), entre outras informações. Com o auxílio dessas, as empresas são contatadas para adequações necessárias junto a seus contadores;

(viii) Contratação de empresa de consultoria na área de tributação;

(ix) No tocante ao ISS incidente na mão de obra da Construção Civil, atuação conjunta com outras Secretarias para, no momento da entrada de um Projeto e apresentação do cronograma físico-financeiro com todas as etapas da construção referentes a material e mão de obra, agendar acompanhamento dos pagamentos do referido imposto;

(x) Com a ajuda de *softwares* específicos e inteligência fiscal (formada pelos fiscais municipais) foram realizadas fiscalizações preventivas, identificando os ramos de altos potenciais contributivos, como a construção civil, bancos, entre outros.

2.2 Facilitação

As respostas classificadas como facilitação referem-se àquelas que visam simplificar o recolhimento de tributos por parte dos contribuintes ou de agilizar os trâmites burocráticos. Nesse sentido, diversos gestores relataram a instituição da Nota Fiscal de Serviços Eletrônica – NFS-e; assim, tanto a declaração de ISS quanto o recolhimento do mesmo passaram a acontecer de forma on-line, facilitando a apuração dos serviços prestados. Ainda, objetivando o pagamento do ISS fixo dos profissionais autônomos, foram enviados pelo correio os boletos para pagamento nas agências bancárias.

A facilitação também ocorreu por meio da agilidade na expedição de alvarás, como no caso de um município que reduziu de 7 (sete) para 2 (dois) dias a liberação do mesmo. Destaca-se, também, a adesão de outra localidade à rede SIM[23] – Simplificação

---

[23] A Rede nacional SIM foi criada a partir da Lei Federal nº 11.598, de 3 de dezembro de 2007. No RS esta iniciativa integra, além da Junta Comercial do RS, o Sebrae/RS, Receita Federal do Brasil, Corpo de Bombeiros, Vigilância

do Registro e da Legalização de Empresas e Negócios, que estabelece diretrizes e procedimentos para a simplificação e integração do processo de registro e legalização de empresários e de pessoas jurídicas. No estado do RS são atualmente 165 municípios que oferecem este serviço.

2.3 Fomento

Os gestores municipais que relatam conceder incentivos às empresas locais o fazem mediante prévia comprovação do interesse público, seja por meio da geração de empregos ou do potencial de geração de impostos. Em contrapartida, a empresa pode gozar da isenção do IPTU, do ISSQN e de taxas – há caso de isenção por até 10 (dez) anos, se mais de 100 empregos diretos forem criados. Considerando a função social e a expressão econômica, incentivos industriais podem consistir em ajuda financeira por meio de doação ou empréstimos, concessão de uso, venda subsidiada ou doação de imóveis para a instalação de indústria, pagamento de aluguel de prédio, consumo de água, de energia elétrica, prestação de serviços de terraplanagem, transporte de terras e materiais de construção e de doação de bens e equipamentos.

Outro exemplo a ser citado é o de um Decreto municipal editado em abril de 2020, com a seguinte redação:

> Art. 2º O Município firmará convênio com as instruções financeiras e cooperativas de crédito, visando estimular a geração de emprego e renda, dos setores industriais, comerciais e prestadores de serviços situados nesse Município (...), proporcionando o desenvolvimento sustentável das referidas empresas.
>
> Art. 3º O Município subsidiará os juros dos financiamentos tomados pelas empresas com limites de valores até R$200.000,00 (duzentos mil reais), realizados nas instituições conveniadas.

Nesta linha, foi relatada a instituição de Programa de Incentivo ao Pequeno Empreendedor com o objetivo de auxiliar os Microempreendedores Individuais – MEI, as Microempresas e Empresas de Pequeno Porte, atingidos pela pandemia causada pelo COVID-19, a auxiliar na manutenção das atividades. Foi reportado também que, no período mencionado, o administrador público disponibilizou à população, em parcerias com o SEBRAE e com o SENAI, cursos de qualificação profissional nas áreas de metalomecânica, injeção eletrônica, multiteste, turismo e salão de beleza social.

Outro município, por sua vez, reportou a existência de diversas Leis locais de incentivo à criação de cadeias produtivas do setor primário, como suíno e avicultura, aquicultura familiar e atividade leiteira.

Por fim, menciona-se, como exemplos de fomento, o investimento em infraestrutura, como a manutenção e ampliação do pátio de caminhões do porto internacional e a

---

Sanitária/RS, Meio Ambiente/RS, Secretaria Estadual da Fazenda e Prefeituras e tem entre suas premissas a orientação prévia dos empresários, a circulação de informações, a relação horizontal entre os agentes envolvidos e a redução de exigências burocráticas desproporcionais. Como resultado, tem-se a redução do tempo de registro de empresa e da burocracia, além de aumento do número de formalizações e de vagas de emprego, bem como o fortalecimento da economia. (Cf.: Rede SIM. *JUCIS-RS*. Disponível em: https://jucisrs.rs.gov.br/redesim. Acesso em 30 jun. 2021).

promoção de melhorias no distrito industrial local para viabilizar novos investimentos, pois, nas palavras do gestor local: "É papel da Administração Pública favorecer e acreditar nos empreendedores, colaborando para que possam abrir ou ampliar negócios mesmo em tempos difíceis".

Considerações finais

Este artigo analisou se as medidas de combate à pandemia no RS afetaram a economia dos municípios gaúchos sob os seguintes aspectos: o nível de emprego, o número de empresas ou a arrecadação dos impostos ICMS e ISSQN.

Para responder a essa questão foram comparados os valores mensais das quatro variáveis da pesquisa em um período de 24 meses – entre março de 2019 e fevereiro de 2021, sendo os 12 meses antes da COVID-19 e os 12 meses iniciais da pandemia.

Verificou-se, em nível de Estado, que o RS recuperou em tempo relativamente curto os valores pré-pandemia; individualmente, porém, os municípios apresentaram resultados bastante distintos.

Visando aprofundar à análise, os municípios gaúchos que apresentaram melhor desempenho médio em cada um dos quatro quesitos durante esses dois períodos foram questionados acerca da eventual participação do poder público nos resultados positivos registrados. A pesquisa revelou que, em algumas localidades, a administração local teve participação efetiva nos resultados alcançados através do fomento às empresas, facilitação no recolhimento dos tributos e inteligência fiscal das atividades econômicas.

Avaliar os efeitos de uma pandemia global requer diferentes abordagens e o emprego de variadas metodologias. Nesse sentido, sugere-se que os aspectos econômicos aqui analisados: emprego formal, número de empresas e arrecadação de impostos sejam objeto de estudo individualizado, possibilitando, assim, aprofundar o entendimento dos efeitos da COVID-19 no cotidiano dos municípios, tanto gaúchos quanto de outros Estados da Federação.

Por fim, a pesquisa conduzida junto a 40 municípios gaúchos permitiu verificar que uma parcela dos gestores públicos buscou apoiar fortemente a iniciativa privada local por meio de medidas de impacto imediato, como capacitação e financiamento de empreendedores para manter/criar novos postos de trabalho. Essas ações tiveram resultado positivo no curto prazo. Entretanto, também foram identificadas iniciativas que visam ao crescimento de longo prazo, como o fortalecimento do distrito industrial local ou o fomento à criação de arranjos produtivos locais, que adensam o tecido produtivo local e ampliam a competitividade das cadeias produtivas. Tais medidas, no entanto, demandam planejamento prévio e visão de longo prazo. Assim, espera-se, com a divulgação do presente estudo, que outras administrações públicas incorporem alguns dos exemplos aqui citados em ações de *benchmarking*, propiciando, deste modo, um crescimento sustentável para o seu município, de modo a melhor enfrentar os períodos de adversidade.

Referências

AGENCIA BRASIL. *Primeiro caso de covid-19 no Brasil completa um ano*. Brasília, 26 fev. 2021. Disponível em: https://agenciabrasil.ebc.com.br/saude/noticia/2021-02/primeiro-caso-de-covid-19-no-brasil-completa-um-ano. Acesso em 14 jul. 2021.

BRASIL. Decreto Estadual nº 55.240/2020, de 10.05.2020. Institui o Sistema de Distanciamento Controlado para fins de prevenção e de enfrentamento à epidemia causada pelo novo Coronavírus no âmbito do Estado do RS, reitera a declaração de estado de calamidade pública em todo o território estadual e dá outras providências. *Diário Oficial*, Porto Alegre, 10 mai. 2020.

BRASIL. Decreto Estadual nº 55.882, de 15 de maio de 2021. Institui o Sistema de Avisos, Alertas e Ações para fins de monitoramento, prevenção e enfrentamento à pandemia de COVID-19 no âmbito do Estado do Rio Grande do Sul, reitera a declaração de estado de calamidade pública em todo o território estadual e dá outras providências. *Diário Oficial*, Porto Alegre, 15 mai. 2021.

BRASIL. Ministério da Economia. *Governo substitui CAGED e RAIS pelo eSocial a partir de janeiro de 2020*. 15 out. 2019. Disponível em: https://www.gov.br/economia/pt-br/assuntos/noticias/2019/10/governo-substitui-caged-e-rais-pelo-esocial-a-partir-de-janeiro-de-2020. Acesso em 15 mai. 2021.

CÂMARA DOS DEPUTADOS. Governo anuncia medidas de combate à pandemia de coronavírus. 18 mar. 2020. Disponível em: https://www.camara.leg.br/noticias/646385-governo-anuncia-medidas-de-combate-a-pandemia-de-coronavirus/. Acesso em 14 jul. 2021

FÁVERO, L.; BELFIORE, P. *Análise de Dados. Estatística e Modelagem Multivariada com Excel, SPSS e Stata*. São Paulo: Elsevier, 2017.

G1. *Lei autoriza redução de jornada e salário até dezembro; veja perguntas e respostas*. 1º abr. 2020. Disponível em: https://g1.globo.com/economia/noticia/2020/04/01/veja-detalhes-da-mp-que-autoriza-reducao-de-jornada-e-salario-em-ate-tres-meses.ghtml. Acesso em: 14 jul. 2021

GERTLER, P. *et al. Avaliação de impacto na prática*. 2. ed. Washington, DC: Banco Mundial, 2016.

JUCIS-RS – JUNTA COMERCIAL, INDUSTRIAL E SERVIÇOS DO RS. *Relação por ano das Estatísticas*. Disponível em: http://www.jucergs.rs.gov.br/p_estatisticas-jc.asp. Acesso em 26 jun. 2021.

JUCIS-RS – JUNTA COMERCIAL, INDUSTRIAL E SERVIÇOS DO RS. *Histórico*. Disponível em: www.jucis.rs.gov.br/historico. Acesso em 26 jun. 2021.

JUCIS-RS – JUNTA COMERCIAL, INDUSTRIAL E SERVIÇOS DO RS. *Rede SIM*. Disponível em: https://jucisrs.rs.gov.br/redesim. Acesso em 30 jun. 2021.

PORTAL TCE. *Sistemas de controle externo*. Disponível em: https://portalnovo.tce.rs.gov.br/sistemas-de-controle-externo/?section=SIAPC. Acesso em 30 jun. 2021.

RAIS – RELAÇÃO ANUAL DE INFORMAÇÕES SOCIAIS. *Sistema de Informações*. Disponível em: https://bi.mte.gov.br/bgcaged/. Acesso em 25 jun. 2021.

RS.GOV. Secretaria da Saúde. *Decretos Estaduais*. Ago. 2021. Disponível em: https://coronavirus.rs.gov.br/decretos-estaduais#. Acesso em 14 de jul. 2021.

RS.GOV. *Entenda o modelo de distanciamento controlado do RS que entra em vigor a partir de segunda-feira*. 09 mai. 2020. Disponível em: https://estado.rs.gov.br/entenda-o-modelo-de-distanciamento-controlado-do-rs#. Acesso em 14 jul. 2021.

SEFAZ/RS – SECRETARIA ESTADUAL DA FAZENDA. *Portal de dados abertos*. Disponível em: http://receitadados.fazenda.rs.gov.br/. Acesso em 27 jun. 2021.

Informação bibliográfica deste texto, conforme a NBR 6023:2018 da Associação Brasileira de Normas Técnicas (ABNT):

MURY, Luiz Gilberto. Os efeitos da pandemia na atividade econômica dos municípios gaúchos. *In*: LIMA, Edilberto Carlos Pontes (Coord.). *Os Tribunais de Contas, a pandemia e o futuro do controle*. Belo Horizonte: Fórum, 2021. p. 341-356. ISBN 978-65-5518-282-8.

LEI DE RESPONSABILIDADE FISCAL: ALTERAÇÕES DE NATUREZA PERMANENTE E PROVISÓRIA EFETUADAS PELAS LEIS COMPLEMENTARES Nº 173/2020 E Nº 178/2021 E SEUS IMPACTOS NA ATUAÇÃO DOS TRIBUNAIS DE CONTAS

LUIZ HENRIQUE LIMA

Introdução

A pandemia de COVID-19 afetou profundamente, em escala global, todos os aspectos da vida humana: saúde, economia, educação, cultura, turismo, esporte, religião. Da mesma forma, a administração pública foi impactada por gigantescos desafios, sequer considerados nos seus documentos de planejamento estratégico ou programação orçamentária.

Diante da situação de calamidade e emergência na saúde pública, foi necessário construir um novo marco jurídico, chamado de Direito Público de Emergência (DPE), com múltiplas implicações sobre as regras vigentes em tempos de normalidade. Desde a flexibilização da chamada "regra de ouro" orçamentária constitucional até a definição de novos procedimentos de contratação de obras, bens e serviços, houve uma profusão de normas legislativas e de decisões judiciais com significativas alterações que impactaram a gestão fiscal, a repartição de recursos entre os entes federados, a dinâmica da execução contratual, o controle das despesas de pessoal e do endividamento público, entre outros. O direito público de emergência se espraia por múltiplos ramos da ciência jurídica: constitucional, administrativo, financeiro, previdenciário etc., e envolve aspectos orçamentários, regulatórios e sancionatórios.[1]

Neste contexto, uma das principais normas regentes do Direito Financeiro, a Lei de Responsabilidade Fiscal (Lei Complementar nº 101/2000) sofreu importantes alterações. É

---

[1] LIMA, Luiz Henrique. Direito público de emergência e controle externo na pandemia da Covid-19: lições para o futuro? *In*: LIMA, Luiz Henrique; GODINHO, Heloísa Helena Antonácio M.; SARQUIS, Alexandre Manir Figueiredo (Coord.). *Os desafios do Controle Externo diante da pandemia da Covid-19*: estudos de ministros e conselheiros substitutos dos Tribunais de Contas. Belo Horizonte: Fórum, 2021.

curioso anotar que, na sua primeira década de vigência, de 2000 a 2010, mais de duzentas propostas de alterações da Lei de Responsabilidade Fiscal (LRF) foram apresentadas ao Congresso Nacional, em sua maioria buscando relaxar os mecanismos de controle da gestão fiscal.[2] Todavia, apenas uma mudança foi aprovada: a Lei Complementar nº 131/2009,[3] que fortaleceu a exigência de transparência. Ou seja, diversas propostas objetivando a flexibilização de regras e a alteração de conceitos não lograram êxito no Congresso.

Com a pandemia, inúmeras alterações na LRF foram rapidamente aprovadas, com destaque para as Leis Complementares (LCs) nº 173/2020 e nº 178/2021.[4] Adicionalmente, a Emenda Constitucional (EC) nº 109/2021 estabeleceu regras relacionadas à disciplina da gestão fiscal.

O presente artigo visa a apresentar e a discutir as alterações de natureza permanente e provisória efetuadas na LRF por meio das referidas leis complementares. O texto está dividido em quatro seções. Após esta breve introdução, apresenta-se a evolução histórica da LRF, destacando três momentos: gênese, implementação e flexibilização. Na sequência, são expostas as principais alterações promovidas pelas LCs nº 173/2021 e nº 178/2021, no contexto do Direito Público de Emergência. E, por fim, tecem-se algumas considerações acerca dos possíveis impactos dessas alterações na atuação dos Tribunais de Contas (TCs).

1 A LRF em três tempos: antecedentes e gênese, adaptação e implementação e flexibilização e declínio

Embora hoje seja difícil imaginar uma administração pública sem regras de responsabilidade fiscal, até 2000 era essa a realidade brasileira. Antes da LRF, era corriqueiro que gestores contraíssem empréstimos e concedessem aumentos salariais aos servidores sem a devida análise dos impactos financeiros nas contas públicas, iniciassem obras sem a previsão de recursos para concluí-las, utilizassem recursos previdenciários nos "caixas únicos" dos entes, enfim, tomassem decisões sem preocupações com a higidez fiscal e a sustentabilidade das contas públicas, comprometendo o futuro para a obtenção de popularidade no curto prazo.

Com a edição da LRF, esse quadro começou a mudar. Houve significativos avanços em boas práticas de gestão, porém seguidos da reação da velha mentalidade patrimonialista. Em ambos os movimentos, os TCs foram protagonistas. A seguir, expõem-se três momentos na trajetória da LRF: antecedentes e gênese; adaptação e implementação; e flexibilização complacente.

---

[2]   NUNES, Selene Peres; MARCELINO, Gileno Fernandez; SILVA, César Augusto Tibúrcio. Os Tribunais de Contas na interpretação da Lei de Responsabilidade Fiscal. *Revista de Contabilidade e Organizações*, v. 13, 2019.

[3]   A Lei Complementar nº 131/2009 acrescentou dispositivos à LRF, a fim de determinar a disponibilização, em tempo real, de informações pormenorizadas sobre a execução orçamentária e financeira da União, dos Estados, do Distrito Federal e dos Municípios.

[4]   A Lei Complementar nº 177/2021 alterou pontualmente a redação do §2º do art. 9º para vedar a limitação de empenho e movimentação financeira das despesas relativas à inovação e ao desenvolvimento científico e tecnológico custeadas por fundo criado para tal finalidade.

1.1 Antecedentes e gênese

Como em outros setores, o colapso da ditadura militar em meados da década de 1980 mergulhou a economia brasileira em profunda crise, com elevado endividamento externo, inflação descontrolada, alta concentração de renda, carestia e ausência de serviços públicos essenciais para grande parcela dos brasileiros.

Em 1994, com a estabilização da moeda e o controle da hiperinflação, a real situação das finanças públicas foi exposta: elevados déficits para sustentar uma máquina administrativa ineficiente e, em muitos aspectos, disfuncional. Pouco depois, em 1997, a crise financeira internacional deflagrada a partir dos mercados asiáticos tornou mais evidente a necessidade de regras fiscais sustentáveis.

Assim, o projeto da LRF surgiu no bojo do Programa de Estabilidade Fiscal de 1998, com o objetivo de estabelecer um novo padrão de gestão fiscal no Brasil. Inspirada em legislações internacionais, principalmente na experiência neozelandesa,[5] a LRF inaugurou no Brasil um novo regime de administração dos recursos públicos: o regime de Gestão Fiscal Responsável, ancorado em quatro pilares – planejamento, transparência, controle das contas públicas e responsabilização.

A norma foi contestada por diversos grupos políticos que recorreram ao Supremo Tribunal Federal pedindo a declaração de sua inconstitucionalidade completa. O julgamento final da Ação Direta de Inconstitucionalidade nº 2238 ocorreu em 2020, reconhecendo a inconstitucionalidade pontual de alguns dispositivos.

1.2 Adaptação e implementação

A LRF entrou em vigor a partir de sua publicação e exigiu tanto dos gestores quanto das Cortes de Contas que se adaptassem rapidamente às novas normas. Entre outras importantes inovações, a LRF fixou regras para a responsabilidade na gestão fiscal que pressupõem ações planejadas e transparentes, com a prevenção de riscos e a correção de desvios capazes de afetar o equilíbrio das contas públicas. Para tanto, a lei estabeleceu metas de resultados entre receitas e despesas e a obediência a limites e condições no que tange à renúncia de receita, geração de despesas com pessoal, da seguridade social e outras, dívidas consolidada e mobiliária, operações de crédito, inclusive por antecipação de receita, concessão de garantia e inscrição em Restos a Pagar, com destaque para fixação de:

a) metas anuais, em valores correntes e constantes, relativas a receitas, despesas, resultados nominal e primário e montante da dívida pública, para o exercício a que se referirem e para os dois seguintes (LRF, art. 4º, §1º);

b) limites para despesas com pessoal (LRF, arts. 19 e 20);

c) limites para endividamento (LRF, art. 30);

d) condições para a concessão de benefícios de seguridade social (LRF, art. 24);

e) condições para a criação, expansão ou aperfeiçoamento de ação governamental que acarrete aumento da despesa (LRF, art. 16);

---

[5] De acordo com Furtado (FURTADO, J. R. Caldas. *Elementos de Direito Financeiro*. 4. ed. Belo Horizonte: Fórum, 2013).

f) exigência de segregação de ativos previdenciários (LRF, art. 43, §1º);

g) exigência da garantia de recursos para a conclusão de obras inacabadas antes do início de novos projetos (LRF, art. 45);

h) restrições à contração de despesas ou ao aumento de despesas com pessoal ao final do mandato (LRF, arts. 42 e 21, parágrafo único);

i) condições para a concessão ou expansão da renúncia de receitas (LRF, art. 14);

j) relatórios de execução orçamentária e de desempenho fiscal ao longo do exercício (LRF, arts. 52 e 54); e

k) sanções administrativas e financeiras em caso de descumprimento de seus dispositivos (LRF, arts. 23, §3º; 33, §3º; 51, §2º; 52, §2º; 55, §3º; 70, parágrafo único; e 73-C).

De acordo com o art. 59 da LRF, a fiscalização da gestão fiscal deve ser feita pelo Poder Legislativo, com o auxílio dos Tribunais de Contas, e pelo sistema de controle interno. Na prática, pela própria natureza dos trabalhos que desenvolvem, esse papel coube principalmente aos Tribunais de Contas.

Segundo a LRF, os cálculos de despesas com pessoal apresentados nos Relatórios de Gestão Fiscal (RGFs) devem ser objeto da fiscalização dos TCs (art. 59, §2º), a quem cumpre emitir alertas quando observarem que os limites foram ou estão próximos de ser ultrapassados (art. 59, §1º). Diante da relevância dos gastos com pessoal no conjunto da despesa pública, a observância desse limite é considerada estratégica para o bom desempenho da gestão fiscal.

Em síntese, convencionou-se assim denominar os limites: a) *limite de alerta*, quando alcançados 90% do limite legal estipulado pelo art. 20 (art. 59, §1º, II); b) *limite prudencial*, quando alcançados 95% do limite legal estipulado pelo art. 20 (art. 22 e seu parágrafo único); e c) *limite legal* propriamente dito, estipulado pelo art. 20 (arts. 22 e 23).

Ao estipular esses três limites, a LRF buscou prevenir o agravamento dos problemas. Quando alcançado o limite de alerta, o gestor deve adotar cautela; se ultrapassado o limite prudencial, aplicam-se as vedações constantes dos incisos do parágrafo único do art. 22 da LRF;[6] e, uma vez excedido o limite legal, torna-se obrigatória a adoção de providências para a eliminação do percentual excedente nos dois quadrimestres subsequentes.

Vale destacar que, em razão da periodicidade quadrimestral dos RGFs, a LRF acabou por exigir maior tempestividade na fiscalização dos Tribunais de Contas, antes, em grande medida, acomodados na "zona de conforto" do controle *a posteriori*, no exame das contas anuais de exercícios vencidos.

Além disso, a análise dos Relatórios Resumidos de Execução Orçamentária (RREOs), bimestrais, passou a permitir o acompanhamento da evolução de diversos

---

[6] I – concessão de vantagem, aumento, reajuste ou adequação de remuneração a qualquer título, salvo os derivados de sentença judicial ou de determinação legal ou contratual, ressalvada a revisão prevista no inciso X do art. 37 da Constituição;

II – criação de cargo, emprego ou função;

III – alteração de estrutura de carreira que implique aumento de despesa;

IV – provimento de cargo público, admissão ou contratação de pessoal a qualquer título, ressalvada a reposição decorrente de aposentadoria ou falecimento de servidores das áreas de educação, saúde e segurança;

V – contratação de hora extra, salvo no caso do disposto no inciso II do §6º do art. 57 da Constituição e as situações previstas na lei de diretrizes orçamentárias.

indicadores, especialmente a realização da receita que, se frustrada em relação à previsão orçamentária, conduzirá à limitação de empenho e movimentação financeira (art. 9º).

Cumpre ainda mencionar o §3º do art. 59, que atribui ao Tribunal de Contas da União[7] a função de acompanhar o cumprimento pelo Banco Central das normas previstas nos §§ 2º, 3º e 4º do art. 39 da LRF: aquisição de títulos emitidos pela União somente para refinanciar a dívida mobiliária federal que estiver vencendo na sua carteira; e vedação ao Tesouro Nacional de adquirir títulos da dívida pública federal existentes na carteira do Banco Central, ainda que com cláusula de reversão, salvo para reduzir a dívida mobiliária.

Outro importante dispositivo relacionado à fiscalização dos Tribunais de Contas consta do *caput* do art. 50 da LRF, que estabelece normas para a escrituração das contas públicas, atualizando e complementando aquelas previstas na Lei nº 4.320/1964, com destaque para a necessidade de registro próprio das disponibilidades de caixa, de forma individualizada, para os recursos vinculados a cada órgão, fundo ou despesa obrigatória, objetivando vedar a nefasta prática do "caixa único" e conferir maior transparência à contabilidade pública. Isso é particularmente importante para as disponibilidades de caixa dos regimes de previdência social (LRF, art. 49, §1º).

Posteriormente, a Lei nº 10.028/2000 – Lei dos Crimes Fiscais –, por meio do seu art. 2º, acrescentou oito novos tipos ao Código Penal, no Capítulo VI – Dos Crimes contra as Finanças Públicas –, punindo com penas de detenção e reclusão o desrespeito a seus dispositivos. Um exemplo é o tipo previsto no art. 359-C:

> Art. 359-C. Ordenar ou autorizar a assunção de obrigação, nos dois últimos quadrimestres do último ano do mandato ou legislatura, cuja despesa não possa ser paga no mesmo exercício financeiro ou, caso reste parcela a ser paga no exercício seguinte, que não tenha contrapartida suficiente de disponibilidade de caixa:
>
> Pena – reclusão, de 1 (um) a 4 (quatro) anos.

Além disso, o art. 5º dessa lei previu quatro hipóteses de infrações administrativas contra as leis de finanças públicas, conferindo aos TCs a atribuição de processá-las e julgá-las, inclusive com a aplicação de sanções pecuniárias equivalentes a 30% dos vencimentos anuais do agente que lhe der causa, sendo o pagamento da multa de sua responsabilidade pessoal.

Finalmente, o art. 73-A da LRF, introduzido pela Lei Complementar nº 131/2009, prevê que qualquer cidadão, partido político, associação ou sindicato é parte legítima para denunciar ao respectivo Tribunal de Contas e ao órgão competente do Ministério Público o descumprimento das prescrições estabelecidas na própria LRF.

Acrescente-se que, a partir da Resolução nº 18/2001 do Senado Federal, passou a ser responsabilidade do Tribunal de Contas competente a expedição de certidão, necessária à instrução de pleitos de empréstimos por estados, Distrito Federal e municípios, ou por suas autarquias e fundações, atestando que o pleiteante cumpre as condições estabelecidas na LRF para realização de operações de crédito.

Assim, a LRF ampliou significativamente o escopo da fiscalização exercida pelos órgãos de controle externo, definindo limites para gastos com pessoal e endividamento,

---

[7] Essa competência não se estende aos demais Tribunais de Contas.

entre outros, que se tornaram itens de verificação obrigatória e essencial no exame das contas públicas.

Além disso, como já mencionado, a LRF compeliu os TCs a uma atuação mais tempestiva, considerando a análise dos relatórios de gestão fiscal, quadrimestrais, e dos relatórios resumidos de execução orçamentária, bimestrais. Um exemplo são os Termos de Alerta, documentos emitidos para alertar os responsáveis e informar à sociedade acerca do descumprimento de normas ou da ultrapassagem dos limites legais. Conforme descrito em outro estudo, isso exigiu dos órgãos de controle externo um movimento inicial de adaptação, posteriormente de evolução e, por fim, de transformação.[8]

Como resultado, quando a LRF completou dez anos, em 2010, diversas análises apontaram resultados bastante positivos de sua aplicação.[9]

1.3 Flexibilização complacente

Todavia, os bons resultados observados na primeira década de aplicação da LRF não se mantiveram. A partir de 2010, foi possível observar alguns indicadores negativos, possivelmente resultantes, ao menos em parte, de relaxamento na interpretação de alguns dispositivos ou mesmo de intempestividade na fiscalização.

Assim, estados como o Rio de Janeiro (Decreto nº 45.692, de 17.6.2016), o Rio Grande do Sul (Decreto nº 53.303, de 21.11.2016) e Minas Gerais (Decreto nº 47.101, de 5.12.2016), buscando evitar as medidas corretivas decorrentes do descumprimento da LRF, recorreram à decretação de "estado de calamidade financeira", solução sequer contemplada pela LRF, que considera apenas a situação de calamidade pública.

É de se indagar, como Scaff,[10] as razões de, em nenhum desses casos, o progressivo agravamento da situação fiscal do ente, até chegar à declaração de "calamidade financeira", não ter provocado uma medida mais assertiva – e tempestiva – dos TCs, como, por exemplo, a emissão de parecer prévio contrário à aprovação das contas de governo.[11]

---

[8] LIMA, Luiz Henrique. O controle da responsabilidade fiscal e os desafios para os Tribunais de Contas em tempos de crise. *In*: LIMA, Luiz Henrique; OLIVEIRA, Weder de; CAMARGO, João Batista (Coord.). *Contas governamentais e responsabilidade fiscal*: desafios para o controle externo – Estudos de ministros e conselheiros substitutos dos Tribunais de Contas. Belo Horizonte: Fórum, 2017.

[9] AFONSO, José Roberto; CARVALHO, Guilherme Luís Nilson Pinto de; CASTRO, Kleber Pacheco de. Desempenho comparado dos principais governos brasileiros depois de dez anos de LRF. *Revista Técnica dos Tribunais de Contas*, a. 1, n. 0, p. 13-48, set. 2010; TOLEDO JR., Flavio C. de; ROSSI, Sérgio Ciquera. O controle da Lei de Responsabilidade Fiscal: a experiência do Tribunal de Contas do Estado de São Paulo – dez anos de vigência. *Revista Técnica dos Tribunais de Contas*, a. 1, n. 0, p. 57-72, set. 2010; MILESKI, Hélio Saul. A transparência da Administração Pública pós-moderna e o novo regime de responsabilidade fiscal. *Revista Técnica dos Tribunais de Contas*, a. 1, n. 0, p. 115-149, set. 2010.

[10] SCAFF, Fernando Facury. *Orçamento Republicano e Liberdade Igual – Ensaio sobre Direito Financeiro, República e Direitos Fundamentais no Brasil*. Belo Horizonte: Fórum, 2018.

[11] Tal questionamento, que envolve perscrutar o grau de sua independência política dos conselheiros e os critérios de sua seleção ultrapassa o escopo deste estudo, mas é objeto de exame em: GONÇALVES, Gabriel Garschagen. *Flexibilizações políticas e rupturas do processo democrático*: uma análise dos pareceres do TCE-ES entre os anos de 2010 e 2017. Dissertação (Mestrado em Ciências Contábeis) – Centro de Ciências Jurídicas e Econômicas, Universidade Federal do Espírito Santo, Vitória, 2019; LINO, André Feliciano. *As lógicas conflitantes no Tribunal de Contas e o enfraquecimento de sua relevância social*. Tese (Doutorado em Ciências) – Faculdade de Economia, Administração e Contabilidade de Ribeirão Preto, Universidade de São Paulo, Ribeirão Preto, 2019; KANIA, Cláudio Augusto. *Relevo constitucional dos tribunais de contas no Brasil*. Rio de Janeiro: Lumen Juris: 2020 e LIMA, Luiz Henrique.

De acordo com Melo, Pereira e Souza,[12] as interpretações lenientes de alguns Tribunais de Contas beneficiaram diversos governos estaduais com o acolhimento de seus *accounting tricks* e contribuíram para o que se considera aqui como fase de flexibilização da LRF. Ao analisar a crise fiscal e a "contabilidade criativa" nos estados e municípios, a conselheira Doris Coutinho constata uma "grande leniência dos órgãos de controle".[13]

Segundo Furtado,[14] algumas questões críticas, não disciplinadas de modo uniforme pelas Cortes de Contas brasileiras, podem ter contribuído para os indicadores negativos. Para autores como Gonçalves[15] e Souza,[16] esses indicadores negativos podem ser explicados pela existência de relevantes divergências conceituais e de metodologia entre os Tribunais de Contas relativas a pontos de controle da LRF. Além desses aspectos apontados, Santana, Guerra e Baghdassarian sustentam que

> outro problema recorrente foi a flexibilização da interpretação das regras fiscais pelos Tribunais de Contas dos Estados, especialmente com relação a temas como despesas de pessoal (exclusão do IRPF retido na fonte, abono permanência, cobertura de insuficiência financeira por meio de aporte para cobertura de déficit atuarial, uso de terceirizados como alternativa para o aumento do gasto com pessoal, dentre outras).[17]

Por sua vez, Nunes, Marcelino e Silva[18] observam que a interpretação dada pelos Tribunais de Contas a dispositivos da LRF produziu uma "espécie de mutação genética" na norma, apontando cinco temas críticos: a) limite de despesas com pessoal/receita corrente líquida; b) limite da dívida consolidada líquida/receita corrente líquida; c) renúncia de receita; d) restos a pagar; e) metas fiscais.

Ainda segundo esses autores, uma das formas de relaxamento é a aplicação de limites retirando certos itens do cálculo. Ainda que a exclusão seja feita no numerador e no denominador de um índice de limite fiscal, o efeito final é de relaxamento.[19]

Controle Externo contemporâneo: reflexões, debates e polêmicas sobre o futuro dos Tribunais de Contas no Estado Democrático. Belo Horizonte: Fórum, 2021.

[12] MELO, Marcus; PEREIRA, Carlos; SOUZA, Saulo. Creative accounting and the quality of audit institutions: the Achilles' heel of the Fiscal Responsibility Law in Brazil. *In*: ANNUAL CONFERENCE OF THE INTERNATIONAL SOCIETY FOR NEW INSTITUTIONAL ECONOMICS. Berkeley. *Annals of [...]*. Berkeley: University of California, 2009. Disponível em: https://extranet.sioe.org/uploads/isnie2009/pereira_melo_souza.pdf. Acesso em 29 abr. 2021.

[13] COUTINHO, Doris de Miranda. *Finanças públicas*: travessia entre o passado e o futuro. São Paulo: Blücher, 2018. p. 41.

[14] FURTADO, J. R. Caldas. *Elementos de Direito Financeiro*. 4. ed. Belo Horizonte: Fórum, 2013.

[15] GONÇALVES, Paulo Roberto Riccioni. Sistema de acompanhamento da Gestão Fiscal e a Lei Complementar Federal nº 101/2000 (LRF). *Revista Técnica dos Tribunais de Contas*, a. 1, n. 0, p. 215-227, set. 2010.

[16] SOUZA, Antonio Emanuel Andrade de. Desafios em dez anos de Lei de Responsabilidade Fiscal. *Revista Técnica dos Tribunais de Contas*, a. 1, n. 0, p. 291-296, set. 2010.

[17] SANTANA, Hadassah Laís S.; GUERRA, Lúcio Fábio Araújo; BAGHDASSARIAN, William. A COVID-19 e os desafios do federalismo fiscal no Brasil. *In*: MENDES, Gilmar Ferreira; SANTANA, Hadassa Laís S.; AFONSO, José Roberto (Coord.). *Governance 4.0 para Covid-19 no Brasil*: propostas para gestão pública e para políticas sociais e econômicas. São Paulo: Almedina, 2020. p. 238.

[18] NUNES, Selene Peres; MARCELINO, Gileno Fernandez; SILVA, César Augusto Tibúrcio. Os Tribunais de Contas na interpretação da Lei de Responsabilidade Fiscal. *Revista de Contabilidade e Organizações*, v. 13, 2019.

[19] NUNES, Selene Peres; MARCELINO, Gileno Fernandez; SILVA, César Augusto Tibúrcio. Os Tribunais de Contas na interpretação da Lei de Responsabilidade Fiscal. *Revista de Contabilidade e Organizações*, v. 13, 2019.

Além disso, autores como Pinto e Toledo[20] e Abraham[21] sustentam que é possível considerar a ausência de instalação do Conselho de Gestão Fiscal previsto no art. 67 da LRF como um dos fatores responsáveis pelas diferentes interpretações, muitas vezes antagônicas e contraditórias, existentes entre diversos tribunais de contas acerca da contabilização de determinadas operações.

Por fim, outro fator relevante é que as Cortes de Contas não dispõem de um conselho nacional que, a exemplo do Conselho Nacional de Justiça e do Conselho Nacional do Ministério Público, atue na uniformização de procedimentos, fixação de metas e indicadores de desempenho e prevenção e correção de falhas institucionais ou desvios funcionais por parte de seus membros.

Ressalte-se que interpretações complacentes de alguns TCs também afetaram a própria efetividade de direitos fundamentais previstos na Constituição, como a educação e a saúde. De fato, por exemplo, a desconsideração do Imposto de Renda Retido na Fonte na base de receita sobre a qual se calculam os limites mínimos constitucionais de aplicação em manutenção e desenvolvimento do ensino e em ações e serviços de saúde[22] permitiu que, ao longo dos anos, em municípios e estados, muitos bilhões de reais deixassem de ser aplicados nessas áreas sensíveis e estratégicas e, ainda assim, as respectivas contas dos gestores recebessem dos TCs a chancela de regularidade e correta observância dos limites. Outro exemplo: o cômputo como despesas com educação dos pagamentos previdenciários a professores inativos.[23] [24]

2 A pandemia da COVID-19, o Direito Público de Emergência e as alterações na Lei de Responsabilidade Fiscal pelas Leis Complementares nº 173/2020 e nº 178/2021 e pela Emenda Constitucional nº 109/2021

O Direito Público de Emergência é o conjunto de normas legais e decisões judiciais constituído a partir da decretação do estado de calamidade pública em virtude da emergência de saúde pública de importância internacional decorrente da pandemia da COVID-19 e relacionado à atuação da Administração Pública, objetivando a aplicação de regras especiais, visando à maior efetividade no enfrentamento da pandemia, introduzindo, em relação à legislação anterior, permissões, condições e vedações que deverão cessar após concluído o período emergencial.[25] Em regra, sua aplicação é limitada no tempo e no objeto.

---

[20] PINTO, Élida Graziane; TOLEDO JR., Flávio Corrêa de. O crescimento do déficit/dívida municipal e a ainda mal cumprida lei de responsabilidade fiscal. *Revista Controle*, v. XIII, n. 1, p. 14-26, jun. 2015.

[21] ABRAHAM, Marcus. *Lei de responsabilidade fiscal comentada*. 2. ed. rev. e atual. Rio de Janeiro: Forense, 2017.

[22] Constituição da República: arts. 212, caput e 198, §2º.

[23] Em 2020, no julgamento da ACO nº 2.799 AgR, o STF julgou pela impossibilidade de se incluir o pagamento de proventos de inativos no conceito de gastos com manutenção e desenvolvimento do ensino, sob pena de descumprimento do art. 212 da Constituição da República (Rel.: Min. Cármen Lúcia). No mesmo sentido, o julgamento da ADI nº 5719 (Rel.: Min. Edson Fachin).

[24] CALLEGARI, Cesar; PINTO, Élida Graziane. Faz de conta que aposentadoria é educação. *Folha de S. Paulo*, 11 jul. 2019. Disponível em: https://www1.folha.uol.com.br/opiniao/2019/07/faz-de-conta-que-aposentadoria-e-educacao.shtml?origin=folha. Acesso em 9 ago. 2020.

[25] LIMA, Luiz Henrique. Direito público de emergência e controle externo na pandemia da Covid-19: lições para o futuro? *In*: LIMA, Luiz Henrique; GODINHO, Heloísa Helena Antonácio M.; SARQUIS, Alexandre

2.1 Lei Complementar nº 173/2020 e Emenda Constitucional nº 109/2021

Neste contexto, foi editada a Lei Complementar nº 173/2020, que institui, exclusivamente para o exercício financeiro de 2020, o Programa Federativo de Enfrentamento ao coronavírus Sars-CoV-2 (COVID- 19), alterando a Lei de Responsabilidade Fiscal e dando outras providências.

No que diz respeito especificamente às alterações na LRF efetuadas por essa lei, é necessário separá-las em dois grupos: o das alterações provisórias – isto é, as autorizações para o afastamento e a dispensa temporários de alguns dispositivos, apenas durante a vigência do estado de calamidade pública e exclusivamente em relação aos atos de gestão orçamentária e financeira necessários ao enfrentamento da pandemia – e o das alterações permanentes.

No Quadro 1, vê-se a sistematização das alterações provisórias que a Lei Complementar nº 173/2020 realizou na LRF.

Quadro 1 – Alterações provisórias na LRF, a vigorar durante o estado de calamidade pública, decorrentes da Lei Complementar nº 173/2020

Dispositivo da LRF	Objeto	Alteração pelo Direito Público de Emergência	Dispositivo da LC nº 173/2020
Art. 14	Concessão ou ampliação de incentivo ou benefício de natureza tributária da qual decorra renúncia de receita	Afastadas e dispensadas as condições e vedações previstas	Art. 3º, I
Art. 16	Criação, expansão ou aperfeiçoamento de ação governamental que acarrete aumento da despesa	Afastadas e dispensadas as condições e vedações previstas	Art. 3º, I
Art. 17	Criação ou aumento de despesa obrigatória de caráter continuado	Afastadas e dispensadas as condições e vedações previstas	Art. 3º, I
Arts. 11, parágrafo único; 23, §3º; 25, §1º; 31, §2º; e 51, §2º	Exigências para a realização de transferências voluntárias	Afastadas e dispensadas as condições e vedações previstas	Inciso II do art. 3º
Arts. 32 e 40	Requisitos legais para contratação de operação de crédito e para concessão de garantia	Dispensadas para a realização dos aditamentos contratuais previstos na Lei Complementar nº 173/2020	§2º do art. 3º

Fonte: elaborado pelo autor.

Manir Figueiredo (Coord.). *Os desafios do Controle Externo diante da pandemia da Covid-19*: estudos de ministros e conselheiros substitutos dos Tribunais de Contas. Belo Horizonte: Fórum, 2021.

No que concerne às medidas de natureza temporária, o art. 3º estipula que durante o estado de calamidade pública decretado para o enfrentamento da COVID-19, além da aplicação do disposto no art. 65 da LRF, ficam afastadas e dispensadas as disposições da referida lei complementar e de outras leis complementares, leis, decretos, portarias e outros atos normativos relativos à renúncia de receitas e à criação, expansão ou aperfeiçoamento de ação governamental que acarrete aumento da despesa, à criação e aumento de despesa obrigatória de caráter continuado e a limites e condições para a realização e recebimento de transferências voluntárias (art. 11, parágrafo único; art. 14; inc. II do caput do art. 16; art. 17; art. 23, §3º; art. 25, §1º; art. 31, §2º; e art. 51, §2º, todos da LRF).

Tais medidas aplicam-se exclusivamente aos atos de gestão orçamentária e financeira necessários à execução do programa de enfrentamento da pandemia ou de convênios vigentes durante o estado de calamidade, e não eximem seus destinatários, ainda que após o término do período de calamidade pública, da observância das obrigações de transparência, controle e fiscalização referentes ao citado período, cujo atendimento será objeto de futura verificação pelos órgãos de fiscalização e controle respectivos, na forma por eles estabelecida (art. 3º, §1º, I e II).

Posteriormente, a Emenda Constitucional nº 109/2021, derivada da chamada PEC Emergencial, introduziu na Constituição o art. 167-D, segundo o qual as proposições legislativas e os atos do Poder Executivo com propósito exclusivo de enfrentar a calamidade e suas consequências sociais e econômicas, com vigência e efeitos restritos à sua duração, desde que não impliquem despesa obrigatória de caráter continuado, ficam dispensados da observância das limitações legais quanto à criação, à expansão ou ao aperfeiçoamento de ação governamental que acarrete aumento de despesa e à concessão ou à ampliação de incentivo ou benefício de natureza tributária da qual decorra renúncia de receita. A referida calamidade, nos termos do art. 167-B é o estado de calamidade pública de âmbito nacional, decretado pelo Congresso Nacional por iniciativa privativa do Presidente da República.

Desse modo, as alterações nos arts. 14 e 16, que, nos termos da LC nº 173/2020, vigorariam apenas em 2020, passam a viger durante todo o período do estado de calamidade pública.

Da mesma forma, o art. 167-F do Texto Constitucional, incluído pela EC nº 109/2021, dispensa, durante a integralidade do exercício financeiro em que vigore a calamidade pública, os limites, as condições e as demais restrições aplicáveis à União para a contratação de operações de crédito, bem como sua verificação, impactando os arts. 32 e 40 da LRF, anteriormente alterados pela LC nº 173/2020.

Ademais, a EC nº 109/2021, em seu art. 3º, também dispensou das limitações da LRF quanto à criação, à expansão ou ao aperfeiçoamento de ação governamental que acarrete aumento de despesa a proposição legislativa com o propósito exclusivo de conceder auxílio emergencial residual para enfrentar as consequências sociais e econômicas da pandemia da COVID-19. Tal dispositivo é válido apenas para o exercício financeiro de 2021 e apenas para a União.

As alterações de natureza permanente na LRF decorrentes da LC nº 173/2020 constam do Quadro 2.

Quadro 2 – Alterações permanentes na LRF decorrentes da Lei Complementar nº 173/2020

Dispositivo da LRF	Redação original	Alteração pelo DPE	Dispositivo da LC nº 173/2020
Art. 21	Prevê hipóteses de nulidade de ato que provoque aumento da despesa com pessoal	Cria novas hipóteses relativas a atos praticados nos 180 (cento e oitenta) dias anteriores ao final do mandato ou que prevejam parcelas a serem implementadas em períodos posteriores ao final do mandato, bem como a aprovação, edição ou sanção de norma legal contendo plano de alteração, reajuste e reestruturação de carreiras do setor público, ou a edição de ato para nomeação de aprovados em concurso público que gere essas consequências	Art. 7º
Art. 65	Suspende a contagem de prazos e disposições relativas aos arts. 9º, 23, 31 e 70	Amplia a suspensão e afasta a aplicação de limites, restrições e vedações para o parágrafo único do art. 8º e arts. 14, 16, 17, 35, 37 e 42, bem como para contratação e aditamento de operações de crédito; concessão de garantias; contratação entre entes da Federação; e recebimento de transferências voluntárias	Art. 7º

Fonte: elaborado pelo autor.

No art. 21 da LRF foram ampliadas as hipóteses de nulidade de atos de que resulte aumento da despesa de pessoal, inclusive nos casos em que se preveem parcelas a serem implementadas em períodos posteriores ao final de mandato do titular de poder ou órgão, prática nefasta que comprometeu a gestão fiscal de diversos estados e municípios (art. 21, III). Ademais, também será nula a aprovação, a edição ou a sanção, por chefe do Poder Executivo, por presidente e demais membros da Mesa ou órgão decisório equivalente do Poder Legislativo, por presidente de Tribunal do Poder Judiciário e pelo chefe do Ministério Público, da União e dos estados, de norma legal contendo plano de alteração, reajuste e reestruturação de carreiras do setor público, ou a edição de ato, por esses agentes, para nomeação de aprovados em concurso público, quando:

a) resultar em aumento da despesa com pessoal nos 180 (cento e oitenta) dias anteriores ao final do mandato do titular do Poder Executivo; ou

b) resultar em aumento da despesa com pessoal que preveja parcelas a serem implementadas em períodos posteriores ao final do mandato do titular do Poder Executivo (art. 21, IV).

As restrições relacionadas ao final de mandato devem ser aplicadas inclusive durante o período de recondução ou reeleição para o cargo de titular do poder ou órgão autônomo e aplicam-se somente aos titulares ocupantes de cargo eletivo dos poderes referidos no art. 20 (art. 21, §1º).

Ainda no §2º do art. 21, precisa-se que serão considerados atos de nomeação ou de provimento de cargo público aqueles referidos no §1º do art. 169 da Constituição, ou aqueles que, de qualquer modo, acarretem a criação ou o aumento de despesa obrigatória.

Ao art. 65 da LRF foram acrescidas diversas novas dispensas de limites e afastadas condições, restrições, vedações e sanções enquanto perdurar a calamidade pública reconhecida pelo Congresso Nacional.

Assim, em relação à União, aos estados, ao Distrito Federal e aos municípios, serão dispensados limites, condições e demais restrições, bem como sua verificação, para (inc. I do §1º da nova redação do art. 65):

a) contratação e aditamento de operações de crédito;
b) concessão de garantias;
c) contratação entre entes da Federação; e
d) recebimento de transferências voluntárias.

Também serão dispensados os limites e afastadas as vedações e sanções previstas e decorrentes dos arts. 35, 37 e 42, bem como será dispensado o cumprimento do disposto no parágrafo único do art. 8º da LRF, desde que os recursos arrecadados sejam destinados ao combate à calamidade pública (inc. II do §1º da nova redação do art. 65). Sem dúvida esse dispositivo exigirá muita atenção dos órgãos de controle, uma vez que autoriza a desvinculação da aplicação de recursos legalmente vinculados à finalidade específica; a captação de recursos a título de antecipação de receita de tributo ou contribuição cujo fato gerador ainda não tenha ocorrido; a assunção de obrigação, sem autorização orçamentária, com fornecedores, para pagamento a posteriori de bens e serviços; bem como nos últimos dois quadrimestres do mandato, a contração de obrigação de despesa que não possa ser cumprida integralmente dentro dele, ou que tenha parcelas a serem pagas no exercício seguinte sem que haja suficiente disponibilidade de caixa para este efeito. Algumas dessas hipóteses ensejam riscos expressivos, inclusive pelo fato de que parte do período de calamidade pública coincidiu com os dois últimos quadrimestres da gestão municipal em 2020.

Igualmente, serão afastadas as condições e as vedações previstas nos arts. 14, 16 e 17 da LRF, desde que o incentivo ou benefício e a criação ou o aumento da despesa sejam destinados ao combate à calamidade pública (inc. III do §1º da nova redação do art. 65).

O §2º da nova redação do art. 65 restringe a aplicação dessas normas exclusivamente às unidades da Federação atingidas e localizadas no território em que for reconhecido o estado de calamidade pública pelo Congresso Nacional e enquanto perdurar o referido estado de calamidade; e aos atos de gestão orçamentária e financeira necessários ao atendimento de despesas relacionadas ao cumprimento do decreto legislativo.

Nos termos do inc. II do §2º da nova redação do art. 65, as excepcionalidades previstas para a situação de calamidade não afastam as disposições relativas à transparência, ao controle e à fiscalização. Trata-se de uma oportuna advertência de que a pandemia não pode ser pretexto para a violação de princípios e normas constitucionais que regem a gestão da coisa pública.

Por fim, cabe observar que foi suprimida a redação original do parágrafo único do art. 65 que autorizava a aplicação do disposto no caput às hipóteses de estado de defesa ou de sítio decretados na forma da Constituição.

2.2 Lei Complementar nº 178/2021

Assim como a Lei Complementar nº 173/2020, a Lei Complementar nº 178/2021, no bojo do estabelecimento do Programa de Acompanhamento e Transparência Fiscal e do Plano de Promoção do Equilíbrio Fiscal, efetuou diversas mudanças na LRF, que também podem ser divididas entre alterações provisórias e permanentes. No Quadro 3, temos as alterações de caráter temporário.

Quadro 3 – Alterações provisórias na LRF decorrentes da Lei Complementar nº 178/2021

Dispositivo da LRF	Alteração pela Lei Complementar nº 178	Dispositivo da LC nº 178/2021
Art. 23	O Poder ou órgão cuja despesa total com pessoal ao término do exercício financeiro da publicação desta Lei Complementar *(2021)* estiver acima de seu respectivo limite estabelecido no art. 20 da LRF deverá eliminar o excesso à razão de, pelo menos, 10% (dez por cento) a cada exercício, *a partir de 2023*, por meio da adoção, entre outras, das medidas previstas nos arts. 22 e 23 da LRF, de forma a se enquadrar no respectivo limite *até o término do exercício de 2032*.	Art. 15, *caput*.
Art. 23	A inobservância do disposto no caput no prazo fixado sujeita o ente às restrições previstas no §3º do art. 23 da LRF.	§1º do art. 15
Art. 23	A comprovação acerca do cumprimento da regra de eliminação do excesso de despesas com pessoal prevista no caput deverá ser feita no último quadrimestre de cada exercício, observado o art. 18 da LRF.	§2º do art. 15
Art. 23	Ficam suspensas as contagens de prazo e as disposições do art. 23 da LRF, no exercício financeiro de publicação desta Lei Complementar (2021).	§3º do art. 15
Art. 23	Até o encerramento do prazo a que se refere o caput (2032), será considerado cumprido o disposto no art. 23 da LRF, pelo Poder ou órgão referido no art. 20 da LRF que atender ao estabelecido neste artigo (Art. 15 da LC nº 178/2021).	§4º do art. 15

Fonte: elaborado pelo autor.

Importante assinalar que as alterações de natureza temporária da LC nº 178 observam prazos diferentes daquelas da LC nº 173. Na LC nº 173, as alterações provisórias vigoraram apenas para o exercício de 2020. Na LC nº 178, as contagens de prazo e as disposições do art. 23 da LRF ficam suspensas no exercício de 2021 e o prazo de enquadramento do Poder ou órgão no limite de despesas com pessoal passa de dois quadrimestres para dez anos, a partir de 2023.

As alterações permanentes efetuadas pela Lei Complementar nº 178/2021 podem ser vistas no Quadro 4.

Quadro 4 – Alterações permanentes na LRF decorrentes da Lei Complementar nº 178/2021

(continua)

Dispositivo da LRF	Redação original	Alteração pela Lei Complementar nº 178	Dispositivo da LC nº 178/2021
Art. 18, §2º	A despesa total com pessoal será apurada somando-se a realizada no mês em referência com as dos onze imediatamente anteriores, adotando-se o regime de competência.	A despesa total com pessoal será apurada somando-se a realizada no mês em referência com as dos 11 (onze) imediatamente anteriores, adotando-se o regime de competência, *independentemente de empenho.*	Art. 16
Art. 18, §3º	Dispositivo acrescentado	Para a apuração da despesa total com pessoal, será observada a *remuneração bruta do servidor*, sem qualquer dedução ou retenção, ressalvada a redução para atendimento ao disposto no art. 37, inciso XI, da Constituição Federal.	Art. 16
Art. 19, §1º, VI	Não cômputo nas despesas de pessoal com inativos, ainda que por intermédio de fundo específico, custeadas por recursos provenientes.	Não cômputo nas despesas de pessoal com inativos e pensionistas, ainda que pagas por intermédio de unidade gestora única ou fundo previsto no art. 249 da Constituição Federal, quanto à parcela custeada por recursos provenientes.	Art. 16
Art. 19, §1º, VI, c)	c) das demais receitas diretamente arrecadadas por fundo vinculado a tal finalidade, inclusive o produto da alienação de bens, direitos e ativos, bem como seu superávit financeiro.	c) de transferências destinadas a promover o equilíbrio atuarial do regime de previdência, na forma definida pelo órgão do Poder Executivo federal responsável pela orientação, pela supervisão e pelo acompanhamento dos regimes próprios de previdência social dos servidores públicos.	Art. 16
Art. 19, §3º	Dispositivo acrescentado	Na verificação do atendimento dos limites definidos neste artigo, é *vedada a dedução* da parcela custeada com recursos aportados para a cobertura do déficit financeiro dos regimes de previdência.	Art. 16
Art. 20, §7º	Dispositivo acrescentado	Os Poderes e órgãos referidos neste artigo deverão *apurar, de forma segregada,* para aplicação dos limites de que trata este artigo, a integralidade das despesas com pessoal dos respectivos servidores inativos e pensionistas, mesmo que o custeio dessas despesas esteja a cargo de outro Poder ou órgão.	Art. 16

(conclusão)

Dispositivo da LRF	Redação original	Alteração pela Lei Complementar nº 178	Dispositivo da LC nº 178/2021
Art. 23, §3º	Não alcançada a redução no prazo estabelecido, e enquanto perdurar o excesso, o ente não poderá:	Não alcançada a redução no prazo estabelecido e enquanto perdurar o excesso, *o Poder ou órgão referido no art. 20* não poderá:	Art. 16
Art. 23, §3º, III	Contratar operações de crédito, ressalvadas as destinadas ao refinancia-mento da dívida mobiliária e as que visem à redução das despesas com pessoal.	Contratar operações de crédito, ressalvadas as destinadas ao *pagamento* da dívida mobiliária e as que visem à redução das despesas com pessoal.	Art. 16
Art. 31, §1º, I	Estará proibido de realizar operação de crédito interna ou externa, inclusive por antecipação de receita, ressalvado o refinanciamento do principal atualizado da dívida mobiliária;	Estará proibido de realizar operação de crédito interna ou externa, inclusive por antecipação de receita, ressalvadas as para *pagamento* de dívidas mobiliárias;	Art. 16
Art. 32, §7º	Dispositivo acrescentado	Poderá haver alteração da finalidade de operação de crédito de Estados, do Distrito Federal e de Municípios sem a necessidade de nova verifi-cação pelo Ministério da Economia, desde que haja prévia e expressa autorização para tanto, no texto da lei orçamentária, em créditos adicionais ou em lei específica, que se demonstre a relação custo-bene-fício e o interesse econômico e social da operação e que não configure infração a dispositivo desta Lei Complementar	Art. 16
Art. 33, §3º	Enquanto não efetuado o cancelamento, a amor-tização, ou constituída a reserva, aplicam-se as sanções previstas nos incisos do §3º do art. 23.	Enquanto não for efetuado o cancelamento ou a amortização ou constituída a reserva de que trata o §2º, aplicam-se ao ente as restrições previstas no §3º do art. 23.	Art. 16
Art. 40, *caput*	Os entes poderão conceder garantia em operações de crédito internas ou externas, observados o disposto	Os entes poderão conceder garantia em operações de crédito internas ou externas, observados o disposto neste artigo, as normas do art. 32 e, no caso da União, também os limites	Art. 16

(conclusão)

Dispositivo da LRF	Redação original	Alteração pela Lei Complementar nº 178	Dispositivo da LC nº 178/2021
	neste artigo, as normas do art. 32 e, no caso da União, também os limites e as condições estabelecidos pelo Senado Federal.	e as condições estabelecidos pelo Senado Federal *e as normas emitidas pelo Ministério da Economia acerca da classificação de capacidade de pagamento dos mutuários.*	
Art. 40, §11	Dispositivo acrescentado	A alteração da metodologia utilizada para fins de classificação da capacidade de pagamento de Estados e Municípios deverá ser precedida de consulta pública, assegurada a manifestação dos entes.	Art. 16
Art. 51, §1º	Os Estados e os Municípios encaminharão suas contas ao Poder Executivo da União nos seguintes prazos: I - Municípios, com cópia para o Poder Executivo do respectivo Estado, até 30.04; II - Estados, até 31.05.	Os Estados e os Municípios encaminharão suas contas ao Poder Executivo da União até 30.04.	Art. 16 c/c art. 32 (*vigência a partir de 2022*)
Art. 51, §2º	O descumprimento dos prazos previstos neste artigo impedirá, até que a situação seja regularizada, que o ente da Federação receba transferências voluntárias e contrate operações de crédito, exceto as destinadas ao refinanciamento do principal atualizado da dívida mobiliária.	O descumprimento dos prazos previstos neste artigo impedirá, até que a situação seja regularizada, que *o Poder ou órgão referido no art. 20* receba transferências voluntárias e contrate operações de crédito, exceto as destinadas ao *pagamento* da dívida mobiliária.	Art. 16
Art. 59, caput	O Poder Legislativo, diretamente ou com o auxílio dos Tribunais de Contas, e o sistema de controle interno de cada Poder e do Ministério Público, fiscalizarão o cumprimento das normas desta Lei Complementar, com ênfase no que se refere a:	O Poder Legislativo, diretamente ou com o auxílio dos Tribunais de Contas, e o sistema de controle interno de cada Poder e do Ministério Público fiscalizarão o cumprimento desta Lei Complementar, *consideradas as normas de padronização metodológica editadas pelo conselho de que trata o art. 67,* com ênfase no que se refere a:	Art. 16

(conclusão)

Dispositivo da LRF	Redação original	Alteração pela Lei Complementar nº 178	Dispositivo da LC nº 178/2021
Arts. 29 e 32	Dispositivo acrescentado	Os aditamentos contratuais de que trata o caput (*operações de crédito externo*) não constituirão nova operação de crédito nos termos do inciso III do art. 29 da LRF, estando, portanto, dispensados os requisitos constantes do art. 32 da LRF e demais requisitos legais para sua contratação.	§1º do art. 29
Arts. 32 e 40	Dispositivo acrescentado	A dispensa de que trata este artigo alcança os requisitos legais exigidos para contratação de operação de crédito e para concessão de garantia, inclusive aqueles dos arts. 32 e 40 da LRF, bem como para a contratação com a União.	Parágrafo único do art. 30

Fonte: elaborado pelo autor.

O presente trabalho não comporta análise individualizada de todas as múltiplas inovações da LC nº 178/2021. É necessário, contudo, destacar algumas de maior impacto para a atuação dos TCs, relativas às despesas com pessoal e à tentativa de uniformização na interpretação jurisprudencial dos conceitos que visam a estabelecer limites e condições para o equilíbrio e a sustentabilidade na gestão fiscal dos entes públicos.

Conforme já destacado em inúmeros estudos, um dos principais obstáculos à implantação de uma efetiva cultura de responsabilidade e responsabilização fiscal no país foi a interpretação errática e, em certos casos, complacente que alguns órgãos de controle conferiram a conceitos basilares da LRF, a exemplo do cálculo das despesas totais com pessoal e a sua relação com a receita corrente líquida. Estudos acadêmicos registraram decisões em que criativos contorcionismos excluíam ou incluíam determinadas parcelas nas fórmulas de cálculo, de modo a assegurar um resultado formalmente aceitável, mesmo quando a situação real das finanças públicas era bastante crítica.[26]

A LC nº 178/2021 enfrentou o tema de dois modos.

Primeiro, estabelecendo que, na fiscalização do cumprimento da LRF, o Poder Legislativo, os Tribunais de Contas (TCs) e os órgãos de controle interno deverão considerar as normas de padronização metodológica editadas pelo Conselho de Gestão Fiscal (LRF, art. 59, *caput*). Há aqui, porém, duas objeções. De um lado, o referido Conselho, previsto desde 2000, nunca foi instalado e sequer regulamentado. Depois, é bastante

---

[26] LIMA, Luiz Henrique. Direito público de emergência e controle externo na pandemia da Covid-19: lições para o futuro? *In*: LIMA, Luiz Henrique; GODINHO, Heloísa Helena Antonácio M.; SARQUIS, Alexandre Manir Figueiredo (Coord.). *Os desafios do Controle Externo diante da pandemia da Covid-19*: estudos de ministros e conselheiros substitutos dos Tribunais de Contas. Belo Horizonte: Fórum, 2021.

provável que seja questionada a constitucionalidade da alteração do art. 59 da LRF, sob o argumento de ferir competências decisórias dos TCs e/ou o princípio federativo.

De todo modo, trata-se de um debate relevante. Os próprios TCs reconhecem a necessidade de uniformizar sua jurisprudência e incluíram na Proposta de Emenda Constitucional (PEC) nº 22/2017, patrocinada pela Associação dos Membros dos Tribunais de Contas (Atricon), a criação de uma Câmara de Uniformização de Jurisprudência, no seio do proposto Conselho Nacional dos Tribunais de Contas, com competência para aprovar, por maioria absoluta, enunciado de caráter vinculante em relação aos TCs, acerca da interpretação de norma constitucional ou de âmbito nacional em que a existência de controvérsia entre os TCs acarrete grave insegurança jurídica ou relevante prejuízo do ponto de vista fiscal, financeiro, orçamentário, econômico, patrimonial, contábil e social (§9º do art. 73-A proposto pela PEC nº 22/2017).

Em outra vertente, a LC nº 178/2021 buscou robustecer a definição de conceitos da LRF de maneira a reduzir a margem interpretativa de gestores e controladores. Assim, estabeleceu-se que para a apuração da despesa total com pessoal será observada a remuneração bruta do servidor, vedando deduções como a das parcelas do Imposto de Renda Retido na Fonte (LRF, art. 18, §3º). Ademais, na verificação do atendimento dos limites com despesas com pessoal, ficou vedada a dedução da parcela custeada com recursos aportados para a cobertura do déficit financeiro dos regimes de previdência (LRF, art. 19, §3º).

Outra alteração relevante é a de que os diversos Poderes e órgãos deverão apurar, de forma segregada para aplicação dos seus limites próprios, a integralidade das despesas com pessoal dos respectivos servidores inativos e pensionistas, mesmo que o custeio dessas despesas esteja a cargo de outro Poder ou órgão (LRF, art. 20, §7º). Nesse caso, a intenção é evitar o "drible" praticado em alguns estados, nos quais um Poder ou órgão que esteja com suas despesas com pessoal próximas ou acima do limite permitido pela LRF recorre a outro Poder, em regra o Executivo, para que assuma o pagamento de parcela de suas despesas com inativos, de modo a formalmente enquadrar-se na regra fiscal.

O prazo para o envio das contas pelos entes subnacionais para que o Poder Executivo da União promova a sua consolidação, nacional e por esfera de governo, foi unificado para estados e municípios[27] para até 30 de abril do exercício subsequente, com vigência a partir de 2022.

Finalmente, vale destacar a importante alteração conceitual no §3º do art. 23 e no §2º do art. 51. Em ambos os casos, na hipótese de descumprimento das regras – redução das despesas com pessoal, no caso do art. 23, e encaminhamento das contas para consolidação pela União, no caso do art. 51 – as restrições e impedimentos não mais se aplicam ao ente da Federação, mas apenas ao Poder ou órgão responsável pelo descumprimento. A mudança é coerente porque evita a penalização de todo um ente, caso ocorra transgressão por apenas um órgão ou Poder.

2.3 Breve síntese das alterações

Conforme exposto, as Leis Complementares nº 173/2020 e nº 178/2021 introduziram alterações significativas nas regras da LRF, especialmente as que são objeto de fiscalização pelos Tribunais de Contas.

---

[27] Curiosamente, a LC nº 178/2021, como antes a redação original da LRF, não fez menção ao Distrito Federal, embora presuma-se que a determinação também alcança suas contas.

As alterações de natureza provisória tiveram como finalidade principal flexibilizar restrições fiscais de modo a ampliar as condições para o enfrentamento da pandemia da COVID-19 pela administração pública. Algumas dessas alterações foram tornadas permanentes pela EC nº 109/2021 para a hipótese de estado de calamidade pública de âmbito nacional, decretado pelo Congresso Nacional por iniciativa privativa do Presidente da República.

No que concerne à extensão de prazo para a recondução das despesas com pessoal aos limites, sem a incidência imediata das vedações e sanções previstas no 3º do art. 23 da LRF, oportuno assinalar que os mesmos Poderes e órgãos estão sujeitos a vedações bastante rigorosas impostas pelas EC nº 95/2016 e EC nº 109/2021, referentes às despesas primárias.

Quanto às alterações de caráter permanente, observa-se que se destinam, essencialmente, a tornar as regras mais rigorosas e detalhadas, para inibir interpretações permissivas e mitigar o pandemônio jurisprudencial.

Dentre essas alterações, merecem destaque as que dizem respeito ao cômputo da remuneração bruta do servidor, à contabilização das despesas previdenciárias, à apuração segregada por cada poder ou órgão, às novas hipóteses de nulidade de ato que provoque aumento de despesa de pessoal e à "padronização metodológica" do Conselho de Gestão Fiscal.

Em tempos de pandemia, é certo que o equilíbrio fiscal perde protagonismo diante da urgência de proteger vidas humanas. Todavia, a calamidade pública não pode ser utilizada como pretexto para violar os princípios gerais da administração pública ou aqueles vinculados à gestão dos recursos públicos.

3 Considerações sobre possíveis impactos das alterações na LRF na atuação dos Tribunais de Contas

A fiscalização do cumprimento das regras de responsabilidade fiscal é hoje, sem dúvida, uma das principais atividades dos Tribunais de Contas, com reflexos na apreciação das contas de governo e no acompanhamento concomitante ao longo de cada exercício financeiro por meio dos RGFs e RREOs.

Assim, as alterações na LRF, brevemente descritas e comentadas no presente estudo, irão impactar fortemente a atuação do controle externo.

Vislumbra-se como necessária a adoção de um conjunto de providências por parte dos TCs, incluindo pelo menos:

a) um programa de capacitação e atualização de seu corpo técnico e dos membros;
b) a adaptação e atualização dos manuais, roteiros e trilhas de controle;
c) a revisão da jurisprudência, especialmente em resoluções de consulta e pré-julgados; e
d) múltiplas iniciativas de orientação e capacitação dos jurisdicionados.

Com respeito às iniciativas de orientação, uma possibilidade é a emissão de Termos de Alerta, a exemplo do Termo de Alerta do TCE-MT nº 117/LHL/2021,[28] dirigido a um Chefe do Poder Executivo, recomendando:

---

[28] Publicado no Diário Oficial de Contas do TCE-MT de 12.04.2021, Edição 2168. p. 18.

I) Adotar na elaboração dos Relatórios de Gestão Fiscal, as novas regras, estabelecidas pela Lei Complementar nº 178/2021, para os cálculos da despesa total com pessoal e demais indicadores, de modo a que os Relatórios de Gestão Fiscal referentes ao 1º quadrimestre de 2021 expressem fidelidade aos dispositivos mencionados nesse Alerta.

De fato, a reformulação nos cálculos que compõem o RGF se faz necessária, uma vez que a LC introduziu no §3º do art. 18 da LRF a definição de que na apuração da despesa total com pessoal, será observada a remuneração bruta do servidor, sem qualquer dedução ou retenção, ressalvada a redução para atendimento ao disposto no art. 37, inciso XI, da Constituição Federal; bem como, no §3º do art. 19 da mesma lei, a vedação da dedução da parcela custeada com recursos aportados para a cobertura do déficit financeiro dos regimes de previdência, por força do 3º do art. 19 da LRF, com a redação conferida pela LC nº 178/2021.

Considerando que tais mudanças legislativas e as demais já mencionadas aplicam-se a todos os entes federados e impactam os cálculos que compõem os RGFs a serem emitidos, publicados e encaminhados ao Poder Legislativo e ao Tribunal de Contas já no exercício de 2021, alertar os responsáveis é medida prudente para prevenir erros e falhas, principalmente nos municípios de menor porte.

No que concerne à fiscalização das regras de natureza transitória, é relevante destacar que, mesmo após o final do estado de calamidade pública, tais normas deverão ser consideradas nos processos de controle externo relativos aos exercícios nos quais vigoraram.

Ademais, em artigo publicado em 2017, propus buscar a uniformização de entendimentos entre os TCs sobre conceitos basilares da LRF, como itens componentes da receita corrente líquida, das despesas totais com pessoal, das obrigações de despesa e da disponibilidade de caixa ao final do exercício.[29] Considero que agora tal providência é ainda mais recomendável, de forma a sedimentar nos TCs uma compreensão sistêmica, coerente e harmônica da LRF considerando as múltiplas alterações que o DPE introduziu.

Nada poderia ser mais danoso para a sociedade, para a gestão pública e para o próprio controle externo do que novas interpretações divergentes, contraditórias e casuísticas, tanto das normas temporárias para o período de calamidade, quanto das regras fiscais permanentes advindas das LCs nº 173/2020 e nº 178/2021 e da EC nº 109/2021.

De certa forma, as alterações na LRF criam uma oportunidade para que os Tribunais de Contas atuem de modo articulado, com excelência técnica, na primordial função de guardiões da responsabilidade fiscal, da probidade na aplicação dos recursos públicos e da efetividade na execução das políticas públicas que asseguram a concretude dos direitos fundamentais do povo brasileiro.

---

[29] LIMA, Luiz Henrique. O controle da responsabilidade fiscal e os desafios para os Tribunais de Contas em tempos de crise. *In*: LIMA, Luiz Henrique; OLIVEIRA, Weder de; CAMARGO, João Batista (Coord.). *Contas governamentais e responsabilidade fiscal*: desafios para o controle externo – Estudos de ministros e conselheiros substitutos dos Tribunais de Contas. Belo Horizonte: Fórum, 2017. p. 136.

Referências

ABRAHAM, Marcus. *Lei de responsabilidade fiscal comentada*. 2. ed. rev. e atual. Rio de Janeiro: Forense, 2017.

AFONSO, José Roberto; CARVALHO, Guilherme Luís Nilson Pinto de; CASTRO, Kleber Pacheco de. Desempenho comparado dos principais governos brasileiros depois de dez anos de LRF. *Revista Técnica dos Tribunais de Contas*, a. 1, n. 0, p. 13-48, set. 2010.

BRASIL. Emenda Constitucional nº 95, de 15 de dezembro de 2016. Altera o Ato das Disposições Constitucionais Transitórias, para instituir o Novo Regime Fiscal, e dá outras providências. *Diário Oficial da União*, Brasília, 15 dez. 2016. Disponível em: http://www.planalto.gov.br/ccivil_03/constituicao/emendas/emc/emc95.htm. Acesso em 16 jul. 2021.

BRASIL. Emenda Constitucional nº 109, de 15 de março de 2021. Altera os arts. 29-A, 37, 49, 84, 163, 165, 167, 168 e 169 da Constituição Federal e os arts. 101 e 109 do Ato das Disposições Constitucionais Transitórias; acrescenta à Constituição Federal os arts. 164-A, 167- A, 167-B, 167-C, 167-D, 167-E, 167-F e 167-G; revoga dispositivos do Ato das Disposições Constitucionais Transitórias e institui regras transitórias sobre redução de benefícios tributários; desvincula parcialmente o superávit financeiro de fundos públicos; e suspende condicionalidades para realização de despesas com concessão de auxílio emergencial residual para enfrentar as consequências sociais e econômicas da pandemia da Covid-19. *Diário Oficial da União*, Brasília, 16 mar. 2021. Disponível em: http://www.planalto.gov.br/ccivil_03/constituicao/Emendas/Emc/emc109.htm. Acesso em 16 jul. 2021.

BRASIL. Lei Complementar nº 101, de 4 de maio de 2000 (Lei de Responsabilidade Fiscal). Estabelece normas de finanças públicas voltadas para a responsabilidade na gestão fiscal e dá outras providências. *Diário Oficial da União*, Brasília, 05 mai. 2000. Disponível em: http://www.planalto.gov.br/ccivil_03/leis/LCP/Lcp101.htm. Acesso em 27 abr. 2021.

BRASIL. Lei Complementar nº 131, de 27 de maio de 2009. Acrescenta dispositivos à Lei Complementar nº 101, de 4 de maio de 2000, e dá outras providências, a fim de determinar a disponibilização, em tempo real, de informações pormenorizadas sobre a execução orçamentária e financeira da União, dos Estados, do Distrito Federal e dos Municípios. *Diário Oficial da União*, Brasília, 28 mai. 2009. Disponível em: http://www.planalto.gov.br/ccivil_03/leis/lcp/lcp131.htm. Acesso em 28 abr. 2021.

BRASIL. Lei Complementar nº 173, de 27 de maio de 2020. Estabelece o Programa Federativo de Enfrentamento ao Coronavírus SARS-CoV-2 (Covid-19), altera a Lei Complementar nº 101, de 4 de maio de 2000, e dá outras providências. *Diário Oficial da União*, Brasília, 28 mai. 2020. Disponível em: http://www.planalto.gov.br/ccivil_03/leis/lcp/lcp173.htm. Acesso em 30 abr. 2021.

BRASIL. Lei Complementar nº 178, de 13 de janeiro de 2021. Estabelece o Programa de Acompanhamento e Transparência Fiscal e o Plano de Promoção do Equilíbrio Fiscal; altera a Lei Complementar nº 101, de 4 de maio de 2000, a Lei Complementar nº 156, de 28 de dezembro de 2016, a Lei Complementar nº 159, de 19 de maio de 2017, a Lei Complementar nº 173, de 27 de maio de 2020, a Lei nº 9.496, de 11 de setembro de 1997, a Lei nº 12.348, de 15 de dezembro de 2010, a Lei nº 12.649, de 17 de maio de 2012, e a Medida Provisória nº 2.185-35, de 24 de agosto de 2001; e dá outras providências. *Diário Oficial da União*, Brasília, 14 jan. 2021. Disponível em: http://www.planalto.gov.br/ccivil_03/leis/lcp/lcp178.htm. Acesso em 30 abr. 2021.

BRASIL. Lei nº 4.320, de 17 de março de 1964. Estatui Normas Gerais de Direito Financeiro para elaboração e contrôle dos orçamentos e balanços da União, dos Estados, dos Municípios e do Distrito Federal. *Diário Oficial da União*, Brasília, 23 mar. 1964, retificado em 09 abr. 1964 e 03 jun. 1964. Disponível em: http://www.planalto.gov.br/ccivil_03/leis/l4320.htm. Acesso em 25 abr. 2021.

BRASIL. Lei nº 10.028, de 19 de outubro de 2000. Altera o Decreto-Lei nº 2.848, de 7 de dezembro de 1940 – Código Penal, a Lei nº 1.079, de 10 de abril de 1950, e o Decreto-Lei nº 201, de 27 de fevereiro de 1967. *Diário Oficial da União*, Brasília, 20 out. 2000. Disponível em: http://www.planalto.gov.br/ccivil_03/leis/l10028.htm. Acesso em 25 abr. 2021.

BRASIL. Resolução do Senado Federal nº 18, de 6 de setembro de 2001. Altera a Resolução nº 78, de 1998, do Senado Federal, para incluir a comprovação de cumprimento de dispositivos da Lei de Responsabilidade Fiscal na instrução de pleitos de empréstimos. *Diário Oficial da União*, Brasília, 10 set. 2001. Disponível em: https://pesquisa.in.gov.br/imprensa/jsp/visualiza/index.jsp?jornal=1&pagina=2&data=10/09/2001. Acesso em 28 abr. 2021.

BRASIL. Senado Federal. *Proposta de Emenda à Constituição nº 22, de 2017*. Altera o artigo 22, altera o inciso III do art. 52, altera o artigo 73, acrescenta o artigo 73-A, altera o parágrafo único do art. 75, altera a alínea "r" do inciso I do artigo 102, todos da Constituição Federal, e acrescenta os artigos 29-A e 115 ao Ato das Disposições Constitucionais Transitórias, para modificar a forma de composição dos Tribunais de Contas, criar o Conselho Nacional dos Tribunais de Contas e adotar outras providências. Brasília, DF: Senado Federal, 2017. Disponível em: https://www25.senado.leg.br/web/atividade/materias/-/materia/129565. Acesso em 16 jul. 2021.

BRASIL. Supremo Tribunal Federal. *Ação Direta de Inconstitucionalidade (ADI) nº 5719/SP*. Arts. 26, I, e 27 da Lei Complementar nº 1.010/2007 do Estado de São Paulo. Cômputo de despesas com previdência e inativos para efeito de cumprimento de vinculação constitucional orçamentária em educação. Competência para edições de normas gerais de educação já exercida pela União. Impossibilidade de lei estadual dispor do assunto de Forma diversa. Violação dos arts. 22, XXIV, 24, IX §1º §4º; 212 caput, e 167, Vi. Ação julgada parcialmente procedente. Relator: Min. Edson Fachin, 18 de agosto de 2020. Disponível em: http://portal.stf.jus.br/processos/detalhe.asp?incidente=5203861. Acesso em 16 jul. 2021.

BRASIL. Supremo Tribunal Federal. *Agravo Regimental na Ação Civil Originária nº 2.799/DF*. Agravo Regimental na Ação Cível Originária. Gastos dos estados com manutenção e desenvolvimento de ensino. Inclusão de despesas com inativos no percentual exigido pelo art. 212 da Constituição da República: impossibilidade. Agravo Regimental ao qual se nega provimento. Relatora: Min. Cármen Lúcia, 3 de abril de 2020. Disponível em: http://portal.stf.jus.br/processos/detalhe.asp?incidente=4909904.Acesso em 16 jul. 2021.

CALLEGARI, Cesar; PINTO, Élida Graziane. Faz de conta que aposentadoria é educação. *Folha de S. Paulo*, 11 jul. 2019. Disponível em: https://www1.folha.uol.com.br/opiniao/2019/07/faz-de-conta-que-aposentadoria-e-educacao.shtml?origin=folha. Acesso em 9 ago. 2020.

COUTINHO, Doris de Miranda. *Finanças públicas*: travessia entre o passado e o futuro. São Paulo: Blücher, 2018.

FURTADO, J. R. Caldas. *Elementos de Direito Financeiro*. 4. ed. Belo Horizonte: Fórum, 2013.

GONÇALVES, Paulo Roberto Riccioni. Sistema de acompanhamento da Gestão Fiscal e a Lei Complementar Federal nº 101/2000 (LRF). *Revista Técnica dos Tribunais de Contas*, a. 1, n. 0, p. 215-227, set. 2010.

GONÇALVES, Gabriel Garschagen. *Flexibilizações políticas e rupturas do processo democrático*: uma análise dos pareceres do TCE-ES entre os anos de 2010 e 2017. Dissertação (Mestrado em Ciências Contábeis) – Centro de Ciências Jurídicas e Econômicas, Universidade Federal do Espírito Santo, Vitória, 2019.

KANIA, Cláudio Augusto. *Relevo constitucional dos tribunais de contas no Brasil*. Rio de Janeiro: Lumen Juris: 2020.

LINO, André Feliciano. *As lógicas conflitantes no Tribunal de Contas e o enfraquecimento de sua relevância social*. Tese (Doutorado em Ciências) – Faculdade de Economia, Administração e Contabilidade de Ribeirão Preto, Universidade de São Paulo, Ribeirão Preto, 2019.

LIMA, Luiz Henrique. O controle da responsabilidade fiscal e os desafios para os Tribunais de Contas em tempos de crise. *In*: LIMA, Luiz Henrique; OLIVEIRA, Weder de; CAMARGO, João Batista (Coord.). *Contas governamentais e responsabilidade fiscal*: desafios para o controle externo – Estudos de ministros e conselheiros substitutos dos Tribunais de Contas. Belo Horizonte: Fórum, 2017.

LIMA, Luiz Henrique. Direito público de emergência e controle externo na pandemia da Covid-19: lições para o futuro? *In*: LIMA, Luiz Henrique; GODINHO, Heloísa Helena Antonácio M.; SARQUIS, Alexandre Manir Figueiredo (Coord.). *Os desafios do Controle Externo diante da pandemia da Covid-19*: estudos de ministros e conselheiros substitutos dos Tribunais de Contas. Belo Horizonte: Fórum, 2021.

LIMA, Luiz Henrique. *Controle Externo contemporâneo*: reflexões, debates e polêmicas sobre o futuro dos Tribunais de Contas no Estado Democrático. Belo Horizonte: Fórum, 2021.

MATO GROSSO. Tribunal de Contas do Estado de Mato Grosso. *Termo de Alerta nº 117/LHL/2021*. (Termo de alerta – Lei Complementar nº 178/2021). Cuiabá: Tribunal de Contas do Estado de Mato Grosso, 2021. Disponível em: https://www.tce.mt.gov.br/diario/download/numero_diario_oficial/2168/pagina/18. Acesso em 16 jul. 2021.

MELO, Marcus; PEREIRA, Carlos; SOUZA, Saulo. Creative accounting and the quality of audit institutions: the Achilles' heel of the Fiscal Responsibility Law in Brazil. *In*: ANNUAL CONFERENCE OF THE INTERNATIONAL SOCIETY FOR NEW INSTITUTIONAL ECONOMICS. Berkeley. *Annals of [...]*. Berkeley: University of California, 2009. Disponível em: https://extranet.sioe.org/uploads/isnie2009/pereira_melo_souza.pdf. Acesso em 29 abr. 2021.

MILESKI, Hélio Saul. A transparência da Administração Pública pós-moderna e o novo regime de responsabilidade fiscal. *Revista Técnica dos Tribunais de Contas*, a. 1, n. 0, p. 115-149, set. 2010.

MINAS GERAIS. *Decreto nº 47.101, de 5 de dezembro de 2016*. Decreta situação de calamidade financeira no âmbito do Estado. Belo Horizonte, MG: 2016. Disponível em: https://leisestaduais.com.br/mg/decreto-n-47101-2016-minas-gerais-decreta-situacao-de-calamidade-financeira-no-ambito-do-estado. Acesso em 24 abr. 2021.

NUNES, Selene Peres; MARCELINO, Gileno Fernandez; SILVA, César Augusto Tibúrcio. Os Tribunais de Contas na interpretação da Lei de Responsabilidade Fiscal. *Revista de Contabilidade e Organizações*, v. 13, 2019.

PINTO, Élida Graziane; TOLEDO JR., Flávio Corrêa de. O crescimento do déficit/dívida municipal e a ainda mal cumprida lei de responsabilidade fiscal. *Revista Controle*, v. XIII, n. 1, p. 14-26, jun. 2015.

RIO DE JANEIRO. *Decreto nº 45.692, de 17 de junho de 2016*. Decreta estado de calamidade pública, no âmbito da administração financeira do estado do Rio de Janeiro, e dá outras providências. Rio de Janeiro, RJ: 2016. Disponível em: http://www.fazenda.rj.gov.br/sefaz/content/conn/UCMServer/path/Contribution%20Folders/site_fazenda/legislacao/tributaria/decretos/2016/DECRETO%20N.%C2%BA%2045692%20DE%2017%20DE%20JUNHO%20DE%202016.htm. Acesso em 24 abr. 2021.

RIO GRANDE DO SUL. *Decreto nº 53.303, de 21 de novembro de 2016*. Decreta estado de calamidade financeira no âmbito da Administração Pública Estadual. Porto Alegre, RS: 2016. Disponível em: http://www.al.rs.gov.br/legis/M010/M0100099.ASP?Hid_Tipo=TEXTO&Hid_TodasNormas=63483&hTexto=&Hid_IDNorma=63483. Acesso em 24 abr. 2021.

SANTANA, Hadassah Laís S.; GUERRA, Lúcio Fábio Araújo; BAGHDASSARIAN, William. A COVID-19 e os desafios do federalismo fiscal no Brasil. *In*: MENDES, Gilmar Ferreira; SANTANA, Hadassa Laís S.; AFONSO, José Roberto (Coord.). *GOvernance 4.0 para Covid-19 no Brasil*: propostas para gestão pública e para políticas sociais e econômicas. São Paulo: Almedina, 2020.

SCAFF, Fernando Facury. *Orçamento Republicano e Liberdade Igual – Ensaio sobre Direito Financeiro, República e Direitos Fundamentais no Brasil*. Belo Horizonte: Fórum, 2018.

SOUZA, Antonio Emanuel Andrade de. Desafios em dez anos de Lei de Responsabilidade Fiscal. *Revista Técnica dos Tribunais de Contas*, a. 1, n. 0, p. 291-296, set. 2010.

TOLEDO JR., Flavio C. de; ROSSI, Sérgio Ciquera. O controle da Lei de Responsabilidade Fiscal: a experiência do Tribunal de Contas do Estado de São Paulo – dez anos de vigência. *Revista Técnica dos Tribunais de Contas*, a. 1, n. 0, p. 57-72, set. 2010.

Informação bibliográfica deste texto, conforme a NBR 6023:2018 da Associação Brasileira de Normas Técnicas (ABNT):

LIMA, Luiz Henrique. Lei de responsabilidade fiscal: alterações de natureza permanente e provisória efetuadas pelas Leis Complementares nº 173/2020 e nº 178/2021 e seus impactos na atuação dos Tribunais de Contas. *In*: LIMA, Edilberto Carlos Pontes (Coord.). *Os Tribunais de Contas, a pandemia e o futuro do controle*. Belo Horizonte: Fórum, 2021. p. 357-379. ISBN 978-65-5518-282-8.

A CONTRATAÇÃO DIRETA POR INEXIGIBILIDADE DE LICITAÇÃO CONFORME A NOVA LEI DE LICITAÇÕES E CONTRATOS ADMINISTRATIVOS

MOISES MACIEL
ANGÉLICA FERREIRA ROSA

Introdução

Como consequência do Princípio da impessoalidade, a licitação é obrigatória e, via de regra, toda contratação pública deve ser por ela precedida, como expressa a Constituição da República Federativa brasileira de 1988, em seu artigo 37, que, por sua vez, prevê também, situações em que a licitação não ocorrerá, na forma da lei, consagrando as hipóteses de contratação direta, por meio de dois institutos específicos: a inexigibilidade e a dispensa de licitação, já previstos expressamente na Lei nº 8.666/1993 e mantidos, com expressivas alterações, na Lei nº 14.133, de 01 de abril de 2021.

Deste modo, antes mesmo de ingressarmos na temática da contratação direta, mais especificamente da inexigibilidade de licitação, importa volver nosso olhar para a Lei nº 14.133/2021, a fim de realizar uma breve análise sobre algumas das novidades por ela trazidas para o ordenamento jurídico brasileiro.

1 A licitação conforme a Lei nº 14.133/2021: as principais alterações e a atuação dos Tribunais de Contas

Conhecida como a "Nova lei de licitações e contratos" (NLLC) a Lei nº 14.133 foi publicada no dia 01.04.2021, colocando em extinção as Leis nº 8.666/1993, nº 10.520/2002 (Pregão) e, ainda, a Lei nº 12.462/2011 (RDC), que vigorarão, concomitantemente, no mínimo, até que a nova lei complete dois anos. O mesmo não se aplica aos dispositivos penais que foram revogados, impactando diretamente no Código Penal, com a criação de diversos tipos penais dolosos, no Capítulo II-B, do Título XI, da Parte Especial, e a revogação da penalização por culpa.

Nesse diapasão, vale ressaltar que, na forma do art. 193 da NLLC, o gestor poderá, dentro desse período de 2 (dois) anos, aplicar todos esses diplomas legais nas contratações públicas, sendo vedado apenas mesclar a Lei nova com as antigas.

Na prática, a NLLC promoveu a unificação das regras sobre licitações e contratações públicas, sanando uma necessidade há muito almejada, sendo que o novel estatuto geral não se aplica às licitações e contratos das empresas estatais, que continuarão regidos pela Lei nº 13.303/2016, com exceção das disposições penais.

Uma das mudanças trazidas pela NLLC consiste na inserção de novos princípios basilares, de tal maneira que, além dos princípios já consagrados, foram acrescidos os princípios do planejamento, da eficácia, da transparência, da segurança jurídica, da economicidade, da razoabilidade, da motivação, da segregação de funções, da desproporcionalidade e do desenvolvimento nacional sustentável.

Por conseguinte, no que concerne às modalidades de licitação, também há novidades. Foram mantidas as modalidades de concorrência – com mudanças significativas –, pregão, concurso e leilão, e inserida uma nova modalidade, o diálogo competitivo, baseado na experiência da União Europeia (Diretiva nº 2014/24/UE) e utilizado em situações complexas que exigem adaptações das alternativas até então disponíveis no mercado. Diante de tais mudanças, não existem mais as modalidades de convite, tomada de preços e RDC.

Os objetivos da licitação também sofreram mudanças. Antes chamados de finalidades da licitação e expressos na Lei nº 8.666/1993 como sendo as de: garantir a observância do princípio constitucional da isonomia, selecionar a proposta mais vantajosa para a administração e promover o desenvolvimento nacional sustentável, passaram a ser classificados, expressamente, como *objetivos* e foram acrescidos com diretrizes de governança pública para "assegurar justa competição e evitar contratações com sobrepreço, com preços manifestamente inexequíveis e com superfaturamento.

Outras alterações dizem respeito aos agentes públicos que agora são partes importantes do processo de licitação. O novo Estatuto Geral coloca em extinção a comissão de licitação, criando uma figura similar à do pregoeiro, denominado de "agente de contratação", designado dentre servidores efetivos ou empregados públicos que tenham atribuições funcionais relacionadas a licitações e contratos, ou possuam formação compatível ou qualificação atestada por certificação profissional, emitida por escola de governo, e que passa a ser o responsável por todo o procedimento licitatório, sendo devidamente assessorado por uma equipe de apoio que terá o caráter de mera assessoria, sem qualquer poder de decisão.

A NLLC prevê, ainda, a figura de uma "Autoridade Superior", que é equiparada ao agente competente na Lei nº 8.666/1993 e é hierarquicamente superior ao agente de contratação. Compete a essa autoridade superior a adjudicação e a homologação do processo licitatório.

Outra inovação trazida pela NLLC se refere à possibilidade de estabelecimento de uma comissão de, no mínimo, 3 (três) membros para contratação de bens e serviços especiais que será, contudo, obrigatória, para os casos de diálogo competitivo.

Os prazos para a divulgação dos editais também sofreram alteração e, de acordo com a nova lei, passam a ser contados em dias úteis, podendo sofrer variações consoante a natureza do objeto ou o critério de julgamento.

Além disso, as fases do processo licitatório passam a seguir o que já era praticado de acordo com a lei do pregão, com a "inversão das fases" da licitação, como ficou conhecida. Isso, porque, pela Lei nº 8.666/1993, primeiro se dá a habilitação e só depois o julgamento e, agora, com a nova lei de licitações, a regra será primeiro o julgamento e só depois a habilitação com fase única de recurso (sendo, contudo, ainda possível, mas apenas excepcionalmente, a habilitação antes do julgamento).

Importante ponto, todavia, e que merece destaque neste estudo, se refere ao controle externo exercido pelos Tribunais de Contas nas contratações públicas.

A nova lei de licitações revoga o artigo 113 da Lei nº 8.666/1993, que trazia clareza para a relação entre controladores e controlados e não traz dispositivo a ele equivalente, ensejando algumas dúvidas que, contudo, não afetarão, na prática, a atuação dos Tribunais de Contas, que possui amplas competências constitucionais para exercer o controle externo da gestão pública. Além disso, a Lei nº 14.133/21 propõe uma sistematização para as atividades de controle, objetivando maior integração entre o órgão licitante, as assessorias jurídicas e o sistema de controle interno, avançando também no sentido de promover cooperação entre o órgão central de controle interno e os Tribunais de Contas, através das chamadas *linhas de defesa*, com vistas a fortalecer o sistema de governança da administração pública.

A NLLC também discorre expressamente sobre o poder geral de cautela exercido pelos Tribunais de Contas no art. 171, que acertadamente, em homenagem aos princípios da celeridade e da eficiência, determina que, ao suspender cautelarmente o processo licitatório, o tribunal deverá pronunciar-se definitivamente, sobre o mérito da irregularidade que tenha dado causa à suspensão, no prazo de 25 (vinte e cinco) dias. Além disso, o art. 173 da NLLC põe em evidência solar a função pedagógica das cortes de contas ao disciplinar que as escolas de contas devem promover eventos de capacitação para os servidores efetivos e empregados públicos designados para o desempenho das funções essenciais às contratações públicas, objetivando a excelência profissional nesse vital setor da administração pública.

No tocante às modalidades de contratação direta através da inexigibilidade ou da dispensa de licitação, a nova lei também traz novidades a serem consideradas.

2 As novas regras para a contratação direta

Fala-se em *Contratação Direta* quando a administração pública contrata bem ou serviço com particular, sem a necessidade de efetuar procedimento licitatório,

Marçal Justen Filho explica, a respeito, que:

> (...) existem hipóteses em que a licitação formal seria impossível ou frustraria a realização adequada das funções estatais.

O procedimento licitatório conduziria ao sacrifício dos fins buscados pelo Estado e não asseg255uraria a contratação mais vantajosa. Por isso, autoriza-se a Administração a implementar outro procedimento, em que formalidades são suprimidas ou substituídas por outras.[1]

Pouco mais a frente explica o autor que essa flexibilidade não revela, necessariamente, a presença de discricionariedade quanto à escolha das hipóteses de contratação direta, tendo em vista que o próprio legislador as deixou expressas, definindo, de igual forma, os casos em que o regime formal de licitação não será aplicado. Desse modo, não há que se falar em arbitrariedade na escolha e, tampouco, de inaplicabilidade ou inobservância dos princípios legais da administração pública. O dever de realizar a melhor contratação com respeito e tratamento igualitário se mantém de tal modo que, mesmo na contratação direta, os pressupostos de existência de um processo administrativo e da vinculação estatal à realização de suas funções se mantêm.[2]

A *contratação direta*, consoante o disposto no artigo 72 da Lei nº 14.133/2021, é gênero cujas espécies são os casos de inexigibilidade e de dispensa de licitação.

Parte da doutrina ressalta que o fato de grande parcela da legislação anterior ter sido encampada pela Lei nº 14.133/2021 oportuniza a salvaguarda das interpretações pretéritas de maneira que a doutrina e, mesmo a jurisprudência, produzidas em face da Lei nº 8.666/1993 poderão continuar a ser aplicadas, a depender da situação apresentada.

No que concerne à dispensa de licitação, até então tínhamos regulamentadas 12 (doze) hipóteses de dispensa, que com a publicação da nova lei sofreram um considerável acréscimo.

Outra alteração importante, neste quesito, consiste na dispensa para licitações tidas como de baixo valor: o valor máximo para obras e serviços de engenharia que, anteriormente, era de R$33.000,00 (trinta e três mil reais) passa a considerar como tal, contratações inferiores a R$100 mil reais; conceito que se aplica para serviços de manutenção de veículos automotores (uma nova hipótese de dispensa incluída pela lei) e, ainda, o valor para compras e outros serviços passa a ser de R$17 mil reais para alcançar itens de valores inferiores a R$50 mil reais, sendo esses valores duplicados para compras, obras e serviços contratados por consórcio público ou agências executivas.

Quanto às licitações realizadas em situações de emergência e calamidade pública, também houve alteração e a previsão que permitia a possibilidade de contratação direta com prazo máximo de 180 (cento e oitenta dias) para a duração do contrato sofreu uma ampliação de modo que o prazo máximo para a duração do contrato passa, agora, a ser de um ano.

3   O processo de contratação direta conforme a Lei nº 14.133/2021

O instituto da contratação direta, previsto no capítulo 8 da nova Lei de Licitações, anuncia uma novidade relevante na seção 1, artigo 72, que compreende os casos de inexigibilidade e de dispensa de licitação e traz o rol dos documentos necessários para

---

[1]   JUSTEN FILHO, Marçal. *Comentários a Lei de Licitações e Contratações administrativas*: Lei nº 14.133/2021. São Paulo: Ed. Thomson Reuters Brasil, 2021. p. 938.

[2]   JUSTEN FILHO, Marçal. *Comentários a Lei de Licitações e Contratações administrativas*: Lei nº 14.133/2021. São Paulo: Ed. Thomson Reuters Brasil, 2021. p. 938.

a contratação direta que, por sua vez, deverão permanecer à disposição para consulta de quaisquer interessados, conforme consta no parágrafo único do artigo mencionado, em observância aos princípios da publicidade e da transparência.

Segundo ensinamentos de Marçal Justen, na dispensa e na inexigibilidade de licitação, o que ocorre, portanto, é a aplicação de um procedimento especial e simplificado na busca por identificar o contrato mais vantajoso para a Administração Pública e a "ausência de licitação" não induz à constatação de inexistência de formalidades prévias.

Desse modo, mesmo em uma contratação direta, talvez até com maior razão, deverão ser observados os princípios regentes da administração pública, a fim de que seja realizada a melhor contratação possível, em prol da Administração Pública, nos mesmos parâmetros dos princípios que orientam a licitação.

A contratação direta requer a observância das formalidades legais de um processo administrativo prévio. Essa é a regra que só pode ser afastada em casos de extrema emergência e singularidade, em que a demora possa acarretar extremo prejuízo à eficácia do contrato. Neste sentido:

> Nas etapas internas, a atividade administrativa é idêntica, seja ou não a futura contratação antecedida de licitação. No momento inicial, a Administração deve identificar a existência de uma necessidade a ser atendida. Na sequência, cabe diagnosticar o meio mais adequado para atender ao reclamo. Depois, define um objeto a ser contratado, inclusive adotando providências para elaboração de projetos, apuração da compatibilidade entre a contratação e as previsões orçamentárias. Tudo isso deve ser documentado nos autos de um procedimento administrativo – que pode (e deve) ser processado por via eletrônica.[3]

Dessa forma, a contratação direta sob a nova Lei deve observar, integralmente, as regras do artigo 72, combinado com outros preceitos do novel estatuto das licitações, pelo que a autonomia da Administração Pública na contratação direta não autoriza interpretar a existência de discricionariedade na observância das formalidades legais.

Corroborando com esse entendimento, manifestou o TCU:

> O processo administrativo pelo qual a Administração Pública – sem escolher uma das modalidades de licitação previstas no art. 22 da Lei nº 8.666/1993 – realiza pesquisa de preços no mercado é também um procedimento licitatório, pois objetiva a contratação de empresa que oferecer a melhor proposta.[4]

Em igual teor, a IN nº 5/2017 do Ministério do Planejamento, Desenvolvimento e Gestão:

> Art. 20. (...)
> §1º As situações que ensejam a dispensa ou inexigibilidade da licitação exigem o cumprimento das etapas do Planejamento da Contratação, no que couber.[5]

---

[3] JUSTEN FILHO, Marçal. *Comentários a Lei de Licitações e Contratações administrativas*: Lei nº 14.133/2021. São Paulo: Ed. Thomson Reuters Brasil, 2021. p. 946.

[4] BRASIL. Tribunal de Contas da União. *Acordão nº 100 de 2003*. Plenário. Rel. Min. Marcos Bemquerer Costa.

[5] BRASIL. *Instrução Normativa nº 5, de 26 de maio de 2017*. Dispõe sobre as regras e diretrizes do procedimento de contratação de serviços sob o regime de execução direta no âmbito da Administração Pública federal, direta,

Por todo o exposto se percebe que se a contratação direta permite, por um lado, escolher o particular (por exemplo), por outro, não autoriza a subjetividade de modo que a contratação ainda necessita ser a melhor possível, consoante os interesses da Administração Pública, o que demanda a comprovação de dados concretos a respeito, não só das condições de mercado, como, também, da capacitação do particular escolhido.

O mesmo deve ser dito no tocante à razoabilidade do preço, posto que inadmissível que a Administração Pública se proponha a efetivar qualquer espécie de contratação por valor desarrazoado.

Marçal Justen Filho, neste ponto, contudo, alerta para o fato de que:

> Mas a questão adquire outros contornos em contratações diretas, em virtude da ausência de oportunidade para fiscalização mais efetiva por parte da comunidade e dos próprios interessados. Diante da ausência de competição, amplia-se o risco de elevação dos valores contratuais. Eventualmente, esse desvio de conduta dos envolvidos poderá caracterizar inclusive infração de natureza penal.[6]

De igual forma entende o TCU:

> (...) O só fato de a aquisição se dar mediante inexigibilidade de licitação não tem o condão de afastar a necessidade de comprovação do alinhamento dos preços aos de mercado. (...)
>
> Os processos de inexigibilidade de licitação para aquisição de livros didáticos não foram instruídos com a devida justificativa de preços, ou, ainda, com pesquisa comprovando que os preços praticados eram adequados ao mercado. Resta caracterizada, portanto, a falha.
>
> (...)
>
> 9.2 Determinar ao Estado de Tocantins que, doravante, nas licitações que promover custeadas com recursos federais, demonstre, de forma justificada, inclusive mediante pesquisa de preços, o alinhamento destes aos valores praticados no mercado, ainda que a contratação se dê mediante a dispensa ou inexigibilidade de licitação.[7]

Como requisito de eficácia exige-se, ainda, a aprovação pela autoridade superior e a publicação, pela imprensa oficial, da inexigibilidade ou dispensa da licitação.

Rege, ainda, a nova lei de licitações, em seu artigo 73, que, em casos de contratação direta indevida (art. 337-E CP)[8] por dolo, fraude ou erro grosseiro, haverá responsabilidade solidária entre o contratado e o agente público, com relação ao dano causado ao erário, sem qualquer prejuízo de outras sanções legais cabíveis, como, por exemplo, a sanção decorrente da prática de improbidade administrativa.

No tocante ao processo de contratação direta é importante salientar, também, que nesses últimos anos o governo federal brasileiro muito tem se empenhado em relação às negociações internacionais de compras públicas e, como consequência, já entabulou uma série de acordos de contratações públicas. Acordos estes que foram assinados com

---

autárquica e fundacional. Disponível em: https://www.gov.br/compras/pt-br/acesso-a-informacao/legislacao/instrucoes-normativas/instrucao-normativa-no-5-de-26-de-maio-de-2017-atualizada. Acesso em 12 jul. 2021.

[6] JUSTEN FILHO, Marçal. *Comentários a Lei de Licitações e Contratações administrativas*: Lei nº 14.133/2021. São Paulo: Ed. Thomson Reuters Brasil, 2021. p. 950.

[7] BRASIL. Tribunal de Contas da União. *Acordão nº 2.724/2012*. 2ª Câm., Rel. Min. Marcos Bemquerer Costa.

[8] Art. 337-E do Código Penal brasileiro: *Admitir, possibilitar ou dar causa à contratação direta fora das hipóteses previstas em lei*: Pena – reclusão, de 4 (quatro) a 8 (oito) anos, e multa.

o Mercosul e, ainda, com países como Peru e Chile. Além disso, ao lado dos demais países que compõem o Mercosul, foram celebradas negociações com a União Europeia e com a Associação Europeia de Livre Comércio. Também em maio de 2020, o Brasil solicitou adesão ao GPA em busca de consolidar a abertura do mercado de contratações públicas, contemplando maior participação de licitantes estrangeiros e, com isso, potencial aumento de investimento externo direto no Brasil.

O objeto do presente estudo, contudo, consiste na análise dos casos de contratação direta por inexigibilidade de licitação, razão pela qual passamos, agora, a nos debruçar sob este tema.

4 Da inexigibilidade de licitação de acordo com a nova Lei de licitações

A licitação é inexigível sempre que se perceber a inviabilidade de *competição*, o que significa dizer que cabe à Administração Pública analisar, em primeiro lugar, se existe essa viabilidade e, caso haja, compete-lhe identificar os pressupostos legais para uma dispensa, já que a dispensa pressupõe licitação exigível.

A doutrina ensina que:

> (...) as hipóteses que geram a inexigibilidade podem ser divididas em: a) ausência de alternativas; b) ausência de mercado concorrencial; c) ausência de objetividade na seleção do jogo; e d) ausência de definição objetiva da prestação a ser executada.[9]

Nesta senda, o ensinamento doutrinário se dá no sentido de que o conceito de inexigibilidade antecede ao de dispensa de licitação e, ainda, de que a inexigibilidade provém da própria natureza das coisas, enquanto a dispensa decorre da vontade expressa do legislador.

O legislador, no entanto, não esclareceu o que deve se compreender por "inviabilidade de competição", tema que tem sido objeto de questionamentos e elocubrações, apesar da existência de alguns pontos que auxiliam nessa interpretação. Pelo que se depreende não se tratar de um conceito simples, de sentido unívoco.

Consoante interpretação doutrinária:

> (...) permitem configurar a inexigibilidade como situação em que a licitação tal como estruturada legalmente, torna-se via inadequada para obtenção do resultado pretendido. São hipóteses em que a licitação não cumpre a função a ela reservada (seleção de proposta mais vantajosa) porque sua estrutura não é adequada a tanto.
>
> Até se poderia imaginar possível algum tipo de seleção entre potenciais contratados, mas isso somente seria praticável se a estruturação do procedimento fosse outra.
>
> Por outro lado, impor a licitação em casos de inexigibilidade frustraria o interesse sob tutela estatal. A Administração Pública ou não obteria proposta alguma ou selecionaria propostas inadequadas a satisfazer dito interesse.[10]

---

[9] CARVALHO, Matheus; OLIVEIRA, João Paulo; ROCHA, Paulo Germano. *Nova lei de licitações comentada*. Salvador: Ed. JusPodivm, 2021. p. 280.

[10] JUSTEN FILHO, Marçal. *Comentários a Lei de Licitações e Contratações administrativas*: Lei nº 14.133/2021. São Paulo: Ed. Thomson Reuters Brasil, 2021. p. 959.

Por tais motivos, o rol das hipóteses de inexigibilidade indicadas na lei é meramente exemplificativo (até porque, diante da complexidade do mundo, é praticamente impossível determinar todas as possibilidades de inviabilidade de competição), diversamente do da dispensa que, pela própria natureza, se configura literal, taxativo.

A nova lei de licitações prevê, em seu artigo 74, tal qual se dá na Lei nº 8.666/1993, a inexigibilidade de licitação como uma das possibilidades de contratação direta, sempre que não for possível licitar em virtude de contratação com exclusividade de fornecedor; contratação de serviço técnico ou, ainda, contratação de profissional do setor artístico;

Tal se dá, em primeiro lugar, pela ausência de pluralidade com relação às alternativas de contratação por parte da Administração pública, diante de uma única solução e um único particular com condições de executar o serviço, tornando a licitação desnecessária. A peculiaridade do negócio a ser celebrado prescinde de competição. Para tanto, mister se faz a apresentação de atestado ou contrato de exclusividade ou mesmo a declaração de fabricante ou qualquer outro documento similar, desde que idôneo.

Além do mais, diante dos critérios apresentados se reconhece, ainda, a ausência de critérios objetivos para a seleção do objeto, em decorrência da natureza personalíssima da atuação daquele que deverá contratar com a Administração Pública, a envolver questões intelectuais, artísticas ou criativas, por exemplo.

Os incisos dispostos no artigo 74 expressam hipóteses de inviabilidade de competição, mas impõem, para tanto, requisitos, cujo objetivo consiste em delimitar a autonomia da escolha administrativa.

Dentre as modalidades possíveis, a que decorre da ausência de alternativas é a mais evidente delas. Ainda assim, é imperioso que a decisão de efetivar o contrato, sem licitação, seja sempre precedida de exaustiva análise acerca das diferentes soluções não só técnicas, mas também científicas, para atender aos interesses estatais, a fim de que se dê, de fato, a escolha da melhor alternativa para a Administração Pública, e essa análise precisa considerar não apenas os critérios técnicos e científicos, mas, também, os critérios econômicos. Imprescindível que essa escolha se dê mediante critérios objetivos. Todavia, foram inseridas algumas mudanças que merecem uma análise mais acurada.

Primeiramente, no tocante à contratação de serviço técnico especializado, a Lei nº 8.666/1993 previa que essa espécie de contratação deveria observar duas características basilares: a natureza singular do serviço e a prestação do mesmo por um profissional com notória especialização.

A Lei nº 14.133/2021 altera esses requisitos e, ao invés de exigir a natureza singular do serviço, passa a especificar que o serviço tenha natureza predominantemente intelectual, de maneira que, agora, os requisitos para a contratação direta de serviço técnico, por inexigibilidade de licitação, passam a ser: a) *natureza predominantemente intelectual*; e b) prestação por um profissional de notória especialização;

Compreensível a exclusão da natureza singular do serviço, posto que, na realidade, um serviço singular nada mais é que aquele que demanda conhecimento deveras aprofundado por parte de quem o presta, razão pela qual passa a se tratar de um serviço de natureza diferenciada.

Esse foi o entendimento manifestado pelo Min. Dias Toffoli, para quem os serviços singulares demandam: "Primor técnico diferenciado, detido por pequena ou individualizada parcela de pessoas, as quais imprimem neles características diferenciadas e pessoais".[11] E no mesmo sentido defende Tatiana Camarão:

> A retirada da singularidade como elemento essencial para efeito de enquadramento na hipótese de inexigibilidade de licitação não pode ser desconsiderada pelos aplicadores do direito. Tem uma razão de ser. O legislador infralegal teve o firme propósito de deixar claro que o serviço não precisa ser único, tampouco complexo ou exclusivo, mas, sim, que ele demanda do seu executor conhecimento, habilidade e aptidão específica, adequada e, de plano, comprovável.[12]

Além disso, a nova lei acresce às modalidades de inexigibilidade de licitação duas outras possibilidades: o credenciamento e a aquisição ou locação de imóveis cujas características de instalação e de localização tornem a sua escolha necessária.

Um serviço é considerado *técnico* quando exigir habilidade pessoal e conhecimento teórico aplicado, com vistas à produção de utilidade efetiva e concreta.

Segundo Marçal Justen Filho, o desenvolvimento de uma pesquisa científica não se enquadra, de maneira usual, na compreensão do que seria "serviço técnico", posto que a técnica pressupõe a "operacionalização do conhecimento científico". Segundo o autor, através do serviço técnico se obtém a alteração do universo circundante.

Via de regra pesquisas científicas não acarretam alterações concretas no mundo, como explica o mencionado autor, todavia, ressalta ainda que é diferente quando, por exemplo, a contratação busca a fabricação de uma determinada vacina (tal qual se deu com as vacinas que buscam imunizar a população contra o vírus SarsCov-19). Neste caso, especificamente, a produção da vacina será o resultado da aplicação do conhecimento teórico-científico, que se traduz, segundo Marçal Justen Filho,[13] "em uma utilidade prática, concreta e definida", que se enquadra perfeitamente na causa de inexigibilidade prevista no art. 74 da Lei nº 14.133/2021.

Com relação à especialização, consiste em capacitação específica para o exercício de uma atividade que lhe confere habilidades não disponíveis para o profissional padrão, e que ultrapassam o conhecimento da média dos profissionais no desenvolvimento de determinada atividade.[14]

O professor Jacoby torna evidente o fato de que "no regime da lei anterior se exigia que a empresa ou o profissional de notória especialização escolhido pelo gestor fosse 'indiscutivelmente' o mais adequado à plena satisfação do objeto do contrato".[15] E ressalta, ainda, que, neste ponto, há uma evolução legislativa, já que a nova lei impõe outra expressão com conteúdo bastante diferente, em seu inciso XIX, artigo 6º, ao afirmar,

---

[11] BRASIL. Supremo Tribunal Federal. *Recurso Extraordinário nº 656.558/SP*. Rel. Min. Dias Toffoli.

[12] CAMARÃO, Tatiana; PIRES, Maria Fernanda. A inexigibilidade de licitação para a contratação de serviços jurídicos à luz da nova Lei de Licitações. *ONLL*, 07 abr. 2021. Disponível em: http://www.novaleilicitacao.com. br/2021/04/07/a-inexigibilidade-de-licitacao-para-a-contratacao-de-servicos-juridicos-a-luz-da-nova-lei-de-licitacoes/. Acesso em 14 jul. 2021.

[13] JUSTEN FILHO, Marçal. *Comentários a Lei de Licitações e Contratações administrativas*: Lei nº 14.133/2021. São Paulo: Ed. Thomson Reuters Brasil, 2021. p. 975.

[14] JUSTEN FILHO, Marçal. *Comentários a Lei de Licitações e Contratações administrativas*: Lei nº 14.133/2021. São Paulo: Ed. Thomson Reuters Brasil, 2021. p. 975.

[15] FERNANDES, Jacoby. *Contratação direta via sistema de registro de preços*. Disponível em: https://jacoby.pro.br/site/contratacao-direta-via-sistema-de-registro-de-precos/. Acesso em 15 jul. 2021.

na parte final, que "permite inferir que seu trabalho é essencial e reconhecidamente adequado à plena satisfação do objeto do contrato", repetindo o mesmo teor no artigo 74, de modo que resta evidente tal aprimoramento do texto da lei, ao retirar o "indiscutivelmente", substituindo-o por "reconhecidamente", trazendo a possibilidade de mitigar a discussão da decisão da escolha, tornando célere e segura a contratação de empresas ou profissionais de notória especialização.

Por "serviço técnico intelectual" se compreende todo aquele que se refere a uma habilidade de capacitação própria e específica, que se encontra vinculada a potenciais personalíssimos do intelecto, de maneira a não possibilitar concorrência.

Por conseguinte, na definição legal, *o credenciamento* é um processo administrativo de chamamento público em que a Administração Pública convoca interessados em prestar serviços ou fornecer bens para que, preenchidos os requisitos necessários, se credenciem no órgão ou na entidade para executar o objeto quando convocados, inciso LXIII, do art. 6º, da Lei nº 14.133/2021. Neste caso, considera-se o credenciamento como um instrumento auxiliar à licitação, regulamentando expressamente a lei, algo que já consistia em prática aceita pela jurisprudência do TCU.

No tocante à *aquisição ou à locação de imóveis cujas características de instalações e de localização tornem necessárias sua escolha*, trata-se de situação onde há necessidade de locação ou compra de imóvel específico, que visa a atender uma determinada finalidade pública. Até então era considerada hipótese de licitação dispensável, contudo, se entendeu existir, neste caso, uma falha técnica, pois ainda que a Administração Pública pretendesse licitar, não poderia, já que as características específicas, bem como a localização do imóvel, acabam por condicionar a escolha, inviabilizando, assim, a licitação. Desta forma, não há que se falar em licitação dispensável e, sim, de inexigibilidade de licitação, o que acertadamente determinou a nova lei.

No que se refere à contratação direta, importa ainda mencionar que o gestor pode contar, desde a entrada em vigor da Lei nº 14.133/2021, com o apoio do sistema de registro de preços (SRP), que, com a nova lei de licitações, ganhou status de procedimento auxiliar das licitações e das contratações (art. 78, IV), tendo o objetivo de conferir maior celeridade aos atos decisórios, evitando retrabalho na elaboração de processos idênticos de contratação direta e possibilitando diversas contratações sucessivas, ou até mesmo concomitantes, por outros órgãos ou entes públicos.

Neste passo temos que a aplicação instrumental do SRP nas contratações diretas, na forma do parágrafo 6º, do artigo 82, da Lei nº 14,133/2021, assegura maior agilidade e segurança jurídica para a gestão pública e para os contratados.

Impende ainda salientar que o parágrafo supra mencionado expressa que "o sistema de registro de preços *poderá, na forma de regulamento*, ser utilizado nas hipóteses de inexigibilidade e de dispensa (...)".[16]

Assim, conforme o disposto em lei, uma instrução normativa poderá disciplinar o SRP para as contratações diretas, não havendo obrigatoriedade de forma ou publicação de edital e, nestes termos, explica Jacoby Fernandes:

---

[16] BRASIL. Lei nº 14.133, de 01 de abril de 2021. Lei de Licitações e Contratos Administrativos. *Diário Oficial da União*, Brasília, 01 abr. 2021. Disponível em: https://www.in.gov.br/en/web/dou/-/lei-n-14.133-de-1-de-abril-de-2021-311876884. Acesso em 15 jul. 2021.

(...) a nova lei não determina que a Administração Pública precisa fazer um edital para registro de preços da futura contratação direta; a inexigibilidade e a licitação dispensável não exigem esse procedimento prévio; a Administração Pública poderá dar publicidade prévia e também poderá dar forma dessa publicidade pelo instrumento de um edital. Aliás, nem mesmo o §6º exige tal providência prévia. Também não proíbe.[17]

Cumpre ainda ressaltar que, consoante o disposto no art. 83, a existência de preços registrados gera compromisso de fornecimento conforme as condições entabuladas, todavia, não obriga a Administração Pública a contratar, podendo optar pela realização de determinado procedimento específico de licitação, desde que apresente os motivos para tanto.

O prazo de vigência da ata de registro de preço é de um ano, passível de prorrogação por igual período, desde que comprovado preço vantajoso (art. 84).

5 Do *compliance* nas contratações diretas como forma de gestão de riscos

A nova Lei de contratações públicas manifesta preocupações com a governança e traz uma abordagem clara de combate à corrupção quando trata, em diversas ocasiões, do tema "programas de integridade" ou *compliance*: a) nas contratações de grande vulto como dever do licitante vencedor (art. 25, parágrafo 4º); b) como critério de desempate (art. 60, IV); c) como sanção administrativa (inciso V, do art.156); d) como condição de reabilitação do licitante ou contratado (Parágrafo Único, art. 163);

Toda essa adoção de regras de governança e exigência de programas de *compliance* denotam consequência lógica da adesão do Estado brasileiro ao Acordo de Compras Públicas da Organização Mundial do Comércio – OMC (*Agreementon Government Procurement* – GPA), sendo notório que a nova lei de licitações e contratos também objetiva alinhar o Brasil às práticas do GPA.

Ademais, diante do crescente volume de contratações diretas, seria mais do que razoável considerar a existência de programas efetivos de *compliance* como critério obrigatório na análise de riscos, na forma do art. 72 da NLLC.

Neste diapasão se torna necessária a observação desse quesito nos processos de contratação direta, na forma de regulamentação específica, devendo ser necessariamente aplicada a exigência obrigatória, nos casos de contratações relevantes (em relação ao orçamento do ente contratante) ou de grande vulto, pelo que se infere que *compliance* ou integridade é ferramenta necessária para observar boas práticas de governança, conforme os ensinamentos do professor Giovani Saavedra:

> *Compliance* é uma área autônoma do conhecimento cujo método consiste em avaliar e definir um conjunto complexo de medidas chamado de sistema de gestão de *compliance* que permite, face a um cenário "x" de riscos, delimitar como a organização deve estruturar suas atividades de maneira que se mantenha dentro de um nível aceitável de risco.[18]

---

[17] FERNANDES, Jacoby. *Contratação direta via sistema de registro de preços.* Disponível em: https://jacoby.pro.br/site/contratacao-direta-via-sistema-de-registro-de-precos/. Acesso em 15 jul. 2021.

[18] SAAVEDRA, Giovani. *Aula sobre governança, ética e compliance para a especiação em Direito Digital e Compliance na Damásio Educacional.* Disponível em: portal.damasio.com.br. Acesso em 15 jul. 2021.

Apesar da previsão legal de obrigatoriedade de um programa de *compliance* ser exigível apenas para licitações acima de R$200 milhões, entendemos também ser essencial a existência de programa de integridade nas contratações diretas de grande vulto. Por conseguinte, a verificação da existência de programa de integridade deve ser ponto de controle obrigatório da gestão de riscos e precisa estar fidedignamente documentada em todos os processos de contratação direta.

Em artigo recente, Tatiana Camarão asseverou que o STF considera a confiança um elemento importante para caracterização da inviabilidade:

> É importante destacar que a nova lei prevê um ambiente propício e fértil para estimular a governança nas contratações, com vistas à melhoria na eficiência da aplicação dos recursos públicos e, consequentemente, na oferta de mais e melhores serviços públicos à sociedade. Desta feita, a implementação da governança, pressupõe uma nova forma de olhar a administração, visando à implantação de estruturas e aperfeiçoamento qualitativo dos processos de contratações (...).
>
> Por fim, é importante alertar que esse novo olhar para as contratações diretas como instrumento de aperfeiçoamento dos resultados das contratações públicas deve ser considerado e aplicado na análise perceptiva dos órgãos de controle, evitando que esse tipo de contratação gere insegurança aos gestores públicos que têm medo de adotar medidas que possam gerar consequências gravosas no âmbito administrativo e judicial, tais como processos administrativos e judicial e ações de improbidade administrativa.[19]

Os riscos de fraude e corrupção nas contratações públicas configuram uma preocupação mundial, de maneira que as empresas que dispõem de efetivo programa de integridade contribuem valiosamente para o desenvolvimento institucional do país.

Nesse sentido, a OCDE, juntamente com legislações mundiais antissuborno (Bribery Act, Lei Sapin II, Lei Anticorrupção brasileira, dentre outras) caminham junto com a Lei nº 14.133/2021, na busca pela prevenção da corrupção.

Além disso, outra ferramenta importante do sistema de *compliance* mostra-se necessária nas contratações diretas: a *due dilligence*.

Isso porque para que se cumpra os mandamentos da ética e da integridade, insta que o governo esteja atento ao fato de estabelecer contratos apenas com empresas e parceiros que possuam o mesmo nível de conformidade e probidade.

Dessa forma, a *due dilligence* não indica dupla diligência, mas sim, "devida diligência", no sentido de apontar a existência de um trabalho minucioso e preciso de identificação de fatores pretéritos que indiquem (ou não) a conduta ética e íntegra do terceiro.

No que concerne às contratações públicas, portanto, é imperioso o uso da devida diligência, tanto na fase preparatória quanto na fase externa do certame, bem como durante a execução do contrato, quando a empresa já se presta a atuar no sentido de satisfazer ao interesse público, objetivo do Estado Democrático de Direito.

---

[19] CAMARÃO, Tatiana; PIRES, Maria Fernanda. A inexigibilidade de licitação para a contratação de serviços jurídicos à luz da nova Lei de Licitações. *ONLL*, 07 abr. 2021. Disponível em: http://www.novaleilicitacao.com.br/2021/04/07/a-inexigibilidade-de-licitacao-para-a-contratacao-de-servicos-juridicos-a-luz-da-nova-lei-de-licitacoes/. Acesso em 14 jul. 2021.

Considerações finais

A NLLC trouxe, pelo exposto, consideráveis inovações, principalmente no tocante à contratação direta, tornando os processos mais ágeis e, portanto, mais eficazes, impactando diretamente na eficiência destes e, consequentemente, possibilitando importantes benefícios para a consecução das políticas públicas.

Iniciamos o presente trabalho traçando, em breve síntese, algumas importantes inovações trazidas pela Lei nº 14.133/2021 para, em seguida, abordar as novas regras e o processo de contratação direta introduzidos pela novel legislação e, na sequência, expor nossas considerações acerca da inexigibilidade de licitação como modalidade de contratação direta, evidenciando as significativas alterações que a nova lei de licitações trouxe em relação a essa temática.

Uma importante consideração abordada neste texto, sobre a NLLC, se refere à revogação do artigo 113 da Lei nº 8.666/1993. Defendemos a teoria de que essa revogação em nada irá prejudicar no tocante à atribuição dos Tribunais de Contas, como órgãos de controle atuantes na fiscalização externa das contratações públicas, pelo contrário, somos do posicionamento de que a Lei nº 14.133/2021 abre novas perspectivas para que seja estabelecido um controle ainda mais robusto, eficiente e eficaz, por meio da integração entre as três linhas de defesa que o novo ordenamento legislativo estabelece.

Defendemos a recomendação ou mesmo a exigência da implementação de programas de integridade nos casos de contratação direta relevante ou de grande vulto como importante instrumento de governança, gestão de riscos, segurança jurídica e diminuição de espaços para práticas de fraudes e subornos, bem como para o fortalecimento da imagem reputacional da administração pública.

O Estado cumpre a função institucional prevista na constituição, quando trabalha com eficiência, transparência e publicidade nas contratações públicas, ferramentas de gestão, meio de realização material da entrega efetiva de políticas públicas, que podem ser traduzidas como direitos fundamentais concretizadores da dignidade do cidadão.

Por fim, como já explanamos anteriormente,[20] o controle social, o controle interno e os órgãos técnicos do Controle externo (especificamente o Tribunal de Contas e o Ministério público de contas) no cumprimento de suas funções sociais com a devida eficiência, acrescidos da interação e troca de informações e conhecimentos técnicos, com vistas a maximizar os resultados do controle, com certeza, poderão caminhar mais firmes e decididos, de maneira a propiciar a toda coletividade, uma gestão realmente comprometida com as premissas de um bom governo, objetivando o desenvolvimento sustentável, a modernização e a eficiência da gestão pública, bem como a efetivação dos direitos fundamentais.

Referências

ARAÚJO, Aldem Johnston Barbosa. O que muda com a nova Lei de Licitações. *In.: Consultor Jurídico*, 08 abr. 2021. Disponível em: https://www.conjur.com.br/2021-abr-08/aldem-johnston-muda-lei-licitacoes. Acesso em 12 jul. 2021.

---

[20] MACIEL, Moises. *Os Tribunais de Contas e o direito fundamental ao bom governo*. Belo Horizonte: Ed. Fórum, 2019.

BRASIL. Tribunal de Contas da União. *Acordão n° 2.724/2012*. 2ª Câm., Rel. Min. Marcos Bemquerer Costa.

BRASIL. Tribunal de Contas da União. *Acordão n° 100 de 2003*. Plenário. Rel. Min. Marcos Bemquerer Costa.

BRASIL. *Instrução Normativa n° 5, de 26 de maio de 2017*. Dispõe sobre as regras e diretrizes do procedimento de contratação de serviços sob o regime de execução direta no âmbito da Administração Pública federal, direta, autárquica e fundacional. Disponível em: https://www.gov.br/compras/pt-br/acesso-a-informacao/legislacao/ instrucoes-normativas/instrucao-normativa-no-5-de-26-de-maio-de-2017-atualizada. Acesso em 12 jul. 2021.

BRASIL. Constituição da República Federativa do Brasil. *Art. 74, §1°*. Disponível em: https://www.senado. leg.br/atividade/const/con1988/con1988_02.07.2020/art_74_.asp. Acesso em 16 jul. 2021.

BRASIL. Supremo Tribunal Federal. *Recurso Extraordinário n° 656.558/SP*. Rel. Min. Dias Toffoli.

BRASIL. Lei n° 14.133, de 01 de abril de 2021. Lei de Licitações e Contratos Administrativos. *Diário Oficial da União*, Brasília, 01 abr. 2021. Disponível em: https://www.in.gov.br/en/web/dou/-/lei-n-14.133-de-1-de-abril-de-2021-311876884. Acesso em 15 jul. 2021.

CAMARÃO, Tatiana; PIRES, Maria Fernanda. A inexigibilidade de licitação para a contratação de serviços jurídicos à luz da nova Lei de Licitações. *ONLL*, 07 abr. 2021. Disponível em: http://www.novaleilicitacao. com.br/2021/04/07/a-inexigibilidade-de-licitacao-para-a-contratacao-de-servicos-juridicos-a-luz-da-nova-lei-de-licitacoes/. Acesso em 14 jul. 2021.

CARVALHO, Matheus; OLIVEIRA, João Paulo; ROCHA, Paulo Germano. *Nova lei de licitações comentada*. Salvador: Ed. JusPodivm, 2021.

FERNANDES, Jacoby. *Contratação direta via sistema de registro de preços*. Disponível em: https://jacoby.pro.br/ site/contratacao-direta-via-sistema-de-registro-de-precos/. Acesso em 15 jul. 2021.

JUSTEN FILHO, Marçal. *Comentários a Lei de Licitações e Contratações administrativas*: Lei n° 14.133/2021. São Paulo: Ed. Thomson Reuters Brasil, 2021.

MACIEL, Moises. *Os Tribunais de Contas e o direito fundamental ao bom governo*. Belo Horizonte: Ed. Fórum, 2019.

SAAVEDRA, Giovani. *Aula sobre governança, ética e compliance para a especiação em Direito Digital e Compliance na Damásio Educacional*. Disponível em: portal.damasio.com.br. Acesso em 15 jul. 2021.

Informação bibliográfica deste texto, conforme a NBR 6023:2018 da Associação Brasileira de Normas Técnicas (ABNT):

MACIEL, Moises; ROSA, Angélica Ferreira. A contratação direta por inexigibilidade de licitação conforme a nova Lei de licitações e contratos administrativos. *In*: LIMA, Edilberto Carlos Pontes (Coord.). *Os Tribunais de Contas, a pandemia e o futuro do controle*. Belo Horizonte: Fórum, 2021. p. 381-394. ISBN 978-65-5518-282-8.

OS TRIBUNAIS DE CONTAS DO SÉCULO XXI: ATUAÇÃO PREVENTIVA E COLABORATIVA PARA MELHORES RESULTADOS COM POLÍTICAS PÚBLICAS

MARCO ANTÔNIO CARVALHO TEIXEIRA
MARIA ALICE PINHEIRO NOGUEIRA GOMES

Introdução

O novo coronavírus impulsionou um olhar distinto sobre a dinâmica social e mudou a maneira como são acessados os serviços públicos. Essa foi a oportunidade necessária para se colocar uma lupa sobre os procedimentos burocráticos e, então, rever a forma de planejamento, a execução e os resultados obtidos com a implementação de políticas públicas.

A transformação institucional denota a intenção de oferecer resultados de qualidade, com redução do tempo e do dinheiro gastos. Significa embutir novos parâmetros no setor público com o intuito de aprimorar a prestação do serviço à população.

A pandemia expôs, ainda mais, as desigualdades entre os entes federativos e sinalizou a necessidade de se pensar em mecanismos de reestruturação e planejamento dos gastos públicos. O alerta surge exatamente no momento em que se precisa reequilibrar receitas e despesas com resguardo da entrega de resultados à sociedade, especialmente no âmbito da saúde e da educação.

Uma das possibilidades para se alcançar esse objetivo é investir no monitoramento e avaliação de políticas públicas. Ainda que existam normativos direcionando acerca das fases de planejamento e execução de políticas públicas, na prática, a gestão pública se mostra aquém do que pode fazer com eficiência. Além disso, existe uma carência no mapeamento e produção de diagnósticos rigorosos dos problemas e, consequentemente, não há uma cultura de reformulação dos projetos para obtenção de melhores resultados.

A maturidade do setor público ocorre em velocidade mais lenta, especialmente porque demanda investimentos maiores, a quebra de uma cultura burocrática enraizada e a necessidade de uma modelagem de acesso *online* aos serviços por uma população que, com a pandemia, escancarou mais uma forma de desigualdade: a do *gap* digital.

Portanto, considerando a atualidade do tema e a escassez de estudo específico, há a necessidade de se refletir sobre a competência institucional dos Tribunais de Contas, especialmente quanto à sua atuação preventiva e colaborativa como órgão de controle. Diante dessa perspectiva, são feitos os seguintes questionamentos iniciais: Haveria legitimidade institucional dos Tribunais de Contas para acompanharem previamente os projetos públicos? De que forma tais órgãos poderiam viabilizar a sua atuação preventiva?

A presente pesquisa tem o objetivo de propor instrumentos para que os Tribunais de Contas fiquem mais próximos da implementação das pautas políticas e sociais, como garantidores de maior transparência e efetividade dos projetos sociais. Tem-se a intenção de se conseguir, no longo prazo, viabilizar, a partir desse estudo inicial, instrumentos oportunos para exigir do órgão implementador um estudo prévio de viabilidade econômica, financeira, finalística e estrutural do projeto que se quer implementar. Com isso, espera-se a mudança quanto à postura eminentemente repressiva para preventiva dos Tribunais de Contas e, ao final, almeja-se alcançar um gasto público mais consciente pelos gestores.

A importância do desenvolvimento desta pesquisa para a sociedade diz respeito ao senso crítico que é enriquecido quando do debate sobre a redefinição do modelo de controle externo, pela sugestão de pensar acerca do fortalecimento institucional dos TCs para realizar atividades preventivas, em acompanhamento das atividades relativas às políticas públicas.

A audiência do trabalho é voltada aos Conselheiros e auditores de controle externo, que poderão colocar em prática a postura preventiva do Tribunal de Contas.

A metodologia utilizada caracteriza-se como um estudo descritivo-analítico, desenvolvido por meio de pesquisa bibliográfica, com consulta a livros, publicações especializadas, artigos e sítios eletrônicos, o que possibilitou fazer uma análise acerca da postura preventiva dos Tribunal de Contas, que é incentivada neste trabalho. No que tange à tipologia, classifica-se a pesquisa como pura, pois tem como propósito, simplesmente, a ampliação dos conhecimentos. Quanto à abordagem, é qualitativa, para que os pesquisadores alcancem um posicionamento próprio sobre o assunto, bem como busquem averiguar a temática deste trabalho nos casos concretos. Quanto aos objetivos, a pesquisa é descritiva, por explicitar e esclarecer o problema apresentado, e exploratória, uma vez que procurará aprimorar ideias, ofertando maiores informações sobre a temática em foco.

A pesquisa se desenvolveu por meio de pesquisa documental de títulos nacionais e estrangeiros,[1] com utilização de fontes primárias e secundárias que possibilitaram compreender o limite definido, a nível legislativo e documental, da atuação dos Tribunais de Contas.

Feita a coleta bibliográfica inicial, foram analisados os conceitos encontrados, a fim de que fosse procedida uma sistematização das ideias centrais presentes na literatura. Ainda podem ser encontrados mais conceitos úteis ao estudo. A teorização foi baseada na estratégia de comparação de diversas fontes da literatura, da qual se espera contribuição na extração de sentidos teóricos por meio da elaboração de um contexto detalhado,

---

[1] THIES, C. A Pragmatic Guide to Qualitative Historical Analysis in the Study of International Relations. *International Studies Perspectives*, n. 3, v. 4, p. 351-372, 2002.

bem como da apresentação de diferentes pontos de vista a partir dos achados teóricos, perfazendo, assim, o ciclo da pesquisa qualitativa.[2]

O primeiro capítulo defende, por meio da construção teórica, a colaboração dos Tribunais de Contas com atuação prévia à implementação de projetos governamentais, ao debruçar sobre a perspectiva de possível *trade-off* entre governabilidade e controle externo. O segundo capítulo trata do histórico dos Tribunais de Contas e do contexto de atribuições institucionais. Por fim, o terceiro capítulo expõe o modelo preventivo que tem sido adotado por alguns órgãos de controle.

1 Governabilidade e controle externo: existe um *trade-off*?

O espaço democrático se constrói pelo acúmulo de diversos elementos. O voto é uma variável basilar e é por meio dele que o povo exerce sua posição de destaque na defesa de seus direitos e no cumprimento de suas obrigações cívicas. Entretanto, é importante estabelecer que não é suficiente para conceber um ambiente democrático, a simples garantia do sufrágio universal.[3]

Em tempos de tamanha fragmentação partidária e de interesses antagônicos, a disputa pelo voto se baseia na tentativa de contemplar a vontade do povo, construindo uma maioria que não é exatamente a vontade comum. Nesse modelo, *"o método democrático é aquele acordo institucional para se chegar a decisões políticas em que os indivíduos adquirem o poder de decisão através de uma luta de votos da população".*[4]

Por sua vez, Robert Dahl compreende que a autonomia das instituições políticas é condição para se existir controle e parte do pressuposto de que a característica definidora da democracia é a "contínua responsividade do governo às preferências de seus cidadãos, considerados como politicamente iguais".[5] Para o autor, o governo democrático seria aquele continuamente responsivo às demandas dos cidadãos, tomados como iguais. Nesse sentido, é contrário à visão schumpeteriana,[6] a qual defende que o governo não precisa ser responsivo ao povo, tendo em vista que deveria haver uma restrição ao acesso à tomada das decisões políticas.

Quando o povo não atua diretamente para realizar esse controle sobre a atuação dos eleitos, recebe o suporte das demais instituições estatais. Como premissa, reforça-se a ideia de que o procedimento eleitoral não encerra, por si só, o que se deve compreender por democracia. Na verdade, observa-se, sistematicamente, o caráter prévio, concomitante e posterior ao procedimento eleitoral, como forma de se entender que a democracia é mecanismo em constante construção.[7]

---

[2] MAXWELL, J. *Designing a Qualitative Study. The SAGE Handbook of Applied Social Research Methods.* L. Bickman and D. Rog. London: Sage Publication, 2007.

[3] ARANTES, R. B. *et al.* Controles democráticos sobre a administração pública no Brasil: legislativo, tribunais de contas, Judiciário e Ministério Público. *In: Burocracia e política no Brasil*: desafios para o Estado democrático no século XXI. Rio de Janeiro: Ed. FGV, 2010.

[4] SCHUMPETER, J. *Capitalismo, socialismo e democracia.* Rio de Janeiro: Zahar Editores, 1984. *p. 336.*

[5] DAHL, Robert. *Poliarquia*: participação e oposição. São Paulo: Editora EDUSP, 1997. p. 25.

[6] SCHUMPETER, J. *Capitalismo, socialismo e democracia.* Rio de Janeiro: Zahar Editores, 1984. p. 363.

[7] URBINATI, Nádia. O que torna a representação democrática? *Revista Lua Nova*, São Paulo, n. 67, p. 191-228, 2006.

É exatamente no momento posterior às eleições que se enfatiza a importância da *accountability* política, como forma de proporcionar o acompanhamento e a responsabilidade dos eleitos. Isso porque, especialmente nas democracias representativas modernas, observa-se constantemente a crescente apatia ou o desinteresse por assuntos políticos pelos cidadãos, o que tende a evidenciar uma crise de representatividade, cumulada com pouco controle sobre as atividades daqueles que foram eleitos para gerir e prospectar interesses coletivos.[8]

Segundo O'Donnell,[9] a existência da *accountability* vertical assegura a característica democrática de que os governados podem escolher seus governantes. Porém, para além desse conceito, admite-se, ainda, como necessária, a *accountability* horizontal, pela qual as instituições estatais e a sociedade civil passam a acompanhar e supervisionar a rotina dos agentes públicos, com repercussões sancionatórias de responsabilidade.

Diante desses mecanismos apresentados, seria possível, então, conciliar governabilidade e atuação institucional dos Tribunais de Contas? Ou estamos necessariamente diante de um *trade-off*? A centralização do poder é necessária para se alcançar boa governabilidade?

Na compreensão de Lijphart,[10] a concentração de poder significaria a redução do conflito. Dessa forma, o autor aponta que, em determinadas conjunturas políticas, o modelo majoritário com concentração de poder prestigiaria a representatividade por diminuir a perspectiva conflitiva da democracia.

Stark e Bruszt,[11] por outro lado, contribuíram com a ideia da *accountability* ou responsabilidade política estendida, que, além de permitir o controle eleitoral e das instituições políticas internas, engloba também a participação e o acompanhamento das atividades públicas pelos outros agentes organizados da sociedade civil e demais instituições, formando, então, uma rede de responsabilidade mútua, capaz de gerar constrangimentos institucionais com o intuito de limitar arbitrariedades dos governantes no poder e, assim, construir políticas mais coerentes, duradouras e estáveis em conjunto.[12]

Os referidos autores apresentaram o caso da Alemanha e da República Tcheca, na era pós socialista, e comprovaram que a formulação tripartite das decisões, envolvendo Estado, representantes dos empregados e empresários, proporcionou a proximidade da sociedade no momento da formulação de políticas, e não apenas no momento de sua implementação. Possibilitou, ainda, a antecipação das consequências econômicas, políticas e sociais das futuras ações. Dessa forma, as deliberações conjuntas foram

---

[8] SCHUMPETER, J. *Capitalismo, socialismo e democracia*. Rio de Janeiro: Zahar Editores, 1984; PINZANI, Alessandro. Democracia versus tecnocracia: apatia e participação em sociedades complexas. *Lua Nova*, n. 89, 2013; LIJPHART. *Patterns of Democracy*. Londres: Yale University Press, 1999; STARK, David; BRUSZT, Laszlo. Enabling constraints: fontes institucionais de Coerência nas políticas públicas no pós-socialismo. *Revista Brasileira de Ciências Sociais*, São Paulo, v. 13 n. 36, feb. 1998.

[9] O'DONNEL, Guillermo. Accountability Horizontal e novas poliarquias. *Revista Lua Nova*, São Paulo, n. 44, 1998. p. 30-40.

[10] LIJPHART. *Patterns of Democracy*. Londres: Yale University Press, 1999.

[11] STARK, David; BRUSZT, Laszlo. Enabling constraints: fontes institucionais de Coerência nas políticas públicas no pós-socialismo. *Revista Brasileira de Ciências Sociais*, São Paulo, v. 13 n. 36, feb. 1998.

[12] STARK, David; BRUSZT, Laszlo. Enabling constraints: fontes institucionais de Coerência nas políticas públicas no pós-socialismo. *Revista Brasileira de Ciências Sociais*, São Paulo, v. 13 n. 36, feb. 1998. p. 15.

capazes de prever problemas técnicos das políticas e as tornaram mais duráveis por serem elásticas e pragmáticas.[13]

Adotando, portanto, a premissa de que democracia pressupõe conflito e de que é saudável a construção conjunta das decisões políticas, e especialmente aquelas que possam repercutir em gastos públicos, torna-se oportuno refletir sobre a atuação preventiva dos Tribunais de Contas enquanto atores sociais que podem auxiliar no resgate da saúde financeira pública e do equilíbrio fiscal sustentável, bem como na definição de políticas públicas mais eficientes e duradouras, por meio do acompanhamento prévio dos projetos governamentais, especialmente em tempos de crise financeira, que assola o cenário econômico brasileiro atual.

A governança como processo de desenvolvimento institucional inclui mecanismos de transparência e *accountability,* principalmente com o objetivo de reduzir a assimetria informacional entre gestores e cidadãos, bem como para potencializar inibidores da corrupção e estimular o controle social na prestação de contas e a participação ativa dos cidadãos na administração pública. Dessa maneira, políticas democráticas de transparência exigem o fortalecimento e a expansão de mecanismos institucionais de controle e sua articulação com o controle social.

A função social do Tribunal de Contas não está adstrita às decisões institucionais relativas ao julgamento das contas públicas, mas, enquanto órgão auxiliar do Poder Legislativo, também deve respeito aos clamores populares ou pressões de grupos, especialmente na sua atuação fiscalizatória. Quanto mais poderes são conferidos aos gestores públicos, tanto mais controle deve existir. É dessa forma que se viabiliza um sistema equilibrado:

> A democratização do poder público deve ir além do voto, pois este, por si só, não consegue garantir o controle completo dos governantes. As eleições não contêm nenhum instrumento que obrigue os políticos a cumprir suas promessas de campanha, e a avaliação do seu desempenho só pode ser feita de forma retrospectiva nas votações seguintes (Przewroski. Stokes e Manin, 1999). Desse modo, é preciso constituir instrumentos de fiscalização e participação dos cidadãos nas decisões de caráter coletivo tomadas pelos eleitos durante o exercício de seus mandatos.
>
> (...)
>
> O exercício do controle estendido no tempo, que vai além da eleição e afeta o mandato dos eleitos, é fortemente condicionado pela transparência e visibilidade dos atos do poder público. Mesmo que a transparência não seja condição suficiente, ela é necessária para o controle dos governantes. Como se perguntou singelamente o filósofo italiano: 'Como o governo poderia ser controlado se se mantivesse escondido?' (Bobbio, 1992, p. 87).[14]

Em termos de políticas públicas, existe um novo horizonte para alcançar melhores resultados: investir em monitoramento e avalição. Mas, por quê? Políticas públicas são o resultado de diversas escolhas, desde o modelo, o desenho, o público-alvo, o

---

[13] STARK, David; BRUSZT, Laszlo. Enabling constraints: fontes institucionais de Coerência nas políticas públicas no pós-socialismo. *Revista Brasileira de Ciências Sociais,* São Paulo, v. 13 n. 36, feb. 1998.

[14] ARANTES, R. B. *et al.* Controles democráticos sobre a administração pública no Brasil: legislativo, tribunais de contas, Judiciário e Ministério Público. *In*: *Burocracia e política no Brasil*: desafios para o Estado democrático no século XXI. Rio de Janeiro: Ed. FGV, 2010, p. 109-147.

orçamento destinado, dentre tantas outras. São decisões importantes e que precisam ser tomadas com o maior grau de consistência acerca do panorama em que está inserido o problema público que precisa de solução. Por isso, é importante que o gestor se cerque do máximo de informações pré-existentes e tome suas decisões com base em evidencias para conseguir atingir seus objetivos.

Nesse contexto, é valido enfatizar os auxílios externos que o gestor público pode receber, seja por meio da iniciativa privada ou de apoio das instituições públicas. Nesse ponto, o Tribunal de Contas pode ser uma importante instituição pública capaz de auxiliar previamente na implementação de políticas públicas, compartilhando sua expertise técnica.

A ação não se propõe substitutiva à atuação política inerente aos gestores públicos. Incentivar a atividade prévia dos Tribunais de Contas significa oportunizar ao gestor público um acompanhamento técnico e colaborativo, capaz de minimizar riscos na tomada de decisões, antecipar inconsistências formais e tornar a decisão baseada em evidências, com maior segurança jurídica. A seguir, explora-se a nova vertente institucional que se propõe ao Tribunal de Contas.

2 Breve contexto histórico e a inovação institucional dos Tribunais de Contas

O debate sobre o controle externo no Brasil surge no contexto de feitura da Constituição de 1891 que trouxe uma perspectiva política que inaugurou a ordem republicana no país. Dentre os assuntos debatidos à época, registra-se a proposta de criação do Tribunal de Contas da União, por sugestão de Rui Barbosa, enquanto ministro da Fazenda do governo provisório de Deodoro da Fonseca. Dessa forma, instituiu-se o Decreto nº 966-A, cuja ementa consignava: "Crêa um Tribunal de Contas para o exame, revisão e julgamento dos actos concernentes á receita e despeza da República".[15]

Posteriormente, constata-se a previsão da Instituição no âmbito da Constituição Republicana de 1891, que no artigo 89 previu:

> É instituído um Tribunal de Contas para liquidar as contas da receita e despesa e verificar a sua legalidade, antes de serem prestadas ao Congresso. Os membros deste Tribunal serão nomeados pelo Presidente da República com aprovação do Senado, e somente perderão os seus lugares por sentença.[16]

Apesar dos esforços de Rui Barbosa e da previsão normativa, o Tribunal de Contas da União apenas iniciou suas atividades em 17 de janeiro de 1893, durante a Presidência de Floriano Peixoto, que contava com Serzedello Corrêa como Ministro da Fazenda.

---

[15] BRASIL. Decreto nº 966-A, de 7 de novembro de 1890. Crêa um Tribunal de Contas para o exame, revisão e julgamento dos actos concernentes á receita e despeza da República. Legislação Informatizada da Câmara dos Deputados – Publicação Original. *Coleção de Leis do Brasil de 1890*. Disponível em: https://www2.camara.leg.br/legin/fed/decret/1824-1899/decreto-966-a-7-novembro-1890-553450-publicacaooriginal-71409-pe.html. Acesso em 2 mar. 2020.

[16] BRASIL. Constituição da República dos Estados Unidos do Brasil, de 24 de fevereiro de 1891. Nós, os representantes do povo brasileiro, reunidos em Congresso Constituinte, para organizar um regime livre e democrático, estabelecemos, decretamos e promulgamos a seguinte. *Diário Oficial da União*, Rio de Janeiro, 24 fev. 1891. Disponível em: http://www.planalto.gov.br/ccivil_03/constituicao/constituicao91.htm. Acesso em 2 mar. 2019.

Posteriormente, a previsão institucional do Tribunal de Contas da União continuou nas Constituições seguintes, com alguns momentos de redução de autonomia durante as Cartas de 1937 e 1967. Mas foi a Constituição de 1988 que ampliou e especificou as funções da referida Corte de Contas e, ainda, reconheceu e previu, por simetria, a difusão de Tribunais de Contas estaduais, municipais e do Distrito Federal, capazes de operacionalizar, igualmente, a fiscalização contábil, financeira e orçamentária.

Desde a década de 1980, verifica-se o desenvolvimento da situação estatal pela passagem da era burocrática para a era gerencial, que, por si só, permite extrair a importância da reformulação do papel das instituições públicas no ambiente democrático brasileiro, em especial, dos Tribunais de Contas.

O Estado de Bem-Estar Social surgiu em um cenário de mudança estatal que priorizava a igualdade e a justiça social, especialmente, nas relações trabalhistas, as quais passaram a compor os princípios da Administração Pública. Luiz Carlos Bresser Pereira aponta que o estado social implicou o crescimento do aparelho estatal e ocasionou mudanças na percepção do modelo de administração pública, especialmente pela passagem da perspectiva burocrática para a gerencial:

> A transição da administração burocrática para a gerencial, que ocorreu a partir de meados dos anos 1980, foi uma resposta muito clara à necessidade de aumentar a eficiência ou diminuir os custos dos grandes serviços sociais universais de educação, saúde e previdência social que o Estado passara a exercer.
>
> (...)
>
> A reforma gerencial (1) torna os gerentes dos serviços responsáveis por resultados, ao invés de obrigados a seguir regulamentos rígidos; (2) premia os servidores por bons resultados e os pune pelos maus; (3) realiza serviços que envolvem poder de Estado por meio de agências executivas e reguladoras; e – o que é mais importante – (4) mantém gratuitos os grandes serviços de consumo coletivo, mas transfere sua oferta para organizações sociais, ou seja, para provedores públicos não estatais que recebem recursos do Estado e são controlados por meio de contrato de gestão. Através dessas quatro características – principalmente da última – o poder público garante os direitos sociais, mas transfere sua provisão ou oferta para organizações quase-estatais que são as organizações sociais.[17]

Corrobora-se, portanto, com o referido autor que "democracia, estado social e reforma gerencial são instituições dialeticamente inter-relacionadas na medida em que se autorreforçam".[18]

É, então, no período posterior à década de 1980 que se observa a predisposição da Administração Pública de assumir novas posturas quanto aos procedimentos de organização e gestão, sob a perspectiva da transparência, *accountability* e governança pública, especialmente motivados pelos movimentos reformistas das últimas décadas do século XX. Em verdade, desde a década de 1930, ou seja, no período entre Guerras, caracterizado pela repaginação das instituições, expandiu-se o modelo no qual o

---

[17] BRESSER PEREIRA, Luiz Carlos. Reforma gerencial e legitimação do estado social. *Revista de Administração Pública*, v. 51, 2017. Disponível em: http://bibliotecadigital.fgv.br/ojs/index.php/rap/article/view/65932/63595. Acesso em 19 mar. 2020.

[18] BRESSER PEREIRA, Luiz Carlos. Reforma gerencial e legitimação do estado social. *Revista de Administração Pública*, v. 51, 2017. Disponível em: http://bibliotecadigital.fgv.br/ojs/index.php/rap/article/view/65932/63595. Acesso em 19 mar. 2020.

Estado se apresentava como responsável pela organização da política e da economia, encarregando-se da promoção e da defesa social. Vivia-se no Brasil a Era Vargas e, naquele tempo, adotava-se, então, um modelo de Estado assistencialista, pautado na disseminação do conceito de cidadania e de promoção de direitos sociais, como educação, saúde, seguridade e lazer. A atuação estatal ocorria em parceria com sindicatos e com empresas privadas, no intuito de garantir serviços públicos e proteção à população.

Diante desse panorama assistencialista que deixou resquícios até hoje, renova-se o interesse pela superação do modelo burocrático de Estado, ressaltados os *déficits* democráticos, a elevação de taxas de desemprego, os retrocessos no Estado de bem-estar social, as crises econômicas, a redução da confiança nas instituições e nos políticos e os sucessivos escândalos de corrupção.

Dessa forma, é interessante que as demais políticas de governo e as próprias instituições públicas caminhem na mesma direção de repensar o modelo fiscal e de controle das contas públicas. Para tanto, "numa situação em que os TCs precisam fortalecer sua legitimidade e autoridade, a cooperação institucional pode ser positiva, contanto que fiquem bem definidas as funções de cada qual".[19]

Não à toa, observa-se a previsão de competências privativas dos Tribunais de Contas elencadas no artigo 71 da Constituição Federal e replicadas na Constituição Estadual do Ceará, especialmente, quanto ao poder de elaborar suas próprias normas internas, tais como a Lei Orgânica e o Regimento Interno de cada Tribunal, bem como é responsável pela fiscalização contábil, financeira, orçamentária, operacional e patrimonial dos Estados, dos Municípios e das entidades da administração direta e indireta, quanto à legalidade, legitimidade, moralidade, economicidade, aplicação das subvenções e renúncia de receitas, em postura de cooperação com o Poder Legislativo.

Nessa nova conjuntura sobre o papel das instituições em um ambiente menos burocrático, evidencia-se a necessidade de se refletir sobre a competência institucional do Tribunal de Contas, especialmente quanto à atuação preventiva e pedagógica do órgão de controle, sob a ótica da eficiência e da modernização da estrutura institucional. O enfoque consiste em se pensar sobre a compatibilidade entre a governabilidade dos eleitos e a atuação concomitante dos Tribunais de Contas, especialmente quando se tem no plano de fundo a temática das políticas públicas.

Toda política é uma tentativa de oferecer solução a um problema relevante, difícil de ser superado. Para se ter êxito, as principais circunstâncias ao redor desse problema devem ser identificadas e, assim, se tem mais clareza quanto aos propósitos do programa que se quer idealizar para solucionar determinada demanda. Isso exige planejamento prévio para uma tomada de decisão consistente e baseada em evidências.

Portanto, a política começa com a escolha do problema a ser combatido. A partir daí se define a estratégia para combater e solucionar. Além da identificação do problema específico, a idealização do programa precisa dialogar sistematicamente com outros problemas sociais. Políticas públicas isoladas não obtêm resultados robustos e duradouros.

Diante de problemas sociais cada vez mais complexos e cheios de minúcias, é de suma importância trazer os atores essenciais que entendam do problema para auxiliar

---

[19] ARANTES, Rogério Bastos; ABRUCIO, Fernando Luiz; TEIXEIRA, Marco Antônio Carvalho. A imagem dos Tribunais de Contas subnacionais. *Revista do Serviço Público*, v. 56, 2005. p. 65.

o gestor público, promovendo, assim, uma rede expansiva de apoio que tem objetivo único: a implementação de políticas públicas de qualidade, com uso consciente e planejado dos recursos públicos, que são bem restritos.

Nesse contexto, já existe a movimentação de atores privados e públicos. A este trabalho interessa a sinergia da administração pública com as instituições públicas. Essa tendência reforça um olhar especial ao papel institucional dos Tribunais de Contas. Realizar avaliações periódicas das políticas públicas contribui para a verificação da qualidade do gasto público. Com essa finalidade, diversas entidades públicas se propuseram a pensar sobre métodos e instrumentos úteis à melhor forma de avaliação dos programas propostos por gestores públicos. Ocorre que, ainda que a temática da avaliação de políticas públicas não seja atual, os avanços mais significativos têm sido conquistados a passos curtos.

Considerando a perspectiva de cooperação entre os TCs, gestores e cidadãos, bem como identificado o aparato institucional dos Tribunais de Contas quanto à estrutura, corpo técnico, investimentos em recursos tecnológicos, desenvolvimento de programas de disseminação de boas práticas e cursos que almejam a qualificação e formação de gestores e agentes públicos, parece sustentável a ideia de que sejam idealizados e concretizados instrumentos com potencial para aperfeiçoar o papel institucional dos Tribunais de Contas, com maior respaldo para atuar preventivamente e auxiliar Estados e Municípios a detectarem possíveis inconsistências nos gastos públicos.

Em tempos de crise financeira e fiscal, que atinge Estados e Municípios brasileiros, torna-se oportuna a atuação preventiva dos Tribunais de Contas enquanto atores políticos e sociais que podem auxiliar no resgate da saúde financeira pública e do equilíbrio fiscal sustentável. Dessa forma, a eficácia institucional está diretamente relacionada ao desenvolvimento do modelo de controle externo, que poderia passar a se preocupar não apenas com a atuação *a posteriori,* mas também com o regime de cooperação com os demais atores democráticos para se alcançar os objetivos da boa gestão dos recursos públicos.

Uma das possibilidades para o alcance desse objetivo é investir na análise, no monitoramento e na avaliação de políticas públicas. Ainda que existam normativos direcionando acerca das fases de planejamento e execução de políticas públicas, na prática, a gestão pública se mostra ineficiente. Além disso, existe uma carência no mapeamento e avaliação dos programas e, consequentemente, não há uma cultura de reformulação dos projetos para obtenção de melhores resultados. Outro aspecto importante: ao aproximar o Tribunal de Contas da administração pública, certamente se incentiva uma cultura de segurança para mais inovação no setor público, uma vez que o excesso de formalismos dos TCs torna-se obstáculo à concretização de avanços nos programas de políticas públicas.

Uma vez proposta a temática de estudo sobre o controle preventivo dos gastos públicos a ser exercido pelos Tribunais de Contas subnacionais, o próximo passo é associar as receitas públicas às metas a serem alcançadas, bem como desenvolver mecanismos eficazes para aferir se, de fato, essas metas foram alcançadas ou não. Um orçamento não representa grande coisa se ele for apenas um pedaço de papel destituído de aplicação prática. Deve ser, portanto, um projeto de resultados a serem alcançados.

A literatura indica que os meios disponíveis são utilizados principalmente para verificar a compatibilidade formal das políticas públicas em desenvolvimento ou que já foram encerradas. São identificadas incongruências formais de incompatibilidade com o projeto original de maneira retrospectiva, sem, contudo, conseguir identificar previamente inconsistências ou averiguar os resultados objetivamente alcançados com os programas propostos.

A atual conjuntura brasileira se firma em realizar auditoria de controle externo nas modalidades concomitante ou *ex post*. As metodologias propostas e a estrutura de auditoria realizada, embora reconhecidos os esforços dos profissionais da área, são insuficientes para identificar falhas ainda na fase de planejamento do projeto, bem como não conseguem mensurar os resultados que deveriam ter sido atingidos ao longo dos anos de execução dos programas de políticas públicas.

Nesse contexto, quando há falta de planejamento dos gestores, escasso acompanhamento da execução dos programas e avaliação de políticas públicas insuficiente ou inexistente, não raras vezes, são observados projetos mal executados, gastos exorbitantes, obras inacabadas ou rodovias com asfaltos desgastados com pouco tempo de aplicação. Diante do cenário de insuficiência da atuação concomitante e *ex post*, acumulado com a preocupação de promover melhor planejamento dos gestores públicos antes da execução de políticas públicas, propõe-se o estudo sobre a utilização da modalidade de análise *ex ante* no Brasil.

Ademais, de nada adianta a existência do planejamento orçamentário se não há acompanhamento eficaz das atividades dos gestores públicos, não apenas com o intuito fiscalizatório, mas também pedagógico, principalmente por meio da atuação preventiva dos Tribunais de Contas. A ação envida esforços para que se alcancem resultados mais robustos quanto ao equilíbrio das contas públicas, especialmente quando se observa um padrão de gasto corrente persistentemente alto e por uma tendência de redução dos investimentos públicos:

> Atendo-se especificamente aos governos regionais, a Dívida Consolidada (DC) agregada dos 27 entes perfazia um total de R$679,3 bilhões em abril de 2015. Exatos seis anos depois (abril de 2021), este montante atinge o patamar de R$ 993,5 bilhões. Tem-se, portanto, um aumento anual constante de 6,5% dessa DC agregada, equivalente a um amento nominal de 46,3%, maior que o da inflação oficial acumulada do país no período, 34,1%, e do que o aumento nesses mesmos seis anos de 45,8% da Receita Corrente Líquida (RCL) ajustada para ponderação de dívida (acumulada 12 meses). Igualmente preocupante ver que a taxa de investimentos empenhados caiu de um patamar de 7,2% da RCL em 2015 para abaixo de 5,1% em 2020, agregando os 27 entes. Não pode ainda ser considerado confortável evidenciar que o gasto com pessoal e encargos sociais agregado dos entes estaduais tem se mantido superior a 60% da RCL, apesar da redução de 63,6% (2015) para 61,9% (2020).[20]

Ainda nessa perspectiva, a Carta de Conjuntura Macroeconômica do Projeto Monitor Fiscal, em menção à Nota Técnica nº 09/2021, da Câmara dos Deputados, enfatiza:

---

[20] MONITOR FISCAL. Nota Técnica nº 11. Carta de Conjuntura Macrofiscal. *Análise do mecanismo de ajuste fiscal estadual da EC nº 109/2021*. Disponível em: https://ipc.tce.ce.gov.br/images/nupesq/nota_tecnica11.pdf. Acesso em 15 jul. 2021.

Segundo a Nota Técnica nº 9/2021 da Câmara dos Deputados, em 2020, 8 estados apresentaram razão inferior a 85%, 16 estados com razão entre 85% e 95%, e apenas 3 estados com razão superior a 95%: RN (95,7%), MG (96,9%) e RS (98,3%). O Ceará com uma razão de quase 87,5% é o 11º do país nesse ranking de dezembro de 2020. A Tabela 1 reporta os valores nominais acumulados de receitas e despesas que entram no cálculo dessa razão, assim como o valor da própria razão, considerando o período compreendido entre o 3º bimestre de 2020 e o 2º bimestre de 2021. A análise permite inferir que mesmo havendo bimestres afetados de forma distinta pela pandemia, há uma trajetória consistente de redução nesse indicador, exceto pelo discreto aumento ao final de 2020. Pela primeira vez nos últimos 12 meses, o estado cearense apresenta razão inferior a 85%, segundo dados de abril de 2021.

(...)

Em resumo, o Ceará o 21º estado no ranking de gasto com pessoal e encargos sociais como razão da RCL (54%) e o 10º estado com maior DCL/RCL (43,24%), em abril de 2021. O esforço traduzido em uma autonomia fiscal e uma poupança corrente com tendência crescente sugere que o Ceará reúne os elementos para se manter como líder nacional na relação investimentos/RCL (11,3% em 2020).[21]

Nesse contexto, a Lei de Responsabilidade Fiscal (LRF) – Lei Complementar nº 101/2000 – foi um marco na história do Estado brasileiro e um passo fundamental para colocá-lo na trilha da solidez das contas públicas. De outro modo, não obstante ser uma medida necessária, não se trata de medida suficiente para o alcance de contas públicas sólidas, de longo prazo,

Apesar dos avanços com a ampliação de suas atribuições na Constituição Federal, é possível enfatizar o desconhecimento social quanto à existência e ao papel dos TCs. O Vice-Presidente do Tribunal de Contas do Estado do Ceará, Conselheiro Edilberto Pontes, demonstrou em artigo institucional a pesquisa sobre a visão da sociedade brasileira quanto aos Tribunais de Contas:

> Os Tribunais de Contas são grandes desconhecidos da sociedade brasileira. É o que aponta pesquisa realizada pelo Ibope, em junho último, a pedido da Confederação Nacional da Indústria e da Associação Nacional dos Membros dos Tribunais de Contas. Mas a pesquisa ressaltou um aspecto bastante significativo: a grande maioria que conhece os Tribunais de Contas o avalia de forma muito positiva: 72% concordam que os Tribunais de Contas são importantes no combate à corrupção, e 18% concordam apenas em parte. Também de relevo é a avaliação do seu papel para coibir a ineficiência do gasto público e melhorar a gestão pública. Em ambos os casos, com índice superior a 60%. Os números deixam clara mensagem: os Tribunais de Contas devem redobrar os esforços para se tornar conhecidos. Todas as instituições precisam se legitimar permanentemente, necessitam do reconhecimento de sua relevância por parte do cidadão, principal razão de continuar existindo.[22]

Para disseminar, então, um pouco mais do conhecimento sobre a perspectiva preventiva de atuação dos Tribunais de Contas, o próximo capítulo vislumbra expor

---

[21] MONITOR FISCAL. Nota Técnica nº 11. Carta de Conjuntura Macrofiscal. *Análise do mecanismo de ajuste fiscal estadual da EC nº 109/2021.* Disponível em: https://ipc.tce.ce.gov.br/images/nupesq/nota_tecnica11.pdf. Acesso em 15 jul. 2021.

[22] LIMA, Edilberto Carlos Pontes. Os Tribunais de Contas e a Sociedade. *Tribunal de Contas do Estado do Ceará*, 16 ago. 2016. Disponível em: https://www.tce.ce.gov.br/comunicacao/artigos/2590-os-tribunais-de-contas-e-a-sociedade. Acesso em 10 mar. 2019.

os avanços legislativos e apontar algumas experiências inovadoras dos Tribunais de Contas que apontam para o futuro institucional, ao se vislumbrar absorver a função de fornecer colaboração prévia e realizar avaliação dos projetos, com análise detida dos resultados que deveriam ser alcançados.

3 Análise *ex ante* e o modelo prático de atuação preventiva pelos Tribunais de Contas

A ideia deste trabalho é refletir sobre a implementação da cultura de análise *ex ante*, capaz de oportunizar ao gestor público, no primeiro momento, um planejamento mais técnico e direcionado acerca da arquitetura de projetos políticos, especialmente aqueles que envolvem políticas públicas e, em seguida, tem-se como objetivo incentivar mecanismos para que o gestor público possa contar com a expertise do Tribunais de Contas, por meio da identificação prévia de possíveis inconsistências formais para, desde o começo, minimizar falhas na estrutura das políticas, na alocação dos gastos e no planejamento dos resultados.

Quando se cria algo do zero e sem planejamento adequado, não se tem ideia dos possíveis desdobramentos. É interessante, por exemplo, buscar parâmetro de políticas similares para ver o que ocorreu, identificar quais as unidades de custo usadas, quais as dificuldades e erros cometidos, etc. A partir do momento em que se identificam previamente as métricas para justificar determinada decisão, o monitoramento e a avalição auxiliam para tornar o projeto mais sólido, repercutindo, assim, em políticas públicas mais duradouras.

É por essa razão que se tem incentivado o desenvolvimento de políticas públicas baseadas em evidências. Quanto mais evidências se colher sobre o que se deve fazer para solucionar determinado problema, maior clareza teremos das repercussões dos resultados diretos e indiretos (externalidades).

Mais oportuno ainda é identificar que o gestor público não está sozinho nessa missão e precisa olhar com menos desconfiança para os apoios externos. O movimento de apoio entre instituições públicas e privadas demonstra o novo parâmetro de entrega de resultados à sociedade, construído com direcionamentos normativos e de apoio consultivo das instituições, por exemplo, do Tribunal de Contas.

Em termos normativos, desde 2017, o Decreto nº 9.191, de 1º de novembro de 2017, em seu art. 30, estabelece que devem ser enviados, junto com a Exposição de Motivos dos atos normativos submetidos ao Presidente da República, os pareceres de méritos dos órgãos envolvidos com o ato, contendo, conforme o art. 32:

> I – a análise do problema que o ato normativo visa a solucionar; II – os objetivos que se pretende alcançar; III – a identificação dos atingidos pelo ato normativo; IV – quando couber, a estratégia e o prazo para implementação; V – na hipótese de a proposta implicar renúncia de receita, criação, aperfeiçoamento ou expansão da ação governamental, ou aumento de despesas: a) a estimativa do impacto orçamentário-financeiro no exercício em que entrar em vigor e nos dois subsequentes, da qual deverá constar, de forma clara e detalhada, as premissas e as metodologias de cálculo utilizadas, e indicará: 1. Se a medida proposta foi considerada nas metas de resultados fiscais previstas na lei de diretrizes orçamentárias; e 2. A simulação que demonstre o impacto da despesa com a medida proposta; e b) a declaração

de que a medida apresenta: 1. Adequação orçamentária e financeira com a lei orçamentária anual; e 2. Compatibilidade com o plano plurianual, com a lei de diretrizes orçamentárias e com o art. 107 do Ato das Disposições Constitucionais Transitórias ; e c) a criação ou a prorrogação de benefícios de natureza tributária, da qual decorra renúncia de receita, deverá conter exposição justificada sobre o atendimento às condições previstas no art. 14 da Lei Complementar nº 101, de 2000 ; VI – quando couber, a análise do impacto da medida: a) sobre o meio ambiente; e b) sobre outras políticas públicas, inclusive quanto à interação ou à sobreposição; VII – na hipótese de medida provisória ou de projeto de lei em regime de urgência, a análise das consequências do uso do processo legislativo regular; e VIII – na hipótese de políticas públicas financiadas por benefícios de natureza tributária, financeira e creditícia previstos no §6º do art. 165 da Constituição, as proposições deverão conter: a) objetivos, metas e indicadores para acompanhamento e avaliação dos resultados alcançados; e b) indicação do órgão responsável e do eventual corresponsável pela gestão da política.

Nesse contexto, as políticas e programas criados ou reformulados, além do parecer jurídico, deveriam ter um parecer técnico/ de mérito para dizer qual a sua serventia, qual o público alvo, quais são os objetivos e resultados esperados, o que justifica o governo lançar esse programa, dentre outros requisitos. Em tese, toda política deveria ter tudo isso explícito, mas não é o que ocorre na prática.

Perde-se, então, um atributo de transparência quando a política não diz a que veio. Como consequência, se os elementos prévios que, especificamente, demonstram planejamento, não estão explícitos, quais seriam os parâmetros de avaliação dessa política? Se não se sabe para onde se quer ir, qualquer destino serve e, em termos de políticas públicas, isso é pantanoso.

Enriquecendo o campo da prática de governança na administração pública federal, o Decreto nº 9.203, de 22 de novembro de 2017, destaca, em seu art. 4º, entre as diretrizes da governança pública: "Avaliar as propostas de criação, expansão ou aperfeiçoamento de políticas públicas e de concessão de incentivos fiscais e aferir, sempre que possível, seus custos e benefícios".

Atualmente, os órgãos de governo observam a necessidade de incluir na agenda das secretarias de planejamento três níveis de avaliação das ações voltadas à implementação e desenvolvimento de políticas públicas: avaliação de projetos, avaliação de gestão/ executiva e avaliação de impacto. Logo, já demonstram o avanço e a preocupação no aprimoramento dos produtos que serão entregues à população.

Um exemplo importante e que tem repercutido nacionalmente é a atuação do IPECE, por meio da mudança do ciclo de gestão do Ceará, com um modelo de gestão para resultados, baseado em evidências, implantado pelo Decreto nº 32.216, de 08 de maio de 2017. Com a publicação do Decreto nº 33.320, de 24 de outubro de 2019, inseriu-se no contexto cearense um modelo inovador de monitoramento e avalição prévia dos projetos que seriam implementados no Estado do Ceará, com o objetivo de identificar inconsistências prévias e corrigi-las. Em 2020, 70 projetos foram avaliados, e, até junho de 2021, 57 passaram pela avaliação do IPECE. O novo modelo tem repercutido positivamente para os demais Estados.

Para além disso, em 2018, o Governo Federal lançou o "Guia prático de análise *ex ante*", que define que a análise *ex ante* diz respeito ao estudo detalhado, fundamentado em dados científicos e estatísticas, que avaliam se determinada demanda social deve, ou não, virar uma política pública. Hoje, essa análise é incentivada mais objetivamente no âmbito do próprio poder Executivo federal, mas nada impede a expansão da boa prática nos demais níveis federativos. Nesse sentido, o gestor que tiver interesse em aprovar determinada política pública para implementação é incentivado a preencher um questionário prévio, informando que tem capacidade estrutural e financeira para realizar determinada despesa no espaço de tempo que ele especificar.

É válido registrar a escolha pela nomenclatura "análise *ex ante*". Diferentemente do termo "avaliação", realizar análise sinaliza uma atividade prévia, preventiva. Quando se trata de avaliação, pressupõe-se a verificação de algo que está ocorrendo ou que já ocorreu. Como estamos diante da antecipação de ações, o melhor é utilizar o termo "análise".

Conforme orientação do referido Guia do Governo Federal,[23] as etapas da análise *ex ante* consistem em: i) realizar o diagnóstico do problema; ii) identificar as características da política: objetivos, ações, público-alvo e resultados esperados; iii) fazer o desenho da política; iv) definir a estratégia de construção de confiabilidade e credibilidade; v) definir a estratégia de implementação; vi) definir as estratégias de monitoramento, de avaliação e de controle; vii) analisar o custo-benefício; e viii) calcular o impacto orçamentário.

Ainda, de acordo com o referido documento:

> *Existem basicamente dois modelos de execução das análises ex ante de políticas públicas nos governos*: as que são realizadas de forma centralizada em determinados órgãos; e as que são desenvolvidas pelos próprios órgãos setoriais, com base em diretrizes emanadas pelos órgãos de centro de governo.

> Exemplo do primeiro caso é o *Chile*, onde as análises *ex ante* são realizadas pelo Departamento de Assistência Técnica, da Diretoria de Orçamentos (Dipres), vinculado ao Ministério da Fazenda, e de forma colaborativa, pelo Ministério de Desenvolvimento Social, no caso de políticas classificadas como sociais. Nesse país, os ministérios setoriais submetem propostas de criação, expansão e reformulação de políticas públicas, em um sistema único e por determinado período. Esse processo unificado permite subsidiar as decisões de priorização do governo conforme a qualidade técnica das propostas, entre outros critérios.

> No segundo caso, um exemplo é o *Reino Unido*, onde a execução das análises *ex ante* cabe aos ministérios setoriais, os quais estão vinculados expressamente às orientações emanadas pelo guia publicado pelo Tesouro Britânico, denominado Green Book. Esse livro vincula a análise *ex ante* a todas as novas políticas, programas e projetos, incluídas as políticas orçamentárias e as extraorçamentárias, as políticas sociais e as de infraestrutura e de capital, as intervenções diretas do Estado e as ações de regulamentação. Nessa análise vinculativa, há uma combinação de critérios econômicos, financeiros, sociais e ambientais que devem ser observados pelos ministérios finalísticos. (Grifo nosso).[24]

Em conformidade com o modelo proposto pelo Guia do Governo Federal, entende-se que incorporar instrumentos de análise e avaliação de políticas públicas aos Tribunais de Contas tem fundamental importância. Dotado de juridicidade para verificar as contas públicas, os Tribunais de Contas detêm legitimidade, ainda, para obter espaço

---

[23] BRASIL. Casa Civil da Presidência. *Avaliação de políticas públicas*: guia prático de análise Ex Ante. Brasília: Ipea, 2018. p. 11.

[24] BRASIL. Casa Civil da Presidência. *Avaliação de políticas públicas*: guia prático de análise Ex Ante. Brasília: Ipea, 2018. p. 15.

institucional para realizar a verificação mais ampla das políticas públicas, desde o seu nascedouro até a realização de avaliação para identificar a métrica de resultados efetivamente alcançados.

O mais recente documento diz respeito à Resolução nº 04/2021, de 14 de maio de 2021, do Instituto Rui Barbosa (IRB), associação civil criada pelos Tribunais de Contas do Brasil, que inclui às Normas Brasileiras de Auditoria do Setor Público a NBASP 9020-Avaliação de Políticas Públicas, que corresponde à GUID 9020 – Evaluation of Public Policies da Estrutura de Pronunciamentos Profissionais da Organização Internacional das Entidades Fiscalizadoras Superiores (INTOSAI), com o objetivo de internalizar diretrizes à realização de análise e avaliação de políticas públicas pelos Tribunais de Contas.

Sob a liderança do Tribunal de Contas Francês, a experiência internacional reflete mudança de perspectiva no papel do Tribunal de Contas, ao propor o *Guid* 9020, dispondo de sugestões à nova postura do órgão de controle, contemplando a função de avaliador de políticas públicas. O Brasil tem feito a tradução do referido Guia, por meio do Instituto Rui Barbosa, para compor as Normas Brasileiras de Auditoria do Setor Público, e deve, em breve, definir metodologia própria no âmbito nacional. O tema, como visto, é novo e tem sido objeto de muitas reuniões pelos representantes dos Tribunais de Contas para definir um novo modelo de atuação do órgão, a fim de contribuir com a saúde financeira dos entes federados.

A pesquisa não se pretende conclusiva e, em razão disso, além da expectativa positiva com a importação das normas internacionais que refletirão novo perfil da auditoria brasileira, até o momento, de acordo com o que foi coletado, observamos que alguns Tribunais de Contas brasileiros têm avançado no sentido de instituir instrumento de atuação prévia, que eles designam de verificação concomitante, com o intuito de ofertar parecer prévio acerca da situação de editais que serão lançados para contemplar parcerias público-privadas.

O Tribunal de Contas da União (IN nº 81/2018) e os Tribunais de Contas dos Estados de Minas Gerais (IN nº 06/2011), Pernambuco (IN nº 11/2013), Santa Catarina (IN nº 22/2015), Ceará (IN nº 02/2018) e do Distrito Federal (IN nº 290/2016), implementaram instruções normativas próprias, como instrumentos jurídicos que os legitimam enquanto órgãos aptos a realizarem a análise prévia da formalidade de documentos como editais de licitação, especialmente os de grande monta. Nesse sentido, usa-se da função preventiva, colaborativa e pedagógica para orientar gestores a arquitetarem de forma mais técnica projetos envolvendo políticas públicas.

Segundo a Instrução Normativa nº 81/2018, do Tribunal de Contas da União:

Art. 2º, §4º: Para fins de planejamento das ações de controle, os órgãos gestores dos processos de desestatização deverão encaminhar ao Tribunal de Contas da União *extrato do planejamento da desestatização prevista*, em que conste a descrição do objeto, previsão do valor dos investimentos, sua relevância, localização e respectivo cronograma licitatório, com antecedência mínima de cento e cinquenta dias da data prevista para publicação do edital.

Art. 3º: O Poder Concedente deverá disponibilizar, para a realização do acompanhamento dos processos de desestatização, pelo Tribunal de Contas da União, *os estudos de viabilidade e as minutas do instrumento convocatório e respectivos anexos*, incluindo minuta contratual e caderno de encargos, já consolidados com os resultados decorrentes de eventuais consultas e audiências públicas realizadas, materializados nos seguintes documentos, quando pertinentes ao caso concreto (...).

O Tribunal de Contas do Estado do Ceará, por exemplo, reserva um setor específico, denominado "Gerência de Fiscalização de Desestatização", para se dedicar à análise de editais que envolvem processos de desestatização, bem como ao monitoramento das recomendações feitas ao gestor da política pública. O setor foi criado e é disciplinado pela Instrução Normativa nº 02/2018 do TCE/CE, que dispõe sobre o envio de documentos e o controle concomitante da fase interna dos processos de desestatização, assim compreendida a fase anterior à publicação do edital:

> Art. 1º Ao Tribunal de Contas do Estado do Ceará – TCE/CE compete acompanhar, fiscalizar e avaliar os processos de desestatização realizados pela Administração Pública Estadual e Municipal, compreendendo as privatizações de empresas, inclusive instituições financeiras, as concessões e permissões de serviços públicos, a contratação de parcerias público-privadas (PPP), nos termos do art. 175 da Constituição Federal e das normas legais pertinentes.

Os órgãos e entidades jurisdicionados cujos Tribunais de Contas já tenham disciplinado normativos próprios terão prazo específico para disponibilizar os estudos de viabilidade e as minutas do instrumento convocatório e respectivos anexos, incluindo minuta contratual e caderno de encargos, já consolidados com os resultados decorrentes de eventuais consultas e audiências públicas realizadas, para, então, viabilizar o acompanhamento dos processos de desestatização por esta Corte de Contas.

A seleção dos processos de desestatização, que serão objeto de análise por parte da unidade técnica, levará em consideração os critérios de materialidade, relevância, oportunidade, risco e capacidade técnica da referida unidade.

Passada essa etapa, o Tribunal de Contas ofertará parecer técnico acerca dos documentos recebidos e orientará o gestor e sua equipe à melhoria formal do projeto, caso necessário, sem que a ausência de manifestação sobre ponto específico pressuponha aprovação automática ou regularidade. O caso ainda poderá ser analisado outra vez nos demais procedimentos de inspeção e prestação de contas pelo Tribunal de Contas.

Esse é o modelo institucional vigente em alguns Tribunais de Contas, que têm canalizado para obter resultados positivos na implementação de projetos públicos. Observamos, então, que a postura preventiva tem sido o novo horizonte a conduzir o papel institucional dos Tribunais de Contas do país. O instrumento normativo tem sido o primeiro passo para uma mudança na cultura dos arranjos institucionais, favorecendo a cooperação entre os gestores e o Tribunal de Contas.

Por fim, ainda tratando sobre os novos aspectos que envolvem as funções institucionais dos Tribunais de Contas, a Emenda Constitucional nº 109/2021, publicada em 15 de março de 2021, trouxe diversas inovações para o Direito Financeiro e previu medidas mais rígidas sob a ótica do controle externo feito pelos Tribunais de Contas:

> Neste ponto, cabe também acrescentar a urgente necessidade das cortes refletirem sobre a necessidade de criar: *novas métricas de análises e avaliação das metas de resultados nominal e primário, monitoramento da aplicação da Regra de Ouro, requisitos para emissão de certidões*

(verificações dos limites/condições para contratação das operações de crédito), realização de auditorias específicas à dívida pública, criação de novos indicadores de avaliação e afins.

Além da análise da trajetória sustentável da dívida no parecer prévio, os Tribunais de Contas podem realizar a *fiscalização por meio de acompanhamentos, levantamentos, monitoramentos, inspeções e auditorias, tendo por base as metodologias das normas internacionais de fiscalização do setor público (IFPP- INTOSAI e, sua tradução ao português, NBASP- IRB)*

De acordo com o artigo 167-A da EC nº 109/21, no âmbito dos Estados, DF e Municípios, se apurado que a relação entre as despesas correntes e as receitas correntes, do período de 12 (doze) meses, superar 95%, é facultado aos entes aplicar mecanismos de ajustes ficais de vedação de concessão de alguns benefícios ou ações na área de atos de pessoal (incisos I a VI); de criação ou reajustes de despesas obrigatórias (VII e VIII); de aumento de dívida (IX); de benefícios tributários (X). *Caso o ente supere o limite de 95% referido acima, e, enquanto não adotar as medidas de ajustes fiscais citadas, não poderá receber garantias de outro ente da Federação, nem tomar operação de crédito de outro ente, inclusive refinanciamentos ou renegociações. E, para atestar se as medidas de ajustes fiscal foram adotadas, os Tribunais de Contas é quem tem atribuição de emitir declaração.* (Grifo nosso).[25]

Portanto, diante do arcabouço legislativo que foi apresentado, a conjuntura nacional enxerga no papel institucional dos Tribunais de Contas uma perspectiva de auxílio à mudança do cenário fiscal e orçamentário brasileiro no período pós-pandemia.

Conclusão

Na permanente e sistemática busca pela melhoria dos projetos públicos, especialmente os que atendem políticas públicas, o futuro dos Tribunais de Contas se desenha em estar, cada vez mais, próximo dos gestores públicos, em tom de cooperação, para orientar e fortalecer institucionalmente seu papel pedagógico enquanto fiscal das contas públicas, contribuindo para a concretização de metas e objetivos propostos nas políticas públicas.

Para tanto, entende-se que as instituições públicas precisam ser continuamente avaliadas e remodeladas para alcançarem resultados mais consistentes. O modelo de atuação dos Tribunais de Contas precisa ser modernizado para acompanhar tantas demandas públicas, especialmente no que tange ao controle de gastos e ao planejamento de políticas públicas.

Em um momento pandêmico, em que as contas públicas têm dificuldade de se estabilizar, disseminar o conhecimento de como a mudança de um planejamento da política pode criar um ambiente de maiores oportunidades e resultados é de suma importância, especialmente para equilibrar o saldo de receita com despesas públicas.

Diante do panorama de saúde fiscal questionável dos Estados e Municípios, e, ao mesmo tempo, da necessidade de maiores investimentos nas políticas públicas, entende-se que o Tribunal de Contas poderia desempenhar papel estratégico, e em maior escala, por meio da análise prévia dos documentos que viabilizarão projetos públicos e de avaliação de políticas públicas.

Para tanto, o incentivo ao uso da análise *ex ante* e o fortalecimento dos Tribunais de Contas em função preventiva são fundamentais. Isso significa viabilizar a sistemática de

---

[25] CAVALCANTE, Crislayne; MACIEL, Vitor. Emenda Constitucional nº 109/21 estipula novas atribuições aos Tribunais de Contas. *Instituto Rui Barbosa*, 28 jun. 2021. Disponível em: https://irbcontas.org.br/emenda-constitucional-109-21-estipula-novas-atribuicoes-aos-tribunais-de-contas/. Acesso em 15 jul. 2021.

cooperação entre os Tribunal de Contas e os gestores públicos, por meio da exploração da função pedagógica do órgão de controle. Dessa forma, os gastos públicos serão realizados de modo mais planejado e, ao mesmo tempo, o gestor público terá mais segurança para realizar investimentos, especialmente os de maior repercussão financeira.

Diante da complexidade dos arranjos institucionais e dos resultados mais específicos a serem obtidos, especialmente nos programas de políticas públicas, o modelo de Tribunal de Contas, atualmente vestido de excesso de formalidades, deve abrir alas para mostrar-se com roupagem nova, acrescentando ao seu crivo de legalidade estrita, o uso de critérios de economicidade, eficiência, eficácia, efetividade, equidade, sustentabilidade, transparência, mapeamento de resultados, relevância e utilidade da política, com o intuito de rever o alcance da sua atuação na análise e avaliação de políticas públicas.

O que se espera, então, é o aperfeiçoamento dos mecanismos de cooperação com a autoridade gestora, bem como o compromisso das instituições em participar ativamente desse processo de integração na construção da decisão pública, com maior aproximação entre gestores públicos e Tribunais de Contas.

Dessa forma, a autorização concedida no processo eleitoral é um processo de aquisição de credibilidade contínua, e o político bem-sucedido é aquele que reconhece que suas ideias devam passar pelo crivo constante dos demais atores na sistemática democrática, como forma de alcançar maior congruência na tomada de decisões. Portanto, a integração das instituições democráticas no cenário de aperfeiçoamento das decisões políticas é importante para obtenção de melhores resultados.

Talvez seja a pandemia de COVID-19 um gatilho para se promover a compatibilidade entre governabilidade e controle externo, com maior participação de vários interessados no aperfeiçoamento da tomada de decisões. Diante de tais constatações, o que se espera, portanto, é que o mecanismo de *accountability* posterior ao procedimento eleitoral promova maior planejamento e responsividade dos gestores públicos.

Com isso, entende-se que a política deva ser construída em conjunto. Defende-se, portanto, que a governabilidade e a participação prévia dos Tribunais de Contas podem ser elementos complementares e que se auxiliam na formulação e implementação de melhores decisões, especialmente quando se trata de políticas públicas.

Como visto, o Governo Federal lançou, em 2018, o "Guia prático de análise *ex ante*", identificando etapas ao bom planejamento de políticas públicas. O modelo merece ser replicado nos demais âmbitos federativos e, certamente, consiste em um avanço considerável na melhoria da arquitetura, desenvolvimento e resultados de políticas públicas, além de, certamente, impactar no gasto público mais eficiente. Reforçamos que, conforme o referido Guia, as etapas da análise *ex ante* consistem em: i) realizar o diagnóstico do problema; ii) identificar as características da política: objetivos, ações, público-alvo e resultados esperados; iii) fazer o desenho da política; iv) definir a estratégia de construção de confiabilidade e credibilidade; v) definir a estratégia de implementação; vi) definir as estratégias de monitoramento, de avaliação e de controle; vii) analisar o custo-benefício; e viii) calcular o impacto orçamentário.

Ainda, a Resolução nº 04/2021, de 14 de maio de 2021, do Instituto Rui Barbosa (IRB), associação civil criada pelos Tribunais de Contas do Brasil, inclui às Normas Brasileiras de Auditoria do Setor Público a NBASP 9020-Avaliação de Políticas Públicas, que corresponde à GUID 9020- Evaluation of Public Policies da Estrutura de Pronunciamentos Profissionais da Organização Internacional das Entidades Fiscalizadoras Superiores (INTOSAI), com o objetivo de internalizar diretrizes à realização de análise e avaliação de políticas públicas pelos Tribunais de Contas.

O avanço legislativo demonstra o incentivo ao modelo de cooperação entre as instituições públicas. Os Decretos nºs 9.191/2017 e 9.203/2017 são exemplos que sinalizam as diretrizes para o envio de atos normativos ao governo federal, corroborando o fortalecimento da política de governança na administração pública federal. Já a Emenda Constitucional nº 109/2021 expõe o novo papel a ser desempenhado pelos TCs ao sugerir a implementação de métricas para a avaliação do gasto público, bem como determinar que compete aos TCs a emissão de declaração de descumprimento do limite de 95% de gasto por determinado ente federativo, que pode perdurar enquanto não adotar as medidas de ajustes fiscais, não podendo, assim, esse ente receber garantias de outro ente da Federação, nem tomar operação de crédito de outro ente, inclusive refinanciamentos ou renegociações. Põe-se, então, um holofote na instituição de controle e nela se projeta uma função estratégica que, além da colaboração com os demais entes federativos, não perde sua autoridade fiscalizatória.

Incorporadas essas etapas nos atos de gestão pública, aos Tribunais de Contas recai o papel fundamental de orientar e demonstrar possíveis inconsistências formais dos projetos, antes de serem efetivamente implementados. Como exposto antes, esse modelo de cooperação simboliza um avanço no panorama institucional e já tem sido implementado pelo Tribunal de Contas da União (IN nº 81/2018) e os Tribunais de Contas dos Estados de Minas Gerais (IN nº 06/2011), Pernambuco (IN nº 11/2013), Santa Catarina (IN nº 22/2015), Ceará (IN nº 02/2018) e do Distrito Federal (IN nº 290/2016), quando tais TCs já incorporaram nas suas rotinas a participação prévia, por meio de pareceres, no acompanhamento da formulação, por exemplo, de edital de desestatização. Propõe-se, neste trabalho, um avanço às conquistas legislativas já alcançadas e que estão em fase de incorporação na cultura da administração pública: as políticas e os programas criados ou reformulados, além do parecer jurídico e do parecer técnico/de mérito da própria gestão, cujas inovações legislativas exigem que digam qual a serventia da política pública, qual o público alvo, quais os objetivos e os resultados esperados, o que justifica o governo lançar determinado programa, dentre outros requisitos, poderiam vir acompanhados de análise prévia pelo Tribunal de Contas, ainda na fase anterior à implementação da política pública, sem que isso signifique antecipação de julgamento da Corte. Os TCs poderiam se utilizar, então, de sua expertise, e ofertar parecer técnico do controle externo, sinalizando que, do ponto de vista formal (uma vez que não se pretende substituir a vontade substancial do gestor público), o projeto tem viabilidade e se sustenta para avançar às próximas fases. O projeto piloto dessa proposta pode ser avaliado, caso a caso, por cada TC e pode ser estabelecido um valor de alçada para que determinado projeto seja avaliado. Uma vez incorporada essa cultura, a intenção é que se estenda aos demais projetos, viabilizando, assim, um ambiente mais otimizado de resultado de políticas públicas entregues e de gasto público de qualidade, tanto para o gestor público quanto para o Tribunal de Contas e para a sociedade, que é quem mais se beneficia com a nova sistemática.

O formato institucional focado na atuação preventiva e colaborativa inaugura um novo tempo para o controle externo e corresponde ao futuro dos Tribunais de Contas brasileiros. Privilegia o diálogo e a cooperação, distanciando-se da postura unicamente repressiva e sancionadora, para ocupar espaço de participação prévia, apta a auxiliar positivamente na qualidade dos produtos entregues à sociedade, por meio dos projetos de políticas públicas de maior qualidade, concretizados com gasto público mais consciente.

Referências

ARANTES, R. B. *et al.* Controles democráticos sobre a administração pública no Brasil: legislativo, tribunais de contas, Judiciário e Ministério Público. *In*: *Burocracia e política no Brasil*: desafios para o Estado democrático no século XXI. Rio de Janeiro: Ed. FGV, 2010.

ARANTES, Rogério Bastos; ABRUCIO, Fernando Luiz; TEIXEIRA, Marco Antônio Carvalho. A imagem dos Tribunais de Contas subnacionais. *Revista do Serviço Público*, v. 56, 2005.

BRASIL. Casa Civil da Presidência. *Avaliação de políticas públicas*: guia prático de análise Ex Ante. Brasília: Ipea, 2018.

BRASIL. Decreto nº 966-A, de 7 de novembro de 1890. Crêa um Tribunal de Contas para o exame, revisão e julgamento dos actos concernentes á receita e despeza da República. Legislação Informatizada da Câmara dos Deputados – Publicação Original. *Coleção de Leis do Brasil de 1890*. Disponível em: https://www2.camara. leg.br/legin/fed/decret/1824-1899/decreto-966-a-7-novembro-1890-553450-publicacaooriginal-71409-pe.html. Acesso em 2 mar. 2020.

BRASIL. Constituição da República dos Estados Unidos do Brasil, de 24 de fevereiro de 1891. Nós, os representantes do povo brasileiro, reunidos em Congresso Constituinte, para organizar um regime livre e democrático, estabelecemos, decretamos e promulgamos a seguinte. *Diário Oficial da União*, Rio de Janeiro, 24 fev. 1891. Disponível em: http://www.planalto.gov.br/ccivil_03/constituicao/constituicao91.htm. Acesso em 2 mar. 2019.

BRASIL. Constituição da República Federativa do Brasil de 1988. *Diário Oficial da União*, Brasília, 05 out. 1988. Disponível em: http://www.planalto.gov.br/ccivil_ 03/constituicao/constituicaocompilado.htm. Acesso em 2 abr. 2019.

BRESSER PEREIRA, Luiz Carlos. Reforma gerencial e legitimação do estado social. *Revista de Administração Pública*, v. 51, 2017. Disponível em: http://bibliotecadigital.fgv.br/ojs/index.php/rap/article/view/65932/63595. Acesso em 19 mar. 2020.

CAVALCANTE, Crislayne; MACIEL, Vitor. Emenda Constitucional nº 109/21 estipula novas atribuições aos Tribunais de Contas. *Instituto Rui Barbosa*, 28 jun. 2021. Disponível em: https://irbcontas.org.br/emenda-constitucional-109-21-estipula-novas-atribuicoes-aos-tribunais-de-contas/. Acesso em 15 jul. 2021.

DAHL, Robert. *Poliarquia*: participação e oposição. São Paulo: Editora EDUSP, 1997.

INSTITUTO RUI BARBOSA. *NBASP 9020*: avaliação de políticas públicas. Disponível em: https://irbcontas.org.br/wp-content/uploads/2020/04/NBASP__9020-_Avalia%C3%A7%C3%A3o_de_Pol%C3%ADticas_P%C3%BAblicas_v_24-03-20.pdf. Acesso em 30 mar. 2021.

LIJPHART. *Patterns of Democracy*. Londres: Yale University Press, 1999.

LIMA, Edilberto Carlos Pontes. Os Tribunais de Contas e a Sociedade. *Tribunal de Contas do Estado do Ceará*, 16 ago. 2016. Disponível em: https://www.tce.ce.gov.br/comunicacao/artigos/2590-os-tribunais-de-contas-e-a-sociedade. Acesso em 10 mar. 2019.

MAXWELL, J. *Designing a Qualitative Study. The SAGE Handbook of Applied Social Research Methods*. L. Bickman and D. Rog. London: Sage Publication, 2007.

MONITOR FISCAL. Nota Técnica nº 11. Carta de Conjuntura Macrofiscal. *Análise do mecanismo de ajuste fiscal estadual da EC nº 109/2021*. Disponível em: https://ipc.tce.ce.gov.br/images/nupesq/nota_tecnica11.pdf. Acesso em 15 jul. 2021.

O'DONNEL, Guillermo. Accountability Horizontal e novas poliarquias. *Revista Lua Nova*, São Paulo, n. 44, 1998.

PINZANI, Alessandro. Democracia versus tecnocracia: apatia e participação em sociedades complexas. *Lua Nova*, n. 89, 2013.

SCHUMPETER, J. *Capitalismo, socialismo e democracia*. Rio de Janeiro: Zahar Editores, 1984.

STARK, David; BRUSZT, Laszlo. Enabling constraints: fontes institucionais de Coerência nas políticas públicas no pós-socialismo. *Revista Brasileira de Ciências Sociais*, São Paulo, v. 13 n. 36, feb. 1998.

THIES, C. A Pragmatic Guide to Qualitative Historical Analysis in the Study of International Relations. *International Studies Perspectives*, n. 3, v. 4, p. 351-372, 2002.

URBINATI, Nádia. O que torna a representação democrática? *Revista Lua Nova*, São Paulo, n. 67, p. 191-228, 2006.

Informação bibliográfica deste texto, conforme a NBR 6023:2018 da Associação Brasileira de Normas Técnicas (ABNT):

TEIXEIRA, Marco Antônio Carvalho; GOMES, Maria Alice Pinheiro Nogueira. Os Tribunais de Contas do século XXI: atuação preventiva e colaborativa para melhores resultados com políticas públicas. *In*: LIMA, Edilberto Carlos Pontes (Coord.). *Os Tribunais de Contas, a pandemia e o futuro do controle*. Belo Horizonte: Fórum, 2021. p. 395-415. ISBN 978-65-5518-282-8.

EVIDÊNCIAS CIENTÍFICAS E O FUTURO DOS TRIBUNAIS DE CONTAS

MARCOS ROLIM

Introdução

A expressão "evidência" possui significados distintos. No linguajar comum, uma evidência é algo que se apresenta aos sentidos como indiscutível. Quando dizemos "isso é evidente", costumamos reforçar a noção de que todos percebem o fenômeno ao qual nos referimos. Outro uso coloquial do termo ocorre quando se diz que alguém ou algo está "em evidência", indicando, assim, um destaque percebido como atenção pública. Já para o método científico, evidência (*evidence*) é o equivalente à prova (ou indício) obtida em pesquisa.

Há evidências de diferentes graus de cientificidade, de modo que se pode falar em evidências mais ou menos robustas. Isso ocorre porque há diferentes tipos de estudos científicos. Quando um cientista observa o desenrolar dos fatos em um caso específico ou em uma série de casos e relata de forma sistematizada suas observações, estamos diante de estudo de natureza exploratória que não tem a pretensão de oferecer qualquer explicação a respeito de fenômenos complexos, mas de chamar a atenção da comunidade científica para algo cujas dinâmicas causais talvez mereçam ser estudadas. O mesmo pode ser dito, também, como regra, sobre os estudos qualitativos. Relatos de natureza observacional ou estudos sobre a percepção das pessoas são importantes, ainda que não ofereçam a possibilidade de se estabelecer relações causais. Para isso, como se sabe, é necessário lidar com estudos quase-experimentais e experimentais com grupos de intervenção e de controle. Nesse tipo de estudo, o "padrão ouro" é oferecido pelos estudos randômicos, ou seja: por pesquisas onde os participantes foram designados aleatoriamente, evitando-se, por decorrência, o chamado "viés de seleção" (*selection bias*). Na tabela 1, usada no âmbito das ciências médicas, temos uma das sínteses mais comuns a respeito da escala de cientificidade:[1]

---

[1] É comum que estudos científicos encontrem evidências conflitantes. Por conta disso, uma nova camada de estudos de alta cientificidade pode ser acrescentada para incorporar os chamados estudos de Revisão Sistemática

Tabela 1

Level	Type of Study	Advantages	Threats to Validity
1	Randomized clinical trial(s)	Only design that permits the detection of adverse effects when the adverse effect is similar to the event that treatment is trying to prevent	Underpowered for detecting adverse effects
2	Cohort	Prospective data collection, defined cohort	Critically depends on follow-up, classification, and measurement accuracy
3	Case-control	Cheap and fast to perform	Selection and recall bias; temporal relationship may not be clear
4	Phase 4	If sufficiently large, can detect rare but important adverse effects	No, or unmatched, control group; critically depends on follow-up, classification, and measurement accuracy
5	Case series	Cheap and fast to perform	Small sample size; selection bias; no control group
6	Case report(s)	Cheap and fast to perform	Small sample size; selection bias; no control group

Fonte: McAlistyer *et al.* (1999, p. 1376).

No trabalho de auditoria realizado pelos Tribunais de Contas, evidências são muito importantes. Normalmente, a expressão aparece para designar informações coletadas que atestam despesas e comprovam providências de gestão e práticas administrativas. Assim, por exemplo, documentos como editais, empenhos, recibos evidenciam procedimentos sujeitos à auditoria e podem demonstrar o quanto os gestores aderem às normas legais. Nas empresas de capital aberto, os acionistas são os mais interessados em que as demonstrações financeiras sejam auditadas por órgãos independentes, de tal modo que possam se certificar sobre qual é, verdadeiramente, o desempenho da empresa. No setor público, a cidadania é quem deve se certificar do desempenho dos governantes, um processo que está na origem de uma das mais importantes características do Estado Democrático de Direito, o controle social. Não por acaso, aliás, vários autores[2] têm destacado o papel dos Tribunais de Contas como órgãos essenciais à democracia e à defesa dos direitos fundamentais.

(*Systematic Review Studies*). (PETTICREW, M.; ROBERTS, H. *Systematic reviews in the social sciences*: a practical guide. Malden: Blackwell Publishing, 2006).

[2] BRITTO, Carlos Ayres. O regime constitucional dos Tribunais de Contas. *Fórum Conhecimento Jurídico*, 2018. Disponível em: https://www.editoraforum.com.br/noticias/o-regime-constitucional-dos-tribunais-de-contas-ayres-britto/. Acesso em 09 jul. 2021; ROSSI, Danilo Valdir Vieira. *O tribunal de contas e a qualidade da democracia*: um comparativo entre modelos institucionais. (Orientadora: Nina Beatriz Stocco Ranieri). Tese (Doutorado em Direito) Faculdade de Direito, USP, São Paulo, 2017. Disponível em: https://www.teses.usp.br/teses/disponiveis/2/2140/tde-05032021-151042/pt-br.php. Acesso em 06 jul. 2021; *FARIA, Nádia Rezende. Tribunal de Contas na Constituição de 1988: controle social e accountability.* Dissertação (Mestrado em Ciências Humanas), Goiânia, 2013. Disponível em: http://tede2.pucgoias.edu.br:8080/bitstream/tede/2673/1/NADIA%20REZENDE%20FARIA.pdf. Acesso em 08 de jul. de 2021; SCLIAR, Wremyr. *Democracia e Controle Externo da Administração Pública.* (Orientador: Eugênio Facchini Neto). Dissertação (Mestrado em Direito), Faculdade do Direito, PUCRS, Porto Alegre, 2007. Texto parcial disponível em: https://tede2.pucrs.br/tede2/bitstream/tede/4311/1/396052.pdf. Acesso em 08 jul. 2021; MOREIRA NETO, Diogo de Figueiredo. O parlamento e a sociedade como destinatários do trabalho dos Tribunais de Contas. *In*: SOUZA, Alfredo José de *et al. O novo Tribunal de Contas*: órgão protetor dos direitos fundamentais. 3. ed. rev. ampl. Belo Horizonte: Fórum, 2005.

Este artigo discute o uso de evidências em um sentido específico e ainda pouco destacado no Brasil. Abordamos a possibilidade de que evidências científicas colhidas em processos de avaliação de políticas públicas – realizados diretamente pelos Tribunais e/ou pela comunidade científica – passem a ser consideradas como elementos decisivos no julgamento das contas dos gestores públicos.

Para tanto, mostramos, inicialmente, como essa tendência tem aparecido nos julgados pela Justiça, com destaque para a experiência estadunidense. Ato contínuo discutimos a possível repercussão do tema no trabalho dos Tribunais de Contas, o que nos permite sugerir que o futuro dos Tribunais poderá se encontrar com as evidências de modo a instituir uma nova natureza ao controle externo.

1 Uso de evidências em decisões judiciais

Muitas das decisões que devem ser tomadas pelo Poder Judiciário precisam lidar com evidências, não apenas no sentido tradicionalmente empregado na abordagem forênsica e em julgamentos criminais, onde se lida com evidências a serem usadas para a condenação ou para a absolvição dos réus, mas no sentido mais amplo de evidências encontradas em pesquisas científicas e que permitem antever os efeitos práticos mais prováveis das sentenças. Nos Estados Unidos, desde as primeiras decisões que iriam constituir a tradição do Realismo Jurídico (*Legal Realism*) entre os anos 20 e 40 do século passado, pesquisas científicas já eram muito empregadas para embasar decisões judiciais.[3]

Assim, por exemplo, no caso *Muller vs. Oregon*, uma decisão da Suprema Corte de 1908 decidiu que as mulheres deveriam ser protegidas de extensas jornadas de trabalho com base em um documento apresentado pelo advogado Louis Bradeis, contendo mais de 100 páginas, das quais apenas duas continham argumentos propriamente jurídicos; sendo todo o restante formado por evidências sociológicas. O *briefing* utilizado na defesa dos interesses das mulheres nesse caso passou à história como *"Brandeis Brief"*.[4]

Em 1923, na decisão em *Frye vs. United States*, a Corte do Distrito de Columbia decidiu não aceitar a evidência apresentada pela defesa que mostrou os resultados do teste de pressão sistólica ao qual se submeteu o réu (uma técnica precursora do polígrafo). Em sua fundamentação, os magistrados assinalaram que o teste não gozava do status oferecido pelo reconhecimento científico entre os especialistas na área. Este padrão, identificado como a "Regra de Frye", se tornou a regra da maioria nos tribunais estaduais e o teste de controle em tribunais federais.[5]

Em 17 de maio de 1954, uma relevante decisão da Suprema Corte americana entendeu que escolas segregadas racialmente eram "inerentemente desiguais".[6] Ao se

---

[3] MONAHAN, J.; WALKER, L. Judicial use of social science research. *Law and Human Behavior*, n. 15, p. 571-584, 1991.

[4] O que assinala injustiça histórica, porque as evidências foram todas sistematizadas por sua cunhada, Josephine Goldmartk que era diretora de pesquisa da Liga Nacional dos Consumidores (*National Consumers League – NCL*).

[5] WESLEY, John W. Scientific Evidence and the Question of Judicial Capacity. William & Mary Law Review, v. 25, n. 4, article 8, 1984.

[6] A decisão passou a ser identificada com a expressão "Brown I", por conta de um dos casos examinados Brown v. Board Education. Decisão posterior, conhecida por "Brown II", determinou como as escolas deveriam proceder para a dessegregação.

decidir dessa forma, a Corte citou evidências encontradas por Kenneth e Mamie Clark e outros psicólogos que mostravam os efeitos deletérios da segregação racial.[7]

Desde então, evidências científicas e pareceres de cientistas consultados pelos magistrados têm informado muitas decisões sobre temas polêmicos como, por exemplo, em *Price Waterhouse v. Hopkins* (1989), em que os estudos sobre estereótipos sexuais foram decisivos para a sentença contra a discriminação sexual no trabalho.[8] As evidências foram citadas em decisões proferidas em primeira instância e em apelações, bem como na revisão da Suprema Corte, sendo que a Associação Americana de Psicologia (*American Psychological Association – APA*) atuou como *amicus curiae* no caso, validando o campo de estudos sobre estereotipagem sexual. A APA informou aos magistrados que as pesquisas sobre estereótipos sexuais eram correntes na comunidade científica, que certas condições no ambiente de trabalho podem discriminar grupos estereotipados, inclusive mulheres, e que tais condições estavam presentes no caso em exame.

Contemporaneamente, evidências colhidas pelas ciências sociais são consideradas tão importantes pelos tribunais americanos quanto os precedentes jurídicos.

> A autoridade social foi proposta (..) como um princípio organizador para o uso das ciências sociais pelos tribunais para criar ou modificar uma regra jurídica. Sob essa rubrica, os tribunais tratariam a pesquisa em ciências sociais como relevante para a criação ou modificação de uma regra jurídica como uma fonte de autoridade e não como uma fonte de fatos. Mais especificamente, tribunais tratariam a pesquisa em ciências sociais da mesma forma que tratam precedentes legais na tradição da Common Law.[9]

Ainda assim, há obstáculos a serem superados nos Estados Unidos, como apontam vários estudos. Ao que tudo indica, juízes americanos seguem manifestando incompreensões básicas a respeito do método científico. "Embora os tribunais tenham se tornado mais receptivos às contribuições das ciências sociais, eles continuam a exibir uma propensão caprichosa de rejeitar e desmerecer as descobertas empíricas".[10]

No Brasil, temos muito a avançar nesse ponto. No âmbito do Poder Judiciário, a propósito, há iniciativas importantes como a Resolução nº 107/2010, do Conselho Nacional de Justiça (CNJ), que instituiu o "Fórum Nacional do Judiciário para o monitoramento e a resolução das demandas de assistência à saúde", uma tentativa de assegurar um debate mais amplo a respeito de demandas judiciais na área da saúde, com a participação do Ministério Público, das Defensorias Públicas, da Ordem dos Advogados do Brasil, das universidades, de especialistas e pesquisadores. Em diversas oportunidades, decisões do Supremo Tribunal Federal (STF) já foram fortemente influenciadas por evidências científicas expostas por especialistas e pesquisadores de diferentes áreas em audiências

---

[7] TROPP, Linda R.; SMITH, Amy E.; CROSBY, Faye J. The Use of Research in the Seattle and Jefferson County Desegregation Cases: connecting Social Science and the Law. *Analyses of Social Issues and Public Policy*, v. 7, n. 1, p. 93-120, 2007.

[8] FISKE, S. T. *et al.* Social science research on trial: use of sex stereotyping research in Price Waterhouse v. Hopkins. *American Psychologist*, n. 46, v. 10, p. 1049-1060, 1991.

[9] MONAHAN, J.; WALKER, L. Judicial use of social science research. *Law and Human Behavior*, n. 15, p. 571-584, 1991. p. 575. (Tradução nossa).

[10] TREMPERT, Charles Robert. Sanguinity and Disillusionment Where Law Meets Social Science. *Law and Human Behavior*, v. 11, n. 4, 1987. p. 274.

públicas. Esse foi o caso, apenas a título de ilustração, da histórica decisão tomada no julgamento da Arguição de Descumprimento de Preceito Fundamental 54 que tratava da antecipação terapêutica do parto nos casos de fetos anencéfalos. O relator, o então ministro Marco Aurélio, reproduziu em seu voto várias evidências apresentadas ao STF por cientistas como, por exemplo, na passagem a seguir:

> O anencéfalo, tal qual o morto cerebral, não tem atividade cortical. Conforme exposição do Dr. Thomaz Rafael Gollop – representante da Sociedade Brasileira para o Progresso da Ciência, Professor Livre Docente em Genética Médica da Universidade de São Paulo e Professor de Ginecologia da Faculdade de Medicina de Jundiaí –, no eletroencéfalo dos portadores da anomalia, há uma linha isoelétrica, como no caso de um paciente com morte cerebral. Assim, concluiu o especialista, "isto é a morte cerebral, rigorosamente igual. O anencéfalo é um morto cerebral, que tem batimento cardíaco e respiração".[11]

A complexidade do tema envolveu para o seu deslinde não apenas o recurso à hermenêutica jurídica, mas um conjunto de conhecimentos aportados por geneticistas, neurologistas, psicólogos, gestores do Sistema Único de Saúde (SUS), entre outros, o que, aliás, permitiu que a melhor decisão fosse tomada, por sobre o obscurantismo que sempre acompanhou o tema.

Temos, também, alguns julgados do STF a respeito da relação entre evidências científicas e políticas públicas. Lemos localizou 11 decisões desse tipo a respeito do enfrentamento à pandemia da COVID-19.

> Entre as abordagens, podemos dividir os argumentos favoráveis às políticas públicas baseadas em evidências em quatro aspectos jurídicos: a) a disposição expressa no artigo 3º, §1º, da Lei nº 13.979/2020; b) a observância dos princípios da precaução e prevenção; c) a competência da Administração para avaliar fatos e dados científicos; e d) a responsabilização *a posteriori* do gestor por erro grosseiro. (...) Nesse contexto, o texto do artigo 3º, §1º, da Lei nº 13.979/2020 fixa que as medidas contra a pandemia somente poderão ser determinadas com base em evidências científicas e em análises sobre as informações estratégicas em saúde. (...) *"somente poderão"* indica que as evidências científicas compõem diretriz central da conduta estatal, confiando na habilidade do gestor para utilizar conhecimentos técnicos no processo de tomada de decisão.[12]

O autor destaca que a postura do STF a respeito possui ainda muitas limitações, vez que a Corte preferiu reconhecer sua falibilidade na apreciação de evidências científicas, ainda que reconheça na ciência um fundamento essencial da ação governamental. Em síntese, para a autora, o STF "rejeitou a revisão judicial de fatos e dados científicos para privilegiar a *accountability* por meio da responsabilização posterior". Especificamente

---

[11] BRASIL. Supremo Tribunal Federal. *Arguição de Descumprimento de Preceito Fundamental 54*. Feto anencéfalo – Interrupção da gravidez – Mulher – Liberdade sexual e reprodutiva – Saúde – Dignidade – Autodeterminação – Direitos Fundamentais – Crime – Inexistência. Mostra-se inconstitucional interpretação de a interrupção da gravidez de feto anencéfalo ser conduta tipificada nos artigos 124, 126 e 128, incisos I e II, do Código Penal. Relator: Min. Marco Aurélio, 12 de abril de 2012. Disponível em: https://www.conjur.com.br/dl/acordao-interrupcao-gravidez-anencefalo.pdf. Acesso em 14 jul. 2021.

[12] LEMOS, Eliza. Evidências científicas em tempos de Covid-19 e o Supremo Tribunal Federal. *Consultor Jurídico*, 2021. Disponível em: https://www.conjur.com.br/2021-abr-29/eliza-lemos-evidencias-cientificas-supremo-tribunal-federal#_ftn3. Acesso em 10 jul. 2021.

quanto às políticas de enfrentamento à COVID-19, o STF decidiu que a responsabilização por erro grosseiro se dará diante de ações ou omissões que contrariem normas e critérios científicos firmados por entidades reconhecidas nacional ou internacionalmente, uma opção que desconsidera os critérios científicos e o processo que pode legitimar uma posição tomada por "entidade reconhecida".[13] No caso brasileiro, a posição expressa pelo Conselho Federal de Medicina (CFM), por exemplo, que ampara o chamado "tratamento precoce" e invoca a autonomia médica, cita estudos publicados em periódicos sem qualificação acadêmica e sem revisão duplo-cega por pares (*double blind peer review*),[14] na contramão das evidências de alta cientificidade encontradas em estudos clínicos randomizados e em revisões sistemáticas (*systematic reviews*).

> Melhor seria se o Supremo tivesse estipulado um padrão de controle que envolvesse a análise de um conjunto de indicadores científicos, no estilo do chamado Teste Daubert, estabelecido em um precedente de 1993 da Suprema Corte dos Estados Unidos. No julgamento do caso *Daubert v. Merrell Dow Pharmaceuticals*, a Suprema Corte entendeu que os juízes devem exercer a função de "guardas dos portões" do Poder Judiciário contra a entrada de toda forma de *junk science*. Para isso, os juízes poderiam se valer de um ou mais dos seguintes critérios: 1) examinar se a teoria ou técnica que embasa a opinião do expert foi testada; 2) se ela foi publicada em período científico com processo de revisão por pares; 3) qual a sua margem de erro conhecida ou potencial; e 4) se ela encontra aceitação geral na comunidade científica relevante.[15]

Estudos mais amplos a respeito do tema poderão, oportunamente, identificar o quanto decisões que valoram evidências científicas têm sido tomadas pelo Poder Judiciário brasileiro. Os dados disponíveis indicam, entretanto, que suas decisões seguem bastante marcadas por posturas tradicionais tributárias do positivismo ou, por contraste, ancoradas em uma espécie de "decisionismo jurídico" e por visão nunca bem definida do que se deva entender por "convicção".[16] Ambas as abordagens desconsideram evidências científicas, o que é notável inclusive quando a Justiça lida com temas em que evidências científicas são cruciais para se avaliar o impacto das decisões, como na área da saúde, por exemplo. Pesquisa realizada por Dias e Silva Júnior,[17] a propósito, nas decisões dos Tribunais Federais e no Tribunal de Justiça de São Paulo, a partir da

---

[13] HERDY, Rachel. Precedente do STF pode beneficiar negacionistas. *Questão de Ciência*, 2021. Disponível em: https://www.revistaquestaodeciencia.com.br/index.php/artigo/2021/06/01/precedente-do-stf-pode-beneficiar-negacionistas. Acesso em 8 jul. 2021.

[14] As evidências mostram que revisões do tipo "duplo-cego" são muito mais rigorosas do que revisões "single-blind" quando os revisores sabem a identidade dos autores (BLANK, Rebecca M. The Effects of Double-Blind versus Single-Blind Reviewing: experimental Evidence from The American Economic Review. *The American Economic Review*, v. 81, n. 5, p. 1041-1067, 1991).

[15] HERDY, Rachel. Precedente do STF pode beneficiar negacionistas. *Questão de Ciência*, 2021. Disponível em: https://www.revistaquestaodeciencia.com.br/index.php/artigo/2021/06/01/precedente-do-stf-pode-beneficiar-negacionistas. Acesso em 8 jul. 2021.

[16] A esse respeito, a crítica feita por Streck aponta para a distância que ainda separa as decisões judiciais das evidências científicas no Brasil. (STRECK, Lênio. Que tal exigir evidências científicas nas decisões do seu tribunal? *Consultor Jurídico*, 2018. Disponível em: https://www.conjur.com.br/2018-jun-07/senso-incomum-tal-exigir-evidencias-cientificas-decisoes-tribunal. Acesso em 11 jul. 2021).

[17] DIAS, Eduardo Rocha; SILVA JÚNIOR, Geraldo Bezerra da. A Medicina Baseada em Evidências na jurisprudência relativa ao direito à saúde. *Einstein*, São Paulo, n. 14, v. 1, jan./mar. 2016.

busca pela expressão "Medicina Baseada em Evidências"[18] e da avaliação qualitativa dos julgados para saber se as decisões consideraram, por exemplo, a eficácia ou ineficácia de tratamentos ou de medicamentos constantes em protocolos clínicos antes de se deferir a medida buscada em juízo, encontrou que isso ocorreu em menos de 1/3 das decisões examinadas. Os autores concluíram que "é necessário ampliar a discussão da Medicina Baseada em Evidências nos processos envolvendo a saúde pública".

> O número de decisões em que se deu maior consideração à evidência científica e às peculiaridades dos pacientes é preocupante. Deve ser lembrado que sua desconsideração leva ao fornecimento de medicamentos e tratamentos desnecessários ou inadequados, ignorando alternativas disponibilizadas por planos de saúde e pelo Sistema Único de Saúde, onerando o sistema público de saúde e os planos.[19]

2 Controle externo com base em evidências

Em todas as democracias contemporâneas, percebe-se a importância crescente da definição de políticas públicas eficientes e de soluções político-administrativas capazes de contornar a crise fiscal e capacitar o Poder Público a oferecer respostas mais efetivas às demandas sociais. Os desafios da governança democrática promoveram o planejamento, o monitoramento e a avaliação de resultados e trouxeram para o primeiro plano temas como transparência, *accountability* e sustentabilidade. Essas mudanças impactam, também, a atuação dos órgãos de controle. No caso dos Tribunais de Contas, a Declaração de Moscou, aprovada em 2019, no XXIII Congresso Internacional das Entidades Fiscalizadoras Superiores (INCOSAI), oferece um bom exemplo dessa nova perspectiva, cada vez mais voltada para a necessidade de avaliação das políticas públicas.

> As novas metas nacionais e globais exigem o emprego de gestão pública baseada em desempenho e orientada a resultados para assegurar a prestação de contas dos governos ao parlamento e ao público em geral. As Entidades de Fiscalização Superiores (EFS) são estimuladas a promover *accountability* baseada na responsabilidade profissional, na confiança e em uma abordagem equilibrada de avaliação de resultados. A contabilidade orientada a resultados é de elaboração mais complexa, e muitos administradores públicos ainda estão adquirindo habilidades necessárias para planejar orçamentos voltados ao desempenho e para definir objetivos e resultados de desempenho não financeiros. Pode ser necessária uma atenção especial, por parte das EFS, para vincular as medições de desempenho a resultados complexos. Sendo relevante, as EFS podem focar na avaliação de impactos e resultados complexos ao auditar (fiscalizar) programas específicos de entidades públicas.

---

[18] A Medicina Baseada em Evidências é o paradigma proposto no início dos anos 90, consagrado pelo famoso "Relatório Flexner" nos Estados Unidos, que sugeriu mudanças nos currículos dos cursos de medicina, e que favoreceu o pensamento cientificamente orientado e o crescimento do uso da alta tecnologia. A ideia central é a de amparar raciocínios clínicos em estudos científicos e estratificar os diferentes tipos de estudos em níveis diversos de prova ou evidência. "A medicina baseada em evidências tira a ênfase da intuição, da experiência clínica assistemática e do raciocínio fisiopatológico como base suficiente para a tomada de decisão clínica e enfatiza o exame das evidências da pesquisa clínica. A medicina baseada em evidências requer novas habilidades do médico, incluindo uma busca eficiente da literatura e a aplicação de regras formais de evidência avaliando a literatura clínica" (GUYATT, Gordon *et al*. Evidence-Based Medicine. A New Approach to Teaching the Practice of Medicine. *The Journal of the American Medical Association*, n. 268, v. 17, p. 2420-2425, 1992).

[19] DIAS, Eduardo Rocha; SILVA JUNIOR, Geraldo Bezerra da. A Medicina Baseada em Evidências na jurisprudência relativa ao direito à saúde. *Einstein*, São Paulo, n. 14, v. 1, jan./mar. 2016. p. 05.

Em linha com um enfoque de auditoria abrangente do governo como um todo, as EFS podem auxiliar a trazer luz sobre os esforços dos diferentes níveis de governo de forma que esses esforços estejam alinhados com indicadores chave (indicadores locais, regionais e nacionais relacionados aos Objetivos de Desenvolvimento Sustentável – ODS). (...) As EFS poderiam reforçar sua comunicação com comunidades de especialistas e acadêmicas – uma fonte valiosa de informações relevantes e análises baseadas em evidências.[20]

No Brasil, desde a Constituição Federal de 1988, os Tribunais de Contas têm recebido atribuições bem mais amplas que a tradicional missão do exame contábil, financeiro e orçamentário da gestão pública. Além dessas, compete às Cortes de Contas a realização de inspeções e auditorias operacionais e patrimoniais, conforme disposição do art. 71, da Constituição. O tema do controle da legalidade dos atos administrativos tampouco exaure a missão dos Tribunais de Contas que devem, também, atentar para a economicidade e a razoabilidade das decisões tomadas pelos fiscalizados, porque trata-se de contribuir para a boa governança, no sentido da melhor aplicação dos recursos públicos. Por suposto, compete aos Tribunais de Contas garantir o estrito cumprimento pelos gestores dos princípios da administração pública elencados pelo art. 37 da CF: legalidade, impessoalidade, moralidade, publicidade e eficiência. Com efeito, tendo presente sua independência e a amplitude de suas prerrogativas, a natureza dos Tribunais de Contas pode ser melhor definida com o emprego do conceito proposto por Canotilho como "órgão constitucional de soberania".[21]

O importante a reter aqui é que o controle sobre a eficiência da administração e a atenção aos princípios da economicidade e da razoabilidade situam os Tribunais de Contas diante do desafio da avaliação das políticas públicas. Tratamos, então, de um novo controle externo, como o referiu a Dra. Daniela Zago Gonçalves da Cunda:

É nesse contexto, que os Tribunais de Contas têm de se inserir, ao cumprir suas atribuições previstas na Constituição, no exercício de um novo controle externo, utilizando-se de modernos mecanismos, como o termo de ajustamento de gestão, auditorias operacionais, audiências públicas, intercomunicação entre as instituições, dentre outros a serem desenvolvidos de maneira a melhor tutelar os direitos fundamentais. Nessa seara, além de propiciar um controle voltado para um conjunto de medidas adotadas pela administração para implementar a efetividade de direitos fundamentais, deixará de ser um controle que somente busca detectar falhas e aplicar sanções, mas que também diagnosticará de maneira mais célere eventuais irregularidades, apresentando as respectivas sugestões de soluções.[22]

As Normas Brasileiras de Auditoria do Setor Público[23] que tratam da avaliação de políticas públicas destacam a necessidade (de que os) Órgãos de Controle "não

---

[20] INSTITUTO RUI BARBOSA. Fórum Nacional de Auditoria. *Declaração de Moscou.* Curitiba, 2019. Disponível em: https://irbcontas.org.br/wp-content/uploads/2020/04/Declara%C3%A7%C3%A3o_de_Moscou_2019__tradu%C3%A7%C3%A3o_livre.pdf. Acesso em 11 jul. 2021.

[21] CANOTILHO, José Joaquim Gomes. *Direito Constitucional e teoria da Constituição.* Coimbra: Almedina, 1998.

[22] CUNDA, Daniela Zago Gonçalves da. Controle de políticas públicas pelos tribunais de contas: tutela da efetividade dos direitos e deveres fundamentais. *Rev. Bras. de Políticas Públicas,* Brasília, v. 1, n. 2, p. 111-147, jul./dez. 2011. p. 117.

[23] INSTITUTO RUI BARBOSA. NBASP 9020. *Avaliação de Políticas Públicas.* 2020. (Tradução livre de GUID 9020 – Evaluation of Public Policies confrontada com INTOSAI GOV 9400 – Lignes directrices sur l'évaluation des politiques publiques). Disponível em: https://irbcontas.org.br/wp-content/uploads/2020/04/

adentrem a política", o que ocorreria caso se pretendesse que posições exaradas pelos Tribunais em termos de política pública fossem vinculantes. O alerta possui suas razões, mas merece um debate mais detido. Nesse particular, aliás, a experiência de enfrentamento à pandemia da COVID-19 em um país assombrado pelo negacionismo e orientado pela necropolítica[24] parece desafiar o sistema de controle externo de uma maneira radicalmente nova. Seja como for, ainda que o pressuposto do *non plus ultra* seja aceito, ele não desobriga os Tribunais de avaliar resultados e impactos de políticas públicas, de oferecer recomendações aos gestores a partir das evidências encontradas e de publicizar suas conclusões de maneira a estimular o controle social. No mais, avaliações de políticas públicas realizadas pelos Tribunais de Contas,[25] se bem-feitas, oferecem aos agentes públicos e à sociedade civil dados fundamentais sobre o desempenho dos gestores, estabelecendo uma referência técnica indispensável capaz de contrastar eventuais informações falsas oferecidas ao público, assim como os discursos genéricos de caráter meramente publicitário a respeito dos resultados alcançados pelos governantes, o que é uma constante nas disputas políticas brasileiras. Nesse particular, assinale-se, os Tribunais de Contas podem desempenhar papel relevante na qualificação do debate político, oferecendo a todos os interessados, inclusive aos agentes políticos, informações imprescindíveis sobre os resultados das políticas públicas.

O conceito de "avaliação de políticas públicas" constante nas NBASP – 9020 é o seguinte:

> Uma avaliação de política pública é um exame que objetiva avaliar a utilidade desta. Ela analisa seus objetivos, implementação, produtos, resultados e impactos o mais sistematicamente possível, mede seu desempenho de modo a avaliar sua utilidade. Por isso, a avaliação está se tornando cada vez mais importante para o debate público, uma vez que os líderes políticos têm que tomar decisões com base em evidências.

O movimento de Políticas Públicas com Base em Evidências (PPBEs) tem uma das suas fortes referências na experiência britânica inaugurada oficialmente em 1999, com o lançamento do documento *Modernising Government*.[26] Apresentado ao Parlamento pelo então primeiro-ministro Tony Blair, o guia (*white paper*) fez com que a pergunta "O que funciona?" (*What Works?*) passasse a oferecer o desafio central para gestões orientadas

---

NBASP__9020-_Avalia%C3%A7%C3%A3o_de_Pol%C3%ADticas_P%C3%BAblicas_v_24-03-20.pdf. Acesso em 11 jul. 2021.

[24] MBEMBE, Achille. *Necropolítica*: biopoder, soberania, estado de exceção, política de morte. São Paulo: N-1 edições, 2018.

[25] Não necessariamente, os Tribunais precisam conduzir diretamente avaliações de políticas públicas, o que exige formação específica em estudos experimentais e quase-experimentais. Os TCs, entretanto, podem avaliar políticas públicas em diferentes áreas, utilizando evidências encontradas em estudos de alta cientificidade nacionais e internacionais. Podem também realizar estudos comparativos de desempenho, sempre que houver condições de isolar a variável da intervenção. Para o novo controle será preciso transitar em sua direção com uma redefinição do perfil necessário às auditorias que devem contar, também, com a presença de profissionais de áreas como Sociologia, Antropologia, Serviço Social, Pedagogia e Estatística; com um apoio interno de um Centro de Pesquisas e com a colaboração das universidades. Nesse particular, destaco a iniciativa recente do TCE-RS em formar, com a participação de renomados pesquisadores, um Comitê Científico que atuará como órgão consultivo da Corte.

[26] UNITED KINGDON. Modernizing Government. *Presented to Parliament by the Prime Minister and the Minister for the Cabinet Office by Command of Her Majesty*. March 1999. Disponível em: https://ntouk.files.wordpress.com/2015/06/modgov.pdf. Acesso em 11 jul. 2021.

pela eficiência, ao invés de pelas narrativas. Antes disso, o paradigma da Medicina Baseada em Evidências já havia iniciado sua revolução na formação médica e alterado práticas arraigadas em todo o mundo. Nas últimas décadas, políticas de segurança pública e de policiamento passaram a ser fortemente influenciadas pelo paradigma da segurança baseada em evidências[27] o que parece constituir uma tendência forte para as demais políticas públicas também pelo acesso a grandes bancos de dados (*big data*) e pelas amplas possibilidades de tratamento estatístico e de uso de novos *softwares* em pesquisas.

No caso brasileiro, em que pese o aumento no interesse pelo tema e os avanços que já tivemos, o uso de evidências ainda é pouco valorizado no processo de elaboração de políticas públicas que, como regra, também não são avaliadas. Essas características se traduzem na ineficiência de inúmeros programas e em extraordinário desperdício de recursos públicos. Pesquisa recente de Ferreira,[28] por exemplo, examinou os argumentos utilizados no Congresso a favor e contra o projeto de Lei nº 3.722/2012, que pretende flexibilizar as regras do controle de armas no Brasil, encontrando que as evidências utilizadas são de baixa qualidade ou insuficientes. Se em um ponto tão importante como esse, em torno do qual existem centenas de estudos de qualidade em todo o mundo e evidências fortes já no Brasil, como os trabalhos de Cerqueira e Mello[29] e Cerqueira e Cruz,[30] o que se dirá de outros projetos e iniciativas. Pesquisa recente de Palloti *et al.,*[31] que mapeou a evolução das estruturas organizacionais da administração pública no Brasil desde a redemocratização até o governo Temer, corroborou a baixa importância das evidências científicas para o Governo Federal. Como parte desse estudo, houve um *survey* com servidores de diferentes órgãos federais. Ao serem perguntados sobre a existência de unidade especializada na utilização de pesquisas em cada ministério, 43% dos servidores disseram não saber se o ministério possuía uma unidade do tipo e 29% afirmaram saber que ela não existia, um dado que, somado aos demais achados do estudo, levou os autores a identificarem "a ausência tanto de políticas quanto de estruturas institucionais voltadas ao estímulo e à disseminação dos preceitos do PPBE na burocracia federal".

---

[27] SHERMAN, Lawrence W.; BERK, Richard A. The Minneapolis Domestic Violence Experiment. *Police Fundation Report*, 1984. Disponível em: https://www.policefoundation.org/publication/the-minneapolis-domestic-violence-experiment/. Acesso em 07 jul. 2021; WEISBURD, David; GREEN, Lorraine. Policing Drug Hot Spots: The Jersey City DMA Experiment". *Justice Quarterly*, n. 12, n. 4, p. 711–735, 1995; LUM, Cinthia; KOPER, Chistopher S. *Evidence-Based Policing*: translating Research into Practice. Oxford: University Press, 2017.

[28] FERREIRA, Helder. Análise de qualidade de evidências científicas utilizadas em Política Pública: aplicação a documentos relativos à tramitação do PL nº 3.722/2012, que flexibiliza o controle de armas de fogo. Instituto de Pesquisa Econômica Aplicada (Ipea), *Boletim de Análise Político-Institucional*, n. 24, 2020. Disponível em: https://www.ipea.gov.br/portal/images/stories/PDFs/boletim_analise_politico/201203_bapi_24_art11.pdf. Acesso em 11 de jul. de 2021.

[29] CERQUEIRA, Daniel Ricardo de Castro; MELLO, João Manoel Pinho de. Menos armas, menos crimes. Texto para Discussão 1721. *Instituto de Pesquisa Econômica Aplicada (Ipea)*, 2012.

[30] CERQUEIRA, Daniel Ricardo de Freitas; CRUZ, Danilo Santa. Mapa das armas de fogo nas microrregiões brasileiras. *Instituto de Pesquisa Econômica Aplicada (Ipea)*, 2013.

[31] PALOTTI, Pedro *et al. A construção de evidências para as políticas públicas*: mapeamento da trajetória das estruturas organizacionais no governo federal brasileiro após a redemocratização. 2021. Disponível em: https://cienciapolitica.org.br/web/system/files/documentos/eventos/2021/01/construcao-evidencias-para-politicas-publicas-mapeamento.pdf. Acesso em 11 jul. 2021.

O fenômeno de afastamento dos processos de elaboração de políticas públicas no Brasil das evidências científicas alcançou um ponto até há bem pouco tempo inimaginável, no qual não se diverge mais quando da interpretação de um mundo comum, mas sobre a existência mesma desse mundo antes compartilhado como realidade fática. O processo, muito influenciado pela emergência de espaços anônimos e criptografados de interação virtual que passam a formar opinião sem a necessária responsabilidade pública e o contraditório, tem alimentado teorias conspiratórias, industrializado a mentira e promovido a intolerância em uma escala que já assinala ameaça real à frágil experiência democrática brasileira. É esse cenário concreto que desafia as instituições brasileiras.

Os Tribunais de Contas do Brasil já possuem uma importante tradição de auditorias operacionais, abordagem que possibilita a avaliação de políticas públicas e a apresentação de recomendações aos gestores. Vários desses trabalhos se destacam por sua relevância e pelo fato de terem produzido ou lidado com evidências científicas. O peso específico desse tipo de trabalho, não obstante, situa-se, aparentemente, em um patamar ainda distante do que seria necessário para que o sistema de controle externo estivesse apto a avaliar as mais importantes políticas públicas, destacadamente aquelas que envolvem os direitos à saúde, à educação e à segurança pública.

Considerações finais

Vimos o quanto as evidências científicas encontradas em pesquisas podem influenciar as decisões do Poder Judiciário, como já ocorre desde há muito em vários países. A realidade brasileira aparece, em contraste, ainda marcada por uma baixa valorização do tema e pela ausência de uma tradição de políticas públicas baseadas em evidências, o que se traduz, também, na ausência de uma cultura de avaliação como aquela do paradigma "O que funciona?" (*What works?*), tão marcante na cultura anglo-saxã. Procuramos situar a missão do controle externo nesse contexto, sugerindo que os Tribunais de Contas podem firmar um novo padrão de controle, na medida em que se especializem e lidem mais intensamente com a exigência de avaliação de políticas públicas.

O futuro dos Tribunais de Contas está, em larga medida, condicionado à necessidade de eles serem percebidos pelo público como instituições imprescindíveis. Para tanto, os Tribunais deverão lidar com desafios que envolvem desde as relações que eles podem e devem estabelecer com a sociedade civil até sua capacidade de conferir à comunicação a dimensão estratégica que ela possui, passando pelas possibilidades extraordinárias que têm sido abertas pelo uso de tecnologias da informação nas auditorias. A ampla legitimação pública, entretanto, tende a ser o resultado a colher se os órgãos de controle assumirem plenamente a sua possibilidade mais virtuosa, a de avaliar os resultados e o impacto das políticas públicas,[32] o que exigirá o encontro dos julgados dos Tribunais com as evidências científicas.

---

[32] Por "resultados" indico os efeitos imediatos de uma intervenção na área específica e por "impacto" a repercussão mais ampla da política também em áreas conexas, incluindo a permanência no tempo de eventuais resultados positivos e sua disseminação, assim como eventuais efeitos indesejados.

O tema envolve o respeito à discricionariedade do gestor e é, por certo, fulcral, posto ser preciso assegurar um equilíbrio no Estado Democrático de Direito entre as diferentes responsabilidades e prerrogativas dos Poderes e dos órgãos autônomos. Esse cuidado, que envolve a necessária moderação do controle, não se confunde, entretanto, com a impossibilidade do exame sobre a qualidade do gasto público. Com efeito, muitas serão as oportunidades em que os Tribunais de Contas deverão agir para que políticas públicas comprovadamente ineficientes ou mesmo prejudiciais ao interesse público sejam descontinuadas, o que envolve a tomada de posição sobre o mérito de iniciativas governamentais,[33] ainda que seja tão somente sobre aquelas cuja evidências indiquem o risco de resultados nefastos à população.

O que se afirma aqui é algo mais importante que uma melhoria ou uma adaptação ao marco regulador. Trata-se, na verdade, do desafio da ruptura e da construção de um tipo de controle que se diferencia ontologicamente do antigo, vale dizer: que instaura outro ser. Muito concretamente, os Tribunais não são órgãos legitimadores ou apêndices burocráticos da máquina pública. Encarregados do controle externo de todos os Poderes, os Tribunais são instituições que, em sua esfera de responsabilidade, devem garantir aqueles direitos fundamentais que só se viabilizam por políticas públicas bem concebidas e executadas. Nessa missão, reside sua maior potência e, portanto, seu melhor futuro.

O novo controle externo é denominação que só existe no contraste com o antigo. Não apenas no sentido temporal de um modelo que sucede a outro, mas, fundamentalmente, no sentido dialético de um modelo que emerge do antigo, mas que, por ser novo, ainda luta para ser modelo. Sempre que denominamos um fenômeno social como "novo", lidamos com uma dinâmica que parece ser melhor descrita pelos alemães como "Aufhebung",[34] conceito que denota o processo pelo qual o ser emerge pelo caminho do *vir a ser*, indicando que algo foi aniquilado no ser; que algo dele permaneceu e que o conjunto se elevou a um novo patamar. O novo controle, entretanto, apenas sugere a possibilidade do *vir a ser*, já que o desfecho da superação dialética nunca é assegurado.

Notadamente no Brasil, a tradição sociológica tem observado um fenômeno pelo qual muitas mudanças anunciadas ocorrem para que, no fundamental, determinados compromissos e práticas permaneçam intocados. Expressões como "modernização conservadora",[35] "via prussiana"[36] e "transição pactuada",[37] entre outras, têm sido utilizadas na tentativa de situar o compromisso das elites brasileiras com a continuidade, sintetizada na antiga noção de que "é preciso mudar alguma coisa para que tudo permaneça como sempre", o que autoriza a pergunta: os Tribunais de Contas querem efetivar o novo controle?

---

[33] ZYMLER, Benjamin; ALMEIDA, Guilherme Henrique de La Rocque. *O controle externo das concessões de serviços públicos e das parcerias público-privadas*. Belo Horizonte: Fórum, 2005.

[34] Esse conceito que foi traduzido para o português por Paulo Menezes como "suprassunção". Sobre o seu significado, ver a entrevista de José Pinheiro Pertille em: (JUNGES, Márcia; COSTA, Andriolli. Superar, aniquilar e conservar – A filosofia da história de Hegel. *Revista do Instituto Humanitas Unisinos*, Edição 430, 21 out. 2013. Disponível em: http://www.ihuonline.unisinos.br/artigo/5229-jose-pinheiro-pertille-1. Acesso em 11 jul. 2021).

[35] MOORE JUNIOR, B. *As origens sociais da ditadura e da democracia*: senhores e camponeses na construção do mundo moderno. São Paulo: Martins Fontes, 1975.

[36] LUKÁCS, G. *El assalto a la razón*. Barcelona: Grijalbo, 1968.

[37] O'DONNELL, G.; SCHMITTER, P. *Transições do regime autoritário*: primeiras conclusões acerca de democracias incertas. São Paulo: Vértice/Editora Revista dos Tribunais, 1988. v. 4.

Referências

BARRETT, Gerald V.; MORRIS, Scott B. The American Psychological Association's amicus curiae brief in Price Waterhouse v. Hopkins: the values of science versus the values of the law. *Law and Human Behavior*, n. 17, v. 2, p. 201-215, 1993.

BLANK, Rebecca M. The Effects of Double-Blind versus Single-Blind Reviewing: experimental Evidence from The American Economic Review. *The American Economic Review*, v. 81, n. 5, p. 1041-1067, 1991.

BRASIL. Supremo Tribunal Federal. *Arguição de Descumprimento de Preceito Fundamental 54*. Feto anencéfalo – Interrupção da gravidez – Mulher – Liberdade sexual e reprodutiva – Saúde – Dignidade – Autodeterminação – Direitos Fundamentais – Crime – Inexistência. Mostra-se inconstitucional interpretação de a interrupção da gravidez de feto anencéfalo ser conduta tipificada nos artigos 124, 126 e 128, incisos I e II, do Código Penal. Relator: Min. Marco Aurélio, 12 de abril de 2012. Disponível em: https://www.conjur.com.br/dl/acordao-interrupcao-gravidez-anencefalo.pdf. Acesso em 14 jul. 2021.

BRITTO, Carlos Ayres. O regime constitucional dos Tribunais de Contas. *Fórum Conhecimento Jurídico*, 2018. Disponível em: https://www.editoraforum.com.br/noticias/o-regime-constitucional-dos-tribunais-de-contas-ayres-britto/. Acesso em 09 jul. 2021.

CANOTILHO, José Joaquim Gomes. *Direito Constitucional e teoria da Constituição*. Coimbra: Almedina, 1998.

CERQUEIRA, Daniel Ricardo de Castro; MELLO, João Manoel Pinho de. Menos armas, menos crimes. Texto para Discussão 1721. *Instituto de Pesquisa Econômica Aplicada (Ipea)*, 2012.

CERQUEIRA, Daniel Ricardo de Freitas; CRUZ, Danilo Santa. Mapa das armas de fogo nas microrregiões brasileiras. *Instituto de Pesquisa Econômica Aplicada (Ipea)*, 2013.

CUNDA, Daniela Zago Gonçalves da. Controle de políticas públicas pelos tribunais de contas: tutela da efetividade dos direitos e deveres fundamentais. *Rev. Bras. de Políticas Públicas*, Brasília, v. 1, n. 2, p. 111-147, jul./dez. 2011.

INSTITUTO RUI BARBOSA. Fórum Nacional de Auditoria. *Declaração de Moscou*. Curitiba, 2019. Disponível em: https://irbcontas.org.br/wp-content/uploads/2020/04/Declara%C3%A7%C3%A3o_de_Moscou_2019_-_tradu%C3%A7%C3%A3o_livre.pdf. Acesso em 11 jul. 2021.

DIAS, Eduardo Rocha; SILVA JUNIOR, Geraldo Bezerra da. A Medicina Baseada em Evidências na jurisprudência relativa ao direito à saúde. *Einstein*, São Paulo, n. 14, v. 1, jan./mar. 2016.

FARIA, Nádia Rezende. *Tribunal de Contas na Constituição de 1988: controle social e accountability. Dissertação (Mestrado em Ciências Humanas), Goiânia, 2013. Disponível em:* http://tede2.pucgoias.edu.br:8080/bitstream/tede/2673/1/NADIA%20REZENDE%20FARIA.pdf. Acesso em 08 de jul. de 2021.

FERREIRA, Helder. Análise de Qualidade de Evidências Científicas Utilizadas em Política Pública: aplicação a documentos relativos à tramitação do PL nº 3.722/2012, que flexibiliza o controle de armas de fogo. Instituto de Pesquisa Econômica Aplicada (Ipea), *Boletim de Análise Político-Institucional*, n. 24, 2020. Disponível em: https://www.ipea.gov.br/portal/images/stories/PDFs/boletim_analise_politico/201203_bapi_24_art11.pdf. Acesso em 11 de jul. de 2021.

FISKE, S. T. *et al.* Social science research on trial: use of sex stereotyping research in Price Waterhouse v. Hopkins. *American Psychologist*, n. 46, v. 10, p. 1049-1060, 1991.

GUYATT, Gordon *et al.* Evidence-Based Medicine. A New Approach to Teaching the Practice of Medicine. *The Journal of the American Medical Association*, n. 268, v. 17, p. 2420-2425, 1992.

HERDY, Rachel. Precedente do STF pode beneficiar negacionistas. *Questão de Ciência*, 2021. Disponível em: https://www.revistaquestaodeciencia.com.br/index.php/artigo/2021/06/01/precedente-do-stf-pode-beneficiar-negacionistas. Acesso em 8 jul. 2021.

LEMOS, Eliza. Evidências científicas em tempos de Covid-19 e o Supremo Tribunal Federal. *Consultor Jurídico*, 2021. Disponível em: https://www.conjur.com.br/2021-abr-29/eliza-lemos-evidencias-cientificas-supremo-tribunal-federal#_ftn3. Acesso em 10 jul. 2021.

LUKÁCS, G. *El assalto a la razón*. Barcelona: Grijalbo, 1968.

LUM, Cinthia; KOPER, Chistopher S. *Evidence-Based Policing*: translating Research into Practice. Oxford: University Press, 2017.

MBEMBE, Achille. *Necropolítica*: biopoder, soberania, estado de exceção, política de morte. São Paulo: N-1 edições, 2018.

MCALISTER, F. A. *et al.* Users' Guides to the Medical Literature. *The Journal of the American Medical Association (JAMA)*, n. 282, v. 14, p. 1371, 1999.

MONAHAN, J.; WALKER, L. Judicial use of social science research. *Law and Human Behavior*, n. 15, p. 571-584, 1991.

MOORE JUNIOR, B. *As origens sociais da ditadura e da democracia*: senhores e camponeses na construção do mundo moderno. São Paulo: Martins Fontes, 1975.

MOREIRA NETO, Diogo de Figueiredo. O parlamento e a sociedade como destinatários do trabalho dos Tribunais de Contas. *In*: SOUZA, Alfredo José de *et al*. *O novo Tribunal de Contas*: órgão protetor dos direitos fundamentais. 3. ed. rev. ampl. Belo Horizonte: Fórum, 2005.

INSTITUTO RUI BARBOSA. NBASP 9020. *Avaliação de Políticas Públicas*. 2020. (Tradução livre de GUID 9020 – Evaluation of Public Policies confrontada com INTOSAI GOV 9400 – Lignes directrices sur l'évaluation des politiques publiques). Disponível em: https://irbcontas.org.br/wp-content/uploads/2020/04/NBASP__9020-_Avalia%C3%A7%C3%A3o_de_Pol%C3%ADticas_P%C3%BAblicas_v_24-03-20.pdf. Acesso em 11 jul. 2021.

O'DONNELL, G.; SCHMITTER, P. *Transições do regime autoritário*: primeiras conclusões acerca de democracias incertas. São Paulo: Vértice/Editora Revista dos Tribunais, 1988. v. 4.

PALOTTI, Pedro *et al*. *A construção de evidências para as políticas públicas*: mapeamento da trajetória das estruturas organizacionais no governo federal brasileiro após a redemocratização. 2021. Disponível em: https://cienciapolitica.org.br/web/system/files/documentos/eventos/2021/01/construcao-evidencias-para-politicas-publicas-mapeamento.pdf. Acesso em 11 jul. 2021.

PETTICREW, M.; ROBERTS, H. *Systematic reviews in the social sciences*: a practical guide. Malden: Blackwell Publishing, 2006.

ROSSI, Danilo Valdir Vieira. *O tribunal de contas e a qualidade da democracia*: um comparativo entre modelos institucionais. (Orientadora: Nina Beatriz Stocco Ranieri). Tese (Doutorado em Direito) Faculdade de Direito, USP, São Paulo, 2017. Disponível em: https://www.teses.usp.br/teses/disponiveis/2/2140/tde-05032021-151042/pt-br.php. Acesso em 06 jul. 2021.

SCLIAR, Wremyr. *Democracia e Controle Externo da Administração Pública*. (Orientador: Eugênio Facchini Neto). Dissertação (Mestrado em Direito), Faculdade do Direito, PUCRS, Porto Alegre, 2007. Texto parcial disponível em: https://tede2.pucrs.br/tede2/bitstream/tede/4311/1/396052.pdf. Acesso em 08 jul. 2021.

SHERMAN, Lawrence W.; BERK, Richard A. The Minneapolis Domestic Violence Experiment. *Police Fundation Report*, 1984. Disponível em: https://www.policefoundation.org/publication/the-minneapolis-domestic-violence-experiment/. Acesso em 07 jul. 2021.

STRECK, Lênio. Que tal exigir evidências científicas nas decisões do seu tribunal? *Consultor Jurídico*, 2018. Disponível em: https://www.conjur.com.br/2018-jun-07/senso-incomum-tal-exigir-evidencias-cientificas-decisoes-tribunal. Acesso em 11 jul. 2021.

TREMPERT, Charles Robert. Sanguinity and Disillusionment Where Law Meets Social Science. *Law and Human Behavior*, v. 11, n. 4, 1987.

TROPP, Linda R.; SMITH, Amy E.; CROSBY, Faye J. The Use of Research in the Seattle and Jefferson County Desegregation Cases: connecting Social Science and the Law. *Analyses of Social Issues and Public Policy*, v. 7, n. 1, p. 93-120, 2007.

UNITED KINGDON. Modernizing Government. *Presented to Parliament by the Prime Minister and the Minister for the Cabinet Office by Command of Her Majesty*. March 1999. Disponível em: https://ntouk.files.wordpress.com/2015/06/modgov.pdf. Acesso em 11 jul. 2021.

ZYMLER, Benjamin; ALMEIDA, Guilherme Henrique de La Rocque. *O controle externo das concessões de serviços públicos e das parcerias público-privadas*. Belo Horizonte: Fórum, 2005.

WEISBURD, David; GREEN, Lorraine. Policing Drug Hot Spots: The Jersey City DMA Experiment". *Justice Quarterly*, n. 12, n. 4, p. 711–735, 1995.

WESLEY, John W. Scientific Evidence and the Question of Judicial Capacity. *William & Mary Law Review*, v. 25, n. 4, article 8, 1984.

Informação bibliográfica deste texto, conforme a NBR 6023:2018 da Associação Brasileira de Normas Técnicas (ABNT):

ROLIM, Marcos. Evidências científicas e o futuro dos Tribunais de Contas. *In*: LIMA, Edilberto Carlos Pontes (Coord.). *Os Tribunais de Contas, a pandemia e o futuro do controle*. Belo Horizonte: Fórum, 2021. p. 417-431. ISBN 978-65-5518-282-8.

O ENFRENTAMENTO À PANDEMIA PELO PODER PÚBLICO E SUAS CONSEQUÊNCIAS NO ENSINO

PATRÍCIA VERÔNICA NUNES CARVALHO SOBRAL DE SOUZA
LUCAS FONLOR LEMOS MUNIZ BARRETO

Introdução

Desde o descobrimento do Brasil, com o trabalho de evangelização dos índios pelo padre José de Anchieta, o primeiro formulador da gramática da língua geral dos gentis, temos um marco histórico do processo de ensino que, assim como ele o era, foi aplicado em sua maior amplitude pelos jesuítas.

Esse processo histórico refletiu o domínio que a Igreja detinha sobre a cultura, a educação e a religião, ou seja, o poder regular, que imperava de igual para igual com o poder secular ou dos reis e imperadores no mundo ocidental.

Com a expedição do Alvará de 1759, o domínio muito estruturado do ensino pela Companhia de Jesus foi substituído pelas ideias do iluminista Sebastião José de Carvalho, o marquês de Pombal, que trouxe os ares da educação laica e pública para o Brasil. Registra-se, aqui, portanto, uma mudança de paradigma, passando das mãos da Igreja, para as mãos do Estado.

Com a chegada da família Real em 1808, priorizou-se o ensino superior, em detrimento da educação básica, em que pese a Constituição brasileira outorgada em 1824 garantisse em seu art. 179 "a instrução primária e gratuita a todos os cidadãos".

Os ideais republicanos sinalizavam para uma inflexão, equilibrando o ensino anterior dirigido apenas para a formação da elite, buscando implementar a educação popular. Esse élan deveras nunca fora concretizado e com o advento do Estado Novo, voltou a restar muito clara a segregação da educação superior para as elites, e o ensino profissionalizante para as classes menos favorecidas.

Com o fim do período ditatorial, a Constituição de 1946, em seu art. 167, estabelecia que o ensino predominantemente caberia ao Estado, porém assegurou liberdade à iniciativa privada de exercer a atividade docente.

A partir da Constituição de 1988, com o intento de quebrar a tradicional divisão de educação superior para a classe dominante e ensinos básico e profissionalizante para a classe trabalhadora, houve fundamentais mudanças no âmbito pedagógico, com a nova Lei de Diretrizes e Bases da Educação Nacional – LDB (Lei nº 9.394, de 20 de dezembro de 1996).

Dentre as melhorias trazidas pela LDB, estão a gratuidade do ensino público, o ensino fundamental obrigatório, o atendimento em creches e pré-escolas às crianças de zero a seis anos, bem como a valorização dos profissionais de ensino, com planos de carreira para o magistério público.

Diante desse aparente caos trazido pela presente pandemia da COVID-19, é de se recordar do sábio educador suíço, Johann Heinrich Pestalozzi (1746-1827), que preconizava o amor no processo educacional, que tem plena aplicabilidade a esse momento difícil para os professores, alunos e seus familiares.[1] Para alcançar o que se objetivou transmitir neste artigo, utilizou-se de pesquisa bibliográfica, especialmente das fontes oficiais de informação disponibilizadas na *internet*. Em suma, este artigo científico visou estudar os aspectos gerais do ensino remoto, imposto como alternativa, por ocasião da pandemia.

1 A pandemia da COVID-19, questões jurídicas, retorno gradual

Em dezembro de 2019, foi descoberto o primeiro caso de contaminação humana pelo vírus Sars-CoV-2, na cidade de Wuhan, China, causador da doença COVID-19. Inicialmente, não se tinha o conhecimento da capacidade de propagação do vírus, e que, ao contrário de outras doenças respiratórias, a transmissão poderia se dar ainda quando o contagiado se encontrava assintomático.

A doença teve, inicialmente, indicativo de transmissão de animais para humanos, através do contato de humanos e carne de animal selvagem, e o seu epicentro propagatório se dera num mercado popular, sem qualquer contato entre as pessoas diagnosticadas,[2] o que levou à seguinte questão: o contágio se deu pelo ar ou através do toque de superfícies?

Entretanto, atualmente, outra hipótese é analisada. O Presidente dos Estados Unidos, Joe Biden, determinou uma investigação acerca do envolvimento do Instituto de Virologia de Wuhan, sendo esta uma das mais prestigiosas instituições científicas do continente asiático. Integrantes do serviço secreto de países como a Inglaterra e do próprio Estados Unidos levantaram a suspeita de que o vírus possa ter sido criado em laboratório e acidentalmente ou deliberadamente liberado. A origem desta teoria, segundo o site de notícias BBC News,[3] residiu no fato de que, no ano de 2015, um grupo multinacional de 15 cientistas, associados ao laboratório de Wuhan, criaram um vírus quimera, ao combinar dois coronavírus diferentes, resultando em uma versão mais perigosa e potencialmente pandêmica.

---

[1] FERRARI, Márcio. Jean Piaget, o biólogo que colocou a aprendizagem no microscópio. *Nova Escola,* 01 out. 2008. Disponível em: https://novaescola.org.br/conteudo/1709/jean-piaget-o-biologo-que-colocou-a-aprendizagem-no-microscopio. Acesso em 14 jul. 2021.

[2] LEMOS, Marcela. Como surgiu o novo coronavírus (COVID-19). *Tua Saúde,* abr. 2021. Disponível em: https://www.tuasaude.com/misterioso-virus-da-china/. Acesso em 13 jul. 2021.

[3] CUETO, José C. 'Origem do coronavírus: o que se sabe sobre o laboratório de Wuhan investigado pelos EUA. *BBC News,* 03 jun. 2021. Disponível em: Origem do coronavírus: o que se sabe sobre o laboratório de Wuhan investigado pelos EUA – BBC News Brasil. Acesso em 12 jul. 2021.

Hoje é sabido que a transmissão se dá também pelo ar, independentemente da apresentação de sintomas. E mais, a comunidade científica observou a recidiva em pessoas que já tiveram a doença.

Ao contrário do que se pensou de saída, existem diversas cepas do vírus, que causam diferentes sintomas, nos sistemas respiratório, neurológico, intestinal, muscular, dentre outros. Portanto, diante de tantas incertezas de quais protocolos deveriam ser seguidos, houve dúvida e hesitação quanto à linha de ação para evitar a disseminação do vírus, acrescido do não conhecimento exato de quais medicações e procedimentos médicos teriam eficácia no tratamento dos sintomas.

As medidas político-administrativas adotadas, tais como o isolamento social, o fechamento das empresas, escolas, atividades comerciais, culturais, a restrição de circulação em ambientes públicos (parques, praias etc.), assim como a adoção de medidas sanitárias mais rígidas nas atividades comerciais essenciais (supermercados, postos de combustíveis, farmácias, hospitais etc.) foram importantes para salvar vidas.

Quanto à administração pública, notadamente na área educacional e na rotina escolar, com o fito de evitar que o ano letivo fosse perdido, o Governo Federal editou uma Medida Provisória (nº 934/2020), posteriormente convertida em lei (nº 14.040/2020), que permitiu o ensino remoto, flexibilizou a carga horária e permitiu a redução de dias letivos.

Com o desenrolar dos acontecimentos e o arrefecimento do número de casos, num cenário onde vacinas diversas estão sendo gradativamente disponibilizadas, as atividades comerciais já estão retornando a um nível próximo da normalidade admissível para uma situação de calamidade pública como a de que se está a tratar, isso somente sendo possível com as restrições sanitárias determinadas pelo Governo. No mesmo sentido, com as atividades escolares voltando gradualmente aos espaços físicos dos estabelecimentos de ensino, faz-se necessário o cumprimento rigoroso das medidas de saúde pública adequadas, cujos pormenores foram explicitados a seguir.

1.1 Saúde pública

A Organização Pan-Americana da Saúde – OPAS, organização internacional especializada em saúde, integrada à Nações Unidas, na qualidade de Escritório Regional para as Américas da Organização Mundial da Saúde – OMS, e pertencente à Organização dos Estados Americanos – OEA, conceitua a COVID-19 como uma síndrome respiratória aguda grave, doença infecciosa causada pelo novo coronavírus, o Sars-CoV-2.[4]

De acordo com a folha informativa da OPAS, os sintomas mais comuns à COVID-19 são cansaço, febre, dor de garganta, diarreia, perda de paladar ou olfato, erupção cutânea na pele ou descoloração dos dedos das mãos ou dos pés. Todavia, algumas pessoas podem apresentar tosse associada à falta de ar, dificuldade de respirar, dor/pressão no peito, perda do movimento ou da fala. Cerca de 80% (oitenta por cento)

---

[4] Cf.: Folha informativa COVID-19 – Escritório da OPAS e da OMS no Brasil. *OPAS*, 08 dez. 2020. Disponível em: https://www.paho.org/pt/covid19. Acesso em 05 dez. 2020.

das pessoas contaminadas se recuperam da doença sem necessidade de atendimento médico-hospitalar.[5]

A contaminação pela COVID-19 se dá pelo contato direto, indireto ou próximo, com secreções respiratórias expelidas pela fala, pela respiração, pelo espirro, por excrementos de fezes humanas. Novos surtos têm ocorrido em locais que agora foram reabertos ao público, tais como restaurantes, bares, escolas, locais de culto, ambientes de trabalho e quaisquer outros locais que não tenham circulação de ar arejada e adequada.[6]

As medidas sanitárias recomendadas são: higienização das mãos com água e sabão ou com álcool gel 70º, o distanciamento mínimo de 2 (dois) metros das outras pessoas e o uso de máscaras faciais, com eficácia comprovada. A limpeza constante das superfícies é essencial para evitar a propagação deste vírus mortal.[7]

Diversas empresas, a exemplo das gigantes farmacêuticas Pfizer, BioNTech, Moderna, AstraZeneca, Sanofi, Sinovac, Johnson & Johnson, desenvolveram vacinas ao redor do mundo, com estudos em diferentes graus de avanço. Até mesmo o fundo soberano da Rússia está financiando a criação de duas vacinas, sendo a Sputnik a mais avançada delas, como relata o noticioso alemão *Deutsche Welle*.[8]

É possível depreender, diante deste cenário pandêmico e catastrófico, que o ser humano é capaz de ter resiliência, assim como buscar novas soluções, numa verdadeira demonstração de instinto de sobrevivência, cuja racionalidade remete à capacidade intelectual da humanidade.

1.2 Dos aspectos jurídicos

Consagrada como direito constitucional, cuja previsão encontra guarida na Carta Política de 1988, Capítulo II, Dos Direitos Sociais, no art. 6º, a educação é direito de todos, base de uma sociedade livre, justa e moderna. Com efeito, a situação pandêmica afetou frontalmente o exercício desse direito, especialmente para os menos favorecidos.

Em contraponto à dificuldade anteriormente relacionada, a Lei Federal nº 14.440, de 18 de agosto de 2020, estabeleceu normas educacionais excepcionais a serem adotadas durante o estado de calamidade pública reconhecido pelo Congresso Nacional através do Decreto Legislativo nº 6, de 20 de março de 2020, devendo, ainda, as instituições de ensino de educação básica observarem "as diretrizes nacionais editadas pelo CNE, a Base Nacional Comum Curricular (BNCC) e as normas a serem editadas pelos respectivos sistemas de ensino".

---

[5] Cf.: Folha informativa COVID-19 – Escritório da OPAS e da OMS no Brasil. *OPAS*, 08 dez. 2020. Disponível em: https://www.paho.org/pt/covid19. Acesso em 05 dez. 2020.

[6] Cf.: Folha informativa COVID-19 – Escritório da OPAS e da OMS no Brasil. *OPAS*, 08 dez. 2020. Disponível em: https://www.paho.org/pt/covid19. Acesso em 05 dez. 2020.

[7] Cf.: Folha informativa COVID-19 – Escritório da OPAS e da OMS no Brasil. *OPAS*, 08 dez. 2020. Disponível em: https://www.paho.org/pt/covid19. Acesso em 05 dez. 2020.

[8] Cf.: O que já se sabe sobre as vacinas contra a covid-19? *DEUTSCHE WELLE*, 17 nov. 2011. Disponível em: https://amp-dw-com.cdn.ampproject.org/v/s/amp.dw.com/pt-br/o-que-j%C3%A1-se-sabe-sobre-as-vacinas-contra-a-covid-19/a-55630479?usqp=mq331AQHKAFQArABIA%3D%3D&amp_js_v=0.1#aoh=16063343617701&referrer=https%3A%2F%2Fwww.google.com&amp_tf=From%20%251%24s&ampshare=https%3A%2F%2Fwww.dw.com%2Fpt-br%2Fo-que-j%25C3%25A1-se-sabe-sobre-as-vacinas-contra-a-covid-19%2Fa-55630479. Acesso em 14 jul. 2021.

Tal diploma legislativo é derivado da Medida Provisória nº 934, que por sua vez desobriga as escolas de educação básica e as universidades do cumprimento da quantidade mínima de dias letivos em razão da pandemia da COVID-19.

No entanto, ficam dispensadas, como medida excepcional, "na educação infantil, da obrigatoriedade de observância do mínimo de dias de trabalho educacional e do cumprimento da carga horária mínima anual, previstos no inciso II do *caput* do art. 31 da Lei nº 9.394, de 20 de dezembro de 1996".

Ademais, também se dispensou,

> no ensino fundamental e no ensino médio, a obrigatoriedade de observância do mínimo de dias de efetivo trabalho escolar, nos termos do inciso I do *caput* e do §1º do art. 24 da Lei nº 9.394, de 20 de dezembro de 1996, desde que cumprida a carga horária mínima anual estabelecida nos referidos dispositivos, sem prejuízo da qualidade do ensino e da garantia dos direitos e objetivos de aprendizagem, observado o disposto no §3º deste artigo.[9]

Logo, durante a pendência do regime de decretação oficial e médico-sanitária da permanência do estado de calamidade pública decorrente da pandemia, tal flexibilização deve ser interpretada de maneira prudencial. Daí se aplica ao ano letivo corrente, e, caso não cesse a pandemia, possivelmente se estenderá a outros períodos, até a solução médica para o problema de maneira amena, definitiva e satisfatória.

A citada flexibilização, por óbvio, é consequência direta da necessidade de proteção da vida, como direito humano fundamental. Porém, no caso de reais prejuízos aos alunos, a própria legislação não descarta futuras reposições, e a possibilidade expressa de serem cursadas duas séries de forma concomitante, fato esse a ser ponderado e debatido em outro foro, pela especificidade tanto da capacidade do corpo docente, quanto da aprendizagem do aluno.

Ressalta-se que "as instituições de educação superior ficam dispensadas, em caráter excepcional, da obrigatoriedade de observância do mínimo de dias de efetivo trabalho acadêmico" (Lei nº 14.440/2020), nos moldes da LDB (alterada por este diploma legal ora referenciado), em relação ao ano letivo afetado pelo estado de calamidade pública, contanto que haja manutenção da carga horária prevista na grade curricular para cada curso e que não haja prejuízo aos conteúdos essenciais para o exercício da profissão.

A previsão legislativa multicitada denota a capacidade de adaptação do sistema educacional à realidade calamitosa. A sociedade mundial vive hoje sua maior crise desde a Segunda Guerra Mundial, o que exige do governo e da sociedade soluções inovadoras e eficazes, inclusive no campo educacional.

Nesta senda, foi autorizada pela multicitada Lei nº 14.440/2020, excepcionalmente, a antecipação da conclusão de cursos de educação profissional técnica de nível médio, exclusivamente os que têm relação direta com o combate à pandemia da COVID-19, desde que cumprida, no mínimo, 75% (setenta e cinco por cento) da carga horária dos estágios curriculares obrigatórios. Medida muito pertinente e que vai ao encontro dos anseios sociais durante esta fase catastrófica.

---

[9] BRASIL. Lei nº 9.394, de 20 de dezembro de 1996. Estabelece as diretrizes e bases da educação nacional. *Diário Oficial da União*, Brasília, 23 dez. 1996. Disponível em: http://www.planalto.gov.br/ccivil_03/leis/l9394.htm. Acesso em 14 jul. 2021.

1.3 Das medidas sanitárias e o retorno gradual às aulas presenciais

O retorno às atividades escolares regulares observará as diretrizes das autoridades sanitárias e as regras estabelecidas pelo respectivo sistema de ensino. Notadamente, as orientações do guia do Ministério da Saúde, publicado em 18.09.2020, quais sejam:

Utilização de máscara constante por alunos, profissionais de educação e qualquer outra pessoa que eventualmente acesse a escola, além de protetores faciais pelos profissionais de educação; manter os ambientes limpos e ventilados; monitorar a temperatura dos estudantes e profissionais ao chegarem no ambiente escolar; orientar a higienização das mãos e punho antes da entrada na sala de aula; limitar as interações em grandes grupos; manter o espaço físico de no mínimo 1 metro entre os estudantes dentro e fora da sala de aula.[10]

Nos termos do referido guia, e com o fito de fazer cumprir as recomendações, as escolas devem

escalonar os horários de chegada e saída dos estudantes e o intervalo entre as turmas, limitando o contato próximo entre eles; colocar no chão, ao longo dos espaços da escola, marcações relacionadas à distância de 1 metro; aumentar o espaço entre as mesas/cadeiras; evitar atividades em grupo; disponibilizar álcool gel; suspender o uso de armário compartilhado.[11]

No mesmo sentido, o Ministério da Saúde do Brasil pondera que o retorno às aulas presenciais de estudantes portadores de doenças crônicas, como asma, hipertensão e diabetes, síndromes, disfunções da imunidade e cardiopatias congênitas deve ser avaliado caso a caso junto aos seus responsáveis e a profissionais de saúde e de educação.

Em arremate, é possível asseverar que ainda estamos trilhando caminhos incertos, que podem avançar ou retroceder, à guisa dos acontecimentos, nada alvissareiros, pois já vivenciamos a segunda onda de contágio no Brasil e no mundo, além de termos notícia de uma terceira onda na Itália.[12]

2 Impactos da pandemia sobre o processo de aprendizagem

Numa catástrofe sanitária desse vulto, com sérios impactos na economia, na circulação de bens e riquezas, no *modus vivendi* da sociedade como um todo, ou mesmo no microcosmo familiar, com as mais diversas medidas de controle para minimizar a propagação do vírus, acrescido ainda das notícias chegadas de países como a Itália, com os hospitais e profissionais da área médica em ritmo de tempos de guerra, efeitos psicológicos graves advieram e, no momento atual, ainda que se saiba sejam eles

---

[10] BRASIL. Ministério da Saúde. *Guia traz orientações para retorno seguro às aulas presenciais*. 18 set. 2020. Disponível em: https://www.gov.br/pt-br/noticias/saude-e-vigilancia-sanitaria/2020/09/guia-traz-orientacoes-para-retorno-seguro-as-aulas-presenciais. Acesso em 13 jul. 2021.

[11] BRASIL. Ministério da Saúde. *Guia traz orientações para retorno seguro às aulas presenciais*. 18 set. 2020. Disponível em: https://www.gov.br/pt-br/noticias/saude-e-vigilancia-sanitaria/2020/09/guia-traz-orientacoes-para-retorno-seguro-as-aulas-presenciais. Acesso em 13 jul. 2021.

[12] SOBRINHO, Wanderley Preite. Coronavírus: por que a terceira onda de convid-19 está próxima e pode ser mais letal. *UOL Notícias*, 23 mai. 2021. Disponível em: https://noticias.uol.com.br/saude/ultimas-noticias/redacao/2021/05/23/terceira-onda-covid-19-3-coronavirus-vacinacao-lenta-quarentena-nova-cepa.htm. Acesso em 13 jul. 2021.

fortíssimos, não se tem a exata medida da extensão de seus danos à psiquê humana individual e coletiva.

Sabido que, como já explanado, a contaminação se dá não só pelo contato físico momentâneo, ou pelo ar, mas que o vírus se conserva transmissível em superfícies por longos períodos, o medo não só de abraçar ou apertar as mãos se estendeu para a suspeita, embora invisível a olho nu, de tocar corrimãos, botões de elevadores, maçanetas de portas e até mesmo as próprias embalagens de mantimentos trazidos para a residência. O fato de ter que retirar as roupas e imediatamente encaminhar para a lavagem (esterilização) e a imperiosidade de, mesmo ao adentrar em seu lar, não esquecer de retirar os sapatos, por vezes, em algumas pessoas, gera até pânico, caso não cumprido esse infindo protocolo, e ainda quando cumprido, pelo natural esquecimento momentâneo, a neurose pode tomar conta da mente do indivíduo.

A ansiedade, o estresse, os demais problemas psicológicos ou até mesmo psiquiátricos sofridos de forma inconsciente por essas rotinas tornam ainda mais sofrido o isolamento social decorrente desta calamidade mundial. Segundo pesquisa realizada pelo Ministério da Saúde, em 2020, 86,5% das pessoas analisadas sofreram de ansiedade; 45,5% de estresse pós-traumático e 16% de depressão.[13] O vai e vem de prognósticos acerca da dimensão da crise sanitária dificulta a obtenção de uma perspectiva de normalidade. Vive-se uma miscelânea de informações e protocolos, emanados dos governos (federal, estadual e municipal), aliada à atitude prática da sociedade, que nem sempre age com a lógica e a racionalidade necessárias para o momento.

É, de fato, um momento grave e inédito, cujo termo final não se mostra no horizonte, o que atemoriza ainda mais.

Uma das formas de enfrentamento e superação deste caos, além do apoio da medicina e da psicologia, é transcender, seja através de atividades lúcidas nos lares, livros, filmes, aproximação dos vínculos, especialmente entre as crianças, bem como a colaboração entre alunos e professores na tomada de decisões conjuntas, analisando o contexto sócio-histórico-cultural, por meio de processos sociais e individuais, e construindo conjuntamente novos meios de ser, agir e sentir.[14]

Nesta toada, a presente seção abordou os efeitos psicológicos do processo de aprendizagem nos alunos, professores, pais e responsáveis, com as dificuldades e superações positivas (verdadeiras conquistas revolucionárias) e ainda tratou do isolamento social em si, sob o ponto de vista educacional.

2.1 Os efeitos psicológicos nos docentes

Aos professores sobreveio um notável estresse por terem que rapidamente se adaptar ao cenário de imprevisibilidade. Transmutar as aulas de ambiente físico para uma plataforma virtual, totalmente nova para a esmagadora maioria dos profissionais da área da educação, não foi algo deveras simples.

---

[13] BRASIL. Ministério da Saúde. *Ministério da Saúde divulga resultados preliminares de pesquisa sobre saúde mental na pandemia.* 29 set. 2020. Disponível em: https://antigo.saude.gov.br/noticias/agencia-saude/47527-ministerio-da-saude-divulga-resultados-preliminares-de-pesquisa-sobre-saude-mental-na-pandemia. Acesso em 13 jul. 2021.

[14] LIBERALI, Fernanda Coelho *et al.* (Org.). *Educação em tempos de pandemia*: brincando com um mundo possível. 1. ed. São Paulo: Pontes Editores, 2020.

Com isso, além do tempo destinado à preparação das aulas, e à ministração das mesmas, o tempo laboral necessariamente se ampliou, seja para repensar a formulação da transmissão do conhecimento, seja para efetivamente implementá-las, seja para observar a evolução da aprendizagem dos alunos.[15]

Quando estruturado todo o processo de adaptação, muitas vezes se acrescem ao estresse as dificuldades tecnológicas e técnicas, uma das quais: a sobrecarga da rede mundial de computadores.

No que tange a esta dificuldade de acesso à rede, não raras vezes o difícil e hábil processo pedagógico é interrompido por queda de sinal da internet. No Brasil, é sabido que a qualidade de sinal não é das melhores do mundo e ainda existem os planos mais caros que mesmo assim não fornecem serviços da forma esperada e isto reflete, sem margem de dúvidas, na população, visto que esta possui acesso reduzido à internet.[16]

Não se pode esquecer que muitos docentes são também pais e as dificuldades tratadas em outros tópicos deste artigo também os atingem, como o estresse imposto pela rotina doméstica na unidade familiar e pela própria educação de seus filhos.

2.2 A pandemia e a aprendizagem

Ao contrário do que ocorre em outros países, principalmente os Estados Unidos da América e nos membros da OCDE, a grade curricular no Brasil é muito extensa,[17] visto que intenta preparar os alunos para, conhecendo desde física, química, matemática, ciências biológicas e literatura, permitir uma escolha mais consciente e livre da graduação a ser cursada.

Isso denota, de pronto, que é extensa, densa e pesada a quantidade de conteúdo a ser lecionado para a classe de alunos, exigindo muitas horas-aula, o que sem sombra de dúvidas é um fator de dificuldade a ser diuturnamente superado, ainda que estivéssemos em momento de normalidade.

Tradicionalmente, o conhecimento é transmitido de forma oral e escrita em sala de aula, lecionando o professor a estrutura teórica do conhecimento, aplicando a prática com exercícios presenciais, avaliações periódicas sob supervisão, com intensa interação por meio de perguntas direcionadas aos discentes, no processo dialético da aprendizagem moderna.

Significativo se faz evidenciar o pensamento de Jean Piaget (1896-1980), destacado por Márcio Ferrari: "O trabalho de educar crianças não se refere tanto à transmissão de conteúdos quanto a favorecer a atividade mental do aluno".[18] O que apenas reforça o

---

[15] SALAS, Paula. Ansiedade, medo e exaustão: como a quarentena está abalando a saúde mental dos educadores. *Nova Escola*, 01 jul. 2020. Disponível em: https://novaescola.org.br/conteudo/19401/ansiedade-medo-e-exaustao-como-a-quarentena-esta-abalando-a-saude-mental-dos-educadores. Acesso em 14 jul. 2021.

[16] SALAS, Paula. Ansiedade, medo e exaustão: como a quarentena está abalando a saúde mental dos educadores. *Nova Escola*, 01 jul. 2020. Disponível em: https://novaescola.org.br/conteudo/19401/ansiedade-medo-e-exaustao-como-a-quarentena-esta-abalando-a-saude-mental-dos-educadores. Acesso em 14 jul. 2021.

[17] Cf.: Professores e alunos fazem protesto contra mudanças na matriz curricular. *G1*, 07 abr. 2016. Disponível em: http://g1.globo.com/pa/santarem-regiao/noticia/2016/04/professores-e-alunos-fazem-protesto-contra-mudancas-na-matriz-curricular.html. Acesso em 13 jul. 2021.

[18] FERRARI, Márcio. Jean Piaget, o biólogo que colocou a aprendizagem no microscópio. *Nova Escola*, 01 out. 2008. Disponível em: https://novaescola.org.br/conteudo/1709/jean-piaget-o-biologo-que-colocou-a-aprendizagem-no-microscopio. Acesso em 14 jul. 2021.

essencial papel dos educadores neste grave momento social vivido por todos, posto que a vida acadêmica precisa continuar.

Hodiernamente, já são utilizadas tecnologias de modo amplo, como acesso a tablets e o uso de mídias digitais em sala de aula. A título de exemplo da evolução do instrumental pedagógico, visando até a saúde diária, os antigos quadros de giz foram substituídos por quadros brancos modernos que podem ser utilizados para escrever ou para exibir o conteúdo transmitido por um dispositivo.

Com a pandemia, decretado o estado de calamidade pública, tudo isso teve que sofrer rápida reformulação. Algumas escolas, diante do isolamento social, estruturaram as aulas de forma *online*, com a utilização de plataformas específicas e pagas, citando-se como exemplos o *Google Meet*, o *Zoom*, o *Teams*, e até mesmo canais de televisão abertos. Basicamente, o professor leciona o conteúdo programático ao vivo, salvo em caso de impossibilidade, ocasião em que a aula é gravada e transmitida aos alunos concomitantemente. Nessas aulas, inclusive, pode haver compartilhamento de tela com descrição textual do conteúdo (aprendizagem pelo meio visual que comprovadamente tem maior poder de fixação, complementado pelo conhecimento transmitido de forma oral). Neste ambiente virtual, há a possibilidade de perguntas pelo aluno, todavia, neste aspecto, ainda persiste uma controvérsia sobre a similitude do que acontece no diálogo natural do ambiente físico. Ao final da aula, de regra, é determinada uma tarefa, um questionário de avaliação com algumas perguntas, para averiguação e acompanhamento da aprendizagem pelo professor.

Em que pese parecer ter ares de normalidade, o fato de inexistir o acompanhamento diário, a disciplina dos horários, do preparar-se com o café da manhã, tomar banho, vestir o uniforme, organizar os livros, não ter contato de distração com celulares e outras mídias, esse ambiente virtual trouxe consigo desafios no processo de ensino e aprendizagem.

Para Correia, Silva, Nascimento e Charlot, o ensino e aprendizagem é uma unidade dialética, de modo que eles, enquanto polos, são indissociáveis. Nesse sentido, "reforça as subjetividades contrárias, professor e estudante, que mesmo em oposição, luta, atrito e de relações, são polos inseparáveis e complementares, um depende do outro no tempo-espaço escolar".[19] E esse tempo-espaço escolar reflete uma cultura dentro da escola.

A escola possui uma cultura, uma lógica simbólica estrutural de funcionamento e organização. Nessa perspectiva, a pandemia fragilizou os fundamentos culturais da escola, tal como ela se construiu historicamente. Decerto, a regularidade, a constância do estudo do conteúdo ensinado, que é adquirido de diversas formas, sendo as principais: aprendizagem pelo contato visual, a aprendizagem oral e a aprendizagem com as interações físicas, que são essenciais para a efetividade do ensino, bem como seus atores (famílias, professores, gestores, alunos, merendeiras e etc.) e as práticas dos professores e professoras, tiveram que se adaptar às novas exigências educacionais impostas pelo contexto da pandemia.

---

[19] CORREIA, E. S.; SILVA, V. A.; NASCIMENTO, W. R. S.; CHARLOT, Y. C. A unidade dialética ensino e aprendizagem: um processo não linear. *Revista Internacional Educon*, v. 1, n. 1, 2020. p. 9.

Nesse contexto, diante da ruptura de um cenário de convívio intenso entre os colegas de turma e seu professor, de forma presencial, percebe-se a incidência dos mais diversos efeitos para a obtenção de conhecimento por parte dos alunos. Embora, não se saiba, ao certo, o tamanho do efeito causado pela utilização das plataformas digitais no processo de ensino e aprendizagem. No entanto, vale destacar que independentemente da conjuntura, Charlot[20] afirma que a aprendizagem é individual, ninguém pode aprender pelo outro, o estudante precisa querer, estar disposto, precisa encontrar um sentido, desejo e prazer em aprender.

2.3 O fator emocional

O processo técnico-científico da didática pedagógica explicitado no tópico anterior ressaltou o modo de apresentação do conteúdo programático e a forma de aprendizagem e fixação do conhecimento.

Já é de conhecimento da neurociência que, para que o conhecimento seja apreendido, além da técnica e do conhecimento em si, outros fatores psicológicos, sociais e econômicos são indispensáveis.

Assim, uma alimentação equilibrada que proporcione nutrição adequada, exercícios físicos compatíveis com a idade e a saúde em geral, acrescido estes e demais componentes lúdicos da vida cotidiana, a qualidade do sono são indispensáveis para a fixação do conhecimento e para o seu alcance cada vez mais eficiente, de maneira paulatina e acumulativa.

Indispensável que as escolas também disponham de espaços importantes para as crianças, bem como para suas famílias, para "aprenderem sobre cuidados com higiene e transmitem informações para lidar com situações que quebram rotinas". Assim, sem poder ter acesso às instituições de ensino, recai sobre a família a responsabilidade sobre o ensino.[21]

Infelizmente, a reclusão nos lares a que todos estamos submetidos, a título de isolamento social, ocasiona diversos senões psicológicos, seja por força do abatimento natural, que provoca o distanciamento físico, com uma drástica alteração da rotina, por meio do confinamento compulsório, que decorre desse tipo de situação estressante, seja pela ausência de atividades corriqueiras externas.

Estando ausente a convivência social com os colegas de turma, fica inviabilizada a socialização diária entre alunos e entre estes e os educadores, fato da vida que é essencial ao equilíbrio mental de todos. Vivemos em sociedade, precisamos de contato humano, para além do convívio familiar, motivo pelo qual a pandemia trouxe consequências imediatas, já relatadas, e outras ainda não vislumbradas. O cenário pedagógico-social é sombrio, a despeito do enorme esforço do corpo docente.

---

[20] CHARLOT, B. *Da relação com o saber*: elementos para uma teoria. Trad. de MAGNE, B. Porto Alegre: Artmed, 2000.

[21] SOBRAL DE SOUZA, Patrícia Verônica Nunes Carvalho; SOARES, Ricardo Maurício Freire. A crise do coronavírus (covid-19) à luz dos Direitos Humanos e seus efeitos nas Contratações Públicas. *In*: BAHIA, Saulo José Casali; RÁTIS, Carlos Eduardo Behrmann (Org.). *Direitos e Deveres Fundamentais em Tempos de Coronavírus*. 2. ed. São Paulo: IASP, 2020. v. 2, p. 460.

O que causa reflexões em algumas entidades e profissionais, a exemplo do Conselho Regional de Psicologia do Estado do Paraná, que listou suas principais preocupações acerca das consequências do uso desmedido de ensino a distância. Entre elas a ausência de estrutura e de condições de acesso às atividades online pelos alunos em distintos contextos sociais, acarretando um aprofundamento das desigualdades de condições e, ainda, em última análise, a exclusão social. Além disso, também há a dificuldade das famílias em promoverem e acompanharem as atividades escolares de crianças e adolescentes, uma vez que se encontram sobrecarregadas pelas tarefas domésticas em prol da manutenção do seu sustento, bem como pela preocupação com a doença e até mesmo por situações de luto. Neste viés, destacam-se "diversos problemas práticos na rotina familiar e emocionais que as propostas de educação a distância têm causado".[22]

Ademais, há ausência de capacidade das escolas de acompanharem as distintas necessidades educacionais dos alunos, além da "falta de condições de interação com o público da educação especial na perspectiva da educação inclusiva", com grande preocupação direcionada aos processos de alfabetização à distância, nos quais inexiste metodologia adequada, aprofundada e difundida.[23]

Decerto, em maior parte, não há a participação de docentes na conceituação da metodologia a ser usada no ensino, visto que os grupos educacionais frequentemente não se encontram envolvidos na promoção de estratégias, modos, tempos e conteúdos que podem ou não ser aplicados de maneira remota.

Assim, a grande exigência que se impõe aos profissionais da educação, é tanto no que corresponde às expertises para a promoção de aulas online, quanto para a preparação de conteúdos para a utilização de modo remoto. Deles também se exige "estrutura física, material, tecnológica, rede de internet, tempo extra para execução de processos que são mais demorados do que sua carga horária remunerada contempla". Nesse contexto, cabe destacar que tais profissionais também se encontram sobrecarregados com "o excesso de demandas e preocupações que o cenário de pandemia promove", visto os danos emocionais que esse contexto ocasiona a todos os sujeitos envolvidos, "potencializando sentimentos como a angústia, a ansiedade, a sensação de pressão, de cobrança constante, de estafa".[24]

Diante disso, a preocupação se direciona também para os cursos de graduação, especialmente em relação à formação de Psicologia. Nesse contexto, a Associação Brasileira de Ensino em Psicologia (ABEP), o Conselho Federal de Psicologia (CFP) e a Federação Nacional dos Psicólogos (Fenapsi) já se manifestaram "pela impossibilidade da realização de determinadas atividades, como os estágios curriculares, de forma remota".[25]

---

[22] PARANÁ. Conselho Regional de Psicologia do Estado do Paraná. *Reflexões sobre educação no contexto de pandemia.* 28 abr. 2020. Disponível em: https://crppr.org.br/diadaeducacao/. Acesso em 14 jul. 2021.

[23] PARANÁ. Conselho Regional de Psicologia do Estado do Paraná. *Reflexões sobre educação no contexto de pandemia.* 28 abr. 2020. Disponível em: https://crppr.org.br/diadaeducacao/. Acesso em 14 jul. 2021.

[24] PARANÁ. Conselho Regional de Psicologia do Estado do Paraná. *Reflexões sobre educação no contexto de pandemia.* 28 abr. 2020. Disponível em: https://crppr.org.br/diadaeducacao/. Acesso em 14 jul. 2021.

[25] PARANÁ. Conselho Regional de Psicologia do Estado do Paraná. *Reflexões sobre educação no contexto de pandemia.* 28 abr. 2020. Disponível em: https://crppr.org.br/diadaeducacao/. Acesso em 14 jul. 2021.

Em tempos de aplicativos e plataformas de ensino virtual, com comunicação em tempo real, os professores estão sendo injustamente sobrecarregados, acumulando as tarefas que já exerciam em ambiente físico, com a disponibilidade obrigatória e escravizante que os sistemas eletrônicos impõem.

Não há mais jornada fixa de trabalho, o que confunde vida profissional com vida pessoal, dado o volume absurdo de tarefas desempenhadas pelos docentes, onerando-os de forma injusta e desumana. Tal realidade ficou comprovada no resultado da pesquisa "A situação dos professores no Brasil durante a pandemia", conduzida pela Nova Escola, que constatou que apenas 8% dos entrevistados (mais de 8.100 profissionais da Educação Básica) declararam "se sentir ótimos ao comparar sua saúde emocional com o período pré-pandemia".[26]

Ainda conforme a pesquisa referida, 28% consideraram sua saúde mental péssima ou ruim neste momento e 30% classificam seu estado mental como razoável. E, entre os termos mais utilizados pelos professores para descrever a situação atual, sobressaíram: ansiedade, cansaço, estresse, preocupação, insegurança, medo, cobrança e angústia.

Ao fim e ao cabo, destaca-se a mitigação da dinâmica disciplinar neste ambiente virtual em que as aulas estão sendo ministradas, posto que é permitido aos alunos não assistir as aulas em tempo real, não há possibilidade de fiscalização efetiva em relação ao desempenho do discente quando do preenchimento dos questionários, provas e simulados que compõem a nota, dependendo apenas da honestidade intelectual e pessoal de cada aluno e da fiscalização dos familiares, o que nem sempre é possível, diante das obrigações laborais. A tecnologia veio para ficar, não há dúvidas disso. Ela emergiu como cerne da evolução digital. Entretanto, no contexto da presente pandemia, é inegável o impacto negativo desta na aprendizagem e na qualidade de vida de alunos e professores, na medida em nem todos possuem o acesso adequado e suficiente à *internet*.

3   O ensino possível

A grande incerteza sobre quando se deu o início do surto epidemiológico terminou gerando um legado para maximização dos recursos de tecnologia, seja na área da biomedicina, da biologia ou da tecnologia da informação. Durante esta situação de calamidade, fez-se imperiosa uma total revisão do planejamento e de sua execução pelas escolas da rede pública e particular, para continuidade do ano letivo.

Na realidade social brasileira, por óbvio, os alunos da rede particular de ensino, de fato, têm um acesso mais amplo à internet de qualidade. Segundo a PNAD de 2019, 88,1% dos estudantes brasileiros acessaram a internet. Todavia, a pesquisa aponta que 98,4% dos estudantes da rede privada tiveram acesso à rede, enquanto este percentual entre os estudantes da rede pública de ensino foi de 83,7%.[27]

---

[26]   SALAS, Paula. Ansiedade, medo e exaustão: como a quarentena está abalando a saúde mental dos educadores. *Nova Escola*, 01 jul. 2020. Disponível em: https://novaescola.org.br/conteudo/19401/ansiedade-medo-e-exaustao-como-a-quarentena-esta-abalando-a-saude-mental-dos-educadores. Acesso em 14 jul. 2021.

[27]   DUNDER, Karla. IBGE aponta desigualdade de acesso à internet entre estudantes. *R7*, 14 abr. 2021. Disponível em: https://noticias.r7.com/educacao/ibge-aponta-desigualdade-de-acesso-a-internet-entre-estudantes-14042021. Acesso em 13 jul. 2021.

De outra banda, os discentes e docentes da rede pública não vivem a mesma realidade prática, posto que muitos alunos e até mesmo alguns professores, não dispõem de internet de banda larga e computadores para a execução remota das atividades curriculares.

Nesse toar, busca-se apresentar uma dimensão real do desafio inédito de como operacionalizar o ano letivo de 2020, o que será demonstrado nos tópicos seguintes.

3.1 Momento de adaptação

Em muitos estabelecimentos de ensino foram utilizadas plataformas digitais específicas, contudo, mesmo com toda a tecnologia disponível, um fator externo negativo deve ser considerado nesta equação: a energia elétrica, que pode oscilar ou até mesmo faltar, prejudicando diretamente a participação do aluno nas aulas, a perda de dados enviados nos formulários, dentre outros.

Há de se frisar que nem tudo supre o quanto necessário, visto que se tem notícia de turmas tendo aulas via grupos de *WhatsApp*, algo totalmente inadequado, na medida em que este meio de comunicação é utilizado para a troca de mensagens, devendo ser utilizadas para o ensino plataformas específicas para tanto. E, mesmo nas poucas escolas públicas que estavam na vanguarda tecnológica e já detinham plataformas digitais de ensino, houve problemas de ordem prática, tais como o tamanho das salas virtuais, que, em alguns casos, uniram os alunos por ano, e não mais por turma, o que causou certa dificuldade na hora da interação aluno-professor.

A exemplo do que ocorreu no Mato Grosso do Sul, foram firmadas parcerias para uso de tecnologias desenvolvidas pelos gigantes da área, a exemplo da *Google*, que tem o aplicativo *Google Classroom*, que permite a postagem de conteúdo das aulas, envio de formulários (questionários), com sistema de controle de data de entrega, dispondo, inclusive, de contagem regressiva de tempo, bem como a aplicação de provas e simulados, envio de avisos, mediante controle de acesso pessoal, com e-mail específico para cada aluno, fornecido pela referida plataforma.

Cerca de 10 mil estudantes fazem parte do ensino em tempo Integral, através do programa "Escola da Autoria", no Mato Grosso do Sul, dentre elas, Brenda Florêncio Oliveira Costa, de 16 anos, que cursava o 3º ano do Ensino Médio na Escola Estadual Emygdio Campos Widal. Ela é líder de turma e faz a ponte entre os estudantes, a direção e a coordenação da escola, tratando das mesmas demandas apresentadas durante as aulas presenciais, que continuam surgindo no curso do ensino remoto. Segundo ela:

> A demanda de recados aumentou, devido ao afastamento e as novidades, é necessária insistência maior para que os colegas vejam as mensagens e façam o que é solicitado, temos que ter um pouco mais de paciência, mas não fica sobrecarregado, pois somos dois líderes por turma.[28]

---

[28] MATO GROSSO DO SUL. Portal da Secretaria de Educação. *Aulas em TV aberta digital reforçam aprendizado remoto dos estudantes da REE*. 27 mai. 2020. Disponível em: Aulas em TV aberta digital reforçam aprendizado remoto dos estudantes da REE – SED. Acesso em 14 jul. 2021.

As aulas estão ocorrendo pela TV e online e, a despeito das tribulações das aulas remotas, vez que o professor presencial não é substituído com sucesso pelo ensino virtual, os mecanismos de assistência tecnológica viabilizam a assimilação do conteúdo, seja em aulas ao vivo, seja em aulas gravadas, que ficam disponíveis para serem assistidas posteriormente.

De acordo com o criador da ferramenta:

> O Google Sala de Aula é um produto que faz parte do *G Suite for Education*, que também inclui o *Google Drive*, Documentos, Apresentações e Planilhas Google, e muito mais. Ele trabalha em conjunto com o *G Suite for Education* para que os professores e alunos possam se comunicar facilmente, criar turmas, distribuir trabalhos e manter a organização.[29]

Outro aplicativo da Google, utilizado para transmissão de aulas, seja ao vivo, seja gravada, é o *Google Meet*. Tal ferramenta permite ao discente assistir as aulas em tempo real ou noutro horário (com prazo limite controlado pelo *app*), visto que é possível que advenha imprevisto ao professor ou ao aluno. A dinamicidade desses instrumentos é parte da realidade digital, levada ao extremo nestes tempos de pandemia.

Objetivando assegurar o direito de todos os alunos à educação, e de forma isonômica, a Lei Federal nº 14.040/2020 determina que:

> Os sistemas de ensino que optarem por adotar atividades pedagógicas não presenciais como parte do cumprimento da carga horária anual deverão assegurar em suas normas que os alunos e os professores tenham acesso aos meios necessários para a realização dessas atividades.[30]

A dinamicidade desses modais de transmissão de conteúdo escolar é parte da realidade digital, levada ao extremo nestes tempos de pandemia, e as inovações descritas estão amparadas legalmente na legislação que estabeleceu normas educacionais excepcionais, que permitiu,

> a critério dos sistemas de ensino, que no ano letivo afetado pelo estado de calamidade pública, poderão ser desenvolvidas atividades pedagógicas não presenciais. Na educação infantil, de acordo com os objetivos de aprendizagem e desenvolvimento dessa etapa da educação básica e com as orientações pediátricas pertinentes quanto ao uso de tecnologias da informação e comunicação. No ensino fundamental e no ensino médio, vinculadas aos conteúdos curriculares de cada etapa e modalidade, inclusive por meio do uso de tecnologias da informação e comunicação, cujo cômputo, para efeitos de integralização da carga horária mínima anual, obedecerá a critérios objetivos estabelecidos pelo CNE.[31]

---

[29] Cf.: Ajuda do Sala de aula. *Google Suporte*, s/n. Disponível em: https://support.google.com/edu/classroom/answer/6025224?hl=pt-BR&authuser=1&ref_topic=7175444. Acesso em 14 jul. 2021.

[30] BRASIL. Lei nº 14.040, de 18 de agosto de 2020. Estabelece normas educacionais excepcionais a serem adotadas durante o estado de calamidade pública reconhecido pelo Decreto Legislativo nº 6, de 20 de março de 2020; e altera a Lei nº 11.947, de 16 de junho de 2009. *Diário Oficial da União*, Brasília, 19 ago. 2020. Disponível em: http://www.planalto.gov.br/ccivil_03/_ato2019-2022/2020/lei/L14040.htm. Acesso em 14 jul. 2021.

[31] BRASIL. Lei nº 14.040, de 18 de agosto de 2020. Estabelece normas educacionais excepcionais a serem adotadas durante o estado de calamidade pública reconhecido pelo Decreto Legislativo nº 6, de 20 de março de 2020; e altera a Lei nº 11.947, de 16 de junho de 2009. *Diário Oficial da União*, Brasília, 19 ago. 2020. Disponível em: http://www.planalto.gov.br/ccivil_03/_ato2019-2022/2020/lei/L14040.htm. Acesso em 14 jul. 2021.

Os alunos de escolas públicas não têm o mesmo acesso à tecnologia das instituições de ensino privadas, em vista das inúmeras dificuldades que a realidade socioeconômica de cada um impõe. A grande maioria das escolas controladas pelo poder público não contam com recursos financeiros e tecnológicos para transmitir o conteúdo programático e, quando a escola pode fazê-lo, o alunato não pode acompanhar, por falta, por exemplo, de um bom computador ou ausência de internet de boa qualidade, realidade que impacta sobremaneira o ritmo de aprendizado, levando até a se considerar 2020 como um ano perdido, e deixando para trás os alunos que não têm acesso à tecnologia. Segundo Salman Khan:

> A exclusão digital é, na minha opinião, o maior problema que enfrentamos. A pandemia de covid-19 nos ensinou claramente que, para estudar à distância, o acesso à internet é vital. Também requer recursos, como equipamentos e dispositivos, por meio dos quais você poderá aprender. As famílias precisam estar conectadas à nova economia global; pessoalmente, também precisamos estar conectados para a saúde mental, para estar próximos da família e dos amigos, para viver o momento. O outro grande desafio da educação é combinar suas capacidades com as habilidades que os alunos realmente precisam aprender hoje.[32]

Alguns exemplos de esforço estatal merecem destaque, como é o caso do Distrito Federal, do Estado de São Paulo e do Estado do Paraná, que se mobilizaram para transmitir as aulas da rede pública pela TV aberta.

O governo do Distrito Federal lançou em abril, o programa Escola em Casa DF, que permitiu a retomada das atividades educacionais da rede pública de ensino, suspensas para conter a pandemia da COVID-19. Numa primeira fase, as atividades são mediadas pela televisão, e após, gradativamente, por outras plataformas, de forma a chegar ao máximo de estudantes de todas as etapas de ensino. A transmissão se dá através da TV Justiça, com três horas diárias de conteúdos didático-pedagógicos organizados para atender as diversas etapas e modalidades de ensino abrangidas pela rede. Segundo a secretaria de Educação do DF, as aulas foram produzidas ou selecionadas pelas áreas pedagógicas da Secretaria de Educação e poderão ser acessadas das 9 às 12 da manhã, de segunda a sexta-feira.[33]

De acordo com a referida secretaria de educação, a grade de programação terá entre 15 e 30 minutos para cada etapa/modalidade de ensino, com conteúdo para a educação precoce, para os Centros de Educação Especial, educação infantil, anos iniciais e finais do ensino fundamental, ensino médio, ensino médio em tempo integral (EMTI) e ainda educação física em movimento. Em São Paulo, foi lançado em abril, o Centro de Mídias da Educação de SP (www.centrodemidiasp.educacao.sp.gov.br), plataforma que permite "que os estudantes da rede estadual tenham acesso gratuitamente a aulas ao vivo, videoaulas e outros conteúdos pedagógicos durante o período do isolamento

---

[32] ZAFRA. Juan M. 'Entre tecnologia e bom professor, escolho o segundo': as reflexões de Salman Khan, pioneiro no ensino à distância. *BBC News*, 10 out. 2020. Disponível em: https://www.bbc.com/portuguese/geral-54421532. Acesso em 14 jul. 2021.

[33] Cf.: TV Justiça começa a transmitir teleaulas na segunda (6). *Agência Brasília*, 02 abr. 2020. Disponível em: https://www.agenciabrasilia.df.gov.br/2020/04/02/tv-justica-comeca-a-transmitir-teleaulas-na-segunda-6/. Acesso em 12 jul. 2021.

social provocado pelo combate à COVID-19".[34] O acesso ao conteúdo pode ser feito também por aplicativo. Segundo o Secretário Estadual de Educação, Rossieli Soares:

> Pensado na lógica de uma rede social, o aplicativo permite grande interação entre professores e estudantes. Este app irá auxiliar para que os professores estejam os mais próximos possíveis de cada um dos nossos 3,5 milhões de estudantes. Isso vai acontecer graças à tecnologia, que deve ser cada vez mais uma grande aliada da educação.[35]

Já a transmissão via TV aberta se dá por meio da TV Cultura, como asseverou o Presidente da Fundação Padre Anchieta – Rádio e TV Cultura, José Roberto Maluf:

> Neste momento em que alunos e professores estão em casa, é de grande importância a criação da TV Cultura Educação. A Fundação Padre Anchieta tem mais de 50 anos de expertise em educação e, junto com a Secretaria da Educação, lança um novo canal que propiciará a milhões de estudantes aulas diversificadas e atrativas, e conteúdo de muita qualidade, cobrindo todo o Estado de São Paulo.[36]

Com o intuito de assegurar que todos os alunos tenham acesso às aulas e atividades escolares, a Seduc/SP firmou contrato com as quatro grandes operadoras de telefonia móvel: Claro, Oi, Tim e Vivo, o que permite que professores e discentes tenham acesso gratuito ao conteúdo programático, por meio do celular, dispensando a utilização das redes wi-fi e 4g, sem uso dos créditos dos telefones pré-pagos. A *Amazon Web Services* (AWS) vai disponibilizar, sem custo, a infraestrutura de servidores e redes para garantir a transmissão das aulas.

É de se reconhecer o esforço inclusivo, por parte do Governo do Estado de São Paulo, através do Centro de Mídias SP, que disponibiliza as aulas ao vivo, ministradas pelos professores da rede pública de ensino, permitindo que os alunos façam interações por meio de chats e vídeos. Tais aulas serão operadas em dois estúdios da Escola de Formação e Aperfeiçoamento dos Professores da Educação do Estado de São Paulo (EFAPE), vinculada à Seduc, conforme informa o Governo de São Paulo.[37]

O conteúdo programático do aplicativo abrange os estudantes do 6º ano do ensino fundamental até o 3º ano do ensino médio. Na TV Cultura, é possível ter acesso a videoaulas e atividades transmitidas inclusive em tempo real, cuja grade horária será

---

[34] SÃO PAULO. Portal do governo de São Paulo. *Governo lança aulas em tempo real por TV aberta e celular a estudantes da rede estadual*. 03 abr. 2020. Disponível em: https://www.saopaulo.sp.gov.br/spnoticias/governo-lanca-aulas-em-tempo-real-por-tv-aberta-e-celular-a-estudantes-da-rede-estadual/. Acesso em 14 jul. 2021.

[35] SÃO PAULO. Portal do governo de São Paulo. *Governo lança aulas em tempo real por TV aberta e celular a estudantes da rede estadual*. 03 abr. 2020. Disponível em: https://www.saopaulo.sp.gov.br/spnoticias/governo-lanca-aulas-em-tempo-real-por-tv-aberta-e-celular-a-estudantes-da-rede-estadual/. Acesso em 14 jul. 2021.

[36] SÃO PAULO. Portal do governo de São Paulo. *Governo lança aulas em tempo real por TV aberta e celular a estudantes da rede estadual*. 03 abr. 2020. Disponível em: https://www.saopaulo.sp.gov.br/spnoticias/governo-lanca-aulas-em-tempo-real-por-tv-aberta-e-celular-a-estudantes-da-rede-estadual/. Acesso em 14 jul. 2021.

[37] SÃO PAULO. Portal do governo de São Paulo. *Governo lança aulas em tempo real por TV aberta e celular a estudantes da rede estadual*. 03 abr. 2020. Disponível em: https://www.saopaulo.sp.gov.br/spnoticias/governo-lanca-aulas-em-tempo-real-por-tv-aberta-e-celular-a-estudantes-da-rede-estadual/. Acesso em 14 jul. 2021.

dividida por etapas, com componentes alternados a cada semana, sendo que matemática e língua portuguesa serão aplicados toda semana.[38]

Além disso, os alunos dos anos iniciais terão programação específica transmitida pelo canal TV Cultura Educação e ainda receberão um material impresso disponibilizado pela Seduc. Dessa forma, os alunos da rede estadual poderão contar com diferentes canais de transmissão e interatividade para continuar estudando mesmo durante o período do isolamento social. Será possível assistir aulas pela TV e interagir pelo celular, além de acompanhar aulas pelo celular com interação em tempo real. Depois da reabertura das escolas, a ferramenta vai continuar sendo usada para complementar as atividades presenciais.

No mesmo sentido, o Paraná, assegurou a transmissão das aulas a distância pela TV aberta para os alunos da rede municipal de todo o Estado, por conduto de uma parceria da Secretaria de Estado da Educação e do Esporte com a Prefeitura de Curitiba, que proporciona aulas online para os alunos de outras cidades paranaenses. A iniciativa se dá em conjunto entre as redes, pública (Canal TV Escola Curitiba) e privada de TV (Rede Massa), além de transmissão de aulas pelo *Youtube*.[39]

Sem dúvidas, é possível estabelecer que o poder público tem se esforçado para garantir que o direito à educação seja exercido minimamente pelo seu destinatário final, o aluno. Ainda que tais iniciativas não sejam perfeitas e nem tenham alcance nacional/global, visto se tratar de exemplos localizados, é esperado que tenhamos resultados efetivos no que se refere à transmissão de conteúdo programático.

Conclusão

A educação pública no Brasil vem evoluindo, portanto, é razoável defender que o ensino remoto representa um bom exemplo desta evolução, germinando a partir da semente plantada na Constituição Federal do Brasil de 1988, que quebrou privilégios e democratizou (em tese) o acesso ao ensino superior, antes dominado pela elite.

A despeito da viabilidade jurídica, das adaptações humanas e tecnológicas, o ensino remoto no Brasil está longe do ideal, seja pela parca cultura/costume que o incentive, por ausência de preparo na infraestrutura de internet do país, bem como pela deficiência de planejamento estatal, que não tinha um plano de contingência ou de capacitação de seus educadores, e pela falta de apoio mais efetivo aos alunos.

A pandemia é questão de saúde pública, em escala global, que afeta a todos e atinge frontalmente os mais diversos setores da vida social, contudo, o impacto pedagógico é o mais profundo e duradouro, sendo até mesmo devastador, visto que seus efeitos no sistema educacional como um todo ainda não são totalmente conhecidos.

Apesar do abismo que divide os alunos e professores das redes pública e privada, onde uns têm acesso à internet de boa qualidade, assim como a computadores, celulares e

---

[38] SÃO PAULO. Portal do governo de São Paulo. *Governo lança aulas em tempo real por TV aberta e celular a estudantes da rede estadual*. 03 abr. 2020. Disponível em: https://www.saopaulo.sp.gov.br/spnoticias/governo-lanca-aulas-em-tempo-real-por-tv-aberta-e-celular-a-estudantes-da-rede-estadual/. Acesso em 14 jul. 2021.

[39] PARANÁ. Conselho Regional de Psicologia do Estado do Paraná. *Reflexões sobre educação no contexto de pandemia*. 28 abr. 2020. Disponível em: https://crppr.org.br/diadaeducacao/. Acesso em 14 jul. 2021.

tablets de última geração, e outros contam com infraestrutura rudimentar, não possuindo o mínimo necessário para assistir aulas, por via do ensino à distância, observam-se, positivamente, grandes ações estatais, dentro de suas limitações, para que o mínimo de efetividade seja garantido ao alunato, quando do exercício de seu mister.

A administração pública, os educadores, os alunos e seus responsáveis estão de parabéns, apesar da odisseia logística e psíquica enfrentada. Estão fazendo o ensino remoto acontecer, da melhor maneira possível, usando as ferramentas tecnológicas disponíveis, somando atitudes tomadas em conjunto pelos governos, pais, responsáveis e pela equipe pedagógica, ou seja, pela sociedade como um todo. Logo, pode-se concluir que o ano de 2020 pode representar, ao mesmo tempo, um ano letivo perdido e uma mudança no paradigma prático do ensino, visto que ainda não se tem a exata dimensão do impacto pedagógico causado pela pandemia, ao passo que o ensino remoto veio para ficar, apresentando-se como alternativa viável em tempos de crise e noutras situações ainda não experimentadas, nas quais o ensino remoto se fará útil.

A administração pública tem assumido grande protagonismo na seara educacional, já que manter a máquina pública em funcionamento durante a pandemia é desafiante e, como visto, o direito constitucional à educação tem sido assegurado, revelando, assim, uma das facetas ativas do enfrentamento estatal em face da crise da COVID-19.

Referências

AGÊNCIA BRASÍLIA. *TV Justiça começa a transmitir teleaulas na segunda (6)*. 02 abr. 2020. Disponível em: https://www.agenciabrasilia.df.gov.br/2020/04/02/tv-justica-comeca-a-transmitir-teleaulas-na-segunda-6/. Acesso em 12 jul. 2021.

BRASIL. Constituição da República Federativa do Brasil de 1988. *Diário Oficial da União*, Brasília, 05 out. 1988. Disponível em: http://www.planalto.gov.br/ccivil_03/constituicao/constituicao.htm. Acesso em 13 jul. 2021.

BRASIL. Lei nº 14.040, de 18 de agosto de 2020. Estabelece normas educacionais excepcionais a serem adotadas durante o estado de calamidade pública reconhecido pelo Decreto Legislativo nº 6, de 20 de março de 2020; e altera a Lei nº 11.947, de 16 de junho de 2009. *Diário Oficial da União*, Brasília, 19 ago. 2020. Disponível em: http://www.planalto.gov.br/ccivil_03/_ato2019-2022/2020/lei/L14040.htm. Acesso em 14 jul. 2021.

BRASIL. Lei nº 9.394, de 20 de dezembro de 1996. Estabelece as diretrizes e bases da educação nacional. *Diário Oficial da União*, Brasília, 23 dez. 1996. Disponível em: http://www.planalto.gov.br/ccivil_03/leis/l9394.htm. Acesso em 14 jul. 2021.

BRASIL. Ministério da Saúde. *Guia traz orientações para retorno seguro às aulas presenciais*. 18 set. 2020. Disponível em: https://www.gov.br/pt-br/noticias/saude-e-vigilancia-sanitaria/2020/09/guia-traz-orientacoes-para-retorno-seguro-as-aulas-presenciais. Acesso em 13 jul. 2021.

BRASIL. Ministério da Saúde. *Ministério da Saúde divulga resultados preliminares de pesquisa sobre saúde mental na pandemia*. 29 set. 2020. Disponível em: https://antigo.saude.gov.br/noticias/agencia-saude/47527-ministerio-da-saude-divulga-resultados-preliminares-de-pesquisa-sobre-saude-mental-na-pandemia. Acesso em 13 jul. 2021.

CORREIA, E. S.; SILVA, V. A.; NASCIMENTO, W. R. S.; CHARLOT, Y. C. A unidade dialética ensino e aprendizagem: um processo não linear. *Revista Internacional Educon*, v. 1, n. 1, 2020.

CHARLOT, B. *Da relação com o saber*: elementos para uma teoria. Trad. de MAGNE, B. Porto Alegre: Artmed, 2000

CUETO, José C. 'Origem do coronavírus: o que se sabe sobre o laboratório de Wuhan investigado pelos EUA. *BBC News*, 03 jun. 2021. Disponível em: Origem do coronavírus: o que se sabe sobre o laboratório de Wuhan investigado pelos EUA – BBC News Brasil. Acesso em 12 jul. 2021.

DEUTSCHE WELLE. *O que já se sabe sobre as vacinas contra a covid-19?* 17 nov. 2011. Disponível em: https://amp-dw-com.cdn.ampproject.org/v/s/amp.dw.com/pt-br/o-que-j%C3%A1-se-sabe-

sobre-as-vacinas-contra-a-covid-19/a-55630479?usqp=mq331AQHKAFQArABIA%3D%3D&a
mp_js_v=0.1#aoh=16063343617701&referrer=https%3A%2F%2Fwww.google.com&amp_tf=From%20
%251%24s&ampshare=https%3A%2F%2Fwww.dw.com%2Fpt-br%2Fo-que-j%25C3%25A1-se-sabe-sobre-
as-vacinas-contra-a-covid-19%2Fa-55630479. Acesso em 14 jul. 2021.

DUNDER, Karla. IBGE aponta desigualdade de acesso à internet entre estudantes. *R7*, 14 abr. 2021. Disponível em: https://noticias.r7.com/educacao/ibge-aponta-desigualdade-de-acesso-a-internet-entre-estudantes-14042021. Acesso em 13 jul. 2021.

FERRARI, Márcio. Jean Piaget, o biólogo que colocou a aprendizagem no microscópio. *Nova Escola*, 01 out. 2008. Disponível em: https://novaescola.org.br/conteudo/1709/jean-piaget-o-biologo-que-colocou-a-aprendizagem-no-microscopio. Acesso em 14 jul. 2021.

G1. *Professores e alunos fazem protesto contra mudanças na matriz curricular.* 07 abr. 2016. Disponível em: http://g1.globo.com/pa/santarem-regiao/noticia/2016/04/professores-e-alunos-fazem-protesto-contra-mudancas-na-matriz-curricular.html. Acesso em 13 jul. 2021.

GOOGLE SUPORTE. *Ajuda do Sala de aula.* s/n. Disponível em: https://support.google.com/edu/classroom/answer/6025224?hl=pt-BR&authuser=1&ref_topic=7175444. Acesso em 14 jul. 2021.

INSTITUTO UNIBANCO. *Ações durante e pós pandemia são necessárias para evitar evasão.* 03 jun. 2021. Disponível em: https://www.institutounibanco.org.br/conteudo/acoes-durante-e-pos-pandemia-sao-necessarias-para-evitar-evasao/. Acesso em 13 jul. 2021.

LEMOS, Marcela. Como surgiu o novo coronavírus (COVID-19). *Tua Saúde*, abr. 2021. Disponível em: https://www.tuasaude.com/misterioso-virus-da-china/. Acesso em 13 jul. 2021.

LIBERALI, Fernanda Coelho *et al.* (Org.). *Educação em tempos de pandemia:* brincando com um mundo possível. 1. ed. São Paulo: Pontes Editores, 2020.

MATO GROSSO DO SUL. Portal da Secretaria de Educação. *Aulas em TV aberta digital reforçam aprendizado remoto dos estudantes da REE.* 27 mai. 2020. Disponível em: Aulas em TV aberta digital reforçam aprendizado remoto dos estudantes da REE – SED. Acesso em 14 jul. 2021.

OPAS. *Folha informativa COVID-19 – Escritório da OPAS e da OMS no Brasil.* 08 dez. 2020. Disponível em: https://www.paho.org/pt/covid19. Acesso em 05 dez. 2020.

PARANÁ. Conselho Regional de Psicologia do Estado do Paraná. *Reflexões sobre educação no contexto de pandemia.* 28 abr. 2020. Disponível em: https://crppr.org.br/diadaeducacao/. Acesso em 14 jul. 2021.

SALAS, Paula. Ansiedade, medo e exaustão: como a quarentena está abalando a saúde mental dos educadores. *Nova Escola*, 01 jul. 2020. Disponível em: https://novaescola.org.br/conteudo/19401/ansiedade-medo-e-exaustao-como-a-quarentena-esta-abalando-a-saude-mental-dos-educadores. Acesso em 14 jul. 2021.

SÃO PAULO. Portal do governo de São Paulo. *Governo lança aulas em tempo real por TV aberta e celular a estudantes da rede estadual.* 03 abr. 2020. Disponível em: https://www.saopaulo.sp.gov.br/spnoticias/governo-lanca-aulas-em-tempo-real-por-tv-aberta-e-celular-a-estudantes-da-rede-estadual/. Acesso em 14 jul. 2021.

SOBRAL DE SOUZA, Patrícia Verônica Nunes Carvalho; SOARES, Ricardo Maurício Freire. A crise do coronavírus (covid-19) à luz dos Direitos Humanos e seus efeitos nas Contratações Públicas. *In*: BAHIA, Saulo José Casali; RÁTIS, Carlos Eduardo Behrmann (Org.). *Direitos e Deveres Fundamentais em Tempos de Coronavírus.* 2. ed. São Paulo: IASP, 2020. v. 2.

SOBRINHO, Wanderley Preite. Coronavírus: por que a terceira onda de convid-19 está próxima e pode ser mais letal. *UOL Notícias*, 23 mai. 2021. Disponível em: https://noticias.uol.com.br/saude/ultimas-noticias/redacao/2021/05/23/terceira-onda-covid-19-3-coronavirus-vacinacao-lenta-quarentena-nova-cepa.htm. Acesso em 13 jul. 2021.

ZAFRA. Juan M. 'Entre tecnologia e bom professor, escolho o segundo': as reflexões de Salman Khan, pioneiro no ensino à distância. *BBC News*, 10 out. 2020. Disponível em: https://www.bbc.com/portuguese/geral-54421532. Acesso em 14 jul. 2021.

Informação bibliográfica deste texto, conforme a NBR 6023:2018 da Associação Brasileira de Normas Técnicas (ABNT):

SOBRAL DE SOUZA, Patrícia Verônica Nunes Carvalho; BARRETO, Lucas Fonlor Lemos Muniz. O enfrentamento à pandemia pelo poder público e suas consequências no ensino. *In*: LIMA, Edilberto Carlos Pontes (Coord.). *Os Tribunais de Contas, a pandemia e o futuro do controle*. Belo Horizonte: Fórum, 2021. p. 433-452. ISBN 978-65-5518-282-8.

ACCOUNTABILITY HORIZONTAL E CONTROLE EXTERNO ESTADUAL: REFLEXOS DA MUDANÇA INSTITUCIONAL NA ATUAÇÃO DO TRIBUNAL DE CONTAS DO ESTADO DO PIAUÍ NO CONTROLE DOS RECURSOS RELACIONADOS À PANDEMIA DA COVID-19

RAMON PATRESE VELOSO E SILVA

Introdução

No dia 26 de abril de 2021, o Tribunal de Contas do Estado do Piauí (TCE-PI) realizou levantamento para análise concomitante da aplicação dos recursos públicos e dos aspectos operacionais das ações destinados ao combate à pandemia em Teresina. O levantamento feito pela Comissão COVID-19 do TCE-PI identificou indícios de 2.778 (dois mil, setecentos e setenta e oito) usuários terem sido vacinados em detrimento a outros usuários que deveriam receber as doses prioritariamente.

Esse levantamento, junto com outras medidas recentes dos Tribunais de Contas no país, é reflexo de um processo de mudança da forma de atuação das Cortes de Contas. A atuação dos Tribunais de Contas no país tem sido observada em duas linhas principais na literatura de Ciência Política. A primeira diz respeito ao seu papel fiscalizador em relação à observação dos preceitos da Constituição e da Lei de Responsabilidade Fiscal, como forma de incrementar a credibilidade da gestão, perante os credores e a sociedade, e dar maior segurança à observação dos parâmetros da Lei pelos gestores ou pelas Agências Reguladoras.[1] A segunda, se refere ao potencial de aumento da qualidade da democracia e da legitimidade das instituições democráticas e suas ações, por meio do controle estabelecido, principalmente visando maior transparência.[2]

---

[1] GOMES, E. G. M. As agências reguladoras independentes e o Tribunal e Contas da União: conflito de jurisdições? *Revista de Administração Pública*, Rio de Janeiro, v. 40, n. 4, p. 615-630, jul./ago. 2006; JAIME, D. C. M. S. *A atuação do Tribunal de Contas do Estado do Piauí para o cumprimento dos pilares da Lei de Responsabilidade Fiscal*: uma análise das prestações de contas. Dissertação de Mestrado, Universidade Federal do Piauí, 2015.

[2] MENEZES, M. Controle externo na América Latina. *Revista Debates*, Porto Alegre, v. 10, n. 1, p. 141-160, jan./abr. 2016.

O campo de atuação dos órgãos de controle externo da Administração Pública alargou-se especialmente após a Emenda Constitucional nº 19/1998, que inseriu, ao caput do art. 37 da Constituição Federal, a eficiência entre o rol de princípios que orientam as atividades da Administração Pública, o que exigiu um dever de atuação e organização administrativas voltadas a eficientemente satisfazer as finalidades públicas.

Historicamente, entretanto, o controle tem se tornado um fim em si mesmo, voltado mais ao processo e à verificação formal do cumprimento de prescrições legais, em detrimento da análise do impacto das medidas adotadas pelo gestor público e da efetividade dos resultados esperados.[3]

A partir dessa problemática de déficit de responsividade,[4] apenas atualmente a fiscalização da atividade administrativa e financeira do Estado exercida pelos Tribunais de Contas tem ultrapassado o viés formalista, financeiro e contábil das contas públicas. As Cortes de Contas têm se voltado, assim, a uma análise estrita que não se mantém apenas na legalidade dos atos, mas passa a abranger, também, a legitimidade e a economicidade das medidas adotadas, a partir de um viés pragmático ou consequencialista.[5]

Sensível a essa nova realidade, o Tribunal de Contas do Estado do Piauí, em meados de 2018, constituiu Comissão de Reestruturação, a fim de repensar o seu organograma. A estrutura até então adotada contava com duas grandes Diretorias (Diretoria de Fiscalização da Administração Estadual – DFAE e Diretoria de Fiscalização da Administração Municipal – DFAM) responsáveis por fiscalizar todas as ações e projetos do Estado e dos 224 municípios piauienses, respectivamente.

Essa nova realidade fez emergir o questionamento: quais as contribuições da mudança institucional ocorrida no âmbito do TCE-PI para um maior *accountability* horizontal e controle dos gastos relacionados ao combate da pandemia da COVID-19? De que forma ocorreu a mudança de paradigma da atuação institucional no âmbito do Tribunal de Contas do Estado do Piauí?

Neste artigo tentamos responder como essas mudanças institucionais afetam a atuação dos Tribunais de Contas, a partir do estudo de caso do Tribunal de Contas do Estado do Piauí.

Dessa forma, este trabalho visa a contribuir com a literatura especializada ao propor um estudo sobre como ocorreu o processo de mudança no TCE-PI e seus impactos na atuação do controle externo. Esse enfoque empírico é importante por tratar de fatores relativos à qualidade da democracia, tomando como base o aspecto das relações interinstitucionais, do controle que essas instituições exercem sobre si, no intuito de aumentar o nível de transparência frente à sociedade.

Entender os processos de mudança institucional que têm ocorrido nos Tribunais de Contas no Brasil é importante por dois motivos. Primeiro, porque auxilia o entendimento

---

[3] IOCKEN, S. N. *O controle compartilhado das políticas públicas*: uma nova racionalidade para o exercício democrático na sociedade da desconfiança. (Orientador: Luiz Carlos Cancellier de Olivo). 279p. Tese (Pós-Graduação em Direito) – Universidade Federal de Santa Catarina, SC, 2017.

[4] MARQUES NETO, F. de A. Os grandes desafios do controle da Administração Pública. *Fórum de Contratação e Gestão Pública FCGP*, Belo Horizonte, a. 9, n. 100, abr. 2010.

[5] IOCKEN, S. N. *O controle compartilhado das políticas públicas*: uma nova racionalidade para o exercício democrático na sociedade da desconfiança. (Orientador: Luiz Carlos Cancellier de Olivo). 279p. Tese (Pós-Graduação em Direito) – Universidade Federal de Santa Catarina, SC, 2017.

de como as instituições funcionam no Brasil, e permite uma ampliação teórica quanto a hipóteses de pesquisa, no que se refere à mudança institucional incremental. Segundo, porque permite um maior entendimento sobre a qualidade da democracia no país.

As teorias mais recentes sobre a qualidade da democracia não enfatizam apenas o funcionamento mecânico das instituições no sistema de *checks and balances*, mas como essa atuação permite uma maior aproximação da população, na perspectiva da democracia substantiva, e oferece recursos para uma melhor administração pública que tenha em seu cerne o oferecimento de políticas de qualidade.

Além desta introdução, o trabalho conta com mais quatro seções. Na segunda é feita uma revisão da literatura que trata do tema da mudança institucional. Na terceira é apresentada uma revisão da atuação dos Tribunais de Contas no país desde a Constituição de 1988, mostrando os principais pontos de mudança nas suas estruturas de ação, e quais as novidades do recente processo de mudança, enfatizando o caso do Piauí. Na quarta seção são apresentados os dados relativos à atuação do TCE-PI sobre a fiscalização dos recursos destinados ao combate à pandemia de COVID-19 no Estado, e apresenta os principais resultados da análise documental realizada. A última seção conclui o trabalho e dá indicações para futuras pesquisas.

1 Apontamentos sobre mudança institucional e *accountability* horizontal no Brasil

Instituições são elementos duráveis. Essa suposição é a base de importantes trabalhos nas ciências sociais e as instituições formais têm sido observadas a partir de seu papel fundamental para a democracia e nos processos de democratização e explicação de padrões de comportamento político,[6] e são analisadas de duas maneiras principais. Por um lado, as instituições conformam padrões de comportamento e, por outro, trazem consigo os elementos que permitem a sua durabilidade e reprodução.[7] Dessa forma, os comportamentos delimitados pelas instituições servem ao mesmo tempo para o objetivo para os quais elas foram criadas, bem como para a manutenção de sua estrutura.

Neste trabalho partimos da ideia de que as instituições mudam e essas mudanças são levadas a cabo por um processo de revisões paulatinas. Tais mudanças também afetam o comportamento dos atores a elas vinculados, num processo de autoativação entre a influência das instituições sobre os atores e das ações dos atores sobre as instituições.

Powell[8] afirma que as instituições têm a tendência de serem relativamente inertes e de resistirem fortemente a mudanças. Essa perspectiva é presente nas abordagens do institucionalismo sociológico e o argumento central é que instituições, formais e informais, têm em si fatores que permitem a sua perpetuação por meio de processos

---

[6] ALEXANDER G. Institutions, Path Dependence, and Democratic Consolidation. *Journal of Theoretical Politics*, n. 13, v. 3, p. 249-269, 2001.

[7] JEPPERSON, R. Institutions, institutional effects, and institutionalism. *In*: JEPPERSON, R.; MEYER, J. *Institutional theory*: the cultural construction of organizations, states, and identities. Camnridge: Cambridge University Press, 1991; POWELL, W. W. Expanding the Scope of Institutional Analysis. *In*: POWELL, Walter W.; DIMAGGIO, Paul J. *The New Institutionalism in Organizational Analysis*. Chicago: University of Chicago Press, 1991.

[8] POWELL, W. W. Expanding the Scope of Institutional Analysis. *In*: POWELL, Walter W.; DIMAGGIO, Paul J. *The New Institutionalism in Organizational Analysis*. Chicago: University of Chicago Press, 1991.

de "autoativação".[9] As explicações que seguem essa perspectiva têm seu fundamento na ideia de que as instituições devem sua permanência à apropriação de códigos que permitem a reprodução de comportamento pelos atores socializados sob essas regras.[10]

Na mesma esteira do institucionalismo sociológico, autores afirmam que a durabilidade das instituições se deve ao fato de que "as suas propriedades de autorreprodução são de natureza cognitiva",[11] ou seja, elas são tomadas como elementos dados que não dependem da vontade dos indivíduos e estão além da capacidade de avaliação dos atores sociais.[12]

Embora a ideia de que as instituições sejam duradouras seja importante para se analisar seus efeitos, ao se analisar os padrões de comportamentos que as circundam, é possível observar que os atores não conformam as expectativas das teorias de *path dependence*, pois atores individuais e coletivos estão sempre a contestar, desafiar e propor revisões das instituições.[13]

A ideia de durabilidade, previsibilidade e persistências das instituições está no coração da maior parte das teorias que se propõem a definir o que são instituições. São elementos de relativa durabilidade que formatam comportamentos e não têm o potencial de fácil e rápida mudança.[14]

Embora essas teorias sobre durabilidade ofereçam importantes instrumentais para o entendimento de como as instituições perduram e afetam comportamentos, elas não oferecem ferramentas muito profícuas para o entendimento da mudança institucional. A ideia é a de que os atores carregam consigo as mesmas estruturas aprendidas com as instituições para sua manutenção ou na criação de novas não permite entender como as mudanças ocorrem, o que leva pesquisadores a recorrerem aos fatores exógenos como fontes de mudança.[15]

Assim como as teorias no bojo do institucionalismo sociológico, as abordagens teóricas no seio do institucionalismo da escolha racional também apresentam dificuldades no tocante às explicações da mudança institucional. Em primeiro lugar, grande parte dos estudos nessa área enfatizam as instituições como fatores promotores de equilíbrio, ou seja, entendem que as instituições são mecanismos de coordenação de equilíbrios. Dessa forma, essas abordagens recorrem a fatores exógenos para explicar a mudança,

---

[9] JEPPERSON, R. Institutions, institutional effects, and institutionalism. *In*: JEPPERSON, R.; MEYER, J. *Institutional theory*: the cultural construction of organizations, states, and identities. Camnridge: Cambridge University Press, 1991.

[10] MARCH, J. G.; OLSEN, J. P. The New Institutionalism: organizational Factors in Political Life. *American Political Science Review*, n. 78, p. 734-749, 1984.

[11] MAHONEY, J; THELEN, K. *Explaining institutional change*: ambiguity, agency, and power. New York: Cambridge University Press, 2009. p. 05. (Tradução nossa).

[12] ZUCKER, L. G. Organizations as Institutions. *In*: BACHARACH, S. B. *Research in the Sociology of Organizations*. Greenwich, CT: JAIPress, 1983.

[13] ALEXANDER G. Institutions, Path Dependence, and Democratic Consolidation. *Journal of Theoretical Politics*, n. 13, v. 3, p. 249-269, 2001.

[14] MAHONEY, J; THELEN, K. *Explaining institutional change*: ambiguity, agency, and power. New York: Cambridge University Press, 2009.

[15] DIMAGGIO, P. J; POWELL W. W. The Iron Cage Revisited: institutional Isomorphism and Collective Rationality in Organizational Fields. *American Sociological Review*, n. 48, p. 147-160, 1983.

visto que os comportamentos individuais são melhores respostas aos incentivos de uma determinada instituição na promoção do equilíbrio.[16]

De acordo com Mahoney e Thelen[17] e Rezende,[18] a perspectiva sobre mudança institucional endossada pelos estudos na vertente do neoinstitucionalismo da escolha racional se aproxima, em grande medida, aos modelos de equilíbrio pontuado. O modelo do equilíbrio pontuado advoga que as mudanças não ocorrem de maneira paulatina, gradual, a partir de fatores incrementais, mas têm sua origem em momentos de repentina ruptura. Ou seja, fatores exógenos que surgem em "ambientes" propícios têm a tendência de proporcionar abalos significativos na estrutura institucional que forçam a sua revisão. Esses abalos criam ambientes ou estruturas de oportunidades que podem ser utilizados pelos diversos atores, individuais ou coletivos, permitindo a busca pela revisão de maneira que ela responda aos incentivos externos ou a interesses dos próprios atores.

A ênfase dada pela teoria da escolha racional na relação das instituições com os agentes é feita a partir da observação de que os indivíduos são portadores de capacidade de escolha e escolherão a alternativa ótima quando defrontados com opções institucionais, o que levaria a equilíbrios do tipo equilíbrio de Nash. Os atores também são vistos nessa abordagem, a partir de sua ação sob fatores exógenos, sem levar em conta o papel das ideias e modelos mentais.[19]

Outro campo de críticas aos modelos da teoria da escolha racional se refere à abordagem das preferências como dadas e fixas. Os atores e as instituições mudam as suas preferências de acordo com o momento e com o contexto, assim como durante os processos decisórios.

Muito do que se tem trabalhado tomando como base o neoinstitucionalismo histórico tem enfatizado a continuidade e menor atenção tem sido dada à mudança. Um dos mais importantes conceitos no interior das abordagens históricas é o de *path dependence* (dependência de trajetória). Tal conceito é utilizado para explicar a continuidade das instituições e os padrões de resultados que produzem no decorrer do tempo.[20]

O segundo conceito fundamental nessa abordagem é o de distribuição de poder na estrutura institucional. A ênfase dada a esse conceito mostra que a continuidade das instituições se deve também às distribuições de poder entre os atores, ou seja, atores tendem a tentar manter suas posições de poder ao interpretarem as instituições de maneira que favoreçam esse objetivo.

---

[16] LEVI, M. Reconsiderations of Rational Choice in Comparative and Historical Analysis. *In*: LICHBACH, Mark Irving; ZUCKERMAN, Alan S. (Ed.). *Comparative Politics*: rationality, Culture, and Structure. 2. ed. New York: Cambridge University Press, 2008.

[17] MAHONEY, J; THELEN, K. *Explaining institutional change*: ambiguity, agency, and power. New York: Cambridge University Press, 2009.

[18] REZENDE, F. C. Convergências e controvérsias sobre a mudança institucional: modelos tradicionais em perspectiva comparada. *Revista de Sociologia e Política*, Curitiba, v. 20, n. 41, 2012.

[19] REZENDE, F. C. Convergências e controvérsias sobre a mudança institucional: modelos tradicionais em perspectiva comparada. *Revista de Sociologia e Política*, Curitiba, v. 20, n. 41, 2012.

[20] PIERSON, P. *Politics in Time*: history, Institutions, and Social Analysis. Princeton: Princeton University Press, 2004; THELEN, K. *How Institutions Evolve*: the Political Economy of Skills in Germany, Britain, the United States, and Japan. New York: Cambridge University Press, 2004.

Embora os estudos que tomam como base o neoinstitucionalismo histórico enfatizem a continuidade, e observem as instituições como resultados de lutas históricas, que por isso se constituem como legados de difícil alteração, eles têm fornecido importantes pistas para o entendimento da mudança. As principais variáveis apresentadas são os componentes culturais e contextuais.[21]

O principal conceito relacionado aos fatores culturais é o de "conjunturas críticas". As conjunturas críticas são classificadas como momentos de contingência nos quais há abertura para ação, seja por meio do enfraquecimento de certas instituições, seja pela grande pressão de fatores externos.[22] Algumas explicações sobre mudança que enfatizam as conjunturas críticas observam a relação entre agência e estrutura, seus pesos e os impactos que uma tem sobre a outra.

O ponto tomado como problemático na abordagem da mudança feita no neoinstitucionalismo histórico diz respeito à aproximação do conceito de conjunturas críticas aos momentos de mudança defendidos pelos modelos do equilíbrio pontuado. De fato, momentos críticos surgem para as instituições, mas eles não causam as mudanças por si. Os processos de transformação institucional necessitam de um olhar mais ampliado que observe não apenas fatores exógenos que afetem a instituições, nem apenas as conjunturas críticas que apresentam demandas de revisão.

É necessário ter como ponto de partida que as mudanças acontecem em contextos complexos e as variáveis responsáveis não surgem e desaparecem modificando as características das instituições. Pelo contrário, o processo de mudança ocorre de maneira gradual, e os fatores endógenos, como as características das próprias instituições que preveem transformações, assim como a distribuição de poder entre os atores, são importantes para compreensão desses processos.

De acordo com Rezende,[23] é equivocada a suposição de que os fatores exógenos possam sozinhos ser tomados como causas da mudança institucional, pois se essa ideia for verdadeira "as teorias institucionais estariam deixando de mostrar como de fato as variáveis associadas às instituições importam, afetando o *status* dessas teorias em produzir explicações mais robustas sobre a mudança".[24] Ou seja, priorizar os choques externos diminui a capacidade explicativa das variáveis endógenas, que são fundamentais para explicar a mudança.

De acordo com Mahoney e Thelen[25] as instituições carregam consigo instrumentos de mudança porque têm formas de levantamento de recursos e consequências distributivas. Ou seja, elas definem a distribuição de poder e de recursos que são utilizados pelos atores, seja na manutenção da estrutura institucional, seja nos processos de

---

[21] MAHONEY, J; THELEN, K. *Explaining institutional change*: ambiguity, agency, and power. New York: Cambridge University Press, 2009.

[22] REZENDE, F. C. Convergências e controvérsias sobre a mudança institucional: modelos tradicionais em perspectiva comparada. *Revista de Sociologia e Política*, Curitiba, v. 20, n. 41, 2012.

[23] REZENDE, F. C. Convergências e controvérsias sobre a mudança institucional: modelos tradicionais em perspectiva comparada. *Revista de Sociologia e Política*, Curitiba, v. 20, n. 41, 2012; REZENDE, F. C. Da exogeneidade ao gradualismo: inovações na teoria da mudança institucional. *Revista Brasileira de Ciências Sociais*, v. 27 n. 78, 2012.

[24] REZENDE, F. C. Convergências e controvérsias sobre a mudança institucional: modelos tradicionais em perspectiva comparada. *Revista de Sociologia e Política*, Curitiba, v. 20, n. 41, 2012. p. 116.

[25] MAHONEY, J; THELEN, K. *Explaining institutional change*: ambiguity, agency, and power. New York: Cambridge University Press, 2009.

mudança que visem à ampliação do acesso a esses recursos. Essa teoria tem como base a ideia de que os atores são elementos chave para compreender as instituições, visto que atuam com constância na busca pelo poder. Atores institucionais e opositores buscam ativamente manter ou reinterpretar as instituições de maneira a manter ou modificar a balança de distribuição de recursos.

Todas as instituições que tenham efeitos sobre comportamentos, sejam formais ou informais, também implicarão distribuição desigual de recursos. Essa perspectiva tem sido importante para vários trabalhos que buscam entender como surgem e se mantêm as instituições. O pressuposto básico é o de que atores diferentes têm incentivos diferentes para formatar instituições e, a partir disso, direcionar a distribuição de recursos. Dessa forma, as instituições são reflexos das contribuições e dos conflitos existentes entre esses diversos atores.[26]

Para entendermos os processos de mudança institucional ocorridos nos Tribunais de Contas é necessário um olhar para as relações entre fatores endógenos e exógenos, tanto no decorrer do tempo quanto em momentos específicos que se caracterizam como conjunturas críticas. O processo de revisão das ações do Tribunal não se deu de imediato após um evento histórico específico, mas é objeto de discussões desde a Constituição de 1988. Recentemente, os Tribunais também têm demonstrado preocupações em responder com novas formas de ações aos acontecimentos políticos da última década (principalmente após os movimentos de 2013 e 2014) – a busca por maior transparência, publicidade e publicização das ações do governo e dos próprios Tribunais de Contas.

Neste artigo verificamos como os processos de mudança institucional, sendo resultados de fatores contextuais e que têm como motor de impulsionamento as ações de atores internos e fatores endógenos, possibilitam mudanças nas formas de atuação do Tribunal de Contas do Piauí. Para verificar isso, foi feita uma análise do processo de mudança institucional do TCE-PI ocorrida a partir de 2018 e da fiscalização feita pela instituição sobre a aplicação de recursos destinados ao combate à pandemia de COVID-19 no Estado. Essa ação de fiscalização se enquadra no novo tipo de atuação do TCE-PI por ser uma atuação concomitante que tem como enfoque a implementação de política pública, nesse caso, todo o conjunto de ações públicas contra a pandemia de COVID-19.

1.1 Qualidade da democracia e os Tribunais de Contas

Diamond e Morlino[27] observam que o conceito de qualidade da democracia perpassa vários ângulos de atuação do estado e da sociedade, e todos esses aspectos precisam funcionar bem para a consecução de um bom regime. De acordo com os autores, o conteúdo da qualidade da democracia pode ser visto a partir de oito dimensões principais: primado da Lei, participação, competição, *accountability* vertical, *accountability* horizontal,

---

[26] THELEN, K. *How Institutions Evolve*: the Political Economy of Skills in Germany, Britain, the United States, and Japan. New York: Cambridge University Press, 2004; MAHONEY, J; THELEN, K. *Explaining institutional change*: ambiguity, agency, and power. New York: Cambridge University Press, 2009.

[27] DIAMOND, L; MORLINO, L. The quality of democracy: an overview. *Journal of Democracy*, v. 15, n. 4, 2004; DIAMOND, L; MORLINO, L. *Assessing the Quality of Democracy*. Baltimore: Johns Hopkins University Press, 2005.

liberdade, igualdade e responsividade.[28] Nesta pesquisa é enfatizado o conceito de *accountability* para a análise da atuação do TCE do Piauí.

O primeiro aspecto, o do primado da Lei, tem sido observado como basilar, pois todos os cidadãos são iguais perante a lei e o conhecimento público da lei e sua aplicação por um judiciário independente constitui fatores básicos para o respeito de direitos individuais.[29] Segundo Diamond e Morlino, "o primado da Lei é a base sobre a qual todas as outras dimensões da qualidade democrática repousam".[30]

Sobre e este aspecto, Przeworski[31] "coloca entre aspas" os termos Estado de Direito" e "império da lei". Segundo o autor, apesar de elementos basilares para a definição de um regime democrático, não se pode esquecer o fato de que a lei não impera, pois imperar é uma atividade, e quem age são os indivíduos: que povoam as instituições: sejam governos ou cortes.

Accountability vertical é a dimensão caracterizada pela relação entre governo e eleitores, pela responsividade dos eleitos ao apresentarem suas ações à sociedade. Para essa dimensão a "publicidade das informações sobre as ações do governo e da burocracia são fundamentais para que os políticos realizem ações responsáveis e que as mesmas cheguem de forma clara ao eleitor".[32] As ações do governo são assim julgadas subjetivamente pelo eleitor, que transfere sua aprovação ou punição por meio do voto.

Para que haja, também, um nível satisfatório de qualidade da democracia, é necessário que os cidadãos sejam capazes de identificar a responsabilização dos eleitos e sua burocracia a partir do controle horizontal por outras instituições. Essa é a dimensão da *accountability horizontal*. Ela se caracteriza pela relação de controle dentro do próprio corpo do Estado. Através da fiscalização que as instituições exercem entre si, como o controle do Legislativo sobre o Executivo, ou o contrário, as comissões parlamentares, os Tribunais de Contas, entre outras. De acordo com Menezes, o *accountability* horizontal "existe quando há uma relação em que as tarefas e os resultados da ação de um indivíduo ou de uma instituição estão sujeitos à supervisão de outro indivíduo ou instituição".[33]

Esse tipo de *accountability* é ainda definido enquanto interno ou externo. O controle[34] interno caracteriza-se como controle realizado pelas agências dentro de uma dimensão do estado, como as Comissões Parlamentares de Inquérito ao julgarem parlamentares, e as agências reguladoras do executivo. Por controle externo entende-se a fiscalização de uma instituição sobre outra, como é o caso dos Tribunais de Contas ao fiscalizar as contas do executivo, a execução de políticas públicas ou ações das agências reguladoras.[35]

---

[28] MENEZES, M. Controle externo na América Latina. *Revista Debates*, Porto Alegre, v. 10, n. 1, p. 141-160, jan./abr. 2016.

[29] O'DONNELL, G. Accountability horizontal e novas poliarquias. *Lua Nova*, n. 44, 1998.

[30] Outra tradução possível para "rule oflaw" é "Estado de Direito". Preferimos utilizar Primado da Lei. (DIAMOND, L; MORLINO, L. The quality of democracy: an overview. *Journal of Democracy*, v. 15, n. 4, 2004. p. 23. (Tradução nossa).

[31] PRZEWORSKI, A. *Crises da democracia*. Rio de Janeiro: Zahar, 2010.

[32] MENEZES, M. Controle externo na América Latina. *Revista Debates*, Porto Alegre, v. 10, n. 1, p. 141-160, jan./abr. 2016. p. 146.

[33] MENEZES, M. Controle externo na América Latina. *Revista Debates*, Porto Alegre, v. 10, n. 1, p. 141-160, jan./abr. 2016. p. 148.

[34] Note-se que aqui o conceito controle *não* é usado como tradução para *accountability*.

[35] MENEZES, M. O Tribunal de Contas da União, controle horizontal de agências reguladoras e impacto sobre usuários de serviços. *Revista de Sociologia e Política*, Curitiba, v. 20, n. 43, p. 107-125, out. 2012.

O conceito de *accountability* tem sido alvo de discussões de diversas frentes e tem se tornado difícil definir uma delimitação precisa. De acordo com Mainwaring, [...] é difícil impor limites significativos ao conceito se cada ação pela qual algum ator solicita ou exige responsabilidade de um funcionário público é considerada '*accountability*'.[36]

O sistema político brasileiro é caracterizado pela independência de origem e sobrevivência dos poderes Executivo e Legislativo.[37] Em comparação com outros regimes democráticos, como os parlamentaristas, essa característica é definida pela separação total entre os dois poderes. No parlamentarismo, a origem dos gabinetes está nas eleições dos representantes, portanto, na sua interdependência.

A formação independente dos poderes Executivo e Legislativo levou muitos analistas a projetarem, quase consensualmente, deficiências graves nos mecanismos de *accountability* horizontal no Brasil.[38] Entretanto, a origem independente dos dois poderes por si só já seria um fator importante para a existência de controles mútuos, dados os interesses existentes em cada ramo de poder.

Embora tenha perdurado por algum tempo a noção de que a delegação de poderes legislativos fortes ao Executivo brasileiro (fato que também se observa no nível subnacional) fosse um fator determinante para minar as forças políticas das outras instituições, os fatos políticos não têm seguido essa previsão. Pelo contrário, o Legislativo e suas instituições têm apresentado forte papel fiscalizador e atuado de maneira relevante no controle dos demais poderes.[39]

Os Tribunais de Contas, enquanto instituições vinculadas ao Poder Legislativo, são correntemente vistos como instituições subordinadas a esse Poder e, por isso, com baixo nível de autonomia.[40] Entretanto, a literatura já tem apontado que esse não é o caso. As cortes de contas contam com suficiente autonomia para execução de suas atividades.[41] Estas pesquisas mostram que grande parte das iniciativas de fiscalização partem dos próprios tribunais, que fiscalizam tanto as contas do executivo, as execuções de políticas públicas, quanto as ações do próprio Legislativo. Os tribunais respondem às demandas do Legislativo, mas o processo de fiscalização, em si, não está a ele subordinado.

A literatura tem demonstrado, assim, que a atuação das Cortes de Contas é fundamental para o aumento da qualidade da democracia, pois fornece bases para ações dos demais poderes, colaboram para o controle das ações dos gestores, permitem maior transparência nas ações dos órgãos do Estado perante a sociedade, além de ter

---

[36] MAINWARING, Scott; WELMA, Christopher (eds.). *Democratic accountability in Latin America*. Oxford: Oxford University Press (Oxford Studies in Democratization). 2003. Traduzimos *answerability* como responsabilidade. No entanto, preferimos manter o termo *accountability*.

[37] SHUGART, M. S.; CAREY, J. M. *Presidents and assemblies*: constitutional design and electoral dynamics. New York: Cambridge University Press, 1992.

[38] FIGUEIREDO, A. C. Instituições e política no controle do executivo. *Dados*, Rio de Janeiro, v. 44, n. 4, 2001.

[39] FIGUEIREDO, A. C. Instituições e política no controle do executivo. *Dados*, Rio de Janeiro, v. 44, n. 4, 2001.

[40] FERNANDES, J. U. J. Os limites do poder fiscalizador do Tribunal de Contas do Estado. *Revista de Informação Legislativa*, Brasília, a. 36, n. 142, p. 167-190, abr./jun. 1999.

[41] MENEZES, M. O Tribunal de Contas da União, controle horizontal de agências reguladoras e impacto sobre usuários de serviços. *Revista de Sociologia e Política*, Curitiba, v. 20, n. 43, p. 107-125, out. 2012; JAIME, D. C. M. S. *A atuação do Tribunal de Contas do Estado do Piauí para o cumprimento dos pilares da Lei de Responsabilidade Fiscal*: uma análise das prestações de contas. Dissertação de Mestrado, Universidade Federal do Piauí, 2015.

contribuído, também, para o seguimento da Lei de Responsabilidade Fiscal.[42] No que se refere aos Tribunais de Contas Estaduais, estes têm um papel indispensável na instauração de processos fiscalizatórios sobre as contas dos municípios e implementação de políticas públicas.

2 Processo de mudança nos Tribunais de Contas brasileiros

Os Tribunais de Contas são instituições centenárias. O TCE-PI é a mais antiga Corte de Contas Estadual do país, antecedida apenas pelo TCU. Durante todo esse tempo mudanças importantes ocorreram na estrutura, na forma de atuação e nas relações das Cortes de Contas com a Administração Pública do país, e a atual configuração tem suas bases na consolidação da estrutura dada pela Constituição Federal de 1988.

Em relação às mudanças ocorridas após a redemocratização, três momentos principais podem ser destacados. O primeiro foi a promulgação da CF/88, que deu a atual configuração do Tribunais de Contas e abriu a possibilidades para a interpretação das funções que permitissem o seu escopo de atuação. O segundo veio com a Lei Complementar nº 101, de 2002, também conhecida como Lei de Responsabilidade Fiscal. O terceiro processo é mais recente e não é oriundo de uma mudança legal específica, antes tem sua origem nas demandas externas por mais transparência nas ações dos gestores, também tem origem em uma maior demanda dos Tribunais de Contas por acesso à informação e à ampliação da sua atuação, não apenas em uma fiscalização *a posteriori* das contas de governo e gestão, mas em um processo cada vez mais concomitante com o objetivo de que os governos possam executar suas ações com o maior nível de transparência possível e visando ao incremento das ações no processo de implementação das políticas públicas.

O controle da Administração Pública transcende o debate em torno da delimitação das competências dos Tribunais de Contas ou mesmo os procedimentos voltados a coibir desvios e desmandos na ação dos agentes públicos.[43] Duas são as maneiras encontradas nos vários ordenamentos jurídicos para se efetivar tal controle. A solução francesa, observada em países como Alemanha, Suécia e Portugal, adotou um sistema de jurisdição dual, caraterizado por uma jurisdição ordinária ou comum e uma jurisdição administrativa, formada por um conjunto de juízes ou tribunais administrativais, a quem cabe o controle dos atos do Poder Executivo.[44]

Iocken,[45] a partir da análise dos dados relativos às contas do Governo do Estado no exercício de 2015, em todos os 27 Tribunais de Contas do Estado e do Distrito Federal, concluiu, entretanto, que as avaliações das políticas públicas pelos órgãos de controle

---

[42] JAIME, D. C. M. S. *A atuação do Tribunal de Contas do Estado do Piauí para o cumprimento dos pilares da Lei de Responsabilidade Fiscal*: uma análise das prestações de contas. Dissertação de Mestrado, Universidade Federal do Piauí, 2015.

[43] MARQUES NETO, F. de A. Os grandes desafios do controle da Administração Pública. *Fórum de Contratação e Gestão Pública FCGP*, Belo Horizonte, a. 9, n. 100, abr. 2010.

[44] MARQUES NETO, F. de A. Os grandes desafios do controle da Administração Pública. *Fórum de Contratação e Gestão Pública FCGP*, Belo Horizonte, a. 9, n. 100, abr. 2010.

[45] IOCKEN, S. N. *O controle compartilhado das políticas públicas*: uma nova racionalidade para o exercício democrático na sociedade da desconfiança. (Orientador: Luiz Carlos Cancellier de Olivo). 279p. Tese (Pós-Graduação em Direito) – Universidade Federal de Santa Catarina, SC, 2017.

ainda são incipientes e muito pontuais, rematando que a necessidade de construção de relação dialógica em prol do exercício contínuo de legitimidade democrática impõe ao controle um novo modelo para a avaliação dos programas governamentais. Para a autora, "o controle do orçamento público não pode ser reduzido à análise de dotações orçamentárias relativas a despesas e receitas",[46] devendo avançar para traduzir para a sociedade como ou se os recursos públicos foram utilizados no atendimento do interesse comum, o que torna "imprescindível a inserção do exame das políticas públicas, ou seja, dos programas governamentais".[47]

Os Tribunais de Contas devem deixar de lado, pois, "o mero exame de papéis e voltar sua atenção para as situações da vida vivida, da vida real, da vida empírica, da vida do ser humano comum, para garanti-lo e ampará-lo",[48] pois "o que vale é o olhar social sobre as situações da vida para que se afiram as condições de execução das políticas públicas".[49]

Nesse interim de mudança institucional, com o fito de adotar um modelo de atuação consolidando as melhores práticas verificadas em outros Tribunais de Contas, para tornar a fiscalização dos recursos públicos do Estado e dos municípios mais eficiente, o TCE-PI passou a estabelecer critérios técnicos de seletividade para sua atuação, prevendo, nos referidos planos estratégicos de auditoria, as diretrizes/temas para orientar as ações a serem desenvolvidas pelas unidades técnicas de controle externo.

Sob o prisma das diversas teorias de mudança institucional, quais sejam: o modelo quasi-paramétrico proposto por Greif,[50] o modelo das ordens múltiplas de Lieberman[51] e o modelo da mudança gradual proposto por Mahoney e Thelen,[52] partiremos da premissa de que as mudanças institucionais são incrementais, sendo os fatores causais da mudança as variáveis endógenas e exógenas à dinâmica das instituições.

Consideramos que a explicação das mudanças incrementais das instituições deve levar em consideração, além dos fatores endógenos e exógenos, as variáveis sistêmicas que considerem a interação entre as instituições como um elemento fundamental para compreender o sentido e as variáveis causais da mudança.

A partir desses processos, do Projeto de Qualidade e Agilidade do Controle Externo da Associação dos Membros dos Tribunais de Contas do Brasil (ATRICON), surgiu um grande movimento de reestruturação das Cortes de Contas no país. A partir da avaliação

---

[46] IOCKEN, S. N. *O controle compartilhado das políticas públicas*: uma nova racionalidade para o exercício democrático na sociedade da desconfiança. (Orientador: Luiz Carlos Cancellier de Olivo). 279p. Tese (Pós-Graduação em Direito) – Universidade Federal de Santa Catarina, SC, 2017. p. 181.

[47] IOCKEN, S. N. *O controle compartilhado das políticas públicas*: uma nova racionalidade para o exercício democrático na sociedade da desconfiança. (Orientador: Luiz Carlos Cancellier de Olivo). 279p. Tese (Pós-Graduação em Direito) – Universidade Federal de Santa Catarina, SC, 2017. p. 181.

[48] OLIVEIRA, R. F. *Gastos Públicos*. São Paulo: Editora Revista dos Tribunais, 2012. p. 148.

[49] OLIVEIRA, R. F. *Gastos Públicos*. São Paulo: Editora Revista dos Tribunais, 2012. p. 147.

[50] GREIF, A.; LAITIN, D. D. A Theory of Endogenous Institutional Change. *American Political Science Review*, n. 98, v. 4, p. 633-652, nov. 2004.

[51] LIEBERMAN, R. Private Power and American Bureaucracy: the EEOC, Civil Rights Enforcement, and the Rise of Affirmative Action. *Paper presented at the Annual Meeting of the American Political Science Association*, Philadelphia, 31 aug. 2006.

[52] MAHONEY, J. *Colonialism and Postcolonial Development*: spanish America in Comparative Perspective. New York: Cambridge University Press, 2010.

de desempenho dos Tribunais de Contas do país emergiu a necessidade de análise e reestruturação da configuração institucional e da atuação das Cortes.

Em dezembro de 2018 foi encaminhado um Memorando Circular para os Conselheiros e o Procurador Geral de Contas do TCE-PI, com o projeto e a justificativa de Reestruturação da Instituição. Os dois principais pontos destacados no projeto se referiam à tentativa de maior uniformização das formas de ação dos Tribunais de Contas no país, por não haver hierarquia, pois todos são autônomos e independentes. A justificativa para essa proposta era a de que uma reestruturação deveria observar critérios que permitissem a execução padronizada, das fiscalizações e das auditorias dos atos dos jurisdicionados.

O segundo ponto foi a ampliação da lupa de fiscalização do TCE-PI. O fundamento para essa mudança está na justificativa de que a atuação dos Tribunais de Contas não necessita se fixar apenas nos processos técnicos e legais de verificação *a posteriori*, com a apreciação das contas de gestão e de Governo, mas é necessário um processo contínuo de fiscalização da implementação de políticas públicas.

Todo esse processo de uniformização dos padrões de atuação das Cortes de Contas do país, passando pela ênfase da fiscalização também sobre as políticas públicas, foi responsável pela reestruturação da Secretaria de Controle Externo do TCE-PI. Houve uma melhor divisão e especificação de atribuições dos departamentos, assim como a criação de pastas específicas para avaliação de políticas públicas. O projeto de reestruturação trazia Saúde, Educação e Previdência como áreas que teriam pastas específicas.

Com a resolução nº 01, de 31 de janeiro de 2019, o TCE-PI realizou a reestruturação e ainda promoveu a criação de uma pasta específica para Educação (Divisão de Fiscalização da Especializada 1 – DFESP) e outra para a Saúde (Divisão de Fiscalização Especializada 2 – DFESP 2), e uma terceira Divisão de Fiscalização Temática Residual (DEFESP 3), que tem sua área de trabalho definida pelo Plano Anual de Fiscalização.

3   O Tribunal de Contas do Piauí e o combate à Pandemia de COVID-19

Com a mudança institucional ocorrida no TCE-PI, a sua atuação pôde enfatizar atos administrativos e políticas públicas sob um novo viés, com a capacidade de dar ênfase a fiscalizações, de um modo que a estrutura anterior não permitia. No que se refere à fiscalização dos recursos para enfrentamento da COVID-19 foi criada a Comissão COVID-19 do TCE-PI.

A comissão, composta por 14 membros do TCE-PI, esteve responsável por analisar em tempo real as contratações de maior risco realizadas pelos jurisdicionados no Tribunal, durante o período da pandemia. Foram elaborados 24 relatórios de fiscalização com base em 130 requisições de documentos, 29 inspeções *in loco* a 10 municípios (sem contar a Capital), e com acesso a 6180 contratos que foram registrados no Painel COVID-19, até o dia 15 de setembro de 2020.

Uma importante hipótese que tem sido levantada sobre a ampliação da atuação dos tribunais de conta é a de que a fiscalização concomitante, principalmente no processo de implementação de políticas públicas, pode contribuir para diminuir a quantidade de equívocos de gestão e atos de corrupção. Assim como pode permitir a melhor implementação de políticas públicas, visto que há um trabalho conjunto para se fiscalizar todo o processo de aplicação dos recursos, as mudanças ocorridas na reestruturação do TCE-PI caminham nessa direção.

Como forma de verificar essa hipótese, recorremos à análise documental de Relatórios de Auditoria do TCE-PI sobre políticas públicas para o combate à Pandemia de COVID-19 durante o ano de 2020. Os relatórios analisados dizem respeito à Dispensa Emergencial de Licitação, aos hospitais de Campanha instalados no ano de 2020, à aquisição de ventiladores pulmonares e à aquisição de testes rápidos, sob a Secretaria de Estado da Saúde do Piauí (SESAPI).

A relevância desses processos de fiscalização é explicada porque foram aplicados concomitantemente ao processo de implementação dessas políticas. Não se restringiram apenas a avaliações *a posteriori*. Dessa forma, esse tipo de fiscalização permite maior acompanhamento da sociedade, no que se refere à aplicação de recursos pelo governo. Assim como permite uma revisão das ações do próprio governo durante a condução dessas políticas e execução de gastos.

Destacamos, em primeiro lugar, a auditoria concomitante realizada sobre a Dispensa Emergencial de Licitação, sob o Processo nº TC/005295/2020, que tinha como alvo a fiscalização sobre a aquisição de material de higiene destinado à população de baixa renda por dispensa de licitação, com um recurso de 1.056.000,00 (um milhão e cinquenta e seis mil reais). Essa fiscalização teve como alvo a Agência de Desenvolvimento Habitacional de Estado do Piauí, nos meses de abril e maio de 2020. Tal processo não tinha como objetivo direto avaliar a política pública, mas examinar a legalidade e a legitimidade dos atos a ela relativos.

A análise da legalidade se refere a todo o conjunto de ações do Tribunal com o objetivo de verificar se os atos administrativos seguiram os preceitos legais e não incorreram em equívocos ou desvios e crimes. A análise da legitimidade se aproxima do ideal de fiscalização que vislumbra uma observação da política a partir do seu potencial em entregar o bem público ao seu usuário final.

Cabe destacar, antes de prosseguirmos, que essas fiscalizações foram feitas sob o Plano Anual de Controle Externo (PACEX nº 2020/2021). Esses planos também fazem parte do projeto de reestruturação do TCE-PI, que criou a divisão de planejamento para padronizar e tornar mais claro o processo de atuação do Tribunal durante o período estipulado, assim como para permitir um melhor planejamento das ações e definição final do que foi realizado.

A Dispensa Emergencial de Licitação nº de 001/2020 da Agência de Desenvolvimento Habitacional do Estado do Piauí foi publicada no dia 07 de abril de 2020, e os trabalhos de fiscalização do TCE-PI iniciaram-se no dia 14 do mesmo mês. A rápida ação do TCE-PI mostrou em menos de um mês falhas legais importantes no processo de licitação. A primeira delas foi a incompatibilidade da contratação com a finalidade institucional da ADH.

De acordo com o relatório, as competências da ADH descritas na Lei nº 5644/2007 estão relacionadas a atividades de assistência sociais ligadas a saneamento básico, como abastecimento de água potável, esgotamento sanitário, limpeza urbana e manejo de resíduos sólidos, drenagem e manejo das águas pluviais, limpeza e fiscalização preventiva das respectivas redes urbanas, o que não abrange o fornecimento de itens de higiene. Essa incompatibilidade contrariou, segundo o relatório, o princípio da motivação, o que viola o art. 2º da Lei de processo administrativo do Piauí (Lei nº 6.782/2016).

O segundo achado no relatório se referia à falta de planejamento e ao superdimensionamento do quantitativo previsto na contratação. A falta de planejamento resultou na ausência de especificidade e permitiu inferir apenas que seria adquirido álcool em gel, mas sem a explicitação da quantidade que seria distribuída à população de baixa renda. Ademais, não constava a forma como essa distribuição seria realizada, os critérios de enquadramento das pessoas definidas nessa classificação populacional, o cronograma de distribuição e o local onde ela aconteceria.

Além desses dois problemas elencados, a fiscalização ainda identificou a prática de sobrepreço sobre as unidades de álcool em gel a serem compradas e problemas relacionados à publicidade dos atos que se referem à dispensa de licitação. A conclusão foi a falta de efetividade no alcance do objetivo da medida, pois não delimitava o quantitativo da compra, nem apresentava planejamento das ações posteriores, e prejuízo ao erário, dados os indícios de prática de sobrepreço da contratação.

Destacamos, em segundo lugar, o Relatório de Auditoria Concomitante referente à aquisição de 150.000 (cento e cinquenta mil) testes rápidos pela Secretaria de Estado de Saúde do Piauí, sob o processo TC nº 009553/2020, também sob o tema Contratação de bens e serviços por Entes/Órgãos Públicos com maior risco de malversação de recurso, previsto no PACEX nº 2020/2021. Os achados desse relatório encontram-se no quadro 1.

Quadro 1 – Achados de auditoria concomitante do TCE-PI sobre aquisição de teste rápidos de Sars-CoV-2

1	Aquisição de um grande volume de testes sem uma metodologia clara quanto ao público-alvo, distribuição e utilização dos testes
2	Recebimento de 150 mil testes diversos daquele contratado e/ou descrito na Nota Fiscal eletrônica, inclusive sem conformidade com a qualidade declarada pelo Fabricante
3	Realização de aditivo contratual sem demonstração de vantajosidade, resultando em compra acima do valor de mercado
4	Potencial dano ao Erário de R$11.765.000,00, impossibilidade de rastreamento dos testes e indícios de sonegação fiscal.

Fonte: Relatório de Auditoria Concomitante, Processo: TC nº 009553/2020, TCE-PI.

O que resultou dessa fiscalização foi a conclusão de que a SESAPI realizou a compra dos testes rápidos sem embasamento em qualquer metodologia, pois o processo foi fruto de ações sem planejamento de combate à pandemia do novo coronavírus, Sars-CoV-2. Essa falta de planejamento resultou no recebimento de produto diferente do contratado e sem verificação de preço de mercado, o que pode acarretar prejuízo ao erário.

Das duas políticas analisadas, é possível inferir que o TCE-PI atuou concomitantemente ao avaliar a legalidade e a legitimidade da Dispensa Emergencial de Licitação da ADH, permitindo em bom tempo o pronunciamento dos responsáveis e mudanças no decorrer das ações do governo. Essa atuação tem papel pedagógico, na medida em que auxilia o governo a tomar melhores decisões, embasadas legalmente. Assim como permite que ações possam ser corrigidas sem levar a julgamentos no Tribunal de Contas. Quanto ao segundo, a fiscalização não conseguiu alcançar o *timing* das operações, mas demonstrou equívocos importantes que podem permitir ao governo refinar as ações de combate à pandemia.

Como terceiro tópico para análise das ações do TCE-PI sobre a atuação do governo do estado no combate à pandemia de COVID-19, temos a construção de Hospital de Campanha em um estádio poliesportivo da cidade de Teresina, Estádio Verdão. Os achados dessa fiscalização foram descritos no Relatório de Acompanhamento da Implantação e Manutenção de Estruturas Hospitalares Temporárias no Ginásio "Verdão" (HCVerdão) pela Secretaria de Estado da Saúde do Piauí – SESAPI, sob o processo TC nº 004618/2020.

Essa fiscalização deixa clara a nova forma de atuação do Tribunal a partir do processo de reestruturação. O seu foco não esteve vinculado apenas aos aspectos de legalidade dos gastos, totalizados em R$5.100.000,00 (cinco milhões e cem mil reais), mas na avaliação da viabilidade e adequação do funcionamento do Hospital.

Nesse relatório são descritas análises referentes a todo o processo de construção da política pública e identificas falhas importantes, desde a ausência de deliberação da Comissão intergestores Bipartite do Piauí, até problemas com os equipamentos disponíveis no hospital.

A atuação do TCE-PI, a partir da análise de sua avaliação do Hospital de Campanha Verdão, mostra que além da responsabilidade com a análise técnica referente aos gostos e à legalidade dos atos a ele vinculados, o Tribunal também tem voltado a atenção para aspectos mais qualitativos e específicos das políticas públicas. Como exemplo, o relatório dispõe sobre a análise dos materiais como camas, ar-condicionado e pias enferrujadas, em visita ao hospital. Assim como diversos outros problemas identificados, tais como ausência de fiscal de contrato.

Conclusão

Este artigo teve o objetivo de verificar como o Tribunal de Contas do Piauí tem atuado a partir da mudança institucional pela qual passou nos últimos anos. Foram escolhidos os processos de fiscalização sobre a atuação do governo do Estado no combate à pandemia de COVID-19, que ganhou força nos meses iniciais de 2020.

Tomando como ponto de partida a ideia de que as instituições estão em constante processo de mudança,[53] este estudo tentou observar como tais mudanças institucionais afetaram a atuação do TCE-PI. A ideia fundamental é a de que as instituições estão em constante e paulatino processo de mudança que é explicado por fatores endógenos e exógenos. E que o resultado delas tem efeitos importantes tanto para o comportamento dos atores, quanto para o relacionamento interinstitucional dos órgãos do Estado. Sob este prisma teórico analisamos como as mudanças ocorridas a partir do processo de

---

[53] MAHONEY, J; THELEN, K. *Explaining institutional change*: ambiguity, agency, and power. New York: Cambridge University Press, 2009.

reestruturação do TCE-PI afetou a sua atuação quanto às fiscalizações executadas. O que, consequentemente, pode ajudar no entendimento das relações interinstitucionais que se seguem.

A partir de análise documental de relatórios de fiscalização do TCE-PI sobre os atos do governo no combate à crise, foi possível perceber que o Tribunal tem realizado esforços no sentido de promover a fiscalização concomitante, desfavorecendo a avaliação feita *a posteriori* com foco restrito aos aspectos legais e técnicos dos atos administrativos referentes aos gastos dos recursos públicos.

Durante o ano de 2020, o TCE-PI aplicou diversas medidas de fiscalização com o objetivo de manter o governo do estado do Piauí *accountable* como forma de evitar problemas futuros e acúmulo de julgamentos de contas de gestão e de governo. Nos relatórios analisados foram identificados problemas importantes referentes ao planejamento das ações, e até práticas de sobrepreço sobre itens a serem comprados.

A conclusão é que a mudança institucional ocorrida no TCE-PI desde 2018, com a ampliação das funções das divisões de fiscalização da instituição, permitiu uma abrangência na atuação das fiscalizações. Isso permite maior transparência durante o processo de execução das políticas públicas e possibilita que o governo corrija equívocos e erros nos atos administrativos a serem executados.

O movimento na direção de maior nível de transparência e melhor execução dos gastos públicos está alinhado com os pressupostos de qualidade da democracia. O maior acesso a dados públicos sobre as ações do governo pela população é critério essencial para a *accountability vertical*, e o controle externo (horizontal) é importante para evitar problemas na atuação das instituições.

Referências

ALEXANDER G. Institutions, Path Dependence, and Democratic Consolidation. *Journal of Theoretical Politics*, n. 13, v. 3, p. 249-269, 2001.

DIAMOND, L; MORLINO, L. The quality of democracy: an overview. *Journal of Democracy*, v. 15, n. 4, 2004.

DIAMOND, L; MORLINO, L. *Assessing the Quality of Democracy*. Baltimore: Johns Hopkins University Press, 2005.

DIMAGGIO, P. J; POWELL W. W. The Iron Cage Revisited: institutional Isomorphism and Collective Rationality in Organizational Fields. *American Sociological Review*, n. 48, p. 147-160, 1983.

FERNANDES, J. U. J. Os limites do poder fiscalizador do Tribunal de Contas do Estado. *Revista de Informação Legislativa*, Brasília, a. 36, n. 142, p. 167-190, abr./jun. 1999.

FIGUEIREDO, A. C. Instituições e política no controle do executivo. *Dados*, Rio de Janeiro, v. 44, n. 4, 2001.

GOMES, E. G. M. As agências reguladoras independentes e o Tribunal e Contas da União: conflito de jurisdições? *Revista de Administração Pública*, Rio de Janeiro, v. 40, n. 4, p. 615-630, jul./ago. 2006.

GREIF, A.; LAITIN, D. D. A Theory of Endogenous Institutional Change. *American Political Science Review*, n. 98, n. 4, p. 633-652, nov. 2004.

HALL, P. A. *Governing the Economy*: the Politics of State Intervention in Britain and France. New York: Oxford University Press, 1986.

IOCKEN, S. N. *O controle compartilhado das políticas públicas*: uma nova racionalidade para o exercício democrático na sociedade da desconfiança. (Orientador: Luiz Carlos Cancellier de Olivo). 279p. Tese (Pós-Graduação em Direito) – Universidade Federal de Santa Catarina, SC, 2017.

JAIME, D. C. M. S. *A atuação do Tribunal de Contas do Estado do Piauí para o cumprimento dos pilares da Lei de Responsabilidade Fiscal*: uma análise das prestações de contas. Dissertação de Mestrado, Universidade Federal do Piauí, 2015.

JEPPERSON, R. Institutions, institutional effects, and institutionalism. *In*: JEPPERSON, R.; MEYER, J. *Institutional theory*: the cultural construction of organizations, states, and identities. Camnridge: Cambridge University Press, 1991.

LEVI, M. Reconsiderations of Rational Choice in Comparative and Historical Analysis. *In*: LICHBACH, Mark Irving; ZUCKERMAN, Alan S. (Ed.). *Comparative Politics*: rationality, Culture, and Structure. 2. ed. New York: Cambridge University Press, 2008.

LIEBERMAN, R. Private Power and American Bureaucracy: the EEOC, Civil Rights Enforcement, and the Rise of Affirmative Action. *Paper presented at the Annual Meeting of the American Political Science Association*, Philadelphia, 31 aug. 2006.

MAHONEY, J. Path Dependence in Historical Sociology. *Theory and Society*, n. 29, p. 507-548, 2000.

MAHONEY, J. *Colonialism and Postcolonial Development*: spanish America in Comparative Perspective. New York: Cambridge University Press, 2010.

MAHONEY, J; THELEN, K. *Explaining institutional change*: ambiguity, agency, and power. New York: Cambridge University Press, 2009.

MAINWARING, Scott; WELMA, Christopher (eds.). *Democratic accountability in Latin America*. Oxford: Oxford University Press (Oxford Studies in Democratization). 2003.

MARCH, J. G.; OLSEN, J. P. The New Institutionalism: organizational Factors in Political Life. *American Political Science Review*, n. 78, p. 734-749, 1984.

MARQUES NETO, F. de A. Os grandes desafios do controle da Administração Pública. *Fórum de Contratação e Gestão Pública FCGP*, Belo Horizonte, a. 9, n. 100, abr. 2010.

MELO, M. Política regulatória: uma revisão da literatura. *BIB*, Rio de Janeiro, n. 50, p. 7-44, 2000.

MENEZES, M. O Tribunal de Contas da União, controle horizontal de agências reguladoras e impacto sobre usuários de serviços. *Revista de Sociologia e Política*, Curitiba, v. 20, n. 43, p. 107-125, out. 2012.

MENEZES, M; LEITE, Y. Accountability horizontal no Brasil e no México. *In*: *Congreso Internacional de Ciencia Política da Associación Mexicana de Ciencias Políticas*, Guadalajara, 15-19 jul. 2015.

MENEZES, M. Controle externo na América Latina. *Revista Debates*, Porto Alegre, v. 10, n. 1, p. 141-160, jan./abr. 2016.

O'DONNELL, G. Delegative Democracy. *Journal of Democracy*, Baltimore, v. 5, n. 1, p. 55-69, 1994.

O'DONNELL, G. Accountability horizontal e novas poliarquias. *Lua Nova*, n. 44, 1998.

OLIVEIRA, R. F. *Gastos Públicos*. São Paulo: Editora Revista dos Tribunais, 2012.

PIERSON, P. *Politics in Time*: history, Institutions, and Social Analysis. Princeton: Princeton University Press, 2004.

POWELL, W. W. Expanding the Scope of Institutional Analysis. *In*: POWELL, Walter W.; DIMAGGIO, Paul J. *The New Institutionalism in Organizational Analysis*. Chicago: University of Chicago Press, 1991.

PRZEWORSKI, A. *Crises da democracia*. Rio de Janeiro: Zahar, 2010.

REZENDE, F. C. Convergências e controvérsias sobre a mudança institucional: modelos tradicionais em perspectiva comparada. *Revista de Sociologia e Política*, Curitiba, v. 20, n. 41, 2012.

REZENDE, F. C. Da exogeneidade ao gradualismo: inovações na teoria da mudança institucional. *Revista Brasileira de Ciências Sociais*, v. 27 n. 78, 2012.

SHUGART, M. S.; CAREY, J. M. *Presidents and assemblies*: constitutional design and electoral dynamics. New York: Cambridge University Press, 1992.

THELEN, K. *How Institutions Evolve*: the Political Economy of Skills in Germany, Britain, the United States, and Japan. New York: Cambridge University Press, 2004.

ZUCKER, L. G. Organizations as Institutions. *In*: BACHARACH, S. B. *Research in the Sociology of Organizations*. Greenwich, CT: JAIPress, 1983.

Informação bibliográfica deste texto, conforme a NBR 6023:2018 da Associação Brasileira de Normas Técnicas (ABNT):

SILVA, Ramon Patrese Veloso e. Accountability horizontal e controle externo estadual: reflexos da mudança institucional na atuação do Tribunal de Contas do estado do Piauí no controle dos recursos relacionados à pandemia da COVID-19. *In*: LIMA, Edilberto Carlos Pontes (Coord.). *Os Tribunais de Contas, a pandemia e o futuro do controle*. Belo Horizonte: Fórum, 2021. p. 453-470. ISBN 978-65-5518-282-8.

A HORA E A VEZ DO AJUSTE PREVIDENCIÁRIO

RAUL VELLOSO

Introdução

O principal objetivo desta introdução é chamar a atenção para argumentos contrários à prática de juros altos e ao cumprimento do chamado teto de gastos, manifestando-se, ao final, a favor do indispensável ajuste previdenciário, tema que será aprofundado nos capítulos seguintes, conforme roteiro detalhado antes de se encerrá-la.

Dois movimentos podem ter incomodado bastante alguns observadores da cena econômica nas últimas semanas. Em primeiro lugar, a subida da taxa Selic, após meses de queda, estando agora os mercados projetando uma taxa mais elevada em não menos que quatro pontos de porcentagem neste ano, em relação a 2020, totalmente desnecessária na visão daqueles.[1] O segundo é mais uma grande confusão em torno da aprovação do orçamento federal, para um difícil ano no qual já se passaram pelo menos quatro meses. Para os mesmos analistas, exaure-se, cada vez mais e sem necessidade, a parcela discricionária da citada peça, em face da perseguição desenfreada do cumprimento do teto do crescimento dos gastos federais totais igual à inflação decorrida.

Como bem mostrou André Lara Resende, em seu artigo de 23 de abril de 2021, no *Jornal Valor Econômico*,[2] diante de uma razão dívida-PIB de 90%, essa subida do custo da dívida implicará um aumento de 3,6% do PIB nos gastos financeiros do governo em 2021, algo ao redor de R$267 bilhões, quantia essa que será direcionada aos detentores de papéis públicos (basicamente residentes em nosso País), e que é apenas ligeiramente abaixo do custo do Auxílio Emergencial em 2020 (R$294 bilhões), instituído para salvamento dos mais necessitados entre os afetados pela COVID-19.

Já na raiz do problema orçamentário federal está a enorme rigidez da peça respectiva, algo que precisa ser examinado com muita atenção, e que necessitará ainda de muita reforma e mudanças de vários tipos, para se chegar a melhores condições de estrutura

---

[1] Sobre o assunto, incluindo um novo tratamento da questão inflacionária, recomendo a leitura dos artigos de André Lara Resende no jornal Valor Econômico nos últimos três anos, facilmente encontráveis por busca no sítio do referido periódico, assim como nos sítios da Amazon (onde se encontram livros de sua autoria) e, principalmente, no YouTube, onde há um grande acervo de vídeos em seu nome.

[2] RESENDE, André Lara. Obsessão em atar as mãos do Estado paralisa o Brasil há três décadas. Valor Econômico. Disponível em: https://valor.globo.com/eu-e/noticia/2021/04/23/andre-lara-resende-obsessao-em-atar-as-maos-do-estado-paralisa-o-brasil-ha-tres-decadas.ghtml. Acesso em: 14 jul. 2021.

e dimensão do gasto público brasileiro. Essa rigidez aumentou fortemente a partir da edição da nova Constituição (1988), situação que, por último, se agravou ainda mais com a criação do chamado teto de gastos, mecanismo que impôs a limitação de os gastos totais federais crescerem no máximo à taxa de inflação decorrida. Isso tem levado ao aumento sem muita peia dos chamados gastos obrigatórios,[3] e à consequente derrubada dos gastos discricionários, ditada pela necessidade de cumprir o sagrado teto.

Para melhor analisar o que tem ocorrido no que se refere ao gasto não-financeiro, cabe primeiro decompor os gastos federais em grandes itens e compará-los em dois pontos do tempo bastante relevantes, envolvendo aproximadamente três décadas, entre eles: 1987, último ano antes da nova Constituição; e 2018, último ano em que todos os dados requeridos estavam disponíveis. Seguir-se-á a evolução, ano a ano, dos subtotais dos gastos obrigatórios e discricionários da União, no subperíodo 2002-21, a fim de se confirmar o mesmo fenômeno por outra ótica, ainda que para um período mais curto e mais recente. Ao final dessa resenha, conclui-se que o grande vilão dessa história toda se chama previdência, tema em que as partes seguintes do trabalho se concentrarão, incluindo a discussão de reformas e outras soluções para o mesmo problema.

Antes, contudo, de encarar a questão da previdência pública, objetivo central deste documento, ingredientes importantes que caberá salientar se referem à evolução recente dos grandes vilões (gastos previdenciários, com o maior problema localizado nas administrações estaduais) e à evolução do maior prejudicado nessa mesma história (investimento em infraestrutura).

No tocante à previdência pública em si, além de discutir seu peso na estrutura dos gastos federais e examinar como sua situação piorou após a Constituição, caberá aprofundar a discussão da evolução recente dos gastos previdenciários estaduais, comparando-os entre si e com os da União, com base no peso do "custo previdenciário para o ente (CPE)" na receita corrente líquida (RCL) total dos orçamentos, conceito que será detalhado em momento oportuno.

O capítulo seguinte joga o foco sobre os relativamente elevados déficits previdenciários, primeiro comparando os déficits dos dois regimes, o geral e o dos servidores públicos (estes o principal alvo deste estudo), semelhantes em valor absoluto, mas disparadamente maiores no segundo caso e na área federal, quando se comparam os valores por segurado. Na sequência, mostrar-se-á a importância desses déficits na explicação dos crescentes déficits orçamentários estaduais totais, em que pese a desabada dos investimentos e sua iminente zeragem em muitos casos, inclusive no do maior Estado, São Paulo.

Aprovada a última reforma de regras em 2019, a desafiante tarefa do equacionamento definitivo dos passivos financeiro e atuarial (ou seja, de sua zeragem), seja para atacar os déficits, seja para diminuir gradativamente as diferenças entre os dois tipos de regime, precisa ser retomada com urgência especialmente nos estados e municípios, que dispõem de alternativas bem mais limitadas de acesso a financiamento do que a União, para os colocar em uma trilha consistente de busca do equilíbrio fiscal de longo prazo.

Considerando três fases (antes da promulgação da Constituição Federal de 1988, entre esta e a Emenda nº 20/98, e de lá para cá) em sua evolução recente, explicar-se-á, primeiro, como a configuração e os resultados dos regimes próprios foram evoluindo

---

[3] Obrigatórios, no sentido de que sempre há algum instrumento legal por trás determinando o seu crescimento.

em relação aos do regime geral, conforme se passava de um regime primitivo para um com lógica atuarial (quando se começou a buscar o equacionamento daqueles de forma mais consistente), e novas práticas como capitalização, "segregação de massas" (seja a "burra", seja a "inteligente"), alíquotas suplementares foram introduzidas, e a introdução da chamada previdência complementar, cabendo destacar, nada obstante, a importância das reformas de regras conforme o caso. Registrar-se-ão, também, as novas exigências no que se refere ao "timing" dos ajustes que foram introduzidos pela última reforma de regras (Emenda nº 103/19).

Por último, dar-se-á ênfase aos principais desafios (ou providências prioritárias) que o ajuste previdenciário trará pela frente, conforme os entes se encaixem em cada um desses grupos ou fases. Menção especial será feita às chamadas regras de transição nas mudanças e como têm evoluído, e as demais providências relacionadas especialmente com a Emenda nº 103.

Comentários finais serão feitos antes de encerrar o trabalho sobre a desejabilidade de parte do valor capitalizado pelos fundos de previdência subnacionais ser redirecionado para o desenvolvimento regional e local, ao invés de a quase totalidade dos recursos ficar financiando parcela da dívida da União de forma automática.

1   Maior rigidez ou obrigatoriedade dos gastos

A decomposição do gasto federal que parece relevante para os fins deste texto seleciona, de um lado, os subitens subordinados ao tema *Previdência+Assistência*, exatamente o subconjunto de maior peso no segmento obrigatório e que se decompõe em: 1) *Assistência Social*; 2) *INSS Contributivo*;[4] 3) *Previdência dos Servidores*. Em seguida, o subconjunto dos obrigatórios fecha com o item 4) *Pessoal em Atividade*. Do outro lado, apresenta-se o item de maior destaque dos gastos discricionários, por sua importância para a evolução do PIB, ou seja, 5) *Investimento*.

Dessa decomposição se derivam, em primeiro lugar, as seguintes e dramáticas constatações sobre o brutal aumento do peso, em %, da soma dos três primeiros desses itens, no total dos gastos não financeiros, nos trinta e um anos entre 1987 e 2018, conforme se vê item a item a seguir:

a) Do *item 1*, que passou de *3,1* para *19,3%* do total, tendo esse peso aumentado não menos que *6,2 vezes*.

b) Do *item 2*, que aumentou de *13,0* para *34,2%* (isto é, *2,6 vezes* a mais).

c) Do *item 3*, de *6,2* para *9,4%*. (*1,5 vez* a mais).

d) Do *item 4*, de *16,7* para *12,7%* (-*24%*).

A parcela relativa aos gastos obrigatórios explicita um item contendo transferências puras de renda, o que mais cresceu no período, dois outros que têm por trás um maior ou menor grau de contribuição de parte dos recipientes dos gastos, e fecha com o item que representa o custo direto "da máquina", ou seja, *4) Pessoal em Atividade*, cujo peso, ao contrário do que muitos esperam, se reduziu em *24%* entre 1987 e 2018.

---

4   Ou seja, pagamentos feitos pelo INSS dentro de regimes onde há contribuições de patrões e/ou beneficiários.

Em resumo, o peso do conjunto dos quatro grandes itens de maior peso no gasto obrigatório aumentou de *39,0* para *75,6%* do total, implicando o forte acréscimo de *1,9 vez*, ou seja, praticamente dobrou de tamanho.

Finalmente, registre-se a queda de *16,0* para *2,8%* do peso dos *investimentos* no total, implicando uma queda real (no caso, medida pela evolução do peso no total gasto) de *83%*.

Com base na soma dos gastos obrigatórios, de um lado (itens 1 a 4 mais parcela do item residual que fecha a conta, mas não foi explicitado na resenha anterior), e dos discricionários da União (investimento mais gastos correntes discricionários, a parte restante do mesmo item final que não foi explicitada anteriormente), do outro, e em % dos gastos totais em anos mais recentes, o gráfico 1, a seguir, mostra, de forma eloquente, a disparada dos primeiros (até 93,7% do total) e a consequente desabada dos segundos (até 6,3%), ao longo do período 2002-21, hoje já chegando ao menor limite inferior imaginável, devendo-se notar que as estimativas para 2021 são anteriores à grande confusão vivida no momento, em decorrência dessa política do teto, hoje virtualmente esgotada.

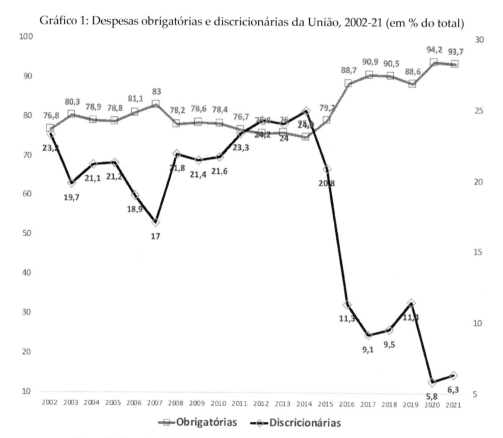

Gráfico 1: Despesas obrigatórias e discricionárias da União, 2002-21 (em % do total)

Fonte: Dados oriundos de levantamentos da Consultoria da Câmara Federal.

Nessas condições, tratando-se de ano eleitoral, e para um governo muito fraco momentaneamente no poder e em busca frenética de se reeleger, é muito difícil imaginar que a obediência ao teto consiga se manter viva em 2022.

Ainda que todas as luzes se joguem hoje sobre a questão do teto, deve-se destacar que o grande vilão da falta de ajuste, seja pelo grande peso no total, seja pela dificuldade de seu equacionamento, se refere à previdência, que congrega os subitens 2 e 3 anteriormente indicados, e, sob essa vestimenta, é exatamente o item de maior peso no total, tendo, recentemente, mais que dobrado em termos reais, ao passar de 19,2 para 43,6% entre 1987 e 2018. Registre-se que a questão previdenciária tem até sido alvo de ajustes promovidos por várias reformas (ou seja, emendas constitucionais), inclusive a última, há cerca de um ano e meio, que, contudo, se tornam cada dia mais difíceis de serem aprovadas. Registre-se, nesse contexto, que a última reforma precisa ainda ser estendida para todos os entes subnacionais, onde os desequilíbrios são imensos e poucos aprovaram sua parte nessa empreitada, como veremos mais adiante.

Outros ingredientes importantes que cabe salientar antes de aprofundar a análise da questão previdenciária, se referem à evolução recente dos grandes vilões (gastos previdenciários, com o maior problema localizado nas administrações estaduais) e à evolução do maior prejudicado nessa mesma história (investimento em infraestrutura).

Primeiro, trata-se da constatação de que, entre 2006 e 2017, enquanto o PIB subia 23,5% em termos reais: a) a despesa dos RPPS – Regimes Próprios da Previdência Estadual aumentava 93% acima da inflação, enquanto a do pessoal ativo nesses mesmos entes ascendia tanto quanto o PIB (isto é, 23,5%); c) a dos gastos do RGPS – Regime Geral de Previdência Social subia 79,5% também acima da inflação; e c) a dos gastos do RPPS federal 45,7% acima da inflação.

Finalmente, segundo dados recentes do McKinsey Global Institute, enquanto, por ordem decrescente, a China (1) investia 8,3% do PIB em infraestrutura; Índia (2): 7,6%; Austrália (3): 5,4%; Coréia do Sul (4): 4,3%; Espanha (5): 4%; México (6): 3,6%; Itália (7): 3,5%; Canadá (8): 3,3%; Japão (9): 2,9%; Reino Unido (10): 2,7%; EEUU (11): 2,3%; Alemanha (12): 2,3%; França (13): 2,2%; e Brasil (14) finalmente: com apenas 1,7% do PIB, em que pese as carências locais.

2   Previdência pública

No tocante à previdência pública, além de discutir seu peso na estrutura dos gastos federais e examinar como sua situação piorou após a Constituição, cabe discutir a evolução recente dos gastos previdenciários estaduais, comparando-os entre si e com os da União, com base no peso da previdência pública na receita corrente líquida total dos orçamentos.

Quando o foco é apenas sobre o regime previdenciário em si, é mais apropriado trabalhar com o conceito de déficit financeiro, onde se calcula a diferença entre o valor dos benefícios pagos e o de todas as contribuições – patronais e dos servidores –, acrescidas das "demais receitas líquidas", item de menor importância nos casos mais simples, ou seja, quando não há receitas derivadas da incorporação e venda de ativos e recebíveis.

Já quando o principal ponto de referência é em relação aos orçamentos dos entes em causa, é mais adequado utilizar o conceito do "custo previdenciário para o ente (CPE)", em cuja apuração se somam as contribuições patronais aos déficits financeiros anuais. A razão é simples: antes de um ente minimamente organizado em sua previdência cobrir os déficits que provêm do regime previdenciário que ele patrocina, cabe-lhe inserir em seu orçamento o custo das contribuições patronais, a regular e a extraordinária – quando esta existir. Só assim se visualiza o custo total que a manutenção de um regime previdenciário lhe obriga a assumir.

Dessa forma, foi primeiro apurado que, entre 2015 e 2017, o CPE médio estadual crescera, em % da Receita Corrente Líquida – RCL, de 17% para 20% e depois para 22%. Enquanto isso, na União, esse custo crescia de 13% nos dois primeiros anos desse mesmo período, para 15% em 2017. Ou seja, parcelas crescentes dos orçamentos estaduais foram comprometidas com a previdência, seja porque os gastos cresceram mais (conforme foi indicado anteriormente), seja porque na União a capacidade de arrecadar recursos é bem maior que nos demais entes.

Nessas condições, é possível apurar onde o comprometimento dos orçamentos estaduais com previdência é maior, conforme dados do quadro 1 e gráfico 2, a seguir:

Quadro 1: Custo do RPPS para o ente em % da RCL

(continua)

Ente	2015	2016	2017	Média 2015-2017	
RS	36,4%	33,3%	42,7%	37,5%	1
MG	22,6%	33,6%	38,3%	31,5%	2
RN	23,6%	26,4%	37,8%	29,3%	3
PE	16,8%	17,5%	29,0%	21,1%	4
RJ	7,6%	30,0%	27,5%	21,7%	5
SE	21,6%	20,6%	27,4%	23,2%	6
DF	26,1%	23,9%	27,0%	25,7%	7
MS	21,4%	21,5%	26,4%	23,1%	8
Média Estados	17,1%	19,7%	22,0%	19,6%	9
PB	18,6%	18,0%	21,8%	19,4%	10
ES	17,8%	19,2%	20,8%	19,3%	11
AL	17,4%	18,2%	20,2%	18,6%	12
GO	15,0%	14,9%	19,4%	16,4%	13
SC	22,2%	23,2%	19,0%	21,5%	14
SP	16,5%	16,7%	17,9%	17,0%	15
PI	17,9%	13,5%	17,0%	16,1%	16
BA	14,9%	12,4%	16,7%	14,7%	17
PA	17,3%	17,1%	15,2%	16,5%	18
UNIÃO	13,4%	13,2%	14,6%	13,7%	19

(conclusão)

Ente	2015	2016	2017	Média 2015-2017	
CE	13,8%	13,2%	14,3%	13,8%	20
PR	13,8%	12,4%	13,7%	13,3%	21
AM	11,2%	12,5%	13,6%	12,5%	22
MA	10,1%	9,9%	11,2%	10,4%	23
MT	14,8%	16,5%	10,7%	14,0%	24
TO	4,9%	4,4%	8,9%	6,1%	25
RO	3,9%	3,7%	4,3%	4,0%	26
AC	6,2%	4,8%	3,5%	4,8%	27
RR	3,0%	1,6%	2,1%	2,2%	28
AP	1,0%	1,0%	1,5%	1,2%	29
Custo para o ente: déficit financeiro mais contribuições patronais.					

Fonte: Levantamentos próprios cedidos pelo especialista Leonardo Rolim.

Segundo o quadro, Rio Grande do Sul é o Estado que, de longe, tem o orçamento mais comprometido com gastos em previdência, custo esse cuja maior informação anual se situa acima de 40% da RCL, em 2017, representando um senhor desafio de ajuste para a administração que assumiu recentemente. Em comparação com a média estadual, RS compromete quase o dobro de sua receita, e, em relação à União, quase o triplo. Por seu turno, SP e PI, o mais rico do País e um dos mais pobres, estão bem próximos entre si nesse quesito, situando-se um pouco abaixo da média estadual e só um pouco acima da União. Entre os cinco em situação mais difícil, além do RS, estão os velhos conhecidos de quem costuma acompanhar esse assunto de perto: MG, RN e RJ.

3 A hora e a vez do ajuste dos RPPS[5]

a) Visão geral

Com foco, agora, nos déficits previdenciários, um retrato da situação atual dos regimes respectivos no Brasil revela a existência de déficits bastante elevados nos dois regimes básicos existentes, em que pese as reformas aprovadas nas últimas décadas. São eles: o regime geral (RGPS), administrado pelo INSS, e o regime próprio dos servidores (RPPS) que, mais recentemente, passaram a ostentar déficits financeiros anuais de R$213,2 e R$175,4 bilhões (Quadro 2), déficits esses que ocupam um espaço de grande dimensão nos orçamentos públicos brasileiros.

---

[5] O autor agradece a Leonardo Rolim, atual presidente do INSS e referência nacional nesse assunto, as inúmeras discussões tidas ao longo dos últimos anos sobre previdência, sem responsabilizá-lo por nenhum dos defeitos eventualmente remanescentes na versão final deste trabalho.

Quadro 2: Déficits financeiros e passivos atuariais no RGPS e nos RPPS
(em valores absolutos por segurado)

Regime Previdenciário	Nº de pessoas (1)	Déficit Financeiro (R$ bi.) (*) (2)	Passivo Atuarial (R$ tri.) (**) (3)	Valores por segurado	
				Déficit Financeiro (R$) (2)/(I)	Passivo Atuarial (R$) (3)/(I)
RGPS	100.000.000	213,2	...	2.132	...
RPPS	9.541.298	175,4	4,3	18.383	450.672
União	1.429.775	78,8	1,2	55.114	839.293
Estados incl. DF	4.630.308	88,7	2,1	19.156	453.534
Municípios	3.481.215	7,9	1,0	2.269	287.256

(*) Os dados do RGPS se referem a 2019, incluem os rurais mas excluem o BPC. Na União (inclusive FCDF e Forças Armadas), os dados se referem a 2019. Já nos Estados e municípios se referem a 2018.
(**) Na União, se referem apenas aos civis.

Fonte: Levantamentos próprios cedidos pelo especialista Leonardo Rolim.

Por trás de valores não tão diferentes entre si, esconde-se uma enorme diferença entre os valores dos déficits medidos por segurado no "velho" INSS e no segundo grupo. (Na verdade, há mais de 2.000 regimes próprios no Brasil, incluindo a União, os Estados e algo em torno de 2.100 municípios, em situação completamente diferente entre si, conforme a data de sua constituição).

Os déficits financeiros recentes por segurado foram de R$2.132,00 no INSS e de R$18.383,00 nos RPPS, o que mostra uma média nove vezes superior no segundo caso. Considerando os diferentes entes dentro dos RPPS, observou-se um valor bem mais elevado na União (R$55.114,00), seguido pela média estadual de R$19.156,00, e finalmente pela bem menor média municipal de R$2.269,00.

Em termos de passivos atuariais, calculados pelo valor presente dos fluxos futuros de déficits financeiros em um determinado período relevante, a uma taxa de juros adequada, e sem estimativas oficiais confiáveis para o caso do RGPS, estimam-se médias de R$450.672,00 para o conjunto dos RPPS, sendo de R$839.293,00 o valor calculado para o da União; R$453.534,00 para a média estadual; e R$287.256, para a média municipal.

Ou seja, pelas duas medidas apresentadas, nos RPPS o problema é de longe maior na União, vindo em seguida os Estados e, ao final, os municípios, enquanto em termos de custo corrente por segurado, o retrato que se obtém no momento mostrou uma situação bem mais complicada nos regimes próprios do que no geral. (De passagem, e felizmente, o problema se mostrou maior onde a capacidade de financiamento é também bem mais elevada).

Tendo mostrado o retrato da situação mais recente disponível dos déficits financeiros, é chocante verificar, em primeiro lugar, a evolução dos déficits financeiros dos RPPS apenas dos Estados brasileiros e dos déficits orçamentários totais estaduais (no cálculo dos quais os primeiros são parte bastante relevante) no período 2006-19:

Gráfico 2: Déficits dos RPPS e orçamentários dos Estados, R$ bilhões

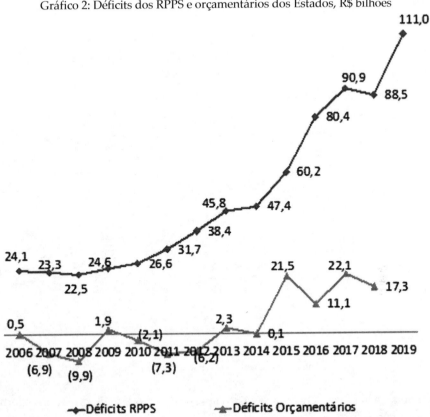

Fonte: Levantamentos próprios cedidos pelo especialista Leonardo Rolim e Balanços Estaduais.

Como se vê, de 2006 até por volta de 2010, os déficits previdenciários estaduais totais oscilaram em torno de R$24,2 bilhões, período esse em que houve um superávit orçamentário total médio de R$3,3 bilhões. Já de 2011 em diante os déficits previdenciários estaduais dispararam, alcançando o pico de R$111,0 bilhões em 2019, fosse por fatores demográficos, fosse por reajustes de salários concedidos e contratações efetuadas em fases precedentes. Em boa medida por isso, os superávits orçamentários totais se transformaram em déficits em 2013, condição em que ficaram até 2018, sendo de R$18,0 bilhões o déficit médio observado em 2015-18, claramente contrariando o dispositivo da Lei de Responsabilidade Fiscal (LRF) que proíbe a passagem de déficits acumulados em um mandato para o seguinte.

A subida dos déficits orçamentários se deu, a despeito, por exemplo, do forte ajuste ocorrido nos investimentos públicos, como se vê no caso específico do ente subnacional de maior dimensão econômica, o Estado de São Paulo, à medida que subiam os gastos com previdência, de forma contínua e em um ritmo bastante forte. (Gráfico 3, a seguir).

Gráfico 3: A recente desabada dos investimentos do Estado de São paulo (em R$ bi, de 2019)

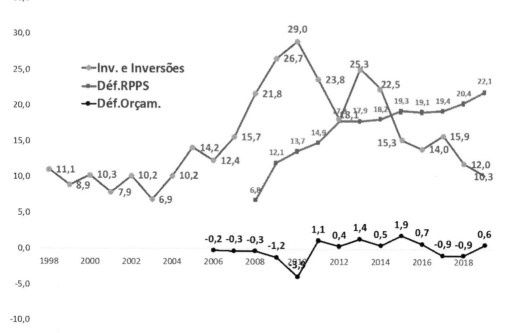

Fonte: Balanços anuais do Estado de São Paulo.

Chama bastante a atenção no gráfico apresentado, o fato de que todo o aumento nos investimentos e inversões paulistas que havia ocorrido, em termos reais, entre 1998 e 2010, foi simplesmente revertido dali até 2019, para compensar a subida dos déficits previdenciários.

Nesse ponto, cabe indagar em quantos anos os investimentos mais inversões de São Paulo tenderão a desaparecer, caso se considerem as projeções dos déficits financeiros desse Estado, conforme estudos atuariais elaborados por entidades acreditadas, e na hipótese de não se implementar qualquer reforma adicional ou outras medidas de ajuste, a partir de 2020. Conforme se vê no gráfico 4, a seguir, isso tenderá a ocorrer por volta de 2025, sinalizando uma situação bastante complicada de ser administrada pelo maior Estado da federação no próximo quinquênio.

Gráfico 4: Sem reforma, a iminente zeragem dos investimentos paulistas (em R$ bi, de 2019)

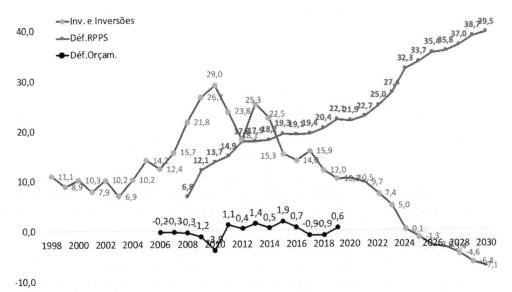

Fonte: Balanços anuais do Estado de São Paulo. Para 2020 em diante, estimativas do autor.

Assim, em que pese os esforços de reforma levados a cabo de tempos em tempos (o da Emenda nº 103/19 é o último), seja para reduzir déficits, seja para diminuir gradativamente as diferenças entre os dois tipos de regime, dentro da visão de melhorar a distribuição de renda do País, os elevados desequilíbrios previdenciários brasileiros constituem-se, talvez, no maior e mais complicado problema a ser resolvido no âmbito fiscal.

Dessa forma, aprovada a última reforma de regras em 2019, a desafiante tarefa do equacionamento definitivo dos passivos financeiro e atuarial (ou da zeragem dos passivos atuariais) precisa ser retomada com urgência especialmente nos estados e municípios, que dispõem de alternativas bem mais limitadas de acesso a financiamento do que a União, para os colocar em uma trilha consistente de busca do equilíbrio fiscal de longo prazo.

b) Evolução recente e principais desafios dos regimes próprios

Os déficits sempre foram proporcionalmente mais elevados nos regimes próprios do que no regime geral, porque, historicamente, as regras de acesso e de cálculo dos benefícios eram sempre mais benevolentes nos primeiros, algo que era considerado um prêmio para os servidores e que, portanto, não seguia uma lógica previdenciária propriamente dita.[6] Nesse contexto, a ideia era que os servidores deveriam receber na inatividade o mesmo que era pago em atividade.

---

[6] A ponto de os entes considerarem a despesa com os inativos parte das despesas com pessoal, havendo uma grande mistura de tudo, mesmo na União. No regime geral se diz: "trabalhador" e "aposentado", já no setor público se

O resultado foi que os regimes mais antigos de servidores acumularam déficits muito grandes por não ter sido feita capitalização alguma nas fases iniciais, em muitos casos não havia sequer contribuição, e hoje há um grande número de aposentados dessa época em que o valor dos benefícios era relativamente mais alto. Assim, chamemo-la "Fase I: Pré Constituição de 1988", quando inclusive inexistia um grande número de regimes próprios. Era basicamente a União, os Estados – exceto os territórios (que à época faziam parte da União), e alguns municípios grandes, incluindo quase todas as capitais.

Dos 2.200 regimes próprios de hoje (sendo 2.100 de municípios), devia haver algo entre 200 e 400 na fase pré-Constituição de 1988 em regimes de 30 a 60 anos de existência, sendo os que atualmente estão em situação mais crítica, onde a maioria tem um número de aposentados maior do que o número de ativos, e em que nada foi capitalizado dessas pessoas, nem mesmo de contribuição patronal.

Depois, iniciou-se um processo de arrumação dessa casa de grandes RPPS, após terem acumulado durante décadas um déficit agregado bastante elevado. Em quantidade, o número é pequeno, mas em volume de déficit financeiro e atuarial tem grande destaque.

Com a criação do Regime Jurídico Único (RJU), na Constituição de 1988, estabeleceu-se um estimulo grande à criação dos regimes próprios, e, logo após, na década de 90, houve uma avalanche de criação deles. Essa é possível chamar "Fase II – Pós Constituição de 1988 até a Emenda nº 20/98". Ali, havia uma grande desorganização nessa área, o que só começou a mudar no final da década, com base principalmente na edição da Emenda nº 20/98 e da Lei nº 9.717/98, que a regulamentou.

Ao longo da década de 90 foram criados mais de 1.000 regimes próprios – a maior parte municipais, e criados com organização quase nenhuma, tendo contribuição apenas simbólica do servidor, muitos sequer tinham contribuição patronal sem estímulo para tanto por se tratarem de regimes novos, com quase nenhum aposentado e sem qualquer previsão de equilíbrio financeiro e atuarial. Naquele momento, nem precisava ter uma grande contribuição para cobrir a previdência e ainda sobrar dinheiro, sobra essa que era desviada para outras finalidades.

Após sua edição, a Emenda nº 20/98 começou a colocar ordem na casa. Ali apareceu o terceiro e último grupo relevante: "III – Pós Emenda nº 20/Lei nº 9717", em que praticamente quase todos os estados tinham regimes próprios, a maior parte dos municípios também já os tinha, mas ainda foram criados uns 600 destes. Por ali, os entes passaram a ser criados a partir de uma avaliação atuarial em uma lógica de equilíbrio financeiro e atuarial e em regime de capitalização. Para os que tenham sido razoavelmente administrados, sem maiores irregularidades, hoje estão em situação relativamente tranquila, totalmente capitalizados e sem segregação de massas, com bom volume capitalizado por serem jovens e terem poucos aposentados, estando naquela fase de acumulação com mais contribuições que pagamentos de benefícios. A grande parte do que se tem hoje capitalizado na previdência vem desses regimes novos, cabendo notar que, com a última reforma, muitos vão ficar superavitários, podendo inclusive reduzir sua contribuição patronal. Dentre os mais equilibrados, muitos têm contribuição

---

diz "servidor ativo" *versus* "servidor inativo". Em muitos casos não havia sequer contribuição previdenciária, mas apenas uma contribuição para o plano de saúde.

menor do que a do regime geral, e com um valor acumulado em investimentos que é substancial.

Ou seja, em resumo, são três grupos muito diferentes. Olhando de trás para diante, há regimes 100% capitalizados e equilibrados financeira e atuarialmente, que são modelos para o mundo, com um bom volume de recursos financeiros ajudando no financiamento dos investimentos e da dívida da União.

No grupo do meio é onde está boa parte dos municípios que têm o problema de déficit, mas é relativamente pequeno, pois, diferentemente do primeiro, que teve décadas de irresponsabilidade previdenciária, tiveram apenas uns dez anos desse tipo de comportamento. Têm déficits atuariais razoáveis, mas não tinham déficits financeiros quando foi criada toda a lógica do equilíbrio financeiro e atuarial. Quando veio a criação do CRP – Certificado de Regularidade Previdenciária expedido pelas autoridades previdenciárias federais, grande parte buscou se organizar (exceto, obviamente, os que buscaram se livrar da exigência de apresentá-lo recorrendo à Justiça, os chamados CRP judicial), criando a capitalização, em primeiro lugar, e, em segundo, um plano de equacionamento do déficit de acordo com a orientação da Secretaria de Previdência.

Em grande parte dos casos, nem foi preciso fazer "segregação de massas", porque não havia déficits tão grandes. A maior parte dos entes do segundo grupo tem hoje um regime totalmente capitalizado, mas tem déficit atuarial que está cobrindo com um plano de equacionamento, a maioria dos quais é com alíquota patronal suplementar, embora alguns tenham aportado também ativos para cobrir esse déficit. Na verdade, há várias situações. E nesse segundo grupo os que têm segregação de massas são minoria. Têm segregação de massas os que não têm como equacionar o déficit capitalizando 100% do seu regime, o que seria o ideal. Nesses casos, o déficit é tão grande que vai ser necessário capitalizar só um pedaço, o outro terá que ser coberto com tributos normais.

Esse último pedaço vai se reduzindo no tempo até se extinguir. A maior parte do segundo grupo teve um período de uns dez anos de irresponsabilidade previdenciária, mas depois arrumaram a casa, estão com um plano de equacionamento de um certo tempo – que varia – em média de 30 anos, e durante esse período eles têm uma alíquota suplementar, estão tendo um regime capitalizado, e tanto quanto o grupo mais recente estão acumulando recursos e ajudando a financiar a dívida e o investimento, mas têm uma situação complicada por terem que pagar uma alíquota maior que a do regime geral, além de terem que fazer esse plano de equacionamento do déficit em face do período de irresponsabilidade lá atrás, mas é um problema menor e com a última reforma (Emenda nº 103) a situação vai ficar mais tranquila, porque o déficit deles a ser equacionado com o plano vai se reduzir substancialmente, podendo, em alguns casos, até mesmo sumir.

Voltando ao primeiro grupo, com problemas mais sérios por serem regimes maiores e mais antigos, alguns tentaram contra a orientação geral capitalizar tudo, com alíquota suplementar muito pesada, ou seja, capitalizar todo o déficit, com a grande maioria tendo segregação de massas, e conseguindo manter em alguns poucos casos um sistema totalmente capitalizado. Mas há casos em que a alíquota suplementar chega a 100%. (Tipicamente, têm um plano de alíquota crescente – que começa em 30% e sobe para 100% no final do período do plano). Isso é inviável, mas, com a reforma, pode melhorar.

Esses, a propósito, são os que mais precisam da reforma. Qual é a situação média desse grupo? Alguns poucos estão 100% capitalizados, porém a um custo muito elevado para o ente. Temos um segundo – a grande maioria – que fez segregação de massas, capitalizou uma parte, fazendo o que se costuma chamar de "segregação burra", ou seja, capitalizar os novos e deixar todos os antigos sob a responsabilidade do respectivo tesouro. A "burrice" está em ter um custo de transição muito elevado, ao fazer um ponto de corte. E tem também um número menor que simplesmente se mantém em repartição simples, como no caso da União, do município de SP, que vão tentando levar até onde der. Esses não equacionaram nenhum pedaço do déficit, e trabalham apenas na ótica financeira, isto é, não na atuarial, e quando fazem uma avaliação atuarial é só para mostrar o tamanho do problema lá no futuro, mas sem tomar nenhuma medida. A reforma ajuda, mas não tomaram nenhuma outra medida para equacionamento do déficit atuarial. Só que a Emenda nº 103 obriga a que se faça o equacionamento não só do déficit financeiro como do atuarial, o que é um a novidade importante por ela trazida. Esse grupo menor vai ter que fazer algo para o equacionamento do déficit, ainda que seja só uma segregação de massa.

Quais são os desafios futuros para os citados grupos no que toca a estados e municípios? Reformas, como a recente, são necessárias para os três. Para os que já têm um sistema equilibrado, a reforma vai ser basicamente na área de benefícios. Não vai precisar rever seu plano de custeio, pois já o têm um que é sustentável. Têm apenas que calibrar a alíquota para menos. Já têm um sistema equilibrado e agora vão ter um desembolso menor, em função de ter regras previdenciárias mais adequadas.

O segundo grupo tem déficits, mas não é algo tão complexo, ou seja, vai trabalhar dos dois lados, tanto sob a lógica dos benefícios quanto sob a lógica do equacionamento. Como a grande maioria tem segregação de massas, no mínimo, vão poder revê-la, o que vai dar um alivio financeiro de curto prazo, em alguns casos podem até eliminar a segregação de massas se o déficit atuarial não for tão elevado. Esse segundo grupo vai ter um alivio financeiro que vai facilitar seu equacionamento atuarial com um custo menor para o ente, podendo rever ou até eliminar a segregação de massas. O grupo mais antigo é o que mais vai ter a ganhar, pois terá uma redução substancial do déficit financeiro e também uma viabilidade maior para o equacionamento do déficit. Os que tiverem a segregação de massas podem rever essa segregação, sem crer que para esse primeiro será viável ter um regime 100% capitalizado, já que o déficit deles é muito grande. O que eles vão poder fazer é uma segregação que vai englobar mais pessoas num fundo capitalizado, e aqueles que não têm, podem iniciar a capitalização.

Falando de reformas, cabe lembrar, antes de encerrar esta seção, que, mais recentemente, desde a primeira reforma do governo FHC (Emenda nº 20/98), vem se buscando reduzir as diferenças entre as regras de concessão de benefícios dos RPPS, bem mais concessivo desde a origem desse processo, e as do RGPS. A Emenda nº 41/04 do governo Lula aproximou-os bem mais, inclusive deixando as regras bem próximas para os que ingressassem a partir de 2004, mas foram ainda mantidos alguns privilégios para os servidores. Já agora, com a Emenda nº 103/19, as regras ficaram praticamente iguais às do RGPS para todos os que não se credenciassem para as regras de transição.

Sobre estas, tomemos, por exemplo, um caso em que um servidor dentro do RPPS tenha direito a se aposentar com a remuneração de um ministro do STF como teto. O teto do RGPS é muito inferior a esse. Outro caso: o servidor público antes se aposentava com o último salário e não com a média das contribuições ao longo da vida, ou seja, se beneficiava da chamada Integralidade e Paridade, aposentando-se com o último salário e recebendo todos os aumentos que os ativos tivessem, mesmo se esses aumentos fossem acima da inflação. Essa regra ainda existe, e durante a transição muita gente ainda vai se aposentar com ela nas próximas décadas.

Deve-se lembrar, contudo, que as regras de transição buscam aproximar os regimes, o que só vai acabar quando não tivermos mais qualquer servidor que tenha ingressado no serviço público antes de 2003. Só que, com a última reforma, para usar essa regra, será preciso pagar um "pedágio" mais alto: ficar mais tempo trabalhando no serviço público e, consequentemente, receber a aposentadoria por menos tempo e contribuir mais para ter acesso a isso. É como se alguém lhe dissesse: se quer um benefício maior, vai ter de pagar algo por ele. Em relação à reforma anterior, a Emenda nº 103/19 criou uma penalidade maior para ter acesso a direitos adquiridos, algo que tenderá a se acentuar na próxima reforma que for aprovada, a continuar a tendência anterior.

Resumindo, essa é mais ou menos a nova lógica das regras de transição, algo que ajudará muito a reduzir o custo do regime, além de aumentar a receita. Logo, terá impacto substancial na redução do déficit financeiro e atuarial.

Antes de concluir esta seção, cabe lembrar que, como dito brevemente em linhas anteriores, criou-se, em 2004, o CRP, para, entre outros itens (cerca de 30), atestar a condição de o regime estar a caminho do equacionamento atuarial, inicialmente sem muita adesão, mas depois acontecendo com maior afluxo, diante da pena de o ente não receber transferências voluntárias da União,[7] exigência que hoje está inscrita na própria Carta, segundo o art. 40º, caput, e o art. 9º, parágrafo 1º da EC nº 103/19. Há a previsão adicional de o plano de equacionamento ser implementado até o final do exercício seguinte ao da avaliação atuarial. Assim, se o RPPS estivesse elaborando a avaliação de 31.12.20, e encontrasse um déficit atuarial positivo, teria até 31.12.21 para propor, aprovar e aplicar um plano de equacionamento.[8]

Mas ainda existem cerca de 800 regimes de municípios, além de alguns Estados, que estão sem atacar o problema do equacionamento atuarial por deterem o que se costuma chamar de "CRP Judicial".

Outro comentário relevante é que, no regime geral, a reforma recentemente aprovada busca pelo menos manter uma relativa estabilidade dos déficits em % do PIB, tendo uma estabilidade ou pequena redução nos dez primeiros anos, e voltando, a partir da segunda década, a acelerar, mas a uma velocidade bem menor do que anteriormente, acelerando ainda mais a partir da terceira década, mas novamente num patamar mais baixo que o anterior. Já o regime próprio tem o desenho de buscar o equilíbrio financeiro e atuarial, ainda que nele convivam situações muito diferentes.

---

[7] Embora o STF já tenha suspenso a penalidade de suspensão das transferências voluntárias em alguns casos.

[8] Espera-se que, após a inserção da exigência na Carta, o STF suspenda as liminares concedidas anteriormente para não travar as transferências voluntárias. Outro exemplo de não cumprimento: a Constituição manda ter uma unidade gestora única na Previdência, mas até hoje a própria União não a tem e está correndo agora para cria-la...

Há os regimes próprios mais jovens, já concebidos no modelo de capitalização, que têm uma situação relativamente tranquila. Há os que foram concebidos em repartição mas migraram para o de capitalização, que têm um caminho difícil, mas factível. E há o terceiro grupo com déficits muito grandes e caminhos de solução bem tortuosos para se chegar ao equilíbrio financeiro e atuarial. Outro ponto é que os dois regimes, RGPS e RPPS, caminham para regras praticamente iguais.

Próximos desafios mais específicos dos regimes próprios. Registre-se que a reforma da PEC nº 103/19 traz pouco efeito direto para os regimes próprios de estados e municípios. Na verdade, o texto original era focado em todos os regimes previdenciários, inclusive no BPC, o Benefício de Prestação Continuada. Este, a propósito, em alguns países, é chamado de "camada zero", ou seja, não contributiva. Aqui se chamada de assistencial. Porém, a reforma aprovada no Congresso retirou todo o BPC e quase tudo que se referia a estados e municípios. Alguns pontos importantes ficaram, inclusive a questão da LRP – Lei de Responsabilidade Previdenciária.

O desafio para os regimes próprios dos estados e municípios, conforme ficou claro na Constituição, e nos próximos anos, é equacionar seus déficits financeiro e atuarial, e têm um prazo curto. Registre-se que, nesse equacionamento, está a criação da previdência complementar, que alguns já criaram, algo que foi incluído no que virou a Emenda nº 20/98, por sugestão do autor deste texto ao então Presidente da República às vésperas de sua aprovação. O prazo atual é o final de novembro deste ano, e são poucos os municípios que a tem, e metade dos estados já criaram. Note-se que, ao criar a previdência complementar, o teto do regime próprio passa a ser o mesmo do regime geral. Isso faz parte, então, do modelo de ter regras iguais nos dois regimes.

O que passou a valer para os regimes próprios dos estados e municípios, a partir da Emenda nº 103? Em primeiro lugar, a obrigação do equilíbrio financeiro e atuarial, mas, na verdade, todas as normas do regime de previdência voltadas ao funcionamento dos regimes próprios passam agora a ter uma base constitucional, e, com isso, os que não cumpriam normas, como as do CRP, ou sobre os investimentos dos RPPS, ou normas como não poder migrar recursos de um fundo para o outro, com base em decisões judiciais, agora vão ter que cumprir, pois passam a ter uma base constitucional. Ou seja, com a LRP vamos ter normas mais fortes sobre a governança dos RPPS. Enquanto não sair a LRP, a Lei nº 9717/98 (lei enxuta que trata só de alguns pontos), que foi criada junto com a Emenda nº 20, funciona como se fosse uma LRP provisória etc., que dá um certo poder de regulamentação à Secretaria de Previdência (devendo-se dizer que a Lei nº 9717 mais as normas da secretaria de Previdência já compõem um arcabouço razoável de responsabilidade previdenciária), que passaram a ter uma base constitucional, algo que, antes, por não haver, abria brecha para liminares serem obtidas junto ao STF, derrubando determinações da área federal. Obviamente, só com a nova lei ter-se-á uma maior robustez desse modelo organizacional previdenciário. Em resumo, trata-se da obrigação de equilíbrio financeiro e atuarial e um arcabouço de responsabilidade previdenciária.

Outro ponto importante da Emenda nº 103 foi a obrigação de os entes terem uma contribuição efetiva de 14% para o servidor (antes era 11%). Pode ter 14%, *flat*, ou alíquotas progressivas como na União a partir da Emenda nº 103, desde que a alíquota efetiva seja no mínimo 14%. Em adição, dada, por exemplo, a necessidade de fixar uma alíquota por 30 anos para equacionar o déficit atuarial, digamos, de 35% conforme estudo hipotético, o ente pode dividir sua imposição com os servidores, e, dentro destes, poder-se-ão impor alíquotas maiores a quem ganha mais e, por consequência, menores a quem ganha menos, algo que antes da Emenda nº 103 não era possível. Isso ficará sacramentado em uma lei de equacionamento do déficit que será aprovada pelo ente.

O grande dever de casa que estados e municípios têm pela frente é o plano de equacionamento do seu déficit, que a Constituição (Emenda nº 103) exige que seja feito, começando pela adequação das regras de concessão de benefícios às da União, tanto no que se refere às regras de acesso quanto às regras de cálculo dos benefícios (no caso de regras de acesso, idade: antes era 55M e 60H, passou a ser 62M e 65H,[9] aumentando a idade mínima de aposentadoria; a regra de cálculo passou a ser a mesma do regime geral, que leva em conta a média de 100% de todas as contribuições ao longo da vida, sendo que antes excluíam-se as 20% menores).[10] As regras de transição também ficaram bem mais duras. A regra principal passou a ter idade mínima, que antes não havia. Continua-se permitindo que uma pessoa se aposente com Integralidade e Paridade, para quem não aderiu à previdência complementar e ingressou antes da Emenda nº 103, porém terá de ter uma idade mínima, algo que antes não tinha, e essa é 57/60 para M/H (para professores, 5 anos a menos, isto é, 52/55 para M/H). Além disso, tem que pagar um pedágio de 100% do tempo que faltava para completar: 35 anos se H e 30 anos se M. Num caso concreto de H que estava faltando quatro anos para completar os 35, então a pessoa teria que pagar mais quatro de pedágio, tendo, portanto, que ficar mais oito anos. Se completar os oito anos e tiver menos de 60 anos de idade, então tem que ficar mais um pouco até completar os 60. Ou seja, é o pedágio mais a idade. Assim, ficou uma regra de transição bem mais dura do que a que havia antes.

Assim, o primeiro ponto da "receita do bolo" para o plano de equacionamento do déficit é resolver o lado dos benefícios na história, ou seja, copiar a regra de benefícios da União. Segunda parte: para quem não criou a complementar, criá-la. Ela é obrigatória e vai ajudar no equacionamento do déficit. Aqui, pode-se discutir também o incentivo à adesão dos atuais à previdência complementar. Notar que ela reduz o déficit atuarial, porém tem custo de transição, ou seja, vai aumentar o custo de curto prazo embora ajude atuarialmente. Há quem opine que não se deve, contudo, copiar a regra de adesão da União, que não é boa. Seria um "presente de pai para filho"... Se for fazer um incentivo à adesão dos mais antigos, há que se fazer uma regra atuarialmente interessante. Já que vai perder no curto prazo, é preciso ganhar bastante do lado atuarial. Na União, ao que se diz, o ganho atuarial é irrisório com um custo de curto prazo elevadíssimo.

As duas primeiras partes (plano de benefícios com regras mais duras e a previdência complementar) reduzem o déficit. Já a terceira parte é o financiamento. Se sobrou algum déficit, o que ocorrerá com certeza nos regimes mais antigos, tem de financiá-lo. Como equacioná-lo? Primeira tentativa: alíquota suplementar, mantendo o regime 100%

---

[9] No caso de professores, era 50/55 para professora/professor, e foi para 57/60.

[10] Lembrar que Integralidade e Paridade valeram só para quem ingressou até 2003; de 2004 em diante, já eram as 80% maiores. Agora, não são mais as 80% maiores, mas todas, o que faz com que o valor médio dos benefícios caia.

capitalizado. Se se conseguir que os servidores paguem uma alíquota extraordinária, será muito bom. Uma alíquota suplementar de 20% daria para bancar, especialmente se puder reparti-la com os servidores, digamos, na base de 15 mais 5%.

Mas imaginemos o caso de um regime mais antigo em que, mesmo com regras de benefícios mais duras e com a previdência complementar sendo implantada, ainda assim tenha ficado um déficit muito grande a ser coberto, e daí tenha resultado o cálculo de uma alíquota suplementar de, digamos, 80%. Nesse caso, não tem muito jeito, a não ser recorrer à segregação de massas – SM, mantendo uma parte capitalizada e uma parte à conta do Tesouro, o que resolve o problema ainda que apenas no longo prazo. Nesse caso, coloca-se um regime de repartição em extinção, a ser coberto pelo Tesouro e para acabar em "x" anos, com os novos entrando todos no regime capitalizado além de uma parte dos atuais, totalmente equacionado, com revisão periódica via novas avaliações atuariais fazendo ajustes finos etc. e sendo um regime crescente e equilibrado. Já o outro num primeiro momento terá déficits crescentes com mais e mais aposentados ali dentro, e depois diminuirá à medida que as pessoas forem morrendo.

Na fase seguinte, o regime capitalizado vai acumular recursos crescentes para pagar benefícios futuros, enquanto no outro vai estar a turma antiga toda, e seu déficit financeiro tenderá só a crescer, pelo fato de não se usar mais a contribuição dos novos para ajudar a pagar as aposentadorias dos velhos. Resultado, vai se ter um grande volume de dinheiro crescendo de um lado, e lá ficando parado, e um déficit crescente do outro, até que as pessoas comecem a morrer no regime de repartição simples. Aí existe um alto risco de os entes lançarem mão dos recursos e desfazerem a segregação de massas, algo que já aconteceu várias vezes (um desastre anunciado).

Daí a saída é fazer o que alguns chamam de segregação inteligente, ou seja, casar melhor os fluxos para evitar uma capitalização excessiva nesses fundos e ter um déficit financeiro excessivo no outro de repartição simples. Para fazer isso, cabe primeiro gerar um superávit atuarial no fundo capitalizado para que ele possa comprar vidas do fundo financeiro, aportando ativos ou receitas futuras, a exemplo de imóveis ou uma dívida que o ente tenha a receber, como a chamada dívida ativa, e/ou receitas futuras, como as receitas do imposto de renda retido na fonte dos servidores, receitas de *royalties* da área de energia.

Assim, fica criado um superávit no fundo capitalizado, que, então, "compra vidas" do fundo financeiro, preferencialmente os mais idosos, cujo custo atuarial é mais baixo por envolver benefícios de menor duração, ou seja, por ordem inversa de idade. (Isso equivale a capitalizar o fundo financeiro pelos mais velhos). Dessa forma, ter-se-ão no fundo capitalizado os novos e os velhos, e no fundo financeiro o pessoal de meia idade. Com isso, se diminui tanto o déficit financeiro quanto o atuarial do fundo financeiro. Paralelamente, não se exagera a acumulação financeira no fundo capitalizado, porque a contribuição dos mais novos vai estar ajudando, sim, a pagar a aposentadoria dos mais velhos, só que numa lógica de capitalização – e não numa lógica de repartição simples. Com isso, se consegue fazer um equacionamento do déficit sem um custo de transição muito elevado. E, no curtíssimo prazo, pode-se até nem ter custo de transição, posto ser possível fazer securitização de receitas futuras para cobrir despesas de mais curto prazo nesse fundo capitalizado, que pode estar equilibrado atuarialmente, mas ter problema de fluxo de caixa no curto prazo.[11] Na sequência, falar-se-á sobre os investimentos.

c) Resumo de conclusões e reorientação de inversões

Em resumo, foi visto que a lista básica de providências dos planos de equacionamento dos déficits previdenciários, especialmente dos subnacionais, seria:

1) Ajuste das regras às reformas acaso em curso.
2) Criação de previdência complementar, caso não ainda exista.
3) Aporte de ativos e providências correlatas, sem falar nas segregações de massas que, inclusive, dependem daqueles aportes para se obter um menor custo de transição.
4) Alíquota suplementar patronal (importante para ter uma previdência mais equilibrada no futuro, ainda que seja um peso adicional nos orçamentos do presente), em cuja incidência a Emenda nº 103/19 passou a permitir que houvesse uma participação também do servidor.[12]
5) Financiamento do déficit com alíquota suplementar patronal (eficaz no longo prazo, mas apertando as contas no curto e competindo com os investimentos orçamentários) e dos servidores (com eficácia tanto no curto quanto no longo prazo), notando que o valor capitalizado em todos os casos pode ser revertido para investimentos, atenuando o citado conflito.
6) Com prazo-limite de implantação previsto para novembro deste ano, criação de uma unidade gestora única, algo que já aconteceu na maioria dos entes subnacionais.[13]

Para encerrar este trabalho, e falando sobre metas atuariais de retorno das aplicações dos RPPS, cabe agora trazer um ponto novo nesse tipo de discussão, que é a desejabilidade de parte do valor capitalizado pelos fundos de previdência subnacionais ser redirecionado para o desenvolvimento regional e local, ao invés de a quase totalidade dos recursos ficar financiando parcela da dívida da União de forma automática, como tem sido feito, nos termos de uma resolução do CMN (a de nº 3922) específica para esse fim, tradicionalmente muito conservadora, dificultando aplicações em investimento de maior risco, como em infraestrutura, Bolsa, imóveis etc., a exemplo dos fundos de pensão mais bem sucedidos em termos de rentabilidade no mercado local, especialmente diante de um mundo novo de taxas de juros civilizadas (isto é, mais baixas), como

---

[11] Imaginemos que se compraram muitas vidas para o fundo capitalizado. Assim, ele fica equilibrado atuarialmente, mas pode ser que no curto prazo ele tenha déficit financeiro, porque vai se ter pouca contribuição dos novos e muito benefício dos mais velhos, enquanto a receita aportada só vai se materializar mais lá para a frente. Aí, o que se faz? Trazem-se receitas que só se terão lá no futuro para agora, via uma securitização dessa receita futura, e que ajuda a pagar a despesa no curto prazo. E se consegue inclusive minimizar o déficit financeiro no curto prazo via essa securitização, ou monetizando ativos.

[12] Essa incidência lembra os planos de equacionamento da previdência complementar por aí afora desde a década passada, onde a alíquota suplementar costuma ser dividida meio a meio entre o patrocinador e os participantes, como nos casos da Caixa, Petrobras, Correios etc., conforme o desejo de cada ente envolvido.

[13] Mas não aconteceu na União, que também não tem plano de equacionamento. Ali, a previdência está meio escondida dentro dos setores de recursos humanos de todos os órgãos, cabendo ainda se adaptar aos novos tempos. Ou seja, ainda está no estilo pré-Constituição de 1988.

parece começar a ser o caso em nosso País, nas linhas da nova tendência mundial em vigor nos últimos tempos. Torna-se indispensável, assim, que se reveja, em conjunto com as autoridades da área, a configuração das políticas de inversão dos RPPS, diante do novo quadro de taxas de juros no mundo.

Nesses termos, será necessário rever e talvez mudar a legislação respectiva, melhorar a gestão financeira dos RPPS e ter órgãos públicos capazes de pilotar essas mudanças (tais como os bancos de desenvolvimento subnacionais), em parcerias com grandes instituições financeiras estruturando fundos para monetização de imóveis e receitas futuras, reorganizando, construindo e financiando novos tipos de ativos de melhor qualidade e mais rentáveis, por exemplo, para financiar investimentos ou participar de parcerias tipo PPP, num esforço capaz, também, de evitar as experiências negativas do passado.

Em resumo, na área de investimentos, há que se pensar em possibilidades amplas de estruturação e monetização de ativos, via, por exemplo: 1) estruturação de fundos para investimentos em infraestrutura; 2) monetização de imóveis; e 3) antecipação e monetização de receitas futuras.

Referências

RESENDE, André Lara. Obsessão em atar as mãos do Estado paralisa o Brasil há três décadas. Valor Econômico. Disponível em: https://valor.globo.com/eu-e/noticia/2021/04/23/andre-lara-resende-obsessao-em-atar-as-maos-do-estado-paralisa-o-brasil-ha-tres-decadas.ghtml. Acesso em: 14 jul. 2021.

Informação bibliográfica deste texto, conforme a NBR 6023:2018 da Associação Brasileira de Normas Técnicas (ABNT):

VELLOSO, Raul. A hora e a vez do ajuste previdenciário. *In*: LIMA, Edilberto Carlos Pontes (Coord.). *Os Tribunais de Contas, a pandemia e o futuro do controle*. Belo Horizonte: Fórum, 2021. p. 471-490. ISBN 978-65-5518-282-8.

A NECESSÁRIA ESTRUTURAÇÃO DA POLÍTICA DE ASSISTÊNCIA SOCIAL NOS MUNICÍPIOS

RODRIGO COELHO DO CARMO
LARA CRISTINI VIEIRA CAMPOS PASCOAL
RENATA CUNHA PÍCCOLI DE ASSIS

Introdução

O objetivo do presente artigo é expor a relevância da política pública assistencial no atual contexto socioeconômico, alertando aos gestores sobre a necessidade de estruturação das carreiras que a envolvem, demonstrando ferramentas gerenciais e fiscais que direcionem e auxiliem o controle dos limites legais das despesas com pessoal, orientando para a adoção de prudência e cautela nas tomadas de decisões.

Diante disso, serão apresentados importantes aspectos sobre a evolução histórica dessa política pública, bem como a necessidade de sua estruturação junto aos municípios, de modo que a população destinatária usufrua com plenitude dos direitos e garantias que lhes são ofertados constitucionalmente.

Neste contexto, pretende-se trazer um direcionamento aos gestores a respeito do premente dever de organização das estruturas ocupacionais que envolvem a política assistencial, notadamente em relação às contratações de servidores temporários para a execução de atividades permanentes, no intuito de dar cumprimento ao comando constitucional que estabelece a necessidade de composição dos quadros funcionais por servidores de carreira, considerando, ainda, as questões e adversidades fiscais enfrentadas em relação aos limites de gastos com pessoal que poderiam inibir a referida implementação.

1 Contexto histórico da evolução da política de Assistência Social

A Assistência Social no Brasil tem sua origem vinculada à filantropia, à cultura de ações assistencialistas e solidárias, geralmente ligadas aos ensinamentos caritativos das religiões e direcionadas aos mais desvalidos e necessitados.

Durante muito tempo, essa política fora considerada atividade secundária às ações estatais, desvinculada de movimentos políticos. Somente na década de 40 iniciou-se a estruturação da política socioassistencial, com a fundação da LBA – Legião Brasileira de Assistência, pela então primeira-dama Darcy Vargas, com o objetivo inicial de ajudar as famílias dos soldados brasileiros enviados à Segunda Guerra Mundial.

Com o fim da guerra, a LBA firmou-se no papel de órgão assistencialista, dando continuidade ao trabalho filantropo, permeado pela presença governamental, sempre liderado pelas primeiras-damas da República.

Percorreu-se um longo caminho, para que a Assistência Social fosse emancipada e reconhecida como uma política pública de responsabilidade estatal.

2   Da legislação aplicada à Assistência Social

Diante de um grande movimento organizacional em prol da normatização das garantias dos direitos sociais, a Constituição Federal de 1988[1] incluiu a Assistência Social no sistema de Seguridade Social, junto à Saúde e à Previdência Social, de forma não contributiva.

Em 1993, foi promulgada a primeira legislação regulamentando o tema – Lei nº 8.742, de 07 de dezembro de 1993 – denominada LOAS – Lei de Organização da Assistência Social, que contribuiu sobremodo para o processo de sua legitimação como política pública no Brasil.

Por meio da LOAS, iniciou-se o processo de concretização das diretrizes constitucionais, assegurando a primazia estatal na elaboração de programas sociais e a oferta de serviços e benefícios às pessoas em vulnerabilidade e risco social.

Posteriormente, visando melhor organizar e consolidar a Assistência Social como uma política de Estado, capaz de efetivamente proporcionar e garantir direitos aos cidadãos, foi necessário a criação do SUAS – Sistema Único de Assistência Social.

---

[1]   Art. 203. A assistência social será prestada a quem dela necessitar, independentemente de contribuição à seguridade social, e tem por objetivos:
I – a proteção à família, à maternidade, à infância, à adolescência e à velhice;
II – o amparo às crianças e adolescentes carentes;
III – a promoção da integração ao mercado de trabalho;
IV – a habilitação e reabilitação das pessoas portadoras de deficiência e a promoção de sua integração à vida comunitária;
V – a garantia de um salário mínimo de benefício mensal à pessoa portadora de deficiência e ao idoso que comprovem não possuir meios de prover a própria manutenção ou de tê-la provida por sua família, conforme dispuser a lei.
Art. 204. As ações governamentais na área da assistência social serão realizadas com recursos do orçamento da seguridade social, previstos no art. 195, além de outras fontes, e organizadas com base nas seguintes diretrizes:
I – descentralização político-administrativa, cabendo a coordenação e as normas gerais à esfera federal e a coordenação e a execução dos respectivos programas às esferas estadual e municipal, bem como a entidades beneficentes e de assistência social;
II – participação da população, por meio de organizações representativas, na formulação das políticas e no controle das ações em todos os níveis.
Parágrafo único. É facultado aos Estados e ao Distrito Federal vincular a programa de apoio à inclusão e promoção social até cinco décimos por cento de sua receita tributária líquida, vedada a aplicação desses recursos no pagamento de:
I – despesas com pessoal e encargos sociais;
II – serviço da dívida;
III – qualquer outra despesa corrente não vinculada diretamente aos investimentos ou ações apoiados.

O SUAS foi instituído em 2005, com o objetivo de materializar a política proposta na LOAS, visando a proteção social dos indivíduos, o apoio às famílias e à comunidade no enfrentamento de suas dificuldades.

Em 06 de julho de 2011, foi sancionada a Lei nº 12.435 – Lei do SUAS, que alterou a Lei nº 8.742 de 1993 – LOAS, apresentando relevantes pontos para o aprimoramento organizacional da política assistencial, através do Sistema Único de Assistência Social. Dos quais citam-se alguns:

- Atribuição de responsabilidades;
- Definição de competências;
- Definição de padrões de atendimentos;
- Organização de mecanismos para a provisão de recursos para o fomento do SUAS;
- Gerenciamento da vinculação de entidades e organizações de assistência social ao SUAS;

Como instrumento de regulamentação do SUAS, visando à implementação das medidas propostas na referida lei e ao aperfeiçoamento do sistema, editou-se a NOB/SUAS (Norma Operacional Básica), com os principais fundamentos voltados à valorização do pacto federativo, no que se refere à gestão compartilhada e à qualificação do atendimento à população.

Logo após, fora publicada a NOB-RH/SUAS (Norma Operacional Básica de Recursos Humanos), cujo objetivo foi apresentar diretrizes para o aprimoramento da gestão profissional do SUAS em cada esfera de governo, a fim de qualificar os serviços ofertados, para garantir um melhor atendimento aos usuários nas unidades de referência.

3 Das principais unidades referenciadas do SUAS: CRAS e CREAS e suas equipes de referência

O SUAS atualmente é coordenado pelo Ministério da Cidadania e está presente em todas as esferas governamentais (União, Distrito Federal, Estados e Municípios), sendo composto pela sociedade civil e pelo poder público. A organização de suas ações se dá em dois tipos de proteção social: a Proteção Social Básica e a Proteção Social Especial.

A Proteção Social Básica é destinada à prevenção de riscos sociais e pessoais a quem necessita, através de programas, projetos, serviços e benefícios a indivíduos, e a Proteção Social Especial é direcionada às famílias e aos indivíduos que se encontram em situação de risco social, que tiveram seus direitos violados por situações de abandono, maus-tratos, vícios e outros.[2]

Para a materialização dessas ações, voltadas à proteção social, o SUAS conta com duas importantes unidades de atendimento:

- CRAS – Centro de Referência de Assistência Social: é a unidade pública municipal, de base territorial, responsável pela oferta de serviços de proteção básica,

---

[2] BRASIL. Ministério da Cidadania. *A Assistência Social*. Disponível em: https://www.gov.br/cidadania/pt-br/acoes-e-programas/assistencia-social. Acesso em 15 mar. 2021.

destinada à articulação e execução de serviços e à gestão de programas sociais às famílias no seu território de abrangência.

- CREAS – Centro de Referência Especializado de Assistência Social: é a unidade pública de abrangência municipal ou regional, responsável pela oferta e articulação de serviços de proteção especial, destinada às famílias e indivíduos que se encontram em situação de risco pessoal ou social, em razão da violação de direitos, que demandam a necessidade da intervenção socioassistencial (se dividem em média e alta complexidade).

A gestão dessas unidades é formada pelas chamadas "equipes de referência", que de acordo com a NOB-RH/SUAS (Norma Operacional Básica de Recursos Humanos) *são aquelas constituídas por servidores efetivos*, responsáveis pela organização e oferta de serviços, programas, projetos e benefícios de proteção social básica e especial.[3]

Assim, cada unidade de referência deve contratar os seus servidores e manter o quadro de pessoal qualificado por profissionais regularmente habilitados para o desenvolvimento do trabalho assistencial, de acordo com a necessidade e a demanda da população.

A NOB-RH/SUAS orienta que a composição da equipe de referência dos Centros de Referência da Assistência Social (CRAS) deve ser constituída de acordo com o número de famílias e indivíduos referenciados. Estabelece, ainda, que cada equipe deve contar com um *coordenador, devendo o mesmo ser um técnico de nível superior, com vínculo profissional de caráter efetivo*. Conforme disposição do Quadro 1, a seguir:

Quadro 1: Composição da equipe de referência dos CRAS

Pequeno Porte I	Pequeno Porte II	Médio, Grande, Metrópole e DF
Até **2.500** famílias referenciadas.	Até **3.000** famílias referenciadas.	A cada **5.000** famílias referenciadas.
2 técnicos de nível superior, sendo um profissional assistente social e outro preferencialmente psicólogo.	**3** técnicos de nível superior, sendo dois profissionais assistentes sociais e preferencialmente um psicólogo.	**4** técnicos de nível superior, sendo dois profissionais assistentes sociais, um psicólogo e um profissional que compõe o SUAS.
2 técnicos de nível médio.	**3** técnicos de nível médio.	**4** técnicos de nível médio.

Fonte: https://www.mds.gov.br/webarquivos/publicacao/assistencia_social/Normativas/NOB-RH_SUAS_Anotada_Comentada.pdf.

Já o Centro de Referência Especializado de Assistência Social (CREAS) é uma unidade que se constitui a partir de uma equipe com maior especialidade. Neste sentido, a NOB-RH/SUAS apresenta o seguinte formato para os serviços assistenciais de Média Complexidade:

---

[3] BRASIL. Secretaria Nacional de Assistência Social. *NOB-RH/SUAS*: anotada e comentada. Brasília/DF: MDS, 2011. 144p. Disponível em: https://www.mds.gov.br/webarquivos/publicacao/assistencia_social/Normativas/NOB-RH_SUAS_Anotada_Comentada.pdf. Acesso em 16 mar. 2021.

Quadro 2: Composição da equipe de referência dos CREAS

Municípios em Gestão Inicial e Básica	Municípios em Gestão Plena e Estados com Serviços Regionais
Capacidade de atendimento de 50 pessoas/indivíduos	Capacidade de atendimento de 80 pessoas/indivíduos
1 coordenador.	1 coordenador.
1 assistente social.	2 assistentes sociais.
1 psicólogo.	2 psicólogos.
1 advogado.	1 advogado.
2 profissionais de nível superior ou médio (abordagem dos usuários).	4 profissionais de nível superior ou médio (abordagem dos usuários).
1 auxiliar administrativo.	2 auxiliares administrativos.

Fonte: https://www.mds.gov.br/webarquivos/publicacao/assistencia_social/Normativas/NOB-RH_SUAS_Anotada_Comentada.pdf.

Observa-se que cada unidade de assistência social é organizada por equipes com objetivos e características próprias, considerando não só as suas demandas socioassistenciais, mas também a realidade das regiões em que atuam e os recursos disponíveis.

4 Da realidade estrutural da Assistência Social nos Municípios

A partir deste breve apanhado sobre a evolução histórica e estrutural da Assistência Social é que se busca examinar de forma mais analítica a realidade fática que se sobrepõe à ideal na esfera municipal.

Vê-se, de modo corriqueiro nos municípios, a prática da contratação – por vezes sistemática e generalizada – de servidores temporários para a execução de atividades permanentes, situação esta não restrita às Secretarias de Assistência Social, em total afronta aos princípios da Eficiência, da Finalidade e do Interesse Público.

Assim, analisando todo o contexto de consolidação e de reconhecimento da política pública assistencial como responsabilidade do Estado, denota-se que a composição da pasta da Assistência Social por servidores predominantemente temporários se dá em detrimento do processo evolutivo, estrutural e de alcance dessa política na vida da população usuária.

Explica-se. Os serviços de Assistência Social visam à garantia dos direitos daqueles que se encontram em situações de vulnerabilidade e risco social, *de forma continuada, permanente e planejada.* Logo, a memória institucional e a qualidade da prestação desses serviços são fundamentais para o êxito dos resultados desta política pública, de modo a garantir a sua estruturação e o seu fortalecimento.

Dessa maneira, diante do fluxo de contratações temporárias, demissões e recontratações, notadamente, por estas contratações representarem importante poder eleitoral para os gestores, é que se verifica o enorme prejuízo para a consecução do desenvolvimento da política pública assistencial, decorrente dessa ruptura de continuidade dos serviços realizados.

A ausência de uma composição, ainda que mínima, de servidores efetivos na pasta de Assistência Social afronta a orientação da Norma Operacional Básica de Recursos Humanos do SUAS, conforme os modelos anteriormente transcritos.

Sob este aspecto, frisa-se que os servidores públicos que compõem a estrutura organizacional das unidades de referência do SUAS, cujas atribuições são técnicas e de necessidade permanente, devem ter cargos de provimento efetivo, ocupados mediante a aprovação em concurso público, ressalvadas as hipóteses de nomeações para cargo em comissão, bem como as contratações de natureza temporária, cuja necessidade deve ser temporária de excepcional interesse público, conforme constitucionalmente previsto.[4]

Outra hipótese de contratação de serviços pela Administração Pública que merece destaque no contexto assistencial é a possibilidade de terceirização dos serviços públicos, que pode ser admitida em casos de atividades de caráter secundário e transitório.

Neste ponto, destaca-se que essas terceirizações devem ser balizadas por contornos bem delineados, podendo ser fixados limites de competência e legitimidade de atuação, devendo ser caracterizadas como atividades acessórias, em regra, incluindo-se aquelas relacionadas à implementação dos *programas de governo.*

Diante de todos os desafios que a Assistência Social esbarra para a consolidação de uma política pública de destaque, equiparada a outras tantas, nota-se que a ruptura de um mapeamento perene, capaz de identificar o seu alcance na sociedade é extremamente danosa, sob a ótica do princípio da continuidade dos serviços públicos.

Acrescenta-se às dificuldades citadas no processo evolutivo da Assistência Social no Brasil, a forte cultura que a vincula às práticas assistencialistas e clientelistas, ainda que se tenham passado mais de 30 anos de sua ascensão constitucional. Lamentavelmente, a chamada "cultura da ajuda" ainda persiste de forma estrutural, contribuindo para ações governamentais seletivas e paliativas, atravancando o caráter universal da política pública de assistência social.

Daí que ações governamentais articuladas, planejadas e continuadas são extremamente positivas para a melhoria da qualidade dos serviços prestados pela Assistência Social e de suma importância para a afirmação desta política como um direito de responsabilidade estatal.

Por certo, o cenário pandêmico tem acarretado maior escassez de recursos e, consequentemente, agravado as vulnerabilidades sociais, tornando extremamente complexa a promoção de uma gestão pública de qualidade. No entanto, não se pode adiar a necessidade de romper com a sistematização das contratações desordenadas e com a política da benemerência, que segregam a política pública de assistência social das demais, a fim de que seja assegurado aos seus usuários a sua plena efetividade, que lhes é constitucionalmente garantida.

---

[4] Art. 37, inciso IX da CF/88.

5 Do entendimento consolidado em precedente do Tribunal de Contas do Estado do Espírito Santo

O entendimento construído até este ponto, no sentido da essencialidade de compor a estruturação dos quadros mínimos da pasta de Assistência Social com servidores efetivos, restou consignado em recente deliberação do Tribunal de Contas do Estado do Espírito Santo, quando da apreciação do Processo TC nº 20556/2019,[5] que resultou no Acórdão nº 607/2021.

Diante dessa constatação e considerando a realidade experimentada por muitos municípios, desponta a necessidade de se aventar acerca dos meios legais disponíveis ao gestor público para que, na hipótese de estrangulamento das despesas de gasto com pessoal no município, conduzindo-o a degraus limítrofes da despesa, este tenha a clareza da existência de mecanismos de recondução aos limites legais desejáveis.

Na hipótese, a adoção pelo gestor máximo municipal dessas engrenagens constitui o caminho legal a ser trilhado para viabilizar a composição das estruturas assistenciais de pessoal, em estrita observância aos princípios inerentes à Política Nacional de Assistência Social.

6 Do necessário ajuste das despesas de gasto com pessoal para viabilizar a estruturação mínima dos Centros de Referência da Assistência Social (CRAS e CREAS)

Da premissa de que os profissionais que compõem os quadros mínimos dos CRAS e CREAS previstos na NOB-RH/SUAS exercem atribuições típicas e restritas aos ocupantes destas, não resta dúvida de que cabe aos municípios empreender um planejamento adequado para estruturar suas pastas de Assistência Social com servidores efetivos, aprovados em concurso público, em substituição aos temporários e comissionados atuantes nessas funções.

Registre-se, a título de reforço, que as atividades assistenciais a que se referem as considerações em discussão, cujo ingresso deve, necessariamente, advir de aprovação em concurso público, são aquelas que compõem os quadros mínimos dos CRAS e CREAS, ressalvando-se que outras atividades podem ser terceirizadas, caso se amoldem às hipóteses e critérios estabelecidos em lei.

Notadamente, a realidade fiscal de muitos desses entes não comporta o incremento de caráter permanente – aquele com duração superior a dois exercícios (art. 17, *caput* da Lei Complementar Federal nº 101, de 04 de maio de 2000, que estabelece normas de finanças públicas voltadas para a responsabilidade na gestão fiscal e dá outras providências) – na despesa de gasto com pessoal, decorrente do ingresso de efetivos em seus quadros funcionais, o que, por vezes, é usado como escusa para justificar a busca por outros vínculos com o propósito de atender à necessidade assistencial local.

---

[5] Pedido de Reexame – Auditoria na Prefeitura Municipal de Presidente Kennedy – Exercício 2013. (ESPÍRITO SANTO. Tribunal de Contas do Estado do Espírito Santo. *Pedido de Reexame nº 20556/2019*. Recorrente: Ministério Público de Contas. Recorridos: Selma Henrique de Souza e outros. Relator: Conselheiro Rodrigo Coelho do Carmo. Vitória, 24 maio 2021. Disponível em: https://diario.tcees.tc.br/edicao/2021/05/24/atos-plenario/acordaos-pareceres-plenario/noticia/13099. Acesso em 02 jun. 2021).

A despeito dessa corriqueira realidade, fato é que a proximidade ou mesmo a extrapolação dos limites de gasto com pessoal, estabelecido nos artigos 18 e 19 da Lei Complementar nº 101/2000 – a LRF –, bem como ao limite constitucionalmente estabelecido no artigo 29-A, §1º da Constituição Federal de 1988, não afasta dos municípios a responsabilidade legal de atender as demandas assistenciais, com a exigida qualificação técnica.

Dessa forma, diante de um quadro crítico em suas despesas com pessoal e da necessidade da prestação dos serviços em questão, exsurge a necessidade desses entes diligenciarem os devidos ajustes fiscais, nos termos já estabelecidos no art. 169 da CF/88[6] para situações dessa natureza, com vistas a, então, providenciar o acréscimo ou, quando for o caso, a substituição de seu corpo técnico que não se adeque às exigências da NOB-RH/SUAS.

Para o âmbito municipal, onde se concentra a implementação do braço assistencial a que se destina o presente esboço, o limite estabelecido para despesa com pessoal é de 60% da RCL,[7] em que 54% é o limite para a referida despesa sob a responsabilidade do Poder Executivo.

Tamanha é a relevância do tema que sobre os entes que ultrapassarem os limites dessa despesa sem reconduzi-los aos índices legais dentro do prazo estabelecido recairão as sanções descritas no art. 23 da LRF, sem prejuízo das vedações contidas em seu art. 22 e outros dispositivos da norma.

Neste ponto sensível, verifica-se a existência de alguns mecanismos institucionais de controle das despesas com pessoal para propiciar a redução do índice de gastos ou o aumento da receita corrente líquida (RCL), base de cálculo desta despesa.

Aliado às medidas previstas no art. 23 da LRF com vistas à redução dos gastos com pessoal aos índices legais, convém mencionar algumas condutas de gestão passíveis de serem adotadas pelos entes para eliminação do excedente. Dessas, podem ser eleitas mais de uma, em associação, para, estrategicamente, alcançar os patamares ideais/ aceitáveis de despesa:

- Aumento da receita corrente líquida;
- Combate à sonegação fiscal;
- Intensificação da fiscalização tributária;

---

[6] Art. 169. A despesa com pessoal ativo e inativo da União, dos Estados, do Distrito Federal e dos Municípios não poderá exceder os limites estabelecidos em lei complementar.
(...)
§3º Para o cumprimento dos limites estabelecidos com base neste artigo, durante o prazo fixado na lei complementar referida no caput, a União, os Estados, o Distrito Federal e os Municípios adotarão as seguintes providências:
I – redução em pelo menos vinte por cento das despesas com cargos em comissão e funções de confiança;
II – exoneração dos servidores não estáveis.
§4º Se as medidas adotadas com base no parágrafo anterior não forem suficientes para assegurar o cumprimento da determinação da lei complementar referida neste artigo, o servidor estável poderá perder o cargo, desde que ato normativo motivado de cada um dos Poderes especifique a atividade funcional, o órgão ou unidade administrativa objeto da redução de pessoal.

[7] Art. 19. Para os fins do disposto no caput do art. 169 da Constituição, a despesa total com pessoal, em cada período de apuração e em cada ente da Federação, não poderá exceder os percentuais da receita corrente líquida, a seguir discriminados:
(...)
III – Municípios: 60% (sessenta por cento).

- Plano de Demissão Voluntária (PDV);
- Plano de Aposentadoria Incentivada (PAIN);
- Cessão de servidor público com ônus para o cessionário;
- Exoneração de pelo menos 20% (vinte por cento) dos cargos em comissão e das funções de confiança;
- Exoneração dos servidores não estáveis;
- Exoneração do servidor estável.

Embora, notadamente, as medidas elencadas devam ser aderidas em observância a uma ordem expressa em lei, entende-se que, em coerência com o estímulo ao fortalecimento das estruturas mínimas de Estado até aqui defendido, a atuação austera da gestão deve ser delimitada pela razoabilidade, de modo que ações extremas devem ser ao máximo evitadas, por meio do empenho da gestão na execução das hipóteses recondutoras que as antecedem.

De outro passo, em meio ao crescente endividamento dos Estados e Municípios, somado ao contexto pandêmico vivenciado nesse momento histórico, nasceu a Lei Complementar nº 178, de 13 de janeiro de 2021, que estabeleceu o Programa de Acompanhamento e Transparência Fiscal (PATF) e o Plano de Promoção do Equilíbrio Fiscal (PEF), entre outras medidas, com o propósito de promover O equilíbrio fiscal desses entes e conferir maior viabilidade para o pagamento de suas dívidas com a União.

Dessa forma, com o advento da LC nº 178/2021, os entes com baixa capacidade de pagamento podem retomar o uso de operações de crédito avalizadas pelo Governo Federal e, como contrapartida aos que aderirem ao regime, resta a adoção de medidas de ajuste fiscal. Sobrevieram, então, alterações nas regras de cálculo que culminaram na majoração do resultado da despesa, motivo pelo qual a norma fixou novos prazos de recondução, de caráter temporário, para a adaptação dos entes impactados.

Os principais aspectos que passam a repercutir no cômputo da despesa de gastos com pessoal se encontram melhor compreendidos quando percebidos por meio da Nota Informativa nº 4076/2021,[8] da Secretaria do Tesouro Nacional do Ministério da Economia (STN/ME). São esses: a) a inclusão do valor bruto das despesas com pessoal no cômputo do limite, sendo vedada a desconsideração de valores retidos ou outras deduções, excetuado apenas o abatimento para adequação da remuneração dos servidores ao teto constitucional (CF/88, art. 37, XI); b) a não dedução, para fins de limite, das despesas com inativos e pensionistas custeadas com recursos aportados para a cobertura do déficit financeiro dos regimes de previdência; c) a inclusão das despesas com inativos e pensionistas junto ao limite do Poder e órgão de origem do servidor, independentemente do órgão responsável pelo pagamento do benefício.

Diante do novo comando legal, os entes municipais em extrapolação de despesa ao final do exercício de 2021 poderão se valer de um plano de ação para eliminar, gradualmente, o excedente anual de 10% da despesa, num prazo de reenquadramento de 10 anos, tendo como termo inicial o exercício de 2023.

---

[8] BRASIL. Ministério da Economia. *Nota Informativa SEI nº 4076/2021/ME*. Medidas de Reforço à Responsabilidade Fiscal conforme art. 15 e 16 da Lei Complementar nº 178, de 13 de janeiro de 2021. Disponível em: https://www. cnm.org.br/cms/images/stories/comunicacao_novo/contabilidade/SEI_ME_-_13662680_-_Nota_Informativa.pdf. Acesso em 23 mai. 2021.

Além disso, considerando a nova regra temporária, para o exercício de 2021, a norma suspendeu os prazos de reenquadramento estabelecidos no art. 23 da LRF.

Ademais, no que toca à contratação de prestação de serviços temporários para situações excepcionais, distintas das atribuições de rotina dessas carreiras, não há vinculação legal que exija sua contabilização para fins de despesa com pessoal, porém, deverão ser observados os limites de gastos previstos no art. 29-A da CF/88.

Da compreensão desse contexto, ganha reforço a imediata necessidade de os municípios empreenderem esforços para a adoção das medidas legais e de gestão disponíveis para uma apropriada redução da despesa, apoiando-se, inclusive, na otimização dos recursos humanos de que já dispõem em seus quadros permanentes, como também, em contrapartida, no aprimoramento de seus mecanismos de arrecadação.

Os entes que, embora não tenham alcançado os percentuais limítrofes dessa despesa, mas que destes se aproximem, também podem recorrer às medidas de adequação fiscal – e recomenda-se fortemente que assim se faça –, com a finalidade de atuarem de modo intencional e preventivo para assegurar sua boa saúde fiscal e uma gestão eficiente.

Dessa forma, do pressuposto consolidado de que a estruturação mínima da Assistência Social na esfera municipal com servidores efetivos é medida que se impõe, resta indissociável a conclusão de que compete aos municípios em extrapolação – ou em vias disso – observar os limites de gastos com pessoal, aderindo aos instrumentos disponíveis à recondução da despesa no prazo legal vigente, atentando-se para as regras inseridas pela LRF e pela novel LC nº 178/2021.

Registre-se que não se pretendeu aqui esgotar a temática do ajuste fiscal, tão ampla, profunda e ladeada por diversas nuances, mas tão somente sinalizar a existência de aparato legal afeto à matéria e indicar possíveis caminhos a serem explorados pelos atores envolvidos na gestão.

Conclusão

A Assistência Social, a despeito de sua relevância na conjuntura social a que se destina e do reconhecimento da política pública assistencial como responsabilidade de Estado, por muito tempo recebeu tratamento de política pública secundária e sua evolução como política de destaque equânime perante outras igualmente notáveis ainda carece de medidas estruturantes, posto que a composição de seus quadros mínimos é, essencialmente, ocupada por servidores temporários, quando não em sua integralidade.

Nesse cenário, na mesma medida em que incumbe aos municípios empreender um planejamento adequado para estruturar suas pastas de Assistência Social, também lhes compete a manutenção do equilíbrio das contas públicas, de modo a diligenciar eventuais calibragens necessárias na despesa com pessoal, utilizando-se dos instrumentos contidos na LRF, com as introduções da LC nº 178/2021, no intento de comportá-las em seu contexto fiscal.

Conclui-se, afinal, que a realidade experimentada pela maioria dos municípios impele uma necessária provocação, especialmente aos atores envolvidos na gestão máxima municipal, a respeito da relevância da política pública assistencial, não apenas considerando o seu impacto social, mas também para avigorar a compreensão sobre a imprescindibilidade da estruturação de suas carreiras e quadros funcionais mínimos, também sob o aspecto impositivo da legalidade, com vistas a atender às necessidades da comunidade em vulnerabilidade e risco social com o profissionalismo adequado.

Referências

BRASIL. Constituição da República Federativa do Brasil de 1988. *Diário Oficial da União*, Brasília, 5 out. 1988. Disponível em: http://www.planalto.gov.br/ccivil_03/Constituicao/Constituicao.htm#art169. Acesso em 25 mai. 2021.

BRASIL. Lei Complementar nº 101, de 04 de maio de 2000. Estabelece normas de finanças públicas voltadas para a responsabilidade na gestão fiscal e dá outras providências. *Diário Oficial da União*, Brasília, 5 mai. 2000. Disponível em: http://www.planalto.gov.br/ccivil_03/leis/lcp/lcp101.htm. Acesso em 25 maio 2021.

BRASIL. Lei Complementar nº 178, de 13 de janeiro de 2021. Estabelece o Programa de Acompanhamento e Transparência Fiscal e o Plano de Promoção do Equilíbrio Fiscal; altera a Lei Complementar nº 101, de 4 de maio de 2000, a Lei Complementar nº 156, de 28 de dezembro de 2016, a Lei Complementar nº 159, de 19 de maio de 2017, a Lei Complementar nº 173, de 27 de maio de 2020, a Lei nº 9.496, de 11 de setembro de 1997, a Lei nº 12.348, de 15 de dezembro de 2010, a Lei nº 12.649, de 17 de maio de 2012, e a Medida Provisória nº 2.185-35, de 24 de agosto de 2001; e dá outras providências. *Diário Oficial da União*, Brasília, 14 jan. 2021. Disponível em: http://www.planalto.gov.br/ccivil_03/leis/lcp/Lcp178.htm. Acesso em 25 mai. 2021.

BRASIL. Ministério da Cidadania. *A Assistência Social*. Disponível em: https://www.gov.br/cidadania/pt-br/acoes-e-programas/assistencia-social. Acesso em 15 mar. 2021.

BRASIL. Ministério da Economia. *Nota Informativa SEI nº 4076/2021/ME*. Medidas de Reforço à Responsabilidade Fiscal conforme art. 15 e 16 da Lei Complementar nº 178, de 13 de janeiro de 2021. Disponível em: https://www.cnm.org.br/cms/images/stories/comunicacao_novo/contabilidade/SEI_ME_-_13662680_-_Nota_Informativa.pdf. Acesso em 23 mai. 2021.

BRASIL. Secretaria Nacional de Assistência Social. *NOB-RH/SUAS*: anotada e comentada. Brasília/DF: MDS, 2011. 144p. Disponível em: https://www.mds.gov.br/webarquivos/publicacao/assistencia_social/Normativas/NOB-RH_SUAS_Anotada_Comentada.pdf. Acesso em 16 mar. 2021.

COSTA FILHO, João Alfredo Nunes da. Quais medidas adotar para reconduzir as despesas com pessoal ao limite legal? *Revista Gestão Pública Municipal*, v. 2, n. 8, p. 12-13, jul. 2018. Disponível em: https://www.consultordoprefeito.org/revista-gestao-publica-municipal-an. Acesso em 23 mai. 2021.

DANTAS, Grasiela da Silva. *A assistência social no brasil*: da benemerência ao direito social. Disponível em: https://www.fvj.br/revista/wp-content/uploads/2016/07/Socializando_2016_9.pdf. Acesso em 15 mar. 2021.

DIAS, Fernando Álvares Correia. *O controle institucional das despesas com pessoal*. Brasília: Centro de Estudos da Consultoria do Senado Federal, 2009. Disponível em: https://www12.senado.leg.br/publicacoes/estudos-legislativos/tipos-de-estudos/textos-para-discussao/td-54-o-controle-institucional-das-despesas-com-pessoal. Acesso em 24 mai. 2021.

ESPÍRITO SANTO. Tribunal de Contas do Estado do Espírito Santo. *Pedido de Reexame nº 20556/2019*. Recorrente: Ministério Público de Contas. Recorridos: Selma Henrique de Souza e outros. Relator: Conselheiro Rodrigo Coelho do Carmo. Vitória, 24 maio 2021. Disponível em: https://diario.tcees.tc.br/edicao/2021/05/24/atos-plenario/acordaos-pareceres-plenario/noticia/13099. Acesso em 02 jun. 2021.

Informação bibliográfica deste texto, conforme a NBR 6023:2018 da Associação Brasileira de Normas Técnicas (ABNT):

CARMO, Rodrigo Coelho do; PASCOAL, Lara Cristini Vieira Campos; ASSIS, Renata Cunha Píccoli de. A necessária estruturação da política de assistência social nos municípios. *In*: LIMA, Edilberto Carlos Pontes (Coord.). *Os Tribunais de Contas, a pandemia e o futuro do controle*. Belo Horizonte: Fórum, 2021. p. 491-501. ISBN 978-65-5518-282-8.

TCE-ES: A CORTE DE CONTAS QUE
A PANDEMIA NÃO PAROU

RODRIGO FLÁVIO FREIRE FARIAS CHAMOUN

Introdução

Ao contrário do que se poderia imaginar, a pandemia não parou o Tribunal de Contas do Estado do Espírito Santo (TCE-ES), mas sim, abreviou o encontro da Corte com a eficiência em seu sentido mais amplo. Eventos trágicos que marcam a humanidade, como grandes guerras e pandemias, não podem ser em vão. A história registra que tais episódios deixam rastros de destruição e sofrimento, mas quando passam ficam os avanços científicos, tecnológicos, sociais, econômicos, ambientais e geopolíticos. Foi com esse espírito que a Corte de Contas Capixaba trabalhou obstinadamente para sair dessa tragédia melhor do que entrou.

Nos últimos dez anos, o TCE-ES passou por um processo intenso de reformulação dos métodos de trabalho, vigorosos investimentos em tecnologia da informação e potencialização do capital humano. A competente corrida de revezamento entre as gestões, caracterizada, sobretudo, pelo compromisso de buscar um patamar de alta performance, possibilitou a consolidação do planejamento estratégico como instrumento de orientação geral, cultura organizacional e maturidade institucional.

Dessa forma, o TCE-ES colocou-se, mais que nunca, como guardião da administração pública no âmbito do Estado do Espírito Santo, ao desenvolver métodos e ferramentas de controle que possibilitaram a garantia da responsabilidade na gestão fiscal, da avaliação criteriosa sobre a efetividade das políticas públicas sociais e da eficiência das aquisições governamentais. Nesse sentido, a questão principal a ser abordada neste artigo é a estratégia utilizada pelo TCE-ES no exercício do controle externo durante a pandemia.

O presente artigo foi escrito a partir do levantamento de bibliografias e relatórios internos. Na primeira parte deste trabalho, serão apresentados os principais sistemas corporativos e os pontos mais relevantes do novo organograma, que foi aprovado poucos meses antes do início da pandemia. Em seguida, demonstrar-se-á a reorganização da força de trabalho, os novos métodos de produção e as inovadoras ferramentas de tecnologia da informação que formaram a base para atuar com alta performance durante a pandemia. Já na última seção, serão apresentados os seguintes pilares da atuação do TCE-ES, no período em avaliação:

- O tratamento do estoque processual;
- O acompanhamento intensivo da gestão fiscal do Estado e dos municípios;

- A política de orientação aos gestores públicos sobre as inovações legislativas oriundas da pandemia;
- O acompanhamento tempestivo dos contratos emergenciais relacionados à pandemia;
- A fiscalização das políticas públicas impactadas pela pandemia, quais sejam: fiscalização do processo de imunização da população, do retorno às aulas nas escolas públicas e das medidas de segurança sanitária no combate às aglomerações.

Por fim, a conclusão sugere que existe um potencial inexplorado que permite às cortes de contas atuarem para além da tradicional função de supervisão. Os Tribunais de Contas podem e devem prover visões sobre o conjunto estratégico de ações governamentais e previsões sobre os riscos e tendências que possam comprometer a atuação dos governos no futuro.

1 Antes da chegada da pandemia

A missão do TCE-ES de gerar benefícios para a sociedade por meio do controle externo e do aperfeiçoamento da gestão dos recursos públicos já vinha sendo perseguida ao longo da última década na instituição, com objetivos claros estabelecidos no planejamento estratégico. Assim, ao longo desse período, o Tribunal desenvolveu, continuamente, o capital humano, aperfeiçoou os processos internos, intensificou o uso da tecnologia da informação, adotou a especialização nas atividades de fiscalização e fortaleceu o compartilhamento de informações estratégicas para o aprimoramento das ações no combate à corrupção e à fraude.

Nesse sentido, foram construídos vários instrumentos que passaram a tornar mais efetivo o controle externo, e também facilitaram a participação da sociedade no controle social. Entre as iniciativas, destacam-se as três plataformas corporativas:

- E-tcees;
- CidadES;
- Painel de Controle.

O E-tcees é o sistema de gestão interno utilizado atualmente pelo Tribunal, e que começou a operar em 2014. Esta ferramenta permite o envio de documentos, a visualização de peças processuais e o acompanhamento e gerenciamento dos processos em tramitação no TCE-ES, com mais agilidade e segurança na Corte. Quase a totalidade das atividades do TCE-ES são realizadas na plataforma, desde a abertura e instrução de processos da área técnica e administrativa, até o acompanhamento do orçamento dos setores e requerimentos de servidores junto ao setor de recursos humanos, tais como abonos e solicitações de férias dos servidores. A ferramenta também conta com a possibilidade de realização de sessões virtuais[1] pelo TCE-ES.

Os principais sistemas que compõem o fluxo de trabalho do TCE-ES são disponibilizados através de módulos, que são construídos de forma contínua e evolutiva, e todos os meses são lançadas novas versões contendo diversas funcionalidades inovadoras, além de melhorias.

---

[1] GARCIA, Lucia Mara. Primeira sessão virtual aprecia 45 processos e julga regulares 11 prestações de contas. *Tribunal de contas do Estado do Espírito Santo*, 26 jun. 2020. Disponível em: https://www.tcees.tc.br/primeira-sessao-virtual-aprecia-45-processos-e-julga-regulares-11-prestacoes-de-contas/. Acesso em 14 jul. 2021.

Já o CidadES é o sistema pelo qual os jurisdicionados encaminham as prestações de contas mensais e anuais, os atos de admissão de pessoal de cargos e empregos públicos, e as demais informações ao TCE-ES, formando uma grande base de dados. É uma plataforma composta por módulos integrados que oferecem funcionalidades como recebimento de dados, análise automatizada, notificação aos gestores e emissão de relatórios para auxiliar auditorias.

O sistema, implementado em 2016, realiza uma série de consistências sobre os dados encaminhados, visando garantir a qualidade da informação gerada a partir deles. Os dados e documentos encaminhados são assinados digitalmente, garantindo sua confiabilidade e imutabilidade.

Após a implantação do CidadES, o TCE-ES incrementou a ferramenta, produzindo também o "CidadES – Controle Social", plataforma onde o Tribunal dá transparência às informações fiscais e econômicas dos municípios e do Estado do Espírito Santo, tornando a linguagem da base de dados dessa Corte pública mais acessível.

No sistema "CidadES – Controle Social", a Corte passou a publicar o relatório "Painel de Controle – Macrogestão Governamental", para consolidar e publicar mensalmente informações da gestão orçamentária e financeira do Estado, permitindo a indicação antecipada de medidas corretivas. Os dados do Painel incluem os poderes Executivo, Legislativo e Judiciário estaduais, além do Tribunal de Contas e do Ministério Público Estadual.

Em setembro de 2020, a plataforma "CidadES Controle Social" foi transformada em "Painel de Controle", uma versão mais moderna, dinâmica e acessível da ferramenta. O Painel foi concebido para unificar as informações da base de dados, que foi ampliada, melhorando a gestão pública. Além disso, o seu acesso foi simplificado, tornando-o mais intuitivo.

Isso tudo veio alinhado às tendências da governança pública, definida pelo Comitê de Especialistas em Administração Pública das Nações Unidas como o conjunto de valores, instituições, regras, crenças e tecnologias, no qual o governo tende a gerir com os cidadãos e com a sociedade, e não em condição de supremacia diante deles.[2]

Além das ferramentas voltadas ao aprimoramento dos trabalhos de controle externo, acompanhamento e participação da gestão, avaliou-se necessário, ainda em 2019, remodelar a arquitetura organizacional do TCE-ES, objetivando a sua adequação às recomendações e objetivos da Declaração de Moscou para as Entidades de Fiscalização Superior (EFS).[3]

Entre as mudanças feitas no Regimento Interno para o novo organograma, conforme detalhado na Figura 1, a Emenda Regimental nº 11/2019[4] elevou a área de tecnologia da informação ao primeiro escalão do Tribunal. A Secretaria Geral de Tecnologia da Informação – SGTI passou a situar-se ao lado da Secretaria Geral de Controle Externo-SEGEX, da Secretaria Geral de Administração e Finanças – SEGAFI e da Secretaria Geral das Sessões – SGS.

---

[2] COMMITTEE OF EXPERTS ON PUBLIC ADMINISTRATION (CEPA). *Economic and Social Council. Public governance for results*: a conceptual and operational framework. United Nations, 2011. p. 4-6.

[3] INSTITUTO RUI BARBOSA. Fórum Nacional de Auditoria. *Declaração de Moscou.* (Moscow Declaration. Trad. Denise Gomel (TCE-PR) e Nelson Nei Granato Neto (IRB/TCE-PR). Curitiba, 2019. Disponível em: https://irbcontas.org.br/wp-content/uploads/2020/04/Declara%C3%A7%C3%A3o_de_Moscou_2019_-_tradu%C3%A7%C3%A3o_livre.pdf. Acesso em 15 jul. 2021.

[4] BRASIL. Tribunal de contas do Estado do Espírito Santo. *Emenda Regimental nº 00011/2019-1.* Altera, acresce e revoga dispositivos do Regimento Interno do Tribunal de Contas do Estado do Espirito Santo e dá outras providências. Disponível em: https://diario.tcees.tc.br/edicao/2019/12/19/atos-plenario/outras-decisoes-plenario/noticia/1927. Acesso em 13 jun. 2021.

Figura 1: O organograma do TCE-ES, conforme emenda Regimental nº 011, de 19.12.2019[5]

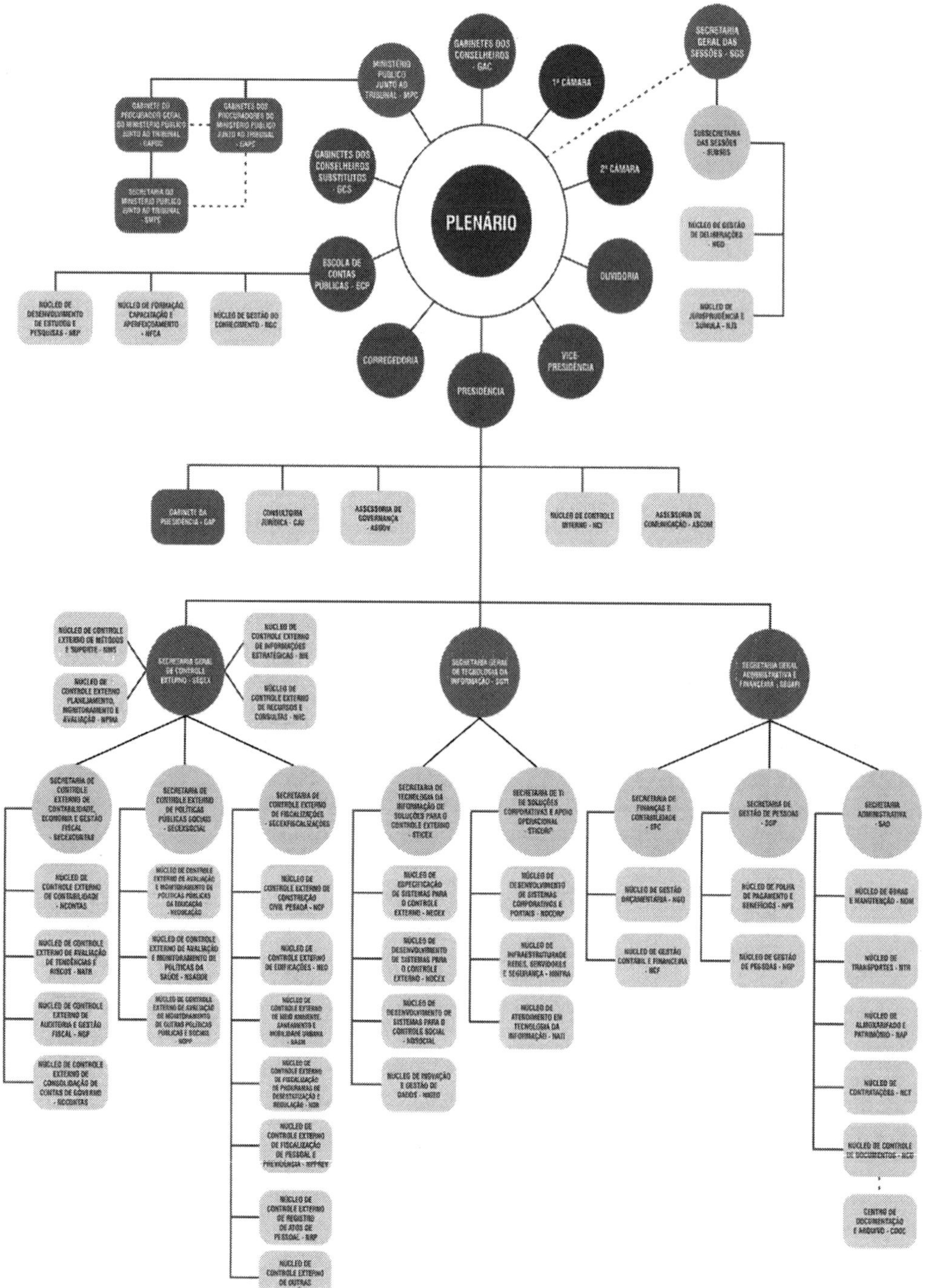

---

[5] BRASIL. Tribunal de contas do Estado do Espírito Santo. *Regimento Interno do TCE-ES*. Disponível em: https://www.tcees.tc.br/wp-content/uploads/formidable/108/Res261-REG-INT-Atualizada-ER-17-2021.pdf. Acesso em 13 jul. 2021.

Destaca-se, também, que as atribuições afetas ao planejamento, ao acompanhamento dos projetos e das diretrizes estratégicas do TCE-ES foram deslocados do nível de direção para uma Assessoria de Governança diretamente ligada à Presidência, cuja responsabilidade concentra-se na avaliação, no direcionamento e no monitoramento da gestão, de forma a garantir o alcance dos objetivos estratégicos organizacionais, otimizar a produção de resultados e melhorar a qualidade e a eficiência dos serviços prestados à sociedade, conforme se verifica no novo organograma do TCE-ES disposto adiante:

O novo desenho buscou aperfeiçoar o atual modelo de controle externo estadual que, mesmo já tendo tido muitos avanços nos últimos anos, pode se alinhar ainda com mais precisão ao encontro de modernas tendências de governança pública, em especial aquelas pertinentes aos métodos de atuação das Entidades de Fiscalização Superior (EFS), parte delas com potencial ainda inexplorado.

No Brasil, a Associação dos Membros dos Tribunais de Contas do Brasil (Atricon) e o Instituto Rui Barbosa (IRB) desenvolvem proeminentes ações que visam ao aperfeiçoamento do controle externo. Dentre essas iniciativas, o Programa Qualidade e Agilidade dos Tribunais de Contas (QATC), principal ação da Atricon para o aprimoramento do sistema de controle externo, é um importante instrumento de avaliação dos Tribunais de Contas e incorpora às suas diretrizes as Normas Brasileiras de Auditoria do Setor Público (NBASP) e as Normas Internacionais das Entidades Fiscalizadoras Superiores (ISSAI).

Outro documento que serviu de inspiração para o novo desenho organizacional do TCE-ES foi a Declaração de Moscou, elaborada no XXIII Congresso da Organização Internacional de Entidades Fiscalizadoras Superiores (Intosai). A Declaração reconheceu a importância da Agenda 2030 para o Desenvolvimento Sustentável, adotada pela Assembleia Geral das Nações Unidas A/RES/228, estabelecendo como objetivo estratégico a "Promoção e o Fomento da eficiência, *accountability*, a eficácia e a transparência da administração pública mediante o fortalecimento das Entidades de Fiscalização Superiores".[6]

No documento foram pactuados 10 (dez) importantes objetivos a serem perseguidos pelas Entidades de Fiscalização Superiores (EFS), objetivos estes voltados ao controle externo independente, a Objetivos de Desenvolvimento Sustentável (ODS), a avanços tecnológicos, à inovação, ao gerenciamento de riscos, à inclusão social e à cooperação e à comunicação entre as EFS e outras Instituições, a comunidade acadêmica e o público em geral.

Foi considerando esse cenário que se idealizou uma estrutura que atendesse aos objetivos traçados pela Declaração de Moscou, com foco em uma prestação de contas de resultados e em uma abordagem estratégica de auditoria, voltada à previsão de recomendações, pautando sua atuação na cultura da disponibilização e da abertura de dados e códigos fonte e algoritmos, na análise de dados, na inovação e no desenvolvimento, bem como no gerenciamento de riscos no governo, estabelecendo uma interação produtiva e reforçando o diálogo institucional, a cooperação e a comunicação com o ente auditado, com a comunidade acadêmica e o público em geral.

Dessa forma, a nova arquitetura organizacional do TCE-ES reforçou o seu papel de guardião da administração pública, quando estabeleceu três focos estratégicos de atuação, que visam a garantir:

---

6   INSTITUTO RUI BARBOSA. Fórum Nacional de Auditoria. *Declaração de Moscou*. (Moscow Declaration. Trad. Denise Gomel (TCE-PR) e Nelson Nei Granato Neto (IRB/TCE-PR). Curitiba, 2019. Disponível em: https://irbcontas.org.br/wp-content/uploads/2020/04/Declara%C3%A7%C3%A3o_de_Moscou_2019_-_tradu%C3%A7%C3%A3o_livre.pdf. Acesso em 15 jul. 2021.

- Gestão fiscal responsável com o controle intertemporal das contas públicas, assegurando-se que permaneçam equilibradas. Essa é a primeira e maior missão. Desse modo, o TCE-ES atuará como legítimo guardião da Lei nº 101 de 04 de maio de 2000 (Lei de Responsabilidade Fiscal);
- Legitimidade, eficiência e efetividade das políticas públicas sociais, essencialmente aquelas ligadas às áreas de saúde, educação e assistência social. Pretende-se fortalecer as unidades técnicas especializadas com modernos métodos de auditoria operacional, iniciando a avaliação e o monitoramento de políticas públicas;
- Eficiência das aquisições governamentais (bens, obras e serviços). O alcance dessa estratégia depende da verificação concomitante da qualidade, da tempestividade e do preço da aquisição governamental e, para tanto, será cobrada transparência e ofertada orientação e treinamento intensivos aos jurisdicionados, fortalecendo, ainda, parcerias estratégicas com órgãos de investigação no combate à corrupção e a fraudes.

Dito isso, restou clara a inadiável tarefa de reorganizar a carteira de atividades, desenvolvendo novas competências para realizar controles e fiscalizações relevantes para governos e sociedades. Deve-se, portanto, ir além das auditorias tradicionais (conformidade, financeira e operacional) que se encontram em fase mais consolidada.

Para tanto, o controle externo deve atuar para garantir finanças públicas equilibradas, assegurar a obediência aos princípios da legitimidade, eficiência e efetividade, além de preservar ambientes éticos nos negócios governamentais. Além do papel de supervisão, pretende-se projetar visões sistêmicas da administração pública, identificando o que funciona e o que não funciona, traçando previsões sobre tendências e riscos que podem afetar governos e sociedades.

Como se percebe, tarefas com tamanha ousadia dependem predominantemente de uma combinação que contenha capital humano, tecnologia embarcada e cultura organizacional estratégica. Nesse aspecto, a transformação digital ganha destacado relevo. Por isso a área de tecnologia da informação foi alçada a estrutura de primeiro escalão, dialogando fortemente com as atividades administrativas e de controle externo. As áreas de negócio (meio e fim) especificam suas necessidades, a SGTI desenvolve os sistemas, que são devolvidos aos demandantes para testes e, uma vez aprovados, as novas ferramentas tecnológicas entram em prática.

O modelo idealizado se ampara também na necessidade de aumentar gradualmente o universo do controle externo a ser exercido com atendimento dos critérios de risco, relevância, materialidade e oportunidade, bem como a oferta de informações e de serviços eletrônicos em canais digitais, racionalizando-se o uso dos recursos humanos, assegurando mecanismos para integrar as ações e os projetos estratégicos do TCE-ES, garantindo a segurança das informações e um maior índice de eficiência e de economicidade.

A adoção de tal estratégia organizacional, pautada na avaliação e seleção de ações e objetos de controle, visa a racionalizar o processamento de fiscalizações, direcionar o campo de atuação do Tribunal e maximizar os resultados da auditoria governamental, impactando diretamente na maior tempestividade da instrução dos processos de controle externo.

Por essas razões, quando a pandemia chegou, o TCE-ES não foi pego de surpresa, pelo contrário, estava preparado para os desconhecidos desafios que estavam por vir. A Corte encontrava-se com novo organograma e com parque tecnológico bastante diversificado, tanto em termos de *hardware* quanto em termos de *software*, com produtos informatizados voltados ao seu público interno, aos jurisdicionados e aos cidadãos em geral.

2 Quando a pandemia chegou

Quando a pandemia chegou ao Brasil, o TCE-ES estava pronto para exercer sua função remotamente, sem perda de tempo e com total segurança sanitária. Ainda em fevereiro de 2020, os primeiros preparativos para o teletrabalho em massa começaram a ser construídos sem alarde, pois naquele momento não havia casos de infecção confirmados no Espírito Santo.

Uma comissão multidisciplinar atuou antecipadamente na elaboração das decisões que envolviam o fechamento do Tribunal e a transferência de sua produção para a casa dos servidores. Dentre as providências, destacaram-se o desenvolvimento de novas ferramentas de TI, a elaboração de normativos que disciplinaram os novos métodos de trabalho, a logística de distribuição das estações de trabalho, o realinhamento dos objetivos estratégicos e metas e a comunicação clara e objetiva sobre o que estava por vir.

Como os episódios de COVID-19 se espalharam rapidamente para outros continentes e foram detectados na Europa e na América do Norte, havia internamente a certeza de que o vírus chegaria em algum momento ao Brasil ainda naquele primeiro trimestre de 2020. Nesse contexto, o Tribunal foi forçado a realinhar a estratégia devido à confirmação da existência de uma pandemia global.

A primeira medida interna aprovada, em 11 de março de 2020, foi uma portaria adotando uma série de ações de prevenção e de combate à propagação da doença, para garantir o distanciamento e permitir o teletrabalho aos servidores dos grupos de risco.

Ainda na mesma semana, foi aprovada uma decisão plenária definindo critérios para classificação de três níveis de prevenção e enfrentamento à propagação do coronavírus no âmbito do Tribunal. Eles estabeleciam as providências a serem adotadas pela administração conforme o nível de transmissão. Mesmo no nível mais brando, o nível 1, o TCE-ES já havia definido que a maior quantidade possível de servidores estaria designada em regime de teletrabalho. No nível mais grave, haveria a possibilidade de interromper as atividades do Tribunal e suspender os prazos processuais.

No início da semana seguinte, em 16 de março, o governo do Estado publicou decreto constituindo o Estado de Emergência em Saúde Pública no Espírito Santo. Com isso, o TCE-ES suspendeu temporariamente as sessões colegiadas e os prazos processuais, interrompeu o acesso e o atendimento ao público em geral e avançou com o teletrabalho, com 88% dos servidores e estagiários executando suas tarefas em *home office* naquele momento. Desejada por alguns e vista com receio por outros, tal solução em favor da continuidade do serviço público tornou-se indispensável.

Para compatibilizar a natureza essencial da atividade jurisdicional com a preservação da saúde de membros, servidores, agentes públicos, advogados e usuários em geral, também foi aprovada a prorrogação dos prazos de encaminhamentos de prestações de contas e demais obrigações ao TCE-ES pelos jurisdicionados, e um aproveitamento de informações anteriores para emitir certidões para transferências e contratações.

O Tribunal também agiu preventivamente, dando sua colaboração em relação aos gastos públicos ainda no primeiro semestre, devido à iminência de vir uma situação grave e excepcional em termos orçamentários e financeiros, que exigia elevada prudência no trato com as despesas. Nesse contexto, o TCE-ES celebrou, de forma pioneira entre os Poderes do Espírito Santo, um acordo de cooperação com o governo do Estado, anuindo a redução dos repasses financeiros relativos aos duodécimos, de maio a dezembro, em até 20%.

Foi adotado um plano com medidas de contingenciamento e de redução de despesas da Corte,[7] que suspendeu a participação de membros e servidores em eventos e cursos que gerassem gastos ao Tribunal, o pagamento de passagens, hospedagens, diárias, a concessão de reajuste e de horas extras e a utilização de veículos oficiais, exceto para as demandas indispensáveis.

Também foi feita a redução de contratos, do consumo de combustível, água, energia e outras despesas de custeio, entre outras medidas, com uma meta de redução de 8,9% das despesas correntes fixadas na Lei Orçamentária Anual de 2020, sendo 7,4% com despesas com pessoal e 16,6% com custeio, estabelecida na Portaria nº 66/2020.[8] No fim do ano, a diminuição das despesas de custeio foi ainda maior, com uma redução de 19,3% em 2020, em comparação a 2019.[9]

Outras duas portarias, a Portaria nº 61/2020[10] e a 62/2020,[11] suspenderam o pagamento de indenização por férias não fruídas a conselheiros, conselheiros substitutos e procuradores especiais de contas, e também o pagamento de diferença remuneratória da Parcela Autônoma de Equivalência (PAE), apurada nos anos de 1994 a 1998, a ex-conselheiros do Tribunal de Contas do Estado do Espírito Santo.

3   Realinhamento dos objetivos estratégicos e metas do TCE-ES em 2020

Com as restrições impostas pela pandemia houve a necessidade de realinhar os objetivos estratégicos e as metas da instituição. A partir de então definiram-se novas prioridades a serem trabalhadas no exercício de 2020, das quais destacam-se:

---

[7] VENTURIN, Mariana Natalli Montenegro. Teletrabalho é estendido até dezembro. Corte registra corte de gastos e aumento de produtividade. *Tribunal de contas do Estado do Espírito Santo*, 25 mai. 2020. Disponível em: https://www.tcees.tc.br/teletrabalho-e-estendido-ate-dezembro-em-dois-meses-corte-registra-corte-de-gastos-e-aumento-de-produtividade/. Acesso em 12 jul. 2021.

[8] BRASIL. Tribunal de contas do Estado do Espírito Santo. *Portaria Normativa nº 66, de 22 de maio de 2020*. Adota, no âmbito do Tribunal de Contas do Estado do Espírito Santo, medidas de contenção e de redução de despesas, prorroga o regime de teletrabalho até 31 de dezembro de 2020 e dá outras providências. Disponível em: https://www.tcees.tc.br/wp-content/uploads/formidable/108/Port-N-no-066-2020-Adota-contencao-e-de-reducao-de-despesas-prorroga-o-regime-de-teletrabalho-ate-31-12-2020.doc-Revisado-10.12.2020-002.pdf. Acesso em 13 jul. 2021.

[9] BRASIL. Tribunal de contas do Estado do Espírito Santo. *Relatório de Atividades 2020*. Disponível em: https://www.tcees.tc.br/wp-content/uploads/2021/03/Relato%CC%81rio-de-Atividades-2020.pdf. Acesso em 15 jul. 2021.

[10] BRASIL. Tribunal de contas do Estado do Espírito Santo. *Portaria Normativa nº 61, de 11 de maio de 2020*. Suspende o pagamento a conselheiros, conselheiros substitutos e procuradores especiais de contas de indenização por férias não fruídas por interesse da Administração. Disponível em: https://www.tcees.tc.br/wp-content/uploads/formidable/108/Port-N-no-061-2020-Suspende-o-pagamento-a-membros-e-procuradores-indenizacao-por-ferias-nao-fruidas-1.pdf. Acesso em 15 jul. 2021.

[11] BRASIL. Tribunal de contas do Estado do Espírito Santo. *Portaria Normativa nº 62, de 12 de maio de 2020*. Suspende o pagamento de diferença remuneratória da Parcela Autônoma de Equivalência (PAE), apurada nos anos de 1994 a 1998, a ex-conselheiros do Tribunal de Contas do Estado do Espírito Santo. Disponível em: https://www.tcees.tc.br/wp-content/uploads/formidable/108/Port-N-no-062-2020-Suspende-o-pagamento-de-diferenca-remuneratoria-da-Parcela-Autonoma-de-Equivalencia-PAE-1.pdf. Acesso em 15 jul. 2021.

- o tratamento do estoque processual existente, com a aceleração das instruções e julgamento;
- a política concentrada de orientação aos gestores públicos, sobretudo no que se refere às inovações legislativas advindas da pandemia;
- o acompanhamento intensivo, por equipes especialmente destacadas, da gestão fiscal do Estado (poderes e órgãos) e municípios (prefeituras e câmaras);
- Acompanhamento dos contratos emergenciais relacionados aos gastos na pandemia; e
- a fiscalização dos processos de imunização da população, do retorno às aulas e do cumprimento das regras sanitárias (restrições à circulação e combate à aglomerações) por parte dos municípios.

Sem prejuízo das tarefas que compõem o cotidiano das áreas administrativas e de controle externo, o TCE-ES definiu essas prioridades como os cinco pilares de sua atuação estratégica durante a pandemia. Esses pilares foram convertidos em ações concretas que serão tratadas a seguir.

3.1 Mutirão para diminuir o estoque processual

O TCE-ES colocou suas quatro "linhas de produção" para operar a todo vapor. A primeira delas se localiza no trabalho dos auditores de controle externo (relatórios de auditorias e fiscalizações já realizadas e instruções técnicas processuais); a segunda linha se encontra nos pareceres do Ministério Público de Contas (MPC); a terceira está localizada nos gabinetes dos conselheiros e conselheiros-substitutos para elaboração dos votos; e a última nos colegiados (Câmaras e Plenário) onde ocorrem os julgamentos e apreciações.

Diante do contexto da pandemia e da impossibilidade da fiscalização *in loco*, os auditores de controle externo foram direcionados, em sua grande maioria, para atuar na instrução de processos, com a estratégia de eliminar os estoques de processos autuados antes de 2019, de forma que, superado o momento de crise, esta Corte pudesse iniciar uma nova etapa em sua história. A diminuição do estoque, sobretudo aquele composto de processos mais antigos, é condição indispensável para que o Plano Anual de Controle Externo (PACE) priorize o controle concomitante nas mais diversas áreas da administração pública.

Esta ação resultou em um verdadeiro mutirão em todas as "linhas de produção". No ano de 2020, com os bons resultados que vinham sendo verificados com os mutirões, o teletrabalho e as sessões plenárias por videoconferência, o TCE-ES adotou uma nova medida para incrementar, ainda mais, a celeridade processual e a qualidade dos serviços prestados: foi instituída a sessão virtual, modalidade em que os julgamentos são assíncronos, sem interação, a exemplo do que foi implantado pelo Supremo Tribunal Federal (STF).

A partir do final de junho, em dois dias na semana, passou a ser realizada uma sessão do Plenário e uma das Câmaras neste formato. Nele, um sistema informatizado concentra as manifestações técnica e ministerial, além de possibilitar vídeo ou áudio da sustentação oral pelas partes. Após a inserção do voto do relator, os membros têm acesso ao sistema e, em 24 horas, os conselheiros manifestam seu entendimento, acompanhando ou divergindo do relator.

O resultado disso foi que o número de julgamentos de processos teve um aumento de cerca de 160% no primeiro ano de implantação, passando de 5.900 processos em 2019 para 15.293 em 2020, muito em virtude da adoção do teletrabalho e do modelo de sessão virtual, que promoveram ainda mais agilidade ao julgamento.

Ao completar um ano, no final de junho de 2021, atingiu-se a marca de 99% dos processos do Tribunal julgados por meio de sessão virtual, ou seja, 18.810 dos 19.061 processos no período de 12 meses, consolidando o TCE-ES como exemplo de inovação entre as Cortes de Contas de todo o país.

Nessa trajetória de modernização e informatização, também foram adotadas medidas para simplificar o recebimento de arquivos no formato eletrônico ao longo de 2020, seja por peticionamento presencial na sede do Tribunal, seja por petição via internet ou por acesso identificado. O TCE-ES atualizou as ferramentas para o recebimento de protocolos, autuação, instrução e tramitação de processos eletrônicos. Foi aberta a possibilidade de incluir no protocolo novos formatos de arquivos que antes não eram aceitos, como arquivos de áudio, de vídeo, de desenho em 2D e 3D nativos do software AutoCAD, e de planilhas eletrônicas.

Os protocolos que tratam de processos de atos concessórios, como a apreciação da legalidade dos atos de concessão de aposentadorias, transferências para a reserva, reformas, pensões e revisões enviados ao TCE-ES, também passaram a ser aceitos exclusivamente por meio de protocolo eletrônico.

Todo esse trabalho de tempestividade e qualidade no julgamento dos processos instaurados no âmbito do TCE-ES foi mais um passo dado em sintonia com as medidas iniciadas em 2017, com a aprovação da Resolução nº 300, de 29 de novembro de 2016, que fixou parâmetros e prazos para cada tipo de processo em tramitação nesta Corte de Contas.

Até o ano de 2017 também não existiam ferramentas informatizadas que pudessem aferir, com segurança, o cumprimento dos prazos processuais dos processos de controle externo no âmbito do TCE-ES, dificultando o gerenciamento dos prazos dos processos e dos recursos humanos alocados para instrução das peças processuais. Foi construído então, um sistema de controle de prazos processuais para auxiliar no gerenciamento tanto dos processos do estoque quanto dos processos autuados a partir do ano de 2017.[12]

Hoje se realiza o trânsito em julgado em menos de trinta meses. A prescrição é fenômeno inaceitável nos processos que surgiram a partir de 2017 e há uma determinação institucional em recusar a máxima de que há em favor do julgador a benevolência do tempo. Pelo contrário, consolidou-se uma cultura interna de que controle atrasado é descontrole. Nesse sentido, toda estratégia é direcionada para que as ações sejam as mais tempestivas possíveis.

3.2 Política de orientação aos gestores públicos

As inúmeras mudanças legislativas e a própria urgência exigida na tomada de decisões durante a pandemia da COVID-19 evidenciaram a necessidade de ampliar a política de orientação aos gestores públicos do TCE-ES. Por isso, ainda no início de abril,

---

[12] PONTES LIMA, Edilberto C. *Tribunal de Contas do século XXI*. 1. ed. Belo Horizonte: Editora Fórum, 2019. p. 61-69. Disponível em: https://irbcontas.org.br/wp-content/uploads/2020/04/Tribunal-de-Contas-do-S%C3%A9culo-XXI. pdf. Acesso em 15 jul. 2021.

nos primeiros 30 dias após instituído o estado de calamidade, a Corte disponibilizou um hotsite para dar orientações aos administradores públicos sobre contratações, gestão fiscal, orçamentária, previdenciária, pessoal, dentre outros. O canal disponibilizou um guia básico sobre esses assuntos.

No hotsite, há também um espaço específico para o envio de dúvidas, que foram sendo respondidas por uma comissão técnica instituída, conforme a legislação vigente e/ou com base na jurisprudência da Corte e, subsidiariamente, na jurisprudência de outros Tribunais. As principais incertezas foram relacionadas à interpretação da Lei Federal nº 13.979, de 6 de fevereiro de 2020, principalmente sobre as contratações emergenciais decorrentes da situação de emergência provocada pela COVID-19, e à Lei Complementar nº 173, de 27 de maio de 2020, sobretudo em função das vedações impostas aos entes públicos em situação de calamidade no que tange as despesas com pessoal.

Nos casos em que havia alguma divergência ou não existia posição do Plenário, as dúvidas encaminhadas pelos jurisdicionados ao hotsite poderiam ser autuadas como consulta, para seguir com tramitação prioritária. A formulação de uma consulta oficial ao TCE-ES também foi recomendada em caso de dúvidas relacionadas a temas mais complexos.

A página conta também com uma aba de "links externos", onde constam informações disponibilizadas por outros órgãos. Podem ser consultadas orientações e notas técnicas dos Tribunais de Contas do Rio Grande do Sul, de Rondônia e do Pará, da Secretaria do Tesouro Nacional, além de curso online oferecido pela Escola de Gestão Pública do Tribunal de Contas do Paraná.

Até o final de 2020, a página havia recebido cerca de 100 questionamentos, contabilizando mais de 10 mil acessos. Com a ferramenta, que teve caráter preventivo, a ideia foi que o Tribunal pudesse inibir práticas ilegais e antieconômicas por desconhecimento.

Outro ponto de destaque na política de orientação foi a atuação da Escola de Contas Públicas (ECP) durante a pandemia. No ano de 2020, houve um incremento no ensino à distância (EAD), que resultou na participação de 36.662 pessoas nos 114 eventos promovidos pela ECP, incluindo cursos online, cursos transmitidos em tempo real (síncrono), encontros virtuais e webinários. Em 2019, o número de alunos na Escola foi 30.904.

As horas de capacitação também registraram um salto de 47%, passando de 737.373 em 2019, para 1.082.111 em 2020. Em comparação com as outras Cortes de Contas, a Escola de Contas do TCE-ES realizou o maior volume de eventos a distância no exercício de 2020.[13]

Para contar com uma estrutura adequada, foi criado um estúdio de gravação e transmissão de videoaulas da Escola de Contas, a partir do qual são transmitidos conteúdos com interação em tempo real com os participantes por meio do canal do Youtube da ECP e de outros instrumentos tecnológicos. Tal modelo se mostrou muito eficaz, tendo proporcionado cursos atuais e de grande relevância ao jurisdicionado, sem a necessidade de deslocamentos e de diárias.

Um dos destaques do trabalho desenvolvido foi uma série inédita entre os Tribunais de Contas intitulado "Teses do Direito Financeiro", em parceria com a faculdade de

---

[13] BRASIL. Tribunal de contas do Estado do Espírito Santo. *Relatório de Atividades 2020*. Disponível em: https://www.tcees.tc.br/wp-content/uploads/2021/03/Relato%CC%81rio-de-Atividades-2020.pdf. Acesso em 15 jul. 2021.

Direito da Universidade de São Paulo (USP). A série visa a apresentar, em cada edição, um trabalho acadêmico que contenha contribuições técnicas e/ou científicas relevantes no âmbito do Direito Financeiro, sendo o trabalho apresentado pelo próprio autor. Em 2020, foram ministradas três edições desta série, e foram programadas outras sete edições para 2021.

Os webinários realizados pela ECP também apresentaram um aspecto muito positivo ao trazer proximidade e alcançar lugares que presencialmente não seria possível, ultrapassando as divisas do Espírito Santo. Os treinamentos da Escola de Contas já foram acompanhados por pessoas de diversos estados, como São Paulo, Rio de Janeiro, Goiás, Pará, Santa Catarina e Minas Gerais.

De forma geral, os cursos que são disponibilizados para servidores, estagiários e público em geral, englobam oito áreas temáticas: 1) Auditoria e Contabilidade; 2) Ética e Cidadania; 3) Gestão; 4) Orçamento e Finanças; 5) Desenvolvimento Pessoal e Profissional; 6) Informática; 7) Licitações e Compras Públicas; e 8) Direito e Legislação aplicada. A ECP capacitou muito mais e gastou menos. Em 2020, houve a diminuição do custeio em 88%, se comparado ao ano de 2019, e foram capacitadas cerca de 17% de pessoas a mais em relação ao mesmo período.

3.3 Força Tarefa 1. Acompanhamento intensivo da gestão fiscal

A intensificação da fiscalização sobre a gestão fiscal do Estado do Espírito Santo e dos 78 municípios capixabas foi uma das primeiras medidas implementadas pelo Tribunal de Contas entre as ações do controle externo. Reconhecendo a crise, mas com o intuito de combater a irresponsabilidade fiscal, já que houve a flexibilização parcial de dispositivos da Lei de Responsabilidade Fiscal (LRF), o TCE-ES instituiu um grupo de trabalho, formado por 11 auditores de controle externo, para acompanhar a gestão fiscal, previdenciária e econômica.

O trabalho buscou garantir que as contas públicas continuassem equilibradas – já que o Espírito Santo já vinha sendo reconhecido pela gestão fiscal organizada – e assegurar uma administração pública sólida no pós-crise. O grupo de auditores realizou estudos e projetou cenários possíveis evidenciando o impacto da pandemia no comportamento das receitas e despesas públicas.

Um primeiro boletim extraordinário da Macrogestão Governamental foi produzido no início de março de 2020, antes mesmo do reconhecimento oficial da pandemia pela OMS. O estudo foi elaborado por avaliar que os efeitos do surto de coronavírus já eram perceptíveis no Brasil e no Espírito Santo, e a tendência seria de que se acentuasse, à medida que a crise se agravava em alguns de seus principais parceiros comerciais, como Europa e Estados Unidos.

Com a economia do Espírito Santo já vinha apresentando sinais de desaceleração desde janeiro, o boletim projetou os efeitos da crise sobre as finanças estaduais em três possíveis cenários: otimista, moderado e pessimista. Elas levaram em conta o comportamento da receita de impostos, o preço do petróleo, o possível aumento de despesas e a "margem fiscal", que representa os recursos disponíveis para ampliar investimentos ou serviços. Nos cenários moderado e pessimista, essa margem fiscal apresentou resultado negativo, naquele momento.

No segundo boletim elaborado, em abril, o cenário mais pessimista indicou que o Estado poderia fechar o ano com uma queda de arrecadação de R$4 bilhões, em comparação com o ano anterior. Constatou-se também que mesmo no cenário pessimista, as reservas financeiras do governo estadual (considerando as fontes próprias) permitiam atravessar 2020 sem descontinuidades de pagamentos. Entretanto, considerou real a ameaça de recessão econômica, o que poderia comprometer de maneira mais duradoura o nível de arrecadação daquele momento, tornando inevitáveis os ajustes nas contas.

No fim do ano, as previsões se confirmaram. Os dados do Boletim da Macrogestão Governamental de dezembro de 2020,[14] que trouxe informações financeiras, econômicas e orçamentárias do Estado e dos municípios de todo o exercício, mostraram que a receita arrecadada pelo Estado do Espírito Santo atingiu R$18,8 bilhões em 2020, evidenciando um decréscimo de 4% quando comparada à arrecadação acumulada até dezembro do ano anterior.

Desconsiderando a ajuda financeira da União em 2020 de aproximadamente R$1,4 bilhão, e também que nesse mesmo período do ano anterior, o Estado recebeu, de forma retroativa, compensação financeira de royalties do Acordo do Parque das Baleias, no valor de R$771 milhões, que influenciou diretamente aquela arrecadação, o decréscimo passa a ser de 7%.

Por outro lado, entre os municípios, a receita arrecadada pelas 71 prefeituras que haviam homologado suas contas mensais de janeiro a dezembro no Tribunal atingiu o montante de aproximadamente R$13,7 bilhões em 2020, evidenciando um acréscimo de 9% quando comparada à arrecadação de 2019. Contudo, desconsiderando os ingressos de recursos da ajuda financeira da União para os municípios, no montante de R$949 milhões, constatou-se um pequeno acréscimo de 1% na arrecadação na mesma base de comparação.

Ao final do exercício de 2020, dos 72 municípios que prestaram contas, apenas um deles havia descumprido o limite legal de gastos com pessoal, no que tange ao Poder Executivo Municipal.

Ademais, em 2020 foram elaborados, ao todo, seis Boletins Extraordinários entre os meses de março e novembro, para auxiliar os gestores públicos na tomada de decisões, mediante a criação de cenários das finanças públicas do Estado e dos municípios frente ao elevado grau de incerteza provocado pela pandemia da COVID-19.

Esse acompanhamento serviu para subsidiar ações de controle externo, para a alimentação da plataforma "Painel de Controle", para produção de boletins ordinários e extraordinários, bem como contribuir para apreciação ou julgamento das contas que seriam prestadas pelos chefes de poderes e de órgãos estaduais. O TCE-ES agiu para aumentar a sincronia entre a fiscalização e as decisões governamentais, entendendo que deveria auditar as finanças públicas em cima do lance, antes que as irregularidades se efetivassem, possibilitando as devidas correções de rumo na gestão fiscal do Estado (poderes e órgãos) e municípios (câmaras e prefeituras).

Os dados de junho de 2021 confirmam o completo enquadramento dos poderes e municípios aos limites com as despesas com pessoal, variável que compõe o maior gasto dos orçamentos públicos. Em relação aos municípios, conforme se verifica adiante:

---

[14] BRASIL. Tribunal de contas do Estado do Espírito Santo. *Boletim da Macrogestão Governamental*. Dez. 2020. Disponível em: https://www.tcees.tc.br/wp-content/uploads/formidable/130/Boletim-Macrogestao-Governamental-dez-2020-v2-02-03-2021.pdf. Acesso em 14 jul. 2021.

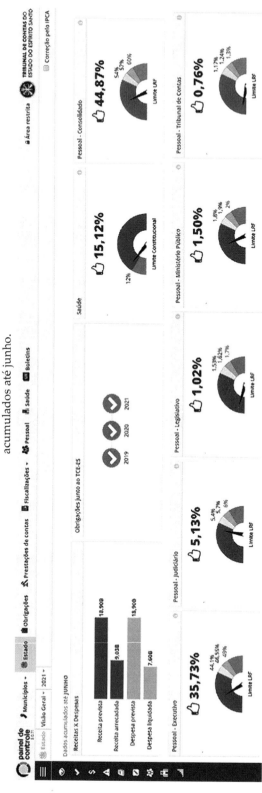

Figura 2 – Painel sobre o cumprimento dos percentuais da LRF pelos Poderes do Estado, na ferramenta "Painel de Controle", com dados de 2021 acumulados até junho.

Figura 3 – Mapa do Espírito Santo com as informações sobre o cumprimento dos limites da LRF pelos municípios.

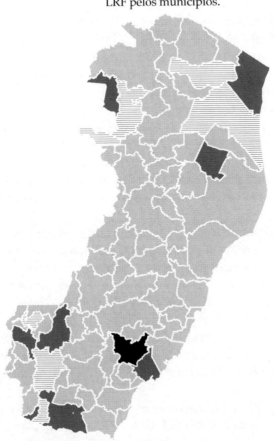

☐ 0 não enviaram dados ou enviaram parcialmente
▨ 62 está(ão) abaixo dos limites (abaixo de 48,6% da RCL)
▤ 7 está(ão) acima do limite de alerta (entre 48,6 e 51,3% da RCL)
▮ 8 está(ão) acima do limite prudencial (entre 51,3% e 54% da RCL
■ 1 está(ão) acima do limite legal (a partir de 54% da RCL)

3.4 Força Tarefa 2. Acompanhamento intensivo dos contratos emergenciais da pandemia

O TCE-ES concentrou esforços no acompanhamento intensivo e análise dos dados sobre as contratações emergenciais de todos os órgãos jurisdicionados da Corte, realizadas no período de pandemia. O total de recursos fiscalizados relacionados às contratações emergenciais, em 2020, perfez valor superior a R$200 milhões, considerando o Estado e os municípios.

O objetivo foi detectar eventuais riscos e indícios de desvio de dinheiro público, favorecimento de empresas, superfaturamento, medidas legislativas locais que afrouxem o controle sobre a destinação dos recursos e outras eventuais irregularidades. O grupo que analisou tais contratos emergenciais teve interação com outros órgãos de fiscalização, como o Ministério Público Estadual e a Polícia Federal.

O controle rigoroso também considerou a Lei nº 14.065, 30 de setembro de 2020, que flexibilizou parcialmente algumas regras de licitação durante o estado de calamidade pública da COVID-19. Entre outros pontos, a lei aumentou os limites para a dispensa de licitação e estendeu o Regime Diferenciado de Contratações Públicas (RDC) para todas as compras e contratos firmados. Além disso, autorizou, sob certas condições, o pagamento antecipado em licitações.

Uma das medidas adotadas pelo TCE-ES nesta fiscalização dos contratos foi a implantação da cobrança de remessas de informações quinzenais no âmbito dos municípios, para análise de informações mais detalhadas das aquisições e o recebimento de dados de todas as compras de testes COVID-19 e respiradores artificiais, visando garantir o resultado esperado do procedimento e a comparação entre os diversos fornecedores.

A fiscalização provocou correções nos serviços de divulgação das aquisições pelos jurisdicionados nos portais de transparência, cobranças aos fornecedores pelos jurisdicionados no procedimento de aquisição de produtos não entregues ou entregues parcialmente, além da elaboração de relatórios remetidos às instituições parceiras visando ao aprofundamento da análise e confirmação dos fortes indícios de irregularidades identificados.

Internamente, em parceria com unidades técnicas do TCE-ES, foram realizados o acompanhamento tempestivo das reformas dos hospitais, em caráter preliminar, com objetivo de garantir a entrega, o cumprimento dos prazos e o atendimento da execução contratada.

Os contratos, bem como a utilização de recursos destinados ao enfrentamento à pandemia, seguem sendo avaliados pelo TCE-ES em 2021, com a implantação também da técnica de clusterização, para identificação de anomalias no enfrentamento da COVID-19.

No âmbito nacional, o núcleo responsável por esse processo de acompanhamento de contratos participou de um levantamento comparativo de aquisições de testes COVID-19 e respiradores artificiais, coordenado pela Rede Nacional de Informações Estratégicas para o Controle Externo (InfoContas), com a finalidade de identificar distorções nas aquisições e demais indícios de irregularidades.

Em parceria com a Controladoria-Geral da União (CGU), o Tribunal também realizou uma ação, deflagrada pelo Fórum de Combate à Corrupção do Espírito Santo (Focco-ES), para identificar servidores que possivelmente haviam recebido o auxílio emergencial pago pela União de forma indevida. Conforme o levantamento, ao todo, 2.627 servidores públicos municipais e estaduais no Espírito Santo receberam indevidamente o benefício de R$600 pago pelo governo federal. Os pagamentos irregulares totalizaram R$1,7 milhão. Os achados foram encaminhados ao Ministério da Cidadania, para que fossem adotadas as medidas cabíveis.

3.5 Força Tarefa 3. Fiscalização do processo de imunização da população

O TCE-ES tem atuado *pari passu* com o andamento da vacinação contra a COVID-19 iniciada em 18 de janeiro de 2021. O Estado e os munícipios têm a obrigação de seguir os critérios já definidos pelos Planos Nacional e Estadual de Imunização para que a vacinação seja efetiva, dado o cenário de escassez na disponibilidade das vacinas.

O Tribunal iniciou um processo de fiscalização, na modalidade de acompanhamento, para evitar a ocorrência de problemas que pudessem reduzir a efetividade do processo de imunização. A primeira medida executada foi uma fiscalização dos planos municipais de imunização contra a COVID-19 dos 78 municípios do Estado, a partir do envio de questionamentos às prefeituras sobre a capacidade de mão de obra e de armazenamento dos imunobiológicos, registro dos imunizados e demais aspectos relacionados ao controle dos imunizantes.

Essa fiscalização gerou um primeiro relatório de acompanhamento em março de 2021, e apontou a existência de fragilidades e deficiências nos planos. Dentre elas, o detalhamento insuficiente nos planos municipais de imunização quanto à capacidade de armazenamento, a ausência de planejamento, guarda ou segurança das doses de vacina, a falta de uniformidade para a operacionalização da vacinação, fragilidades no registro tempestivo e individualizado dos dados da vacinação no Sistema de Informação do Ministério da Saúde, ausência de registros no cartão de vacinação e fragilidade no controle e vigilância das doses da vacina.

Com efeito, esta Corte emitiu recomendações aos municípios para que adotassem medidas para garantir a efetividade do programa de imunização. Além disso, avaliou necessário progredir para uma fiscalização *in loco* nas salas de vacinação, a fim de identificar as condições das redes de frios dos municípios para o armazenamento das vacinas e a estrutura existente para proceder com os registros da vacinação e atendimento da população.

No final de março, a fiscalização resultou em um segundo relatório, após visitas presenciais a 118 estabelecimentos, que identificaram que 24 municípios do Espírito Santo estavam utilizando refrigeradores domésticos para armazenamento de vacinas. Alguns municípios também não possuíam nenhuma câmara refrigerada em funcionamento, ou nenhum suporte emergencial de energia elétrica para os equipamentos de armazenamento de vacinas.

Diante dessa constatação, o Tribunal de Contas determinou a adequação dos equipamentos em um prazo de 20 dias, por meio de medida cautelar. Nas semanas seguintes, uma nova fiscalização foi realizada, e ao final do mês de maio, seis municípios ainda não haviam se adequado. Perante tal descumprimento, o TCE-ES aplicou multa aos secretários de saúde.

Em uma quarta etapa da fiscalização, a equipe técnica do Tribunal analisou 1.616.294 registros da vacinação contra a COVID-19, fornecidos pela Secretaria de Estado da Saúde, sobre os registros de doses de vacina aplicadas até o dia 08.06.2021. Nesse trabalho foram identificados relevantes achados, como a aplicação da 2ª dose do imunizante após o prazo máximo estabelecido pela bula, pessoas com a 2ª dose pendente e com o prazo vencido e pessoas vacinadas com idade inferior à faixa etária do grupo prioritário. No cadastro delas, por exemplo, consta que foram vacinadas no grupo dos idosos ou dos idosos que vivem em instituições de longa permanência (ILPI), mesmo tendo idades incompatíveis para tanto.

Com os achados, o TCE-ES enviou novas recomendações à Secretaria Estadual de Saúde e às secretarias municipais de Saúde, para a adoção de providências. Além disso, foi feito o encaminhamento de cópias dos registros nominais identificados na fiscalização ao Ministério Público do Estado do Espírito Santo (MPES).

Os resultados práticos dessa fiscalização já são visíveis no avançar da campanha de vacinação no Espírito Santo. Municípios já promoveram uma série de adequações, inclusive comprando equipamentos para a adequada conservação dos imunizantes.

Todas as medidas tomadas, de forma tempestiva e com total prioridade, como demanda o caso, e sem deixar de possuir o caráter de orientação da Corte, em muito têm colaborado para a imunização mais eficiente no Estado.

3.6 Força Tarefa 4. Fiscalização do retorno das aulas nas escolas públicas

No âmbito da Educação, o TCE-ES também desenvolveu uma ação de fiscalização focada nas políticas públicas executadas, devido ao formato excepcional de desenvolvimento do ensino no início do ano letivo de 2021.

Em 2020, a Corte já havia identificado que, em média, 68% dos alunos da rede pública frequentaram as atividades escolares a distância. Além disso, somente 54 municípios do Espírito Santo ofereceram formação específica para os professores desenvolverem atividades remotas. No início de 2021, 68 municípios declararam que estavam se preparando para o retorno das aulas presenciais, mas somente 57 afirmaram possuir alguma estratégia de nivelamento das turmas.

O processo de acompanhamento se concentrou na retomada das aulas no ensino público, com a atuação fiscalizatória do Tribunal sobre a qualidade dos métodos de ensino (à distância, híbrido ou presencial), segurança alimentar e transporte escolar. O objetivo foi verificar o cumprimento das medidas sanitárias nas escolas, visando à segurança da volta às aulas aos alunos, profissionais e comunidade. Embora a decisão do retorno presencial fosse exclusiva dos gestores municipais, o TCE-ES se manteve atento quanto ao acesso e à qualidade do ensino fornecido aos capixabas. Também foram avaliadas as adequações curriculares e da carga horária obrigatória.

No caso do retorno presencial e híbrido, a Corte conferiu o cumprimento do protocolo sanitário e do distanciamento físico, visando acompanhar se a volta às escolas e o desenvolvimento das aulas estaria ocorrendo de forma segura para alunos e profissionais. Já na situação da manutenção do ensino remoto, o TCE-ES analisou se foi garantido acesso aos alunos, inclusive os de maior vulnerabilidade, e se houve apoio aos professores para elaboração das atividades remotas, por ser uma oferta de ensino diferente da que estão acostumados.

Na primeira análise, no início de março, entre os 78 municípios, 43 haviam adotado o modelo não presencial, e 35 municípios adotaram o ensino presencial ou híbrido. Foram feitas nove recomendações aos gestores para a adoção de medidas. Entre elas, a elaboração de plano de retorno às atividades presenciais, a capacitação dos profissionais da educação sobre o protocolo sanitário, a disposição de insumos de higiene necessários para o retorno das atividades, a adoção de providências para o enfrentamento do abandono e evasão escolar, dentre outras.

Devido ao estabelecimento de período de quarentena no Espírito Santo, na segunda quinzena de março de 2021, a maior parte das escolas que iria funcionar presencialmente teve que recuar, e voltou ao modelo remoto por todo o primeiro quadrimestre do ano. Somente no segundo quadrimestre, a reabertura das escolas voltou a ganhar fôlego.

No final do primeiro semestre, novas ações foram desenvolvidas. Em junho, foi iniciado um projeto piloto para fiscalizar *in loco*, se as escolas haviam se adequado às medidas necessárias para o retorno às aulas, englobando as ações sanitárias, administrativas e pedagógicas para as atividades escolares, seja no modelo presencial ou híbrido. Outras visitas ainda serão realizadas.

Também foi feita uma segunda etapa de acompanhamento, com a produção de relatório, a fim de verificar se as escolas que realizaram o retorno presencial, ou estavam se preparando para realizá-lo, já haviam elaborado o Plano de Prevenção e Controle contra a COVID-19, conforme exigência da Secretaria Estadual de Educação. Ao todo foram identificadas 380 escolas, de outros 30 municípios, que não possuíam o documento cadastrado. O TCE-ES concedeu medida cautelar determinando aos gestores que elaborassem, com urgência, o Plano de Prevenção.

3.7 Força Tarefa 5. Fiscalização do cumprimento das medidas de segurança sanitária

A adoção de medidas para garantir o distanciamento social, uma das recomendações principais no combate à COVID-19, foi um dos temas alvo de resistência e polêmicas nos municípios durante a pandemia. Desta forma, o TCE-ES, enquanto órgão de controle, também deu sua contribuição para que fossem garantidas tais medidas para preservação da saúde e da vida.

Nos primeiros meses do ano, o TCE-ES iniciou um processo de acompanhamento para verificar se a administração pública, por meio de seu poder de polícia e fiscalização, estava cumprindo e fazendo cumprir as normas sanitárias para evitar aglomerações. A proposta era analisar se existiam oportunidades de melhoria nas ações, do ponto de vista da eficiência e da efetividade, ou se estava ocorrendo alguma ilegalidade.

Em um primeiro relatório elaborado a partir de respostas dos municípios a questionários, verificou-se que 14 dos 78 municípios do Estado não haviam proibido a realização de blocos de rua durante o período do carnaval, dias antes do feriado festivo. Com isso, o TCE-ES enviou recomendações às prefeituras para que fossem proibidos, entre os dias 13 e 16 de fevereiro, a realização de eventos, blocos, trios elétricos, desfiles carnavalescos, shows e instrumentos amplificadores de som, dentre outros, que pudessem proporcionar aglomeração de pessoas.

No questionário aplicado também foi apurada a capacidade do município de fiscalizar o cumprimento dos protocolos sanitários em estabelecimentos públicos e privados, o número de equipes e de veículos, e se possuíam canais de comunicação específicos para o recebimento de denúncias relativas à ocorrência de aglomerações. Ademais, apurou-se quantas ações foram realizadas entre julho e dezembro de 2020, quais estabelecimentos foram fiscalizados e o quantitativo de ações ou sanções aplicadas quando as aglomerações foram identificadas.

Na análise da capacidade das prefeituras para realizar as ações de fiscalização, o Tribunal emitiu recomendações e solicitações de documentos ou informações aos municípios. Entre eles, que implantem o Centro de Comando Geral, obrigatório para municípios com população acima de 50.000 habitantes, no Estado; que estruturem as equipes de fiscalização de combate às aglomerações e que implementem o disque-aglomeração.

Em março de 2021, com o decreto estadual que instituiu período de quarentena no Espírito Santo, devido ao risco extremo de propagação da COVID-19, o TCE-ES analisou a compatibilidade dos atos normativos expedidos pelos municípios sobre as medidas restritivas locais. Foi feita a determinação a dez municípios, para que revogassem ou alterassem os decretos locais, por estarem em desconformidade com as normas estaduais.

Os principais problemas identificados nos decretos municipais foram a liberação para funcionamento de restaurantes, lanchonetes, academias, óticas e salões de beleza durante o período de 14 dias de quarentena estabelecido pelo governo, permitindo essas atividades em contrariedade às normas estabelecidas pelo Estado.

O TCE-ES determinou, ainda, aos 78 municípios, que fizessem registros das ações de fiscalização realizadas para cumprir as medidas restritivas e impedir o avanço da pandemia, em conformidade com o Decreto Estadual, produzindo relatório de ações de fiscalização assinados pelas equipes responsáveis.

Considerações finais

O intenso processo de reformulação dos métodos de trabalho, vigorosos investimentos em tecnologia da informação e potencialização do capital humano, vivenciados na última década, lançaram as bases fundamentais para a transformação do TCE-ES em uma organização pública digital com atuação contemporânea. O modelo analógico foi enterrado de vez.

A transformação digital verificada possibilitou que a pandemia não parasse a Corte de Contas estadual, pelo contrário, diante das adversidades impostas por essa tragédia humanitária, realinharam-se os objetivos estratégicos, as metas e as prioridades, visando à prontidão absoluta e à alta performance.

Nos meses da pandemia priorizou-se o mutirão para a diminuição do estoque processual, o fortalecimento da política de orientação aos gestores públicos e a instituição de forças tarefas na fiscalização intensiva da gestão fiscal e das contratações emergenciais ligadas aos gastos da pandemia. No campo da avaliação das políticas pública sociais, esforços foram concentrados na fiscalização dos processos de imunização da população, de retorno às aulas nas escolas públicas e de cumprimento das medidas de segurança sanitária.

Nesse sentido, o que se constatou foi um avanço significativo na produtividade e tempestividade das ações de controle externo, tudo isso combinado com uma inédita diminuição dos custos. Em outras palavras, entregou-se mais, com maior rapidez e custos menores. Contribuiu-se, portanto, para a garantia de contas públicas equilibradas, políticas públicas efetivas e aquisições governamentais eficientes.

Referências

BRASIL. Tribunal de contas do Estado do Espírito Santo. *Boletim da Macrogestão Governamental*. Dez. 2020. Disponível em: https://www.tcees.tc.br/wp-content/uploads/formidable/130/Boletim-Macrogestao-Governamental-dez-2020-v2-02-03-2021.pdf. Acesso em 14 jul. 2021.

BRASIL. Tribunal de contas do Estado do Espírito Santo. *Emenda Regimental nº 00011/2019-1*. Altera, acresce e revoga dispositivos do Regimento Interno do Tribunal de Contas do Estado do Espirito Santo e dá outras providências. Disponível em: https://diario.tcees.tc.br/edicao/2019/12/19/atos-plenario/outras-decisoes-plenario/noticia/1927. Acesso em 13 jun. 2021.

BRASIL. Tribunal de contas do Estado do Espírito Santo. *Portaria Normativa nº 66, de 22 de maio de 2020*. Adota, no âmbito do Tribunal de Contas do Estado do Espírito Santo, medidas de contenção e de redução de despesas, prorroga o regime de teletrabalho até 31 de dezembro de 2020 e dá outras providências. Disponível em: https://www.tcees.tc.br/wp-content/uploads/formidable/108/Port-N-no-066-2020-Adota-contencao-e-de-reducao-de-despesas-prorroga-o-regime-de-teletrabalho-ate-31-12-2020.doc-Revisado-10.12.2020-002.pdf. Acesso em 13 jul. 2021.

BRASIL. Tribunal de contas do Estado do Espírito Santo. *Portaria Normativa nº 61, de 11 de maio de 2020*. Suspende o pagamento a conselheiros, conselheiros substitutos e procuradores especiais de contas de indenização por férias não fruídas por interesse da Administração. Disponível em: https://www.tcees.tc.br/wp-content/uploads/formidable/108/Port-N-no-061-2020-Suspende-o-pagamento-a-membros-e-procuradores-indenizacao-por-ferias-nao-fruidas-1.pdf. Acesso em 15 jul. 2021.

BRASIL. Tribunal de contas do Estado do Espírito Santo. *Portaria Normativa nº 62, de 12 de maio de 2020*. Suspende o pagamento de diferença remuneratória da Parcela Autônoma de Equivalência (PAE), apurada nos anos de 1994 a 1998, a ex-conselheiros do Tribunal de Contas do Estado do Espírito Santo. Disponível em: https://www.tcees.tc.br/wp-content/uploads/formidable/108/Port-N-no-062-2020-Suspende-o-pagamento-de-diferenca-remuneratoria-da-Parcela-Autonoma-de-Equivalencia-PAE-1.pdf. Acesso em 15 jul. 2021.

BRASIL. Tribunal de contas do Estado do Espírito Santo. *Regimento Interno do TCE-ES*. Disponível em: https://www.tcees.tc.br/wp-content/uploads/formidable/108/Res261-REG-INT-Atualizada-ER-17-2021.pdf. Acesso em 13 jul. 2021.

BRASIL. Tribunal de contas do Estado do Espírito Santo. *Relatório de Atividades 2020*. Disponível em: https://www.tcees.tc.br/wp-content/uploads/2021/03/Relato%CC%81rio-de-Atividades-2020.pdf. Acesso em 15 jul. 2021.

COMMITTEE OF EXPERTS ON PUBLIC ADMINISTRATION (CEPA). *Economic and Social Council. Public governance for results*: a conceptual and operational framework. United Nations, 2011.

GARCIA, Lucia Mara. Primeira sessão virtual aprecia 45 processos e julga regulares 11 prestações de contas. *Tribunal de contas do Estado do Espírito Santo*, 26 jun. 2020. Disponível em: https://www.tcees.tc.br/primeira-sessao-virtual-aprecia-45-processos-e-julga-regulares-11-prestacoes-de-contas/. Acesso em 14 jul. 2021.

INSTITUTO RUI BARBOSA. Fórum Nacional de Auditoria. *Declaração de Moscou*. (Moscow Declaration. Trad. Denise Gomel (TCE-PR) e Nelson Nei Granato Neto (IRB/TCE-PR). Curitiba, 2019. Disponível em: https://irbcontas.org.br/wp-content/uploads/2020/04/Declara%C3%A7%C3%A3o_de_Moscou_2019_-_tradu%C3%A7%C3%A3o_livre.pdf. Acesso em 15 jul. 2021.

PONTES LIMA, Edilberto C. *Tribunal de Contas do século XXI*. 1. ed. Belo Horizonte: Editora Fórum, 2019. Disponível em: https://irbcontas.org.br/wp-content/uploads/2020/04/Tribunal-de-Contas-do-S%C3%A9culo-XXI.pdf. Acesso em 15 jul. 2021.

VENTURIN, Mariana Natalli Montenegro. Teletrabalho é estendido até dezembro. Corte registra corte de gastos e aumento de produtividade. *Tribunal de contas do Estado do Espírito Santo*, 25 mai. 2020. Disponível em: https://www.tcees.tc.br/teletrabalho-e-estendido-ate-dezembro-em-dois-meses-corte-registra-corte-de-gastos-e-aumento-de-produtividade/. Acesso em 12 jul. 2021.

Informação bibliográfica deste texto, conforme a NBR 6023:2018 da Associação Brasileira de Normas Técnicas (ABNT):

CHAMOUN, Rodrigo Flávio Freire Farias. TCE-ES: a corte de contas que a pandemia não parou. *In*: LIMA, Edilberto Carlos Pontes (Coord.). *Os Tribunais de Contas, a pandemia e o futuro do controle*. Belo Horizonte: Fórum, 2021. p. 503-523. ISBN 978-65-5518-282-8.

SOBRE OS AUTORES

Adircélio de Moraes Ferreira Júnior
Doutor e Mestre em Direito pela Universidade Federal de Santa Catarina (UFSC). Bacharel em Direito pela Universidade Federal do Rio Grande do Sul (UFRGS) e em Ciências Contábeis pela Universidade Federal de Pernambuco (UFPE). Especialista em Contabilidade e Auditoria pela Universidade Federal do Rio Grande do Sul (UFRGS). Presidente e Conselheiro do Tribunal de Contas do Estado de Santa Catarina. Vice-Presidente do Conselho Nacional de Presidentes dos Tribunais de Contas do Brasil (CNPTC). Diretor de Desenvolvimento do Controle Externo da Associação dos Membros dos Tribunais de Contas do Brasil – Atricon. *E-mail*: adircelio@tcesc.tc.br.

Ahmed Sameer El Khatib
Professor titular do mestrado e da graduação em Ciências Contábeis do Centro Universitário FECAP. Servidor Público da Assembleia Legislativa do Estado de São Paulo. Graduado em Ciências Contábeis pela FEA/USP. Mestre em Ciências Contábeis e Ciências Atuariais pela PUC-SP. Doutor em Administração de Empresas pela PUC-SP. Concluiu seu estágio pós-doutoral em Controladoria e Contabilidade pela Universidade de São Paulo (USP) e atualmente é doutorando em Educação na PUC-SP e pesquisador da UNICAMP. *E-mail*: ahmed.khatib@fecap.br.

Amanda Flávio de Oliveira
Doutora, Mestre e Especialista em Direito Econômico pela Universidade Federal de Minas Gerais (UFMG). Professora associada da Faculdade de Direito da Universidade de Brasília (UnB). Líder-docente do Grupo de Estudos em Direito e Economia (GEDE/Unb/IDP). Fundadora do escritório Advocacia Amanda Flávio de Oliveira (AAFO). *E-mail*: amanda@afdeoliveira.com.br.

Ana Carla Bliacheriene
Advogada. Professora de Direito da Universidade de São Paulo, no curso de Gestão de Políticas Públicas (EACH-USP). Livre-docente em Direito Financeiro na Universidade de São Paulo (USP). Mestre e doutora em Direito pela Pontifícia Universidade Católica de São Paulo (PUC-SP). Atua nas áreas de inovação, Lei Geral de Proteção de Dados (LGPD), novas tecnologias aplicadas à gestão pública e Smart Cities (cidades inteligentes), finanças públicas e orçamento, gestão de políticas públicas, controle, eficiência e transparência do Estado e da administração pública. Coordenadora do Grupo de Pesquisas SmartCitiesBr (USP) e da Especialização em Políticas Públicas para Cidades Inteligentes (USP/TCE-CE). Autora de diversos livros e artigos. Promove treinamentos e capacitações destinadas ao setor público. *E-mail*: acb@usp.br.

Ana Sofia Carreço de Oliveira
Mestre em Gestão Estratégica do Design pela Universidade Federal de Santa Catarina (UFSC), com pesquisa voltada à 'Gestão de Design em Órgãos Públicos'. Graduada em Design, com ênfase em 'Design Industrial', pela Universidade do Estado de Santa Catarina (UDESC). Atualmente está vinculada, por meio de terceirização, à Assessoria de Comunicação Social (ACOM) do TCE-SC no cargo de diagramadora. Atua em diversos projetos de *design* para além da diagramação: comunicação institucional, *design* editorial, campanhas e eventos para o público interno e externo e projetos de interface de web/mobile. De forma voluntária, participou na formatação do Projeto InovaTCE. *E-mail*: anasofiacodesign@gmail.com.

Angélica Ferreira Rosa

Advogada inscrita nos quadros da OAB 71475 PR. Facilitadora em Justiça Restaurativa. Pós-doutoranda em Direito pelo Programa de Pós Graduação da Universidade Federal do Paraná (UFPR), na área de concentração Relações Sociais; linha de pesquisa "Novos Paradigmas do Direito", sob a orientação da Doutora Angela Cassia Costaldello. Doutorado em Direito pelo Programa de Pós Graduação da Universidade Federal do Paraná (UFPR), na área de concentração Relações Sociais; linha de pesquisa "Novos Paradigmas do Direito", sob a orientação do Doutor Elimar Szaniawski. Mestrado concluso na qualidade de bolsista na área dos Direitos de Personalidade, na linha de pesquisa "Instrumentos de Efetivação dos Direitos da Personalidade" pelo Centro Universitário de Maringá (UniCesumar). Graduada em Direito pela Universidade Estadual de Maringá. Docente avaliadora de cursos de graduação em Direito do Ministério da Educação/INEP. Membro da Comissão OAB na Escola de Maringá/PR. Membro da Comissão OAB de Justiça Restaurativa de Maringá/PR. Participa e organiza, constantemente, eventos, congressos, palestras e simpósios, e desenvolve projetos nas áreas de Direito da Família, Direito Constitucional, Direito Civil e Direito Processual Civil, com ênfase nos Direitos de Personalidade. Foi advogada dativa da Comissão de ética da subseção de Maringá/PR. É jurada do Tribunal do Júri de Maringá/PR. Parecerista da Revista Jurídica da UFRGS. Membro do Núcleo de Estudos PRO POLIS. *E-mail*: angelicaferreirarosa@hotmail.com.

Benjamin Zymler

Ministro no Tribunal de Contas da União desde 2001. Mestre em Direito e Estado pela Universidade de Brasília (UnB). Graduado em Direito pela Universidade de Brasília (UnB) e em Engenharia Elétrica pelo Instituto Militar de Engenharia (IME). *E-mail*: min-bz@tcu.gov.br.

Bianca Tristão Sandri

Especialista em Gestão de Pessoas pela Fundação Getulio Vargas (FGV). Especialista em Gestão pela Qualidade pela Universidade Federal do Espírito Santo (UFES). Especialista em Desenvolvimento Humano e Psicologia Positiva pelo Instituto de Pós-Graduação e Graduação (IPOG). Graduada em Administração. Auditora de Controle Externo no Tribunal de Contas do Estado do Espírito Santo. Atualmente é Coordenadora do Núcleo de Formação e Capacitação da Escola de Contas Públicas. *E-mail*: bianca.sandri@tcees.tc.br.

Crislayne Cavalcante

Graduada em Direito pela Universidade Federal do Paraná (UFPR, 2005). Pós-graduada em Direito Processual Civil pelo Instituto Brasileiro de Direito Processual (IBDP, 2014), MBA em Administração Pública e Gestão de cidades (2016) e em Licitações e Contratos Públicos (2017). Formação Complementar em Auditoria do Setor Público, Direito Administrativo, Licitações e Contratos Administrativos, Constitucional, Orçamentário, Financeiro e Direito Tributário. Coordenadora do Instituto Rui Barbosa (IRB Contas). Auditora de Controle Externo do TCE/PR. Professora do curso de Pós-Graduação em Licitações e Contratos da Pontifícia Universidade Católica do Paraná (PUCPR). Professora da Escola de Gestão Pública (EGP) do TCE/PR. Membro do Comitê de Normas de Auditoria do Setor Público e da Rede das Escolas de Contas do Instituto Rui Barbosa (IRB Contas). Foi Auditora Fiscal de Tributos Municipais de Curitiba/PR (2012-2013), Secretária da Comissão de Direito Eletrônico da OAB/PR (gestão 2010/2012), Secretária das Comissões de Direito Eletrônico da OAB/PR (2010-2011), de Informatização do Poder Judiciário (2007-2009) e de Tecnologia da Informação da OAB/PR (2007-2009). Foi Coordenadora do Grupo de Estudos de Direito Eletrônico e Processo Eletrônico da OAB/PR (2009-2010). Também atuou como advogada (2005-2012). Formação em Inovação e Liderança no Programa Governamental Brazil 4.0 pela Georgetown University/USA (2020). *E-mail*: crislayne.moraes@tce.pr.gov.br.

Diana Vaz de Lima

Pesquisadora e professora associada da Universidade de Brasília, atuando no Departamento de Ciências Contábeis e Atuariais (CCA/UnB), no Mestrado Profissional em Administração Pública

(MPA/UnB) e no Programa de Pós-Graduação em Governança e Inovação em Políticas Públicas (PPG GIPP/UnB). É contadora (AEUDF), mestre em Administração (PPGA/UnB), doutora em Ciências Contábeis (UnB/UFPB/UFRN), com pós-doutorado concluído em Contabilidade e Controladoria pela FEARP/USP. Atuou por 15 anos no Governo Federal em contabilidade pública e previdência. Ministra aulas, escreve livros e desenvolve estudos e pesquisas nas áreas de Contabilidade e Governança Pública, Padrões Contábeis Internacionais e Previdência Social. Ocupa a cadeira nº 34 da Academia Brasileira de Ciências Contábeis. É colíder do Grupo de Estudos e Pesquisas em Governos Locais (GEPGL) e membro do grupo de pesquisa associado ao Instituto de Estudos Avançados da Universidade de São Paulo (IEA/USP). É membro titular da Câmara Técnica de Normas Contábeis e de Demonstrativos Fiscais da Federação (CTCONF), membro fundadora da Academia de Ciências Contábeis do Distrito Federal (ACiConDF) e da Associação Brasileira de Contadores Públicos (ABCP). *E-mail*: diana_lima@unb.br.

Dualyson de Abreu Borba
Auditor de Controle Externo do Tribunal de Contas do Estado do Pará (TCE/PA). Mestrando em Gestão Pública pela Universidade Federal do Estado do Pará (UFPA). Especialista em Direito Tributário pela Faculdade Damásio e em Direito Administrativo pela Faculdade Anhanguera. Graduado em Direito pela Universidade Federal do Maranhão (UFMA). *E-mail*: ab_dualyson@hotmail.com.

Edilberto Carlos Pontes Lima
Concluiu pós-doutoramento na Faculdade de Direito da Universidade de Coimbra (Portugal), com estudo sobre federalismo. Doutor em Economia pela Universidade de Brasília (UnB). Mestre e Graduado em Economia pela Universidade Federal do Ceará (UFC). Bacharel em Direito pela Universidade de Fortaleza (Unifor). Especialista em Políticas Públicas pela George Washington University. Foi Consultor Legislativo da Câmara dos Deputados e Técnico de Planejamento e Pesquisa do IPEA. Foi Presidente do Tribunal de Contas do Ceará, entre janeiro de 2016 e janeiro de 2020. Editor da Revista Controle e Vice-Presidente de Auditoria do Instituto Rui Barbosa (IRB). Conselheiro Científico do Grupo de Estudos em Direito e Economia (GEDE/UnB/IDP). Tem experiência nas áreas de Economia e Direito, com ênfase em Finanças Públicas, Direito Constitucional e Direito Financeiro, atuando principalmente nos seguintes temas: federalismo, democracia, orçamento, finanças públicas, gastos públicos, lei de responsabilidade fiscal e déficit público. *E-mail*: pontes.lima@uol.com.br.

Elisa Dias Lucas
Advogada. Assessora de gabinete de Conselheiro do Tribunal de Contas do Estado da Bahia. *E-mail*: elisalucas@yahoo.com.

Fabio Correa Xavier
Mestre em Ciência da Computação pela Universidade de São Paulo (USP), com MBA em Gestão Executiva de Negócios pelo IBMEC/RJ. Especialização no Japão em Network Engineer pela Japan International Cooperation Agency. Pós-Graduado em Gestão Pública e Responsabilidade Fiscal e em Projetos de Redes. Profissional com mais de 25 anos de experiência na área de tecnologia e segurança da informação, com atuação em empresas de grande porte, do setor público e privado. Atualmente é Diretor do Departamento de Tecnologia da Informação do Tribunal de Contas do Estado de São Paulo, coordenador e Professor de Graduação e Pós-graduação e colunista do MIT Technology Review. Exerce atividades voluntárias, como membro do Conselho de Administração do Instituto do Câncer Dr. Arnaldo. Secretário Executivo do Comitê de Tecnologia, Governança e Segurança da Informação do Instituto Rui Barbosa (IRB) e Coordenador dos Comitês de LGPD e de Inovação e Tecnologia da Rede Governança Brasil. É ainda autor dos livros "Roteadores Cisco: guia básico de configuração e operação" e "Tecnologias, Inovação e outros assuntos em análise". Coautor do livro "Comentários à Lei Geral de Proteção de Dados Pessoais", da editora Migalhas. *E-mail*: fabio@tce.sp.gov.br.

Fábio Túlio Filgueiras Nogueira
Bacharel em Direito Pela Universidade Estadual da Paraíba (UEPB). Pós-graduando em Direito Público na Universidade do Sul de Santa Catarina (Unisul). Ocupou cargos executivos na Prefeitura de Campina Grande. Foi secretário do município em diversas pastas. No parlamento, compôs o Poder Legislativo Municipal (vereador em três legislaturas) e ocupou cadeira na Assembleia Legislativa do Estado da Paraíba (deputado de 2003 a 2006). Em 2006 tornou-se membro Tribunal de Contas do Estado da Paraíba. Atualmente é vice-presidente do TCE-PB. Em 2018 assumiu a presidência da Associação dos Membros dos Tribunais de Contas do Brasil (Atricon), onde cumpre o segundo mandato como presidente. *e-mail*: fnogueira@tce.pb.gov.br.

Fábio Vargas Souza
Mestre em Administração pela FUCAPE. Especialista em Controle Externo pela Universidade Federal do Espírito Santo (UFES). Especialista em Direito Administrativo pelo Instituto Anhanguera. Pós-graduado em Gestão Pública e Gestão de Recursos Humanos. Graduado em Ciências Contábeis Universidade Federal do Espírito Santo (UFES). Graduado em Direito pelo Centro Universitário do Espírito Santo (UNESC). Auditor de Controle Externo no Tribunal de Contas do Estado do Espírito Santo e atualmente ocupa a função de Secretário da Escola de Contas Públicas. *E-mail*: fabio.souza@tcees.tc.br.

Fernanda Pinheiro Pantoja
Auditora de Controle Externo do Tribunal de Contas do Estado do Pará (TCE/PA). Doutoranda em Desenvolvimento Socioambiental pela Universidade Federal do Pará (UFPA). Mestre em Gestão Pública pela Universidade Federal do Pará (UFPA). Especialista em Contabilidade Pública pela Faculdade Internacional de Curitiba (FACINTER). Graduada em Ciência Contábeis pela Universidade Federal do Pará (UFPA). *E-mail*: fernanda.pantoja@tce.pa.gov.br.

Fernando Antônio da Silva Falcão
Auditor Federal de Controle Externo do Tribunal de Contas da União. Mestre (LL.M.) em Direito Econômico e Internacional, com certificações em Legal English e em *Securities*, pela Universidade Georgetown, em Washington, Distrito de Colúmbia, nos Estados Unidos da América. Formado em Direito pelo Centro Universitário de Brasília (CEUB) e em Administração de Empresas pela Universidade Estadual do Ceará (UECE). *E-mail*: falcaofernando@gmail.com.

Fernando B. Meneguin
Mestre e Doutor em Economia pela Universidade de Brasília (UnB). Pós-Doutorado em Análise Econômica do Direito pela Universidade da California (UC Berkeley). Professor do Instituto Brasiliense de Direito Público (IDP) e da AMBRA University. Pesquisador do Economics and Politics Research Group (EPRG, CNPq/UnB). Líder-docente do Grupo de Estudos em Direito e Economia (GEDE/Unb/IDP). Consultor Legislativo do Núcleo de Economia do Senado. Sócio da Pakt Consultoria e Assessoria. *E-mail*: fbmeneguin@hotmail.com.

Francisco Sérgio Maia Alves
Mestre em Direito e Políticas públicas pelo Centro Universitário de Brasília (UniCEUB). Graduado em Direito pela Universidade Federal da Paraíba (UFPB) e em Engenharia Civil Aeronáutica pelo Instituto Tecnológico de Aeronáutica (ITA). Atualmente é Auditor Federal de Controle Externo no Tribunal de Contas da União e Assessor de Ministro desde 2013. *E-mail*: franciscoma@tcu.gov.br.

Gilson Piqueras Garcia
Diretor da Escola de Contas e Auditor de Controle Externo do Tribunal de Contas do Município de São Paulo. Doutor em Ciência e Tecnologia pela Universidade Estadual Paulista (Unesp). Engenheiro Civil e Mestre em Engenharia pela Universidade de São Paulo (USP). *E-mail*: gilson.garcia@tcm.sp.gov.br.

SOBRE OS AUTORES | 529

Grhegory Paiva Pires Moreira Maia
Atual Consultor Jurídico Geral do Tribunal de Contas do Estado de Mato Grosso (TCE/MT). Procurador de carreira da Assembleia Legislativa de Mato Grosso. Doutorando em Direito Constitucional pela Faculdade Autônoma de Direito (FADISP). Mestre em Função Social do Direito pela Faculdade Autônoma de Direito (FADISP). Pós-graduado em Direito Processual Civil pela Fundação Escola Superior do Ministério Público de Mato Grosso (FESMP/MT) e em Direito Constitucional pela Faculdade Damásio. Professor do curso de Graduação em Direito da Universidade Federal de Mato Grosso (UFMT). *E-mail*: grhegory@tce.mt.gov.br.

Inaldo da Paixão Santos Araújo
Mestre em Contabilidade. Contador Benemérito do Estado da Bahia. Membro da Academia Baiana de Ciências Contábeis. Conselheiro do Tribunal de Contas do Estado da Bahia (TCE-BA). Vice-Presidente de ensino e pesquisa do Instituto Rui Barbosa (IRB). Professor de graduação e pós-graduação. Autor de livros de Auditoria e de Contabilidade Pública. Coordenador do projeto de elaboração das Normas de Auditoria Aplicáveis ao Setor Público do IRB. Articulista em jornais de grande circulação. *E-mail*: inaldo@tce.ba.gov.br.

Isabela de Freitas Costa Vasconcellos Pylro
Mestre em Engenharia de Produção pela Pontifícia Universidade Católica do Rio de Janeiro (PUC-Rio). Especialista em Gestão Pública pelo Instituto Federal do Espírito Santo (IFES-ES). Especialista em Gestão de Projetos pela Fundação Getulio Vargas (FGV-RJ). Graduada em Ciências Econômicas pela Universidade do Estado do Rio de Janeiro (UERJ). Analista Administrativo no Tribunal de Contas do Estado do Espírito Santo. Atualmente é Coordenadora do Núcleo de Desenvolvimento em Estudos e Pesquisas da Escola de Contas Públicas. *E-mail*: isabela.pylro@tcees.tc.br.

Ivan Lelis Bonilha
Mestre em Direito do Estado pela Pontifícia Universidade Católica de São Paulo (PUC-SP). Graduado em Direito pela Universidade Federal do Paraná (UFPR). Conselheiro do Tribunal de Contas do Estado do Paraná. Foi servidor de carreira do TCE/PR, ingressou em março de 1993, após aprovação em concurso público. Foi Professor da Faculdade de Direito de Curitiba, Procurador-geral do Município de Curitiba e Procurador-geral do Governo do Estado, Conselheiro Estadual da OAB/PR. Foi Conselheiro Corregedor do TCE/PR, eleito para o biênio de 2013-2014, e Presidente do Tribunal de Contas do Estado do Paraná (TCE/PR) no biênio 2015-2016. Atualmente é Presidente do Instituto Rui Barbosa (IRB), biênio 2018-2019, 2020-2021, e Vice-Presidente do Tribunal de Contas do Estado do Paraná. *E-mail*: ibonilha@tce.pr.gov.br.

Jaílson Gomes de Araújo Júnior
Administrador (UEFS). Especialista em Direito Administrativo pela Universidade de Salvador (UNIFACS) e MBA em Contabilidade, Perícia e Auditoria pela União Metropolitana de Educação e Cultura (UNIME). Auditor Estadual de Controle Externo do Tribunal de Contas dos Municípios do Estado da Bahia (TCM/BA), lotado na Diretoria de Controle de Atos de Pessoal (DAP). *E-mail*: jailson.junior@tcm.ba.gov.br.

José Benito Leal Soares Neto
Mestre em Direito pela Universidade Federal de Sergipe (UFS). Mestrando em Direito Privado Europeu pela Universitá de Reggio Calabria Itália. Graduado em Direito pela Universidade Tiradentes (Unit). Advogado com experiência na área de Direito, com ênfase em Direito Público, atuando principalmente nos seguintes temas: direito administrativo, sustentabilidade, consequencialismo e regulação. Presidente da Comissão Especial de Estudos Permanentes Sobre Compliance da OAB/SE. Membro do Comitê de Privacidade e Proteção de Dados junto à OAB/SE. Ex-Procurador Geral do Município de Capela (2013-2016). Ex-Procurador Geral do Município de Riachão do Dantas (2017). Ex-Procurador Geral do Município de Salgado (2017-2020). *E-mail*: benito@bsladvocacia.com.

Julia Natália Araújo Santos

Servidora Pública do Tribunal de Contas do Estado de Mato Grosso (TCE/MT). Mestra em Direito pela Universidade Federal de Mato Grosso (UFMT). Graduada pela mesma Universidade. Pesquisadora do Grupo de Pesquisa em Direito Constitucional da UFMT (GConst/UFMT). *E-mail*: jnsantos@tce.mt.gov.br.

Lara Cristini Vieira Campos Pascoal

Graduada em Direito pela Universidade de Vila Velha (UVV). Pós-Graduada em Direito Público pela Faculdade São Geraldo e em Licitações e Contratações Públicas pela Faculdade CERS. Advogada com experiência e atuação em Direito Público, com ênfase em Direito Administrativo, principalmente nas temáticas de Licitações, Contratos Administrativos, Contas e Políticas Públicas, e Processo Administrativo. Servidora Pública no Tribunal de Contas do Estado do Espírito Santo (TCE-ES) desde 2006. *E-mail*: lara.campos@tcees.tc.br.

Leandro Menezes Rodrigues

Contador (UFPR). Especialista em Contabilidade e Finanças pela Universidade Federal do Paraná (UFPR). MBA em Gestão Pública com Ênfase em Controle Externo (FAE) e Mestrando em Contabilidade na pela Universidade Federal do Paraná (UFPR). Auditor de Controle Externo do Tribunal de Contas do Estado do Paraná (TCE-PR). *E-mail*: leandro.menezes@tce.pr.gov.br.

Lucas Fonlor Lemos Muniz Barreto

Graduado em Direito pela Universidade Tiradentes (Unit). Advogado, inscrito na Ordem dos Advogados do Brasil - Seccional Sergipe, sob o nº 9045. Assessor de Conselheiro do Tribunal de Contas do Estado de Sergipe. Membro do Grupo de Pesquisa Direito Público, Educação Jurídica e Direitos Humanos na Contemporaneidade (CNPQ/UNIT). *E-mail*: lucasfonlor@gmail.com.

Luciano Vieira de Araújo

Professor Associado da Escola de Artes, Ciências e Humanidades da Universidade de São Paulo (USP). Assessor da Superintendência da Tecnologia de Informação da USP - STI/USP, onde é responsável pela infraestrutura de nuvem computacional e integração de inovação. Realiza pesquisas na área de ciência de dados (Learning from Data, Big Data, Data Science, e No Sql) aplicada à inovação tecnológica e cidades inteligentes. É coordenador da especialização USP-TCE-CE de Políticas Públicas para Cidades Inteligentes. Recebeu prêmios nacionais e internacionais na área de ciência e inovação. *E-mail*: lvaraujo@usp.br.

Luiz Gilberto Mury

Doutor em Estudos Estratégicos Internacionais pelo Programa de Pós-Graduação em Estudos Estratégicos Internacionais da Universidade Federal do Rio Grande do Sul (PPGEEI/UFRGS). Mestre em Engenharia de Produção e graduado em Economia pela Universidade Federal do Rio Grande do Sul (UFRGS). Possui especialização em Marketing Internacional na European School of Business em Reutlingen, Alemanha. É auditor público no Tribunal de Contas do Rio Grande do Sul. Entre novembro de 2017 e janeiro de 2020 realizou projeto de pós-doutorado na Faculdade de Ciências Econômicas da UFRGS sobre métodos de avaliação de impacto como suporte a auditorias operacionais. *E-mail*: luizgmm@tce.rs.gov.br.

Luiz Henrique Lima

Conselheiro Substituto do Tribunal de Contas do Estado de Mato Grosso (TCE-MT). Graduado em Ciências Econômicas pela Universidade Federal do Rio de Janeiro (UFRJ, 1981). Mestre (2000) e doutor (2009) em Planejamento Energético pela Coordenação de Programas de Pós-graduação em Engenharia da Universidade Federal do Rio de Janeiro (COPPE-UFRJ). Autor de diversos livros e artigos técnicos. Professor e palestrante convidado em cursos de pós-graduação em todo o país. *E-mail*: luizhlima@tce.mt.gov.br.

Marco Antônio Carvalho Teixeira

Coordenador do Mestrado Profissional em Gestão e Políticas Públicas da Fundação Getulio Vargas (FGV). Mestre em Ciências Sociais (1999) e doutor em Ciências Sociais (2004) pela Pontifícia Universidade Católica de São Paulo (PUC-SP). Professor-adjunto e pesquisador do Departamento de Gestão Pública junto à Escola de Administração de Empresas da Fundação Getulio Vargas de São Paulo (EAESP-FGV). Desenvolve pesquisas acadêmicas e vem atuando como Consultor de organismos nacionais e internacionais em temas como: transparência, accountability e controle da administração pública com foco no papel dos órgãos de controle e no controle social, arranjos cooperativos intergovernamentais, política brasileira e eleições. É líder do grupo temático Federalismo, Relações Intergovernamentais e Descentralização, junto à área de Administração Pública do ENANPAD (biênio 2020-2021). Atua como comentarista do programa CBNSP, da Rádio CBN, onde trata de questões ligadas aos problemas da cidade de São Paulo e suas políticas públicas. É um dos editores do Blog "Gestão, Política & Sociedade" abrigado no jornal *O Estado de S. Paulo*. *E-mail*: marco.teixeira@fgv.br.

Marcos Rolim

Doutor e mestre em Sociologia pela Universidade Federal do Rio Grande do Sul (UFRGS). Especialista em Segurança Pública pela Universidade de Oxford (UK), com graduação em Jornalismo pela Universidade Federal de Santa Maria (UFSM). É professor do mestrado em Direitos Humanos da UniRitter e coordena a Comunicação Social do Tribunal de Contas do Estado do Rio Grande do Sul. Integra o Conselho Administrativo do Centro Internacional de Promoção dos Direitos Humanos (CIPDH), órgão vinculado à UNESCO, sediado em Buenos Aires (AR). É membro fundador do Fórum Brasileiro de Segurança Pública (FBSP) e do Instituto Cidade Segura (ICS), membro da Assembleia Brasil da Anistia Internacional e do conselho da ONG Artigo 19. Exerceu mandatos como vereador, deputado estadual e federal, tendo presidido as comissões de Direitos Humanos da Assembleia Legislativa do Rio Grande do Sul e da Câmara dos Deputados. É autor, entre outros trabalhos, de "A Síndrome da Rainha Vermelha, policiamento e segurança pública no século XXI" (Zahar), "Desarmamento, evidências científicas" (DaCasa/Palmarinca); "Bullying, o pesadelo da escola" (Dom Quixote) e "A formação de jovens violentos, estudo sobre a etiologia da violência extrema" (Appris). *E-mail*: marcos@rolim.com.br.

Maria Alice Pinheiro Nogueira Gomes

Doutoranda em Administração Pública e Governo na Fundação Getulio Vargas (FGV/SP). Mestre em Direito Constitucional pelo Programa de Pós-Graduação em Direito *stricto sensu* da Universidade de Fortaleza (Unifor). Advogada. Desenvolve pesquisa acerca do controle externo, accountability, judicialização da política e controles sobre a administração pública. Foi Consultora Jurídica do Tribunal de Contas do Estado do Ceará. Foi Advogada Autárquica da Junta Comercial do Estado do Ceará. Foi Bolsista de Pesquisa (durante o Mestrado) da Fundação Cearense de Apoio ao Desenvolvimento Científico e Tecnológico (FUNCAP). Foi Bolsista de Iniciação à Pesquisa Científica (durante a graduação) do Conselho Nacional de Desenvolvimento Científico e Tecnológico (CNPq). *E-mail*: alicepinheironog@gmail.com.

Moises Maciel

Graduado em Ciências Contábeis pela Universidade Federal do Rio de Janeiro (UFRJ). Graduado em Direito pela Faculdade de Direito de Cachoeiro de Itapemirim (FDCI). Especialista em Direito Processual pela Universidade da Amazônia (UNAMA). Especialista em Direito Público pela Faculdade Damásio de Jesus. Doutorando em Direito Constitucional - Função Social do Direito, do Programa de Pós-Graduação *stricto sensu* da Faculdade Autônoma de Direito (FADISP). Mestre em Direito Constitucional - Função Social do Direito pela Faculdade Autônoma de Direito (FADISP). Exerce o cargo vitalício de Conselheiro Substituto no Tribunal de Contas do Estado de Mato Grosso. Exerceu o mandato de Coordenador da Rede de Controle da Gestão Pública do Estado de Mato Grosso (2016) e foi eleito Vice-Presidente da Associação Nacional dos Ministros e Conselheiros Substitutos dos Tribunais de Contas do Brasil (AUDICON). Foi Corregedor-Geral do TCE/MT e Superintendente Geral da Escola Superior de Contas do TCE/MT. É Conferencista, palestrante e debatedor em eventos científicos de renome nacional e internacional. É Instrutor e palestrante da Escola Superior de Contas do TCE/MT. Foi nomeado membro do Comitê Técnico de Corregedorias, Ouvidorias e Controle Social do Instituto Rui Barbosa (IRB). É professor titular da disciplina Direito Constitucional da Faculdade Santa Maria da Glória (SMG) e palestrante do Instituto Mato Grossense de Estudos Jurídicos (IMEJ). *E-mail*: prmoiseshmfa@yahoo.com.br.

Patrícia Verônica Nunes Carvalho Sobral de Souza

Pós-Doutora em Direito pela Mediterranea International Centre for Human Rights Research dell Università Mediterranea di Reggio Calabria (Itália). Pós-Doutora em Direito e doutora em Direito Público pela Universidade Federal da Bahia (UFBA). Doutora em Educação e mestra em Direito Público pela Universidade Federal de Sergipe (UFS). Especialista em Combate à corrupção: prevenção e repressão aos desvios de recursos públicos pela Faculdade Estácio CERS. Especialista em Direito do Estado e especialista em Direito Municipal pela UNIDERP. Especialista em Direito Civil e Processo Civil pela Universidade Tiradentes (UNIT). Especialista em Auditoria Contábil pela Universidade Federal de Sergipe (UFS). Professora Titular de Graduação e Pós-graduação da Universidade Tiradentes. Líder do Grupo de Pesquisa Direito Público, Educação Jurídica e Direitos Humanos (DPEJDH/UNIT/CNPq). Conferencista. Autora de artigos e Livros Jurídicos (52 obras – 3 individuais, 4 organizadas e 45 coletivas). Autora das obras: *Escolas de Contas e o controle social na formação profissional* (Fórum, 2018); *Segurança jurídica no Processo Administrativo Disciplinar* (Fórum, 2014); *Corrupção e improbidade*: Críticas e controle (Fórum, 2011). Advogada, contadora, jornalista e pedagoga. Master Coaching e Mentoring Advice Humanizado. Membro do Grupo de Pesquisa Eficácia dos direitos humanos e fundamentais: seus reflexos nas relações sociais (UFS/CNPq) e do Grupo de Pesquisa o Discurso Jusfundamental da Dignidade da Pessoa Humana no Direito Comparado (UFBA/CNPq). Membro e Vice-Presidente da Associação Brasileira das Mulheres de Carreira Jurídica (ABMCJ). Membro da Academia Sergipana de Educação, da Academia Sergipana de Letras, da Academia Sergipana de Ciências Contábeis, da Academia Itabaianense de Letras e do Instituto Histórico e Geográfico de Sergipe. Membro da Associação Sergipana de Imprensa. Membro do Instituto Brasileiro de Direito de Família (IBDFAM). Membro da Comissão da Mulher Contabilista (CMC). Recebeu a comenda do mérito trabalhista em 2007. Foi a primeira Mulher Diretora-Geral do Tribunal de Contas do Estado de Sergipe (2007 e 2008) e Diretora Técnica (2014 e 2015), (2018 e 2019) e (2020 e 2021). Lecionou como professora substituta na Universidade Federal de Sergipe durante dois anos. *E-mail*: patncss@gmail.com.

Petrônio Pires de Paula

Contador (PUC Goiás). Especialista Gestão Financeira pela Pontifícia Universidade Católica de Goiás (PUC Goiás). MBA em Gerenciamento de Projetos pela Fundação Getulio Vargas (FGV). MBA em Auditoria e Contabilidade Aplicada ao Setor Público pela Pontifícia Universidade Católica de Goiás (PUC Goiás). Especialista em Gestão e Políticas Públicas pela Faculdade Araguaia. Auditor de Controle Externo do Tribunal de Contas dos Municípios do Estado de Goiás (TCMGO). *E-mail*: petronio@tcm.go.gov.br.

Rafael Larêdo Mendonça

Contador (Unama). Mestre em Administração pela Programa de Pós-Graduação em Administração da Universidade da Amazônia (PPAD/UNAMA). Doutorando em Administração no Programa de Pós-Graduação em Administração da Universidade da Amazônia (PPAD/UNAMA). Professor e pesquisador na Faculdade dos Carajás – Marabá. Auditor de Controle Externo do Tribunal de Contas do Estado do Pará (TCE-PA). *E-mail*: rafael.laredo@tce.pa.gov.br.

Rafael Soares de Cerqueira

Advogado, com atuação na área de Direito Administrativo, especialmente em licitações e contratos. Mestre em Direito pela Universidade Federal de Sergipe (UFS). Pós-graduado latu sensu em Direito Público pelo Centro Universitário Newton Paiva, em convênio com a Associação

Nacional dos Magistrados Estaduais (ANAMAGES). Graduado em Direito pela Universidade Federal de Juiz de Fora (UFJF). Professor de Direito Administrativo. Membro da Comissão Contra o Aviltamento de Honorários Advocatícios junto a OAB/SE e Membro do Instituto de Direito Administrativo Sancionador (IDASAN). *E-mail*: rafael@bsladvocacia.com.

Rafaella Batalha de Gois Gonçalves

Advogada, com atuação na área de Direito Administrativo, especialmente em licitações e contratos. Mestranda em Direito Privado Europeu pela Universitá Mediterrânea Reggio Calabria/Itália. Pós-graduanda em Gestão Pública Municipal pela Faculdade 8 de Julho. MBA em Contabilidade Aplicada ao Setor Público e Responsabilidade Social pela Faculdade Pólis Civitas. Vice- presidente da Comissão de Estudos Permanentes Sobre Compliance junto a OAB/SE e Membro do Instituto Brasileiro de Direito e Ética Empresarial (IBDEE). Advogada no ERPAC (2018). Ex-Procuradora do Instituto Tecnológico e de Pesquisas do Estado de Sergipe (ITPS) (2018-2019). Ex-Diretora de Contratos Centralizados na Secretaria de Estado da Administração (SEAD) (2019 a 2021). Atualmente é Diretora Administrativa e Financeira do Instituto do Patrimônio Histórico e Artístico Nacional (IPHAN/SE). *E-mail*: rafaella@bsladvocacia.com.

Ramon Patrese Veloso e Silva

Mestrando em Ciência Política na Universidade Federal do Piauí (UFPI). Graduado em Direito com Especialização em Orçamento e Contabilidade Pública. Auditor de Controle Externo do Tribunal de Contas do Estado do Piauí (TCE-PI). Advogado. Contabilista. Professor de graduação, pós-graduação e preparatório para concursos. Foi Analista do Tesouro Estadual da Secretaria de Estado da Fazenda do Piauí (SEFAZ/PI), Analista Administrativo do Departamento de Infraestrutura de Transportes (DNIT/PI) e Técnico Judiciário do Tribunal de Justiça do Estado do Piauí (TJ/PI). *E-mail*: ramonpatrese@hotmail.com.

Raul Velloso

Economista. Bacharel pela UERJ (1970). Mestre pela F.G.V. e Yale University. (1972 e 1973), Ph.D. em Economia pela Yale University (1981). Foi professor na UERJ (1979-80) e na Escola Nacional da Administração Pública (ENAP). Atuou como coordenador de setores e de áreas (1981-84) no Governo Federal, IPEA. Foi Secretário Nacional Adjunto (1990-91) no Ministério do Planejamento, Secretário para Assuntos Econômicos (1985-89) e membro do Conselho de Administração do BNDES, da EMBRAER e do IBGE. Atualmente é consultor econômico de empresas, bancos, organismos multilaterais e entidades públicas. Colunista dos jornais *O Estado de São Paulo, Correio Braziliense, Estado de Minas* e *O Dia* (RJ). *E-mail*: raulvelloso45@gmail.com.

Renata Cunha Píccoli de Assis

Graduada em Direito pela Faculdade de Direito de Vitória (FDV-ES). Pós-Graduada em Licitações e Contratações Públicas pela Faculdade CERS. Advogada com experiência e atuação em Direito Público, com ênfase em Direito Administrativo, principalmente nas temáticas de Licitações, Contratos Administrativos, Contas e Políticas Públicas, Servidor Público e Processo Administrativo. Atua como servidora pública no Tribunal de Contas do Estado do Espírito Santo (TCE-ES) desde 2016. *E-mail* renata.piccoli@tcees.tc.br.

Rodrigo Coelho do Carmo

Conselheiro do Tribunal de Contas do Estado do Espírito Santo. Contador. Pós-Graduado em Gestão Pública. *E-mail*: rodrigo.carmo@tcees.tc.br

Rodrigo Flávio Freire Farias Chamoun

Conselheiro-Presidente do Tribunal de Contas do Estado do Espírito Santo. Mestre em Administração Pública pelo Instituto Brasiliense de Direito Público (IDP). *E-mail*: rodrigo.chamoun@tcees.tc.br.

Sabrina Reinbold Rezende
Graduada em Ciências Contábeis pela Fundação Visconde de Cairu/BA. Especialista em Compliance e Gestão de Riscos pela Faculdade Anhanguera. Mestranda em Administração e Ciências Contábeis pela FUCAPE/ES. Auditora de Controle Externo do Tribunal de Contas do Estado do Rio de Janeiro (TCE-RJ). *E-mail*: sabrinarr@tcerj.tc.br

Thais da Matta Machado Fernandes
Graduada em Direito e Economia pela Universidade de Brasília (UnB). Auditora do Tribunal de Contas da União (TCU) desde 1992. Assessora de Ministro desde 1998. *E-mail*: thaismf@tcu.gov.br.

Esta obra foi composta em fonte Palatino Linotype, corpo 10
e impressa em papel Pólen Bold 70g (miolo) e Supremo 250g (capa)
pela Formato Artes Gráficas.